edition C·H·Beck
PAPERBACK

Andreas Rödder

21.0

Eine kurze Geschichte der Gegenwart

C.H.Beck

Dieses Buch erschien zuerst 2015 in gebundener Form im Verlag C.H.Beck
1.–3. Auflage. 2015
4. Auflage. 2016

1., durchgesehene und aktualisierte Auflage in der *edition* C.H.Beck Paperback 2017

Gesetzt aus der Adobe Garamond Pro von Janß GmbH, Pfungstadt
Druck und Bindung: Druckerei C.H.Beck, Nördlingen
Umschlaggestaltung: Rothfos & Gabler, Hamburg
Umschlagabbildung: Frankfurter Skyline im Nebel
© Brigitte Moser
Gedruckt auf säurefreiem, alterungsbeständigem Papier
(hergestellt aus chlorfrei gebleichtem Zellstoff)
Printed in Germany
ISBN 978 3 406 71508 2

www.chbeck.de

Für Silvana,
Johanna, Almut und Maria

Inhalt

Eine Geschichte der Gegenwart – ist das möglich?

Dieses Buch ist ein Abenteuer. Es versucht, die Gegenwart historisch zu erklären, eine Zeit, die der amerikanische Philosoph Mark Lilla als «unlesbar» bezeichnet hat. Denn mit dem Ende des Ost-West-Konflikts habe sich die politisch-intellektuelle Ordnung der Moderne, der Gegensatz zwischen einem linken und einem konservativen Verständnis unserer Zeit, aufgelöst.[1] Jahre zuvor hatte schon Václav Havel, der tschechische Schriftsteller, Dissident und Präsident, erklärt: «Wir genießen all die Errungenschaften der modernen Zivilisation. Doch wir wissen nicht genau, was wir mit uns anfangen, wohin wir uns wenden sollen. Die Welt unserer Erfahrungen erscheint chaotisch, zusammenhanglos, verwirrend. Experten der objektiven Welt können uns alles und jedes in der objektiven Welt erklären; unser eigenes Leben aber verstehen wir immer weniger. Kurz, wir leben in der postmodernen Welt, in der alles möglich und fast nichts gewiss ist.»[2] Der Westen, so monierte Havel, wisse mit seinem Sieg im Kalten Krieg nichts anzufangen.

Was ist nach 1990 aus der Freiheit des Westens geworden? Wie hat sich der dramatische Wandel der Lebenswelten, den Digitalisierung und Globalisierung mit sich gebracht haben, auf das Denken und die politische Kultur ausgewirkt? Lassen sich aus historischer Warte Tendenzen und Konfliktlinien der Gegenwart erkennen? Bedroht der Kapitalismus die Demokratie? Ist Deutschland zu groß für Europa? Welche Rolle spielt das Ende des Ost-West-Konflikts für die internationalen Krisen des 21. Jahrhunderts, und wie fällt die Bilanz der europäischen Integration aus? Was ist neu an der Gegenwart, und was sind wiederkehrende historische Muster?

Das sind die Fragen dieses Buches, und sie führen in ein wissenschaftliches Niemandsland. Es liegt zwischen der Domäne der gegenwartsbezogenen Sozialwissenschaften und dem Terrain der Geschichtswissenschaften, die erst in Ansätzen über die Epochenschwelle von 1989/90 hinausgegangen sind[3]. Als Tony Judt 2005 den ersten größeren Anlauf unternahm, die «Geschichte Europas nach 1945» bis zur Gegenwart zu schreiben, stellte er sie ganz in den «langen Schatten des Zweiten Weltkrieges». Politische Ideologien, europäische Nationalstaaten und die Erinnerungen an den Krieg, auch und gerade nach 1990, dienten als entscheidende Kategorien seiner Deutung.[4] Andreas Wirschings 2012 erschienene Geschichte Europas seit 1990 beschreibt einen «mächtigen historischen Trend zur Konvergenz», der sich im dialektischen Zusammenhang mit immer wiederkehrenden Krisen durchgesetzt habe.[5] Ein anderes Narrativ der Nachkriegsgeschichte hat sich vor dem Hintergrund der globalen Finanzkrise von 2008 in der politischen Öffentlichkeit, in den Sozialwissenschaften und in der Zeitgeschichtsforschung ausgebildet: Bis in die siebziger Jahre habe ein Konsens über den keynesianisch organisierten Wohlfahrtsstaat geherrscht, der seit den achtziger Jahren durch den «Neoliberalismus», einen «digitalen Finanzmarktkapitalismus» und naive Marktgläubigkeit abgelöst und zerstört worden sei.[6]

Charles Maier stellt den Niedergang der neuzeitlichen «Territorialität» seit den siebziger Jahren des 20. Jahrhunderts in den Mittelpunkt seiner Sicht. Dies entspricht der verbreiteten Annahme, der moderne Territorialstaat habe unter den Bedingungen von Globalisierung, Digitalisierung und Europäisierung substantiell an Bedeutung verloren.[7] Hartmut Rosa sieht die entscheidende sozial-kulturelle Entwicklung in einer Beschleunigungswelle, die sich mit der Globalisierung aufgebaut und die Zeitstrukturen verändert habe.[8] Eine historische Parallele findet er im technologischen und ökonomischen Wandel vor 1914, der die Alltagserfahrungen der Menschen prägte und zugleich neue Ambivalenzen hervorbrachte.[9]

Hier knüpft diese «Geschichte der Gegenwart» an, die sich als eine historische Bestandsaufnahme unserer Zeit und zugleich als Beitrag zu einer wissenschaftlichen Geschichte der «Mitlebenden»[10] versteht – so die klassische Definition von Zeitgeschichte, die Hans Rothfels 1953 formulierte. Sie ist zu einem geflügelten Wort geworden und stößt zugleich auf Skepsis.[11] Lassen sich prägende Kategorien und zentrale Entwicklungen einer Zeit nicht erst in der Rückschau und mit einigem Abstand erkennen? Neigt gegenwartsnahe Zeitgeschichtsschreibung nicht dazu, sozialwissenschaftliche Gegenwartsdiagnosen und feuilletonistische Selbstbeschreibungen unkritisch zu übernehmen und historisch fortzuschreiben? Wo liegt ihr Mehrwert, wenn es ihr an archivalischen Quellen mangelt? Kurzum, ist eine «Geschichte der Gegenwart» überhaupt möglich?

Dass sich die Ansicht der Vergangenheit mit den Erfahrungen der Gegenwart wandelt, ist keine Besonderheit einer Geschichte der Gegenwart. Dieses Phänomen gilt ebenso für die Geschichte der Reformation oder der

Julikrise von 1914, für die Geschlechtergeschichte ebenso wie für die *global history*. Dass Gegenstände, die heute als zentral erscheinen, morgen am Rande der Aufmerksamkeit stehen, weil sich Fragestellungen und Perspektiven wandeln, ist ein allgemeines Problem aller Geschichtswissenschaft. Es stellt sich für die jüngste Zeitgeschichte, angesichts noch unabgeschlossener Entwicklungen, nur in zugespitzter Form. Grundsätzlich sind die Erkenntnisbedingungen keine anderen. Und was bedeutet dieser Befund für die Geschichte der Gegenwart? Zum einen schärft er das Bewusstsein für die Vorläufigkeit historischer Deutungen, und zum anderen verlangt er besondere methodische Sorgfalt bei Auswahl und Analyse der Gegenstände.

Um die zentralen Entwicklungen und Probleme der Gegenwart zu identifizieren, ist diese Untersuchung in drei Schritten vorgegangen. Zunächst hat sie in Anlehnung an Max Weber die vielen möglichen Gegenstände in die Kategorien Staat und Politik, Wirtschaft, Gesellschaft und Kultur eingeteilt und ihre Überlappungen reflektiert. Dann wurden die Forschungen, Debatten und Ergebnisse der jeweiligen Gegenwartswissenschaften gesichtet, vor allem aus den Bereichen der Soziologie, der Sozialphilosophie und -psychologie sowie der Wirtschafts-, Staats-, Politik- und Kommunikationswissenschaften. Das konnte nicht *en detail* geschehen, wohl aber mit dem Anspruch, den Forschungsstand dieser Disziplinen grundsätzlich zu erfassen. Schließlich wurden die erhobenen Befunde mit historischen Analysekonzepten in Beziehung gesetzt und mit einem kräftigen Schuss an historischem *common sense* auf ihre langfristige Signifikanz hin befragt.

Was die Quellen betrifft, so sind archivalische Quellen für die zurückliegenden dreißig Jahre in der Regel nicht oder nur eingeschränkt zugänglich. Daher können einige Themen, insbesondere politische und administrative Entscheidungsprozesse, noch nicht zureichend erforscht werden. Zugleich liegt eine Besonderheit der Zeitgeschichte darin, dass die Gegenwart eine historisch ungekannte Fülle von Wissen über sich selbst hervorbringt, die historisch überhaupt erst einmal zu erfassen und aufzuarbeiten ist.

Insbesondere die zeitgenössischen sozialwissenschaftlichen Forschungen stellen für die Geschichtswissenschaft eine eigene Kategorie dar, die mit der klassischen Unterscheidung von Quellen und Literatur nicht zureichend erfasst wird, weil sie beides zugleich sind.[12] Sie sind kulturgeschichtliche Zeugnisse dafür, wie die historischen Akteure die eigene Gegenwart verstanden haben, wenn sie zum Beispiel die sozialkulturellen Entwicklungen der siebziger Jahre als Wertewandel interpretierten. Zugleich liefern sie Datenmaterial und Analysekategorien, auf denen historische Deutungen aufbauen müssen, wenn sie nicht hinter den Stand der zeitgenössischen Gegenwartsdeutung zurückfallen wollen. Allerdings verfolgen sie andere Erkenntnisabsichten, indem sie nach regelhaften Aussagen und Modellen suchen, wo die historische Forschung nach kausalgenetischen Erklärungen bestimmter Entwicklungen fragt. Zudem sind sie Teil des zeitgenössischen Geschehens, das sie analysieren und das sie zugleich selbst beeinflussen. Deshalb wäre es falsch, sie unkritisch zu übernehmen und einfach fortzuschreiben.

Es geht vielmehr darum, die zeitgenössischen Selbstbeobachtungen auf ihre empirische Substanz, ihre thematische Signifikanz und ihre historische Plausibilität hin zu prüfen. Das gilt nicht zuletzt für Großkategorien wie das klimageschichtliche «Anthropozän», die philosophisch-ästhetische «Postmoderne» oder die «nachindustrielle Gesellschaft». Die Gegenwartsbetrachtung neigt dazu, welthistorische Brüche zu erkennen, wo die Geschichtswissenschaft nonchalant nichts Neues unter der Sonne entdeckt. Feuilletonistische Gegenwartsdiagnosen wiederum pflegen einzelne Aspekte herauszugreifen, und sie sind frei für die meinungsgeleitete Pointierung, während sich das geschichtswissenschaftliche Urteil den Ansprüchen erkenntnisoffener und empirisch belegter Analyse stellen muss.

Der Mehrwert einer solchen Untersuchung in historischer Perspektive liegt daher erstens in der Zusammenführung verschiedener gegenwartswissenschaftlicher Erklärungsansätze und Erkenntnisse, zweitens in deren Verbindung mit historischen Analysekonzepten und drittens in der historisch-diachronen Einordnung und Erklärung zentraler Entwicklungen. Sie möchte keine faktengesättigte dichte Erzählung bis an die Schwelle der unmittelbaren Gegenwart sein. Sie will vielmehr die Entstehung von Phänomenen und Problemen in ihren jeweils relevanten zeitlichen und räumlichen Kontexten erklären.

Dazu lässt sie sich von folgenden Fragen leiten: Woher kommen die Phänomene? Was hat sich verändert? Wo liegen die Ursachen und die treibenden Kräfte des Wandels? Wie zwangsläufig waren die Entwicklungen, und was wären Alternativen gewesen? Was ist Teil übergreifender Entwicklungen, und was ist national spezifisch? Was ist historisch wirklich neu? Und lassen sich Zukunftsoptionen absehen?

In zeitlicher Hinsicht geht dieses Buch nicht von einem bestimmten Ausgangspunkt aus, um eine Geschichte seit 1989 oder eine Geschichte von … bis … zu erzählen. Stattdessen setzt es in der Gegenwart an und wendet den Blick zurück. Wie weit es dabei zurückgreift, hängt vom jeweiligen Gegenstand ab. Während die Entwicklung der Finanzmärkte vor allem auf die

Liberalisierungen seit den achtziger Jahren zurückgeht, rekurriert die Darstellung der Geschlechterbeziehungen auf den Entwurf der bürgerlichen Gesellschaft im 19. Jahrhundert, und die Entwicklung des Fortschrittsdenkens und der Moderne reicht bis zur Aufklärung zurück. Dabei hat sich herausgestellt, dass vor allem zwei Zeiträume immer wieder als Referenzpunkte der Gegenwart in den Blick geraten: die siebziger und achtziger Jahre des 20. Jahrhunderts, als Prämissen der klassischen Moderne in Frage gestellt wurden, sowie die Wende vom 19. zum 20. Jahrhundert, die als Zeit der akuten Beschleunigung und der grundlegenden Verunsicherung erlebt wurde.

In räumlicher Hinsicht gilt es, einen «Sehepunkt» (Johann Martin Chladenius) zu bestimmen, um den Gegenstand fassbar zu machen. Daher steht Deutschland im Zentrum, um das sich die jeweiligen grenzüberschreitenden Zusammenhänge wie konzentrische Kreise ausbreiten: der europäische Kontext, der transatlantische Raum bzw. der sogenannte westliche Kulturkreis sowie die globale Dimension. So erklärt sich der Sozialstaat am ehesten im Vergleich der europäischen Wohlfahrtsstaaten, während die Bedeutung der Digitalisierung nur in globaler Perspektive verständlich wird.

Große Linien lassen sich nur aus der Vogelperspektive erkennen. Dies setzt eine Auswahl voraus, die immer auch anders hätte getroffen werden können. Dieses Buch muss daher unvollständig sein, und es wird diejenigen enttäuschen, die sich mehr zu den Themen Urbanisierung und Föderalismus, internationaler Waffenhandel und Terrorismus, Sport und Freizeit, Intellektuelle und Jugendkultur, Literatur und Musik versprochen oder eine Geschichte der politischen Abläufe und der handelnden Personen bis an die Schwelle zur Gegenwart erwartet haben. Große Linien lassen sich zudem nur in groben Strichen zeichnen, nicht in detaillierter empirischer, geschweige denn archivalisch fundierter Differenzierung. Zu jedem Kapitel wird es daher Experten geben, die vieles sehr viel besser wissen als der Autor und deren Wissen zugleich die Grundlage dieses Buches ist. Ich kann nur um Nachsicht mit Verkürzungen und Vereinfachungen bitten.

Das erste Kapitel über die digitale Revolution stößt auf ein Problem, das uns auch in anderen Zusammenhängen begegnet. Einerseits lassen sich in der Geschichte Muster des Wandels und seiner zeitgenössischen Wahrnehmung erkennen, die dagegen sprechen, die Veränderungen der Digitalisierung für historisch neu zu halten. Andererseits gibt es empirische Anzeichen dafür, dass sie eine wirklich neue qualitative Dimension besitzt. Das zweite Kapitel über die globalisierte Ökonomie wird den Begriff des Neoliberalismus kritisch diskutieren und zu dem Schluss kommen, dass nicht die Liberalisierungen der achtziger Jahre das zentrale Problem waren, sondern die mangelnde ordnungspolitische Nachsteuerung in den Neunzigern. Das dritte Kapitel über Klima- und Umweltfragen wird drei Energiewenden der Moderne vorstellen: eine unbeabsichtigt nachhaltige zu fossilen Energieträgern, eine disparate zur Kernenergie und eine deutsche zu den erneuerbaren Energien. Zugleich wird es Möglichkeiten des Umgangs mit dem Klimawandel in der Perspektive unterschiedlicher Denkformen seit der Antike inspizieren.

Das vierte Kapitel über die politisch-kulturelle Verarbeitung des technologisch-ökonomischen Wandels identifiziert zwei Tendenzwenden der Nachkriegszeit: den Zusammenbruch des keynesianischen Modernisierungsparadigmas 1973 und den Einbruch der marktorientierten Modernisierungsvorstellungen 2008. Es zeigt, wie die Dekonstruktion überkommener Ordnungsvorstellungen in den achtziger Jahren zur Konstruktion einer neuen Ordnung, der Kultur der Inklusion führte.

Das fünfte Kapitel versucht sich an einer modernen, mehrschichtigen Sozialstrukturanalyse. Wachsende materielle Ungleichheit entsteht durch zunehmende Spreizung an den Rändern, weil vor allem die Reichen immer mehr und reicher werden, während die Armen zwar nicht ärmer, ihre Nachteile aber größer werden. Die Mittelschichten sind in Deutschland hingegen stabiler geblieben als oft behauptet. Ansonsten gehen die Veränderungen der Gesellschaft auf neue Formen sozialer Ungleichheit zurück. Historisch neu sind der fertilitätsbedingte Bevölkerungsrückgang und die Umkehr der Altersstruktur der Bevölkerung, während das große Problem vieler Migranten, vor allem türkischer Zuwanderer, in einer mehrfachen Randständigkeit sozialer, ethnischer, kultureller und religiöser Art und seine Lösung im Aufstieg in die deutschen Mittelschichten liegt. Neu ist weiterhin der fundamentale Wandel im Verhältnis der Geschlechter. Dabei ist weibliche Erwerbstätigkeit zum zentralen Kriterium ausgleichsbedürftiger Ungleichheit geworden, das die neue Kategorie sozialer Ungleichheit zwischen Erwachsenen mit Kindern und kinderlosen Erwachsenen überlagert. Historisch neu ist ferner die freie Wahl zwischen gesellschaftlich akzeptierten Lebensformen, wobei im Bereich der Familien mit Kindern eine eher begrenzte Pluralität festzustellen ist.

Das sechste Kapitel über das Verhältnis von Staat, Wirtschaft und Gesellschaft zeigt, dass sich Territorialstaaten und ihre Exekutiven entgegen allen Diagnosen vom Niedergang des Nationalstaates als hoch anpassungsfähig erwiesen haben. Vor neuen Problemen steht die Demokratie. Dabei sind alle modernen Demokratien kapitalistisch, aber nicht alle kapitalistischen Systeme sind demokratisch. Die asymmetrische Abhängigkeit von Kapitalismus und Demokratie hat eine lange Tradition, wobei sich seit den siebziger Jahren eine spezielle Liaison von kreditbedürftigen Staaten und renditeorientierten Banken herausgebildet hat. Das Hauptproblem für die Demokratie liegt in der Verlagerung von Souveränität auf internationale Exekutiven ohne eine dem Nationalstaat vergleichbare demokratische Legitimation und in der Abhängigkeit der Staaten von den Finanzmärkten aufgrund übermäßiger Staatsverschuldung.

Dies zeigt sich im siebten Kapitel zur Geschichte der europäischen Integration. Ihre historische Leistung liegt in einem neuartigen Umgang der europäischen Staaten miteinander, in der Überwindung der Grenzen und der demokratischen Stabilisierung nach 1945 und nicht weniger nach 1990. Ihre Gefährdung liegt in der Verselbständigung einer «immer engeren Union».

Das abschließende Kapitel zur internationalen Politik geht von der Ordnung von 1990 aus, die aus der Situation geboren wurde und kein großes Design besaß, wie die Ordnungen von 1648 oder 1815 es besessen hatten. Sie gründete auf der amerikanischen Hegemonie und der Ausdehnung der westlichen Ordnung nach Osten. Ihr historischer Erfolg lag in der Stabilisierung Ostmitteleuropas, ihr Problem im Verhältnis zu Russland. Letzteres war aus dem Ende des Kalten Krieges herausgegangen wie die geschlagene Habsburgermonarchie aus dem deutschen Krieg von 1866: geschont, aber nur noch Juniorpartner. Die neue Ordnung in Europa funktionierte, solange Russland diese Position akzeptierte; seit Russland dies nicht mehr tut, steht auch die europäische Ordnung zur Disposition. Schließlich zeigt sich im Blick auf globale Kräfteverschiebungen wie das «chinesische Paradox», dass sich Elemente einer Weltgesellschaft verbreiten, dass sie aber traditionelle Machtpolitik und gewaltsame Konflikte keineswegs ablösen.

Die Hoffnung auf eine bessere Welt ist Gegenstand der Schlussbetrachtungen, die historische Neuerungen, historische Muster und zentrale Tendenzen der Gegenwart vorstellen: das Entschwinden des 20. Jahrhunderts, die Rahmenverschiebungen des Denkens, Redens und Handelns und den Wandel der Freiheit sowie den Umgang mit Ungewissheit.

All dies lässt sich bestreiten und kritisch diskutieren. Und genau das ist die Absicht dieses Buches.

I.
Welt 3.0

Als Daniel Genis im Februar 2014 nach zehnjähriger Haft aus dem Gefängnis entlassen wurde, fand er sich in einer anderen Welt wieder. Zuallererst fiel ihm auf, dass die amerikanischen Autos auf europäische Größe geschrumpft waren. Den entscheidenden Unterschied aber machten die «Telefone, die allen Passanten heute an den Händen kleben. [...] Ich gehörte zu der allerletzten Kohorte, die noch keine Jugend online hatte. Wir haben auf der Highschool online keinen Klatsch ausgetauscht oder elaborierte Videospiele gespielt. Niemand beging Selbstmord wegen hochgeladener Bilder. Drogen wurden an der Ecke gekauft, nicht bei Craigslist. [...] Vor zehn Jahren wusste ich, in welche Bars man für einen One-Night-Stand gehen musste und wie man jemanden im Museum aufreißt [...]. Heute verhilft Ashley Madison Verheirateten zu Seitensprüngen und auf Grindr können Homosexuelle One-Night-Stands organisieren. [...] Der Unterschied liegt nicht so sehr in der Technologie, obwohl die Smartphones die digitale Welt von den Schreibtischen befreit haben, sondern in der Art, wie sie die Gesellschaft durchdringen.»[1]

1. Eins und Null: Die digitale Revolution

Signale und Mathematik

Manchmal muss man nur bis eins zählen, um die Welt zu verändern.[2] Null und eins – so einfach es klingt, so revolutionär war die Wirkung für die Übermittlung von Signalen.

Das Prinzip war nicht völlig neu. Seit der Antike wurden Signale übertragen, zunächst durch Rauch- und Feuerzeichen; das schweizerische Höhen- oder Chutzenfeuer benötigte sechs Stunden, um in der Frühen Neuzeit einen Alarm von Genf nach Bern zu befördern. Schneller ging es seit Ende des 18. Jahrhunderts mit der optischen Telegraphie; mit Hilfe schwenkbarer Signalarme und codierter Lichtzeichen konnten innerhalb einer Stunde zwanzig Wörter von Paris nach Lille geschickt werden.[3] Eine neue Dimension erreichte die Signalübermittlung mit dem elektro-magnetischen Telegraphen. Er verbreitete sich im 19. Jahrhundert mit der Eisenbahn, weil diese ein zuverlässiges Informationssystem benötigte, das den Zügen vorauseilte, um Abfahrten, Verspätungen oder Defekte zu melden. Mit dem Telegraphen entstand auch das Morsealphabet: ein Codesystem aus kurzem Zeichen, langem Zeichen und Pause – ein und aus statt eins und null.

Stets waren die übermittelten Signale physikalische Größen – Licht, Ton oder ein elektrischer Impuls. Das änderte sich mit dem Übergang vom analogen zum digitalen Signal. Die Umwandlung in einen binären Zahlencode aus 0 und 1 – kurz: die Digitalisierung – veränderte die Erfassung und die Bearbeitung von Daten und brachte die Geschichte der Signalübermittlung mit der Geschichte des Rechnens zusammen.

Mit dem Abakus, einem Rechenbrett, hatten die Sumerer schon im vierten und dritten vorchristlichen Jahrtausend ein Hilfsmittel erfunden, um das Rechnen zu vereinfachen. Gottfried Wilhelm Leibniz, der sich in der Kunst der Mathematik übte, erklärte noch schlicht: «Es ist eines ausgezeichneten Menschen unwürdig, gleich Sklaven seine Zeit mit Berechnungen zu verbringen.»[4] Doch mit der Hochindustrialisierung und ihren technologischen Innovationen bedurfte es, von der Lohnbuchhaltung bis zur Volkszählung, leistungsfähigerer Rechenmaschinen.

Herman Hollerith, ein Angestellter des amerikanischen Zensus-Büros, erfand zur vereinfachten Auswertung der Volkszählungen, die in den 1880er Jahren immerhin 7,5 Jahre gedauert hatte, eine Zählmaschine, die mit einem Lochkartenverfahren arbeitete. Er gründete die Deutsche Hollerith-Maschinen Gesellschaft mbH, die 1924 in der International Business Machines Corporation aufging. Das eigentliche Rechnergeschäft der IBM begann allerdings erst während des Zweiten Weltkrieges, als der amerikanische Staat Forschungsgelder für leistungsfähige Rechenmaschinen bereitstellte. Noch in den fünfziger Jahren stammten 70 Prozent des Budgets für Forschung und Entwicklung aus staatlichen Mitteln.

Die Anfänge des Computers waren also eng mit dem Zweiten Weltkrieg und mit militärischen Interessen verbunden. Das Ergebnis war die digitale Koalition aus Nerds und Militärs. Der britische Informatiker Alan Mathison Turing war während des Krieges im britischen Bletchley Park mit der Entschlüsselung der deutschen Nachrichtencodes beschäftigt und entwickelte zu diesem Zweck ein photoelektrisches Lesegerät.[5] Nach Kriegsende wurde es in den USA technisch weiterentwickelt. Bis zum Ende der sechziger Jahre diente die Informationstechnologie vor allem militärischen Zwecken.

Am Wettlauf um die leistungsfähigsten Maschinen nahm auch der Luftfahrtingenieur Konrad Zuse im Haus seiner Eltern in Berlin-Kreuzberg teil. Dort baute er Rechenmaschinen zusammen und arbeitete mit einem ersten System binärer Zahlen. Die Idee, Signale nicht physisch umzuwandeln, wie es der Schallplattenspieler tat, sondern Worte, Schrift oder Bilder, Musik und Stimme in speicher- und übertragbare Zahlenwerte umzurechnen, eröffnete neue Welten. Die digitale Revolution konnte beginnen.

Die Übertragung in Zahlenwerte benötigte allerdings entsprechende Kapazitäten an Rechenleistung, denen die ersten Computer nicht genügten. Sie arbeiteten mit Elektronenröhren, die sich bis zur Weißglut aufheizten, wenn sie nicht ausreichend gekühlt wurden, sie waren platzintensiv und störungsanfällig. Der erste elektronische Universalrechner namens ENIAC, der 1946 in Pennsylvania fertiggestellt wurde, wog 30 Tonnen und nahm den Platz einer Turnhalle ein.

Chips

Der Durchbruch gelang mit einer weiteren jener Koalitionen, die der Digitalisierung ihre Durchschlagskraft verliehen: der Verbindung von Mathematik und Elektrotechnik, genauer: der Mikroelektronik. Ihr Prinzip liegt darin, eine elektronische Schaltung mit allen Bauelementen und Verdrahtungen auf einem einzelnen Halbleitersubstrat anzubringen (einem Festkörper, dessen elektrische Leitfähigkeit mit steigender Temperatur zunimmt). Fertig war der Chip, der nun allerdings noch erheblich verkleinert werden musste.

Begonnen hatte alles in den Bell Telephone Laboratories in New Jersey. Dort wurde Grundlagenforschung durch wildes Experimentieren betrieben, etwa so, wie es im 19. Jahrhundert bei der Dampfmaschine und der Eisenverarbeitung der Fall gewesen war. 1947 wurde dort der Transistoreffekt entdeckt, dass nämlich zwei Elektroden auf einem Germanium-Kristall einen elektrischen Verstärkereffekt erzielen. Die Ablösung der Elektronenröhren durch die Transistortechnik für die Herstellung von Prozessoren ermöglichte in den späten fünfziger und den sechziger Jahren den Sprung in die zweite Generation von Computern. Dass Transistoren in immer größerer Zahl auf immer kleineren Chips untergebracht wurden, machte den entscheidenden Fortschritt für die Verarbeitung von massenhaften Daten aus. Allerdings fanden sie auf dem freien Markt zunächst nur schleppende

Verbreitung, sie kamen vor allem in Hörgeräten und tragbaren Transistorradios zum Einsatz. Einmal mehr half das Militär, das Transistoren für Schiffe, Flugzeuge und Raketen anschaffte.

Für die technische Entwicklung des Computers war entscheidend, dass Silizium in den sechziger Jahren das Germanium als Halbleitermaterial ersetzte. Silizium sorgte für geringes Gewicht, gute Wärmeleitfähigkeit, hohe Elastizität – und gab dem kalifornischen Tal seinen Namen. 1955 siedelte sich William Shockley, der in den Bell Laboratories an der Erfindung des Transistors beteiligt gewesen war, in Palo Alto, fünfzig Kilometer südlich von San Francisco, an. Der Gründung von Fairchild Semiconductors folgten Ablegerfirmen, und bald bildete sich der «Schmelztiegel der Innovation im Informationszeitalter»[6] heraus, ein räumlich verdichtetes Milieu aus naturwissenschaftlich-technologischem Wissen, Firmen und Arbeitskräften, in das die Kultur der kalifornischen Freaks und Start Ups und der gegenkulturellen individuellen Freiheit der siebziger Jahre einfloss – und an dem nicht mehr in erster Linie das Militär beteiligt war.

Die Entwicklung von Halbleitern aus Silizium und von integrierten Schaltungen machte es schließlich möglich, den gesamten Hauptprozessor auf einem Chip unterzubringen. Mit dem Mikroprozessor TMS 1000 von Texas Instruments war 1971 die dritte Generation von Computern geboren. Stetig stieg nun die Dichte von Transistoren und Bauelementen auf einem Chip: von ca. 50 Bausteinen 1970 auf mehr als eine Milliarde Transistoren auf einem weniger als einen Zentimeter langen Siliziumstück um 2010. Der Rechner entwickelte sich zu einem neuen Kommunikationsmedium wie zuvor der Druck, das Telefon oder das Fernsehen. Er war das Produkt einer neuen Informationstechnologie aus Mathematik und Mikroelektronik, die neue Dimensionen und Geschwindigkeiten der Datenverarbeitung möglich machte und innerhalb weniger Jahrzehnte alle Lebensbereiche durchdrang. Wieder mussten dazu zwei Entwicklungen zusammenkommen: die Verkleinerung und Verbilligung der *Personal Computer* und ihre Vernetzung.

Die Entwicklung eines Computers, der auch von Laien bedient werden kann, hatte in den sechziger Jahren begonnen. Nach dem technischen Entwicklungsschub in den siebziger Jahren erfolgte seine Massenverbreitung in den Achtzigern, eigentümlicherweise in einer Zeit der Krisenstimmung in der westlichen Welt nach dem Ende des Nachkriegsbooms, im Schatten der sozialen Protestbewegungen und des sogenannten zweiten Kalten Krieges. 1976 gründeten Stephen G. Wozniak, ein Computerspezialist bei Hewlett Packard, und Steve J. Jobs die Firma Apple. Nachdem sie im ersten Jahr

200 Computer verkauft hatten, erzielten sie 1982 bereits einen Jahresumsatz von über zwei Milliarden Dollar. IBM hatte diese Entwicklung zunächst versäumt. 1981 zog sie nach und brachte einen neuen Player ins Spiel. Sie stattete ihre PC mit dem Betriebssystem MS DOS aus und verhalf damit dem 1975 von Bill Gates gegründeten Unternehmen Microsoft zu einer marktbeherrschenden Position im Softwarebereich. Steve Jobs und Bill Gates gelangten wie im 19. Jahrhundert die Stahlbarone und Eisenbahnkönige zu märchenhaftem Reichtum. Seit den siebziger Jahren ging der Antrieb für die mikroelektronisch-digitale Entwicklung vom Markt aus. Die ursprüngliche Koalition von Militärs und Nerds wurde abgelöst durch eine Allianz von Informationstechnologie und *big business.*

Das Netz

Seine umfassende lebensweltliche Dimension gewann der Computer durch eine weitere Entwicklung: das Internet. Die globale Vernetzung von Kommunikation an sich war kein neues Phänomen des späten 20. Jahrhunderts. Sie hatte bereits mit den transkontinentalen Telegraphenkabeln seit den 1860er Jahren Einzug gehalten. Mit der digitalen und mikroelektronischen Technologie gewann sie jedoch eine neue Dimension. Auch hier lagen die Anfänge im militärischen Bereich. Als Reaktion auf den «Sputnik-Schock», das Erschrecken im Westen über die technologischen Kapazitäten der Sowjetunion nach dem Start ihres Erdsatelliten Sputnik 1 am 4. Oktober 1957, richtete die Advanced Research Project Agency des US-Verteidigungsministeriums ein Kommunikationssystem ein, das gegen nukleare Angriffe unempfindlich sein sollte und daher dezentral angelegt war: das Arpanet. 1983 wurde es in einen militärischen und einen wissenschaftlichen Teil aufgespalten und bis zu den neunziger Jahren vollständig privatisiert. Dabei verbanden sich abermals zwei Strömungen: die Verteidigungspolitik im Kalten Krieg und eine gegenkulturelle Hacker-Szene.

Die neunziger Jahre wurden zum Jahrzehnt des Übergangs in die digitale Informationsgesellschaft. 1990 entwickelte eine Forschergruppe am Centre Européen pour Recherche Nucléaire (CERN) bei Genf das *world wide web* samt der Elemente Hypertext und der Auszeichnungssprache HTML, des Übertragungsprotokolls http und der Identifikationsbezeichnung URL. Seit 1994/95 standen mit dem Netscape Navigator und dem Internet Explorer sowie Suchmaschinen Instrumente zur Verfügung, um dieses Netz zu nutzen. Es folgte die wohl historisch schnellste Verbreitung eines Kommunikationsmediums. Hatte das Radio in den USA dreißig

Jahre gebraucht, um 60 Millionen Menschen zu erreichen, und das Fernsehen fünfzehn, so gelang dies dem Internet innerhalb von drei Jahren. Goldgräberstimmung machte sich breit. 1995 war das Gründungsjahr des *e-commerce* (Amazon, Ebay), und zugleich baute sich die «Dotcom-Blase» auf, eine Spekulationsblase um die webbasierte new economy. Auch ihr Platzen im Jahr 2000 konnte die globale Digitalisierung nicht beeinträchtigen. E-Mail wurde zur alltäglichen, zunehmend genutzten Kommunikationsform, die den physischen Transport von Papier erübrigte und neue Bearbeitungsgeschwindigkeiten von Texten und Bildern ermöglichte.

Neue Kommunikationsformen und soziale Netzwerke führten schließlich zum «Web 2.0» der nicht nur konsumtiven, sondern interaktiven Nutzung. Tim O'Reilly, angeblich der Erfinder des Ausdrucks Web 2.0, erklärte: «Web 2.0 ist ein Name, den wir einem tiefsitzenden, langfristigen Trend anhängen: Alles wird miteinander verknüpft. Das Internet wird zu einem Kleber, der alles verbindet, was wir anfassen.»[7] Damit lösten sich auch die klassischen Unterscheidungen von Kommunikation (unmittelbare Kommunikation *face to face* versus massenmediale Kommunikation einer an alle) zugunsten neuer Formen der Kommunikation *many to many* auf.

Alles ist Kommunikation

Moderne Massenmedien waren mit der Massenpresse im späteren 19. Jahrhundert aufgekommen und im 20. Jahrhundert durch Hörfunk und Fernsehen ergänzt worden. Nachdem in den USA schon in den siebziger Jahren Deregulierungen vorgenommen worden waren, etablierte sich in Westeuropa in den achtziger Jahren ein duales System von öffentlich-rechtlichen und privaten Rundfunkanbietern. Oft ging die damit verbundene allgemeine Kommerzialisierung von sportlichen Großereignissen aus: 1992 schloss der Sender Sky einen Vertrag über 300 Millionen Pfund für die Übertragungsrechte der englischen Premier League; 2015 bezahlten Sky und BT Sport über 5 Milliarden Pfund für vier Jahre.[8]

Im Bereich der Telefonie stießen Satellitentechnik und Glasfaserkabel in den achtziger Jahren das Tor zu neuen Kapazitäten und einer Verbilligung auf, die mit der Privatisierung des Telekommunikationsmarktes einherging. 1984 waren in den USA das Monopol von AT&T aufgelöst und der Markt für Ferngespräche liberalisiert worden; im selben Jahr wurde auch die British Telecom privatisiert, etwas später folgte die Deutsche Bundespost. Getragen waren diese Privatisierungen von der marktliberalen Überzeugung der achtziger und neunziger Jahre, dass Staatsbetriebe die notwendigen Modernisierungen nicht leisten könnten, sondern die Bedürfnisse einer Informationsgesellschaft neuen Technologien und privaten Anbietern überlassen sollten. Mobile Technologien lösten die Telefonie vom Festnetz und damit aus räumlicher Bindung.

Mit dem Ausbau entsprechender Netze wuchs sie mit dem Internet zusammen und setzte einen Prozess der Medienkonvergenz in Gang. Das war kein völlig neues Phänomen. Schon bei der Entwicklung des Tonfilms waren ein auditives und ein visuelles Medium miteinander verschmolzen. Mit der Verbindung von PC, Internet und Fernsehgerät, von Buch oder Zeitung und Computer, von Fotoapparat, Musikabspielgerät und Telefon zu tragbaren multimedialen Kleincomputern erreichte dieser Prozess allerdings zu Beginn des 21. Jahrhunderts eine neue Dimension. Durch ihre permanente Nutzung gewannen digitale Medien einen steuernden und rhythmisierenden Einfluss auf den gesamten Alltag (allein schon in Form des steten Blicks auf eingegangene Nachrichten). Zugleich eröffneten sich neue Möglichkeiten der Systemintegration im Automobilbau oder in der Medizintechnik.[9]

Den ersten Hard- und Softwareunternehmen wie Intel, Apple, Microsoft und SAP folgte Anfang des 21. Jahrhunderts eine zweite Welle von Technologien und Playern wie Google und Twitter, Yahoo, Facebook und Youtube, Skype oder Amazon. Individualisierte Benutzerprofile und interaktive Kommunikation in Verbindung mit immer umfangreicheren Kapazitäten der Datenverarbeitung machten es möglich, Nutzer beispielsweise durch Werbung individualisiert zu adressieren. Kommunikation und Information ordneten sich neu. Zunehmend dominierte das Internet die Medienlandschaft. Die neuen Formen der Internetkommunikation veränderten Seh- und Lesegewohnheiten. Sie bedrängten den klassischen Journalismus der gedruckten Zeitung und des Journalisten als Informationsvermittler. Wie stark Internetdienste und soziale Medien wie Google, Facebook oder Twitter den Zugang zu Informationen und ihre Verbreitung veränderten, zeigte sich spätestens im amerikanischen Präsidentschaftswahlkampf von 2016, wobei der Begriff der «fake news» die damit verbundenen Probleme der Glaubwürdigkeit und Manipulierbarkeit von Informationen im Netz ins Blickfeld rückte. Unterdessen konzentrierte sich die digitale Medienmacht im Silicon Valley. Als in der globalen Überwachungs- und Spionageaffäre 2013/14 die Kooperation von amerikanischen Telekommunikationsunternehmen mit dem Geheimdienst NSA in das Blickfeld rückte, stellte sich die Frage, ob die Verbindung mit dem Militär wirklich nur eine abgeschlossene Episode aus der Frühgeschichte der Digitalisierung war.

Dimensionen der Digitalisierung

Was bedeuten Digitalisierung und globale Vernetzung in ihren Auswirkungen eigentlich konkret? Die Anzahl der verfügbaren Informationen ist exponentiell angewachsen. Digitalisierung und Vernetzung ermöglichen auf breiter Ebene (nicht nur, wie zuvor schon das Telefon, in einzelnen Fällen) weltweite Kommunikation in Echtzeit. Diese zunehmende Medialisierung der verschiedensten Lebensbereiche veränderte Sehgewohnheiten, Zeitrhythmen und Wahrnehmungen, Kommunikationsweisen und Verhaltensformen. Das Ergebnis der Verbindung von Kapitalismus und kalifornischer Hippie-Kultur hat Marshall T. Poe als «Informationskapitalismus» bezeichnet. Der Kapitalismus hat sich als fähig erwiesen, andere Strömungen und auch Gegenbewegungen zu inkorporieren. Zugleich veränderte die Informationstechnologie den Kapitalismus. Multimedia und IT wurden zu den zentralen dynamischen Wachstumsbranchen um die Jahrtausendwende, wie es Textil, Eisen und Stahl, Chemie, Elektrizität und Automobil in den ersten beiden Stadien der Industrialisierung gewesen waren.

Dabei sind zwei gegenläufige Prozesse zu beobachten. Einerseits hat die Digitalisierung globale Vereinheitlichungen herbeigeführt – bis zur identischen Optik und Akustik von Benutzeroberflächen und der weltweiten Nutzung der gleichen Modelle von Smartphones. Andererseits hat sie Divergenzen erzeugt. Die USA haben eine neue Dominanz im Hinblick auf Entwicklung und Produktion gewonnen, und es war nicht zuletzt die digitale Revolution, die in den achtziger Jahren die Entwicklung zwischen dem Westen und den kommunistischen Staaten auseinander trieb. Es gehört zu den Ironien der Geschichte, dass die DDR-Führung die Bedeutung der Mikroelektronik erkannt hatte und das Land mit milliardenschweren Investitionen in diese Zukunftstechnologie endgültig ruinierte, weil der Staatsbetrieb mit der Dynamik des Silicon Valley nicht mithalten konnte.[10]

Eine weitere Ambivalenz kommt hinzu. Einerseits lebte die digitale Revolution – im Gegensatz zur DDR – von flexiblen netzwerkartigen Organisationsformen und deren Fähigkeit zur ständigen Rekonfiguration, von hoher Innovationsdichte und schnellen Veränderungen. Andererseits entwickelte der Informationskapitalismus bald Tendenzen zur Konzentration, zur Bildung neuer Oligopole und internationaler Multimedia-Konzerne mit marktbeherrschender Position. Sie ersetzten staatliche Monopole, kauften vorantreibende Start-ups auf[11] und verwandelten ursprünglich offene Systeme von Computer-Freaks mit ihrer Kultur des *filesharing* in von Monopolisten und Großkonzernen beherrschte geschlossene Systeme.

Keine historische Entwicklung ohne Ambivalenzen also. Aber warum verlief sie so, wie sie es tat? War es ein historischer Automatismus, mit dem Computer und Internet den jahrhundertealten Traum erfüllten, Informationen einfach, effizient und unbegrenzt zu sammeln, zu speichern und zu sichten?[12] Die historische Erfahrung besagt, dass eine neue Technologie sich nicht automatisch verbreitet und etabliert. Viele erfolgreiche Technologien wären in ihren Anfängen beinahe gescheitert (im Falle der Computertechnik musste sich der Transistor erst auf Umwegen durchsetzen), und viele Technologien wie etwa der Rotationskolbenmotor scheitern tatsächlich und verschwinden aus dem historischen Blickfeld. Neue Technologien setzen sich der historischen Erfahrung zufolge in einem Umfeld durch, in dem sie als nützlich erachtet werden. Die Computertechnologie bedurfte der militärstrategischen Interessen und der staatlichen Großforschungsprogramme, später der ökonomischen Interessen in Verbindung mit einer Kultur technologischer Kreativität.

In diesem komplexen Wechselspiel lässt sich nicht sagen, was zuerst kam. Die Deregulierung der Londoner Börse 1986 entsprang dem politisch-ökonomischen Willen zur Belebung der Marktkräfte, die ihrerseits durch die Computertechnologie in Gang gesetzt worden waren. Und nicht zu überschätzen ist das Phänomen, dass sich einmal in Gang gesetzte Entwicklungen verselbständigen. Gerade die Geschichte der Digitalisierung und der Globalisierung ist – wie die Geschichte der Moderne überhaupt und insbesondere die Zeit vor 1914 – durch die Entfesselung von Kräften gekennzeichnet, die unvorhergesehene Wirkungen entfalten und die Notwendigkeit nach sich ziehen, sie wieder einzuhegen, ohne dass sie sich grundsätzlich steuern ließen.

Digitalisierung und Mikroelektronik bewirkten die einschneidendsten Veränderungen im ausgehenden 20. Jahrhundert. Auf breiter Front und oftmals kaum bemerkt zogen Chip und Netz in die Lebenswelten ein. Digitale Medien wurden zur Basistechnologie des Alltagslebens, von der Steuerung der Haushaltstechnik über Terminals in Museen, Hilfen für Gehörlose, Ticketbuchungen und lasergesteuerte *smart weapons* bis zur Aktenführung der Bundesverwaltung. *Computer-aided design*, die rechnerbasierte Konstruktion und Simulation geometrisch anspruchsvoller Produkte, machte spektakuläre Architektur wie Zaha Hadids Heydar Aliyev Center in Baku oder Daniel Libeskinds One World Trade Center in New York möglich und eröffnete Graphikern und Designern neue Welten. In der Arbeitswelt wandelten sich die Produktionsabläufe – sogar der Hochofen, die Industrieanlage des analogen Eisenzeitalters schlechthin, wurde digital gesteuert –, und durch die Automatisierung der Fließbandproduktion und die *computer-to-plate*-Technologie verschwanden ganze Berufsgruppen wie Fließbandarbeiter und Setzer. Andere wandelten sich, wie der Beruf der Sekretärin, als Stenoblock und Schreibmaschine aus dem Büro verschwanden.

Besonders bedeutsam war die Informationstechnologie für die Entwicklung der Kapitalmärkte. Schon Telegraph und Telefon waren genutzt worden, um relevante Entwicklungen zu antizipieren. Dabei wurden Finanztransaktionen im Parketthandel ursprünglich per Zuruf oder Handzeichen vollzogen. 1971 wurde die National Association of Securities Dealers Automated Quotations gegründet, die Händler-Telefonverbindungen in einem zentralen System zusammenführte. 1983 wurde der Computerhandel eingeführt, der den 24-Stunden-Handel mit den drei Zentren Tokio, London und New York in drei Zeitzonen ermöglichte und eine massive Belebung der Finanztransaktionen herbeiführte.

Diese neuen technologischen Möglichkeiten und der zunehmende Wettbewerbsdruck auf die Börsen zogen politische Reaktionen nach sich: die Deregulierungen der Finanzmärkte.[13] 1975 wurden mit der *May Day Revolution* in New York die festgelegten Maklerprovisionen abgeschafft. Dem Abbau nicht wettbewerbsfähiger Unternehmen folgte die Gründung neuer Maklerunternehmen in den frühen achtziger Jahren. Diese Veränderungen übten wiederum Druck auf die Londoner Börse aus. 1983 verständigte sie sich mit der britischen Regierung, Mindestkommissionen sowie die Unterscheidung zwischen Maklern im Kundengeschäft und Wertpapierhändlern abzuschaffen und den Börsenhandel für Außenstehende zu öffnen. Das Ergebnis war der *Big Bang* vom Oktober 1986, eine Welle von *mergers* und *acquisitions* und die Entstehung neuer Finanzkonzerne. Die Bewegung gewaltiger globaler Kapitalströme mit dem Internet als technologischem Fundament bestimmte die ökonomische Entwicklung um die Jahrtausendwende.

Digitalisierung und Mikroelektronik lassen sich als dritte Stufe der Industriellen Revolution seit dem letzten Drittel des 20. Jahrhunderts verstehen, nachdem Textil und Eisen die erste Stufe im späten 18. Jahrhundert und Stahl, Chemie und Elektrizität die zweite Etappe im späten 19. Jahrhundert bestimmt hatten. Die dritte Stufe ist zwar nicht mehr im engeren Sinne industriell. Etikettierungen einer postindustriellen Wissensgesellschaft haben sich jedoch als vorschnell erwiesen. Am ehesten war dies in der Finanzindustrie der Fall; als sie aber in die Krise geriet, wurden insbesondere in Deutschland die nach wie vor industrielle Substanz der Ökonomie und ihre Bedeutung erkennbar. Dienstleistungen werden in Deutschland in erster Linie produktionsbezogen eingesetzt,[14] allerdings sind Informationen, Daten und Wissen für Produktion, Innovation und die gesamte Gesellschaft immer wichtiger geworden.

Aber ist das alles wirklich neu? War die «Verwandlung der Welt», wie sie Jürgen Osterhammel für das 19. Jahrhundert beschrieben hat, nicht eine ältere Erfahrung? «Die Welt ist verändert, seit es möglich ist, in Paris gleichzeitig zu wissen, was in Amsterdam, Moskau und Neapel und Lissabon in derselben Minute geschieht», schrieb Stefan Zweig im Jahr 1943.[15] Eisenbahn, Telegraph und Elektrizität hatten Raum und Zeit schon im 19. Jahrhundert zusammenschrumpfen lassen, und auch die umfassende lebensweltliche Beschleunigung war den Zeitgenossen bestens vertraut.

2. Vernetzte Wirklichkeiten

Mit Ausnahme von Rauch- und Feuerzeichen waren Nachrichten in der Vormoderne an ihren Überbringer gebunden. Und um von einem Ort zum anderen zu gelangen, mussten Mensch oder Tier ihre Muskeln betätigen, bestenfalls blähte ein günstiger Wind die Segel. Entfernung besaß eine dämpfende Funktion. Moderne Technologien und Medien hingegen lösten Fortbewegung und Kommunikation von der Biomotorik. Sie erschlossen und überwanden Räume und synchronisierten die Zeit.[16]

Als 1870 die erste Telegraphenverbindung von England nach Indien in Betrieb genommen wurde, benötigte die Übermittlung eines Telegramms von Bombay nach London statt eines Monats nur noch 28 Minuten. Das Telefon «erhöht die Reichweite von Sprache und Gehör durch die Umsetzung von Schall in elektrische Signale»[17], und der Satellit löste die Übermittlung audiovisueller Informationen von der Kategorie der Entfernung. Berichte über Naturkatastrophen, ein Fußballspiel oder einen Amoklauf in einem anderen Land wurden zeitgleich und überall verfügbar. Und das Internet ermöglichte es einem Flugreisenden, nach der Ankunft an einem tausende Kilometer entfernten Ziel eine kurze Mitteilung nach Hause zu schicken und die Nachrichten seit dem Abflug zu checken. Neue Formen wie E-Mail, SMS oder WhatsApp anstelle des einmal täglich zugestellten Postbriefs haben Kommunikation beschleunigt und vermehrt. Zeit und Ort haben ihre bestimmende Wirkung verloren – Erdbeeren gibt es auch im Winter.

Medialisierung

Die Kommunikationswissenschaften sprechen bei diesen Entwicklungen von Medialisierung bzw. Mediatisierung. Beide Begriffe sind nicht wirklich klar,[18] was sich schon darin zeigt, dass es keine Einigung auf einen der beiden gibt. Worum es geht, ist ein gemeinsamer Nenner für ein komplexes Phänomen, die Orientierung zunehmender gesellschaftlicher Bereiche an Medien und ihrer Logik.

Dabei ist zu bedenken, dass Kommunikation immer medial, d. h. vermittelt stattfindet. Auch ein direktes Gespräch vollzieht sich durch Sprache, Gestik und Mimik. Der Begriff Medien ist breit. Er umfasst nicht nur technische Medien, sondern visuelle, mündliche, schriftliche, elektronische und digitale Elemente. Im engeren Sinne bezeichnete der Begriff in der Neuzeit das gedruckte Buch, seit der Aufklärung auch Zeitschriften und seit dem späten 19. Jahrhundert die Medien der Massenkommunikation.[19] Und keines dieser Medien verschwand beim Aufkommen eines neuen, sondern veränderte sich und bestand weiter.

Mit der Vervielfältigung der Medienangebote differenzierte sich ihre Nutzung und nahm exponentiell zu. Medien erweiterten Kommunikationsmöglichkeiten und Horizonte. Zugleich vermittelten sie medial erzeugte Realitäten und veränderten Weltbezug und Sozialverhalten. Dabei ist der Wandel von Sozialgemeinschaften und der von ihnen genutzten Medien historisch ein durchgängiges Phänomen – von der Dorfgemeinschaft im Wirtshaus über die Familie vor dem Fernseher bis zum Public Viewing im frühen 21. Jahrhundert. Und die Veränderung der Wahrnehmung von Realität erlebte schon Victor Hugo 1837 durch die Eisenbahn: «Die Blumen am Feldrain sind keine Blumen mehr, sondern Farbflecken, oder vielmehr rote oder weiße Streifen; es gibt keinen Punkt mehr, alles wird zu Streifen; die Getreidefelder werden zu großen gelben Strähnen; die Kleefelder sind zu langen grünen Zöpfen geworden; die Städte, die Kirchtürme und die Bäume tanzen und vermischen sich auf eine verrückte Weise mit dem Horizont.»[20]

Überhaupt stellt sich die Frage: Was ist Realität? Schon um die Wende vom 19. zum 20. Jahrhundert veränderten Einsteins Relativierung von Raum und Zeit, die Auflösung von Wirklichkeit in Licht und Farbe in der Malerei des Impressionismus, die Sprachphilosophie vom willkürlichen Zeichencharakter der Sprache und die Entdeckung der bestimmenden Kraft des Unbewussten durch die Psychoanalyse die Vorstellungen von «Realität» grundlegend. Reproduktive Medien wie Fotoapparat, Film oder Schallplatte machten Sinneseindrücke wiederholbar, die vormals nur unmittelbar erlebt werden konnten, und veränderten die Beziehungen der Menschen zu ihren Erfahrungen. «Der einzigartige Ort und der unwiederholbare Moment hatten aufgehört zu existieren.»[21] Und wenn die Deutung von Naturphänomenen in der Vormoderne von der Kirche vorgegeben wurde, wenn Neuigkeiten durch Boten oder wenn Gerüchte zirkulierten und Kirchenportale oder Deckengemälde Geschichten erzählten, dann zeigt sich, dass Sinn und Inhalte zu allen Zeiten durch Medien vermittelt wurden. Es greift zu kurz, vermeintlich unmittelbare analoge Wirklichkeitserfahrungen einer medialisierten digitalen Virtualität gegenüberzustellen.

Manuel Castells spricht daher nicht von virtueller Realität, sondern von realer Virtualität. Digitale Kommunikationsmittel integrieren «erstmals in der Geschichte die schriftlichen, oralen und audiovisuellen Spielarten der menschlichen Kommunikation in dasselbe System». Medien sind «zur audiovisuellen Umwelt geworden, mit der wir endlos und automatisch interagieren.»[22] Das menschliche Leben wird immer stärker von Technologie geprägt, und beide gehen in der Konsequenz eine Symbiose ein.[23] Die Erfassung und Verarbeitung großer Datenmengen mit Hilfe digitaler Technologien und entsprechender Rechenkapazitäten eröffnen neue Möglichkeiten beispielsweise für medizinische Diagnosemethoden oder empirische wissenschaftliche Analyse. Dabei stellt sich die Frage, ob datenbasierte Korrelationen valide Prognosen über das Verhalten von Personen zulassen, sei es polizeitechnisch im Hinblick auf Verbrechen, sei es versicherungstechnisch im Hinblick auf Krankheiten. Die Möglichkeiten der Digitalisierung scheinen schier unbegrenzt, und die Erfahrung der Moderne lässt erwarten, dass sich die Welt durch Digitalisierung und neue Technologien weiter grundlegend und beschleunigt verändern wird. Und doch lässt sich kaum absehen, in welche Richtung die Entwicklung geht. Auch die Zukunftsvisionen einer digitalen Welt des Google-Chefs Eric Schmidt bleiben letztlich unbestimmt.[24]

Hyperkonnektivität

«Vernetzung» ist der sprachliche Aufsteiger des digitalen Zeitalters. Der britische Ökonom Ian Goldin geht einen Schritt weiter und spricht von einer «Zeit der Hyperkonnektivität: Staaten, Institutionen und Individuen sind miteinander verbunden wie nie zuvor.»[25] Manuel Castells identifiziert eine «Netzwerkgesellschaft» auf sechs Ebenen: der globalen Finanzmärkte, die auf elektronischen Netzwerken beruhen; des Internet als Netzwerk von Computernetzwerken; globaler intermedialer Kommunikationsnetzwerke; der Weltwirtschaft als Netzwerk von Märkten, Finanztransaktionen und

Arbeitskräftepools; der «Netzwerkunternehmen» als neuer Form der Geschäftsorganisation sowie der internationalen Vernetzung sozialer Bewegungen über das Internet.[26]

Das Netzwerk dient auch als Metapher zur Beschreibung neuer Sozialbeziehungen im digitalen Zeitalter.[27] Alte Kommunikationsmittel und Sozialbeziehungen werden teils ersetzt – wie der unmittelbare Kundenkontakt am Bankschalter durch Internetbanking –, teils ergänzt, und mit Hilfe neuer Medien werden neue Sozialkontakte hergestellt. Soziale Netzwerke sind als neue Orte sozialen Lebens entstanden, die um die Dimension des physischen Auftretens der Person verkürzt sind und in denen die Grenzen zwischen lebensweltlicher Wirklichkeit und virtuellem Raum verschwimmen. Der Einfluss dieser Entwicklungen auf die Sozialbeziehungen ist noch nicht abzusehen. In den Sozialwissenschaften tauchte der Begriff der «Postsozialität» auf, der im Kern besagt, dass personale Sozialbeziehungen durch Kommunikationstechnologien – etwa: Finanzmärkte für Trader – abgelöst werden.[28]

Abgesehen davon, dass manches gegen diese These spricht, ist die historische Botschaft, dass es keine eindeutig absehbare Richtung des sozialen Wandels gibt. Alte Phänomene werden nicht einfach durch neue abgelöst, sondern sie ergänzen und überlagern sich, und gegensätzliche Effekte stehen oszillierend nebeneinander:[29] der Wegfall und die Neuentstehung von Sozialbeziehungen, Homogenisierung und Differenzierung, Enthierarchisierung und neue Autoritäten, Selbstbestimmung und Überwachung. Und immer wieder treten unerwartete Ambivalenzen und Gegenbewegungen auf, die im Falle der sozialen Netzwerke Authentizität wieder zurückholen können, statt dass anonyme Nerds tief in der Nacht mit ihren Geräten verschmelzen. Zugleich werden künftige Veränderungen tendenziell unterschätzt, weil Menschen ihre grundlegenden Erfahrungswerte unbewusst in die Zukunft fortschreiben. Deshalb sollte der analytische Blick stets für weitreichende und unerwartete Veränderungen offen bleiben.

Was sich in der Tat grundsätzlich verändern könnte, ist die Art des Denkens. Die dezentrale Vernetzung der Internet-Kommunikation führt zu wurzelförmigen, zu «rhizomatischen» Strukturen: «Der aus der Botanik stammende Begriff des Rhizoms kennzeichnet das Sprossengeflecht von Maiglöckchen, Ingwer, Spargel und anderen Pflanzen und verweist auf eine (Nicht-)Ordnung des Wissens, die durch Konnexion, Heterogenität, Vielheit und asignifikante Brüche gekennzeichnet ist und ein nichthierarchisches Netzwerk darstellt.»[30] Konkret: wer einen Text im Internet liest, neigt dazu, über die Hyperlinks den Querverweisen zu folgen – zu «surfen» –, statt ihn linear von vorn nach hinten zu erfassen. Die postmoderne Kulturgeschichtsschreibung arbeitet ähnlich, indem sie eher kaleidoskopische Panoramen von nebeneinander gestellten Phänomenen und ihren gegenseitigen Beeinflussungen vorstellt, als kausale Erklärungen zu präsentieren.[31] Flächige Vernetzung steht im Gegensatz zu linearen und hierarchischen Kategorien des Denkens, wie sie die Moderne seit der Aufklärung und die traditionelle Logik prägten, durch Hierarchisierung und Priorisierung, Ursache und Folge, Kausalität und Genealogie. Die Verbindung von Digitalisierung und postmodernen Rationalitätsstrukturen könnte somit einen grundlegenden Wandel der Denkformen herbeiführen.[32]

3. Schneller, höher, stärker

In der digitalen Welt ist es jederzeit möglich, sich die Fernsehübertragung des Endspiels der Fußball-Weltmeisterschaft von 1974 anzusehen. Im Vergleich des legendären Münchener Finales mit einem durchschnittlichen Bundesligaspiel von 2017 wird sofort erkennbar, dass das Spiel unvergleichlich viel schneller geworden ist. Der Soziologe Hartmut Rosa hat die Steigerung des Lebenstempos allgemein als Kombination von Beschleunigung und Steigerungslogik interpretiert.[33] Pro Zeiteinheit wird eine höhere Menge an Informationen verarbeitet oder an Tätigkeiten verrichtet. Die Erfindung der Waschmaschine machte die aufwendige Arbeit am Waschbrett und den Waschtag überflüssig. Eigentlich müsste ihre Anschaffung zu mehr freier Zeit geführt oder zumindest die größere Menge an Wäsche ausgeglichen haben, wenn Familienmitglieder nun weniger sorgfältig mit ihrer Kleidung umgingen oder die Sauberkeitsanforderungen stiegen. Dem entgegen steht die allgemeine Erfahrung, dass trotz Zeitersparnis weniger freie Zeit bleibt. Dieses Beschleunigungsparadox erklärt Rosa durch den Umstand, dass die Mengenwachstumsraten die Zeitersparnis übertrafen, weil die Menge exponentiell, der Zeitgewinn aber nur linear wuchs.

Beschleunigung fand auf mehreren Ebenen statt. Technische Beschleunigung sorgte dafür, Stoffe und Energien rascher umzuwandeln, Güter zügiger herzustellen oder Menschen, Güter und Informationen schneller zu bewegen. Sie erfolgte durch die Rationalisierung von Organisations-, Entscheidungs-, Verwaltungs- und Kontrollprozessen, insbesondere durch die digitale Revolution. Dass darüber die Halbwertszeit von Wissen und relevanten Kulturtechniken zurückging, zum Beispiel in der Bedienung von technischen Geräten oder Computerprogrammen, bezeichnete Hermann Lübbe als «Gegenwartsschrumpfung»[34]. Menschen müssen sich in immer kürzeren Zeiten immer wieder neue Mittel zur Gegenwartsbewältigung aneignen; eine Ausbildung reicht nicht mehr für ein gesamtes Berufsleben, vielmehr ist permanente Weiterbildung erforderlich. Zur Beschleunigung des sozialen und kulturellen Wandels gehörten auch die abnehmende Stabilität von Beschäftigung und Familien bis hin zu schnelleren Kameraeinstellungen und Schnittfolgen in Film und Fernsehen. Effizientere Zeitorganisation und «Multitasking» veränderten die Zeitrhythmen des Alltags. Angehörige hoch industrialisierter und individualisierter Gesellschaften fühlen sich in besonderem Maße unter Zeitdruck.[35]

Nicht alle Lebensbereiche beschleunigten sich gleichermaßen. Vielmehr führte das Phänomen asynchroner Beschleunigung zu einer «Desynchronisation» der innergesellschaftlichen Zeitmuster und -horizonte.[36] Auch dies ist historisch nicht ganz neu. Dass ein beschleunigtes Segment nicht beschleunigte nach sich zieht, hatte die englische Textilindustrie in den 1760er Jahren erfahren. Als das fliegende Weberschiffchen das Arbeitstempo und die Produktion der Weber steigerte und die Nachfrage aufgrund des Bevölkerungswachstums anstieg, kamen die Spinner mit dem Garn nicht nach. «Garnnot» machte erfinderisch, das Ergebnis waren die Spinning Jenny und chemische Verfahren, die den Bleichprozess von Monaten auf Stunden verkürzten.[37]

Bis zum Ende des 18. Jahrhunderts hatte sich das Leben weitestgehend im Zeitmaß der Natur vollzogen.[38] Das Schauspiel der großen Beschleunigung wurde im 19. Jahrhundert vor allem im Verkehrswesen aufgeführt. Als Inbegriff der Geschwindigkeit galt zunächst die Postkutsche. Joseph von Eichendorff berichtete 1826 aus dem Leben eines Taugenichts: «Wir fuhren nun über Berg und Tal Tag und Nacht immerfort. Ich hatte gar nicht Zeit, mich zu besinnen, denn wo wir hinkamen, standen die Pferde angeschirrt, ich konnte mit den Leuten nicht sprechen [...]; oft, wenn ich im Wirtshaus eben beim besten Essen war, blies der Postillon, ich mußte Messer und Gabel wegwerfen und wieder in den Wagen springen und wußte doch eigentlich gar nicht, wohin und weswegen ich just mit so ausnehmender Geschwindigkeit fortreisen sollte» – und dies bei einer Reisegeschwindigkeit von 40 bis 60 Kilometern am Tag.

Neue Typen von Segelschiffen wurden für Überseefahrten gebaut. Noch 1872 lieferten sich die Cutty Sark und die Thermopylae, die als die schnellsten Schiffe ihrer Zeit galten, spektakuläre Rekordjagden zwischen London und Shanghai. Dann wurden die Teeklipper durch die Dampfschiffe ersetzt. Den «entscheidenden Bruch mit aller früheren Geschichte» führte aber die Eisenbahn herbei, indem sie den Transport von Menschen, Gütern und Nachrichten von der Biomotorik löste.[39] Die Fahrt von Köln nach Berlin verkürzte sich von mehr als acht Tagen mit der Nagler'schen Schnellpost in den 1820er Jahren auf 14 Stunden. Maschinelle Beschleunigung und die Denaturalisierung der Zeiterfahrung wurden nicht erst im digitalen Zeitalter, sondern bereits im 19. Jahrhundert zu einer neuen Menschheitserfahrung. Um die Jahrhundertwende verselbständigte sich das Beschleunigungsprinzip. 1896 begannen die modernen Olympischen Spiele unter dem Motto «schneller – höher – stärker» (*citius – altius – fortius*), 1903 startete die erste Tour de France. Sechstagerennen und die Abenteuer der Flugpiloten schlugen die Öffentlichkeit ebenso in ihren Bann wie Lokomotiven und Automobile auf der tollkühnen Jagd nach Geschwindigkeitsrekorden.

«Rast und Ruhe gibt es heute für niemand; immer ist man in Bewegung, ob man Zerstreuung sucht oder seinen Geschäften nachgeht», so klagte die spätere Baroness Knightley bereits 1860.[40] Arbeitsteilung und Schichtbetrieb verlangten Pünktlichkeit und rationale Zeiteinteilung. Zeitdruck und Zeitnot verdichteten sich zu allgemeinen Erfahrungen der Überforderung. 1902 kam es in einer neu eröffneten Telefonzentrale in Berlin zu einer kollektiven Krise: «Die Anrufe stauten sich, die Fehlverbindungen häuften sich, die Mängel des Netzes brachten durch Übersprechen weitere Verwirrung. [...] Plötzlich riss sich eine der Telefonistinnen die Sprechgarnitur vom Kopf und brach in Schreikrämpfe aus, und dieses Beispiel wirkte ansteckend: wenige Augenblicke später war der Saal von schreienden und heulenden Frauen erfüllt, die von ihren Plätzen aufsprangen und zum Teil davonstürzten.»

Nervosität wurde zu einer verbreiteten Grundbefindlichkeit, und «Neurasthenie» zunehmend als Krankheit diagnostiziert[41] – in der Symptomatik ebenso wie in der Therapie dem ein Jahrhundert später verbreiteten «Burnout» verdächtig ähnlich. Eine populäre zeitgenössische Zeitschrift schrieb: «Die Elektrizität, die wir uns so sehr unterthan gemacht haben, hat sich bitter an uns gerächt, indem sie sich in uns hinein verpflanzt hat und uns nun zwingt, mit aller nur denkbaren Anspannung und Schnelligkeit zu arbeiten.»[42] Elektrizität, Stadt, Maschine, Geschwindigkeit und Effektivität – das waren die Chiffren der Moderne und die Ansatzpunkte der Modernekritik, wie sie in Charlie Chaplins *Modern Times* einige Jahre später ins Bild gesetzt wurden. Louis Blériots erster Flug über den Ärmelkanal, Albert Einsteins Relativitätstheorie und die Entdeckung der Radioaktivität durch Marie und Pierre Curie, rauchende Stahlfabriken und surrende Telefonzentralen, Friedrich Nietzsches Umwertung aller Werte, die Sufragettenbewegung oder der Premierentumult von Igor Strawinskys *Sacre du*

Printemps in Paris – ein Aufbruch scheinbar richtungsloser Beschleunigung setzte eine Melange disparater Reaktionen von Faszination und Erregung bis zu Angst und tiefer Verstörung frei.

Die Offenheit der Zukunft ging im Zeitalter der Ideologien verloren, als mit Faschismus und Kommunismus endzeitliche Utopien und totalitäre Ganzheit an die Stelle von Ungewissheit und Pluralität traten. Im Kalten Krieg lähmte die nukleare Bedrohung das Bewusstsein für die offene Zukunft. Bis in die siebziger Jahre wurde es in den westlichen Gesellschaften durch die Wohlstandsexplosion des Nachkriegsbooms, die Konsumgesellschaft und den Wohlfahrtsstaat kompensiert. Die Erfahrung einer «Geborgenheit im gesicherten Fortschritt»[43] prägte insbesondere die alte Bundesrepublik und wurde zu einer politisch-kulturellen Referenzerfahrung für mehrere Generationen. Das Ende dieser historischen Ausnahmeerfahrung, das Ende der Eindeutigkeit des Ost-West-Konflikts und die unabsehbaren Folgen von Globalisierung und Digitalisierung haben Ende des 20. Jahrhunderts eine neue Offenheit der Zukunft begründet – so wie ein Jahrhundert zuvor, als niemand wusste, «welche Gesellschaft aus der rasenden Transformation des bis dahin Bekannten erwachsen würde».[44]

4. Schöne neue Welt?

Visionen und Ängste

Wie vor 1914 mischten sich im frühen 21. Jahrhundert Ängste und Hoffnungen gegenüber neuen Technologien, vor allem gegenüber neuen Medien. Die Hoffnungen richteten sich auf Wahlfreiheit, Möglichkeiten der Selbstbestimmung und der Vernetzung des Individuums,[45] Informationsfreiheit und Transparenz, informationelle Partizipation und Demokratisierung. Wikileaks wurde als Gegenentwurf zur Arkanpolitik der Geheimdiplomatie verstanden, Wikipedia galt als Inbegriff des demokratischen und enthierarchisierten, allen Nutzern kostenlos zugänglichen Wissens. Über das Netz generierte Flashmobs schufen neue Möglichkeiten politischer Partizipation wie im Falle der Aufstände in der arabischen Welt zwischen 2010 und 2012.[46] Die Digitalisierung weckte Hoffnungen auf qualitative Verbesserungen von Konsumgütern, von Mobilität und Wohlstand und damit auf die Lösung von Problemen, die das Industriezeitalter erzeugt hat.[47] Auf gesellschaftlicher Ebene schlägt sich dies in Visionen einer Transformation des modernen Kapitalismus in eine Kultur der Allmende, des Teilens und des Tauschens nieder.[48]

Dem gegenüber stehen Ängste und Skepsis. In vielen Berufen erhöht die Entgrenzung der Arbeit durch dienstliche E-Mails in Freizeit und Urlaub den Druck. Die Überfülle an unstrukturierten Informationen überfordere die Menschen und führe letztlich zu Desinformation. Verluste an Aufmerksamkeit und Qualität sowie Anonymisierung und Passivität werden als Konsequenzen übermäßigen Medienkonsums angesehen. Durch die Digitalisierung entstünden neue Formen sozialer Ungleichheit, indem sie den Abstand zwischen hoch und gering Qualifizierten vergrößere.[49] Die größte Sorge – das Gegenbild zur digitalen Hoffnung auf Demokratisierung und Partizipation – betrifft die Sammlung und Speicherung von personenbezogenen Daten und damit die Manipulation durch die neuen Internetkonzerne, umfassende Überwachung, die Okkupation des Internets samt seiner Steuerungsfunktionen durch Hacker und Geheimdienste sowie die Gefahr von Cyberkriegen.[50]

Vorstellungen der Abhängigkeit von verselbständigten «Algorithmen» (was für Laien bedrohlicher klingt als «Computerprogramme» oder «Rechenoperationen») erinnern an frühere Reaktionen auf neue Technologien. In historischer Perspektive lassen sich dabei drei Stadien erkennen: die Furcht, die Abwehr und die Adaption. Ob die Eisenbahn, «die Maschine» oder die moderne Großstadt – ihre Entstehung wurde jedesmal von Furcht vor Veränderung begleitet. Heinrich Heine erfasste anlässlich der Eröffnung der Eisenbahnlinien von Paris nach Orléans und Rouen «ein unheimliches Grauen, wie wir es immer empfinden, wenn das Ungeheuerste, das Unerhörteste geschieht, dessen Folgen unabsehbar und unberechenbar sind. Wir merken bloß, dass unsere ganze Existenz in neue Gleise fortgerissen, fortgeschleudert wird.»[51] Zum «Grauen» gesellten sich Erlösungshoffnungen, vor allem als sich Anfang des 20. Jahrhunderts Technikbegeisterung und Modernekritik verbanden.[52] Eine Melange aus bedrohter Männlichkeit, moderner Technik und antibürgerlichem Aktionismus fand sich zugespitzt im Futuristischen Manifest des italienischen Schriftstellers Filippo Tommaso Marinetti aus dem Jahr 1909:

> Wir wollen die Liebe zur Gefahr besingen, die Vertrautheit mit Energie und Verwegenheit. […] Wir wollen preisen die angriffslustige Bewegung, die fiebrige Schlaflosigkeit, den Laufschritt, den Salto mortale, die Ohrfeige und den Faustschlag. Wir erklären, dass sich die Herrlichkeit der Welt um eine neue Schönheit bereichert hat: die Schönheit der Geschwindigkeit. […] Wir wollen den Mann besingen, der das Steuer hält […]. Wir wollen den Krieg verherrlichen […], die schönen Ideen, für die

> man stirbt, und die Verachtung des Weibes. Wir wollen die Museen, die Bibliotheken und die Akademien jeder Art zerstören und gegen den Moralismus, den Feminismus und gegen jede Feigheit kämpfen.[53]

Die Geschichte der Abwehrargumentation offenbart «Standardsituationen der Technologiekritik»[54]. 1844 erging eine scharfe Warnung vor der «Vielleserei», denn «man liest das Wahre und das Falsche prüfungslos durcheinander, und dies lediglich mit Neugier ohne eigentliche Wissbegier. [...] Es wird dadurch das Müßiggehen zur Gewohnheit und bewirkt, wie aller Müßiggang, eine Abspannung der eigenen Seelenkräfte.»[55] Das behauptende Erzählmuster eines Arguments zu erkennen heißt dabei nicht, dass es falsch ist. Es relativiert aber seine Dramatik. Das gilt insbesondere für die Äußerung, diesmal sei alles anders.

Während sich diese Argumente endlos im Kreis drehen lassen, beginnt der historischen Erfahrung zufolge die Geschichte der Adaption, indem Strategien und Techniken des Umgangs mit dem Neuen entwickelt werden. Eine erste Annäherung liegt in der Gewöhnung; was vor 1914 als nervzerfetzend galt, würde ein Jahrhundert später als Müßiggang erlebt. Gemälde William Turners und Max Beckmanns versetzten die Zeitgenossen in Aufregung und werden im frühen 21. Jahrhundert als nachgerade beruhigend empfunden. Eine zweite Strategie des Umgangs liegt im Ausblenden überschüssiger Informationen, wie es beim Herantreten an jedes Zeitungsregal geschieht. Zu den kulturellen Praktiken kommen schließlich technische Hilfsmittel: Ampeln und Regeln für den angewachsenen Straßenverkehr, technische Verbesserungen der Eisenbahnen nach Unglücken, Spamfilter, Suchmaschinen und die Qualitätssicherung von Wikipedia, die zugleich als neue Autoritäten und hierarchische Strukturen auftreten und einmal mehr die für die Moderne so typischen Ambivalenzen in Gang setzen.

Schöne neue Welt?

Die Geschichte der technologischen Entwicklung offenbart also ebenso stereotype Muster der Wahrnehmung durch die Zeitgenossen wie empirische Evidenz grundlegender Veränderung. Wie steht es in diesem Sinne mit der Digitalisierung? Begründet sie nun eine neue historische Epoche oder schreibt sie ältere Entwicklungen fort?

Als Grundmuster und Grunderfahrung der Moderne stellt sich eine stufenförmige Beschleunigung heraus. Alle Indikatoren wie Datenmengen, Produktivität oder Pro-Kopf-Einkommen in den industrialisierten Ländern weisen seit dem 19. Jahrhundert eine exponentiell wachsende Kurve auf.

Vor diesem Hintergrund gibt sich die Digitalisierung als Beschleunigungs- und Verdichtungsschub innerhalb einer längerfristigen kontinuierlichen Entwicklung, als neue Stufe eines älteren Prozesses zu erkennen. Zugleich nahmen die Dimensionen bewegter Informationen, Sachen und Menschen, die Geschwindigkeit und die Dichte der Vernetzung so sehr zu, dass die Quantität in eine neue Qualität umschlug.

Im Gegensatz zur analogen Welt des Hochofens beruhte das digitale Zeitalter der Rechner auf der Umwandlung aller Arten von Signalen in Zahlencodes. Es führte somit zu einer umfassenden Quantifizierung – auch dies ein nach Art und Umfang neues Phänomen, allerdings, wie wir noch sehen werden,[56] in älteren Traditionen. Zudem färbte das Netzwerk als Sinnbild der digitalen Welt auf die Art des Denkens ab. Wenn es sich bewahrheitet, dass ein netzwerkartiges, rhizomatisches Denken die traditionellen hierarchisch-linearen, kausal-genetischen und logisch-systematischen Denkmuster der Moderne überlagert oder gar ersetzt, könnte die Digitalisierung in der Tat eine grundlegende kulturelle Veränderung der Weltaneignung herbeiführen. Wie sich die Kommunikationsformen unterscheiden, zeigt sich im Vergleich zwischen einem klassischen, auf Papier ausgefertigten Schriftstück und einem digital geborenen Dokument, beispielsweise einer Webseite. Letztere einfach auszudrucken, ergibt keinen rechten Sinn, weil ihre gesamte Hypertext-Struktur und damit ihre digitale Spezifik verloren ginge.

Blick zurück nach vorn

Die Digitalisierung hat also grundlegende Neuerungen mit sich gebracht. Konkrete Prognosen für die künftige Entwicklung lassen sich aus diesem historischen Befund jedoch keine ableiten. Es bleibt eine offene Frage, ob sich die technologische Entwicklung weiterhin in exponentieller Form fortsetzen und immer wieder neue Adaptionen nach sich ziehen wird, oder ob sie eines Tages außer Kontrolle gerät. Die historische Erfahrung besagt, dass die Realität der Zukunft die Phantasie der Gegenwart überholt. Die Geschichte der technologischen Entwicklung ist zugleich eine Geschichte der Fehlprognosen. 1978 hielt IBM den Personal Computer für keine zukunftsfähige Idee: «It isn't a product for big companies that use ‹real› computers.»[57] Einhundertfünfzig Jahre früher prophezeite einer seiner Mitentwickler: «Was wir mit dem Telegraphen machen, sind rein physikalische Dinge, die sich niemals in die Praxis umsetzen lassen.»[58]

Solche Ansichten wirken im Nachhinein erheiternd. Doch vermutlich wird es aktuellen Prognosen nicht anders gehen. Denn Menschen neigen dazu, Erwartungen aus Erfahrungen abzuleiten und als Trends in die Zukunft fortzuschreiben. Aus der Gegenwart ist aber nicht abzusehen, welche neue Technologie, welches neue Format, welches Start-up sich durchsetzen und das neue SAP oder Facebook, wer ein neuer Rockefeller oder Siemens werden wird. Aus historischer Perspektive ist Skepsis daher die angemessene Form des Umgangs mit eindeutigen zeitgenössischen Diagnosen und selbstgewissen Zukunftsprognosen. Symptomatisch dafür war 2013/14 die Reaktion auf die globale Überwachungs- und Spionageaffäre um die NSA. Hatte der deutsche Blogger und Herold des digitalen Zeitalters Sascha Lobo das Internet lange als «das perfekte Medium der Demokratie, der Emanzipation, der Selbstbefreiung» gefeiert, so widerrief er all dies im Januar 2014: «Das Internet ist kaputt.»[59]

Die historische Erfahrung lässt erwarten, dass die Zukunft in doppelter Weise anders sein wird: anders als die Gegenwart und anders als prognostiziert. Wenn sich dabei die historische Tendenz der Moderne fortsetzt, befindet sich die Digitalisierung erst im Durchbruch, und die Menschheit steht vor einer weiter beschleunigten Reise ins Ungewisse.

II. Global Economy

Der «große Knall» war nicht zu hören. Stattdessen wurde es leiser, als die schreienden Händler auf dem Parkett durch geräuscharme und immer leistungsfähigere Computer verdrängt wurden. Die Einführung des Computerhandels war Teil des *Big Bang* in der Londoner City, dem Inkrafttreten des Financial Services Act am 27. Oktober 1986.[1] Er hob die Trennung zwischen Börsenhändlern (*stockjobbers*) und Börsenmaklern im Auftrag der Kunden (*stockbrokers*) auf, nachdem die Mindestkommissionen für Börsenhändler schon 1983 abgeschafft worden waren. Auch ausländische Firmen durften nun mit Staatsanleihen handeln, und die Börsenumsatzsteuer wurde gesenkt.

Bis dahin hatte die City einem exklusiven Club geglichen. Dazu hatten ein ausgedehnter Lunch gehört und die Bewunderung für denjenigen, der dabei kräftig trinken konnte und am Nachmittag dennoch in der Lage war, gute Geschäfte zu machen, bevor man nicht zu spät nach Hause ging. Mit dem Zustrom von ausländischen, vor allem von amerikanischen Banken und von Liquidität wurde London zum globalen Finanzstandort. Da es im Vereinigten Königreich keine gesetzliche Trennung von Einlagen- und Investmentbanken gab, setzte eine Flut von Zusammenschlüssen ein. Im Wettbewerb um Börsenhändler explodierten die Gehälter, und der Transaktionserfolg ersetzte das Kaufmannsehrenwort. Die City veränderte sich. Viele Banken zogen in die funktionalen und modernen Bürogebäude, die in den Londoner Docklands aus dem Boden schossen, weil die altehrwürdigen Gebäude mit den großen Ölbildern an den Wänden für die notwendigen Verkabelungen nur bedingt geeignet waren. Wo einst der größte Hafen der Welt gewesen war, verwandelte sich das alte London in das moderne Britannien eines entfesselten Kapitalismus.

1. Die erste Globalisierung und ihre Feinde

1989 hatte der Kapitalismus gesiegt. Mit den staatlich regulierten Planwirtschaften in Osteuropa war die Alternative des 20. Jahrhunderts endgültig untergegangen. Ideen eines dritten Weges, wie sie die Oppositionsbewegung in der DDR gehegt hatte,[2] wurden mit der Wiedervereinigung hinweggespült, während der Sozialismus in China längst zum Staatskapitalismus übergegangen war. Kuba und Nordkorea blieben als vereinzelte Reste übrig.

Kapitalismus und Industrialisierung

Die Anfänge des Kapitalismus lagen vor der Moderne: im Fernhandel im Mittelmeerraum und in Asien, in den europäischen Aktiengesellschaften und Kolonialreichen, der Plantagenwirtschaft und dem Agrarkapitalismus, dem Verlegerwesen und dem Heimgewerbe der Frühen Neuzeit.[3] Das aber war etwas anderes als der Kapitalismus, der im 19. Jahrhundert in Verbindung mit der Industrialisierung entstand. Ausgehend von Nordwesteuropa löste der moderne Industriekapitalismus die Welt der agrarisch-feudalen Wirtschafts- und Gesellschaftsordnung ab.

Im Zentrum dieser Wirtschaftsordnung[4] stand und steht der freie Markt. In der Ver-Marktung durch Wettbewerb werden die Produktion und die Konsumtion von Gütern und Dienstleistungen zusammengeführt. Güter, Leistungen, Eigenschaften oder Optionen werden zu handelbaren Marktgütern. Die Relation zwischen Angebot und Nachfrage wird nicht durch Produktionsbeschränkung oder zentrale Lenkung, sondern durch den Mechanismus der Preise geregelt. Daraus entsteht das dynamische Prinzip des Gewinns, der von der Produktivität abhängt, auf Innovation beruht und Kapital erfordert. Dessen Verfügbarkeit wiederum besorgen die Geld- und Finanzmärkte. Im Kapitalismus beruht das Handeln der Akteure auf Privateigentum und auf der Freiheit des Individuums zum unternehmerischen Handeln bzw. zur freien Lohnarbeit im Gegensatz zu Zunftordnungen oder zur Leibeigenschaft. Diese Wirtschaftsweise wird nicht durch kollektive Vorgaben oder Gemeinnutzen bestimmt, sondern durch individuelles Vorteilsstreben, das sich auf den ausgehandelten Preis richtet.

Die Entstehung des Kapitalismus war aber nicht nur eine Frage der ökonomisch-politischen Ordnung, sondern auch der Produktionsweise. Auch wenn die Industrialisierung weitgehend von kleinen und mittleren Betrieben getragen wurde, ist der mechanisierte, arbeitsteilige Großbetrieb, die Fabrik, zum Inbegriff der modernen Industriegesellschaft geworden. Zwischen 1750 und 1850 begann in Europa eine Entwicklung, in der Kapitalismus und Industrialisierung sich gegenseitig in einem langfristig stabilen Wachstumstrend verstärkten. Diese Verbindung bewirkte den historisch einmaligen Übergang von den hoch regulierten, agrarisch geprägten, vormodernen Subsistenzwirtschaften zum marktwirtschaftlichen Industriekapitalismus. Andere Faktoren kamen hinzu. Die Revolution der agrarischen Produktivität war die zwingende Voraussetzung für eine Bevölkerungsexplosion, die den alten demographischen Zyklus der «malthusischen Falle», das eherne Wechselspiel von Nahrungsspielraum und Bevölkerungszahl, durchbrach.[5] Allerorten sichtbar wurde diese «Verwandlung der Welt» in der zweiten Phase der Industrialisierung um die Wende vom 19. zum 20. Jahrhundert, als die neuen Leittechnologien Stahl, Chemie und Elektrizität Einzug hielten, die Massenfertigung ihren Durchbruch erzielte und die multinationalen Konzerne des *big business* aufkamen.[6]

Die erste Globalisierung …

Diese Entwicklung hatte ihre Zentren in Nordwesteuropa und in den USA, aber sie war nicht darauf beschränkt. Für die Zeit nach der Mitte des 19. Jahrhunderts spricht man von der «ersten Globalisierung». Benannt werden mit diesem Begriff die Ausweitung, Verdichtung und Beschleunigung der weltweiten Vernetzungen sowie die enge Verbindung zwischen Industrialisierung und Globalisierung, mit der die Wirtschaft zum Vorreiter der Gesamtentwicklung wurde.

Schon in der Bildung von antiken Großreichen wie dem Alexanderreich oder dem Römischen Reich zeigte sich eine Tendenz zur Globalisierung. Eine wirklich globale Vernetzung entstand aber erst nach 1492, als Christoph Kolumbus die den Europäern bis dahin unbekannten karibischen Inseln und später Mittelamerika entdeckte. Seit dem frühen 16. Jahrhundert stiegen die europäischen Mächte zu Herrschern der Weltmeere auf und begannen, die Welt zu kolonisieren.[7] Sie machten sich die Welt durch Entdeckungsreisen und Handelsverkehr zugänglich, durch politische Beziehungen und ihre Kriegsmarine sowie durch militärische Auseinandersetzungen von transatlantischer Ausstrahlung. Der Siebenjährige Krieg wurde außer in Europa auch als *French and Indian War* in Nordamerika geführt, die Französischen Revolutionskriege griffen auf

Ägypten über. In der Folge wurden die europäischen Mächte zum Ziel von Unabhängigkeitskriegen: der amerikanischen Kolonien gegen Großbritannien zwischen 1775 und 1783, der spanischen Kolonien in Südamerika im frühen 19. Jahrhundert oder des historisch einzig erfolgreichen Sklavenaufstands gegen die französische Kolonialherrschaft in Haiti 1791.

Durch die Industrialisierung im 19. Jahrhundert gewann auch die Globalisierung eine neue Qualität. Ihr Vorreiter England stieg zur weltweit agierenden Macht auf. Ein leistungsfähiges Handelsnetz sicherte die notwendige Rohstoffversorgung der Baumwollindustrie. Der Fernhandel, der zuvor eher Luxusgüter wie Gewürze, Tee, Gold und Uhren umgeschlagen hatte, bewegte nun Massengüter des täglichen Bedarfs und hatte somit direkte Auswirkungen auf die Lebensverhältnisse der Mehrheit der Menschen. Durch Dampfschifffahrt, Eisenbahn und Telegraphie wurden Anfang des 20. Jahrhunderts Butter aus Neuseeland und Rindfleisch aus Argentinien nach Europa eingeführt. Für Getreide, Wolle, Petroleum, Kaffee und Zucker entstanden Weltmärkte. Umgekehrt waren europäische Prestigegüter in der fernen Welt gefragt; 1911 wurden allein 4474 deutsche Klaviere nach Argentinien geliefert.[8]

Zwischen 1800 und 1913 wuchs das Welthandelsvolumen um das 25-Fache, zwischen 1820 und 1870 jährlich um 4,2 Prozent, zwischen 1870 und 1913 um 3,4 Prozent. Die Angleichung der Preise war ein Zeichen von globaler Marktintegration. Zugleich wurden Konjunkturbewegungen weltweit spürbar.[9] Der Welthandel mit Massengütern und Rohstoffen, die zur Weiterverarbeitung in die industriellen Zentren Europas transportiert wurden, legte zunehmende Entfernungen zwischen die Orte der Produktion und die des Verbrauchs. Auch die Menschen kamen in Bewegung. Migrationsströme führten zwischen 1850 und 1914 ca. 60 bis 70 Millionen Auswanderer, davon 40 bis 45 Millionen Europäer, vor allem nach Nord- und Südamerika. Sieben Millionen Menschen wanderten ins asiatische Russland, elf Millionen Inder, Chinesen und Japaner verdingten sich als «Kontraktarbeiter». Aber zwischen 1811 und 1867 wurden auch noch 2,7 Millionen Afrikaner als Sklaven nach Amerika verkauft.

Die erste Globalisierung hatte, wie die meisten historischen Phänomene, mehrere Ursachen, die ihre Wirkung erst durch ihre Verflechtung miteinander entfalten konnten.[10] Die technologischen Entwicklungen wie die enorme Innovation der Produktionstechniken sowie die Revolution des Verkehrswesens und der Kommunikationsmöglichkeiten hingen eng mit der Erschließung neuer Rohstoffvorkommen und Agrarböden in den USA und in Argentinien zusammen. Umfangreiche Lieferungen von Getreide und Rindfleisch stürzten die preislich nicht konkurrenzfähige europäische Landwirtschaft in eine existentielle Krise, die dann nach dem Zweiten Weltkrieg zum Europäischen Agrarmarkt führte. Britische Aristokraten suchten ihre Einbußen durch Börsenspekulationen auf den neuen Märkten zu kompensieren – und machten dadurch ihre eigene Konkurrenz noch stärker.[11] Die Lösung des Kapitals aus nationalen Bindungen war also nicht erst ein Phänomen des sogenannten Neoliberalismus. In der zweiten Hälfte des 19. Jahrhunderts strömten europäische Kapitalexporte auf offenen Märkten in alle Welt, vor allem aus Großbritannien nach Nord- und Lateinamerika, Indien und Ozeanien. Regierungen in enger Verbindung mit den Großbanken, Städte, Hafenbehörden und Eisenbahngesellschaften nahmen öffentliche Anleihen auf privaten Kapitalmärkten auf. Kapitalverkehrskontrollen gab es nicht, Steuern auf Kapitalerträge waren selten.

Begünstigt wurde die erste Globalisierung durch die internationale Vereinheitlichung von Rechts-, Währungs- und Technologiestandards. 1875 wurde das metrische System, 1884 die Weltzeit eingeführt. Seit etwa 1870 diente der Goldstandard als währungspolitisches Maß der Dinge. Internationale Rechtsabkommen sorgten für Patent- und Markenschutz, und die Haager Landkriegsordnungen von 1898 und 1907 versuchten sich an einer internationalen Vereinheitlichung von Regeln für den Krieg. Multinationale Firmen ersetzten die alten Handelshäuser und wurden, wie General Electric und Siemens, zu nationalen Vorzeigeunternehmen. Schließlich etablierten sich Liberalismus und Freihandel, trotz aller protektionistischen Maßnahmen und zeitweiligen Gegenbewegungen, grundsätzlich als wirtschaftspolitische Leitideen.

... und ihre Feinde

Um die Jahrhundertwende stiegen mit den USA und Japan neue Mächte auf, während die Dominanz der europäischen Nationalstaaten mit ihrer ideologisch aufgeladenen Rivalität in Destruktion umschlug. Globalisierung, Hochindustrialisierung und Imperialismus verbanden sich zu einer hochexplosiven Mischung aus Dynamik und Zerstörungskraft. Weltmachtstreben und ein «Klima der imperialen Torschlusspanik» hinsichtlich der Kolonien[12] mischten sich mit einer Verunsicherung über die Dimension des technologisch-ökonomischen Wandels, die in manchem an das Gefühl um die Jahrtausendwende erinnert, «die Mächte der Globalisierung nicht bändigen zu können»[13]. Aus nationalistisch überhöhtem antagonistischem Großmachtdenken im Banne des Prestiges, also aus politischen Gründen und gegen die eigenen ökonomischen Interessen, gingen die europäischen Staaten in den Ersten Weltkrieg. Sie verspielten ihre globale Vorherrschaft, und der daraus folgende Rückschlag der Globalisierung wirkte sich bis in die siebziger Jahre aus. In dieser Perspektive stellen das Zeitalter der Weltkriege und der Nachkriegsboom nach 1945 eine eigene Epoche und zugleich eine historische Ausnahmeperiode dar.[14]

Die Wirtschaftsleistung der europäischen Länder ging durch den Ersten Weltkrieg erheblich zurück, auf 94,8 Prozent des Vorkriegsstandes in England, auf 87,1 Prozent in Frankreich und auf 78,7 Prozent in Deutschland.[15] Hier war der Krieg durch Inlandsanleihen finanziert worden, die der deutsche Staat nach dem verlorenen Krieg nicht bedienen konnte. Dies war die Grundlage der Hyperinflation von 1923, mit der die Geldvermögen des Mittelstandes vernichtet wurden. In weltwirtschaftlicher Dimension vertauschten sich die Rollen. Der vormalige Hauptgläubiger Europa wurde zum Hauptschuldner, die USA hingegen wurden zum großen Gläubiger, ohne dem allerdings wirklich gerecht zu werden.[16] Als amerikanische Banken Ende der zwanziger Jahre begannen, ihre Kredite aus Europa abzuziehen, weiteten sich die amerikanische Überproduktionskrise und der Börsencrash an der Wall Street am 25. Oktober 1929 zu einer verheerenden Weltwirtschaftskrise aus.

Besserung setzte in Deutschland im Laufe der dreißiger Jahren ein – freilich durch nichts anderes als einen abermals schuldenfinanzierten Aufschwung in der Rüstungsindustrie, der in das Armageddon des Zweiten Weltkriegs führte. Ihm folgten die jahrzehntelange Spaltung der Welt und der Weltwirtschaft. Zugleich wurden internationale Institutionen wie die Weltbank, der Internationale Währungsfonds oder das Allgemeine Zoll- und Handelsabkommen GATT begründet, um das Weltwirtschaftssystem wiederaufzubauen. Grundlage war das Abkommen, das 44 Regierungen im Juli 1944 in Bretton Woods in New Hampshire unterzeichneten. Das System von Bretton Woods beruhte auf einem festen Wechselverhältnis zwischen den Währungen der Teilnehmerstaaten und dem US-Dollar, dessen Wert zu einem Kurs von 35 US-Dollar pro Unze an den Goldpreis gebunden wurde. Zugleich verpflichtete sich die amerikanische Notenbank gegenüber den Zentralbanken der anderen Länder, Dollar jederzeit in Gold umzutauschen. Fixe Wechselkurse besitzen den Vorteil berechenbarer und konstanter Währungsrelationen, sie bringen allerdings das Problem mit sich, dass volkswirtschaftliche Ungleichgewichte eines Ausgleichs bedürfen.

Der Nachkriegsboom wurde in der Bundesrepublik als das «Wirtschaftswunder» erlebt. Die Forschung hat dafür verschiedene Erklärungen gefunden.[17] Die Rahmenbedingungen, ein erheblicher Rekonstruktions- und Nachholbedarf und billige Energie durch billiges Öl, das zunehmend im Nahen Osten gefördert wurde, waren in der zweiten Nachkriegszeit günstig. Anders als in der ersten herrschte eine allgemeine Kompatibilität von globalen wirtschaftlichen Aktivitäten und staatlich kontrollierten Bedingungen. Zusätzlich profitierte der bundesdeutsche Export von einer unterbewerteten D-Mark im Bretton-Woods-System.

Die Zeitgenossen erlebten die wirtschaftliche Entwicklung der fünfziger und sechziger Jahre als eine goldene Ära ununterbrochener Zuwächse. Krisen schienen der Vergangenheit anzugehören. Der Glaube, die wirtschaftliche Entwicklung zu beherrschen und steuern zu können, verfestigte sich.[18] Die keynesianische Makroökonomie setzte auf konjunkturpolitische Maßnahmen, vor allem durch die Stimulierung der gesamtwirtschaftlichen Nachfrage in Krisen. Die bundesdeutsche Variante der «Globalsteuerung» erbrachte ihren vermeintlichen Tauglichkeitsnachweis, als sie 1966/67 die erste konjunkturelle Delle der Nachkriegszeit überwand.

Wenige Jahre später stellte sich dies jedoch als Illusion heraus, als der Nachkriegsboom abrupt endete. Nachdem zunehmende volkswirtschaftliche Divergenzen und Zahlungsbilanzungleichgewichte die fixierten Währungsrelationen schon seit den sechziger Jahren unter Spannung gesetzt und wiederholt Anpassungen nötig gemacht hatten, kollabierte die Weltwährungsordnung von Bretton Woods 1973 endgültig. Obendrein drosselte die Organisation der erdölexportierenden Staaten nach Ausbruch des arabisch-israelischen Jom-Kippur-Krieges im Oktober 1973 die Ölförderung und trieb die Preise in die Höhe. Damit brachen zwei Pfeiler des Nachkriegswachstums zusammen, billige Energie und stabile Währungen. In Europa zog Stagflation ein, wie die Zeitgenossen das unerwartete Phänomen nannten. Niedrige Wachstumsraten bei steigender Inflation und Arbeitslosigkeit waren im keynesianischen Rezeptbuch nicht vorgesehen; mäßige Inflation sollte Beschäftigung und Wachstum steigern. Die keynesianischen Instrumente, der Inbegriff der Modernisierungshoffnungen und des Steuerungsdenkens der sechziger Jahre, griffen nicht. Konjunkturelle Zyklen kehrten zurück und konfrontierten die Staaten Europas für Jahrzehnte mit Massenarbeitslosigkeit und Wachstumsschwäche, Staatsverschuldung, Inflation und Konjunkturkrisen. Diese Erfahrung war ein Kulturschock, der die «Geborgenheit im gesicherten Fortschritt» erschütterte.

In weltwirtschaftlicher Perspektive liest sich diese Geschichte freilich anders.[19] Durch den Übergang zu freien Wechselkursen entstanden erstmals nach 1914 wieder globale Finanz- und Kapitalmärkte. Enorme Kapitalströme, die der Ölpreisschock und die Liquidität der Erdölexporteure freigesetzt hatten, flossen über den sogenannten Petrodollarmarkt an die privaten Banken zurück. Diese Zunahme an Kapitalmobilität und die verstärkte Liberalisierung des Welthandels durch den fortgesetzten Abbau von Zollschranken waren wesentliche und leicht übersehene Faktoren, die die siebziger Jahre zu einer weltwirtschaftlichen Scharnierzeit zur zweiten Globalisierung machten.

2. Neoliberalismus?

Im frühen 21. Jahrhundert und verstärkt seit der Weltfinanzkrise von 2008 hat sich in der historischen Forschung ein neues Narrativ verbreitet, das die Nachkriegszeit in zwei Phasen unterteilt.[20] Demzufolge wurde der «Nachkriegskonsens» über einen demokratisch gezähmten, wohlfahrtsstaatlich eingehegten und staatlich regulierten Kapitalismus mit reduzierter sozialer Ungleichheit seit den siebziger Jahren durch den «Neoliberalismus» abgelöst, der mit seiner Politik der Privatisierung, der Deregulierung und der Flexibilisierung eine «Unterwerfung aller Beteiligten unter die Herrschaftspraktiken des Marktes» erzwang, die «Entdemokratisierung des Kapitalismus» bewirkte und «von der Ölkrise zur Finanzkrise» führte. Abgesehen davon, dass diese Erzählung dazu neigt, die Ausnahmesituation des Nachkriegsbooms zu idealisieren, übersieht sie vor allem das Scheitern des politischen Keynesianismus in den siebziger Jahren. Dort begann eine Entwicklung, die vielschichtiger ist, als der politische Kampfbegriff «Neoliberalismus» es nahelegt.

Von Keynes zu Friedman: Der Wandel der politischen Ökonomie

Richtig ist: Mit dem Scheitern des Keynesianismus schlug die Stunde der Marktliberalen und der Chicagoer Schule in den Wirtschaftswissenschaften. Der Wirtschaftswissenschaftler Milton Friedman ging davon aus, dass keynesianische Nachfragestimulierung und Inflation nur kurzfristige Effekte für Beschäftigung und Wachstum brächten, diese vielmehr durch die Erwartung steigender Preise und die Erhöhung der Reallöhne langfristig ins Gegenteil verkehrten. Er sah die Aufgabe der Geldpolitik demgegenüber in einer stetigen und behutsamen Anpassung der Geldmenge an die Bedürfnisse der realen Wirtschaft. Überzeugt von der Stabilität sich selbst regulierender Märkte, plädierte er für die Stärkung der Marktkräfte und größtmögliche Enthaltsamkeit des Staates. In seinen Worten: «Chicago stands for the belief in the efficiency of the free market as a means of organizing resources, for scepticism about government intervention into economic affairs, and for emphasis on the quantity theory of money as a key factor in producing inflation.»[21]

Das war marktoptimistischer gedacht als das, was klassischerweise, seit Alexander Rüstow den Begriff 1938 aufgebracht hatte, als «Neoliberalismus» bezeichnet wurde: der Ordo-Liberalismus der Freiburger Schule. Freiburg ging es um Ordnung *für* den Markt durch einen starken regelsetzenden Staat, während Chicago an Ordnung *durch* den Markt glaubte, wenn der Staat sich auf Geldmengensteuerung zum Zweck der Preisstabilität beschränkte.[22]

Dabei entwickelte die Geldpolitik unterschiedliche Ausprägungen. Erwies sich die Geldmengentheorie der Steuerung über die umlaufende Geldmenge in Großbritannien in den achtziger Jahren als wirkungslos, so verfolgte die Bundesbank seit den frühen siebziger Jahren eine stabilitätsorientierte Geldpolitik. Auch die amerikanische Notenbank betrieb unter ihrem Präsidenten Paul Volcker in den frühen achtziger Jahren eine hart antiinflationäre Hochzinspolitik, die zu einer Stabilisierung und zum Wachstum der amerikanischen Volkswirtschaft führte, allerdings um den Preis der lateinamerikanischen Schuldenkrise. Ende der achtziger Jahre hatte sich in der westlichen Welt allerdings ein allgemeiner Konsens darüber durchgesetzt, dass Geldwertstabilität die Voraussetzung für ökonomische Prosperität ist.

Wirtschaftspolitisch vollzogen die westlichen Industrieländer in den achtziger Jahren eine marktorientierte Abkehr vom Keynesianismus. Auch hier wurden unterschiedliche Schwerpunkte gesetzt: Die britische Regierung Thatcher setzte unter Schatzkanzler Geoffrey Howe zwischen 1979 und 1983 primär auf Haushaltskonsolidierung, während Schatzkanzler Nigel Lawson im zweiten Kabinett Thatcher zu einer Privatisierungsoffensive überging. Haushaltskonsolidierung war auch die Parole der bundesdeutschen Politik nach dem Regierungswechsel von 1982, die zugleich von Steuererleichterungen und unter dem Strich steigenden Sozialausgaben begleitet wurde. Später und zögerlicher als im Vereinten Königreich wurden Bundesbeteiligungen und in den neunziger Jahren die Staatsunternehmen Bahn und Post privatisiert und 1996 der Telekommunikationsmarkt liberalisiert. Frankreich verfolgte nach der Wahl François Mitterrands zum Staatspräsidenten 1981 einen Kurs expansiv staatsinterventionistischer Politik, vollzog aber 1983 eine Kehrtwende zur Haushaltskonsolidierung. Die USA waren schon in den siebziger Jahren als Vorreiter von Privatisierungen (zum Beispiel auf dem Flugmarkt) aufgetreten, ohne sie allerdings durch eine Politik der Haushaltskonsolidierung zu flankieren. In den achtziger Jahren stand die Stabilitätspolitik der Zentralbank im Gegensatz zu einer Haushaltspolitik, die den Staat durch hohe Rüstungsausgaben verschuldete.

Leinen los – die Deregulierung der Finanzmärkte

Was sich schließlich als besonders folgenreich herausstellen sollte, waren die Deregulierungen der Finanzmärkte.[23] Im Gegensatz zur Zeit offener Kapitalmärkte vor 1914 waren die Finanzmärkte der Nachkriegszeit zunächst wechselseitig voneinander abgeschottet. Finanzkapital diente der Finanzierung von Handel und produktiven Investitionen auf nationalen Märkten. Versuche der Europäischen Wirtschaftsgemeinschaft in den sechziger Jahren, Kapitalverkehrsbeschränkungen abzubauen, scheiterten in den Währungskrisen Ende des Jahrzehnts, die in den Zusammenbruch des Bretton-Woods-Systems übergingen.

Und doch kamen die Kapitalmärkte in den sechziger und siebziger Jahren in Bewegung. Die Konvertibilität der wichtigsten europäischen Währungen untereinander erlaubte es Ausländern seit 1958, Guthaben in Fremdwährungen zu halten und in andere Währungen zu tauschen. Ein erster Schritt waren die sogenannten Euromärkte, auf denen Banken Fremdwährungsgeschäfte außerhalb der Ursprungsländer der Währungen tätigen konnten. Einen Schub stellte dann, wie gesehen, 1973 der Zusammenbruch des Weltwährungssystems mit dem Übergang zu freien Wechselkursen dar. Mit dem Ende staatlicher Festlegungen von Wechselkursrelationen versprachen einseitige Regulierungen potentielle Wettbewerbsvorteile, um mobiles Kapital anzuziehen – von dem auf den Petrodollarmärkten mehr als genug unterwegs war. Stück für Stück wurden Finanztransaktionen durch Maßnahmen, die auf den ersten Blick nicht unbedingt spektakulär wirken, vereinfacht und verbilligt, als zum Beispiel die New Yorker Börse 1975 die Mindestprovision für registrierte Wertpapierhändler abschaffte.

1980 wurden die Zinsobergrenzen in den USA abgeschafft.[24] 1982 eröffnete die Deregulierung von Sparkassen diesen bis dahin wenig profitablen Institutionen neue Geschäftsfelder wie Warenkredite und Geldmarktgeschäfte, auf denen sie freilich keine Erfahrung hatten. In den neunziger Jahren wurden Fusionen von Banken zum Motor der Entwicklung an den

Finanzplätzen, insbesondere die Fusion von Citicorp und Travelers Insurance Group 1998 – obwohl oder gerade weil sie mit dem Glass Steagall Act von 1933 kollidierte. Dieses Gesetz trennte Geschäftsbanken, die ihre Geschäfte mit Einlagen und Kredit machen, sowie im Wertpapiergeschäft tätige Investmentbanken und Versicherungen. Es war eine Ikone des New Deal, jenes Sets von Wirtschafts- und Sozialreformen, mit dem die USA in den dreißiger Jahren die Weltwirtschaftskrise bekämpft hatten. Die formelle Aufhebung des Gesetzes 1999 machte den Weg zur Bildung von Mega-Banken frei.

Vor diesem Hintergrund unterbreitete eine Kommission für den Handel mit Warentermingeschäften (Commodity Futures Trading Commission) 1998/99 Vorschläge, um frei handelbare Derivatgeschäfte zu regulieren. Sie stießen auf erbitterten Widerstand des Notenbankpräsidenten Alan Greenspan, der US-Finanzminister Robert Rubin und Lawrence Summers sowie der Spitzen der Finanzwirtschaft. Stattdessen wurden Derivate (von Wertpapieren, Zinssätzen oder Handelsgegenständen abgeleitete Geschäfte, also Termingeschäfte mit Aktien, Anleihen, Währungen, Metallen oder Waren) per Gesetz explizit von Regulierungen ausgenommen. An ihrer Stelle wurde 2004 eine freiwillige Regelung getroffen, die den Investmentbanken geringere Eigenkapitalreserven erlaubte. Begonnen unter der Präsidentschaft Bill Clintons, ging die amerikanische Finanzwirtschaft in der Ära George Bush jr. (2001–2008) durch die Decke, als sich die rechtlich und technisch freigesetzten Volumina und die Beschleunigung der Transaktionen potenzierten.

Liberalisierungen der Finanzmärkte wurden seit den achtziger Jahren auch in der Bundesrepublik vorgenommen, allerdings mit deutlich begrenzterer Reichweite. 1986 wurde mit dem «geregelten Markt» ein Börsensegment geschaffen, in dem geringere Regulierungen herrschten als auf dem amtlichen Markt. 1989 wurde der elektronische Börsenhandel ermöglicht, und im Jahr darauf begann der Handel mit Optionen neuen Typs an der Deutschen Terminbörse.[25] Aus acht deutschen Börsen, an denen noch Anfang 1990 nur zwischen 11.30 und 13.30 Uhr gehandelt worden war, entstand 1992 die Deutsche Börse AG mit mehr als 1200 Mitarbeitern. Sie sollte mit den internationalen Finanzplätzen konkurrieren und legte dazu ihren öffentlich-rechtlichen Charakter weitgehend ab. Finanzmarktförderungsgesetze führten ab 1990 zu beschleunigten Deregulierungen: 1991 wurde die Börsenumsatzsteuer abgeschafft, 1997 der «Neue Markt» für Risikokapital eingerichtet, 2000/01 die Besteuerung von Gewinnen aus Anteilsveräußerungen abgeschafft und die Körperschaftssteuer auf ausgeschüttete und einbehaltene Gewinne von 40 auf 25 Prozent gesenkt. Als

Deregulierer betätigte sich nicht zuletzt auch die Europäische Gemeinschaft. Nach der Richtlinie 88/361/EWG des Ministerrats zum Abbau aller Kapitalverkehrsbeschränkungen 1988 stellte die Abschaffung der Kapitalverkehrskontrollen zum 1. Juli 1990 die erste Stufe der Europäischen Währungsunion dar.

Deregulierungen und Digitalisierung zusammen führten dazu, dass die Volumina, die Mobilität und die Umlaufgeschwindigkeit von Kapital exponentiell zunahmen. Um diese Ströme zu lenken, wurden neue Instrumente erfunden. «Verbriefung» bedeutete, schuldrechtliche Beziehungen wie Kredite in handelbare Wertpapiere umzuwandeln. Derivate dienten sowohl der Absicherung des Handels von Gütern mit stark schwankenden Preisen als auch zur Spekulation. Um die Renditen zu steigern, wurden Hebel angelegt, indem Eigenkapital durch Fremdkapital ergänzt wurde (*leverage*). Wenn die Gesamtrendite höher lag als der Zinssatz, dann galt: je höher der Verschuldungsgrad, desto höher die Eigenkapitalrendite.[26] Angesichts dieser Mechanismen suchten die Anleger Möglichkeiten, um bestehende Eigenkapitalvorschriften zu umgehen. Daher wurden Zweckgesellschaften, Hedgefonds, Refinanzierungsstrukturen mit kurzen Laufzeiten, Geldmarktfonds oder Kapitalbeteiligungsgesellschaften gegründet, die nicht der staatlichen Aufsicht unterstanden. Die Sächsische Landesbank gründete Tochtergesellschaften in Irland, um Geschäfte mit amerikanischen Hypothekenmarktkrediten zu betreiben – haftbar war am Ende freilich die Muttergesellschaft. So wuchs ein System von «Schattenbanken»[27] heran, die am Vorabend der Weltfinanzkrise Summen bewegten, die mit denen konventioneller Banken vergleichbar waren.

Zugleich brachte die zunehmende Internationalisierung der Produktion neue Finanzierungsbedürfnisse mit sich und befeuerte das internationale Kreditgeschäft. Der Anteil der Auslandsguthaben und der Auslandsverschuldung am amerikanischen BIP stieg zwischen 1996 und 2007 auf das 2,5-Fache, während sich der gesamtwirtschaftliche Verschuldungsgrad zwischen den siebziger Jahren und 2008 in den USA von 150 auf 350 und in der Bundesrepublik von 100 auf 250 Prozent erhöhte.[28] Der Kapitalmarkt gewann erheblich an Bedeutung für die Unternehmen, die sich vermehrt durch Aktienemissionen statt durch Kredite finanzierten, für die Banken, die vermehrt Transaktionen tätigten, statt Kredite zu vergeben, und für die Anleger auf der Suche nach Rendite. Der kurzfristige Handel mit Wertpapieren drängte das klassische langfristige Kreditgeschäft zurück.

Die achtziger Jahre – eine ökonomische Bilanz

Eine politisch-ökonomische Bilanz der achtziger Jahre hat zunächst die globale Freisetzung von Wachstumskräften und ökonomischer Dynamik und einen Wohlstandsschub nach der Krise der siebziger Jahre zu verzeichnen. Der Zuwachs an verfügbarem Kapital bedeutete einen enormen Anschub für eine auf Kapital beruhende Wirtschaftsform. Die viel kritisierten Privatisierungen von Post und Bahn erbrachten letztlich vielfältige Verbesserungen; der britische Historiker Richard Vinen berichtet, wie er 2008 eine Vorlesung über den Thatcherismus hielt und sich angesichts der vielen bunten Mobiltelefone vor seinen Studenten daran erinnerte, wie schwierig es zu seiner Studienzeit gewesen war, die staatliche Post zu bewegen, einen Festnetzanschluss einzurichten.[29] In der Bundesrepublik stützte die Stabilitätspolitik der achtziger Jahre eine lang anhaltende konjunkturelle Aufwärtsentwicklung, die Massenwohlstand für 80 bis 90 Prozent der Gesellschaft[30] und die ökonomisch beste Zeit der alten Bundesrepublik ermöglichte.

Im Laufe der achtziger Jahre kam mit dem digitalen Zeitalter ein neuer Optimismus auf, der das Krisenbewusstsein der Siebziger ablöste und die in Deutschland traditionsreiche Kapitalismuskritik von rechts und von links zum Verstummen brachte.[31] «Der Kapitalismus» erwies sich als fähig, andere und Gegenbewegungen zu absorbieren. Er habe die antiautoritäre Kritik von 1968 produktiv aufgenommen und sich die Forderungen nach Entfaltung des Individuums, nach Kreativität und Autonomie sowie die Kritik an Hierarchie und Bürokratie zu eigen gemacht, so Luc Boltanski und Eve Chiapello.[32] Das Sinnbild dafür sind die flachen Hierarchien und die Kapuzenpullover im Netzwerkkapitalismus des Silicon Valley oder das Werbeengagement des prominentesten deutschen Grünen Joseph Fischer für BMW. Ebenso hat der Kapitalismus weibliche Erwerbstätigkeit als gemeinsamen Nenner mit der Frauenbewegung entdeckt, die dort der Emanzipation und hier der Rekrutierung eines Erwerbskräftepotentials diente. Der Kunstmarkt machte kritische Künstler zu Multimillionären. Allerorten schmolzen alte Trennlinien des analogen Zeitalters und der Hochmoderne ein. Der «neue Geist des Kapitalismus» (Boltanski/Chiapello) vollbrachte eine breite Integrationsleistung. Zugleich legte er den Grund für das Vordringen des *shareholder-value*-Kapitalismus in den neunziger Jahren, der in erster Linie den Gewinninteressen der Anteilseigner verpflichtet war und mit dem sich nicht nur die Wirtschaftskultur, sondern auch die Standards der politischen Kultur allgemein veränderten.[33]

In den neunziger Jahren lösten sich die expandierenden Finanzmärkte zunehmend von der Realwirtschaft. Wie sich zeigte, waren sie allerdings nicht nur Orte rationaler Entscheidungen und schneller Reaktion, sondern abhängig von kurzfristigen Erwartungen, Gerüchten und Emotionen. Die fortgesetzten Deregulierungen setzten in Verbindung mit der Digitalisierung gewaltige und letztlich nicht beherrschbare ökonomische Kräfte frei. Immer speziellere Finanzinstrumente, immer längere Verschuldungsketten und immer komplexere Vernetzungen nahmen schließlich ein Ausmaß an, das die Akteure bzw. ihr Scheitern «systemrelevant» machte. Dies verführte zur subjektiven Versuchung, zum sogenannten *moral hazard,* auf eine Rettung durch den Staat zu vertrauen und immer höhere Risiken ohne Blick auf Langzeitfolgen einzugehen. Es gehörte zu den historischen Paradoxien, dass die Freisetzung der Märkte in der Haftung des Staates endete.

An dieser Kritik setzt die Zweiteilung der Nachkriegszeit in einen (guten) Nachkriegskonsens und den (bösen) Neoliberalismus an. Allerdings übersieht sie einige wesentliche Faktoren. Zunächst war mit dem Ende des Nachkriegsbooms auch die keynesianische Politik an ihr Ende gekommen. Die marktorientierte Politik, die in den siebziger Jahren in den USA begann und in den achtziger Jahren auch Europa erfasste, bewirkte zunächst einen Aufbruch aus festgefahrenen Steuerungsmodellen der Nachkriegsmoderne. Er schloss an die Globalisierung vor 1914 an und setzte eine breite ökonomische Belebung in Gang. Das Problem waren nicht die Marktreformen und die Liberalisierungen der achtziger Jahre. Das Problem waren die Verselbständigung, die ausbleibende ordnungspolitische Nachsteuerung und die mangelnde Einhegung außer Kontrolle geratender Entwicklungen in den neunziger Jahren, vor allem in den USA. Einem historischen Muster zufolge bildet sich ein neues Phänomen heraus und führt problematische Begleiterscheinungen mit sich, die daraufhin reguliert werden. So hatten die Gewerbefreiheit und das Aufkommen der industriellen Produktionsweise im 19. Jahrhundert zu sozialen Problemen geführt, denen Ende des Jahrhunderts die staatliche Sozialgesetzgebung entgegenwirkte. Anders die USA um die Jahrtausendwende. Ein Glaube an die Stabilität der Märkte, der dem klassischen «Neoliberalismus» fremd gewesen wäre, unterschätzte die Kräfte und die Imbalancen, die sich aus der Bündelung von dynamisierten Finanzmärkten, einer staatlichen Politik des billigen Geldes und den Möglichkeiten des digitalen Zeitalters ergaben. Allerdings war es gerade die Bereitschaft zum Risiko und zum Scheitern, gepaart mit einer kräftigen Portion Rücksichtslosigkeit gegenüber dem Rest der Welt, die das dynamische Wachstum der USA und ihre weltweite Führungsrolle ermöglichte.

Neoliberalismus?

Der Begriff «Neoliberalismus» hat sich als Signum der Zeit zwischen erster Ölkrise und Weltfinanzkrise eingebürgert. Da das Sagbare dem Machbaren den Rahmen gibt, stellt sich die Frage: Ist der Begriff richtig?[34] Ein Problem ist seine inhaltlich diffuse und abwertende ideologische Verwendung. Als akademisches Paradigma der politischen Ökonomie bezeichnet «Neoliberalismus» die neoklassische Theorie rationaler Marktbeziehungen der *homines oeconomici*. In anderen Fällen ist damit ein politisch-ökonomisches Modell für Wachstum und Modernisierung von Entwicklungsländern gemeint. Zumeist bezieht sich der Begriff auf die ökonomische Reformpolitik zur Freisetzung von Marktkräften durch Deregulierungen von Kapitalmärkten, Privatisierungen von Staatsunternehmen und Stabilitätspolitik. Des Weiteren bezeichnet er ein allgemeines Modernisierungsparadigma der politischen Kultur, das Marktbeziehungen zur normativen Leitvorstellung auch außerhalb der Ökonomie macht.

Dabei hat der Begriff des «Neoliberalismus» einen semantischen und normativen Wandel durchgemacht. Im Sprachgebrauch der fünfziger und sechziger Jahre bezeichnete er den Freiburger Ordoliberalismus. Eine pejorative Infektion erlitt er auf einem Umweg über Lateinamerika, genauer über Chile, als Diktator Augusto Pinochet in den siebziger Jahren Milton Friedman als Berater verpflichtete. In den achtziger Jahren verselbständigte er sich zum Kampfbegriff seiner Kritiker für eine unreguliert freie Marktwirtschaft. Die ursprüngliche Bedeutung hatte sich (jedenfalls innerhalb des Begriffsspektrums von Liberalismus) nachgerade ins Gegenteil verkehrt und wird dem bezeichneten Phänomen in seiner Vielfalt nicht gerecht.

Daraus folgt ein Dilemma. Entweder wird der Begriff eindeutig definiert und für Marktwirtschaften mit marktradikalen neoklassischen Reformen verwendet, damit aber von seiner ursprünglichen Bedeutung abgeschnitten. In Deutschland träfe er, wenn überhaupt, am ehesten auf die rot-grüne Regierung (1998–2005) zu. Oder man verzichtet auf ihn, weil er zu unspezifisch ist, und bezeichnet die unterschiedlichen Phänomene: als neoklassische ökonomische Theorie, als Marktreformen der achtziger Jahre, als *shareholder-value*-Kapitalismus der neunziger oder als allgemeines Modernisierungsdenken um die Jahrtausendwende. Dann aber fehlte ein anschaulicher Begriff, der sich weltweit für eine wachstumsorientierte Ökonomie freier Märkte und geringer Staatsintervention in Zeiten der Globalisierung etabliert hat.[35] Da kein adäquater alternativer Begriff bereitsteht, führt am «Neoliberalismus» wohl kein Weg vorbei. Dann aber ist es geboten, ihn vom politischen Vorurteil zu lösen und im analytisch-werturteilsfreien Sinne als Bezeichnung einer marktorientierten politischen Ökonomie zu verwenden.

3. Die zweite Globalisierung und ihre Effekte

2007 hatte der Siegeszug des Smartphones begonnen, das Mobiltelefon, Computer, Kamera und Medienabspielgerät integriert und sich innerhalb weniger Jahre über die Welt verbreitete. Der globalen Anwendung ging ein ebenso globaler Prozess der Entwicklung und Herstellung voraus. Begonnen hatte er in den Entwicklungs- und Designabteilungen der IT-Konzerne in Kalifornien und in Japan. Da ein Smartphone bis zu sechzig verschiedene Materialien benötigt, waren Rohstoffe zu beschaffen: Tantal und Kobalt aus der Demokratischen Republik Kongo, wo der Abbau mit dem Bürgerkrieg interferierte, Kupfer und Gold aus Sambia, Peru und Chile, Aluminium und Bauxit aus Brasilien, Indien, China und Australien. Die Zusammensetzung der Einzelkomponenten erfolgte in Niedriglohnländern wie China, Vietnam und Indien, bevor die Endgeräte mit enormen Margen und exorbitanten Gewinnen weltweit verkauft wurden – 24 Millionen Stück allein 2014 in Deutschland.[36]

1989 kamen die Digitalisierung und die marktökonomische Belebung der westlichen Industrienationen in den achtziger Jahren mit der marktwirtschaftlichen Öffnung ehemals staatssozialistischer Systeme und der staatskapitalistischen Transformation Chinas zusammen. Die zweite Globalisierung hatte begonnen.[37] Zwischen 1989 und 2011 versechsfachte sich das Welthandelsvolumen, die internationalen Direktinvestitionen stiegen in den neunziger Jahren um jährlich 25 Prozent, und die Kapitalmärkte globalisierten sich. Hatte sich das Volumen der deutschen Wertpapiertransaktionen mit dem Ausland 1971 auf ein Fünfzigstel des BIP belaufen, so betrug es 2004 das Sechsfache des BIP.

Multinationale Unternehmen konnten sich durch die Liberalisierung der Finanzmärkte mit Kapital ausstatten und verlagerten die Produktion aus den Industriestaaten in Länder mit niedrigeren Lohnkosten. So entstand ein weltweiter Wettbewerb um Arbeitsplätze, der Staaten und Gesellschaften unter Anpassungsdruck setzte. Das viel beschworene *race to the bottom*, der Wettbewerb der Standorte um die niedrigsten Lohnkosten, betraf dabei vor allem gering qualifizierte Arbeit und erinnerte an die Frühzeit der Industrialisierung in Europa. Empirische Belege für ein flächendeckendes *race to the bottom* in Bezug auf die Sozialstaaten gibt es freilich nicht; dass die Staatsquoten, wie ein Vergleich von 186 Staaten zeigt, zwischen 1970 und 2004 insgesamt gestiegen sind, ist zumindest ein Indiz dagegen.[38]

War die zweite Globalisierung eine Neuauflage der ersten vor 1914? Oder handelte es sich, immerhin ein ganzes Jahrhundert später, um ein eigenes historisches Phänomen? Wie so oft in der Geschichte ist beides der Fall.[39]

Grundlegende Gemeinsamkeiten lagen erstens darin, dass es in beiden Fällen ökonomische Interessen waren, die als hauptsächliche Antriebskräfte wirkten. Zweitens gründeten beide Prozesse auf den Leitideen des Liberalismus, freiem Welthandel und offenen Kapitalmärkten. Drittens dominierten in beiden Fällen die Länder der Triade, der drei großen Wirtschaftsräume Nordamerika, Europa und Ostasien. Viertens waren in beiden Fällen Widersprüche, Konflikte und Ambivalenzen zu beobachten, zwischen Globalisierung und Nationalstaat, Liberalismus und Staatsintervention, Konvergenz und Divergenz. Und fünftens wurden beide Globalisierungen als Phasen der Beschleunigung und des Anpassungsdrucks erfahren, die auf Zeitgenossen und Volkswirtschaften als Schock wirkten – für die Landwirtschaft in der ersten Phase, durch die Verlegung von Produktionsstandorten in der zweiten.

Die Unterschiede lagen vor allem in der quantitativen Dimension. Dies gilt erstens für die Geschwindigkeit und die Verdichtung von Kommunikation und Mobilität und die Größenordnung der Transaktionen an den Kapitalmärkten. Zweitens betraf das Volumen der Finanztransaktionen ganze Volkswirtschaften, nicht nur einzelne Anleger, wie es noch in den internationalen Krisen des späten 19. Jahrhunderts der Fall gewesen war. Das Platzen der South Sea Bubble hatte einzelne Spekulanten ruiniert, die Weltfinanzkrise von 2008 hingegen zog weltweit ganze Gesellschaften nach sich. Drittens spielten Direktinvestitionen, also Auslandsinvestionen in direkte Eigentumsobjekte, anstelle indirekter Portfolio-Investitionen eine größere Rolle, von chinesischen Unternehmenszukäufen in Europa über weltweite Werke deutscher Automobilhersteller bis zum Engagement arabischer Scheichs in britischen Fußballklubs. Viertens trat eine neuartige Dimension transnationaler Unternehmen wie Arcelor Mittal oder Vodafone, BNP Paribas oder der Royal Bank of Scotland als Akteure in Erscheinung. Die Gesamtzahl der transnationalen Unternehmen stieg zwischen 1990 und 2008 von rund 35 000 auf 82 000; im selben Zeitraum stieg die Zahl ihrer Tochterunternehmen von 150 000 auf mehr als 800 000.[40] Fünftens sorgten nationale und internationale Institutionen wie die Weltbank, der Weltwährungsfonds oder die Welthandelsorganisation für eine stärkere institutionelle Einfassung, als es vor 1914 der Fall gewesen war. Und schließlich unterschied sich der Goldstandard vor 1914 von den freien Wechselkursen nach 1973.

Der lange Zeitraum zwischen den Globalisierungen zeigt vor allem eines: Es gab keine lineare Entwicklung, sondern Phasen der Beschleunigung sowie Phasen der Verzögerung und der Reversion, graduellen Wandel und neue Qualitäten, vorwärtstreibende Elemente und Gegenbewegungen. Anfang des 21. Jahrhunderts, nach dem – oder mitten im – zweiten Globalisierungsschub, ist schwer vorstellbar, dass diese Entwicklung rückgängig gemacht werden könnte. Zugleich besagt die historische Erfahrung, dass die Entwicklungen von äußeren Faktoren abhängig, nach verschiedenen Seiten offen und politisch sehr wohl zu beeinflussen sind.

Als Bilanz der zweiten Globalisierung sind zunächst die Liberalisierung der Weltwirtschaft und die weltweite Verbreitung marktwirtschaftlicher Modelle zu verzeichnen. Die Vorstellung, dass der amerikanische *shareholder-value*-Kapitalismus und das liberale anglo-amerikanische Wirtschaftsmodell zur vorherrschenden Form geworden seien, liegt nahe, trifft so eindeutig aber nicht zu. Die Bedeutung der amerikanischen Wirtschaft und ihre globale Ausstrahlung haben zwar zugenommen, alternative Formen haben sich allerdings weiterentwickelt und sind neu entstanden. Die sogenannten koordinierten Marktwirtschaften in Deutschland oder in Schweden haben ihre Arbeitsmärkte und Sozialsysteme dem globalisierten Wettbewerb anpassen müssen, und die Finanzmärkte sind wichtiger für die Unternehmen und deren Strategien geworden. Trotz aller Veränderungen blieben Unterschiede zum anglo-amerikanischen Modell im Hinblick auf Produktionsstrukturen, Sozialstaat und Arbeitsbeziehungen aber bestehen.[41] Zugleich haben die Schwellenländer des «globalen Südens», vor allem die sogenannten BRIC-Staaten, eigene Spielarten eines «inkorporierten Kapitalismus» entwickelt, in denen der Staat als Unternehmer und im Finanzwesen eine größere Rolle spielt. Doch diese Modelle, das sozial-korporatistische in Brasilien, die oligarchisch-klientelistischen Verhältnisse in Russland, das staatskapitalistische System in China und die stärker marktliberale Ausrichtung in Indien, unterscheiden sich erheblich. Die historische Besonderheit ist, dass sich alle Systeme als kapitalistisch bezeichnen lassen.[42]

Ein zweiter Effekt der zweiten Globalisierung lag in einem weltweiten Prosperitätsschub, der von 1991 bis 2007 dauerte und vor allem die globale Armut reduzierte. Wie auch immer die Indikatoren für Armut gefasst werden (ein verfügbares Einkommen von weniger als 1,25 oder 2 Dollar am Tag), welche Kriterien man auch immer für die Definition von sich entwickelnden und Schwellenländern anlegt, welche konkreten Zahlen auch immer folglich herauskommen – seit der Jahrtausendwende lässt sich in absoluten Zahlen und mehr noch in Relation zur Gesamtbevölkerung ein deutlicher Rückgang von Armut feststellen. Den Daten der Weltbank zufolge ging der Anteil der Menschen mit einem Einkommen bzw. einer Kaufkraft von weniger als 2 Dollar pro Tag in «Ländern mit mittlerem Einkommen» (darunter Brasilien und China) zwischen 1990 und 2010 von 66,1 auf 38,3 Prozent, der Anteil der Menschen in extremer Armut mit einem Einkommen von weniger als 1,25 Dollar am Tag von 43,3 auf 18 Prozent zurück. In den Entwicklungs- und Schwellenländern sank die Zahl der Menschen mit einem Einkommen von weniger als 1,25 Dollar am Tag zwischen 1990 und 2011 von 1,92 auf 1,01 Milliarden und von 43,5 auf 17 Prozent. Von dieser Entwicklung profitierten insbesondere Ostasien und die pazifische Region und generell die Länder, die sich an der Globalisierung beteiligten, nicht hingegen das subsaharische Afrika. Insgesamt lässt sich dabei eine zunehmende soziale Ungleichheit *innerhalb* der Gesellschaften, hingegen eine abnehmende soziale Ungleichheit *zwischen* Gesellschaften beobachten.[43]

Drittens spielte die Spekulation eine doppelte Rolle: als Antrieb des Strukturwandels und als Anreiz für Hasardeure. Die zwischen 1945 und 1985 scheinbar ausgestorbenen spekulativ geprägten Krisen traten wieder auf, und das liberale 19. Jahrhundert kehrte zurück.[44]

Unterdessen wird das Ausmaß der Globalisierung in Vorstellungen einer transnational entgrenzten Welt leicht überschätzt. Pankaj Ghemawat wies 2011 darauf hin, dass nur 3 Prozent der Menschen außerhalb ihres Geburtslandes lebten und nur 2 Prozent der Studenten außerhalb ihres Heimatlandes studierten. Der Großteil allen Verkehrs von Menschen, Informationen, Gütern und Kapital findet weiterhin national, nicht international statt. Grenzen, Distanzen und kulturelle Differenzen sind nicht bedeutungslos geworden. Ghemawat spricht daher von einer «Semiglobalisierung» neben persistenten Möglichkeiten nationaler Regulierungen.[45]

4. Deutschland unter Druck

Zu den Besonderheiten der zweiten Globalisierung gehört die Bedeutung der Finanzmärkte und ihrer Regeln. Zentrales Kriterium des Erfolges sind Gewinne aus Dividenden und Veränderungen von Kurswerten. Der Blick allein auf diese Finanzwerte übersieht unterdessen die Realwirtschaft und die Welt der Produktion, die hinter diesen Werten stehen. Die Unternehmen wurden abhängiger von den Kapitalmärkten, an denen sie sich leichter finanzierten als durch langfristige Bankenkredite. Die Anteilseigner schauten in erster Linie auf die Dividenden und den Börsenkurswert, und die Manager wurden, wie es in der wirtschaftswissenschaftlichen Theorie hieß, zu Agenten ihrer Prinzipale: der Aktionäre.

Hohe Renditen innerhalb kurzer Frist, die zwangsläufig mit höheren Risiken verbunden waren, rückten in den Vordergrund. Für eine erhöhte Volatilität sorgte zugleich ein Wandel der Bankenkultur: der Bankier wurde zum Banker. Die renditegetriebene Verbriefung von Immobilienkrediten mit schlechter Bonität und andere hochspekulative Geschäfte hätten bis in die achtziger Jahre unter den schweren Ölbildern in den altehrwürdigen Gebäuden der Londoner City als unethisch gegolten.[46] Aber im System war Bewegung. In den späteren achtziger Jahren begann *merger mania*, ein Boom von *mergers and acquisitions*. Mit der Auflösung historisch gewachsener Konglomerate verflüssigten sich gewachsene Infra- und Unternehmensstrukturen. Unternehmen selbst wurden zur Handelsware, nachdem sie in Deutschland seit der Hochindustrialisierung von kurzfristiger Handelbarkeit ausgenommen gewesen waren. Das bedeutete einen weiteren Expansionsschub für die Kapitalmärkte und eröffnete ein profitables eigenes Geschäftsfeld für Banken und Berater.[47] Besonders innovativ ging es auf den neuen Märkten der *new economy* außerhalb der klassischen Industrie der *Blue Chips* zu. Im Bereich von Informationstechnologie und Dienstleistungen sprangen junge Unternehmen auf und nährten mit raschen Expansionsschüben und Hochrisikostrategien die Dotcom-Blase. All das setzte der «Deutschland AG» erheblich zu.

In der Bundesrepublik hatte nach dem Abschluss des Wiederaufbaus im engeren Sinne ab 1955 der kapitalintensive Aufbau neuer Produktionskapazitäten begonnen. Erst jetzt setzte sich hier das sogenannte fordistische Modell der standardisierten, hoch arbeitsteiligen Massenproduktion durch. Der «Triumph der Fließbandarbeit» führte zu einer Dequalifizierung des

Arbeitsmarktes und zur Anwerbung gering qualifizierter ausländischer Arbeitskräfte; bis 1971 stieg der Anteil ungelernter Arbeit von 20 auf über 40 Prozent.[48] Damit standen die beiden Jahrzehnte bis in die frühen siebziger Jahre, die seit 2008 gern als die «gute alte Zeit» erinnert werden, in einem doppelten Widerspruch – einerseits zum zeitgleich einsetzenden Strukturwandel hin zur Dienstleistungsgesellschaft, der Bedarf an Fachkräften statt an ungelernten Arbeitskräfte mit sich brachte, und andererseits zur deutschen Tradition, Erfolge auf den Weltmärkten durch hochtechnologische Qualitätsprodukte zu erzielen. Garanten des deutschen Erfolges waren die enge Verbindung von Wissenschaft und Industrie, das Qualifikationsniveau der Ausbildungsberufe und das System der sozialen Sicherung und der Sozialpartnerschaft der Tarifparteien gewesen.[49]

Auch die Verflechtung von Banken und Unternehmen hatte zu den Kennzeichen des «Modell Deutschland» gehört: ein kredit-, nicht börsenbasiertes Finanzierungssystem der Unternehmen mit langfristigen Beziehungen zu den Banken, die wiederum mittels Anteilsbesitz und Aufsichtsratsmandaten die Unternehmen kontrollierten. Noch 1998 befand sich nur ein Drittel der einhundert größten deutschen Unternehmen in Streubesitz. Mit der Organisation in Verbänden von Privatbanken, Sparkassen und Kreditgenossenschaften mit quasi öffentlichem Status glich der Bankensektor eher einer Infrastruktur als einem Markt. Der Staat bemühte sich, im Falle des Strukturwandels im Ruhrgebiet ebenso wie nach der Wiedervereinigung, um die soziale Kompensation der Modernisierungsprozesse und ihrer Verlierer. Zum «rheinischen Kapitalismus» gehörten schließlich die Arbeitsbeziehungen, die von Mitbestimmung, Tarifpartnerschaft und dualem Ausbildungssystem geprägt waren. Dass die Unternehmen wegen der hohen Ausbildungskosten darauf angewiesen waren, ihre Stammbelegschaft zu halten, unterschied das deutsche Modell von der Kultur des *hire and fire*.

Liberale und korporatistische Elemente, Wettbewerbsmärkte und starker Staat kamen in diesem Modell zusammen. Es zeichnete sich durch Stabilität und Langfristorientierung aus und galt im internationalen Vergleich, vor allem im Vergleich zur innovations- und risikofreundlichen amerikanischen Wirtschaftskultur, zugleich als risikoscheu, wenig dynamisch und innovativ.[50] Zunehmend geriet es in Widerspruch zu den leitenden internationalen Tendenzen der achtziger und vor allem der neunziger Jahre, der Kapitalmarktorientierung, dem schnellen technologischen Wandel und hoher Veränderungsdynamik.

Alle beteiligten Seiten gerieten unter Druck.[51] Die Banken sahen sich mit der Forderung konfrontiert, die Eigenkapitalrenditen zu steigern, sich mehr um die Aktionäre als die Schuldner zu kümmern, die Verflechtungen mit der Industrie zu lockern und den Geschäftsbereich der *mergers and acquisitions* zu bedienen. Anfang der neunziger Jahre hatte eine Abwehrfront unter Führung der Deutschen Bank die Übernahme des Reifenherstellers Continental durch Pirelli verhindert, denn feindliche Übernahmen, so war die allgemeine Ansicht, passten nicht zur sozialen Marktwirtschaft. 1997 hingegen unterstützte die Deutsche Bank erstmals den Versuch der Übernahme von Thyssen durch Krupp.

Die Unternehmen gerieten in einen Zielkonflikt zwischen der Anpassung an internationale Spielregeln und der Bewahrung tradierter Unternehmenskulturen, zwischen Kostenkonkurrenz der internationalen Standorte und hohen deutschen Arbeitskosten. In dem Maße, in dem die institutionellen Anleger bedeutsamer wurden, rückten Dividenden, kurzfristige Gewinne und möglichst hohe Profitabilität in den Vordergrund – und der Börsenwert des Unternehmens, denn im Falle zu niedriger Börsennotierung drohte die feindliche Übernahme. So geschah es mit Mannesmann, das 2000 von Vodafone übernommen wurde, während umgekehrt Bayer und BASF auf Fremdmärkten Unternehmen zukauften.

Die Politik geriet unter Druck, die globale Wettbewerbsfähigkeit durch Gesetze zu unterstützen. Mit der Steuerfreistellung von Gewinnen aus Beteiligungsveräußerungen bei Aktiengesellschaften sowie der Senkung der Körperschaftssteuer auf einbehaltene und ausgeschüttete Gewinne von 40 auf 25 Prozent sorgte insbesondere die rot-grüne Regierung für kräftige Liberalisierungen. Zugleich stand sie vor dem Widerspruch zwischen internationaler Standortkonkurrenz und der Aufrechterhaltung des Sozialstaats, zwischen nationalen Traditionen und globalem «Wolfsgesetz» (Jeremy Rifkin).[52] Während die Arbeitslosigkeit scharf anstieg und die politische Öffentlichkeit den «Abstieg eines Superstars»[53] verhandelte, setzte die zweite Regierung Schröder ab 2003 ein Paket von Arbeitsmarktreformen in Gang, einschließlich einer verkürzten Bezugsdauer des Arbeitslosengeldes, der Zusammenlegung von Arbeitslosenhilfe und Sozialhilfe auf niedrigerem Niveau, verschärfter Zumutbarkeitsregelungen für die Annahme von Arbeit und der Lockerung des Kündigungsschutzes. Soweit Untersuchungen zu den Wirkungen der Reformen vorliegen – die politischen Interessen liegen dabei allerdings nie fern –, deuten sie auf eine Zunahme vor allem von Minijobs und Teilzeitarbeit hin, die aber das sozialversicherungspflichtige Normalarbeitsverhältnis nicht ersetzten, sondern ergänzten, während die Innovationskraft und die Wettbewerbsfähigkeit der deutschen Wirtschaft deutlich anstiegen.

 Diese Annäherung des rheinischen Kapitalismus an den anglo-amerikanischen unter Wahrung seiner Substanz[54] einschließlich der sozialpartnerschaftlichen Elemente kam zum Tragen, als die Arbeitslosigkeit ab 2005 zu sinken begann – und insbesondere, als die deutsche Wirtschaft aus der Weltfinanzkrise von 2008 als gefeiertes Erfolgsmodell hervorging.[55] Dass der zuvor oft kritisierte hohe Industrialisierungsgrad der deutschen Wirtschaft nun als sein Garant geschätzt wurde, während vormals gefeierte Staaten wie Island in der Bankenkrise versanken, dokumentiert einmal mehr die Volatilität zeitgenössischer Diagnosen und der Leitbilder von Wirtschaftsordnungen.

5. Der große Knall

«Alles in allem, Eure Majestät, war das Versagen, den Zeitpunkt, das Ausmaß und die Härte der Krise vorauszusehen und sie abzuwenden [...], in erster Linie ein Versagen der kollektiven Vorstellungskraft vieler kluger Menschen, die Risiken des Gesamtsystems zu erkennen.» So beantworteten 33 Experten der British Academy am 22. Juli 2009 die ebenso einfache wie grundlegende Frage, die Queen Elizabeth im November 2008 bei einem Besuch an der London School of Economics gestellt hatte: «Warum hat niemand die Kreditkrise kommen sehen?»[56] Die Antwort der Experten offenbart eine gewisse Ratlosigkeit. Worin lag die Ursache der Weltfinanzkrise 2008? Im Neoliberalismus? In der Politik des billigen Geldes? In der Gier der Banker?[57]

Die Ursachen der Krise

Anfang des 21. Jahrhunderts floss erhebliches Kapital aus Schwellenländern wie China, aber auch aus Ländern wie Island und Deutschland auf der Suche nach lukrativen Anlagemöglichkeiten in die USA, wo die Politik des billigen Geldes einen Immobilienboom vorantrieb. Strukturprobleme der Finanzmärkte des *shareholder-value*-Kapitalismus verketteten sich, Finanzindustrie und Bankensektor verselbständigten sich.

Seit den neunziger Jahren und verstärkt nach dem Schock des 11. September 2001 betrieb die Federal Reserve eine Niedrigzinspolitik – Sozialpolitik auf Amerikanisch, nicht durch staatliche Sozialleistungen, sondern indem einkommensschwachen Teilen der Bevölkerung der Erwerb von Immobilienbesitz erleichtert wurde. Über staatsnahe Einrichtungen wie Fannie Mae und Freddie Mac oder die Federal Home Loan Bank erhielten Hypotheken eine faktische Bürgschaft des Finanzministeriums. Mächtige Anreize setzten zudem die steuerliche Absetzbarkeit von Hypothekenzinsen und die Steuerbefreiung von Kapitalgewinnen aus dem Eigenheimverkauf. So entstand ein Boom, in dem die Immobilienpreise explodierten und atemberaubende neue Geschäftsmodelle zur Anwendung kamen.[58]

Zugleich suchten die Banken angesichts niedriger Zinsen nach lukrativen Anlagemöglichkeiten und vergaben sogenannte *Subprime*-Kredite, Hypothekendarlehen an Kreditnehmer mit geringer Bonität; diese ließ sich freilich kaschieren, indem die Banken die Darlehen mit anderen Krediten bündelten, als Wertpapier verbrieften und weiterverkauften. Diese *Mortgage Backed Securities* waren hoch verzinst und daher besonders attraktiv; das hohe Risiko wiederum wurde durch die Bonitätszertifikate der Rating-Agenturen kaschiert. Banken im In- und Ausland nahmen die Papiere ins eigene Portfolio und vergaben auf der Basis ihres – mit dem Immobilienboom steigenden – Zeitwerts neue Kredite. So entstand eine «Kaskade von ineinander verschachtelten Ansprüchen, die häufig nicht einmal der cleverste Investmentbanker durchschaute»[59], während sich die Bilanz- und Kreditsummen massiv aufblähten – zwischen 2001 und 2008 verfünffachte sich der Handel mit Derivaten[60] – und die Risiken des amerikanischen Immobilienmarktes internationalisierten. Jahrelang schienen steigende Immobilienpreise, hohe Liquidität, niedrige Zinsen und scheinbar problemlose Verschuldung reibungslos zusammenzuspielen.[61]

In Wahrheit verketteten sich die Strukturprobleme der Finanzmärkte.[62] Das Prinzip der beschränkten Haftung von Kapitalgesellschaften – grundsätzlich ein Instrument, um Kleinaktionäre dafür zu gewinnen, ihr Geld anzulegen – führte dazu, dass amerikanische Investmentbanken ihren Eigenkapitalanteil minimierten und über den *leverage*-Effekt Geschäfte tätigten, die kaum noch Risiko für die Anteilseigner der Banken, aber ein sehr hohes Risiko für die Gläubiger enthielten. Verstärkt wurde diese Entwicklung durch die Anreizsysteme des *shareholder-value*-Kapitalismus, die Maximierung der Aktienwerte und ein an kurzfristige Gewinne gekoppeltes Entlohnungssystem der Manager.

Hinzu kam ein Problem der Bilanzierungsregeln. Gemäß der deutschen Tradition des Niederstwertprinzips, das nach der Gründerkrise 1884 eingeführt worden war, wurde von den beiden Größen Ankaufswert oder Marktpreis die jeweils niedrigere zur Bilanzierung herangezogen, während nicht realisierte Gewinne als stille Reserven verbucht wurden. Eine EU-Richtlinie von 2002 ermöglichte hingegen die Anwendung des International Financial Reporting Standard (IFRS), d. h. die Bilanzierung nach aktuellem Marktwert (*mark to market*). Dieses Bilanzierungssystem wirkt prozyklisch, insofern die Eigenkapitalquoten bei steigenden Kursen hoch taxiert werden, zu großzügigen Kreditvergaben aufgrund von Buchgewinnen führen und die Wirtschaft anheizen bzw. Blasenbildung begünstigen. Bei fallenden Kursen werden die Eigenkapitalquoten jedoch niedrig fixiert, führen zu restriktiver Kreditvergabe und dämpfen die Wirtschaft weiter ab.

Ausgenommen von den Eigenkapitalvorschriften des Basler Ausschusses für Bankenaufsicht der G10-Staaten («Basel II») waren Zweckgesellschaften und Hedgefonds. Ihr Name bezeichnete ursprünglich und wörtlich (*hedging*) einen Schutz gegen Unternehmensrisiken wie Wechselkursschwankungen. Auch hier verselbständigte sich das Instrument zum Gegenstand vielfältiger kurzfristiger und hoch riskanter Geschäfte, zum Beispiel von sogenannten «Leerverkäufen»: Man leiht sich Wertpapiere, die zu einem bestimmten Zeitpunkt mit Leihgebühr zurückzugeben sind. Der Hedgefonds verkauft die geliehenen Papiere zusammen mit eigenen Papieren, löst so einen Verkaufsdruck aus, bringt den Kurs zum Fallen und kauft die Papiere zu einem niedrigeren Preis zurück. Wenn der Rückkaufkurs um mehr als die Leihgebühr unter den Verkaufskurs gesunken ist, ergibt sich ein Gewinn für den Hedgefonds. Bei nicht gedeckten Leerverkäufen verkauft man Aktien, die man noch gar nicht hat, treibt dadurch den Kurs nach unten und kauft die Aktien schnell, bevor man sie liefern muss – ein Paradebeispiel für hochriskante Geschäfte mit hohen Gewinnmöglichkeiten.

Während ordnungspolitische Nachsteuerungen dieser Entwicklungen unterblieben, setzte ein unregulierter Wettbewerb auf den Finanzmärkten systematische Anreize für kurzfristige Gewinne ohne Sanktionen für langfristige Verluste. Im Gegenteil drohte bei Zuwiderhandeln, also im Falle konservativer bzw. sicherer Anlagestrategien, die feindliche Übernahme. Hinzu kam das Vertrauen auf Rettung von außen im Falle des Scheiterns. Das Ergebnis waren hoch riskante Anlagestrategien, um möglichst hohe Eigenkapitalrenditen zu erzielen, ein abgehobenes System von Bankern, die ostentativem Luxus im «Mogulstil» frönten, und von Schattenbanken, deren Geschäfte mit Derivaten ebenso außer Kontrolle gerieten wie ihre *leverage*-Raten – bis zu 61 zu eins betrug das Verhältnis von Fremdkapital zu Eigenkapital bei der Barclays Bank, aber auch die Deutsche Bank kam auf 53 zu eins.[63]

Die Anreizstrukturen zugunsten kurzfristiger Gewinne sind ein klassisches Beispiel für die sogenannte Rationalitätenfalle – individuelle Rationalität führt zu kollektiver Unvernunft. Dennoch bleibt die Frage, warum – wieder einmal – alle mitgemacht haben. Sie stellt sich vor allem für potentielle Gegenkräfte. Gläubigern und Aktionären mangelte es an Informationen. Manager fanden sich im Prinzipal-Agent-Verhältnis zu ihren Aktionären wieder und mussten unter dem Konkurrenzdruck um Profite im Falle der Zuwiderhandlung mit ihrer Abberufung rechnen. Ratingagenturen, deren Aufgabe in der Einschätzung der Risiken lag, waren selbst privatwirtschaftliche Unternehmen, die sich den Verlust großer Kunden nicht leisten konnten und daher auch unsichere Papiere mit der höchsten Bonität des *triple-A* zertifizierten. Sie waren ebenso Teil des Spiels wie Wirtschaftswissenschaftler, die Banken und Finanzunternehmen berieten, statt unabhängige Wissenschaft zu betreiben. Schließlich vertrauten die staatlichen Bankenaufsichten auf die Selbstregulierung der Märkte und sahen sich im Wettbewerb der Staaten um Kapital. Die Präsidenten der Federal Reserve, Alan Greenspan und Ben Bernanke, erkannten die Risiken ebenso wenig wie die amerikanischen Finanzminister.

Der Glaube an eine natürliche Stabilität der Märkte gründete auf einer scheinbar objektiven Grundlage, in Wahrheit aber auf der Autosuggestion von Berechenbarkeit und Sicherheit durch eine mathematisierte Finanzökonomie. So wie die Zeitgenossen Ende der sechziger Jahre geglaubt hatten, die keynesianische Globalsteuerung habe die Konjunkturzyklen gezähmt, so glaubten sie dasselbe nun von komplexen wirtschaftsmathematischen Modellen. «Das zentrale Problem der Depressionsvermeidung ist in jeder praktischen Hinsicht gelöst», ließ Robert Lucas, der Wirtschaftsnobelpreisträger von 1995, verlauten.[64] Als der Chefökonom des Internationalen Währungsfonds 2005 vorsichtig anmahnte, «zwischen der Skylla exzessiver Intervention und der Charybdis des Glaubens, der Markt werde alles richtig machen» zu steuern und «vernünftige Aufsichtsmaßnahmen» zu ergreifen, bezeichnete ihn Larry Summers, der Präsident der Universität Harvard und frühere Finanzminister der Regierung Clinton, als «irregeleiteten marktfeindlichen Maschinenstürmer».[65]

Allgemein wurde so gedacht, und dieser Umstand verweist auf eine weitere, übergreifende Erklärung. Was alle sagen und machen, ist von entscheidender Bedeutung für die Orientierung der Einzelnen. Es ist eben nicht so, wie es sich der philosophische Idealismus vorgestellt hatte, dass nämlich das vernünftige Individuum die umgebende Welt betrachtet, autonom urteilt und daran sein Handeln ausrichtet. Der Sozialpsychologe Salomon Asch hat Anfang der fünfziger Jahre in einem Experiment gezeigt, dass die intellektuell eigentlich eindeutige Einschätzung, ob ein Stöckchen länger ist als ein anderes, in erheblichem Maße davon abhängt, was die anderen sagen.[66] Und so machte jeder bei der Rallye mit, weil alle bei der Rallye mitmachten: Banker und Anleger, große und kleine, Demokraten in den USA ebenso wie sozialdemokratische Regierungen in Europa, Sparkassen, Landesbanken und Kommunen in Deutschland, Länder wie Island, Irland und Spanien, die mit einem Male als Musterländer modernen Wachstums erschienen, zumal gegenüber dem vermeintlich altbacken überindustrialisierten Deutschland. Sie alle waren von der Hoffnung auf traumhafte Wachstumsraten, schnellen Reichtum und eine mühelose Konvergenz der europäischen Volkswirtschaften getrieben. Selbst Isaac Newton verlor 1720 in der Südseeblase ein Vermögen.[67] Nicht nur Liebe macht blind.

«Die Wirtschaft wächst, die Einkommen steigen, und die Unternehmen erzielen immer größere Gewinne. Die Angst vor dem Risiko schwindet, der Preis des Schuldenmachens sinkt, und es wird immer leichter für Unternehmen und Privatpersonen, Geld aufzunehmen und auszugeben. An diesem Punkt ist die Blase kein psychologisches Phänomen mehr, sondern eine Kraft der wirtschaftlichen Veränderung und ein Wachstumsmotor. Gleichzeitig ermuntert sie zu immer neuen und immer riskanteren Unternehmungen, wie zum Beispiel dem Bau von Siedlungen in der Wüste.» Die Entwicklung kehrt sich um, das Angebot übersteigt die Nachfrage wieder. «Wie ein Feuer, das Sauerstoff benötigt, benötigt die Blase Fremdkapital und leicht verfügbares Geld. Wenn beides ausbleibt, sinken die Preise und es beginnt die ‹Entkapitalisierung›.»[68] Die Blase platzt, und die Dynamik des Aufschwungs wendet sich ins Zerstörerische.

Der Crash

An der Börse wird nicht geklingelt. 2006 erreichte der Immobilienboom seinen Höhepunkt. Doch schon 2005 hatte sich die wirtschaftliche Entwicklung in den USA abgeschwächt. Zugleich begannen 2006 die Leitzinsen anzusteigen und die Preise für Immobilien zu sinken. Als sich 2007 Zahlungsausfälle und Zwangsvollstreckungen häuften, gingen die Hauspreise ebenso zurück wie der Wert der hypothekenbesicherten Wertpapiere, vor allem auf dem *Subprime*-Markt. Anfang 2007 machte sich die Erkenntnis breit, dass niedriger bewertete Tranchen schwere Verluste erleiden würden. Im Schneeballeffekt wurden bald auch die Senior-Tranchen erfasst, denn die Hauspreise waren inzwischen allerorten massiv überbewertet, allein in Miami um gut 100 Prozent. Wer in Spitzenjahren ein Haus gekauft hatte, musste mit einem Preisrückgang um 50 Prozent rechnen, und das führte selbst bei einer soliden Finanzierung mit einem Eigenkapitaleinsatz von 20 Prozent zu negativem Eigenkapital, einem geringeren Immobilienwert als der nicht getilgte Teil der Hypothek.[69] Wehe dem, der jetzt verkaufen musste.

Im Juni 2007 musste die Investmentbank Bear Stearns mitteilen, dass die Einlagen zweier ihrer Hedgefonds, die Ende 2006 noch mit 1,5 Milliarden Dollar bewertet worden waren, fast nichts mehr wert seien. Mit dem Verfall der Immobilienwerte verschlechterten sich die Refinanzierungsbedingungen für die Banken an den Geldmärkten. Im August schossen die entsprechenden Indikatoren in die Höhe[70] – Liquidität für die Banken wurde teuer und knapp. Und so begann im Herbst 2007 die Rallye der Bankenzusammenbrüche. Nachdem die britische Northern Rock Bank schon im September 2007 in Zahlungsschwierigkeiten geraten war, wurde sie im Februar 2008 verstaatlicht. Im März brach Bear Stearns zusammen und wurde von JP Morgan Chase übernommen. Im Juli 2008 traf es die staatsnahen Hypothekenbanken Fannie Mae und Freddy Mac, die mit staatlichen Mitteln gerettet und unter Staatsaufsicht gestellt wurden.[71]

Und dann kam der Knall. Am Wochenende des 13. und 14. September 2008 näherten sich die amerikanischen Banken Lehman Brothers und Merrill Lynch unaufhaltsam der Insolvenz. US-Finanzminister Paulson rief die Finanzelite in der Fed in Manhattan zusammen, um eine Übernahme oder eine geordnete Abwicklung einzuleiten. Während Merrill Lynch von der Bank of America übernommen wurde, blieb eine Einigung über Lehman aus. Am Montag, dem 15. September, ging erstmals in der Krise eine Bank in Konkurs.

Was nun folgte, war «eine Panik des 19. Jahrhunderts mit der Geschwindigkeit des 21. Jahrhunderts».[72] Der Zusammenbruch von Lehman Brothers war ein Menetekel für alle, und er führte zu einem schlagartigen Vertrauensverlust zwischen den Banken und den Finanzinstitutionen. «Rette sich, wer kann», lautete die Devise. Die Folge waren Notverkäufe, Verluste, die das Eigenkapital überstiegen, und ein rapider Preisverfall. Die Entkapitalisierung war der umgekehrte Effekt der *Hausse.* Banken und Unternehmen stornierten Geschäfte und horteten Cash. Schlagartig trockneten die Finanzmärkte aus.

Die Krise an den amerikanischen Märkten griff umgehend auf andere Länder über. Europäische Banken hatten Anlagen in amerikanischen Wertpapieren getätigt, die nichts mehr wert waren. Staaten wie Spanien und

Dubai hatten eigene Immobilienblasen aufgebaut. Ländern wie Island oder Irland wurde das Verhältnis zwischen Eigenkapital und Fremdkapital zum Verhängnis, das die Banken ins Trudeln brachte. Generell waren zu viele riskante Kredite auf dem Markt.[73] Postkommunistische Länder in Ost- und Ostmitteleuropa, insbesondere die baltischen Staaten, hatten vor 2008 hohe Neuverschuldungen in Fremdwährungen aufgenommen. Nun drehte sich der Kapitalfluss um. Ungarn, Island, Weißrussland, die Ukraine und Lettland mussten Hilfen beim Internationalen Währungsfonds beantragen.

In Deutschland gab es keine Immobilienblase, die platzen konnte. Dafür hatten sich deutsche Banken im großen Stil an den spekulativen Geschäften und am Erwerb von Zertifikaten beteiligt, insbesondere die Landesbanken in Bayern, Sachsen und Nordrhein-Westfalen – deren Geschäftsmodell hochriskante Spekulationsgeschäfte eigentlich ausschloss –, die Commerzbank, die im Oktober 2003 an die Börse gebrachte Hypo Real Estate und die IKB Deutsche Industriebank. Sie alle hatten versucht, ein großes Rad zu drehen, und auf der Suche nach schnellem Gewinn das berüchtigte «stupid German money»[74] auf die amerikanischen Finanzmärkte geworfen.

Eine der entscheidenden Fragen in einer Finanzkrise ist die, ob und inwieweit sie auf die Realwirtschaft übergreift. In der Tat brachen weltweit die Exporte ein, in China und Deutschland um 30, in Singapur um 37 und in Japan um 45 Prozent,[75] ebenso gingen die Rohstoffpreise zurück. Ende Oktober mussten die Automobilhersteller ihre Produktion drastisch zurückfahren. Binnen kürzester Zeit war das Problem in der produzierenden Wirtschaft angekommen. Was hier ablief, war eine Krise ohne historisches Vorbild. Das Platzen einer Blase führte zum Kollaps des Finanzsystems, dem binnen weniger Wochen ein Konjunktureinbruch und binnen zweier Jahre eine Staatsschuldenkrise und eine Krise der gesamten Europäischen Währungsunion folgten.[76]

Staatliche Rettung statt schöpferischer Zerstörung

Ließ sich der Lehman-Konkurs im Sinne der makroökonomischen Theorie Werner Sombarts oder Joseph Schumpeters als Akt der «schöpferischen Zerstörung» nicht mehr funktionsfähiger Strukturen begreifen, dem ein geordneter Neuaufbau folgen kann, so wurde dieser Prozess unter dem Schock der Folgen umgehend und mit äußerstem Einsatz eingedämmt. Nach dem 15. September 2008 ging es «nur noch darum, der Panik Einhalt zu gebieten» und den Zusammenbruch der Finanzmärkte zu verhindern. Die Notenbanken pumpten als «Kreditgeber erster, letzter und einziger Instanz» durch Ankäufe und Zinssenkungen Geld in die Märkte. Zugleich kehrte ein Akteur auf die Bühne zurück, dessen Aufgabe nach bisheriger Auffassung der Chicago School und der Finanzindustrie darin bestehen sollte, möglichst nichts zu tun: die Politik. Die Staaten griffen zu dramatischen Rettungsmaßnahmen wie Notverstaatlichungen, Garantien und Bürgschaften oder der Einrichtung von *Bad Banks*, die die wertlosen Wertpapiere übernahmen.[77]

Einen Tag nach dem Lehman-Konkurs stellte Washington dem Versicherungskonzern American International Group (AIG) 85 Milliarden Dollar zur Verfügung und übernahm den überwiegenden Teil seines Aktienvermögens in Staatsbesitz, um die Banken zu retten, die Wertpapierversicherungen bei der AIG erworben hatten. Drei Tage später präsentierte die US-Regierung den Emergency Economic Stabilization Act, der das Finanzministerium ermächtigte, für bis zu 700 Milliarden US-Dollar Papiere aufzukaufen und Kapital an die Banken auszugeben. Irland übernahm eine umfassende Garantie für die sechs größten Banken des Landes. In Deutschland wurde die Hypo Real Estate zunächst mit staatlichen Mitteln gerettet und im Oktober 2009 schließlich verstaatlicht.[78] Das Finanzmarktstabilisierungsgesetz vom 17. Oktober 2008 schuf einen Sonderfonds (SoFFin), um allen deutschen Kreditinstituten Liquiditätshilfen, Eigenkapitalzuschüsse und Garantien zur Verfügung zu stellen. Ergänzt wurden diese Maßnahmen durch Kurzarbeitsregelungen und eine antizyklische Konjunkturpolitik in Form einer staatlichen «Abwrackprämie» für Altautos als Anreiz zum Kauf von Neuwagen.

Warum aber traten die Staaten für hypertrophe Banken in Haftung, statt dem marktkonformen Prozess der «kreativen Zerstörung» entsprechend funktionsunfähige Teilnehmer vom Markt verschwinden zu lassen? Lehmann war das Schlüsselereignis, und die Zauberformel lautete «too big to fail» bzw. «too connected to fail».[79] Die Finanzinstitute hatten sich durch die zunehmende Fülle von Derivategeschäften und Ausleihungen am Interbankenmarkt derart miteinander verflochten, dass der Fall einer Institution zu einem Dominoeffekt führen konnte. Dieser wiederum drohte mit erheblichen Auswirkungen auf das Funktionieren der Realwirtschaft und in der Folge mit massiven politischen und sozialen Verwerfungen. Das verband den Schock über den Lehman-Konkurs mit der Erfahrung der Weltwirtschaftskrise der frühen dreißiger Jahre. Staatliche Maßnahmen sollten diese Konsequenzen abwenden und setzten durch den steuerfinanzierten *bail out* das Haftungsprinzip – wer den Nutzen hat, muss auch den Schaden tragen – außer Kraft. Eben darauf hatten sich die Finanzmarktakteure verlassen und so den Teufelskreis des *moral hazard* und der Rationalitätenfalle angetrieben. Daher waren die Zinsen für Fremdkapital so niedrig gewesen und hatten höheres Risiko begünstigt – rational, aber dysfunktional. Das Problem war nicht die Gier der Banker, das Problem lag im System.

Konsequenzen

Die Krise veränderte das Verhältnis von Staat und Wirtschaft. Der Lehman-Konkurs war der einzige Fall, in dem das Haftungsprinzip zur Anwendung kam. Seine Folgen waren so dramatisch, dass die Entscheidung, Lehman in Konkurs gehen zu lassen, in der deutschen Politik im Nachhinein als zentraler Fehler angesehen wurde.[80] Die politische Konsequenz lautete daher: nie wieder, und sie verstärkte die staatliche Rettungsbereitschaft, nicht zuletzt in der Euro-Schuldenkrise ab 2010. Die Banken nahmen die Regierungen in Geiselhaft[81] und waren zugleich auf staatliche Rettungsaktionen angewiesen. Die Staaten waren zurück in einem Spiel, aus dem sie sich mit der Deregulierung der Finanzmärkte sukzessive zurückgezogen hatten, und sie verfügten über erhebliche Regulierungskompetenzen. Zugleich katapultierte ihre Politik der Ausdehnung staatlicher Nachfrage und der Ausweitung der Liquidität die Staatsschulden in die Höhe und ebnete damit den Weg in neue Abhängigkeiten.

Was aber war zu tun? Auch die British Academy, die der Queen im Juli 2009 die Ursachen der Krise so einleuchtend erklärt hatte, fand in einem zweiten Brief vom 8. Februar 2010 keinen Konsens über Lösungen: «Am Ende liegt die große Herausforderung darin, dass Institutionen und Organisationskulturen zusammenarbeiten. […] Man kann so viele Szenarien planen wie man will, aber wenn es an der Verantwortung der Entscheidungsträger in einer Krise mangelt, ist es kontraproduktiv. Sie sehen, es gibt keine einfachen Antworten.»[82]

Von deutschen ordnungspolitischen Ökonomen wurde ein Lösungsansatz darin gesehen, Handlung und Haftung wieder zu verbinden, die Eigenkapitalquoten deutlich zu erhöhen und die internationale Bankenaufsicht zu straffen.[84] In der Folge kam es mangels internationaler Koordination, aber auch mangels entsprechenden Willens zu keinem Systemwandel, wohl aber zu Reformen und Regulierungen. Im Dezember 2010 erhöhte der Basler Ausschuss für Bankenaufsicht der G10-Staaten die Eigenkapitalvorschriften («Basel III»), vor allem für hartes Kernkapital und für systemrelevante Institute, allerdings nicht für Staatsanleihen. In Deutschland wurden emittierende Institute verpflichtet, 5 bis 10 Prozent ihrer Verbriefungsprodukte selbst zu halten. Großbritannien führte 2013 härtere Strafen für

Fehltritte von Bankern, verstärkte Eigenkapitalvorschriften und eine abgemilderte Form eines Trennbankensystems ein, und die USA untersagten den Eigenhandel der Banken mit Wertpapieren.[84] Diese Maßnahmen wie auch andere Vorschläge zur Regulierung großer Kreditinstitute, die eine EU-Expertengruppe unter Vorsitz des finnischen Zentralbankratspräsidenten Erkki Liikanen im Oktober 2012 vorgelegt hatte,[85] zielten darauf, den Ansteckungseffekt zwischen Banken einzudämmen und die Haftung der Steuerzahler durch die Haftung der Bankgläubiger zu ersetzen.

Nichtsdestoweniger kritisierten insbesondere Anat Admati und Martin Hellwig, des «Bankers neue Kleider» seien allzu durchsichtig, die Eigenkapitalvorschriften ließen nach wie vor zu große Möglichkeiten der Hebelung und setzten Anreize zum *moral hazard*.[86] Es war wesentlich einfacher gewesen, den Geist aus der Flasche zu lassen, zumal das die nationalen Regierungen hatten tun können, als ihn wieder einzuhegen, was zudem internationale Koordination verlangte. Und darüber gab es wenig Konsens.

Bedeutete dies nun alles ein fundamentales, möglicherweise gar das finale Versagen des Kapitalismus, oder handelte es sich um eine zyklische systemimmanente Krise[87]? In historischer Perspektive spricht manches für eine nicht neue Blasenbildung, allerdings mit zwei Besonderheiten: Erstens hatte sich die Liberalisierung der achtziger Jahre mangels ordnungspolitischer Begleitung seit den neunziger Jahren verselbständigt und Risikopotentiale mit großer Sprengkraft aufgebaut. Zweitens war sie durch aktive politische Einwirkungen, wie die Politik des billigen Geldes und die sozialpolitische Förderung von unsicheren Immobilienkrediten in den USA, vorangetrieben worden.

Krisen hebeln Routinen aus[88] und erfordern neue Orientierungen. Die politischen Reaktionen nach 2008 bestanden zunächst in pragmatischen Interventionen und permanenten Anpassungsmaßnahmen statt durchschlagender Krisenlösung. Das System am Laufen zu halten, lautete die Devise, in der auch Liberale den ordnungspolitischen Sündenfall als Notstandsmaßnahme goutierten, auch wenn in der Euro-Schuldenkrise Recht und Verträge fragil wurden.[89] Das Ergebnis war eine fundamentale parametrische Unsicherheit, getragen von der Erfahrung, dass Steuerungsmechanismen der Ökonomie offenbar grundsätzlich nicht funktionierten. Planwirtschaften waren zwar gesteuert worden, hatten aber nicht funktioniert, die Globalsteuerung mit keynesianischen Instrumenten hatte sich in den frühen siebziger Jahren als illusionär erwiesen, und nun zeigte sich, dass auch der Glaube an die Rationalität der Märkte und ihre Freisetzung Kräfte entfesselt hatte, die sich nicht beherrschen ließen. Dass trotz expansiver

Geldpolitik der EZB seit 2012 die Inflationsraten außergewöhnlich niedrig blieben, stellte Ökonomen vor ähnliche Rätsel[90] wie in den frühen siebziger Jahren die Stagflation.

Es lag nahe, dass sich die Mehrheitsmeinung der politischen Ökonomie auf mittlere Frist neu sortieren würde. So wie die Reaktion auf die Krisenerfahrung von 1973 in der Angebotsorientierung und dem Monetarismus lag, bereitete die Krise von 2008 den Weg für die Rückkehr der Makroökonomie. In aller Deutlichkeit zeigte sie sich im weltweiten Erfolg von Thomas Pikettys Buch «Le Capital au XXIe siècle» 2013/14, das eine seit der Mitte des 20. Jahrhunderts zunehmende Einkommens- und Vermögensungleichheit als Bedrohung für Wirtschaft und Demokratie ansah. Es stieß auf die zunehmende Bereitschaft, neue Debatten über Umverteilung zwecks Regulierung von Ungleichheit zu führen.

All das geschah kein Vierteljahrhundert, nachdem sich der Kapitalismus 1989 weltweit unangefochten durchgesetzt hatte und am vermeintlichen «Ende der Geschichte» als strahlender Sieger dazustehen schien. Kapitalismus und Industrialisierung hatten der Menschheit einen historisch einzigartigen Wohlstandsschub verschafft und die Massenarmut und die Hungerkrisen ländlich-agrarischer Gesellschaften weitgehend überwunden. Ebenso hatte die zweite Globalisierung globale Wohlstandsgewinne herbeigeführt und extreme Armut weltweit deutlich reduziert. Zugleich hatte sich der Kapitalismus auf den Finanzmärkten unkontrollierbar verselbständigt und in die Weltfinanzkrise geführt. Hatte sich klassische Kapitalismuskritik im analogen Zeitalter auf die Verelendung der Arbeiterklasse, die Entfremdung der Arbeit, die Entstehung von Kriegen und den Aufstieg des Faschismus gerichtet,[91] so schlug sich eine neue Kritik in Debatten um Risiko und Haftung sowie um Re-Regulierungen und internationale Koordination, in einer neuen Ungleichheitsdebatte und vor allem in Debatten um Nachhaltigkeit versus Wachstumslogik und über die Zerstörung der natürlichen Ressourcen nieder. Insofern führen Fragen von Klima, Umwelt und Energie am Ende zurück zur Frage nach der Zukunft des Kapitalismus.

III.
Die Welt ist nicht genug

Die Vormoderne war das Zeitalter erneuerbarer Energien. Ihre Erneuerbarkeit war allerdings beschränkt, insbesondere die des wichtigsten damaligen Energieträgers: des menschlichen und des tierischen Körpers. Hinzu kamen Wind und Wasser für Segelschiffe und Mühlen, ansonsten die Verbrennung von Holz, einer nur sehr langfristig erneuerbaren Energiequelle, deren Nutzung zu Entwaldung und zur Holzknappheit führte.[1] Die Gewinnung von Energie und deren Folgen für die Umwelt sind ein altes historisches Problem.

Der schottische Physiker William Rankine führte den Begriff, der stets etwas unscharf als Fähigkeit definiert wird, Arbeit zu verrichten, 1852 in die Physik ein, um das Phänomen von der rein mechanischen Kraft abzugrenzen. Energie war ein zentrales Element der Industrialisierung, und ihr Effekt beruht darauf, dass ihre verschiedenen Formen ineinander umgewandelt werden können – die chemische Energie von Öl wird durch Verbrennung in mechanische Bewegung oder Wärme umgewandelt, die Dampfmaschine wandelt Wärme in mechanische Energie und der Fahrraddynamo mechanische Energie in elektrische.

Ob fossile Energiequellen wie Kohle, Öl und Gas, ob erneuerbare Energieträger wie Holz, Wasser, Wind und Sonne, ob schließlich die Kernenergie – alle Formen der Energiegewinnung sind mit Folgeproblemen belastet. Fossile Träger verschmutzen die Luft und verstärken den natürlichen Treibhauseffekt, Kernenergie birgt die Risiken der Radioaktivität, und erneuerbare Energien haben das Problem der Speicherbarkeit. Außerdem hat der Energiebedarf durch Industrialisierung und Bevölkerungswachstum insbesondere seit der zweiten Hälfte des 20. Jahrhunderts sprunghaft zugenommen. Die seit 1945 genutzten Energiemengen übertrafen alles Vorherige bei weitem und hinterließen unauslöschliche Spuren in der Biosphäre.[2] Die ausreichende, sichere und preiswerte Versorgung ist ein Aspekt der Energiepolitik. Umwelt- und Klimafragen sind ein zweiter, die gesellschaftliche Akzeptanz ist ein dritter.

1. Die erste Energiewende

Die Erfindung der Dampfmaschine markierte den größten Einschnitt der Energiegeschichte.[3] Sie löste verfügbare Energie von Muskelkraft und leitete die erste Energiewende hin zu fossilen Energieträgern ein. Zum Schlüssel der Industrialisierung wurde die Kohle, die bis Mitte des 19. Jahrhunderts nur einen Bruchteil der genutzten Energieträger ausgemacht hatte. Ihr Durchbruch kam mit der Eisenbahn, die Kohle nicht nur zur eigenen Fortbewegung benötigte, sondern auch in großen Mengen transportieren konnte. Mit einem Anteil von über 40 Prozent waren die USA der größte Kohleproduzent vor dem Ersten Weltkrieg, gefolgt von Großbritannien mit 25 und dem Deutschen Reich mit 15 Prozent.[4]

Kohle blieb der vorrangige fossile Energieträger für hundert Jahre.[5] Schon 1859 war allerdings in Pennsylvania die erste kommerzielle Bohrung nach Öl vorgenommen worden. Es wurde zunächst vor allem für Beleuchtung genutzt, darin aber bald von der Elektrizität verdrängt. Nachdem in den neunziger Jahren die Raffinierung zu Benzin entwickelt worden war, begann mit dem Verbrennungsmotor und der Ausbreitung des Automobils ab den 1920er Jahren die große Zeit des Öls. In den fünfziger Jahren grub das Erdöl der Kohle das Wasser ab. Funde in Nordamerika, Russland und im Nahen Osten sicherten die Versorgung mit billigem Öl, auf der sowohl der Nachkriegsboom als auch die Durchsetzung der Konsumgesellschaft beruhten. Zwischen 1960 und 1980 nahm der Erdölverbrauch in der Bundesrepublik um den Faktor vier zu. Die erste und die zweite Ölkrise 1973/74 und 1979 machten schlagartig ein Grundproblem deutlich, in das sich die westlichen Industriegesellschaften hineinmanövriert hatten: die wirtschaftliche und politische Abhängigkeit von der Ölversorgung. War die Bundesrepublik mit ihrer Kohle noch Anfang der sechziger Jahre fast energieautark gewesen, so hatte sie sich zwei Jahrzehnte später mit einem Anteil von 61 Prozent von Importen abhängig gemacht.

In dieser Zeit rückten auch die Endlichkeit der Ressourcen sowie die Schäden für die Umwelt in den Blick, und damit vor allem das Automobil. Es hatte zunächst ein Umweltproblem gelöst, nämlich die Verschmutzung der Städte durch Pferde, und zugleich zwei neue geschaffen: Abgase erzeugen unter dauerhafter Sonneneinstrahlung sogenannten Ozonsmog, insbesondere in Städten wie Mexiko City, Athen oder Teheran, in denen umgebende Berge einen Luftmassenaustausch verhindern. Außerdem führt die Verbrennung fossiler Energieträger zum Ausstoß von CO_2, erhöht die Konzentration von Treibhausgasen in der Atmosphäre, verstärkt somit den natürlichen Treibhauseffekt und trägt zur globalen Erwärmung bei.

Beides drang freilich erst mit der Zeit ins öffentliche Bewusstsein. Die Umweltbewegung begann zunächst mit dem Hinweis auf sichtbare Umweltschäden fossiler Energiegewinnung, vor allem Luftverschmutzung durch Schwefeldioxid, Schwebstoffe und Stickstoffoxide. Die Verbrennung der Kohle legte einen dichten Smog auf die Städte. In der zweiten Dezemberwoche des Jahres 1952 lagen so viel Rauch und Ruß über London, dass die gegenüberliegende Straßenseite am Morgen nicht mehr zu erkennen war und die Zahl der Todesfälle auf das Dreifache des Üblichen anstieg.[6] Der blaue Himmel über der Ruhr[7] wurde zum Sehnsuchtsort der späten Industriemoderne. Und in den fünfziger Jahren schien eine neue Technologie den Weg dorthin zu weisen.

2. Umweltbewegung im Zielkonflikt

Die Kernenergie setzte euphorische Hoffnungen frei. Mit der neuen Zukunftstechnologie schien das Perpetuum mobile gefunden, mit dem sich auch Afrika in ein neues Europa würde verwandeln lassen.[8] 1957 bildete die Europäische Atomgemeinschaft neben Landwirtschaft und Schwerindustrie die dritte Säule der Römischen Verträge. Wie bei den Anfängen der Digitalisierung, so waren auch die ersten nuklearen Reaktoren in der Sowjetunion, in Großbritannien und in den USA Mitte der fünfziger Jahre in Verbindung mit militärischen Projekten entstanden. Ende der Sechziger hatte sich der Typus des Druckwasserreaktors durchgesetzt, der den Vorzug der preiswerten, effizienten und unerschöpflichen Energiegewinnung besaß, die Luft nicht verschmutzte und kaum Treibhausgase freisetzte, also klimaneutral war.

Dafür brachte er andere Probleme mit sich: Gesundheitsrisiken durch Radioaktivität, das Risiko einer Kernschmelze und Folgeprobleme der Endlagerung radioaktiven Brennmaterials. Schon 1957 waren Störfälle im britischen Windscale und im russischen Kyschtym aufgetreten, denen im März 1979 ein Kernschmelzunfall im amerikanischen Harrisburg folgte. Ein «Größter Anzunehmender Unfall» ereignete sich dann am 26. April 1986 im ukrainischen Tschernobyl. Seine Schadensbilanz war kaum zu beziffern.

International führte er zu einem schweren Akzeptanzverlust der Kernenergie, zumal zur selben Zeit der Ölpreis verfiel. Die Kernenergie führte keine nachhaltige Energiewende herbei, ihr Anteil an der Energiegewinnung pendelte sich zunächst weltweit bei etwa 16 bis 17 Prozent ein. Zu Beginn des 21. Jahrhunderts nahm er wieder zu, vor allem durch den Beitrag Chinas.

2010 waren in 44 Ländern insgesamt 440 Anlagen in Betrieb und fünfzig weitere im Bau, davon zwanzig in China, zehn in Russland und fünf in Indien. Am 11. März 2011 havarierten im japanischen Fukushima im Gefolge eines Erdbebens und einer Flutwelle mehrere Atomreaktoren. Während China seine Kernkraftwerke unvermindert ausbaute, wurde in Deutschland eine radikale «Energiewende» beschlossen, die den Ausstieg aus der Atomenergie beschleunigen und den Übergang zum Vorrang erneuerbarer Energiequellen forcieren sollte.

Muster der Umweltdebatten

Schon seit den siebziger Jahren hatte die Kernenergie in Deutschland in besonderem Maße im Fadenkreuz der Umweltbewegung gestanden.[9] Deren Wurzeln reichten zurück in das späte 19. Jahrhundert, als sich nach der sozialen Frage im engeren Sinne weitere Probleme der Industrialisierung offenbarten. In England hatte die Hygienepolitik in den siebziger Jahren begonnen, sich um die Versorgung mit und die Entsorgung von Wasser zu kümmern, und 1895 wurde der National Trust zum Schutz von Baudenkmälern und Natur gegründet. In Deutschland folgten 1899 der Deutsche Bund für Vogelschutz und 1906 die Staatliche Stelle für Naturdenkmalpflege in Preußen. Um die Jahrhundertwende reagierten bürgerliche Reformbewegungen vom Wandervogel bis zur Reformhausbewegung auf beengte, schmutzige Städte und Fabriken mit der Forderung nach Licht und Luft, Hygiene und Naturheilkunde.

Dieser ersten Welle folgte, ähnlich wie bei der Frauenbewegung, eine zweite seit den sechziger und vor allem in den siebziger Jahren.[10] Obwohl auch hier bürgerliche Elemente einflossen, verortete sie sich, zumindest für einige Zeit, politisch dezidiert links. Neu war das Ausmaß der internationalen Vernetzung, und seit den achtziger Jahren rückten Themen wie die Bedrohung des Tropenwalds und der Klimawandel in den Blick. Dabei blieb die Umweltbewegung ein Phänomen des Westens, insbesondere der USA und der Bundesrepublik sowie Japans.

Einen Markstein setzten die «Grenzen des Wachstums», der 1972 vorgestellte Bericht eines siebzehnköpfigen Forschungsteams am Massachusetts

Institute of Technology im Auftrag des Club of Rome.[11] Angesichts der Endlichkeit der natürlichen Ressourcen – so die Quintessenz – sei die wachstumsorientierte Ökonomie und Gesellschaft dabei, sich um die eigenen Grundlagen zu bringen. Zugleich wurden eine Rohstoffkrise und schwerwiegende Lebensmittelknappheit an der Jahrtausendwende prognostiziert. Die noch verbleibende knappe Zeit müsse genutzt werden, um «eine völlig neue Form der menschlichen Gemeinschaft zu schaffen» und «neue Denkgewohnheiten zu entwickeln, die zu einer grundsätzlichen Änderung menschlichen Verhaltens» führen.[12] Treibhausgase und globale Erwärmung waren noch kein Thema. Der Bericht traf nicht den Kern der Sache, aber den Nerv der heraufziehenden industrieskeptischen sozialen Bewegungen. Und mit der engen Verbindung von Wissenschaftlern, Politik und gesellschaftlichen Bewegungen etablierte er ein fortwirkendes Muster.

Als politisches Thema war der Umweltschutz an der Wende von den sechziger zu den siebziger Jahren erfunden worden. In der Bundesrepublik hatte Innenminister Hans-Dietrich Genscher in der 1969 gebildeten sozialliberalen Koalition bereits existierende administrative Aktionsfelder unter diesem Begriff gebündelt. In den USA ging der Anschub von der Präsidentschaft Richard Nixons aus, in der die amerikanische Umweltbehörde gegründet wurde. Lokale Bürgerbewegungen entstanden zu konkreten Themen. 1972 wurde der deutsche Bundesverband der Bürgerinitiativen Umweltschutz (BBU), 1973 Greenpeace gegründet. Im Verlauf der siebziger Jahre verbanden sich die Initiativen mit anderen sozialen Protestbewegungen; in der Bundesrepublik fanden sie vor allem im Kampf gegen die Kernenergie zusammen.

So demonstrierten Winzer, bürgerliche Vertreter und Mitglieder von kommunistischen Gruppen im badischen Whyl gemeinsam gegen den Bau eines Kernkraftwerks.[13] Die Anliegen der Umweltbewegung, die vor allem auf Umweltschäden durch die Verwendung fossiler Energieträger zielte, waren durchaus anders gelagert als die der Kernenergiegegner. Die Gemeinsamkeiten lagen eine Ebene höher in der Wendung gegen die moderne Industriegesellschaft und ihre technologischen Großprojekte. In den ideologisch hoch aufgeladenen und gewaltsamen Auseinandersetzungen um den Bau eines Kernkraftwerks im schleswig-holsteinischen Brokdorf, eine atomare Wiederaufbereitungsanlage im oberpfälzischen Wackersdorf oder das atomare Endlager im niedersächsischen Gorleben sowie gegen den Bau der Startbahn West am Frankfurter Flughafen hatte das Wirtschaftswachstum den eigenen Widerspruch hervorgebracht.

In globaler Hinsicht lagen die Probleme und Themen immer wieder ähnlich: Wasser- und Luftverschmutzung, Giftstoffe und Staudämme, Landschaftszerstörung und Risiken neuer Technologien.[14] Dennoch gab es regionale und nationale Eigenheiten in der Umweltschutzbewegung wie in der Politik. In Russland hing man keiner Waldromantik nach, die Niederlande waren kein Vorreiter der Windenergie, und Frankreich klinkte sich aus dem antinuklearen Trend in Europa aus (1989 machte die Kernenergie knapp drei Viertel der französischen Elektrizitätsproduktion aus, gegenüber gut einem Drittel in der Bundesrepublik und knapp einem Fünftel in den USA).[15] In Europa war tendenziell die Unschädlichkeit einer Technologie beweispflichtig, in den USA ihre Schädlichkeit. In den Entwicklungsländern bezog sich das Krisenbewusstsein auf menschliches Überleben, nicht auf den Schutz von Mensch und Natur, während das Umweltbewusstsein als Luxus reicher westlicher Länder angesehen wurde.

In der Bundesrepublik verhinderte eine starke Autolobby eine einheitliche Begrenzung der Höchstgeschwindigkeit auf Autobahnen. Zum Protest gegen die Kernenergie kam in den achtziger Jahren derjenige gegen das Waldsterben.[16] «Saurer Regen über Deutschland – Der Wald stirbt», titelte *Der Spiegel* am 16. November 1981. Seit 1979 warnte vor allem das Institut für forstliche Bodenkunde und Waldernährung in Göttingen, Luftverunreinigungen reagierten in der Atmosphäre mit Wasser und führten zu einem großflächigen Absterben der Wälder. «Wenn das so weitergeht», so der Münchener Forstbotaniker Peter Schütt, «dann gnade uns Gott.»[17]

Dramatische Prognosen fanden Resonanz und wurden medial in geradezu apokalyptischer Form zugespitzt. 1982 strahlte der Westdeutsche Rundfunk eine mehrstündige Livesendung mit dem Titel «Der Wald stirbt» aus, und die Umweltbewegung Robin Wood ging noch weiter: «Erst stirbt der Baum, dann der Mensch.» Zugleich reagierte die Politik: 1983 wurden die geplante Großfeuerungsanlagen-Verordnung unter dem Druck der öffentlichen Debatten verschärft und die Katalysatorpflicht für Kraftfahrzeuge beschlossen. Nachdem in einem groß angelegten Investitionsprogramm vor allem Altanlagen nachgerüstet wurden, übertraf der Rückgang der SO_2-Emissionen die Erwartungen.[18] Den reichen Ländern gelang es, die Emission von Schwefeldioxiden und anderer bei der Kohleverbrennung entstehender Schadstoffe erheblich zu reduzieren,[19] etwa in London und im Ruhrgebiet, was freilich auch mit dem Umstieg von der Kohle auf das sauberere Öl und Gas zusammenhing. Das verbesserte zwar die Luftqualität, löste aber nicht das CO_2-Problem.

Als in den neunziger Jahren empirische Befunde erhoben wurden, denen zufolge die europäischen Wälder stark wuchsen, entsprach die Kommunikation darüber, wie ein Jahrzehnt zuvor beim «Waldsterben», nicht der komplexen Problemlage. Die Gründe für die Waldschäden hatten sich nie eindeutig bestimmen lassen; auch die vom «Waldsterben» überzeugten Wissenschaftler waren sich nicht einig, ob die Verursachung durch die Luft oder über die Böden erfolgte.[20] Die Debatten, in denen ein komplexes Problem ohne eindeutige Diagnose und verlässliche Prognose in das Wechselspiel von Wissenschaft, Medien und Politik geriet, zeigten ein Muster.[21] Erst politisierten sich die Wissenschaftler (die umfangreiche Fördergelder in Anspruch nahmen), dann wurden ihre Befunde massenmedial zugespitzt und in eine alarmistische Prognose übersetzt, schließlich entlud sich eine emotionale, moralisch aufgeladene öffentliche Debatte, die Metaphern wie «Krankheit» oder «Sterben» und suggestive Bilder kahler Nadelbäume oder auseinanderbrechender Eisberge ins Feld führte. Zwei Argumentationsfiguren kehrten immer wieder: erstens Zeitdruck, es müsse rasch gehandelt werden, um die Katastrophe noch abzuwenden, zweitens Zweifel an der Zukunftsfähigkeit der modernen Industriegesellschaft, die ihre eigenen Lebensgrundlagen zerstöre. Gerade in Deutschland waren die Debatten stark geschichtsphilosophisch und antikapitalistisch aufgeladen[22] und von Apokalyptik und Zukunftsangst geprägt.

Aus der Rückschau erweisen sich die Szenarien als überzogen. Aktuell dienten sie als Motivation zum Handeln. Dass die Vorhersagen nicht eintraten, kann an den erfolgten Reaktionen oder der fehlerhaften Prognose liegen. So stellt sich die Grundsatzfrage, ob unseriöse Übertreibungen nötig sind, um Prozesse in Gang zu bringen.

Zielkonflikte

Zwischen Energie- und Umweltpolitik taten sich durchgängig Zielkonflikte auf. In den Jahren des Booms hatte die Bundesrepublik ebenso wie die anderen Industriestaaten bedenkenlos Energie verbraucht und Öl importiert. Im Oktober 1973 legte die Bundesregierung angesichts des Ölpreisschocks ein erstes Energiesparprogramm auf, um die Abhängigkeit vom Öl zu reduzieren.[23] Vielfältige Maßnahmen reichten von der Förderung des Steinkohlebergbaus und dem Ausbau der Verwendung von Braunkohle, Erdgas und Kernenergie bis zur Förderung des Energiesparens und der Intensivierung der Energieforschung; 1975 wurde der erste Großversuch mit Sonnenenergie unternommen. Im März 1982 legte Bundesfinanzminister Hans Matthöfer einen Plan vor, der Energiepolitik, Umweltschutz und die Beseitigung der Arbeitslosigkeit verbinden sollte. Das Bündel von Vorschlägen zur Energieeinsparung und zur Erhöhung der Mineralölsteuer, für Investitionen in erneuerbare Energien und in die Umstellung auf weniger energieintensive Produktionsweisen, für Umweltschutz und «konjunkturgerechte» Finanzierungsvorschläge atmete noch den Modernisierungsgeist der sechziger Jahre. Zugleich war es der vorerst letzte Versuch eines Gesamtentwurfs.

Seit den achtziger Jahren wurde Energie- und Umweltpolitik durch Einzelmaßnahmen betrieben. Die Regierung Kohl beschloss 1983 die Katalysatorpflicht und setzte mit einer Reihe von umweltpolitischen Maßnahmen auf innovative Technik.[24] Auf die Reaktorkatastrophe von Tschernobyl reagierte sie nicht mit einem energiepolitischen Kurswechsel. Allerdings wurde der erst 1985 fertiggestellte Hochtemperaturreaktor in Hamm-Uentrop schon 1988 stillgelegt, und ein Jahr später wurden die Pläne für eine atomare Wiederaufbereitungsanlage in Wackersdorf aufgegeben. Nach Tschernobyl wurden in der Bundesrepublik keine weiteren Kernkraftwerke mehr gebaut.

Der Ausstieg aus der Atomenergie war ein zentrales Thema der politischen Debatte, zumal das Logo mit der lachenden Sonne und der Umschrift «Atomkraft? Nein Danke» zur DNA der sich in den achtziger Jahren etablierenden Grünen gehörte. Als die rot-grüne Bundesregierung im April 2002 mit den Betreibern von Kernkraftwerken vereinbarte, die Restlaufzeit der Kraftwerke bis längstens 2021 zu begrenzen, hatte die Bundesrepublik als zweites großes Industrieland nach Italien, das dies bereits 1987 getan hatte, per Gesetz den Ausstieg aus einer Energieform beschlossen.[25]

Die Frage war, was die Kernenergie ersetzen sollte. Fossile Energieträger hatten den Nachteil, dass ihre Emission von Treibhausgasen vermutlich den Klimawandel verschärfte, der seit den späten achtziger Jahren in das politische Bewusstsein gerückt war. Weder klimagefährdend noch radioaktiv waren die sogenannten erneuerbaren Energien Wind und Sonne, zudem Wasser, Biomasse wie Holz, Gras, Gülle und Erdwärme. Auch diese Energieformen brachten freilich Probleme mit sich. Zur Gewinnung von Wasserenergie hatten Staudammprojekte enorme Kollateralschäden für Umwelt und Bevölkerung angerichtet. In China mussten 1,3 Millionen Menschen dem Drei-Schluchten-Stausee weichen, und nicht zu vernachlässigen ist auch hier das Katastrophenpotential von Havarien.[26] Das Problem von Wind und Sonne liegt darin, dass die Volumina der erzeugten Energie abhängig von den Wetterbedingungen stark schwanken, aber kaum Speichermöglichkeiten entwickelt worden sind. Die flächendeckende dezentrale Aufstellung von Solaranlagen und Windrädern würde wiederum zu optischen Beeinträchtigungen der Landschaft führen.

Seit 1990 wurden die erneuerbaren Energien in der Bundesrepublik gefördert. Das Stromeinspeisungsgesetz vom Dezember 1990 verpflichtete

Energieunternehmen zur Abnahme von Strom aus erneuerbaren Energien und sicherte den Erzeugern Mindestvergütungen zu. In eine neue Dimension stieß dieses Verfahren mit dem Erneuerbare-Energien-Gesetz (EEG) vom April 2000 vor.[27] Da nur der Strom aus Wasserkraft von großen Versorgern, Strom aus Wind und Sonne hingegen von kleinen Unternehmen gewonnen wurde, verpflichtete es die Netzbetreiber, Anlagen zur Erzeugung erneuerbarer Energien an ihr Netz anzuschließen, den Strom aus erneuerbaren Energien vorrangig abzunehmen und zu festen Sätzen zu vergüten. Das machte einen Ausgleich der wind- und wetterbedingten Schwankungen der erzeugten Energiemengen sowie einen Ausgleich der Differenz zwischen erlösten Strompreisen und garantierten Vergütungssätzen erforderlich. So wurde die EEG-Umlage, mit Ausnahmen für energieintensive Unternehmen, zum Bestandteil des allgemeinen Strompreises. 2004 und 2009 modifiziert, setzte das EEG einen Boom erneuerbarer Energieträger in Gang; allerorten entstanden Windräder sowie Solaranlagen auf Hausdächern und in Solarparks.

Im September 2010 verabschiedete die schwarz-gelbe Regierung Merkel ein Energiekonzept bis 2050.[28] Es sah vor, die Treibhausgas-Emissionen gegenüber 1990 um 80 bis 95 Prozent zu reduzieren, den Anteil der erneuerbaren Energien auf 60 Prozent des Primärenergieverbrauchs und auf 80 Prozent des Bruttostromverbrauchs zu erhöhen, die Energieproduktivität um jährlich 2,1 Prozent zu steigern und den Primärenergieverbrauch um 50 Prozent gegenüber dem Referenzjahr 2008 zu senken. Die Kernenergie sollte bis zum vollen Ausbau der erneuerbaren Energien als «Brückentechnologie» beibehalten werden; dazu wurden die Restlaufzeiten deutscher Kernkraftwerke verlängert. Dies änderte sich mit einem Schlag, als am 11. März 2011 im japanischen Fukushima nach einem Erdbeben und einer Flutwelle gleich mehrere Reaktoren havarierten.

3. Die deutsche Energiewende und der Klimawandel

Die deutsche «Energiewende» war eine weltweit einzigartige Reaktion auf die japanische Katastrophe. Das 13. Gesetz zur Änderung des Atomgesetzes, das der Deutsche Bundestag am 31. Juli 2011 beschloss, kehrte zum rot-grünen Gesetz von 2002 zurück und verschärfte es noch, indem es den Ausstieg beschleunigte. Zugleich wurde der verstärkte Ausbau der erneuerbaren Energien beschlossen. Ihr Anteil am gesamten Energievolumen sollte von 17 Prozent im Jahr 2010 über die Kompensation der entfallenden Kernenergie hinaus bis 2020 verdoppelt, auf 50 Prozent im Jahr 2030 und auf 80 Prozent im Jahr 2050 gesteigert werden. Diese dritte, politisch verordnete Energiewende im nationalen Alleingang bedeutete die weltweit konsequenteste Hinwendung zu erneuerbaren Energieträgern.[29]

Weltweit wurden 2014 vier Fünftel aller Energie und zwei Drittel der Elektrizität aus fossilen Energieträgern gewonnen. Prognosen besagen, dass fossile Energieträger auch 2030 noch dominieren werden. Öl machte Anfang des 21. Jahrhunderts die Hälfte der gesamten auf den Weltmeeren beförderten Tonnage aus. In China und in Indien lag der Anteil der Kohle an der Energiegewinnung bei ungefähr drei Fünfteln. Auch in den USA blieb die Kohle zunächst der wichtigste Energieträger und wurde 2016 vom Erdgas überholt, das verstärkt durch hydraulische Frakturierung («Fracking») aus Gestein gewonnen wurde. Allerdings kündigte der 2017 ins Amt gekommene Präsident Trump wiederholt an, den einheimischen Kohleabbau vermehrt zu fördern, um den Bedeutungsverlust dieses Energieträgers zu stoppen. Japan nahm nach dem Reaktorunfall von Fukushima zunächst alle Atomkraftwerke außer Betrieb und stellte auf den Import von verflüssigtem Erdgas um, beschloss aber 2014, zur Kernenergie zurückzukehren.[30]

Der Sonderweg der deutschen Energiewende führte zu einer Reihe von Konsequenzen und Problemen.[31] Auch die erneuerbaren Energien sahen sich mit Zielkonflikten konfrontiert, in diesem Fall zwischen Wettbewerbsfähigkeit und Wirtschaftlichkeit, Versorgungssicherheit und Nachhaltigkeit. Die Versorgungssicherheit lag bei nur 80 bis 95 Prozent, weil wetterabhängige Erzeugungskapazitäten und mangelnde Speicherfähigkeit auf eine stark schwankende Stromnachfrage stoßen. Abnahmegarantie und Erzeugungszyklen führen dazu, dass überschüssiger Ökostrom ins Ausland geleitet wird, um die deutschen Netze nicht zu überlasten, wofür Deutschland, wenn er dort nicht gebraucht wird, zahlen muss. Zweitens erzeugte ein immer komplizierteres Preis- und Vergütungssystem politische statt Marktpreise. Investitionen richteten sich nicht nach physikalischem Vorteil und technologischer Effizienz, sondern nach den jeweils profitabelsten Förderbedingungen und der größten Marge zwischen Vergütungssatz und tatsächlichen Kosten.

Das dritte Problem lag in den Kosten, die sich allerdings nicht genau beziffern lassen, weil verschiedene Seiten ganz unterschiedlich rechnen. Da die Umwandlung erneuerbarer Energien in Strom oder Wärme in der Regel teurer ist als Wettbewerbsenergie, belief sich der Preis für die Erzeugung, den Transport und den Vertrieb von Marktstrom 2013 auf 14,3 Cent pro

Kilowattstunde; demgegenüber betrug die Einspeisevergütung für Solarstrom zwischen 21 und 29 Cent, wobei allein die EEG-Umlage mit 5,3 Cent zu Buche schlug. Zwischen 2000 und 2013 verdoppelten sich die durchschnittlichen Strompreise in Deutschland für Privathaushalte von 13,9 auf 28,7 Cent pro Kilowattstunde;[32] inflationsbereinigt war das eine Preissteigerung von etwa 60 Prozent. Diesen Angaben des Bundesverbands der Energie- und Wasserwirtschaft stellte die Energiegenossenschaft Greenpeace Energy eine Vollkostenrechnung gegenüber, die zu den Produktionskosten zugleich staatliche Subventionen sowie Gesundheits- und Klimaschäden hinzurechnete (die natürlich nicht präzise bezifferbar sind) und Kohle und Kernenergie als teuerste Energieformen auswies.[33] Zusätzlich kompliziert wird die Materie etwa durch die Förderung von Photovoltaikanlagen, die Hausbesitzer begünstigt und somit eine Subventionierung der Besitzenden gegenüber sozial Schwächeren darstellt.

Viertens stellten sich vielfältige technologische Herausforderungen, vom Bau von Überland-Höchstspannungsleitungen von den Windparks in Nord- und Ostsee nach Süden über die Möglichkeiten zur Speicherung von erneuerbaren Energien bis zur Bereitstellung von Ersatzkapazitäten, die einstweilen durch den Import von Atomstrom aus anderen Ländern bezogen wurden. Deutschland war kein sonderlich günstiger Standort für die Energiegewinnung aus Sonne, Wind und Wasser, sondern litt unter erheblichen Kostennachteilen gegenüber den USA, China und Australien oder anderen europäischen Staaten. Kosteneffizienz hätte ein europäisches Gesamtkonzept vorausgesetzt, doch lag die Energiepolitik in Europa nach den Bestimmungen der EU-Verträge weithin in nationaler Verantwortung, und die war von unterschiedlichen Traditionen und Prioritäten bestimmt. Frankreich, Litauen und Belgien bezogen 2010 mehr als die Hälfte ihres Stroms aus Atomkraft, und weltweit wurde weniger als ein Prozent der Stromversorgung aus Wind- und Solarenergieanlagen gewonnen.[34] Der Anteil eines Landes von der Größe Deutschlands an der globalen Bilanz war marginal – und so ist es eine völlig offene historische Frage, ob sich Deutschland mit der Energiewende von 2011 in eine Sackgasse manövriert oder eine globale Pionierrolle für die dritte Energiewende übernommen hat.

Der Klimawandel

Hinter der Energiewende eröffnete sich ein Problemhorizont, der weit über die Energieversorgung allein hinausging: der Klimawandel und die Frage nach der Überlebensfähigkeit der modernen Welt.[35]

Klimawandel an sich war nichts Neues. Die Ur- und Vorzeit hatte wechselnde Extreme von kochenden Gesteinsmassen bis zur völligen Vereisung erlebt, und die Abkühlungen des Klimas im Permischen Eiszeitalter vor 250 Millionen Jahren hatten zu einem Massenaussterben in Flora und Fauna geführt. Es bedurfte eines besonderen Effekts, um erst die Bedingungen für menschliches Leben zu schaffen: des Treibhauseffekts. Er beruht auf dem Umstand, dass manche Gase in der Atmosphäre kurzwellige Sonnenstrahlung passieren lassen, nicht aber die von der Erdoberfläche abgestrahlte langwellige Wärmestrahlung. So entsteht ein Wärmestau: Treibhausgase absorbieren die Wärmestrahlung und geben sie in alle Richtungen ab, auch auf die Erde zurück. Dieser natürliche Effekt war notwendig, um die Erde bewohnbar zu machen, denn ohne Treibhausgase läge die weltweite Durchschnittstemperatur bei minus 18°C.[36]

Auch mit dem Treibhauseffekt ereigneten sich klimatische Wechsel. Die kleine Eiszeit im Spätmittelalter sorgte für Missernten und Hungersnöte, Überschwemmungen, Rekordwinter und die Ausbreitung von Seuchen. Offenkundig gibt es kein natürliches Gleichgewicht. Das Klima ist vielmehr ein komplexes System, in dem einzelne Einflüsse und Wirkungen – etwa von Vulkanausbrüchen oder menschlich verursachten Emissionen – schwer auszumachen sind. Dennoch herrscht unter Klimaforschern weltweit große Einigkeit, dass mit der Industrialisierung eine welthistorische Veränderung eingetreten ist. Erstmals hat der Mensch einen Klimawandel verursacht, so dass von einem klimageschichtlichen «Anthropozän» die Rede ist, das etwa 1750 einsetzte und sich seit 1950 verstärkte.[37] Vor allem die Verbrennung fossiler Energieträger führte zu einer erhöhten Konzentration der Treibhausgase in der Atmosphäre. Waren vor der Industrialisierung vielleicht etwa 3 Millionen Tonnen Kohlenstoffverbindungen pro Jahr atmosphärisch freigesetzt worden, so waren es Schätzungen zufolge 50 Millionen um 1850, ein Jahrhundert später 1200 Millionen und 8200 Millionen 2006; Anfang des 21. Jahrhunderts nahmen die Emissionen weltweit um 3,3 Prozent jährlich zu.[38]

Als 1956/57 erste Modelle zur Kohlendioxid-Konzentration entwickelt wurden, lag die globale Erwärmung noch außerhalb des öffentlichen Bewusstseins. Stattdessen warnten Klimaforscher in den sechziger Jahren vor einer globalen Abkühlung, da die Temperaturen zwar bis in die vierziger Jahre gestiegen waren, seitdem aber zurückgingen. Erklärt wurde dieses Phänomen über die Theorie des *global dimming*, derzufolge die Verunreinigung der Luft durch Aerosole die Sonneneinstrahlung verringere und den Treibhauseffekt überwiege. Eine Lösung des Problems durch ein Staudammprojekt zur Absperrung der Bering-Straße zwischen Alaska und Russland wurde 1974 auf höchster Ebene zwischen US-Präsident Gerald Ford und KPdSU-Generalsekretär Leonid Breschnew beraten. Darüber hinaus kursierten Vorschläge, die Pole mit dunklem Plastik abzudecken oder vermehrt CO_2 zu erzeugen, um den Treibhauseffekt zu verstärken.[39] Seit den siebziger Jahren wurde allerdings ein neuer Erwärmungstrend festgestellt, und seit Ende des Jahrzehnts herrschte unter Klimaforschern weitgehend Einigkeit über eine Erwärmung des globalen Klimas. In den achtziger Jahren wurde der Klimawandel weltweit zum öffentlichen Thema, und mit jeder Dürreperiode, jedem Rekordsommer und jedem Orkan wurden seine Ursachen zum Gegenstand der Diskussion.

Treibende Kraft waren dabei die Vereinten Nationen, die auch die erste Weltklimakonferenz 1988 in Toronto initiierten. Dort wurde das Intergovernmental Panel on Climate Change (IPCC), der sogenannte «Weltklimarat», gegründet und mit der Auswertung des aktuellen Forschungsstandes der Klimaforschung betraut. Seit dem ersten Assessment Report 1990 warnte jeder Bericht des IPCC vor einem weiteren Anstieg der Treibhausgasemission. Der vierte Bericht 2007[40] stellte fest, die Erwärmung des Weltklimas führe dazu, dass die durchschnittliche globale Luft- und Bodentemperatur sowie die Meeresspiegel ansteigen, Eis und Schnee abschmelzen (das arktische Eis um 2,7 Prozent pro Jahrzehnt seit 1978) und Niederschläge in den östlichen Teilen Nord- und Südamerikas, in Nordeuropa, Nord- und Zentralasien zunehmen. Der globale Temperaturanstieg sei nicht durch natürliche Ursachen zu erklären, sondern durch einen Anstieg der Emission von Treibhausgasen (Kohlendioxid CO_2, Metan CH_4 und Stickstoffoxid N_2O) um 70 Prozent zwischen 1970 und 2004, des Kohlendioxids allein um 80 Prozent. Für den Fall, dass sich nichts ändere, prognostizierte der Bericht zunehmende Hitzewellen, steigende Intensität tropischer Zyklone, die Bedrohung einzigartiger Systeme wie der Korallenriffe, veränderte Niederschlagsraten, das Ansteigen der Meeresspiegel und extreme Wetterereignisse. Als Maßnahmen empfahl er vor allem die Reduzierung der Treibhausgasemissionen und die Umstellung auf Technologien mit geringer Emissionsintensität.

Der fünfte Bericht, der 2013/14 erschien,[41] sagte voraus, dass fortgesetzte Emissionen von Treibhausgasen zu Veränderungen in allen Komponenten des Klimasystems führen und eine weitere Erwärmung um mindestens 1,5 bzw. 2°C gegenüber der zweiten Hälfte des 19. Jahrhunderts bewirken würden. Weniger zurückhaltend waren Stefan Rahmstorf und Hans Joachim Schellnhuber vom Potsdam-Institut für Klimafolgenforschung, die ohne Angabe des Zeitraums von einer Erhöhung der globalen Mitteltemperatur um 3° C (plus/minus ein Grad) sprachen und damit die Suggestionskraft solcher Zahlen demonstrierten.[42]

Projektionen besagen, dass dabei per saldo ein Anstieg der Getreideerträge zu erwarten sei, da sie in gemäßigten Klimazonen stärker zunähmen als sie in tropischen Ländern absänken, und dass die Ersparnis an Heizkosten in kühleren Regionen größer sei als die Zusatzausgaben für Kühlung, was sich positiv auf die CO_2-Bilanz niederschlüge. Zugleich seien die Folgen global und zeitlich ungleich verteilt. Die nördlichen Länder profitierten auf Kosten der tropischen, und Wohlstandsgewinnen durch den Klimawandel seit 1900 stünden ab Ende des 21. Jahrhunderts Nettoverluste gegenüber; überhaupt überwögen ab einem Temperaturanstieg über 2° C die negativen Folgen.[43] Es liegt auf der Hand, dass solche Szenarien und Prognosen spekulativ sind – nicht anders als die Projektionen eines völligen Gletscherschwundes, des dramatischen Anstiegs der Meeresspiegel, von Wetterextremen und Auswirkungen auf die Biosphäre.[44]

Welchen globalen politischen Einfluss die Klimaforschung gewonnen hatte, zeigte sich an den Schritten, mit denen die Klimapolitik seit 1988 internationale Institutionen hervorbrachte und transnationale Diskurse und politische Agenden bestimmte. Im Juni 1992 unterzeichneten in Rio de Janeiro 166, schließlich 194 Staaten die Klimarahmenkonvention (United Nations Framework Convention on Climate Change, UNFCCC) mit dem Ziel, «die Stabilisierung der Treibhausgaskonzentration in der Atmosphäre auf einem Niveau zu erreichen, auf dem eine gefährliche anthropogene Störung des Klimasystems verhindert wird».[45] 1996 verständigte sich der Europäische Rat auf das Ziel, den globalen Temperaturmittelwert nicht stärker als 2° C gegenüber dem vorindustriellem Niveau ansteigen zu lassen.

Zu den jährlich stattfindenden Klimakonferenzen («Klimagipfel») gehörte auch diejenige im winterlich-frostigen Kyoto 1997. Wirre Verhandlungen in endlosen Sitzungen wurden schließlich auf Betreiben des amerikanischen Präsidenten Bill Clinton und seines Vizepräsidenten Al Gore zu einem Ergebnis gebracht. 2005 trat das Kyoto-Protokoll in Kraft, mit dem sich 39 industrialisierte Staaten verpflichteten, ihre Treibhausgasemission zwischen 2008 und 2012 um durchschnittlich 5,2 Prozent gegenüber dem Stand von 1990 zu reduzieren. Dass für diese Reduzierungen «unergründliche Länderquoten» festgelegt wurden, verweist auf die tagespolitische Dimension der Klimapolitik. Das Protokoll sah die Möglichkeit zum Verkauf überschüssiger Emissionsrechte und die Anrechnung von Aufforstungen auf die Reduktionspflicht vor, die allerdings praktisch kaum nachprüfbar war. Das

Protokoll erzeugte eine «Maschinerie von Klima-Bürokraten», doch ließen sich Staaten mit hohen Emissionsraten, vor allem die Schwellenländer, kaum auf verbindliche Reduktionsraten festlegen. Andere Staaten wie Kanada hielten ihre Verpflichtungen nicht ein, und in Europa konnten nur britische und deutsche Reduktionsleistungen den spanischen und portugiesischen Anstieg kompensieren. Vor allem aber verweigerten die USA als größter CO_2-Emittent dem Kyoto-Protokoll die Unterschrift, nachdem der Senat die Ratifikation am 25. Juli 1997 einstimmig abgelehnt hatte.

So entstand trotz der exzeptionellen globalen Bedeutung der Klimaforschung eine vertrackte Problemlage zwischen Forderungen aus der Klimaforschung und politischer Bereitschaft zur verbindlichen Umsetzung. Was also tun?

«Die große Transformation» und das Wissen der Experten

2011 unterbreitete der Wissenschaftliche Beirat der Bundesregierung Globale Umweltveränderungen (WBGU), der 1992 im Vorfeld der Konferenz von Rio gegründet worden war, einen umfassenden Plan: einen «Gesellschaftsvertrag für eine Große Transformation».[46] Seine Grundlage war ein moralisches Gebot: «Das kohlenstoffbasierte Weltwirtschaftsmodell ist auch ein normativ unhaltbarer Zustand, denn es gefährdet die Stabilität des Klimasystems und damit die Existenzgrundlagen künftiger Generationen. Die Transformation zur Klimaverträglichkeit ist daher moralisch ebenso geboten wie die Abschaffung der Sklaverei und die Ächtung der Kinderarbeit.»

Hinzu kam Zeitdruck: Dass Maßnahmen innerhalb des nächsten Jahrzehnts eingeleitet werden müssten, griff Diktion und Muster des Berichts an den Club of Rome auf. Der Reflex auf die Zukunftsforschung der frühen siebziger Jahre zeigte sich auch in der geschichtsphilosophischen Aufladung. Ein «Paradigmenwechsel von der fossilen zur postfossilen Gesellschaft» solle eine dritte Revolution der Weltgeschichte herbeiführen. Nachdem die Neolithische Revolution und die Industrielle Revolution aber «ungesteuerte Ergebnisse evolutionären Wandels» waren, gehe es nun um «einen umfassenden Umbau aus Einsicht, Umsicht und Voraussicht», um tiefgreifende Änderungen von Infrastrukturen, Produktionsprozessen, Regulierungssystemen und Lebensstilen sowie ein neues Zusammenspiel von Politik, Gesellschaft, Wissenschaft und Wirtschaft im weltweiten Maßstab. Ein neuer Gesellschaftsvertrag solle tradierte Souveränitätsvorstellungen nationaler Territorialstaaten überwinden. Zugleich solle ein starker gestaltender Staat für ein klimapolitisches *mainstreaming* sorgen, indem er – unter recht freihändigem

Umgang mit drei- und vierstelligen Milliardenbeträgen – weitreichende Marktregulierungen zu Lasten fossiler Energien und Investitionslenkungen zugunsten klimaverträglicher Technologien vornehme. Schließlich sollten Global-Governance-Theoretiker, Völkerrechtler, Transnationalisten und Gerechtigkeitsphilosophen auf dem Wege einer internationalen Kooperationsrevolution mit einem «zivilisatorischen Quantensprung» neue Normen, Regeln und Verhaltensweisen ausarbeiten. Das Ziel war eine «gerechte neue Weltordnung» und «gutes Leben in den Grenzen des natürlichen Umweltraumes» – kurzum: «Das Ende der Welt, wie wir sie kannten».[47] Das weitreichende Programm stellte zentrale Elemente der Moderne in Frage und warf seinerseits grundsätzliche Fragen auf: nach Wissen und Macht, nach Klima und Demokratie sowie nach der Zukunft des Kapitalismus.

Die Klimaforschung war Teil einer Entwicklung, die im späten 19. Jahrhundert begonnen hatte und mit der Experten zu einem immer wichtigeren Faktor der politischen Öffentlichkeit in den Industriegesellschaften geworden waren.[48] Ihr soziales Kapital lag in der Verfügung über exklusives Wissen, das außerhalb der Expertenkultur nicht überprüfbar war. Ihre Rolle changierte zwischen Auftragsforschung für die Politik und dem Anspruch auf eigene Themensetzung und Definitionsmacht. Die darin angelegten Machtkonflikte wurden offenbar, als im frühen 21. Jahrhundert kein weiterer nennenswerter Anstieg der globalen Temperaturen zu verzeichnen war. Bedeutete diese «Klimawandel-Pause» eine temporäre Schwankung innerhalb einer stabilen Gesamtentwicklung, oder widersprach die Empirie den Modellen? Der 5. Klimabericht des IPCC nannte eine «Umverteilung der Wärme innerhalb des Ozeans», Vulkanausbrüche und den Solarzyklus als mögliche Gründe.[49] Der Klimawissenschaftler Hans von Storch erwog, möglicherweise sei «die Sensitivität gegenüber den Treibhausgasen weniger groß als angenommen. Gut möglich auch, dass wir zudem die natürlichen Schwankungen des Klimas unterschätzen.»[50]

Damit benannte er übliche erkenntnistheoretische Probleme wissenschaftlicher Erkenntnis, etwa der Aussagekraft von Modellen, die auf Vorannahmen beruhende Konstrukte von Realität sind. Dem stand in Deutschland die öffentlich kommunizierte Eindeutigkeit der Befunde und der zu ziehenden Konsequenzen von Seiten weiter Teile der Klimaforschung entgegen. Die Politisierung der Klimaforschung offenbarte sich in den internen Verhandlungen des IPCC über die Prognose des Anstiegs der Meeresspiegel im 5. Klimabericht 2013.[51] Machtfragen und Interessen manifestierten sich in der Etikettierung von abweichenden Meinungen als Minderheitsmeinung politisch geförderter «Klimaskeptiker»[52] und im Anspruch des WBGU, eine zentrale Rolle im «neuen Gesellschaftsvertrag» zu spielen.[53] Auf der anderen Seite äußerte sich Kritik nicht nur in Form skeptischer Reflexion erkenntnistheoretischer Probleme, sondern in öffentlichkeitswirksam zugespitzten Gegenwahrheiten. Mit dem Begriff der «Klimaverschwörung» wurde der Eindruck vermittelt, der Klimawandel sei erfunden und beruhe auf gefälschten Daten.[54] In den Vereinigten Staaten hatte bereits früh eine Gegenbewegung zur Klimapolitik eingesetzt; Unternehmen wie die Erdölkonzerne ExxonMobil und Lobby-Gruppen wie die Global Climate Coalition begannen, Studien zu finanzieren und Wissenschaft in den Dienst der eigenen Ziele zu nehmen.[55]

Das Ergebnis war ein Kampf um die Deutungshoheit, in dem sich Wissenschaft, Politik, Unternehmen und Medien gegenseitig zu beeinflussen suchten und den Klimawandel zu einem Politikum machten, in dem es mehr um Interessen als um wissenschaftliche Erkenntnis und ihre Grenzen ging. Dass Wissenschaftler als politische Akteure mit dem Anspruch des gesicherten Wissens auftraten, warf die Frage auf: «Wie viel Klimawandel erträgt die Demokratie? Und wie viel Demokratie erlaubt der Klimaschutz?»[56] Der Sozialwissenschaftler Claus Leggewie, Mitglied des WBGU, beantwortete sie so: Der «demokratiepolitische Clou der Ökologie» liege in der «Umsetzung objektiver Notwendigkeiten in normative Verhaltensweisen».

Die Vorstellung einer von oben gesetzten Idee des Guten und der Freiheit im Rahmen der «Erkenntnisse der Wissenschaft» erinnerte Kritiker an Jean-Jacques Rousseaus Vorstellungen der *volonté générale*.[57] Der Volkswirt Carl Christian von Weizsäcker sah darin, in Anlehnung an Friedrich August von Hayek, eine «Anmaßung von Wissen» gegenüber den liberal-demokratischen Prinzipien einer offenen Gesellschaft. Der Soziologe Gerhard Schulze berichtete, er selbst sei «lange naiver Anhänger dieser Katastrophentheorie gewesen, bis er eines Tages festgestellt habe, dass es im Klimadiskurs absolute Wahrheitsansprüche und massive Ausgrenzungen Andersdenkender gebe. Klimaexperten neigten dazu, ihren Konsens für den Beweis zu halten.»[58] Auf der anderen Seite warf der Klimaforscher Stefan Rahmstorf «Klimaskeptikern» vor, «dass sie keineswegs einen gesunden Skeptizismus pflegen», sondern «eine festgefahrene Meinung» verträten, «die sich durch kein Sachargument erschüttern lässt».[59]

Letztlich bleibt eine unaufgelöste Spannung zwischen Freiheit, Selbstbestimmung und Demokratie einerseits und dem Anspruch auf wahre Erkenntnis und verbindliche objektive Sachnotwendigkeit andererseits. Zugleich generierte die Klimaforschung eine neue Grundsatzdebatte um die kapitalistische Gesellschaft und die Ordnung der Moderne.

Der Wandel des Klimas und die Zukunft des Kapitalismus

Die «historisch einzigartige Wachstums- und Wohlstandsexplosion» der Moderne ist für den deutschen Sozialwissenschaftler Meinhard Miegel «nicht in erster Linie Triumph menschlicher Schöpferkraft, sondern Folge einer rigorosen Ausbeutung der Natur und in gewisser Weise auch des Menschen». Dass «materielle Wohlstandsmehrung und Zerstörung der Lebensgrundlagen im Gleichschritt» verlaufen, führt ihn zur Konsequenz, vom Wachstumspfad abzukehren. Die Mittel dazu erkennt er in den klassischen Tugenden der Selbstbeschränkung, der Mäßigung und der Konzentration auf das Notwendige, mithin in einem Bewusstseins- und Mentalitätenwandel hin zu nichtmateriellen, nicht zuletzt musischen, sozialen und emotionalen Werten.[60] In dieselbe Richtung zielt Robert und Edward Skidelskys Frage: «Wie viel ist genug?» Die Antwort sehen sie in der alteuropäischen Kultur des Maßhaltens und des Verzichts auf der Basis des erreichten materiellen Wohlstands.[61] Ein «gutes Leben» außerhalb des Hamsterrads des modernen Kapitalismus liege in einer Abkehr von den Mechanismen der Konsumgesellschaft und der Marktbelebung, in einer Umkehr des Kapitalismus oder auch seiner Weiterentwicklung hin zu einer Kultur der Allmende, des Teilens und des Tauschens.[62]

Diese Vorstellungen, die sich in politischen Vorschlägen zur Verkürzung von Arbeitszeiten, zur Beschränkung des Konsums durch Luxusgesetze und für ein bedingungsloses Grundeinkommen niederschlugen, zogen von liberaler Seite die Kritik auf sich, sie unterlägen der Fehlannahme eines einmal erreichten Wohlstandsniveaus. Dieses Wohlstandsniveau werde aber ständig durch Wettbewerb und Strukturwandel herausgefordert und müsse stets neu produziert und durch dynamische Anpassungen gesichert werden.[63]

«Wachstum!» fordert daher der Volkswirt Karl-Heinz Paqué,[64] wobei er zwischen einer quantitativen und einer qualitativen Dimension von Wachstum unterscheidet. Quantitatives Wachstum bedeutet Mengenwachstum und ist nicht nachhaltig, sondern verbraucht mehr Ressourcen. Qualitatives Wachstum hingegen bezeichnet die Veränderung der Beschaffenheit und der Vielfalt der Güter, die nicht zwingend mit zusätzlichem Ressourcenverbrauch verbunden ist, auch wenn sie sich statistisch als quantitatives Wachstum darstellt. Qualitatives Wachstum birgt die Chance zur Nachhaltigkeit und den Schlüssel zur Lösung von Umweltproblemen: «Better Growth, Better Climate».[65] Diese Strategie setzt nicht auf ein grundlegendes Umsteuern des gesamten Systems, sondern auf technische Innovationen im Vertrauen auf den Markt als Entdeckungsverfahren (Hayek).

Hinter diesen Strategien und Projektionen steht die Frage nach der Definition von Wohlstand und seiner Messung. Jenseits der klassischen Kenngröße des Bruttoinlandsprodukts, das weder nicht marktgehandelte Waren und Dienstleistungen noch Ressourcenverbrauch und Nachhaltigkeit berücksichtigt, sind Faktoren wie Bildung, Gesundheit und Lebenserwartung, Lebensqualität und Einkommensverteilung, Finanzmarktstabilität oder Umweltqualität in den Fokus der Aufmerksamkeit gerückt.[66] Der *Human Development Index* legt seit 1990 die Indikatoren Lebenserwartung, Ausbildung und Kaufkraft an, um Lebensqualität zu quantifizieren und in einer einzigen, international vergleichbaren Indexziffer zusammenzuführen. Letztlich korreliert sie freilich in hohem Maße mit den üblichen Ziffern des BIP pro Kopf, und den Faktor der Nachhaltigkeit berücksichtigt sie nicht systematisch: dass Island in den Jahren 2007 und 2008 weltweit an der Spitze stand, bevor es mit der Weltfinanzkrise einen nachhaltigen Einbruch erlebte, stellt die Frage nach der übergreifenden Aussagekraft dieser Daten.

Der Schlussbericht der Enquete-Kommission «Wachstum, Wohlstand, Lebensqualität» vom Mai 2013[67] schlug vor, zur Wohlstandsmessung neben dem BIP pro Kopf neun weitere Indikatoren zu verwenden und diese Kennzahlen nebeneinander zu stellen, statt sie in einer Ziffer zusammenzuführen: Einkommensverteilung und Staatsschulden stehen für materiellen Wohlstand, Beschäftigung, Bildung, Gesundheit und Freiheit für soziale Teilhabe sowie Treibhausgase, Stickstoff und Artenvielfalt für die Ökologie. Dass sich die Sozialwissenschaften hin zur Glücksforschung erweitern, um Selbstauskünfte der Menschen über ihre Lebenszufriedenheit als Grundlage von Politik zu erheben,[68] ist ein weiterer Schritt in einem übergreifenden Prozess der immer weiter vordringenden wissenschaftlichen Erfassung und Vermessung des menschlichen Lebens und der Gesellschaft.

Ihr Ausdruck in Zahlen ist eine spezifische Form, mit Komplexität, Unübersichtlichkeit und Unsicherheit umzugehen, auf die das nächste Kapitel zu sprechen kommt. Kehren wir aber zuvor noch einmal zur Frage nach der Reichweite des Wissens und dem Klimawandel zurück – denn hier begegnen uns grundlegende Formen des Denkens und der Argumentation. Die klimapolitischen Debatten lassen vier allgemeine Muster erkennen. Erstens arbeitet die Klimaforschung mit Modellen, die immer komplexer geworden sind und eine immer größere Zahl an Parametern berücksichtigen. Dass zugleich die Abweichungen zwischen Modellen und Beobachtungsdaten zunehmen, liegt an der Komplexität der Materie und verweist auf die Grenzen der Aussagekraft von Modellen und die Wandelbarkeit wissenschaftlicher Erkenntnis. Der Gegensatz zwischen dieser Einsicht und der Apodiktik öffentlicher Debatten verweist auf ein zweites Muster: die Politisierung von Wissenschaft, ihre Legitimierung durch den Anspruch unangreifbaren Expertenwissens und ihre moralische Aufladung, die letztlich eine Machtfrage ist.

Drittens ordnen sich die klimapolitischen Debatten in eine lange Tradition von Untergangsszenarien ein, die bislang allerdings nicht eingetreten sind. Thomas Robert Malthus prognostizierte Ende des 18. Jahrhunderts eine Bevölkerungskatastrophe,[69] die durch die Industrialisierung abgefangen wurde. Von ähnlich existentieller Dimension waren die Angst vor dem Waldsterben und dem Atomtod in den siebziger und achtziger Jahren des 20. Jahrhunderts. Letztlich lässt sich ein geradezu anthropologisches Erzählmuster erkennen, wie es den Symbolsprachen von Erlösungsreligionen zugrunde liegt, dass nämlich die Welt durch Handlungen des Menschen aus den Fugen oder an ihr Ende gerate.[70] Ein viertes Muster liegt in der Suggestion des Zeitdrucks: Man habe nur noch wenige Jahre Zeit, dann sei alles zu spät. Davon waren Franzosen vor 1914 angesichts der demographischen Entwicklung ihres Landes nicht weniger überzeugt als viele Deutsche angesichts des Klimawandels ein Jahrhundert später.

Diese historische Perspektive wirkt im besten Sinne relativierend. Eine Aussage als Topos zu identifizieren, besagt allerdings nicht, dass sie falsch ist. Radikaler Alarmismus ist das eine, fahrlässige Nonchalance das andere. Was also tun? Die Frage nach Handlungsmöglichkeiten führt zu einer Grundkonstellation zweier verschiedener Denkformen, die in der griechischen Antike angelegt ist. Eine Variante geht auf Platon und das Höhlengleichnis zurück: Demzufolge existiert das Bild vor dem konkreten Gegenstand, das Allgemeine vor dem Besonderen, die Idee vor dem Konkreten. Diese Denkform geht vom Modell, von der abstrakten Theorie aus und setzt auf die rationale Ableitung konkreter Maßnahmen. Ihre Konsequenz ist die «große Transformation».

Die andere Denkform geht auf Aristoteles zurück und wurde von Thomas von Aquin im mittelalterlichen Universalienstreit aufgenommen. Das Allgemeine existiert demzufolge nicht *vor* dem Besonderen, sondern nur *im* Besonderen. Die Idee ist nicht autonom und nicht von der konkreten Erfahrung zu trennen, zumal die eigene Einsicht in die Welt begrenzt ist (in diesem Sinne betonte Friedrich August von Hayek die Grenzen des Wissens gegenüber der «Anmaßung des Wissens»). Statt von Modellen und abstrakter Theorie geht diese Denkform von pragmatischer Abwägung und *common sense* aus und setzt auf *piecemeal engineering* (Karl Popper), auf schrittweise und umkehrbare Veränderungen.

Beide bergen Gefahren. Die eine liegt darin, rechtzeitig grundlegende und langfristige Maßnahmen gegen die globale Erwärmung und die notwendige Umkehr von Fehlentwicklungen zu versäumen. Die andere liegt in der Versuchung einer fundamentalen Umgestaltung nach dem Bilde einer vermeintlichen Gewissheit, die sich erfahrungsgemäß wandelt. Neben diesem Dilemma im Großen stellt sich die konkrete Frage, ob technologischer Fortschritt und qualitatives Wachstum die Kollateralschäden quantitativen Wachstums einholen können. Und zugleich spiegelt der Umgang mit dem Klimawandel eine Grunderfahrung der Moderne: das Leben mit Unsicherheit und das Aushalten des Krisenhaften zwischen Entfesselung und Einhegung, zwischen Pluralisierung und Ganzheit.

IV. Die Ordnung der Dinge

Nietzsches Frage zielte ins Herz: «unter welchen Bedingungen erfand sich der Mensch jene Werturteile gut und böse»?[1] Jahrhundertelang hatten religiöse Gebote und kirchliche Morallehren diese Frage erübrigt. Mit der Moderne und gerade im 20. Jahrhundert wurde indes zunehmend zweifelhaft, dass «falsch» und «richtig» vorgegeben sind. Soziologie und Philosophie kamen nicht an der Erkenntnis vorbei, dass «gut und böse» von Menschen gemacht sind. Aber wie geschieht das, und wie funktioniert es?

Um das Alltagsverhalten von Menschen zu erklären, hat der Soziologe Erving Goffman das Konzept des Rahmens entwickelt.[2] Rahmen organisieren Alltagserfahrungen auf der Ebene der Wahrnehmungen ebenso wie der des Handelns. In England etwa stellt man sich in einer Schlange auf, um in dieser Reihenfolge in den nächsten Bus einzusteigen. Die Erkenntnisse der Sozialpsychologie bestätigen die alte Volksweisheit, der Mensch sei ein Herdentier. Er richtet sich in seinem sozialen Verhalten nach dem, was in seiner Umgebung als richtig angesehen wird. Eindrücklich hat dies Salomon Asch Anfang der fünfziger Jahre in einem Experiment gezeigt: Eine Gruppe von Versuchspersonen sollte die Längen von Linien vergleichen, die ihnen gezeigt wurden. Die Probanden, die ihre Einschätzung als letzte abgaben, wussten nicht, dass die Teilnehmer vor ihnen in das Experiment eingeweiht waren und absichtlich eine falsche Einschätzung abgegeben hatten. Drei Viertel der Versuchspersonen richteten sich in ihrer Antwort nach der Mehrheit der zuvor abgegebenen Einschätzungen und gaben eine offenkundig falsche Antwort; wenn sie die Aufgabe allein zu lösen hatten, gaben sie hingegen die richtige Antwort.[3] Solche Muster des Denkens, Redens und Handelns sind den Beteiligten meist nicht bewusst. Rahmen umschreiben eine unhinterfragte, als solche wahrgenommene Normalität und sind gerade deshalb von großer Verbindlichkeit.

Sie lassen sich von der Mikroebene auf größere Gruppen und Gesellschaften übertragen. Hier organisieren Rahmen, was Elisabeth Noelle-Neumann als «öffentliche Meinung» beschrieben hat, «Meinungen im kontroversen Bereich, die man öffentlich äußern kann, ohne sich zu isolieren». Da Menschen Isolation meist zu vermeiden suchen, orientieren sie sich an den angenommenen Mehrheitsverhältnissen ihrer Umwelt und halten eine als Minderheitsposition empfundene Meinung tendenziell zurück.[4] Abweichende Meinungen sind nicht ausgeschlossen, befinden sich aber von Anfang an in der Defensive und dringen gegen die Mehrheitsmeinung nur schwer oder gar nicht durch. Rahmen überwölben auch tagespolitische Konfliktlinien und parlamentarische Mehrheitsverhältnisse (jedenfalls wenn in der politischen Kultur kein Fundamentaldissens herrscht wie im Deutschland der Weimarer Republik). Sie trennen das allgemein Akzeptierte vom mehrheitlich Abgelehnten und unterscheiden den Generalkonsens der *ingroup* von der abweichenden *outgroup*.

Wahrnehmungs- und Sprachmuster ziehen auch den Rahmen für das Handeln. Als 1984 der Vier-Sterne-General der Bundeswehr Günter Kießling entlassen wurde, stand außer Frage, dass die «Homosexualität eines hohen NATO-Generals ein nicht tolerierbares Sicherheitsrisiko bedeutet hätte».[5] Der Skandal lag seinerzeit nicht im Entlassungsgrund, sondern in der unzureichenden Beweislage. Drei Jahrzehnte später musste der Vorstandsvorsitzende des Softwareunternehmens Mozilla zurücktreten, weil er bei einem Volksentscheid in Kalifornien die Gegner der Homo-Ehe unterstützt hatte.[6]

Rahmen weisen Entscheidungen voraus. Aber weder sind sie starr und unabänderlich, noch handelt es sich um ein einseitiges Verhältnis. Die gemeinsame soziale Praxis bestätigt den Rahmen immer wieder neu, und zugleich verändern Abweichungen ihn nach und nach.[7] Innerhalb des Rahmens können verschiedene Positionen bestehen, zwischen denen Verschiebungen geschehen. Neue kommen, zunächst als Position einer *outgroup*, von außen hinzu. *Gender mainstreaming* kam in den achtziger Jahren des 20. Jahrhunderts als eine Randposition auf, zwanzig Jahre später war es in den Rang einer allgemein akzeptierten, gesellschaftlich-politischen Querschnittsaufgabe aufgestiegen. Rahmen verschieben sich durch Machtkonflikte und durch veränderte Bedingungen. Meist geschieht dies schleichend und unbemerkt, manchmal aber auch plötzlich, wenn unerwartete Ereignisse, insbesondere Krisen, das bis dahin Selbstverständliche und vermeintlich Normale in Frage stellen. So war es mit dem Ende des Nachkriegsbooms 1973 oder der Weltfinanzkrise von 2008, von denen die beiden größten Verschiebungen des Rahmens der politischen Kultur in den westlichen Industriegesellschaften ausgingen.

Stadien der Entwicklung lassen sich gerade im politisch-kulturellen Bereich nicht chirurgisch voneinander trennen, weder sachlich noch zeitlich. Sie überlagern sich, Einzelnes wird bedeutsam, ohne alles andere zu verdrängen, und verliert wieder an Bedeutung, ohne ganz zu verschwinden. Im Folgenden werden typische Elemente zu abstrakten Idealtypen gebündelt, die in der Realität so nicht in Reinform existieren, die aber einen Mehrwert für die Erklärung der übergreifenden Entwicklungen besitzen.

1. Kulturschock 1973

Das Jahr 1973 ging wie eine Schockwelle durch die westliche Welt. Wirtschaftlich ging der Nachkriegsboom zu Ende, kulturell bedeutete es das Ende des Glaubens an den gesicherten Fortschritt. Fortschrittsoptimismus, der Glaube an die Erkennbarkeit der Welt und die Machbarkeit der Dinge, war ein Produkt der Moderne. Diese «Moderne» bzw. «Modernisierung» haben Hans van der Loo und Willem van Reijen als die Verbindung von vier Prozessen beschrieben, von Individualisierung, Differenzierung, Rationalisierung und Domestizierung.

Individualisierung beschreibt die «wachsende Bedeutung des Individuums, das sich aus der Kollektivität seiner unmittelbaren Umgebung herauslöst», indem es beispielsweise die Dorfgemeinschaft verlässt und sich in der Stadt eine eigene Existenz aufbaut. Differenzierung bzw. Pluralisierung bezeichnet die «Spaltung eines ursprünglich homogenen Ganzen in Teile mit eigenem Charakter» – so haben sich aus dem mittelalterlichen Spital in der Moderne Waisenhäuser, Altenheime, Krankenhäuser, Psychiatrien und Gefängnisse entwickelt. Rationalisierung benennt die zunehmende Prägung des Denkens durch Ordnen und Systematisieren, durch Berechnung und Begründung; Naturkatastrophen werden nicht mehr als Strafgericht Gottes gedeutet, sondern naturwissenschaftlich erklärt. Domestizierung schließlich meint die zunehmende Beherrschung der Naturkräfte durch die Eisenbahn, die Entschlüsselung von Naturgesetzen oder die Bekämpfung bakterieller Erkrankungen durch das Penicillin.[8] Modernisierung war freilich kein linearer, eindimensionaler Prozess. Die Kräfte der Moderne wirkten in unterschiedliche Richtungen, Prozesse der Entgrenzung zogen Versuche der Einhegung nach sich, und Tendenzen der Pluralisierung nährten den «Hunger nach Ganzheit»[9]. Individuelle Emanzipation war begleitet von staatlichem Reglement. Die Moderne in Technologie, Naturwissenschaften und Ökonomie stand der kulturellen Moderne in den Künsten und den Humanwissenschaften gegenüber, mal als Geschwisterkind, mal als Antipode.[10]

Nach 1880 bahnten Stahl, Chemie und Elektrizität den Übergang in die Hochmoderne. Ingenieurwissenschaften an Technischen Hochschulen lösten die Bastler und Tüftler der früheren Industrialisierung ab. Parallel dazu kamen anwendungsbezogene Humanwissenschaften wie Sozialmedizin und Versicherungsmathematik, Konsum- und Meinungsforschung auf, die den Menschen in seiner Umwelt vermaßen und die Gesellschaft durchdrangen. Unter Beteiligung von wissenschaftlichen Experten und auf staatliches Betreiben entstanden so die großen sozialtechnokratischen Ordnungsentwürfe, das *social engineering* des 20. Jahrhunderts,[11] in denen technische und kulturelle Moderne zusammenfanden.

Ein Beispiel dafür ist die Eugenik. Zwangssterilisierungen galten Anfang des 20. Jahrhunderts als moderne Form der Gestaltung von Gesellschaft, die auch die schwedischen Sozialreformer und Nobelpreisträger Gunnar und Alvar Myrdal befürworteten. Politisch einflussreich waren die empirischen Studien des amerikanischen Psychologen Henry Goddard auf Ellis Island. 1910 hatte er in seiner «Studie über die Vererblichkeit von Schwachsinn» behauptet, 83 Prozent aller jüdischen, 80 Prozent der ungarischen, 79 Prozent der italienischen und 87 Prozent der russischen Einwanderer seien schwachsinnig. Die Eugenik gipfelte in der nationalsozialistischen Enthanasie ab 1939. «Die Macht der Wissenschaft war absolut, und die vorgebrachten Argumente beruhten auf ‹objektiven› Faktoren, auf unbestechlichen Zahlen und nicht auf sentimentalen, irrigen Ideen. Die Eugeniker erwachten in einer entzauberten Welt und nahmen den Menschen das letzte aller Rechte: das Recht zu leben.»[12]

Nach 1945 wurden Modernisierungstheorien aus den USA einflussreich. Walt Whitman Rostow entwarf anhand des Vorbilds der westlichen Industriegesellschaften ein Stufenmodell ökonomischer Modernisierung,[13] das zugleich als Muster für die Entwicklungsgesellschaften der sogenannten Dritten Welt diente. So leisteten die USA in Vietnam nicht nur «Entwicklungshilfe», sondern unterstützten eine veritable «Entwicklungsdiktatur», indem sie überkommene dörfliche Gemeinschaftsformen in Eigentumsverhältnisse, Siedlungs- und Infrastruktur nach westlichem Vorbild überführten.[14]

Der Nachkriegsboom der fünfziger und sechziger Jahre erzeugte den Glauben an ein permanentes Wachstum und die Möglichkeit der staatlich-politischen Konjunktursteuerung. Die keynesianische «Globalsteuerung» in der Bundesrepublik wurde von einer auf fünfzehn und mehr Jahre angelegten Reformplanung auf der Basis wissenschaftlicher Politikberatung

Neue Staatsgalerie Stuttgart, 1984 eröffnet

begleitet, die Kanzleramtsminister Horst Ehmcke nach dem Regierungswechsel von 1969 einführte.[15] Ein allgemeiner und international verbreiteter wissenschafts- und technikgläubiger Funktionalismus beruhte auf der Vorstellung, die Wirklichkeit sei durch objektivierbare Quantifizierung vollständig und adäquat zu erfassen, komplexe Entwicklungen könnten gesteuert und die Zukunft könne geplant werden.

Staatlich betriebene Großprojekte waren ein wesentliches Kennzeichen der Hochmoderne zwischen 1880 und den siebziger Jahren des 20. Jahrhunderts.[16] So etwa die «autogerechte Stadt»[17]: Autoschalter sollten Bankgeschäfte aus dem laufenden Kraftfahrzeug ermöglichen, und was der Stadt Köln die Nord-Süd-Fahrt war Stuttgart ein komplettes «Kleeblatt» unter dem Kleinen Schlossplatz oder die Mainzer Betonwüstung des «Binger Schlags». Altstädte fielen dem Flächenabriss zum Opfer. Dafür entstanden vom Märkischen Viertel in Berlin über Köln-Chorweiler bis München-Neuperlach Trabantenstädte an den Peripherien der Städte.[18] Gestaltungsprinzip war eine streng funktionalistische Architektur, wie sie sich in den «Wohnmaschinen» Le Corbusiers, der Ruhr-Universität Bochum und dem Großklinikum in Aachen niederschlug. Sie korrelierte mit dem verkehrspolitischen Autobahnbauprogramm: Der «Leber-Plan» sah eine Ausdehnung des Autobahnnetzes in der Bundesrepublik von ca. 4400 auf 19000 Kilometer vor. Auf dem britisch-französischen Projekt des Überschallflugzeugs Concorde ruhten ähnliche Hoffnungen in der Luftfahrt wie auf der Kernenergie in der Energiepolitik.[19] Die Reihe lässt sich bis zur Zukunftsforschung fortsetzen. Mit Hilfe von Systemanalyse und EDV entwickelte Dennis Meadows den Anspruch, das Weltsystem präzise und exakt zu messen und zu erfassen.[20] Daraus leiteten sich weitgreifende Modelle und Gestaltungsentwürfe ab, sei es die These von der «nachindustriellen Gesellschaft», sei es der Bericht an den Club of Rome über die «Grenzen des Wachstums».[21]

Zu Beginn der siebziger Jahre begann sich allerdings Widerstand gegen den weiteren Flächenabriss von Altstädten zu formieren, und ein allgemeines Umdenken zeichnete sich ab. Der endgültige Zusammenbruch des Weltwährungssystems von Bretton Woods und der erste Ölpreisschock im Krisenjahr 1973 markierten eine ökonomische Zäsur, die weit über den darauf folgenden Konjunktureinbruch hinausging. Dem Ende des Nachkriegsbooms folgten niedrige oder gar negative Wachstumsraten, Inflation und Arbeitslosigkeit sowie wachsende Staatsverschuldung. Das war im Konzept der keynesianischen Globalsteuerung nicht vorgesehen und beförderte die «große Ernüchterung» (Tim Schanetzky) über die Modernisierungsideologie der sechziger Jahre noch zusätzlich.

Innerhalb kurzer Zeit wurden die Globalsteuerung und die Reformplanung aufgegeben, und es war eine bezeichnende Koinzidenz, dass der visionäre Willy Brandt im Bonner Kanzleramt von Helmut Schmidt abgelöst wurde, der zu «Realismus und Nüchternheit» aufrief[22]. Im Juni 1974 beendete auch das bei der FDP angesiedelte Institut für politische Planung und Kybernetik seine Publikationstätigkeit.[23] Das Autobahnbauprogramm wurde ebenso eingestellt wie der Bau der Concorde nach 16 Maschinen. Die Abwendung von Großsiedlungen bereitete den Weg für die Wiederentdeckung der historischen Stadt und des Dorfes.[24] In der Architektur verfiel der Stil der sechziger Jahre dem Verdikt der «Behälterarchitektur» und des «Bauwirtschaftsfunktionalismus». Die Gegenbewegung firmierte unter dem 1975 aufgebrachten Begriff der «Postmoderne»,[25] die auf «Mehrsprachigkeit» statt funktionalistischer «Univalenz» baute und auf eine Kombination von Heterogenem setzte[26]. James Stirlings Neue Staatsgalerie in Stuttgart avancierte mit ihrer funktionalen Uneindeutigkeit und ihrer unorthodoxen Fülle verschiedener Architekturzitate von Schinkel über Le Corbusier bis zur Pop Art zum postmodernen Bau der Bundesrepublik *par excellence*.

Schon die Zeitgenossen erkannten diesen kulturellen Umschlag als «Tendenzwende» – so der Titel einer zeitdiagnostischen Konferenz in der Münchener Akademie der schönen Künste im November 1974.[27] Eine «radikale Wende gegen den Fortschrittsoptimismus»[28] der sechziger Jahre verlieh der Rede von den «Grenzen des Wachstums» ihre Popularität. Der Umschlag von der Modernisierungsideologie in Zukunftsangst ließ sich an den Protestbewegungen ablesen. Folgten die Achtundsechziger noch der Utopie einer neuen Welt, so einte die neuen sozialen Bewegungen der siebziger Jahre die Angst vor der Zerstörung der Lebensgrundlagen, sei es durch sauren Regen oder Atomkraft; letztere wurde zur Chiffre für den Paradigmenwechsel. Nachdem die Modernisierungsideologie wie überhaupt die großen sozialtechnokratischen Entwürfe des 20. Jahrhunderts die technische und die kulturelle Moderne zusammengeführt hatten, traten sie nach 1973 wieder auseinander. Im Zeichen von Marktorientierung und Digitalisierung entwickelte die technisch-ökonomische Moderne in den achtziger Jahren eine neue Form des Fortschrittsoptimismus. Die kulturelle Moderne manifestierte sich zur selben Zeit in der Postmoderne und dem Dekonstruktivismus.

2. Der wichtigste Denker des späten 20. Jahrhunderts

Wer war der einflussreichste europäische Denker nach 1945? Gute Chancen auf diesen Titel haben die französischen Poststrukturalisten: Michel Foucault erhob den Anspruch, grundsätzlich «anders zu denken», vor allem über Macht; sie «produziert Gegenstandsbereiche und Wahrheitsrituale: das Individuum und seine Erkenntnis sind Ergebnisse dieser Produktion.» Oder Jacques Derrida mit seinem berühmten Satz «es gibt nichts außer Text». Oder Jean-François Lyotard: «Die große Erzählung hat ihre Glaubwürdigkeit verloren.»[29] Der gemeinsame Nenner all dieser Äußerungen liegt darin, dass sie Grundvorstellungen der westlichen Moderne relativierten bzw. radikalisierten, und zwar nicht inhaltlich, sondern in Form und Struktur des Denkens. Schon Immanuel Kant schrieb, dass nicht das «Ding an sich» zu greifen und zu erkennen sei, sondern nur die «Erscheinungen» der Dinge, «d.i. die Vorstellungen, die sie in uns wirken, indem sie unsere Sinne afficiren».[30] Mit anderen Worten: Die Welt ist nur durch ihre subjektive Aneignung erfahrbar. Foucault und Derrida gingen einen radikalen Schritt weiter: Es gibt keine Realität jenseits der Sprache.

Die Postmoderne der achtziger Jahre hatte weitreichende Folgen für das Denken und die Kultur der westlichen Welt. Sie führte zum einen zu einer verstärkten Pluralisierung, zum anderen zur Dekonstruktion von überkommenen Ordnungsvorstellungen. Verbindliche Gewissheiten lösten sich auf, und normative Vorstellungen verschoben sich: über Nationen und Geschlechter, über die Errungenschaften der Moderne und allgemein über die «Normalität». Das Besondere dabei war, dass diese Formen des Denkens von den intellektuellen Höhenkämmen der philosophischen Seminare in Paris und Berkeley in die Breiten der westlichen Gesellschaften durchsickerten.

Postmoderne 1: Pluralisierung

1979 legte Jean-François Lyotard im Auftrag des Universitätsrates der Regierung von Quebec einen «Bericht über die Lage des Wissens in den höchstentwickelten Gesellschaften» vor, der 1982 erstmals in deutscher Sprache unter dem Titel «Das postmoderne Wissen» erschien. Der zentrale Satz dieser Schrift war der bereits zitierte: «Die große Erzählung hat ihre Glaubwürdigkeit verloren.» Gemeint waren damit die fortschrittsoptimistisch-aufklärerische Erzählung von der Emanzipation des Menschen im Geiste Kants sowie die Erzählung des Idealismus von der Entfaltung des Wissens durch den Geist im Sinne Hegels, aber auch die Vorstellung der menschlichen Welterkenntnis durch das Subjekt in der Tradition von Marx oder Husserl. Lyotard stellte Grundannahmen der Moderne und ihre Ordnungsvorstellungen in Abrede: Das Prinzip der Ganzheit (*unitotalité*) diene dazu, Vielfalt auszuschließen, und das Prinzip des Konsenses sei ein Instrument, um das Dissente zu unterdrücken. Seine «Skepsis gegenüber Metaerzählungen» bewog ihn dazu, das Verbindliche zurückzuweisen und Zersplitterung (*éclatement*) an die Stelle von Ganzheit zu setzen.[31] «Radikale Pluralität» nannte Wolfgang Welsch dieses Konzept von Postmoderne. Sie nahm «Abschied von den großen Einheiten» zugunsten von Heterogenität und Widersprüchlichkeit, von Uneindeutigkeit und einer «Vielfalt konkurrierender Paradigmen». Diese Postmoderne «beginnt dort, wo das Ganze aufhört», denn «das Ende des Einen und Ganzen» führt zur «Vielfalt in ihrer Legitimität und Eigenart» – mit Paul Feyerabends berühmten zwei Worten: «anything goes».[32]

Nun waren Pluralisierung und Pluralität an sich nichts Neues. Im Gegenteil, sie waren Phänomene der gesamten Moderne, wenn auch im 20. Jahrhundert hart bedrängt von den sozialtechnokratischen Ordnungsentwürfen der Hochmoderne. Nun ging es, so Lyotard, um die Überwindung auch der *Sehnsucht* nach der verlorenen Erzählung.[33] Das alles mochte reichlich theoretisch, akademisch und abstrakt klingen. Und doch gewannen diese Gedanken konkrete praktische Bedeutung. Hans Magnus Enzensberger schrieb 1988:

> Niederbayerische Marktflecken, Dörfer in der Eifel, Kleinstädte in Holstein bevölkern sich mit Figuren, von denen noch vor 30 Jahren niemand sich träumen ließ. Also golfspielende Metzger, aus Thailand importierte Ehefrauen, V-Männer mit Schrebergärten, türkische Mullahs, Apothekerinnen in Nicaragua-Komitees, Mercedes-fahrende Landstreicher, Autonome mit Biogärten, waffensammelnde Finanzbeamte, taubenzüchtende Kleinbauern, militante Lesbierinnen, tamilische Eisverkäufer, Altphilologen mit Warentermingeschäft, Söldner auf Heimaturlaub, extremistische Tierschützer, Kokaindealer mit Bräunungsstudios und Dominas mit Kunden aus dem höheren Management […], Schreiner, die goldene Türen nach Saudi-Arabien liefern, Kunstfälscher, Karl-May-Forscher, Bodyguards, Jazz-Experten, Sterbehelfer und Pornoproduzenten.[34]

Auch wenn die soziale Realität der Eifel in den achtziger Jahren vor Ort etwas weniger bunt ausfallen mochte, verweist Enzensbergers Panorama auf die Pluralisierung von Familien- und Privatheitsformen. Aus dem Modell der Eltern-Kind-Familie, wie es in den fünfziger Jahren vorgeherrscht hatte, entwickelten sich die Lebensformen verheirateter und unverheirateter hetero- und homosexueller Paare mit und ohne eigene und fremde Kinder, Alleinerziehende, Alleinlebende sowie alternative Wohn- und Lebensformen. Als sozial akzeptierte Massenphänomene waren sie historisch vielfach neu. Allerdings blieb die klassische Eltern-Kind-Familie die verbreitetste Lebensform.[35] Die soziale Realität änderte sich in der Breite weniger radikal als zuweilen angenommen, aber auch in den Eifeldörfern zog eine «Pluralität in Grenzen» ein. Eine «radikale Pluralisierung» fand eher auf der Ebene der Debatten, der Wahrnehmungen und der Normen statt. Und die änderten sich in den siebziger und achtziger Jahren in der Tat.

Gab es den Wertewandel?

«Werden wir alle Proletarier?» So fragte die Meinungsforscherin Elisabeth Noelle-Neumann 1975 alarmiert und sah den Niedergang des bürgerlichen Arbeitsethos voraus.[36] Wertewandel oder Werteverfall waren ein heißes Thema in den öffentlichen Debatten und in der Sozialforschung der siebziger Jahre. Der amerikanische Pionier Ronald Inglehart stellte eine Verschiebung der gesamtgesellschaftlichen Prioritäten von traditionellen «materiellen Werten» (soziale Sicherheit und wirtschaftliches Wachstum) hin zu «postmateriellen Werten» (Mitspracherechte, Achtung und Selbstverwirklichung) fest.[37]

Der deutsche Soziologe Helmut Klages diagnostizierte einen «Wertewandelsschub» zwischen den mittleren sechziger und mittleren siebziger Jahren, und zwar von «Pflicht- und Akzeptanzwerten» wie Disziplin, Gehorsam, Leistungsbereitschaft, Ordnung und Pflichterfüllung zu «Freiheits- und Selbstentfaltungswerten» wie Emanzipation von Autoritäten und Gleichbehandlung oder Genuss, Ungebundenheit und Abwechslung. Im Unterschied zu Inglehart ging er nicht von einem Entweder-Oder aus, sondern von unterschiedlichen Mischungsverhältnissen in verschiedenen «Wertsynthesen». Der Wertewandel war in dieser Perspektive der «vorläufige Schlußstein» einer «inzwischen ausgereifte[n] Moderne».[38]

Doch die Umfrageforschung, die diesen Befunden zugrunde liegt, ist mit Problemen verbunden. Sie fragt standardisierte Meinungsäußerungen zu vorab festgelegten Kategorien ab, ohne die soziale Praxis zu berücksichtigen. Zugleich ist sie auf die Zeiträume festgelegt, für die vergleichbare Umfragedaten vorliegen, so dass sie keine seriösen Aussagen über einen langfristigen Wandel gegenüber früheren Zuständen machen kann. Und schließlich ist die sozialwissenschaftliche Forschung immer auch Teil der politischen Auseinandersetzungen ihrer Zeit; das gilt für die Wertewandelsforschung der siebziger und achtziger Jahre – Meinungsforschungsinstitute und sozialwissenschaftliche Forschung standen in engem Kontakt mit Regierung und politischen Parteien – wie für die PISA-Studien der OECD und die Bildungsforschung gut zwei Jahrzehnte später.

In historisch-empirischer Perspektive ist demgegenüber nicht *der* Wertewandel zwischen 1965 und 1975 festzustellen, sondern verschiedene zeitlich und thematisch versetzte Prozesse mit Verdichtungen und Beschleunigungen über die gesamte Hochmoderne hinweg. Was die Arbeit betrifft, so ist in den siebziger Jahren weniger Wertewandel festzustellen, als es den Zeitgenossen schien. Fallstudien über Arbeiter bei Daimler-Benz in Stuttgart-Untertürkheim in den frühen siebziger Jahren zeigen eine unveränderte Bedeutung von traditionellen Werten wie «guter Arbeit», von Fachkenntnis und Berufserfahrung, Qualität und Stolz auf erbrachte Leistungen. Eine Zunahme von Leistungsorientierung lässt sich bei leitenden Angestellten beobachten, allerdings in gewandelten Begründungszusammenhängen: nicht aufgrund von vorgesetzter Autorität, sondern als «Selbstverwirklichung durch Leistung».[39]

Was sich seit dem ausgehenden 19. Jahrhundert grundlegend wandelte, war die Geschlechterzuordnung von Arbeit. Im Hinblick auf die Geschlechterbeziehungen stellten die fünfziger Jahre eine Ausnahme dar, als das bürgerliche Familienideal der Ernährer-Hausfrau-Familie eine Spätblüte erlebte. Sie ist als Suche nach Stabilität nach den Erschütterungen der Weltkriege erklärbar. Unter der Oberfläche aber liefen längerfristige Entwicklungen des gesamten 20. Jahrhunderts wie die Zunahme weiblicher Erwerbstätigkeit und die Forderung nach stärkerer partnerschaftlicher Ausgestaltung der Familie fort. Die sechziger und siebziger Jahre lagen somit in einem langfristigen Trend. Dabei änderte sich zunächst weniger die soziale Praxis in der Breite als vielmehr die Rede über Familie in heftig umkämpften öffentlichen Debatten.

In den Auseinandersetzungen um die Ehescheidung zeigte sich dabei ein Muster von Wertewandelsprozessen.[40] Zunächst veränderte sich die soziale Praxis in einer gesellschaftlichen Teilgruppe. Aus dem Konflikt zwischen ihrer Praxis und der allgemeinen Norm entstand eine gesamtgesellschaftliche Debatte, nicht zuletzt um gesetzliche Regelungen. Die Konfliktparteien grenzten sich nach außen ab, um sich nach innen zu integrieren, und die Auseinandersetzung polarisierte sich. Im Laufe der Auseinandersetzung wurden Wertüberschneidungen identifiziert, die auf der Ebene allgemeiner Begriffe lagen und allgemeine Akzeptanz fanden. Im Fall der Ehescheidung war dies ein erweiterter Familienbegriff von Eltern und Kindern, der die herkömmliche Unterscheidung von «normaler» und «unvollständiger» oder «Halbfamilie» ablöste.

Solche Werterweiterungen eröffneten integrationsfähige Vorstellungen und ermöglichten neue Bündnisse gesellschaftlicher Gruppen. Sie waren und sind die Voraussetzung für den Gewinn der Diskurshoheit in Demokratien – das gilt für den Begriff der «Chancengleichheit» in der Bildungspolitik der sechziger Jahren ebenso wie später für die «Vereinbarkeit von Familie und Beruf», die Feministinnen, bürgerliche Frauen und Wirtschaft zusammenführte. Abstrakte Wertgeneralisierungen auf sprachlich-diskursiver Ebene und neue Koalitionen von gesellschaftlichen Gruppen sind die entscheidende Voraussetzung für Wertewandelsprozesse.

In den siebziger und achtziger Jahren fand in der Tat ein Wandel statt, wenn auch nicht so eindeutig wie oftmals angenommen. Pluralisierung war zunächst mehr ein Phänomen der Debatten als der Praxis. Mit dem Wandel des Sagbaren verschob sich freilich der Rahmen, und dies zog die soziale Realität und die Institutionen nach sich. Insofern waren die siebziger und die achtziger Jahre die Inkubationszeit für verstärkte Pluralisierungsprozesse und Entwicklungen ab den neunziger Jahren. Die beiden Jahrzehnte erscheinen als eine Zeit, die Tendenzen der klassischen Moderne verstärkte und zugleich veränderte. Die «Revision der Moderne»[41] (Heinrich Klotz) bedeutete sowohl ihre Radikalisierung als auch ihre Überwindung.

Postmoderne 2: Dekonstruktion

Sprachen beschreiben nicht nur. Sie definieren, sie legen fest, und sie bringen hervor, z. B. Kranke, Wahnsinnige, Kriminelle oder was als abnorm und was als Wahrheit gilt. Das war Michel Foucaults Art, «anders zu denken». Die «Ordnung der Dinge» und die Kategorien des Denkens sind nicht materiell vorgegeben, sondern werden sprachlich erzeugt.[42] Ordnungen sind Produkte von Interessen und der Ausübung von Herrschaft durch Ausschließung. Diese Vorstellungen waren seit Nietzsche und Freud in der kulturellen Moderne angelegt. Aber sie waren vom Fortschrittsoptimismus der Hochmoderne und von deren großen sozialtechnokratischen Ordnungsentwürfen überlagert worden. Nach dem Zusammenbruch der Modernisierungsideologie und mit ihr der Selbstgewissheit der westlichen Moderne in den siebziger Jahren fanden sie in radikalisierter Form neue Beachtung.

Nachhaltig war dies im Hinblick auf die Geschlechterordnung der Fall.[43] Von Simone de Beauvoir stammte der Satz, als Frau werde man nicht geboren, zur Frau werde man gemacht.[44] Einen großen Schritt weiter ging die amerikanische Philosophin und Philologin Judith Butler mit ihrem radikalen Konstruktivismus.[45] Körperliche Gestalt werde nicht durch eine vorgängige Materialität bestimmt, sondern durch Diskurse und performative Akte. In einem performativen Modell von Geschlecht gelten die Kategorien männlich und weiblich nicht als natürliche Größen, sondern als Produkte wiederholter Sprechakte, indem zum Beispiel einem Kind gesagt wird: «Du bist ein Junge.» Dass der Konsens über die Zweigeschlechtlichkeit andere, nicht einzuordnende Formen ausschließt, ist die Grundlage der *queer*-Theorie. Sie betont die Nichtnotwendigkeit des Zusammenhangs von anatomischen Körpermerkmalen und performativer Geschlechtsidentität und orientiert sich stattdessen an alternativen Geschlechteridentitäten.

Neben der Geschlechterordnung fiel auch die klassisch-moderne Vorstellung der Nation der postmodernen Dekonstruktion zum Opfer. Bahnbrechend wirkte die These des amerikanischen Politikwissenschaftlers Benedict Anderson: Nationen seien keine vorgegebenen, gleichsam natürlichen Einheiten, sondern «imagined communities»[46], also «vorgestellt» oder (so der etwas unpräzise Titel der deutschen Übersetzung) «erfunden». Instrumente dieser Erschaffung waren vor allem Mythen, in Deutschland insbesondere der Mythos von der deutsch-französischen «Erbfeindschaft», der nach der Rheinkrise von 1840 entstand und die Kriege von 1813/14 nachträglich zu nationalen «Befreiungskriegen» umdeutete.[47]

Identitätsbildung durch Abgrenzung nach außen, Integration durch Exklusion des Anderen – das war nicht nur ein Phänomen der Nationalstaatsbildung in Europa, sondern auch des Kolonialismus und ein zentraler Gegenstand der postkolonialen Perspektive. In ihrem Fokus stehen nicht kulturelle Zivilisationsleistungen wie das Verbot der Witwenverbrennung und der Tötung neugeborener Mädchen in Indien oder Entwicklungs- und Infrastrukturprojekte, wie sie dem westlichen Selbstbild und der Legitimation des Kolonialismus entsprechen. Im postkolonialen Fokus stehen vielmehr Unterwerfung und Ausbeutung, Rassismus und Zerstörung indigener Kulturen. Zum Klassiker avancierte die Schrift des palästinensisch-amerikanischen Literaturtheoretikers Edward W. Said, die 1978 unter dem Titel «Orientalismus» erschien.[48] Ausgehend von der britischen und französischen Orientalistik formulierte er die These, der Westen habe ein statisches, verzerrtes Konstrukt vom «Orient» als Gegenbild zum aufgeklärten Westen entworfen, um die politische Unterwerfung dieser Völker zu rechtfertigen. Dabei stand der Orient als *pars pro toto* für die gesamte nichteuropäische bzw. nichtwestliche Welt. Wenn die westlichen Gesellschaften sich selbst als «zivilisiert» und den Orient als «primitiv» bezeichneten, wenn sie entwickelte Gesellschaften und unterentwickelte Völker einander gegenüberstellten, wenn sie in Kategorien wie fortschrittlich und rückständig, rational und irrational argumentierten, dann waren das für Said keine neutralen Beschreibungskategorien. Er identifizierte diese dichotomischen Denkmuster vielmehr als sprachlich erzeugte Instrumente zum Zwecke der Machtausübung. Das galt auch für die Vorstellung, die europäische Entwicklung sei die gleichsam natürliche Entwicklung und ein globales Modell, dem die Postkolonialisten unter der Devise «Europa provinzialisieren»[49] das Konzept von gleichberechtigten «multiplen Modernen» entgegensetzten.

Diese Auffassungen richteten sich gegen die normative Erzählung von der westlichen Moderne, die von Vernunft und Individualität, Menschenrechten und Fortschritt spricht. Stattdessen nahmen postmoderne Perspektiven die dunklen Seiten der Moderne in den Blick. Als Sinnbild für Repression und Sozialdisziplinierung interpretierte Foucault die Psychiatrie und das «Panopticon» des englischen Sozialphilosophen Jeremy Bentham aus dem späten 18. Jahrhundert: ein perfektes Gefängnis, in dessen Mitte ein Turm aufragt, aus dem heraus Wächter die rundherum angeordneten, offenen Gefängniszellen einsehen können. Die Gefangenen stehen unter der permanenten potenziellen Kontrolle eines allumfassenden Blickes und sind jederzeit von der Bestrafung für Handlungen bedroht, die als falsch gewertet werden.[50] Die Deutung der Konditionierung menschlichen Verhaltens – die in manchem an Szenarien im Zusammenhang mit Big Data erinnert – war zwar empirisch dünn belegt und alles andere als repräsentativ (Panopticen wurden nur in Einzelfällen gebaut). Doch das Narrativ war etabliert: Bislang scheinbar harmlose Vorstellungen von Normalität waren nichts anderes als Machtinstrumente zur Exklusion des «Anderen», von Rassen, Frauen, Homosexuellen, Irren und sonstigen Minderheiten. Dieses Bild vom «Westen» zeigte nicht Freiheit und liberale Demokratie, Individualismus und Pluralismus, sondern Unterdrückung von Dissens und Diversität. Die Postmoderne dekonstruierte das Selbstverständnis und die Paradigmen der bürgerlich-liberalen Gesellschaft.

Damit stellte sich freilich die Frage, was statt dessen gilt. Und hier offenbart sich das Problem des Dekonstruktivismus: sein erkenntnistheoretischer Selbstwiderspruch. Wenn alle Vorstellungen diskursabhängige Konstrukte sind, trifft dies logischerweise auch auf die eigenen Positionen und Vorstellungen zu. Auch die eigene Auffassung kann keinen Wahrheitsanspruch erheben.[51] Foucault hätte kaum gezögert, dem zuzustimmen. Die Realität sieht freilich anders aus: *Gender mainstreaming* und *queer theory*, Antidiskriminierung und Postkolonialismus sehen sich selbst keineswegs nur als machtbedingte Konstrukte an, sondern erheben einen verbindlichen Geltungsanspruch für die «Ordnung der Dinge». Insofern ist die Definition der «Aktion Mensch», dass Inklusion stattfindet, «wenn Ausnahmen zur Regel werden»[52], ein Wortspiel mit einem tieferem Sinn. Sie reflektiert das postmoderne Paradox, einerseits überlieferte Ordnungsvorstellungen und Normen als Konstrukte zu entlarven, andererseits eigene Konstrukte und neue Regeln zu schaffen. Auch in diesem Fall definiert Sprache die Wirklichkeit, und auch das ist eine Frage der Macht.

Das Erbe der Postmoderne

Die Postmoderne als Idealtypus hinterließ ein dreifaches Erbe. Das erste nannte Zygmunt Bauman die «Zerschlagung der Gewissheit»[53], die Dekonstruktion, den Abbau von Geltungsansprüchen überlieferter Ordnungs- und Normalitätsvorstellungen. Dies war zweitens mit der zunehmenden Anerkennung von Pluralität und Differenz verbunden. Die Pluralisierung wurde in den achtziger Jahren als Befreiung erlebt, die bisher marginalisierten Lebensformen Möglichkeiten zur gleichberechtigten Entfaltung eröffnete. Auf Dauer benötigen Gesellschaften aber wohl kulturelle Gemeinsamkeiten und verbindliche Grundlagen und Regeln. Nach der Dekonstruktion ist vor der Konstruktion. Damit kamen aber genau die Mechanismen in Gang, die die Postmoderne gerade dekonstruiert hatte. Die Dekonstruktion normativer

 Ordnungsansprüche begründete also drittens neue Machtkonflikte um normative Ordnungen und Deutungshoheit.

Mit dem Zusammenbruch des kommunistischen Ostens blieb der siegreiche Westen übrig, der seit den achtziger Jahren zugleich im Innern in Frage gestellt wurde. Das Ende des Ost-West-Konflikts war das Ende der Systemkonkurrenz und der ganzheitlichen ideologischen Großentwürfe der Hochmoderne. 1989 wurden die Karten neu gemischt, und neue Verbindungen wurden zum Charakteristikum der neuen Ordnung. Postmoderner Individualismus und radikales Marktdenken kamen, so die These von Luc Boltanski und Eve Chiapello, über Ideen der individuellen Entfaltung und des unternehmerischen Selbst, der Kreativität und der flachen Hierarchien zusammen, und der «flexible Mensch», so Richard Sennett, prägte die «Kultur des neuen Kapitalismus».[54] Postmoderne und Digitalisierung trafen sich auf dem gemeinsamen Nenner dezentraler Netze anstelle pyramidaler Hierarchien und linearer Kausalität, Feminismus und Kapitalismus entdeckten ihr gemeinsames Interesse an weiblicher Erwerbstätigkeit.

Ausgehend von den achtziger Jahren bestimmten zwei Hauptströme die weitere sozialkulturelle Entwicklung. Der eine war der postmoderne Dekonstruktivismus, aus dem die neue Ganzheitsvorstellung der «Kultur der Inklusion» hervorging. Der andere, dem wir zunächst folgen wollen, war das Modernisierungsparadigma der Marktorientierung und der kulturellen Ökonomisierung, das in den neunziger Jahren die Vorherrschaft gewann und nach der Weltfinanzkrise von 2008 seine Glaubwürdigkeit verlor.

3. Zahlen, Zahlen, Zahlen: Das marktradikale Modernisierungsparadigma

Die Freisetzung der Marktkräfte und dynamisches Wachstum, neue Medien und die Digitalisierung schlugen sich Ende der achtziger Jahre in einem neuen Fortschrittsoptimismus nieder. Als die Bundesrepublik 1989 im Banne boomender Wachstumsraten ihren vierzigsten Gründungstag feierte, war die Zukunftsangst vor dem Waldsterben und der atomaren Vernichtung wie verflogen, und zum Inbegriff des neuen Aufbruchs wurde die Kultur des Unternehmensberaters.[55]

Mit dem Durchbruch der *global economy* in den neunziger Jahren verbreitete sich der *shareholder-value*-Kapitalismus. Orientiert an kurzfristigen

Gewinnen auf den Finanzmärkten, führte er einen weitreichenden Kulturwandel mit sich. Finanzmathematische Risikomodelle und Rating-Agenturen ersetzten die erfahrungsgestützte Intuition des langfristig planenden Kaufmanns. In den Wirtschaftswissenschaften verdrängte eine an Mikroökonomik, Spieltheorie und *rational choice* orientierte Betriebswirtschaftslehre eine in größeren Zusammenhängen denkende Volkswirtschaftslehre, die sich ihrerseits mathematisierte. In den USA wurde der «Markt» zur neuen dominanten Argumentationsfigur. Er galt als Ort schneller Reaktionen und rationaler Entscheidungen, an dem sich Preise, Löhne und Nachfrage ausgleichen, an dem optimierende Ausgleichsmechanismen wirken und der sich selbst reguliert. Ordnung durch Markt statt Ordnung für den Markt, lautete die Devise, und schließlich wurde die gesamte Gesellschaft als Markt gedacht.[56] In einem *spill-over*-Effekt wurden immer weitere Lebensbereiche – von Sport und Kunst über private Lebensformen und öffentliche Güter bis zu Bildung und Wissenschaft – der Funktionslogik und der Organisation nach den Prinzipien des Marktes unterworfen.

So wie sich ein keynesianisch inspiriertes Denken in den sechziger Jahren zur keynesianischen Modernisierungsideologie verselbständigt hatte – «Ideologie» verstanden als Verabsolutierung eines Prinzips –, so verselbständigte sich das marktökonomisch inspirierte Denken der achtziger Jahre in den neunzigern zur neoliberalen Modernisierungsideologie. Die Brücke von der ersten zur zweiten Modernisierungsideologie bauten die Vorstellung der «Wissensgesellschaft» und die wissenschaftlichen Experten. Mit ihrem Objektivitätsanspruch kommunizierten sie Leitvorstellungen für einen weitgehenden, modellorientiert-technokratischen Umbau von Gesellschaft und Kultur.

Unternehmerische Universität und Bildungsökonomie – Pisa-Schock und Exzellenz-Initiative

Im Zentrum des marktorientierten Umbaus der Gesellschaft standen Bildung und Wissenschaft. Leistung durch Wettbewerb zu steigern, den Universitätsleitungen mehr Verantwortung, Entscheidungsfreiheit und Lenkungsbefugnisse anzuvertrauen und mehr Vielfalt in die deutsche Hochschullandschaft zu bringen, stand seit Anfang der neunziger Jahre auf der Agenda der deutschen Hochschulpolitik. Als Leitbild diente die unternehmerische Universität mit «Vorstand» und «Aufsichtsrat», in der die «Kundenbeziehung» zu den Studenten die Treuhänderschaft von Bildung ersetzte. Bildung fiel dem Prozess der Ver-Marktung, der Transformation in handelbare Güter anheim und wurde zur Ware, inklusive werbender Selbstinszenierung von Universitäten, um ein Markenimage aufzubauen.[57] Die Universitäten stellten auf erfolgsabhängige Mittelverteilung um, und ein bundesweites Reformgesetz von 2002 führte eine «leistungsorientierte Professorenbesoldung» ein, die etwa ein Viertel des zuvor garantierten Endgehalts in optionale Zulagen umwandelte.[58]

Was aber sind die Kriterien von «Erfolg» und «Leistung» in ursprünglich nichtkommerziellen Bereichen wie der Wissenschaft? Ein neuer, ökonomisch quantifizierbarer Maßstab wurde eingeführt: die Einwerbung von Drittmitteln, d. h. von außeruniversitären Forschungsgeldern. In diesem Sinne lobte die «Exzellenzinitiative des Bundes und der Länder» erstmals 2005/6 hohe Summen in einem Wettbewerbsverfahren aus. Wettbewerb und Markt sollten als Gestaltungsprinzip auch im kulturellen Bereich eingeführt werden. In den Hochschulen zog eine neue Dynamik ein, und die Aufwendungen des Bundes und der Wirtschaft für Forschung und Entwicklung verdoppelten sich zwischen 1991 und 2011, was zu einer erheblichen Schieflage gegenüber der Grundfinanzierung der Universitäten durch die Länder führte.[59] Eine Korrelation zwischen Drittmitteln und der Qualität von Forschung ließ sich allerdings empirisch nicht nachweisen.[60]

Stattdessen setzte der staatlich administrierte Wettbewerbsgedanke innerhalb der Wissenschaft Dysfunktionalitäten frei.[61] Eine selbstanpreisende Sprache des Marktes ersetzte den Habitus der Dezenz, den die Wissenschaften angesichts des Wissens um die Grenzen ihrer Erkenntnisfähigkeit klassischerweise für angemessen hielten. Dass die Einwerbung von Drittmitteln zum Indikator von Markterfolg wurde, begründete neue Mechanismen der Ressourcenzuteilung und etablierte mit finanzstarken Wissenschaftsorganisationen und einer neuen Schicht von Wissenschaftsfunktionären neue *gatekeepers*. Nicht anders als Banker folgten auch Wissenschaftler vorgegebenen Anreizstrukturen und antizipierten als Antragsteller von Drittmitteln das Erwartete. Marktorientierung und «unternehmerische Universität» führten zu Verlusten kritischer Potentiale von Wissenschaft, zur Bildung neuer Kartelle und zu erhöhter Regulierung.

Im Juni 1999 unterzeichneten 29 europäische Bildungsminister in Bologna eine allgemeine politisch-programmatische Erklärung mit dem Ziel der «Errichtung des europäischen Hochschulraums», um «die arbeitsmarktrelevanten Qualifikationen der europäischen Bürger ebenso wie die internationale Wettbewerbsfähigkeit des europäischen Hochschulsystems zu fördern.»[62] Bestandteile dieses Konzepts waren ein zweistufiges Studiensystem, eine auf Beschäftigungsfähigkeit am Arbeitsmarkt (*employability*) zielende Ausrichtung der Studiengänge, flexible Kompetenzen und ein Leistungspunktesystem (European Credit Transfer System ECTS), das es Studierenden ermöglichen sollte, problemlos zwischen europäischen Hochschulen zu wechseln. Das Ergebnis der folgenden Umstellung der Studiengänge in eine Bachelor- und eine Masterphase, deren Module nach einer *workload* von 30 Stunden pro *credit point* berechnet wurden, waren hoch regulierte Studiengänge in Deutschland, die den Wechsel zwischen deutschen Universitäten innerhalb der Studienphasen erheblich erschwerten.

Hintergrund und Grundlage dieser Studienreform war das Konzept der «Bildungsökonomie». Sie hatte schon in den sechziger Jahren eine erste Blütezeit erlebt. Seinerzeit wurde mit Begriffen wie «technologische Lücke», «Systemkonkurrenz» und «Begabungsreserven» für einen Ausbau der höheren Schulen argumentiert.[63] Nun hieß es: «Eine Volkswirtschaft wächst schneller, wenn die Renditen von Humankapitalinvestitionen ansteigen oder wenn die investierten Beträge zunehmen.»[64] Für die Schulen bedeutete diese Maßgabe eine Schulzeitverkürzung der Gymnasien auf acht Jahre und betriebswirtschaftliche Steuerungsverfahren anhand von Kennziffern, die quantifizierende Ländervergleiche von Bildungsausgaben, Bildungsinstitutionen und Bildungsproduktion ermöglichten.

Einen Meilenstein setzte in Deutschland die erste PISA-Studie 2001. Das «Programme for International Student Assessment» (bzw. «Programme international pour le suivi des acquis des élèves») führte international vergleichende Schulleistungsuntersuchungen der OECD im Auftrag der nationalen Regierungen durch. Sie maßen Lesekompetenz, mathematische Fähigkeiten und naturwissenschaftliche Grundbildung und wurden seit 2000 im dreijährigen Turnus erhoben.[65] Als die Ergebnisse der ersten Erhebung Ende 2001 veröffentlicht wurden, belegte Deutschland nur Platz 20 bzw. 21 von 32 Nationen und schnitt jeweils «signifikant unter dem OECD-Mittelwert» ab, was vor allem an schwachen Ergebnissen im unteren Leistungsbereich lag.[66] Die Rede vom «PISA-Schock» spielte sowohl auf den «Sputnik-Schock» 1957 als auch auf die deutsche «Bildungskatastrophe» an, die Georg Picht 1964 mit großer Öffentlichkeitswirksamkeit ausgerufen hatte. Die Reaktionen lagen in der Umstellung von Lehrplänen auf Bildungsstandards und von inhaltlicher auf Kompetenzorientierung sowie auf *Output*-orientiertes Lernen, in der Vorgabe von Studierenden- bzw. Akademikerquoten sowie im Ausbau von Ganztagsschulen und frühkindlichen Betreuungseinrichtungen, mit dem zugleich Ziele der Bildungs- und Gleichstellungspolitik verknüpft wurden.

Bertelsmann-Stiftung und Lissabon-Strategie

Besonders engagiert war in diesen Zusammenhängen die Bertelsmann-Stiftung. Ihre Gründung als Mehrheitseigentümer der Bertelsmann AG 1977 bewahrte das Unternehmen vor dem erbrechtsbedingten Verkauf. Die Stiftung bemühte sich um Einflussnahme durch aktiven Kontakt zu Politik und Administrationen.[67] Diesem Ziel diente das Centrum für Hochschulentwicklung (CHE), das 1994 von der Hochschulrektorenkonferenz und der Bertelsmann-Stiftung als *think tank* zur Beeinflussung der Hochschulpolitik gegründet wurde. Sein Auftrag war die Umgestaltung der öffentlichen Einrichtung in die «entfesselte» unternehmerische Hochschule.[68] Zum bekanntesten Instrument wurden die Uni-Rankings, die aufgrund quantitativer Indikatoren in 34 Kategorien pro Fach erstellt wurden.

Diese Quantifizierung war Markenzeichen und zugleich Grundlage des Weltverständnisses. Noch 2014 nahm die Bertelsmann-Stiftung eine Bewertung politischer Nachhaltigkeit vor, die Schweden in der Kategorie Regierungsführung mit 8,42 Punkten vor den USA mit 7,39 und Deutschland mit 7,17 Punkten einstufte. Als «Sustainable Government Indicators» dienten quantitative Daten aus öffentlichen Statistiken (einschließlich Indikatoren wie demjenigen, ob man schon einmal einem Beamten die Meinung gesagt habe) und «Experteneinschätzungen» durch Politikwissenschaftler und Ökonomen. Offensichtlich handelte es sich um normative Empirie, die ihre Phänomene selbst erzeugte und umstandslos in politische Folgerungen wie diejenige mündete, der Staat solle Geld weniger direkt an die Eltern geben, sondern für Kinderkrippen und Ganztagsschulen bereitstellen.[69]

Normative Präferenzen und politische Interessen verfolgten auch andere quantifizierende Verfahren. Die PISA-Studien gingen von einem bestimmten Vorverständnis von Bildung und Bildungsinhalten, von *literacy* und eindeutigen Unterscheidungen von «falsch» und «richtig» aus, während sie Abschlüsse der beruflichen Bildung als geringerwertig einstuften. Ihr Koordinator Andreas Schleicher war ein bekennender Gegner des dreigegliederten Schulsystems in Deutschland.[70]

Eine ähnliche Herangehensweise war auch für die Lissabon-Strategie der Europäischen Union von 2000 charakteristisch. Sie setzte sich das Ziel, die EU innerhalb von zehn Jahren «zum wettbewerbsfähigsten und dynamischsten wissensbasierten Wirtschaftsraum der Welt zu machen», das «europäische Gesellschaftsmodell zu modernisieren, in die Menschen zu investieren und die soziale Ausgrenzung zu bekämpfen». Sie setzte auf substantielle Steigerungen der «Humankapitalinvestitionen pro Kopf», eine Halbierung der

«Zahl der 18–24jährigen, die lediglich über einen Abschluss der Sekundarstufe I verfügen und keine weiterführende Schul- oder Berufsausbildung durchlaufen», die Weiterentwicklung von «Schulen und Ausbildungszentren [...] zu lokalen Mehrzweck-Lernzentren» sowie ein «gemeinsames europäisches Muster für Lebensläufe». Das nachfolgende Programm «Europa 2020» von 2010 setzte die Zielmarken einer Beschäftigungsquote von 75 Prozent der Bevölkerung zwischen 20 und 64 Jahren und einer 40-prozentigen Quote von Hochschulabsolventen unter den 30- bis 34-Jährigen, während höchstens 10 Prozent eines Jahrgangs ohne Schulabschluss bleiben sollten.[71]

Abgesehen davon, dass Europa um 2010 weit von solchen Zielen entfernt war, lag ein Kennzeichen dieser Programme darin, dass in ihnen marktorientierte und bürokratisch-sozialtechnokratische Modernisierungsvorstellungen zusammenflossen. Schlüsselbegriffe wie Wissensgesellschaft und Innovation, *employability*, Flexibilität und lebenslanges Lernen steckten den Rahmen des politischen Diskurses ab. Getragen wurde er von neuen Agenten nach einem historisch bekannten Muster, und zwar von wissenschaftlichen Experten und Expertengremien, die weitgehend außerhalb der aktiven Praxis in Schulen und Hochschulen tätig waren, von Stiftungen und Organisationen wie dem CHE oder der OECD sowie von Politik und Ministerialbürokratien.

Neue Koalitionen jenseits klassischer rechts-links-Schemata verknüpften marktliberal-ökonomische und emanzipatorisch-gleichheitsorientierte Vorstellungen. Das Interesse der feministischen Bewegungen an Gleichstellung qua Berufstätigkeit traf auf das Interesse der Unternehmen und der Wirtschaftsverbände, weibliche Erwerbskräfte zu rekrutieren und die «Humanressource» Frau zu nutzen.[72] Aus beiden Perspektiven stellte familiäre Kinderbetreuung durch Mütter ein Erwerbshindernis dar, und so diente die Formel der «Vereinbarkeit von Familie und Beruf» als gemeinsamer Nenner bzw. als «Wertgeneralisierung», die durch den Ausbau der Einrichtungen außerfamiliärer Kinderbetreuung in praktische Politik umgesetzt wurde.[73] Dies bedeutete sowohl eine Anpassung an veränderte sozial-ökonomische Bedingungen und gesellschaftliche Bedürfnisse als auch staatliche Steuerung zugunsten bestimmter Lebensverlaufsmodelle.

Dass dabei mit quantitativen Indikatoren wie Betreuungsquoten oder *quality time* der Eltern-Kind-Kontakte[74] argumentiert wurde, war Teil der übergreifenden gesellschaftlichen Steuerung durch Zahlen. Konfrontiert mit explodierenden Kosten, wurden Krankenhäuser zu Unternehmen und das Gesundheitswesen zum Markt umgebaut. An den Börsen zählten die Ratings der Agenturen und Trading-Algorithmen zur Ausfallwahrscheinlichkeit von gebündelten Krediten. Mathematische Formeln sollten das Zustandekommen von Kriegen erfassen oder das Klima in einhundert Jahren simulieren.[75]

Zahl und Sinn

Zahlenglaube war kein neues Phänomen der Modernisierungsideologien.[76] Schon Pythagoras hatte erklärt: «alles ist Zahl». Im 18. Jahrhundert träumte der englische Philosoph und Sozialreformer Jeremy Bentham mit dem «größten Glück der größten Zahl» den «Traum der ultimativen Kommensurabilität». Heinrich Heine war 1835 skeptisch: «Man kann die Ideen, wie sie in unserem Geiste und in der Natur sich kundgeben, sehr treffend durch Zahlen bezeichnen; aber die Zahl bleibt doch immer das Zeichen der Idee, nicht die Idee selber. Der Meister bleibt dieses Unterschieds noch bewusst, der Schüler aber vergisst dessen und überliefert seinen Nachschülern nur eine Zahlenhieroglyphik, bloße Chiffren, deren lebendige Bedeutung niemand mehr kennt und die man mit Schulstolz nachplappert.»[77]

Zahlen und Modelle haben den Vorteil, dass sie Komplexität reduzieren und damit der Systematisierung und der Ordnung einer immer komplexer werdenden Wirklichkeit dienen: «Die unübersichtliche Welt wird zur übersichtlichen Statistik.»[80] Zahlen und Modelle sind ein elementarer Bestandteil des neuzeitlichen Rationalismus, der modernen Wissenschaften und der Naturbeherrschung, der technischen Moderne. Generalisierende empirisch-quantifizierende Daten liefern berechenbare Grundlagen der Urteilsbildung über subjektive Intuition, individuelle Erfahrung oder normative Vorgaben hinaus. Quantifizierung besaß Orientierungsfunktion nicht zuletzt als Kompensation postmoderner Gewissheitsverluste. Sie diente als Objektivitätsersatz, entlastete von Sinnbegründungen und neutralisierte die Frage nach «falsch» und «richtig». Zudem stellten Mikroelektronik und Vernetzung sowie die modernen Wissenschaften immer leistungsfähigere Instrumente und Methoden zur Verfügung. Wie nie zuvor wird die eigene Gegenwart sozialstatistisch vermessen, und nie wussten Gesellschaften so viel über sich wie heute.

Aber auch statistische Daten werden gemacht. Ihnen liegen Vorannahmen und Interessen zugrunde, die sich auf Erkenntnis oder auf Macht und Einfluss richten. Zahlen sind nicht an sich, sondern nur in einem qualifizierenden Kontext aussagekräftig; so sagt zum Beispiel die Akademikerquote in einem Land mit dualer Berufsausbildung etwas anderes aus als in einem Land, in dem Krankenschwestern und Köche nach abgeschlossener Berufsausbildung über einen akademischen Abschluss verfügen. Absolventenzahlen allein besagen nichts über die Qualität von Bildung.

Die historische Perspektive zeigt, dass sich Zahlen und Modelle wellenartig zu Zielvorgaben und Richtgrößen verselbständigen. Dann entsteht die sogenannte «Tonnenideologie» – messbare Werte werden um der Erfüllung der Vorgaben willen produziert, gleich ob es sich um eingeworbene Drittmittel oder Absolventenzahlen handelt. Demgegenüber besagt die Regel des britischen Ökonomen Charles Goodhart, dass ein statistisches Hilfsmittel seinen Wert verliert, wenn es zum Ziel gemacht wird. So offenbarte sich auf der Ebene der politischen Kultur dasselbe Problem wie auf der allgemeinen wirtschaftlichen Ebene, «dass ein richtiger Gedanke, bis zum Extremen getrieben, gerade diejenigen Möglichkeiten zerstört, die er eigentlich eröffnen sollte», wie Ralf Dahrendorf auf der Tendenzwende-Konferenz im November 1974 sagte.[81]

Die Bilanz ist ein weiteres Mal ambivalent. Auf der einen Seite stehen eine gewachsene Aufmerksamkeit für Bildung und eine allgemeine Dynamisierung, auf der anderen ein *spill over* der Ökonomisierung und die Vermarktlichung nicht marktförmiger Bereiche.[82] Zielvereinbarungen in kulturellen und wissenschaftlichen Institutionen erinnern an Planvorgaben, Regulierung und Sozialtechnokratie gehen zu Lasten des Vertrauens in Persönlichkeitsbildung und individuelle Urteilskraft. Mit der Weltfinanzkrise 2008 geriet dieses quantifizierend-marktorientierte Denken in die Krise; einmal mehr beförderte ein Ereignis die abrupte Verschiebung des Rahmens. Die «Dominanz der Rechenhaftigkeit»[83] verlor ihre Glaubwürdigkeit. Die Zertifizierungen der Rating-Agenturen oder finanzmathematische Risikomodelle hatten die Krise eher begünstigt als verhindert. Der Deutsche Hochschulverband riet seinen Mitgliedern, sich nicht weiter an Akkreditierungsverfahren zu beteiligen, und der Deutsche Historikerverband verweigerte die Mitwirkung an weiteren Rankings des Centrums für Hochschulentwicklung.[84] Die Belegschaft der Agentur für Arbeit in Nürnberg wendete sich gegen Zahlenfetischismus und forderte «Führungskultur statt Zahlenknechte».[85]

Wie 1973 verloren viele Elemente des voraufgegangenen Modernisierungsparadigmas an Zustimmung. Nach Elternprotesten wurde die Schulzeitverkürzung für das Gymnasium teilweise revidiert, die leistungsorientierte Besoldungsreform für Professoren wurde nach höchstrichterlichem Urteil rückgebaut, der Autor räumte die Publikationen der Bertelsmann-Stiftung in das Regal mit den Quellen für dieses Buch, und Studiengebühren wurden, wo sie eingeführt worden waren, wieder abgeschafft. Allgemein verringerte sich die Bereitschaft zu Reformen, die Deutschland wie die «Agenda 2010» oder die «Rente mit 67» zu Beginn des 21. Jahrhunderts wieder wettbewerbsfähig gemacht hatten. Zugleich bekam die zweite jener Strömungen Oberwasser, die auf die achtziger Jahre zurückgingen; nachdem sie sich zunächst am politisch linken Rand formiert hatte, wurde sie nun zum neuen Hauptstrom.

4. Die Kultur der Inklusion

Die postmoderne Dekonstruktion tradierter Ordnungsvorstellungen, so die These dieses Kapitels, hat neue hervorgebracht. Diversität ist zu einer normativen Ganzheitsvorstellung geworden. Die Kultur der Inklusion zielt auf die proaktive Anerkennung, die programmatische Gleichstellung und den Ausgleich der Benachteiligung von Frauen, Behinderten, Homo- und Transsexuellen, Minderheiten und Randgruppen.

Der Begriff der Inklusion leitet sich vom lateinischen *includere* für einfügen, einschließen oder einsperren ab. Öffentliche Bekanntheit gewann er zunächst über die Schulpädagogik. Dort bezeichnet er die Einbeziehung von Kindern mit körperlicher oder geistiger Behinderung in die Regelbeschulung, im weiteren Sinne auch die Teilhabe von sozial schwachen Kindern und Jugendlichen, vor allem solchen mit Migrationshintergrund oder anderen Randständigkeiten. Die Aktion Mensch definierte Inklusion in einem Comicspot, «wenn alle mitmachen dürfen», wenn «Nebeneinander zum Miteinander wird» und «wenn die Ausnahme zur Regel wird».[86]

Inklusion im engeren Sinne ging zurück auf die Behindertenrechtskonvention der Vereinten Nationen von 2006.[87] Fünf Jahre später fasste die Kultusministerkonferenz der deutschen Bundesländer einen Beschluss über das «gemeinsame Lernen und die gemeinsame Erziehung von Kindern und Jugendlichen mit und ohne Behinderungen».[88] Ihre Grundlage ist die Wertschätzung von Menschen in der Vielfalt ihrer Lebensweisen und Erscheinungsformen sowie die Anerkennung von Diversität als Normalität. Ihre Konsequenz sind heterogene Lerngruppen und deren Binnendifferenzierung durch individuelle Förderung – ein ähnlicher Gedanke wie derjenige der Gesamtschule. Die logische langfristige Konsequenz war daher die Abschaffung von Sonderschulen und generell von differenzierenden Schulformen mit möglichst homogenen Lerngruppen. Normativ liegen der Inklusionspädagogik die Prinzipien der Freiheit, Gleichheit und Solidarität zugrunde, insbesondere des Menschenrechts auf Bildung. Damit reiht sie sich in eine zentrale Entwicklung seit 1945 und insbesondere seit den siebziger Jahren ein.[89]

Menschenrechte und Antidiskriminierung

Menschenrechte wurden schon im 17. Jahrhundert kodifiziert; die *Habeas-Corpus*-Akte von 1679 verlieh jedem Verhafteten das Recht der unverzüglichen Haftprüfung vor Gericht und schützte ihn damit vor obrigkeitlicher Willkür. Deutlich weiter ging die Virginia Declaration of Rights von 1776, das Gründungsdokument der Vereinigten Staaten von Amerika schlechthin, indem sie feststellte, «dass alle Menschen von Natur aus frei und unabhängig» sind und über «angeborene Rechte» verfügen, namentlich «den Genuss des Lebens und der Freiheit», das Recht auf Eigentum sowie «das Erstreben und Erlangen von Glück und Sicherheit.»[90] Lange galten die Menschenrechte allerdings nicht für alle Menschen; Sklaven zum Beispiel waren von den «angeborenen Rechten» ausgeschlossen. Die Spannung zwischen universalen Menschenrechten und der Auffassung von der ungleichen Wertigkeit von Menschen prägte das 19. Jahrhundert, als Antisklavereibewegung und europäischer Kolonialismus nebeneinander standen.

Die Zuschreibung gleicher Rechte an alle Menschen, ihre Universalisierung und ihre globale Kanonisierung waren ein Phänomen der Zeit nach dem Zweiten Weltkrieg und der postkolonialen Ära.[91] Einen Markstein setzte die allgemeine Erklärung der Menschenrechte durch die Generalversammlung der Vereinten Nationen 1948. Die Bürgerrechtsbewegung in den USA in den sechziger Jahren verfolgte das Ideal der gleichen Bürger- und Menschenrechte auch für den schwarzen Teil der Bevölkerung. «Globale Moralkampagnen» kamen in den siebziger Jahren auf, als Nichtregierungsorganisationen wie Amnesty International und Ärzte ohne Grenzen auftraten, Bilder verhungernder Kinder in Biafra weltöffentlich wurden oder als Bob Geldof 1984/85 seine Live-Aid-Konzerte für Afrika veranstaltete.

Innerhalb kurzer Zeit entstand nun, parallel zum Rückgang von Religiosität in Europa, eine «säkulare Religion»[92]. Paradoxerweise vollzog sich die Kanonisierung der Menschenrechte zur selben Zeit wie die postmoderne Dekonstruktion tradierter Ordnungsvorstellungen. Verbindlich waren die Menschenrechte nur naturrechtlich zu begründen – aber genau diesen «Essentialismus» lehnte der Dekonstruktivismus als Machtdiskurs gerade ab. Dies war auch der Grund, warum postkoloniale Kritiker die Menschenrechtsbewegung als neu aufgelegte imperiale Strategie des Westens kritisierten. Dieses Paradox ist ein Indiz dafür, dass Dekonstruktion und Pluralisierung allein letztlich nicht als ausreichend erachtet werden, sondern das Bedürfnis nach (neuer) Orientierung erzeugen.

Menschenrechte und Menschenwürde wurden seit den siebziger Jahren inhaltlich weit über die reine Unversehrtheit von Leib und Leben und klassische Grundrechte wie Meinungsfreiheit und Eigentumsrechte hinaus auf Teilhabe, Anerkennung und Solidarität ausgedehnt. Zu einem zentralen Bestandteil wurde um die Jahrtausendwende die Antidiskriminierung. Benachteiligungen aufgrund von Rasse, Herkunft, Geschlecht, Religion, Weltanschauung, Behinderung, Alter oder sexueller Identität zu verhindern und aktiv zu beseitigen, war das Ziel des Allgemeinen Gleichbehandlungsgesetzes, das 2006 in Deutschland verabschiedet wurde. Dazu wurden Regelungen zur Auswahl von Bewerberinnen und Bewerbern für Berufspositionen sowie für die Vermietung von Wohnungen und das allgemeine Geschäftsleben erlassen. Zugleich wurde eine Antidiskriminierungsstelle des Bundes eingerichtet, die turnusmäßige Tätigkeitsberichte mit Handlungsempfehlungen vorlegt.

Das deutsche Gesetz ging weniger weit als sein britisches Pendant.[93] Aber es verfehlte nicht seine gesellschaftliche Implementation, wenn zum Beispiel der Profifußball öffentlichkeitswirksame Kampagnen gegen Ausländerfeindlichkeit und Homophobie in Stadien betrieb, wo auf den Tribünen zuvor Ressentiments geherrscht hatten. Die Einführung der eingetragenen Partnerschaft 2001[94] bedeutete die Emanzipation homosexueller Lebensgemeinschaften, und das Bundesverfassungsgericht billigte ihnen explizit den Anspruch auf die gleiche Ausgestaltung des Zusammenlebens wie Ehe und Familie zu.

Die Anerkennung von Diversität galt auch für die Inklusion von Migranten. Ein Fanal war Bundespräsident Wulffs Satz in seiner Rede zum Tag der deutschen Einheit 2010, «der Islam gehört inzwischen auch zu Deutschland»[95]. Muslime sind ein zentraler Gegenstand neuerer postkolonialer, feministischer und rassismustheoretischer Forschungsansätze wie Hybridität, Transnationalismus und Kosmopolitismus. Solche Modelle bevorzugen Diversität gegenüber klassischen Homogenitätsvorstellungen und gehen von der «Normalität von transnationalen Lebensvollzügen» anstelle «nationaler gesellschaftlicher Kohäsion» aus.[96] Auch wenn es in Deutschland oft nicht so genannt wird, ist Multikulturalismus faktisch zur Norm geworden. In diesem Sinne setzte sich der Nationale Integrationsplan von 2007 die Maßgabe einer «aktivierenden und nachhaltigen Integrationspolitik», die den Beitrag der Migranten «zum Wohlstand und zur gesellschaftlichen und kulturellen Vielfalt des Landes» anerkennt und fördert.[97]

In der öffentlichen Debatte werden immer wieder Gegenstimmen laut, die für öffentliche Erregung sorgen, wie die über 1,5 Millionen mal verkaufte und vieldiskutierte Streitschrift «Deutschland schafft sich ab» des vormaligen Berliner Finanzsenators Thilo Sarrazin[98], Bewegungen gegen Moscheebauten oder die Demonstrationen des Vereins Pegida «gegen die Islamisierung des Abendlandes» 2014/15. Diese Stimmen dokumentieren verbreitete Vorbehalte gegen die Leitkultur der Inklusion, denen auch xenophobe Ressentiments innewohnen. Zugleich werden sie durch Gegendemonstrationen und diskursive Abgrenzung von Seiten weiter Teile der Gesellschaft massiv zurückgewiesen.

Gleichstellung und gender mainstreaming

Das Pendant zu Antidiskriminierung und Diversitätstoleranz war Gleichstellung mit Hilfe von *diversity management*, *affirmative action* und insbesondere *gender mainstreaming*. Denn seit dem ausgehenden 20. Jahrhundert war Geschlecht zur obersten Kategorie politisch-sozialer Ausgleichsbedürftigkeit geworden.

Gender mainstreaming beruht auf der Unterscheidung zwischen angeborenem biologischem Geschlecht (*sex*) und dem kulturellen Geschlecht (*gender*), das historisch gewachsen, gesellschaftlich bedingt und politisch veränderbar ist, wobei die Vorstellungen darüber auseinandergehen, wie weit das biologische Geschlecht reicht. Während physiologische Merkmale lange Zeit weithin als gegebene Unterscheidung akzeptiert wurden, deklarierte Judith Butler auch das biologische Geschlecht als kulturelle Interpretation des Körperlichen, und die *queer theory* stellt das gesamte Schema der Zweiteilung der Geschlechter in Frage. Aber auch auf der Grundlage der Geschlechterzweiteilung stellt sich die Frage, ob die Vorliebe von Jungen für Autos und von Mädchen für Puppen sozialisationsbedingt oder angeboren ist (Theorie und Praxis fördern durchaus unterschiedliche Ergebnisse zu Tage). Hat eine Mutter ein anderes Verhältnis zu ihrem Kind als der Vater oder ist Mutterschaft ein rein biologisches Phänomen? Fühlen, denken, führen Frauen anders als Männer? Sind die Geschlechter jenseits der Biologie grundsätzlich gleich (*gender equality*) oder unterschiedlich (*gender difference*)?

Der gemeinsame Nenner dieser Positionen liegt in der Überzeugung, dass Unterschiede der Lebenssituationen von Männern und Frauen kulturell gemacht und gesellschaftlich bedingt und nicht Resultat individueller Lebensentscheidungen oder natürlicher Veranlagung sind. Gesellschaftliche Geschlechterdifferenzen gelten als illegitim. Behördensprachlich formuliert bedeutet *gender mainstreaming*, «bei allen gesellschaftlichen Vorhaben die unterschiedlichen Lebenssituationen und Interessen von Frauen und Männern von vornherein und regelmäßig zu berücksichtigen, da es keine geschlechtsneutrale Wirklichkeit gibt. [...] Das Leitprinzip der Geschlechtergerechtigkeit verpflichtet die politischen Akteure, bei allen Vorhaben die unterschiedlichen Interessen und Bedürfnisse von Frauen und Männern zu analysieren und ihre Entscheidungen so zu gestalten, dass sie zur Förderung einer tatsächlichen Gleichstellung der Geschlechter beitragen.»[99]

Zugrunde liegt dem die Annahme von der Vorherrschaft des männlichen Geschlechts und der Benachteiligung von Frauen in Erwerbsleben und Öffentlichkeit, die auf die bürgerliche Geschlechtertheorie von der naturgegebenen Geschlechterdifferenz und auf das bürgerliche Gesellschaftsmodell des 19. Jahrhunderts zurückgeht.[100] Die bürgerliche Ordnung trennte die Sphären der *polis* und des *oikos*, des Öffentlichen und des Privaten, und wies die Geschlechter diesen Sphären zu: Erwerbstätigkeit und Öffentlichkeit waren die Domäne des Mannes, Haushalt und Kinder das Reich der Frau. Die bürgerliche Moderne trug freilich ein Doppelgesicht. Denn einerseits drang das bürgerliche Modell der Ernährer-Hausfrau-Familie bis ins 20. Jahrhundert weit in die neu entstehenden Mittelschichten und in die Arbeiterschaft hinein vor – wenn «Mutti nicht mehr arbeiten gehen musste», war das in den fünfziger Jahren auch für die Arbeiterfamilie das Zeichen für den vollbrachten sozialen Aufstieg. Andererseits lautete das Emanzipationsversprechen der bürgerlichen Moderne, sozialen Status nicht durch Geburt und Stand, sondern durch Beruf und Leistung zu erreichen. Das galt zunächst nur für den männlichen Teil der Bevölkerung, aber es wurde zunehmend auch für Frauen attraktiv.

Die bürgerliche Frauenbewegung des 19. Jahrhunderts strebte nach rechtlicher Gleichstellung wie dem Wahlrecht, Eigentumsrechten oder dem Scheidungsrecht, Zugang zu höherer Bildung und zu qualifizierten Berufen. Demgegenüber wollte die neue Frauenbewegung der siebziger Jahren des 20. Jahrhunderts materielle sozialökonomische und gesellschaftlich-kulturelle Ungleichheiten beseitigen. Sie zielte auf körperliche und sexuelle Selbstbestimmung von Frauen, auf die Straffreiheit von Abtreibungen und die Bekämpfung sexueller Gewalt gegen Frauen, auf den Abbau rechtlicher Benachteiligungen und der Ungleichheit zwischen den Geschlechtern. Anstoß nahm sie an der Unterrepräsentanz von Frauen in politischen, gesellschaftlichen und beruflichen Positionen. 1967 gab es auf Länderebene nur in den Stadtstaaten Hamburg und Bremen Ministerinnen, und 1972 lag der

Frauenanteil im Bundestag mit 5,8 Prozent auf einem historischen Tiefstand. Noch 2006 belief sich der Anteil von Frauen in Vorständen und Geschäftsführungen der 200 größten deutschen Wirtschaftsunternehmen (außerhalb des Finanzsektors) auf insgesamt 1,2 Prozent.[101]

Feministinnen und Wissenschaftler führten diese Ungleichverteilung vornehmlich auf bewusst und unbewusst diskriminierende Auswahlmechanismen zurück, die homogene männliche Gruppen förderten, weiblichen Aufstieg bremsten und damit echter Chancengleichheit für Frauen im Weg standen. Gegen diese unsichtbaren Hürden wurde bei der Verteilung und damit bei den Ergebnissen angesetzt. In den achtziger Jahren wurden die ersten Quoten für Frauen in der Politik eingeführt, wodurch unter anderem der Frauenanteil im Deutschen Bundestag von 1983 bis 1994 von einem Zehntel auf ein Viertel der Abgeordneten anstieg. Eine parteiübergreifende Frauen- und Gleichstellungspolitik machte Ungleichheiten zwischen den Geschlechtern in allen Bereichen der Politik und Öffentlichkeit zum Thema. Erstmals auf der dritten Weltfrauenkonferenz in Nairobi 1985 diskutiert, lautete die zentrale Forderung der vierten Weltfrauenkonferenz in Peking 1995 «mainstreaming a gender perspective in all policies and programmes»[102].

So begann die atemberaubende Karriere des *gender mainstreaming*, das in den politischen Entscheidungszentren Einzug hielt und als bürokratischer Top-Down-Prozess implementiert wurde.[103] Der Amsterdamer Vertrag von 1997 verpflichtete die Staaten der Europäischen Union, bei allen Tätigkeiten darauf hinzuwirken, «Ungleichheiten zu beseitigen und die Gleichstellung von Männern und Frauen zu fördern». Schon 1994 hatte der Deutsche Bundestag den Artikel 3 des Grundgesetzes über die Gleichberechtigung von Männern und Frauen um den Zusatz ergänzt, dass der Staat «die tatsächliche Durchsetzung der Gleichberechtigung von Frauen und Männern» fördert und «auf die Beseitigung bestehender Nachteile» hinwirkt. Und im Juli 2000 gab die Gemeinsame Geschäftsordnung den Bundesministerien die Aufgabe, Gender-Mainstreaming bei allen politischen, normgebenden und verwaltenden Maßnahmen der Bundesregierung zu berücksichtigen.[104]

Dieser Ansatz warf grundsätzliche Fragen auf. Ist Geschlechtergerechtigkeit ein Zustand der Gleichheit bzw. bestimmter quantitativer Relationen oder ein Zustand freier Entscheidungsmöglichkeiten, der im Ergebnis zu Ungleichheiten führen kann? Das Kaskadenmodell der Deutschen Forschungsgemeinschaft gibt «die Ziele für den Frauenanteil einer jeden wissenschaftlichen Karrierestufe durch den Anteil der Frauen auf der direkt darunter liegenden Qualifizierungsstufe» vor.[105] Damit richtet sich das Augenmerk, wie bei Quoten überhaupt, auf Ergebnisse, nicht auf Voraussetzungen.

Dass Ungleichheit als Folge individueller Entscheidungen in diesem Ansatz nicht berücksichtigt ist, wirft die Frage auf, wie weit die Modellierung gesellschaftlicher Verhältnisse reicht und wer die Maßgaben bestimmt. Außerdem führt der Vorrang der systemischen Ebene zu einem Zielkonflikt zwischen gesamtgesellschaftlicher Geschlechtergerechtigkeit und individueller Leistungsgerechtigkeit. Wenn der Anteil von Frauen in bestimmten Positionen nach festgelegten Quoten gesteigert werden soll, ist dies nicht mit einem ergebnisoffenen Wettbewerb von Männern und Frauen zu vereinbaren.

Zudem stellt sich die Frage, ob neben dem Geschlecht auch Mutterschaft aufgrund ihrer besonderen Erwerbs- bzw. Karrierebenachteiligung als zusätzlich ausgleichsbedürftig anerkannt wird, etwa durch eigene Mütterquoten. *Gender mainstreaming* tut dies nicht, sondern setzt auf den Ausbau außerfamiliärer Kinderbetreuung durch Krippen und Ganztagsschulen, um eine möglichst umfangreiche Erwerbstätigkeit von Müttern zu ermöglichen. Der Vorrang von Erwerbstätigkeit vor Familienarbeit bringt einmal mehr den Wandel gesellschaftspolitischer Leitvorstellungen und das Zusammentreffen von gleichstellungspolitischen mit ökonomischen Interessen zum Ausdruck. Einen Hausmann, der seit siebzehn Jahren bei seinen Kindern blieb, damit seine Frau einer Erwerbstätigkeit nachgehen konnte, zum «Spitzenvater des Jahres» 2011 zu küren, war insofern nicht sehr konsequent.[106]

Freiheit und Gerechtigkeit im Wandel

Die Veränderung gesellschaftspolitischer Leitvorstellungen ist im Artikel 2 des EU-Vertrags zwischen dem ersten und dem zweiten Satz zu lesen. Der erste Satz enthält die klassisch-liberalen Grundrechte des Individuums gegen den Übergriff des Staates. Im zweiten Satz, der die Werte von Pluralismus, Nichtdiskriminierung, Toleranz und Solidarität benennt, verschiebt sich sie Perspektive. Zwischen dem Vertrag von Maastricht 1992 und dem Vertrag von Lissabon 2007 vollzog sich ein Übergang vom Grundsatz der Gleichheit *vor* dem Recht zum Grundsatz der Gleichheit *durch* das Recht – eine «Politik der ‹positiven Maßnahmen›» soll Ungleichheiten beseitigen, indem die Union «Struktur- und Verhaltensänderungen der Menschen bewirkt und die Rollen von Frauen und Männern neu definiert».[107]

Dahinter wird ein Wandel der Vorstellungen von Freiheit und Gerechtigkeit sichtbar. Gerechtigkeit hat sich immer weiter ausdifferenziert.[108] Die klassischen Vorstellungen zielten auf gerechte Verteilung und Teilhabe, Chancen, Leistung oder Befähigung. Schon sie standen im Konflikt miteinander und waren in sich durchaus problematisch; zum Beispiel ist eine angemessene Entlohnung relativ zur Qualität einer Leistung in einer komplexen Marktökonomie mit unterschiedlichen Preisbildungssystemen nicht möglich, weil der Markt die Entlohnung bestimmt – warum verdient ein Topmodel mehr als ein Lehrer? Und allgemeine formale Chancen sind etwas anderes als «reale Chancen» (Amartya Sen)[109]. Auch neuere Gerechtigkeitskonzepte wie Geschlechtergerechtigkeit, Generationengerechtigkeit, globale Gerechtigkeit oder Umweltgerechtigkeit widersprechen sich; Länder des globalen Südens beklagen zum Beispiel, dass ihnen die Industrienationen des Nordens aus umwelt- und generationengerechten Gründen klimapolitisch untersagen wollen, womit sie selbst reich geworden sind.

Trotz aller Ausdifferenzierung bleibt eine traditionelle Richtungsunterscheidung bestehen: die Unterscheidung zwischen egalitären und liberal-individualistischen Gerechtigkeitsvorstellungen. Die bundesdeutschen Bildungsreformen der sechziger Jahre zielten darauf, durch den Ausbau der Institutionen höherer Bildung individuelle Zugangschancen für Bildung und Sozialaufstieg zu schaffen, idealtypisch für das «katholische Mädchen vom Lande»; die Folgen waren soziale Differenzierung und Ungleichheit. Die Pädagogik der Inklusion will demgegenüber genetische und soziale Ungleichheiten dadurch korrigieren, dass alle Kinder eine Schule besuchen. Leistungskonkurrenz wird eingeschränkt, während vielfältige Lebens- und Lernweisen als Pluralität wertgeschätzt werden und die ausgleichende Bevorzugung von benachteiligten Gruppen und Individuen für eine «individuenadressierte Schicksalskorrektur» sorgt. Sie verfolgt ein egalitäres Gerechtigkeitsideal mit Blick auf Ergebnis und Verteilung.[110] Im Übergang von der Marktorientierung zur Kultur der Inklusion wandelte sich auch das Freiheitsverständnis von bürgerlich-liberaler Selbstverantwortung zu staatlich moderiertem Nachteilsausgleich, von Gleichberechtigung zu Gleichstellung nach vorgegebenen Modellen.

Aber sind diese Beispiele und Beobachtungen auch repräsentativ? Gibt es nicht ebensogut Gegenbeispiele für eine neue Kultur der Selektion: Casting Shows, der Spitzensport und Starmärkte? Und wird die Kultur der Inklusion von Menschen mit Behinderungen nicht durch PID und die Abtreibung von Embryonen mit Verdacht auf Behinderung konterkariert? In der Tat stehen diese Phänomene in einem Spannungsverhältnis zur Kultur der Inklusion. Allerdings sind Generaltendenzen immer abstrahierte Größen, die so nicht in

 Reinform existieren und Ambivalenzen bergen. Die Frage ist, was als signifikant interpretiert oder als vorherrschende Tendenz identifiziert werden kann. Und in dieser Hinsicht spricht vieles für die Verschiebung des Rahmens hin zur Kultur der Inklusion, nicht zuletzt auf sprachlich-diskursiver Ebene.

Sprache und Macht

Teil der Kultur der Inklusion ist eine wertschätzende Kommunikation, die zugleich die scharfe Kontroverse meidet. Das ließe sich nicht nur an einem Vergleich der Bundestagswahlkämpfe von 2013 und 1980 veranschaulichen, es lässt sich auch an der Wissenschaftssprache beobachten, in der die «Konsensfiktion» die Bereitschaft zur offenen Kontroverse verdrängt hat.[111]

Stattdessen haben sich neue Dichotomien wie «Gleichstellung» versus «Diskriminierung» verbreitet. Paradoxerweise hat die Dekonstruktion von Geschlechterdifferenz zu einer moralisch-normativen Aufladung von Geschlechterstereotypen geführt. Die geschlechtergerechte Schreibweise des großen Binnen-I wird zwar für ProfessorInnen und ManagerInnen, weniger hingegen für BetrügerInnen und MörderInnen verwendet. «Männlichkeit» ist als Charakteristikum häufig negativ, «Weiblichkeit» hingegen positiv konnotiert. Der Genderforscher Stefan Hirschauer schrieb: «Der Kern des feministischen Bekenntnisses liegt in einer großen, stillen Hoffnung: das Böse in der Welt in einem Geschlecht verorten zu können und insofern selbst ‹das andere› zu bleiben.»[112]

Die Paradoxie hat freilich ihre Logik, und sie offenbart sich durch die reflexive Anwendung des postmodernen Dekonstruktivismus. Diskurse sind Machtformationen (Foucault), und das Prinzip des Konsenses ist ein Mechanismus zur Unterdrückung des Dissenten (Lyotard). Die Deutsche Forschungsgemeinschaft verpflichtet die Antragsteller auf bestimmte Gleichstellungsstandards,[113] ansonsten erfolgt Ausschluss von der Mittelvergabe. Auch der Diskurs über Inklusion ist ein Machtdiskurs: Für wen gelten welche Quoten? Die Frauenquote für Aufsichtsräte in börsennotierten Unternehmen gibt einer kinderlosen Unternehmertochter aus München-Bogenhausen den Vorzug vor einem vierfachen Familienvater aus einer Einwandererfamilie in Berlin-Neukölln, denn als ausgleichsbedürftiges Kriterium ist das Geschlecht festgelegt, nicht soziale oder ethnische Herkunft, Kinderzahl oder anderes.

Insofern besitzt das Sprachspiel zur Inklusion – «wenn die Ausnahme zur Regel wird» – eine tiefere Bedeutung: was ist die Regel und wer legt sie fest? Das gilt insbesondere für die vermeintlich rein private, in Wahrheit immer schon politische Frage der Lebensform. Am 22. März 2013 forderte eine rot-grüne Bundesratsinitiative die Gleichstellung der Homo-Ehe mit der Ehe zwischen Frau und Mann und gleichzeitig die Aufhebung des Betreuungsgeldes, einer Fördermaßnahme zugunsten der traditionellen bürgerlichen Familien,[114] die zwar politisch durchgesetzt wurde, allerdings auf breite Ablehnung im öffentlichen Mehrheitsdiskurs stieß.[115]

Mit der Herausbildung einer neuen Normalität verschob sich der allgemeine Rahmen des Redens, Denkens und Handelns hin zu Positionen, die der grünen Programmatik der achtziger Jahre entsprachen und die nach 2005 – von Frauenquoten über Kinderkrippen und Ganztagsschulen bis zur Energiepolitik – Einzug in die Politik der CDU hielten. In Wechselwirkung folgte die CDU der allgemeinen Verschiebung des Rahmens und bekräftigte ihn zugleich durch ihr Handeln.

Der Tatbestand, dass der Dekonstruktion von Ordnungsvorstellungen ihre Neukonstruktion gefolgt war, wirft die Frage nach den Gründen auf. Ohne eine erschöpfende Antwort geben zu können, lassen sich vier Momente erkennen. In einer sich globalisierenden Welt wurde Verschiedenheit vermehrt erlebt. In Deutschland war dies neu, denkt man zum Beispiel an das Entsetzen, das farbige Angehörige französischer Besatzungstruppen nach 1918 bei der Bevölkerung im Rheinland hervorriefen.[116] Zweitens lässt sich die Kultur der Inklusion als Gegenbewegung zur sozialökonomischen Entwicklung und zu einer als zunehmend empfundenen sozialen Ungleichheit, aber auch als Gegenbewegung zur postmodernen Dekonstruktion verstehen. Offenkundig ist «radikale Pluralität» (Wolfgang Welsch) allein auf Dauer zu wenig. Anders, als Lyotard gedacht hatte, war die Sehnsucht nach Ganzheit auch in der Postmoderne nicht verschwunden. Vielmehr richtete sie sich auf neue Begrenzung und Geborgenheit und brachte einen neuen Rahmen hervor.

Drittens verband sie sich mit staatlichen Regulierungen, die auf gesellschaftlich-kultureller Ebene den ökonomischen Einflussverlust des Staates zu kompensieren suchten. Schließlich entstanden, als Voraussetzung und treibende Kraft von Wertewandelsprozessen, neue Verbindungen von gesellschaftlichen Agenten und Gruppen mit ihren Interessen. Feminismus und Wirtschaft fanden zusammen, indem sich das Interesse an Gleichstellung mit dem Interesse an der Rekrutierung von weiblichem Arbeitskräftepotential traf. Mieträder und Allmendegedanken und die Sorge um das Tragen von Fahrradhelmen, die im Koalitionsvertrag der Bundesregierung von 2013 festgehalten wurde,[117] führten Zivilgesellschaft und Staatsintervention zusammen. Staatlich moderierte Vielfalt mit Quoten als einem ständischen Element war ein in dieser Form neues Phänomen.

Und wie immer war die Entwicklung von Ambivalenzen und Paradoxien begleitet. Schon der amerikanische Soziologe Talcott Parsons hatte festgestellt, dass Exklusion jeder Inklusion als «logischer Schatten» folgt.[118] Im Fall der Kultur der Inklusion gerieten traditionelle Ordnungsvorstellungen und Lebensformen an den diskursiven und normativen Rand. Zugleich bringt Gleichstellung neue Ungleichheit hervor. Im März 2011 urteilte der Europäische Gerichtshof, dass von Frauen nur gleich hohe Prämien für ihre Lebensversicherungen verlangt werden dürfen wie von Männern, um sie nicht zu diskriminieren. Da Frauen aber im Durchschnitt fünf Jahre länger leben, bekommen sie im Ergebnis eine höhere Rendite als Männer.[119]

Pluralisierung und Ideologie lagen nahe beieinander, wenn Prinzipien ohne Rücksicht auf Erfahrung verabsolutiert wurden. *Ableismus* (von engl. *able* bzw. *disabled* für «behindert») leugnet die Kategorie der Behinderung als eine diskriminierende majoritäre Normalitätsvorstellung; was klassischerweise als Behinderung bezeichnet wird, als besondere Begabung zu deklarieren, grenzt freilich an Zynismus. Die Realitäten in den Klassenzimmern widersprachen schulpolitischen Inklusionsvorgaben. Die Sexualpädagogik zugunsten sexueller Vielfalt konnte Formen repressiver Toleranz annehmen, wenn Unterrichtsmaterialien vorsahen – um ein extremes, aber keineswegs marginales Beispiel zu zitieren –, dass 14-Jährige für sieben Parteien eines Mietshauses, darunter ein lesbisches Paar mit zwei kleinen Kindern und eine Wohngemeinschaft von drei Menschen mit Behinderungen, Gegenstände aus einem Sortiment von Potenzmitteln, Handschellen und Vaginalkugeln ersteigern sollten.[120] Die Leitkultur der Inklusion oszillierte zwischen Zugewandtheit und Intoleranz, zwischen liberaler Weltoffenheit und illiberaler Ideologie.

Und die weitere Entwicklung? Die Logik von Inklusion und Diversität, die Beteiligung und Nachteilsausgleich den Vorrang vor Leistungskonkurrenz, Selbstverantwortung und Differenzierung gibt, läuft auf grundlegende Neubewertungen von Intelligenz und Begabung, Leistung und Wettbewerb und damit der gesellschaftlichen Ordnung hinaus. Denkbar ist aber auch, dass sich die philosophische Abwendung vom Dekonstruktivismus weiter fortsetzt, die unter dem Begriff «neuer Realismus» verhandelt wird,[121] und den Rahmen in eine ganz andere Richtung verschiebt.

5. Gott und die Welt

Knapp drei Jahrzehnte, bevor Friedrich Nietzsche nach der Herkunft von gut und böse fragte, legte bereits Charles Darwin Dynamit an die überkommene Ordnung. Dass die «Entstehung der Arten» nicht auf göttlichem Willen beruhe, sondern auf naturgesetzliche Entwicklungen zurückzuführen sei, erklärte die Schöpfungsgeschichte nicht mehr metaphysisch, sondern rational und trug zu jener «Entzauberung der Welt» bei, von der Max Weber dann 1919 sprach.[122] Die Säkularisierungstheorie besagt, dass zunehmende Modernisierung zu rückläufiger Religiosität führt. Dies kann, wie Charles Taylor herausgestellt hat, Dreierlei bedeuten: ohne Glauben zu leben, die Trennung von Staat und Kirche oder weniger Glaubenspraxis und Frömmigkeit.[123] Das Gegenteil zeigt sich unterdessen im modernen fundamentalistischen Islam, aber auch in anderen Fundamentalismen: Religionsfragen sind von neuer Aktualität und Präsenz. Die Rede ist von einer «Wiederkehr der Götter».[124] Wie säkularisiert also ist die Gegenwart?

Zwei Reiche: Kirche und Staat

Die frühmittelalterliche Einheit von Staat und Kirche in Mittel- und Westeuropa löste sich bereits mit dem Investiturstreit im späten 11. und frühen 12. Jahrhundert. Eine weitere historische Wegmarke stellen die Glaubenskriege des 17. Jahrhunderts dar, vor allem der Dreißigjährige Krieg. Sie beförderten die Herausbildung des modernen Staates zu einem weltlichen Zweck: der Wahrung von Frieden und Sicherheit anstatt des Kampfes um religiöse Wahrheit. Der Staat musste sich weltanschaulich zurücknehmen, und die Religion hatte die Vorherrschaft der staatlichen Ordnung anzuerkennen. Die endgültige Trennung von Staat und Kirche war dann ein Produkt des 19. und 20. Jahrhunderts – freilich in sehr unterschiedlichen Formen.

Grundzüge staatskirchenrechtlicher Strukturen mit großer Freiheit für die religiösen Gemeinschaften bestehen in England und in Skandinavien. Als freundliche Koordination bei Anerkennung einer grundsätzlichen Trennung lassen sich die Verhältnisse in Deutschland, Belgien, Spanien und Österreich beschreiben. In Frankreich und den USA hingegen sind Staat und Kirche strikt getrennt.[125] In den USA gewährt ein explizit säkularer Staat die freie Religionsausübung in positiver Grundeinstellung zu Religion und Kirchen. Liberaler Laizismus bedeutet *freedom to belief* und Schutz der Religion vor dem Staat. In Frankreich hingegen äußert sich das Erbe der Aufklärung als *freedom from belief*, als Freiheit des Staates von der Religion[126] und als etatistischer Laizismus mit antiklerikalen Zügen. Das Trennungsgesetz von 1905 verbot jede staatliche Finanzierung, und die Kirche musste sich beispielsweise das Recht erstreiten, traditionelle Prozessionen abzuhalten. Religion gilt grundsätzlich als Privatangelegenheit und hat im öffentlichen Raum nichts zu suchen. Die Trennung von Religion und Staat besteht seit den Reformen Kemal Atatürks seit 1924 auch in der Türkei. Religiöse Kleidung wurde aus der Öffentlichkeit verbannt und die Scharia, das religiöse Gesetz des Islam, aufgehoben. Die Religion, auch die Hauptreligion des sunnitischen Islam, wurde unter staatliche Kontrolle gestellt, hat aber seit den siebziger Jahren wieder größeren öffentlichen und politischen Einfluss gewonnen, so dass sich in der Türkei eine Melange aus Laizismus und öffentlich-politischer Religion herausgebildet hat.

Einen tiefen Einschnitt in der deutschen Geschichte hatte die Säkularisation von 1803 gesetzt, mit der Kirchengut in umfangreichem Maße in weltliche Hände übertragen wurde. Im Gegenzug wurden staatliche Verpflichtungen zum Unterhalt von Gebäuden oder zu Ausgleichszahlungen anerkannt; daher zahlen deutsche Bundesländer zum Beispiel bis heute die Gehälter von Bischöfen. Kennzeichnend für Deutschland war zudem die enge Verbindung zwischen Protestantismus und Staat, die aus der Geschichte der Reformation und ihrer Durchsetzung herrührte. Die Landesfürsten besaßen die oberste Kirchengewalt in den deutschen evangelischen Kirchen, und der Preußische König war bis 1918 *summus episcopus* der unierten Kirche in Preußen; daher bedeutete das Ende der Monarchien in Deutschland 1918 zugleich das Ende des landesherrlichen Kirchenregiments.

Die neue Ordnung im Verhältnis von Staat und Kirche regelte der sogenannte Weimarer Kirchenkompromiss mit den Artikeln 135 bis 141 der Weimarer Reichsverfassung vom 11. August 1919 durch die Anerkennung etablierter Religionsgesellschaften als Körperschaften des öffentlichen Rechts. So gewannen die Kirchen einen verfassungsrechtlich verbürgten Status, der die negative Freiheit von einer Staatsreligion und die positive Freiheit zur Entfaltung der Religion vereinte. Diese Regelung wurde 1949 durch den Artikel 140 in das Grundgesetz übernommen und wird als «hinkende Trennung»[127] bezeichnet. Der Staat nimmt eine religionsfreundliche Neutralität ein, und die Kirchen werden durch den öffentlich-rechtlichen Status begünstigt – christliche Feiertage werden staatlich geschützt, Staat und Kirchen kooperieren im karitativen Bereich und im Schulwesen, konfessioneller Religionsunterricht wird als reguläres Schulfach erteilt und an staatlichen Universitäten werden kirchlich gebundene theologische Fakultäten unterhalten, die Kirchen üben Militärseelsorge aus, sie besitzen Sitz und Stimme in gesellschaftlichen Gremien wie Rundfunk- und Fernsehräten und das Recht zur Erhebung der Kirchensteuer, die vom Beschäftigungsentgelt einbehalten und von den staatlichen Finanzämtern eingezogen wird und die den Kirchen regelmäßige und vergleichsweise hohe Einnahmen garantiert. Dieses System ist ganz auf die beiden großen christlichen Konfessionen und ihre organisatorische Verfasstheit ausgerichtet – und wirft schwierige Fragen im Umgang mit anderen Religionen auf, vor allem mit dem wenig institutionalisierten Islam in Deutschland.

Die Europäische Union steht vor dem Problem, diese unterschiedlichen Vorstellungen und Modelle der Einzelstaaten zu integrieren. Unstrittig ist der gemeinsame Nenner der Religionsfreiheit und des Verbots der Diskriminierung aus religiösen Gründen. Während der Europäische Menschenrechtsgerichtshof die Neutralität des Staates verlangt – in der nicht zustande gekommenen europäischen Verfassung von 2005 wurde eine Formel zum Gottesbezug abgelehnt[128] –, geraten EU-Richtlinien wiederholt in Konflikt mit nationalen Staatskirchensystemen und ihren weltanschaulichen Normen.

Säkularisierung?

Wenn in Deutschland über leere Kirchen gesprochen oder geklagt wird, scheinen dahinter Vorstellungen einer vermeintlich «guten alten Zeit» voller Kirchen und intakter Familien, des Wirtschaftswunders und des Wohlfahrtsstaates in den fünfziger und sechziger Jahren auf. Diese tief sitzenden Normalitätsvorstellungen der alten Bundesrepublik sind das Produkt einer historischen Ausnahmesituation und zeitgenössischer Fehlwahrnehmungen.[129]

Die Rückwendung zu den Kirchen nach 1945 war eine zeitlich begrenzte Trendveränderung in einer besonderen Situation, in der die bundesdeutsche Gesellschaft nach den Erschütterungen des Zeitalters der Weltkriege Stabilität und Ordnung suchte. Die katholische Staats- und Gesellschaftslehre mit ihren Konzepten von Sozialpartnerschaft, Föderalismus, Europa und Subsidiarität gewann starken Einfluss auf die «Bonner Republik». Sie prägte im Wiederaufbau die sozialmoralischen Normen bezüglich Gesellschaftsordnung und Bildung, Sexualität, Geschlechterrollen und das Leitbild der heterosexuellen und ehebasierten bürgerlichen Ernährer-Hausfrau-Familie. Eine umfassende «Rechristianisierung» blieb allerdings aus. Seit den frühen fünfziger Jahren ging die Mitgliederzahl zurück, und die seit den sechziger Jahren sichtbare Entwicklung, die von den Zeitgenossen als Bruch und «Wertewandel» aufgefasst wurde, schloss an langfristige Tendenzen einer Entkirchlichung seit dem 19. Jahrhundert an. Der Anteil der Katholiken, die sonntags regelmäßig zur Kirche gingen, sank zwischen 1953 und 1980 von 49 auf 29 und bis 1998 auf 17 Prozent. Die Zahl der Kirchenaustritte nahm auf katholischer Seite von ca. 20 000 pro Jahr in den fünfziger auf knapp 70 000 in den siebziger Jahren und im vereinten Deutschland auf Zahlen zwischen 84 000 und 193 000 weiter zu. Noch höher lag sie auf protestantischer Seite: nach 120 000 Austritten 1980 in der alten Bundesrepublik schnellte die Zahl nach der Wiedervereinigung bis auf 361 000 in die Höhe und pendelte sich schließlich bei etwa 140 000 pro Jahr ein. Zugleich ging die private Gebetspraxis ebenso zurück wie die Zahl von kirchlichen Trauungen.[130]

Vor allem kirchlich vermittelte Moralvorstellungen im Bereich der Sexualität stießen zunehmend auf Ablehnung, während sich die enge Verbindung von christlichen Kirchen und allgemein akzeptierter Sozialmoral löste. Individualisierung und Pluralisierung, die Wahlmöglichkeiten der Konsumgesellschaft und der Postmoderne wirkten verpflichtenden langfristigen Bindungen und verbindlichen Lehren entgegen. Das katholische Milieu ähnlich wie das Arbeitermilieu, das sich im 19. Jahrhundert herausgebildet und die alltägliche Lebensgestaltung seiner Mitglieder geprägt hatte, löste sich zunehmend auf. Dieser übergreifende sozialkulturelle Trend war nicht nur ein Problem der Kirchen, sondern auch für Vereine und Parteien, und er ließ sich weder durch Anpassung und Öffnung, noch durch Beharrung und Konzentration auf den Wesenskern aufhalten.[131]

In der DDR musste der Staat die Kirchen nach einer scharf antikirchlichen Politik in den fünfziger Jahren notgedrungen doch dulden. Während die zahlenmäßig kleine katholische Kirche sich auf sich selbst zurückzog, richtete sich die protestantische «Kirche im Sozialismus» zwischen mehr oder weniger distanzierter Loyalität zum Staat und Schutzraum für Dissidenz ein. Sie wurde zum Reservoir der Opposition, spielte eine wichtige Rolle in der friedlichen Revolution von 1989 und wurde zur Rekrutierungsbasis ostdeutscher Eliten nach dem Sturz der SED. Dauerhaften Niederschlag in Politik und Glaubenspraxis nach der Wiedervereinigung fand diese Erfahrung jedoch nicht. Eine christliche Renaissance in der vormaligen DDR blieb aus; vielmehr stellte sich eine breite Entkirchlichung, die auch das vereinte Deutschland prägte, als bleibendes Erbe der SED heraus.

Hatte der Anteil der Konfessionslosen in der alten Bundesrepublik 1970 bei 3,9 und 1987 bei 11,4 Prozent gelegen, so erhob der Zensus von 2011 einen Bevölkerungsanteil von 30,3 Prozent protestantischen und 30,8 Prozent katholischen Bekenntnisses, während 38,8 Prozent als konfessionslos oder (nicht weiter aufgeschlüsselter) anderer Glaubenszugehörigkeit geführt wurden.[132] Damit stellten die nicht an eine christliche Konfession Gebundenen die stärkste «Konfession». Das religiöse Feld pluralisierte sich. Die Domänen der christlichen Kirchen erodierten, wobei gerade in Deutschland das Phänomen der Kirchenmitgliedschaft ohne Glaubenspraxis verbreitet ist («belonging without believing»[133]). Zugleich blieben die Kirchen mit ihrem staatskirchenrechtlich institutionalisierten Status, der durch die Wiedervereinigung noch einmal bekräftigt wurde, öffentlich präsent, zumal sie in Deutschland auch als soziale Dienstleister und nicht nur als private religiöse Anbieter wie in den USA auftreten.[134]

Während die öffentliche Bedeutung und der gesellschaftliche Einfluss der Kirchen zurückgingen, ohne dass sie marginalisiert worden wären, erlebten sie massive Veränderungen von innen heraus. Der Rückgang von Kirchenbesuchern und ehrenamtlich Engagierten, Priestern und Ordensgeistlichen, Mitgliederzahlen und Steuereinnahmen führte zu einem grundlegenden organisatorischen Umbau der katholischen Kirchenstruktur, die sich aus der ubiquitären Versorgung mit Liturgie und Seelsorge zurückziehen musste. Und Papst Benedikt XVI. schockierte den deutschen Katholizismus am 25. September 2011 in seiner Freiburger Rede mit der Vision einer «Entweltlichung der Kirche», die sich auf ihre christliche Substanz konzentriert.[135] Die Normalitätsvorstellungen einer im 19. Jahrhundert herausgebildeten Sozialgestalt der Kirche, die auf die gesamte Breite der Gesellschaft zielt, passten nicht mehr mit den veränderten sozialkulturellen Realitäten zusammen.

Aktive Religiosität blieb jedoch weitgehend an die christlichen Kirchen gebunden; eine breite religiöse Szenerie außerhalb der Kirchen und ein bunter Markt religiöser Anbieter wie in den USA entstanden in Deutschland nicht.[136] Die markanteste neue religiöse Großgruppe in Deutschland stellte der Islam dar, nachdem ca. 4 bis 4,5 Millionen Muslime durch Einwanderung nach Deutschland gekommen waren. Ein gutes Fünfzigstel dessen betrug demgegenüber die Anzahl von etwa 100 000 Juden, die um 2010 im Zentralrat der Juden in Deutschland organisiert waren. Darunter befand sich ein hoher Anteil von Juden, die nach 1989/90 aus der Sowjetunion zugewandert waren und die jüdischen Gemeinden prägten. Hinzu kamen etwa 270 000 Buddhisten und 110 000 Hinduisten; alternative religiöse Gemeinschaften prägten kaum organisatorische Strukturen aus.[137]

Wie steht es also um die Säkularisierung? Global gesehen lassen sich muslimische Gesellschaften oder Milieus, in denen etwa die meisten Inder leben, nicht als säkular bezeichnen. In den USA verbindet sich institutionelle Säkularität mit einer lebendigen Religiosität; religiöse Identitäten sind ein zentraler Bestandteil des gesellschaftlichen Pluralismus, der von einer präsenten Zivilreligion und dem Selbstbild als «god's own country» getragen ist.[138] Evangelikale Pfingstbewegungen verbreiteten sich in den achtziger und neunziger Jahren in den USA ebenso wie in Südkorea, in afrikanischen Staaten wie Nigeria und Südafrika oder Südamerika, vor allem in Brasilien und Chile, wo sie zum ernsthaftesten Rivalen der katholischen Kirche wurden. Das exponentielle Wachstum des Christentums, der weltweit am stärksten wachsenden Religion, spricht ebenso gegen eine globale Säkularisierung wie die Verbreitung des Islam.

Dabei entstehen sowohl Synkretismen, vor allem in Grenzgebieten zwischen Großreligionen wie zwischen Christen und Muslimen in Afrika oder Hindus und Moslems in Südasien, als auch Fundamentalismen. Letztere stellen ein wiederkehrendes Phänomen in allen Religionen dar, wenn die heiligen Schriften wörtlich ausgelegt und dualistische Weltbilder von gut und böse kultiviert werden. Religiös fundamentalistische Bewegungen geraten dabei in das Dilemma, dass sie zwar rein, aber auch machtlos bleiben, wenn sie als religiöse Enklaven verharren, als politische Kräfte hingegen nicht nur machtvoll, sondern auch unrein werden. Insbesondere Asien und Afrika waren dabei ungebrochen Schauplätze von Religionskonflikten wie etwa zwischen Buddhisten und Muslimen in Myanmar und in Sri Lanka 2013, der Gewaltausübung von Sunniten gegen Schiiten in Pakistan oder von Islamisten gegen Katholiken in Sansibar.[139] Die strukturelle Potenz zu Gewalt ist dabei allen Religionen eigen, vor allem wenn sie danach streben, einen mythischen Urzustand wiederherzustellen, der vom sündhaften Menschen gestört wurde[140] – die Realisierung von Utopia ist das Muster totalitärer Versuchung.

In globalem Maßstab lässt sich weder eine eindeutige Tendenz hin zur Trennung von Staat und Religion noch zum Rückgang von Religiosität und Glaubenspraxis erkennen. Im Gegensatz zur einfachen Korrelation der klassischen Säkularisierungsthese, dass zunehmende Modernisierung zu rückläufiger Religiosität führe, ist ein vielgestaltiger Wandel zu erkennen. Religion ist nicht die Alternative zur Moderne, sondern eine Alternative in der Moderne.[141]

In Europa hingegen ist sehr wohl mit fortschreitender Modernisierung ein breiter Rückgang traditioneller Kirchenbindungen, institutionalisierter Frömmigkeitspraxis und praktizierter Religiosität zu beobachten. Die Praxis des Kirchgangs hat sich von einer Kultur der Selbstverständlichkeit zu einer Kultur der Wahlmöglichkeit und der Freiwilligkeit gewandelt und dabei deutlich abgenommen. Zugleich haben Kirchen und Religion, von Land zu Land in unterschiedlichem Ausmaß, ihren institutionellen Status und ihre Präsenz im öffentlichen Raum bewahrt. Religiöse Rituale, insbesondere Übergangsrituale wie Taufe, Hochzeit oder Bestattung, haben ihre Bedeutung behalten. Gerade im Umfeld der Kirchen sind neue Phänomene von Religiosität wie Weltjugendtage, Papstbesuche oder Pilgerfahrten aufgekommen. Darin ist freilich weder eine breite «Wiederkehr der Götter»[142] noch eine Gegenbewegung zur Erosion des religiösen Feldes zu erkennen. Säkularisierung hat sich in Europa nicht nur im Sinne der Trennung von Staat und Kirche, sondern auch im Sinne der praktizierten Möglichkeit, ohne Glauben zu leben, als zunehmendes Massenphänomen verbreitet, das die christlichen Kirchen von Grund auf verändert. Und wenn sich die bisherige Verlaufskurve in Verbindung mit der demographischen Entwicklung weiter fortsetzt, ist mit einem weiter «rückläufige[n] Religiositätsniveau» zu rechnen.[143] Damit bleibt Europa freilich ein globaler Sonderfall.

Kampf der Kulturen? Der Islam in Europa

«In der Welt nach dem Kalten Krieg sind die wichtigsten Unterscheidungen zwischen Völkern nicht mehr ideologischer, politischer oder ökonomischer Art. Sie sind kultureller Art», diagnostizierte der US-amerikanische Politikwissenschaftler Samuel Huntington in den frühen neunziger Jahren. «Der Westen verliert an relativem Einfluss; asiatische Kulturen verstärken ihre wirtschaftliche, militärische und politische Macht; der Islam erlebt eine Bevölkerungsexplosion mit destabilisierenden Folgen für muslimische Länder und ihre Nachbarn.»[144]

In den Diskussionen über den «Kampf der Kulturen» vermischen sich religiöse, ethnisch-nationale und kulturelle Ebenen und Aspekte, was eine komplexe Materie noch zusätzlich verkompliziert – und wiederum zu einfachen, plakativen Lösungen drängt. Gerade im Falle des Islam wird eine religiöse Komponente zum Kristallisationskern von Wahrnehmungen und Bildern, die mindestens ebenso ethnisch und kulturell bedingt sind und sich mindestens ebenso auf Araber wie auf Muslime beziehen. Diese Vermischung ist im Islam selbst angelegt, da er keine Trennung von Staat, Gesellschaft und Religion kennt. Zugleich verbindet sich das Thema Religion in den westlichen Gesellschaften mit gesellschaftspolitischen Fragen der Zuwanderung und Integration.

Der Umgang mit dem Islam gestaltet sich in einzelnen Ländern unterschiedlich.[145] In den USA gehören nur 10 Prozent der Zugewanderten dem Islam an, während rund ein Drittel der Muslime im Land konvertierte Afroamerikaner sind. In Europa ist der Islam außerhalb des Balkans hauptsächlich ein Zuwanderungsphänomen des 20. Jahrhunderts. In Ländern mit kolonialer Zuwanderung wie den Niederlanden, Frankreich und Großbritannien ist die Integrationsbereitschaft der Mehrheitsgesellschaft traditionellerweise stärker ausgeprägt als in Ländern mit einer kürzeren Zuwanderungstradition wie Deutschland. Aber auch in diesen Ländern brechen immer wieder Kulturkonflikte auf, wenn Islam und Gewalt in Verbindung auftreten.

In der Bundesrepublik ist der Islam als Massenphänomen eine relativ junge Erscheinung, die seit den sechziger Jahren durch Einwanderung ins Land gekommen ist.[146] Die mit 4 bis 4,5 Millionen bezifferte Zahl der Muslime lässt sich nicht genauer bestimmen, weil der Islam weder eine den christlichen Kirchen vergleichbare Mitgliedschaft noch eine institutionelle Repräsentanz der Mitglieder kennt. Die vom Bundesinnenministerium 2006 erstmals eingeladenen islamischen Verbände wie der links-liberale Zentralrat der Muslime in Deutschland und der konservativere Islamrat der Bundesrepublik Deutschland repräsentierten weniger als 25 Prozent der Muslime in Deutschland.

Die Trennung zwischen Staat und Kirche zählt zu den zentralen Bestandteilen der modernen westlichen Verfassungsstaaten. In den arabischen Ländern gehört beides zusammen, und der Islam nutzt eine entsprechende staatlich unterstützte Infrastruktur, die ihm in den westlichen Ländern nicht zur Verfügung steht. Auf der anderen Seite – und das ist sein entscheidendes institutionelles Problem – passt der Islam aufgrund seiner Verfasstheit nicht mit dem deutschen Staat-Kirche-Modell zusammen und besitzt daher auch nicht die Anerkennung als Körperschaft öffentlichen Rechts. 2013 erkannte das Land Hessen allerdings erstmals eine muslimische Gemeinde als eine solche an.[147] Den Versuch eines Kompromisses stellt die Einführung von bekenntnisorientiertem islamischem Religionsunterricht nach dem Vorbild des christlichen in verschiedenen Bundesländern seit 2012 dar.[148] Da der Islam keine formale Mitgliedschaft kennt, wird die Zugehörigkeit behelfsweise nach Staatsangehörigkeit und Herkunftsland der Migranten geschätzt. Mag die Trefferquote auch empirisch hoch sein, da Pluralisierung und Säkularisierungseffekte in der muslimischen Welt deutlich geringer ausgeprägt sind als in der westlichen Welt, vermischt dieses Verfahren abermals ethnisch-nationale und religiös-kulturelle Dimensionen miteinander; analog könnte man einen Österreicher automatisch als «christlich» einstufen. So befestigt diese Zuordnung das Bild vom Islam als Religion und Merkmal kulturell fremder und sozial meist niedrig gestellter Einwanderer, vor allem aus der Türkei.

Umfragen besagen, dass in Deutschland ein negativeres Islambild vorherrscht als in anderen europäischen Ländern mit ausgeprägten Islam-Debatten wie Frankreich oder Dänemark. 60 bis 80 Prozent der Deutschen assoziierten 2010 mit dem Islam die Benachteiligung von Frauen, Gewaltbereitschaft und Fanatismus, und nur etwas mehr als 20 Prozent fanden, der Islam passe in die westliche Welt. Fremdheitserfahrungen und fehlende Kontakte lagen auch an mangelnden Sprachkenntnissen vor allem auf Seiten zugewanderter Türken, im Gegensatz zu besser gebildeten Einwanderern zum Beispiel aus dem Iran.[149]

In den siebziger Jahren wurde klar, dass Arbeitsmigration auf Zeit in Einwanderung auf Dauer überging und dass mit den islamischen Migranten auch der Islam in Deutschland bleiben würde. War der «Gastarbeiterislam» zunächst als «Religion im Hinterhof» praktiziert worden,[150] so wurden nun Moscheen gebaut. Konflikte um die Höhe von Kuppel und Minarett waren Teil von symbolpolitischen Anerkennungskonflikten, in denen grundsätzliche Auseinandersetzungen über das Arrangement zwischen Mehrheitsgesellschaft einerseits, Migranten und Islam andererseits ausgetragen wurden. Als Fereshta Ludin, eine muslimische Deutsche afghanischer Herkunft, 1999 nicht bereit war, während des Unterrichts auf das Tragen des Kopftuchs zu verzichten, wurde ihr die Einstellung in den baden-württembergischen Schuldienst verweigert. Das Oberschulamt Stuttgart wertete das Tragen des Kopftuchs als «Ausdruck kultureller Abgrenzung» und als politisches Symbol, das die «objektive Wirkung kultureller Desintegration» entfalte.[151] Daraus ergaben sich Argumentationen, die quer zu klassischen Rechts-links-Schemata lagen: Die Begründung der CDU-geführten Landesregierung entsprach der westlich-feministischen Argumentation, das Kopftuch sei ein Symbol gegen die Gleichberechtigung der Geschlechter und diskriminiere Frauen. Das Verbot des Kopftuchs im Schuldienst diskriminiere Muslime, so lautete demgegenüber das multikulturelle Argument der Diversitätstoleranz und der Religionsfreiheit.

Die Lage spiegelte sich im Urteil des Bundesverfassungsgerichtes vom September 2003,[152] das keine hinreichende gesetzliche Grundlage für ein Kopftuchverbot im öffentlichen Dienst erkannte und daher die Notwendigkeit einer politischen Regelung benannte; ein Minderheitsvotum verwies demgegenüber auf die exponierte Position der Lehrerin und die «Mäßigungs- und Neutralitätspflicht von Staatsdienern […] während der Ausübung des Amtes».[153] Dies warf die Frage nach unterrichtenden katholischen Nonnen in Ordenstracht auf. Gilt das Glockenläuten christlicher Kirchen als Brauchtum, der Ruf des Muezzins hingegen als Lärmbelästigung?[154]

Die christliche Tradition als kulturelles Erbe einerseits und staatliche Neutralität und konsequente Gleichbehandlung andererseits kamen in Konflikt. Wie sich zeigte, war die «hinkende Trennung» zwischen Staat und Kirchen unscharf. Die wohlwollende Neutralität des Staates war so lange unproblematisch gewesen, wie das Christentum die Mehrheitskultur ausmachte. Mit der steigenden Zahl von Konfessionslosen und Muslimen passte das deutsche Staat-Kirche-Modell jedoch nicht zusammen. Zugleich tat sich eine zweite Konfliktebene um die Verbindlichkeit und die Hierarchie von kulturellen Standards auf. Wie die Auseinandersetzungen über die Gleichstellung von Frauen und über Homosexualität zeigten, spielten Multikulturalismus und Diversität einerseits und Menschenrechte bzw. die Kultur der Inklusion andererseits nicht einfach ineinander. Damit stellte sich die Frage nach den verbindlichen Grundlagen westlicher Gesellschaften. Dass die entsprechenden Debatten von Paradoxien durchzogen sind – Progressive tolerieren aus multikulturellen Gründen Positionen von Muslimen, die sie Christen nicht zugestehen würden, während Konservative aus Angst vor dem Islam Forderungen der säkularen Gesellschaft vertreten, die eigentlich nicht die ihren sind –, verrät eine tiefe Unsicherheit der pluralistischen westlichen Gesellschaften im Umgang mit dem Islam. Und sie wird dann virulent, wenn der Faktor Gewalt ins Spiel kommt.

Die Frage der Gewalt

Die Verbindung zwischen Islam und Gewalt wird mit dem westlichen Begriff des «Islamismus» benannt. Die Mitte des 20. Jahrhunderts entstandene fundamentalistisch-extremistische Ideologie hatte zum Ziel, eine am Bild eines Urzustands orientierte islamische Ordnung von Gesellschaft und Staat durchzusetzen und den Herrschaftsbereich des Islam unter Anwendung von Gewalt auszuweiten. Es handelte sich um keine einheitliche Strömung. Waren die in Ägypten gegründeten Muslimbrüder originär spätkolonial-antiwestlich orientiert, so richteten sich Salafismus und Wahhabismus zuerst gegen Abweichler innerhalb des Islam. Antiwestlich waren sie erst in der Ableitung und in der radikalisierenden Abspaltung durch den dschihadistischen Salafismus, der sich unter anderem in den Mitte der achtziger Jahre bzw. 2003 gegründeten Terrornetzwerken Al-Qaida und Islamischer Staat organisierte. Mit seiner Heilsbotschaft, dass sich Leid, Unterdrückung und Ungerechtigkeit durch buchstabengetreue Auslegung des Koran und durch die Tötung der Feinde des Islam besiegen ließen, war der islamistische Terrorismus, der in den siebziger Jahren begonnen hatte, die wohl «folgenreichste politische Ideologie seit dem Kollaps des Kommunismus».[155]

Dass dieser Aufstand gegen die westliche Moderne mit den Mitteln der Moderne arbeitete, bewies sein größter Coup: die Anschläge des 11. September 2001, die neben etwa 3000 Todesopfern vor allem Bilder der zusammenbrechenden Türme des World Trade Centers erzeugten, die zu globalen Ikonen wurden. Mit den Terroranschlägen in Madrid 2004 und in London 2005 setzte sich die Blutspur nach Europa fort. In diesen Zusammenhang gehörte schon das Todesurteil des iranischen Ayatollah Khomenei gegen den indisch-britischen Schriftsteller Salman Rushdie 1989, weil dieser mit seinem Roman «Satanische Verse» den Propheten beleidigt habe. Mit dem Attentat auf die Redakteure der französischen Satirezeitschrift Charlie Hebdo in Paris im Januar 2015 begann eine neue Welle islamistisch motivierter Gewalt auch in Europa, die im Folgejahr auch Deutschland erreichte.

Die Anzahl von Sympathisanten und Anhängern der Al-Qaida und anderer Terrororganisationen ist schwer zu schätzen, zumal Islamismus auch in Deutschland kein einheitliches Phänomen darstellt. Ende 2013 bestanden laut Verfassungsschutzbericht 30 bundesweit aktive islamistische Organisationen mit einem Potential von 43 190 Personen. Darunter befanden sich, mit steigender Tendenz, 5500 Salafisten, die dem Ideal eines goldenen Zeitalters der reinen Lehre anhängen, und 31 000 Mitglieder bzw. Anhänger der «Islamischen Gemeinschaft Millî Görüs», deren Haltung zur freiheitlich-demokratischen Grundordnung ambivalent ist; sie lehnt Gewalt ab und kann nicht durchgängig als «islamistisch» eingeschätzt werden.[156] Oftmals sind bei terroristischen Anschlägen radikalisierte Einzeltäter am Werk; 2012 wurden 235 deutsche Staatsangehörige mit Migrationshintergrund, deutsche Konvertiten und Ausländer in Deutschland im Zusammenhang mit islamistischem Terrorismus erfasst. In diesem Radikalisierungspotential sieht das Bundesamt für Verfassungsschutz die «größte Bedrohung der inneren Sicherheit in Deutschland». Zugleich handelt es sich um eine Randerscheinung wie den Links- und den Rechtsextremismus.[157]

Vor allem wird die islamische Welt von Wellen der Gewalt wie den Terroranschlägen der radikalislamistischen Sekte Boko Haram in Nigeria, den islamistischen Rebellen in Mali oder dem im Juni 2014 ausgerufenen Kalifat des uneingeschränkt gewaltbereiten Islamischen Staates in Syrien und im Irak heimgesucht, in dem die Scharia regiert und Abweichler zu töten sind.[158] Massendemonstrationen für eine Islamisierung des Landes, einschließlich der Forderung der Todesstrafe für die Beleidigung des Islam, wie in Bangladesh im Mai 2013 und ähnliche Bewegungen in Indonesien und Sudan lösen die eindeutige Unterscheidung zwischen Rebellen, terroristischen Gruppen oder Regimen einerseits und «regulären» Staaten und ihrer Bevölkerung andererseits auf. Staaten wie Saudi-Arabien, Algerien und Iran, in denen der Islam eine politikbestimmende Rolle spielt, sind nach westlichen Maßstäben nicht nur antipluralistisch, sondern drakonisch in der Sanktionierung von Dissens und in der Ausübung von Gewalt. Vor diesem Hintergrund stellt sich die Frage, ob eindeutig zwischen einem grundsätzlich friedlichen Islam und der radikalen Abspaltung des Islamismus zu trennen ist oder ob die Übergänge fließend sind. Gewalt und Intoleranz als islamistische Gefahr – das entspricht zugleich einem Stereotyp der westlichen Wahrnehmung der arabischen Welt seit den Kreuzrittern und der «Türkengefahr». Projektionen und Phobien verbinden sich mit manifesten Tatsachen. Die Notwendigkeit der Differenzierung gilt freilich nicht nur für «den Islam», sondern ebenso für «den Westen».

Globaler Westen?

Schon in der griechischen Antike diente der Begriff vom «Westen» zur Abgrenzung vom «Land der aufgehenden Sonne» im Osten. Als Selbstbeschreibung kam er dann erst wieder im 20. Jahrhundert auf. Um 1900 diente er im angelsächsischen Sprachraum als Konkurrenzbegriff zur «weißen Rasse», um Gemeinsamkeiten Europas und Nordamerikas zu benennen. Im Zweiten Weltkrieg bezeichnete er die demokratischen «Westmächte» gegenüber den Diktaturen in Mittel- bzw. Osteuropa, bevor nach 1945 der demokratisch-marktwirtschaftliche «Westen» dem planwirtschaftlich-diktatorischen «Osten» gegenüberstand. Als diese Auseinandersetzung mit dem Ende des Ost-West-Konflikts entfiel, richtete sich die Abgrenzung des «Westens» oftmals gegen den Islam, womit auch die Dichotomie von «Okzident» und «Orient» wiederbelebt wurde.

Dabei ist der «Westen» räumlich immer weiter nach Osten gewandert. Vor 1945 umfasste er die USA, Frankreich und Großbritannien, bis 1990 Nordamerika und das Europa westlich des Eisernen Vorhangs, und seit der Aufnahme der postkommunistischen Staaten Ostmitteleuropas reicht er bis zu den klassischen Religionsgrenzen zu Orthodoxie und Islam. Ausnahmen davon sind die EU-Mitgliedschaft des orthodoxen Griechenland, die Frage eines EU-Beitritts von Serbien und der Türkei oder die Mitgliedschaft Israels in der UEFA und seine Teilnahme am Eurovision Song Contest.

Wenn vom «Westen» die Rede war, verbanden die Zeitgenossen damit stets das politisch-normative Selbstverständnis einer Wertegemeinschaft, ohne dass ihre Inhalte in der Sache eindeutig bestimmt gewesen wären. So war nie klar, wie christlich der Westen eigentlich war oder sein sollte; jedenfalls lagen die christlichen Kirchen und traditionelle Vorstellungen von «christlichem Abendland» lange mit liberal-individualistischen, pluralistischen Gesellschaftsentwürfen und kapitalistischen Marktwirtschaften über Kreuz. Zugleich herrschten zwischen Europa und den USA grundlegende Differenzen über Staatsverständnis und Kriegsbereitschaft oder die Haltung zur Todesstrafe. Es waren gerade eine historisch uneindeutige Offenheit und der Eklektizismus der Bestandteile, die das Konzept vom Westen integrationsfähig machten.

Der Westen wurde als historisch-analytisches Konzept weit in die Geschichte zurückprojiziert – auf die atlantische Revolution, die Renaissance oder bis in die Antike. Diese «kulturelle Morphogenese des Westens», wie sie Philipp Nemo vornahm, trug stark normative Züge. Nemo identifizierte den «Westen» als Verbindung von vier Faktoren: Als Republiken der Bürger mit politischen Öffentlichkeiten entwickelten die griechischen Stadtstaaten die Werte der Freiheit und der Verantwortung sowie der Überzeugungskraft des Arguments. Die römische Antike kodifizierte das universelle Recht. Die jüdisch-christliche Tradition trug die Zehn Gebote bei und das Christentum eine spezifische Form der Barmherzigkeit, die über reine Gerechtigkeit hinausging. Schließlich krönte die atlantische Revolution des 18. Jahrhunderts dieses Konglomerat durch liberale Demokratie und Pluralismus. Das ist auch der Ansatzpunkt für Heinrich August Winklers groß angelegtes Panorama des Westens. Seine zentralen Bestandteile sind Rechtsstaatlichkeit und Gewaltenteilung, Grund- und Menschenrechte, Volkssouveränität und repräsentative Demokratie, individuelle Freiheit und Pluralismus, Marktwirtschaft und Privateigentum sowie kritische Rationalität und säkulare Vernunft als Argumentationskriterien.[159]

Es handelte sich um Abstraktionen aus der Vielfalt historischer Erscheinungsformen. Sie entsprachen freilich den liberalen Demokratien, wie sie sich in den USA seit dem 18. Jahrhundert und bis zur Nachkriegszeit in Nord- und Westeuropa etabliert hatten. Diese waren die Sieger des Kalten

Krieges – und der «Westen» damit eine Siegerideologie? So lautete die postkoloniale Kritik, während die Postmoderne die dunkle Seite der westlichen Moderne herausstellte. Unterdrückung und Gewalt als Bestandteile seiner Geschichte leugnen auch die Vertreter des «Westens» nicht, betonen aber seine Fähigkeit zur Selbstkritik, Korrektur und Weiterentwicklung.[160] Die postkoloniale Theorie des «Orientalismus» hingegen interpretiert die Selbstbeschreibung des Westens als systematische Legitimation zur Unterwerfung kolonisierter Völker und versteht selbst das westliche Eintreten für Menschenrechte – das eigentlich den politisch-normativen Vorstellungen postkolonialer Ansätze entspricht – als neue Form westlicher Zivilisationsmission, nicht anders als die «Bürde des weißen Mannes» im 19. Jahrhundert. «Was für den Westen Universalismus ist, ist für den Rest der Welt Imperialismus», erklärte Samuel Huntington, der auf doppelmoralische Standards des Westens hinwies: «Demokratie wird gelobt, aber nicht, wenn sie Fundamentalisten an die Macht bringt; die Nichtweitergabe von Kernwaffen wird für den Iran und den Irak gepredigt, aber nicht für Israel; freier Handel ist das Lebenselixier des Wirtschaftswachstums, aber nicht in der Landwirtschaft; die Frage nach den Menschenrechten wird China gestellt, aber nicht Saudi-Arabien.»[161]

Gegen den Universalismus «der» westlichen Moderne brachten insbesondere Vertreter der nichtwestlichen Welt die Vorstellung «multipler Modernen» ins Spiel. Asiatische Länder adaptierten die technologische Modernisierung und die ökonomische Freiheit des Westens, ohne seine Kultur der individuellen Freiheit und der Demokratie zu übernehmen. Die chinesische Zivilisation baut auf «Optimismus, Familiarismus und bürokratischen Autoritarismus» als *cosmological beliefs*. Individualismus gibt es für den Hinduismus nur außerweltlich, und für das konfuzianische Denken ist menschliche Individualität nur in Zusammenhang mit zahlreichen sozialen Bindungen und Verpflichtungen denkbar. Anpassungsfähige familienbezogene Wirtschaftsformen verbinden sich mit starken familiären Sozialbeziehungen, die den ausgebauten westlichen Wohlfahrtsstaat erübrigen. Möglicherweise ist gerade diese Mischung von westlichen Institutionen mit asiatischen Traditionen und Werten, so Deepak Lal, der Grund für den ökonomischen Erfolg der asiatischen Länder um die Jahrtausendwende, der dem Westen erstmals seit der Industrialisierung substantiell Konkurrenz macht.[162]

Was die Freiheit des Westens nach dem Ende des Ost-West-Konflikts bedeuten sollte, wurde unterdessen nicht wirklich debattiert. Stattdessen verselbständigten sich ein globalisierter Kapitalismus auf entgrenzten Finanzmärkten und ein marktökonomisches Modernisierungsdenken. Zugleich dekonstruierten die Postmoderne und der Postkolonialismus überkommene Ordnungsvorstellungen und das normative Konzept des Westens mit dem Ergebnis gesellschaftlich-kultureller Pluralisierung, der Kanonisierung der Menschenrechte und der neuen Ganzheitsvorstellung der Kultur der Inklusion.

Taugt «der Westen» als politisch-normatives Konzept? Schon historisch ist klar, dass unterhalb der abstrakten Ebene eine Vielfalt unterschiedlicher Inhalte liegt. Was bedeutet «der Westen» für das Verhältnis von Staat und Markt, das in den USA und in Frankreich ebenso unterschiedlich gehandhabt wird wie die Freiheit des Waffenbesitzes? Was besagen «Menschenrechte» im Hinblick auf die Todesstrafe, auf Abtreibung oder die Bereitschaft zur Kriegführung? Die Europäische Union beruft sich auf universale Werte, allerdings ohne transzendentale Begründung.[163] So stellt sich die Frage nach ihrem Geltungsgrund, zumal wenn man Diskurse als Machtfragen um politisch-kulturelle Normen versteht. Nach außen, so die historische Erfahrung, führt die Annahme der Universalität der eigenen Werte leicht zu Überlegenheitsansprüchen und Intoleranz.[164] Am Ende steht die Aporie des Universalismus der Menschenrechte gegenüber der Außenwahrnehmung eines missionarischen neuen Menschenrechtsimperialismus.

Sie lässt sich nicht rational auflösen, sondern nur durch selbstbewusste Selbstbeschränkung behandeln. Der «Westen» ist ein allgemeines politisches Ideal der Individualität, der Freiheit und der Gleichwertigkeit aller Menschen, der Unantastbarkeit der Menschenwürde sowie von Pluralismus, Marktwirtschaft und Demokratie, das gerade durch seine Unbestimmtheit im Konkreten lebt. Es ist ein Ideal der Selbstverständigung über eigene politisch-kulturelle Grundlagen nach innen und ein Bollwerk der Selbstbehauptung gegen antipluralistische Fundamentalismen. Und im Ausnahmefall massiver Menschenrechtsverletzungen ist er eine Verpflichtung zur Intervention – die dem Dilemma nicht entgeht, dass sie in Mali, aber nicht gegen Russland anwendbar ist, allein schon um die Gefahr eines großen Krieges zu vermeiden. Ansonsten bedarf das Ideal des Westens der Offenheit für die Vielfalt unterschiedlicher Ordnungsentwürfe und des Respekts für die «multiplen Modernen». Als globales Modell hingegen, obendrein mit missionarischem Anspruch verbreitet, bestätigt es die Erfahrung, die im 21. Jahrhundert nicht weniger gilt als für die Französische Revolution oder die Kreuzzüge: Die Grenzen zwischen edlen Absichten und unterdrückender Bevormundung sind fließend.

V. Wo zwei oder drei

Ungleichheit ist so alt wie der Mensch. Schon Adam und Eva erkannten die Kategorie des Geschlechts, nachdem sie vom Baum der Erkenntnis gegessen hatten. Ungleiches Sozialprestige führte dazu, dass ihr Sohn Kain seinen Bruder Abel tötete. Über Jahrtausende unterschied die Menschheit zwischen Freien und Unfreien. Immer gab es Reiche und Arme, wobei sich Reichtum und Armut stets relativ zu den Umständen bemessen; einem Sozialhilfeempfänger in der Bundesrepublik stehen Anfang des 21. Jahrhunderts ein WC, ein schmerzfreier Zahnarztbesuch und ein Fernseher zur Verfügung, von denen Ludwig XIV. in Versailles nicht einmal träumen konnte. Hatte die Ständegesellschaft unterschiedliche Rechte und Privilegien an Besitz und Geburt gebunden, so baute die moderne westliche Industriegesellschaft solche Rechtsungleichheiten ab. Dafür entstanden neue Ungleichheiten von Einkommen, während soziale Mobilität zu einer realen Option wurde. Vor diesem Hintergrund konzentrierte sich die klassische Sozialstrukturanalyse auf materielle Ungleichheit von Einkommen und Vermögen in Verbindung mit Bildung und Beruf.

Daran wurde Zweierlei kritisiert. Abgesehen davon, dass in der Kategorie der Ungleichheit oftmals die Bewertung der Ungerechtigkeit mitschwingt, steht relative Ungleichheit in einem Spannungsverhältnis zum absoluten Wohlstandsniveau. Eine boomende Wirtschaft kann das allgemeine Wohlstandsniveau anheben und soziale Ungleichheit vergrößern, weil erfolgreiche Unternehmer besonders profitieren. Umgekehrt hatte die Planwirtschaft der DDR relativ geringe Ungleichheit zur Folge, aber auch ein niedriges absolutes Wohlstandsniveau. Zweitens werde eine Analyse der materiellen Zustände den unterschiedlichen Formen von sozialer Ungleichheit in modernen Gesellschaften nicht gerecht. Das gilt für das Geschlecht als Zentralkategorie sozialer Ungleichheit wie für die neue Kategorie sozialer Ungleichheit unter Erwachsenen, nämlich Kinder zu haben oder nicht. Der Geburtenrückgang ist ein entscheidender Faktor der demographischen Entwicklung. Ein weiterer ist Zuwanderung, die ethnische Herkunft bzw. Migration als ein Kriterium sozialer Ungleichheit mit sich gebracht hat. Zudem hat sich die soziale Bedeutung des Alters grundlegend verändert. Dies sind die Gegenstände einer mehrdimensionalen Sozialstrukturanalyse, wie sie im Folgenden vorgenommen und durch das Verhältnis von Ost und West abgeschlossen wird; dabei kann sie nur ein Überblick über die deutsche Entwicklung im globalen Kontext sein.

Sie wird immer wieder auf statistische Daten zurückgreifen, die jeder solchen Analyse zugrunde liegen und zugleich mit Sorgfalt zu behandeln sind, da ihre Ergebnisse stets von Fragestellung und Berechnungsmethoden abhängig sind. So lässt der viel zitierte Indikator der weiblichen Erwerbsquote außer Acht, ob es um die Erwerbsbeteiligung von Frauen allgemein oder von Müttern im Besonderen geht, wobei Mütter erwachsener Kinder von der Erwerbsstatistik nicht als Mütter gezählt werden, oder ob es sich um eine Halbtags- oder Vollzeitbeschäftigung handelt. Auch bei Meinungsumfragen hängen die Ergebnisse in hohem Maße von den gestellten Fragen und den vorgegebenen Antwortmöglichkeiten ab.[1] Sozialdaten sind immer auch Gegenstand gesellschaftlich-politischer Interessen und nur bedingt vergleichbar, wenn ihnen unterschiedliche Erhebungsmethoden zugrunde liegen, was gerade im internationalen Vergleich oftmals der Fall ist.

1. Haben und Sein: Die Konsumgesellschaft

«Kauf Dich glücklich» hatte bis Ende 2014 neben einem Onlineshop achtzehn Filialen in Deutschland und Österreich eröffnet. Ein Geschäft mit diesem Namen wäre Tschechen bis 1989, aber auch Franzosen bis weit ins 20. Jahrhundert hinein reichlich spanisch vorgekommen, ganz zu schweigen von heutigen Bewohnern Burundis.

Entstehung und Verbreitung

Massenkonsum von Gütern jenseits der Grundbedürfnisse ist zur Normalität geworden. In Agrargesellschaften hingegen herrschte für die Mehrzahl der Menschen der Kampf um das tägliche Überleben. Die Sicherung von Nahrung, Kleidung und Wohnung bestimmte den Lebensrhythmus, die Entwicklung der Gesellschaften hing vom landwirtschaftlichen Ertrag ab, und insbesondere Missernten und Hungerkatastrophen hinterließen tiefe Spuren.[2]

Mit der Industrialisierung lösten sich Mensch und Gesellschaft zunehmend aus der Abhängigkeit von der Natur. Die Chemie stellte künstliche Düngemittel, Arzneimittel wie das Penicillin gegen tödliche Infektionen und synthetische Materialien wie Nylon und Plastik zur Verfügung. Elektrizität sorgte für künstliches Licht und Wärme, ließ Waschmaschine, Kühlschrank und Staubsauger laufen und sorgte für eine Revolution des Haushalts. Supermärkte machten schon in den frühen sechziger Jahren 70 Prozent des US-amerikanischen Lebensmittelhandels aus. Weniger Hausarbeit bedeutete mehr Freizeit, die beim Konsum selbst begann, als Malls und Warenästhetik den Einkauf zum Erlebnis stilisierten. Urlaub und Reisen erschlossen ebenso neue Welten wie das Fernsehen; Ende der fünfziger Jahre besaßen bereits 87,5 Prozent der amerikanischen und 25 Prozent der westdeutschen Haushalte ein Fernsehgerät. Sich einen Tagesablauf ohne Elektrizität vorzustellen, vergegenwärtigt unmittelbar, dass die Veränderung der allgemeinen Lebensbedingungen durch den Massenkonsum einen historischen Umbruch bedeutete. Schon für den ersten Kaffee am Morgen müsste man ein Feuer entfachen, was noch vor einigen Jahrzehnten alltägliche Realität war.

In den USA hatte sich die Konsumgesellschaft in der Zwischenkriegszeit durchgesetzt. Nach dem Bürgerkrieg und insbesondere mit der Hochindustrialisierung seit Ende des 19. Jahrhunderts hatte das Land der unbegrenzten Möglichkeiten einen schnellen Aufstieg erlebt, der es neben Deutschland zum *powerhouse* der technologischen und ökonomischen Entwicklung machte. Den USA blieb der Absturz durch den Weltkrieg erspart. Während das krisengeschüttelte Europa zurückfiel, gewannen die USA einen Vorsprung, den der alte Kontinent nicht mehr einholte. Henry Fords Fließband wurde zum Inbegriff der massenhaften standardisierten Herstellung bei niedrigen Stückkosten.

Die westlichen Staaten Europas vollzogen den Übergang in die Konsumgesellschaft nach 1945. In den siebziger Jahren waren in Nordamerika, Australien, Japan und Europa Gesellschaften entstanden, in denen die Mehrheit der Bevölkerung an den Konsum von industriell hergestellten Lebensmitteln, modischer Massenkonfektion, Haushaltstechnik, Automobilen und Unterhaltungselektronik gewöhnt war. Auch die kommunistische Welt nahm an dieser Entwicklung teil, wurde die Erfüllung von Konsumbedürfnissen doch seitens der Machthaber als zentrale Voraussetzung ihrer Legitimität angesehen, wenn auch auf niedrigerem Niveau. Der Ost-West-Konflikt wurde auch auf der Ebene von Zigaretten und Schokolade,

Kaffee und Blue Jeans ausgetragen. Weite Teile Asiens, Afrikas und Südamerikas hingegen waren in den siebziger Jahren noch nicht flächendeckend elektrifiziert, in Indien, im Iran und in Ägypten waren es noch 1984 nur die Hälfte, in Indonesien und Sri Lanka nur 15 Prozent der Haushalte. Die globale Verbreitung der Konsumgesellschaft fand dort erst seit dem letzten Viertel des 20. Jahrhunderts statt.

In Europa kamen nach 1945 zur Massenproduktion der wachsende Welthandel und sprunghaft zunehmende Transportmöglichkeiten hinzu. Geradezu revolutionäre Bedeutung hatte die Einführung des Standardmaßes für Container von 20 bzw. 40 mal 8 mal 8 Fuß im Jahr 1965; mit der vereinfachten Verladung zwischen Schiff, Bahn und Lastwagen sanken die Transportkosten dramatisch, und mit immer größeren Containerschiffen stiegen die transportierten Volumina; bis heute werden etwa 90 Prozent der Welthandelsgüter über die Meere transportiert.[3] Die Wohlstandsexplosion des Nachkriegsbooms und die Verringerungen der Arbeitszeit schufen zwei Voraussetzungen für den Massenkonsum: Zeit und Geld. Das Wechselspiel von Produktion und Bedürfnissen begann, und so wurden Marktforschung und Marketing seit den fünfziger Jahren immer wichtiger. Werbung inszenierte mit dem Marlboro-Mann, Spitzensportlern und Models virtuelle Erlebniswelten von Freiheit und Abenteuer, Erfolg und Kraft, Jugend und Schönheit – und erzeugte neue Bedürfnisse. In der Warenwelt und ihrer Ästhetik glichen sich Lebensbedingungen aneinander an, und zugleich entstanden neue Unterschiede durch zielgruppenspezifische Warendistribution und differenzierte Konsumstile, zum Beispiel zwischen weißen Mittelschichten in amerikanischen Vorstädten und Schwarzen in den Ghettos.[4]

Kritik und Apologie

In den öffentlichen Debatten, die das Aufkommen der Konsumgesellschaft begleiteten, wurden signifikante Unterschiede zwischen den USA und Kontinentaleuropa sichtbar. Gerade in Deutschland war eine kritische Haltung gegenüber der Konsumgesellschaft verbreitet.[5] Die Kritische Theorie monierte in der Tradition der linken Kapitalismuskritik, dass die Manipulation durch die kapitalistische Warenwelt nur noch «Pseudoindividualität» zulasse. Das konservative Bildungsbürgertum kritisierte an der Massenkultur, die Lösung aus tradierten Bindungen bringe Vereinzelung mit sich und führe zu Standardisierung und Passivität, vor allem durch das Fernsehen. Zwar war auch in den USA Konsumkritik anzutreffen, etwa in der Antialkoholbewegung und der Prohibition, insgesamt aber herrschte eine konsum- und marktfreundlichere Grundstimmung.[6] Das Zentralwort der amerikanischen Debatte war *choice*; Konsum ermögliche Wahlfreiheit, Selbstbestimmung und die Konstruktion des eigenen Selbst. Der Begriff des *citizen consumer* übertrug die Vorstellung der politisch-formalen Gleichheit der Bürger in der Demokratie auf die Teilhabe der Konsumenten auf dem Konsumgütermarkt.

Sozialwissenschaften und Marktforschung revidierten in den achtziger Jahren das Bild vom manipulierbaren Verbraucher zugunsten des informierten «neuen Konsumenten».[7] Die Kritik an der Konsumgesellschaft, die noch in den sozialen Bewegungen der siebziger Jahre kräftig angeklungen war, verstummte auch in der Bundesrepublik. Die Bioläden begannen sich vom systemkritischen Gegenentwurf zum Verkaufsschlager der Ökosupermärkte zu wandeln, in denen auch die bürgerlichen Mittelschichten unbehandelte Zitronen, Vollkornbrot und Naturkosmetika einkaufen.

Reste der Kritik an der Konsumgesellschaft kamen mit der Oppositionsbewegung in der DDR 1989 an die Oberfläche. Das Neue Forum schrieb in einem Aufruf nach dem Fall der Mauer: «Bürgerinnen und Bürger! [...] Wir werden für längere Zeit arm bleiben, aber wir wollen keine Gesellschaft haben, in der Schieber und Ellenbogentypen den Rahm abschöpfen. Ihr seid die Helden einer politischen Revolution, laßt Euch jetzt nicht ruhigstellen durch Reisen und schuldenerhöhende Konsumspritzen.»[8] Solche Mahnungen wurden allerdings mit der Wiedervereinigung hinweggespült, und die Konsumgesellschaft setzte sich endgültig durch. Zugleich wurde im Dezember 1989 die *Slow-food*-Bewegung um Carlo Petrini in Italien gegründet.[9] Sie rief zu einem kritischen Qualitätskonsum, zu Beschränkung, Nachhaltigkeit und Gemeinschaft auf und war wie der Verbraucherschutz ein Indiz dafür, dass Konsumkritik nicht mehr von außen kam, sondern in das marktwirtschaftliche Paradigma integriert und somit Teil der Konsumgesellschaft selbst wurde.

Alles Konsum?

Die Konsumgesellschaft wurde in der zweiten Hälfte des 20. Jahrhunderts zu einem prägenden Element der Sozialstruktur, und in den achtziger Jahren war sie auch in der Bundesrepublik unumstritten angekommen. Wie weit aber reichte die Bedeutung von Konsum? Wurde er zu einem wesentlichen Baustein, der die traditionelle Bedeutung von Arbeit für die Identitätsbildung ersetzte?[10] Als die Kultursoziologie in den achtziger Jah-

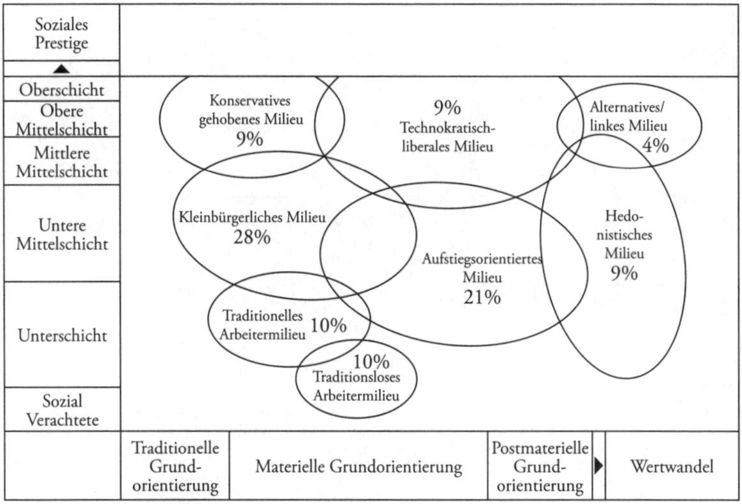

Sinus-Milieus in der Bundesrepublik, 1985

ren anstelle der traditionellen Klassen und Schichten nach neuen Formen der gesellschaftlichen Differenzierung suchte, gerieten «neue Milieus» in den Blick – neu in Abgrenzung zu den klassischen sozialmoralischen Milieus wie dem katholischen oder dem Arbeitermilieu aus dem 19. Jahrhundert. Sie wurden durch ähnliche Wertorientierungen, Mentalitäten und Lebensstile bestimmt, die sozioökonomische Strukturen von Klassen und Schichten überlagerten.[11] Sie waren von Einkommen, Bildung und Berufsposition – den traditionellen Indikatoren der Sozialstrukturanalyse – nicht unabhängig, doch wurden innerhalb der einzelnen Schichten unterschiedliche Milieus ausgemacht, die zugleich über die Schichtengrenzen hinausreichten.

Diese Analyse von Einkommen und Lebensstilen fand besonderen Anklang bei der rasch wachsenden Konsumforschung – ein weiteres Beispiel für die realitätsprägende Kraft der empirischen Sozialwissenschaften. Sie beobachteten diese Milieus und schufen zugleich Kategorien der gesellschaftlichen Selbstwahrnehmung, die sich dann wiederum auf die soziale Realität auswirkten. Eine der bedeutendsten Typologien entwickelte das Heidelberger Sinus-Institut Anfang der achtziger Jahre. Sie wird regelmäßig fortgeschrieben und wurde in drei Jahrzehnten in zehn Milieus

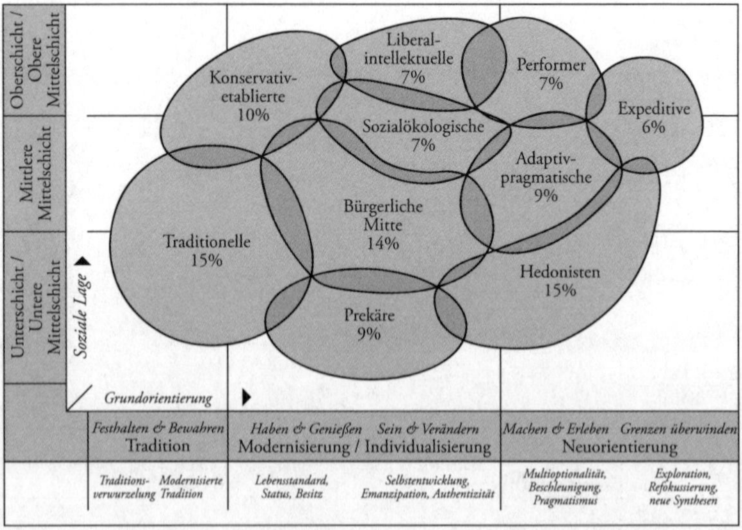

Sinus-Milieus in der Bundesrepublik, 2011

ausdifferenziert. Das «expeditive Milieu» in der mittleren und oberen Mittelschicht zum Beispiel ist die «stark individualistisch geprägte digitale Avantgarde: unkonventionell, kreativ, mental und geographisch mobil und immer auf der Suche nach neuen Grenzen und nach Veränderung» mit einem Anteil von 7 Prozent. Doppelt so groß ist die «spaßorientierte moderne Unterschicht/untere Mittelschicht: Leben im Hier und Jetzt, Verweigerung von Konventionen und Verhaltenserwartungen der Leistungsgesellschaft».[12]

Sind nun Milieuzugehörigkeit und Freizeitgestaltung, Lifestyle und Konsumstil für das Selbstverständnis der Menschen und die gesellschaftliche Einordnung wichtiger geworden als Beruf und Schichtzugehörigkeit?[13] Als Deutschland nach der Wiedervereinigung in eine hartnäckige Krise geriet und die Arbeitslosigkeit bis 2005 scharf anstieg, war spürbar, dass die materiellen Bedingungen ihre Bedeutung keineswegs verloren hatten. Aber auch für die siebziger und achtziger Jahre zeigen historisch-empirische Studien den durchgängigen Wert von Arbeit und Leistungsbereitschaft. Im Arbeitsleben blieben Werte klassischer «guter» Arbeit in Geltung, leitende Angestellte definierten ihre Position gerade über Leistungsbereitschaft, und insbesondere weibliche Emanzipation vollzog sich in erster Linie über Erwerbsarbeit und Berufsposition.[14]

«Konsum statt Arbeit» als zentraler Faktor von Identitätsbildung und sozialer Position war vor allem ein Wahrnehmungsphänomen in Zeiten von Massenwohlstand und Konstruktivismus. Freizeit- und Erlebniskultur gewannen an Bedeutung, und die Pluralisierung von Lebensstilen überlagerte die materiellen Schichten, aber Konsum war nicht alles. Neue Krisen und «neuer Realismus» haben die Bedeutung von materieller Sozialstruktur und Arbeit wieder bewusster werden lassen.

2. Oben und unten: Arm und reich

Arbeit ist das halbe Leben – das gilt jedenfalls für westlich-kapitalistische Gesellschaften. Die moderne Orientierung an Arbeit und Leistung war ein Produkt der Neuzeit: Jan de Vries hat die These von der Revolution des Fleißes, der *industrious revolution* des 17. und 18. Jahrhunderts aufgestellt, die der *industrial revolution* vorausging.[15] Arbeit, genauer: Erwerbsarbeit rückte in den Mittelpunkt der Lebensläufe. Sie bestimmt in der industriegesellschaftlichen Moderne über sozialen Status, Sozialleistungen und Sozialprestige. Zentral sind drei Entwicklungen: der Strukturwandel der Arbeitswelt, Arbeitslosigkeit und die Erwerbstätigkeit von Frauen[16].

Postfordismus?

Nachdem in der vormodernen Agrargesellschaft landwirtschaftliche Produktionsformen überwogen hatten, übernahm die industrielle Fertigung den Vorrang in der Industriegesellschaft des 19. Jahrhunderts. Bis Mitte des 20. Jahrhunderts galt die Schwerindustrie als Leitsektor, bevor sie vom tertiären, dem Dienstleistungssektor, abgelöst wurde. Vor allem im letzten Drittel des 20. Jahrhunderts nahmen Dienstleistungen aller Art zu – produktionsbezogene, distributive, persönliche und soziale. 1973 lag die Anzahl der Beschäftigten in Handel und Transport-, Verkehrs- und Kommunikationswesen, Banken und Versicherungen sowie dem gesamten Bereich der staatlichen Dienstleistungen in der Bundesrepublik erstmals und von da an dauerhaft über der Anzahl der Beschäftigten im produzierenden Gewerbe, einschließlich Energiewirtschaft, Bergbau und Bauindustrie. Das bedeutete nicht, dass die Industrie verschwunden wäre. Anders als in Großbritannien, das in den siebziger Jahren eine umfassende Deindustrialisierung erlebte, die dann durch die Finanzwirtschaft ersetzt wurde, blieb die Bundesrepublik – in den Hochzeiten der *new economy* kritisiert, in der Finanzkrise beneidet – ein relativ stark industrialisiertes Land. Dienstleistungen wurden hauptsächlich industriebezogen durch Informationstechnologie, Verwaltung oder Anwälte und somit in Verbindung mit höherwertigen Anforderungen erbracht. Damit ging ein tiefgreifender Wandel innerhalb der Industrie und der Beschäftigtenstruktur einher.

Die Arbeitsorganisation und Produktionsform des schwerindustriellen Zeitalters wird auch als «Fordismus» bezeichnet.[17] Der Begriff rührt von Henry Fords Fabrik Highland Park in Michigan her, in der seit 1913 das *Model T* mit einfachen, standardisierten Arbeitsschritten in Massenproduktion gefertigt worden war. Das Fließband wurde zum Symbol für eine arbeitsteilige, hierarchisch organisierte und technisch standardisierte Fertigung von großen Stückzahlen durch lohnabhängige Beschäftigte in einem räumlich konzentrierten Großbetrieb. Neben der Rationalisierung und Mechanisierung der Produktion und der Arbeitsabläufe stand «Fordismus» zugleich für eine existenzsichernde, gute und steigende Entlohnung, die Ford seinen Beschäftigten zahlte, sowie für ein sozialharmonisches, paternalistisches Gesellschaftskonzept von Arbeitgebern und Arbeitnehmern.

Die fordistische Produktionsweise unterschied sich von der deutschen Tradition individueller, handwerklicher Präzisionsarbeit. Die standardisierte Massenfertigung erzielte ihren Durchbruch in der Bundesrepublik des Nachkriegsbooms, der mit dem Übergang zur Konsumgesellschaft zugleich eine Spätblüte der Hochindustrialisierung hervorbrachte. Das Ergebnis war eine Dequalifizierung der Beschäftigtenstruktur. In den fünfziger und sechziger Jahren nahm der Anteil einfacher, un- und angelernter Arbeit von 20 auf über 40 Prozent zu – im Gegensatz zum allgemeinen Vordringen der Dienstleistungen.[18]

Das hatte weitreichende Folgen. Denn im Zuge dieser Entwicklung wurde die Massenproduktion seit den siebziger Jahren entweder in den Hochlohnländern rationalisiert und automatisiert, oder sie wurde, vereinfacht durch Globalisierung und Digitalisierung, in Niedriglohnländer verlegt. Zugleich wurden die klassischen Branchen des schwerindustriellen Zeitalters, Schwerindustrie mit Schiffbau und Textil, von einem Strukturwandel erfasst, der unter den Sonderbedingungen des Nachkriegsbooms nicht wirklich realisiert worden war. Nach dem Ende des Weltwährungssystems von Bretton Woods 1973 verschärfte er sich aber noch einmal, als die D-Mark mit dem Übergang zu freien Wechselkursen stark aufgewertet wurde und sich deutsche Exportprodukte verteuerten. Das Ergebnis all dessen war, dass die Arbeitsplätze für un- und angelernte Kräfte in der Massenproduktion, am Fließband oder als Bauhilfsarbeiter, die in den fünfziger und sechziger Jahren aufgebaut und für die ausländische Gastarbeiter angeworben worden waren, seit den siebziger Jahren verschwanden.[19]

Die Beschäftigungsprofile veränderten sich. Technisch anspruchsvollere Arbeitsplätze stellten erhöhte Anforderungen; auch der Sanitärinstallateur und der Schornsteinfeger konnten ihre Instrumente nicht mehr ohne IT-Kenntnisse bedienen. Dabei brachte die Dienstleistungsgesellschaft zwei Arten von neuen Arbeitsplätzen hervor: anspruchsvollere und besser bezahlte Tätigkeiten vor allem im Bereich der Informationstechnologie sowie einfache und schlecht bezahlte Jobs in Callcentern oder als Pizzaboten.

Wissensbasierte Tätigkeiten eröffneten neue Handlungs- und Entscheidungsspielräume und Formen der Arbeitsorganisation wie Qualitätszirkel oder Projektgruppen. Steile Hierarchien und standardisierte Abläufe wichen einer flexibilisierten Arbeitswelt und einer «Subjektivierung der Arbeit»[20]. Darüber hinaus ist die These von der Fragmentierung der Arbeitsbeziehungen aufgebracht worden; derzufolge verflüssigte sich vor allem das «Normalarbeitsverhältnis», die dauerhafte und unbefristete, abhängige, sozial- und arbeitsvertraglich abgesicherte, existenzsichernde Vollerwerbstätigkeit. In der Tat verschob sich die Relation zwischen Normalarbeitsverhältnissen und sogenannten atypischen Beschäftigungen wie Teilzeitbeschäftigung und befristeten Beschäftigungsverhältnissen, sogenannten Minijobs, Leih- oder Zeitarbeit.[21] Der Anteil der Normalarbeitsverhältnisse an allen Beschäftigungsverhältnissen in Deutschland ging zwischen 1997 und 2007 von 82,2 auf 74,3 Prozent zurück.[22] Das Ergebnis sei, so Richard Sennett, der «flexible Mensch»: fragmentiert, ständig anpassungsbereit, ohne langfristige Bindungen.[23]

Dies war allerdings keine eindeutige Bewegung. Der größere Teil von atypischen Beschäftigungsverhältnissen entstand nicht durch Umschichtung von bestehenden, sondern durch neu hinzugekommene Beschäftigungsverhältnisse für Arbeitslose, Geringqualifizierte oder Frauen in Teilzeit.[24] Und nachdem die Zahl der Normalarbeitsverhältnisse in der Bundesrepublik 2005 mit 22,14 Millionen ihren Tiefstand erreicht hatte, stieg sie bis 2013 wieder auf 24,06 Millionen an und erreichte fast den absoluten Stand von 1997.

Eine Entstetigung von Arbeitsbiographien war vor allem an den Rändern zu beobachten: in den hochmobilen kleinen Elitegruppen von Managern transnationaler Unternehmen oder international vernetzten Wissenschaftlern sowie unter Arbeitslosen und Geringqualifizierten. Ansonsten war Flexibilisierung vor allem eine Folge von Teilzeit, Arbeitszeiten und Heimarbeit. Und durch moderne Kommunikationsmedien verschwammen die Grenzen zwischen Erwerbstätigkeit und Privatsphäre. Alles in allem lässt sich somit von einer begrenzten Flexibilisierung sprechen. Die Arbeit ging modernen Gesellschaften nicht aus, wie manch alarmistische Zeitdiagnose prognostiziert hatte. Sie veränderte sich.

Arbeitslosigkeit

1970 lag die Arbeitslosigkeit in der Bundesrepublik bei 0,7 Prozent. Schon wenige Jahre später waren dies Zahlen aus einer längst vergangenen Zeit – nicht nur in Deutschland. Nach den internationalen Vergleichsdaten des amerikanischen Bureau of Labor Statistics, die etwas niedriger liegen als die Zahlen des Statistischen Bundesamtes, bewegte sich die Arbeitslosigkeit in den meisten westlichen Industriegesellschaften seit den siebziger Jahren zwischen 5 und 10 Prozent; relativ niedrig und zumeist unter 5 Prozent lag sie in den Niederlanden, in Südkorea und in Japan, überdurchschnittlich hoch hingegen war sie in Spanien und Südafrika.[25]

Für die Bundesrepublik war es ein Schock, als die Arbeitslosigkeit zurückkehrte. Als die Zahl 1975 über eine Million kletterte, dachte man noch, es handele sich um ein vorübergehendes Phänomen, das sich politisch bekämpfen lasse. Als jedoch dem zweiten Ölpreisschock von 1979 eine neuerliche Konjunkturkrise in den frühen achtziger Jahren folgte und die Zahl der Arbeitslosen über zwei Millionen anstieg, zeichnete sich ein Muster ab: Von Krise zu Krise türmte sich ein höherer verfestigter Sockel von Arbeitslosigkeit auf.

Die Gründe lagen nicht nur in konjunkturellen Entwicklungen, sondern in jenem Strukturwandel der Arbeitswelt, mit dem vor allem un- und angelernte Beschäftigungsverhältnisse entfielen. Das betraf in besonderem Maße die in den fünfziger und sechziger Jahren angeworbenen «Gastarbeiter»; durch den «Anwerbestopp» von 1973 vor die Wahl gestellt, zu gehen oder zu bleiben, entschieden sich die meisten zu bleiben und holten ihre Familien nach Deutschland, waren aber fortan von Arbeitslosigkeit bedroht. Verschärft wurde das Problem durch die geburtenstarken Jahrgänge, die seit den siebziger Jahren ins Arbeitsleben drängten. Daher führte selbst der lang anhaltende Aufschwung der achtziger Jahre nicht zu einem signifikanten Rückgang der Arbeitslosigkeit, obwohl die Beschäftigtenzahlen stiegen. 1989, im Boom der späten achtziger Jahre, schien sich eine Trendumkehr abzuzeichnen, als die Arbeitslosigkeit im Jahresdurchschnitt erstmals seit 1960 um über 200 000 zurückging. Dann kam die Wiedervereinigung, und ihr folgten eine hohe transformationsbedingte Arbeitslosigkeit in den neuen Ländern sowie eine allgemeine Wachstumsschwäche in ganz Deutschland. Nachdem die Arbeitslosigkeit im Jahresmittel schon 1994 die Grenze von 10 Prozent und 1997 die Vier-Millionen-Grenze überschritten hatte, erreichte die deutsche Krise 2005 ihren Höhepunkt, als die Arbeitslosenzahlen auf den neuen bundesdeutschen Rekordwert von 4,86 Millionen bzw. 13,0 Prozent in die Höhe schnellten.

Das 1998 aufgelegte Dritte Sozialgesetzbuch zum Arbeitsförderungsrecht verzichtete auf die Zielvorgabe der Vollbeschäftigung bzw. einer substantiellen Reduzierung der Arbeitslosigkeit. Ironischerweise rückte gerade in diesem Moment die Lösung des Problems in Sichtweite. Zwischen 2006 und 2014 ging die Arbeitslosigkeit in Deutschland von 4,86 auf 2,90 Millionen und von 13,0 auf 7,5 Prozent zurück. Diese Entwicklung hatte verschiedene Gründe, die konjunkturelle Erholung in Verbindung mit den wirtschafts- und arbeitsmarktpolitischen Reformen der Agenda 2010, die Arbeitslose und gering Beschäftigte in Beschäftigungsverhältnisse im Niedriglohnbereich überführte, und eine flexible Tarifpolitik, mit der die deutsche Wettbewerbsfähigkeit erheblich anstieg. Der entscheidende Grund aber lag schlicht und einfach in der demographischen Entwicklung bzw. den geburtenschwachen Jahrgängen, die eine neue Vollbeschäftigung und zugleich einen neuen Fachkräftemangel am Horizont aufscheinen ließen. Einstweilen aber hatte der Rückgang der Arbeitslosigkeit weitreichende Folgen für die sozialen Sicherungssysteme, die staatlichen Haushalte und die Entwicklung gesellschaftlicher Ungleichheit.

Werden die Reichen immer reicher und die Armen immer ärmer?

Kapitalismus und Freiheit stehen seit dem 19. Jahrhundert in einem Spannungsverhältnis zu Gleichheit und Sozialstaat. Eine freie Marktwirtschaft erzeugt Wohlstand und Ungleichheit, und je dynamischer eine Marktwirtschaft ist, desto größer wird die Ungleichheit. Allerdings wird Ungleichheit von Gesellschaften nur bis zu einem gewissen Grad akzeptiert, der in Phasen allgemeiner Zuwächse tendenziell höher liegt als in Krisenzeiten.

Ungleichheit durch Umverteilung des erwirtschafteten Wohlstands zu reduzieren, liegt in den Händen des Sozialstaates. In Deutschland machte im ausgehenden 19. Jahrhundert Bismarcks Sozialversicherung gegen die Existenzrisiken Krankheit, Alter und Tod, Unfall und Invalidität den Anfang; 1927 kam die Arbeitslosenversicherung hinzu. Nach 1945 wurden solche Sicherungssysteme in ganz Europa zu modernen Wohlfahrtsstaaten ausgebaut, die den sozialen Status sichern – in der Bundesrepublik war das insbesondere durch die Rentenreform von 1957 der Fall –, Teilhabe ermöglichen und aktiv Gesellschaft gestalten wollen.

Solches staatliches Engagement setzt entsprechende staatliche Einnahmen voraus und droht zugleich die wirtschaftliche Dynamik zu hemmen. Dies war in Großbritannien in den siebziger Jahren der Fall, in Frankreich in den frühen achtzigern und im zweiten Jahrzehnt des 21. Jahrhunderts, in den skandinavischen Ländern in den neunziger Jahren und um die Jahrtausendwende in der Bundesrepublik. Die Folge waren zumeist Sozialstaatsreformen und Marktliberalisierungen, erhöhte wirtschaftliche Dynamik und größere soziale Ungleichheit. Das zog wiederum politische Akzeptanzprobleme nach sich, wie die Gründung der Linkspartei in Deutschland oder die Debatten um Thomas Pikettys «Kapital» 2013/14 zeigen. Das Wechselspiel von wirtschaftlicher Freiheit und sozialer Ungleichheit, von ökonomischer Leistungsfähigkeit und gesellschaftlicher Akzeptanz ist allerdings kein Automatismus, sondern Ergebnis konkreter politischer Aushandlungsprozesse.

Als im 19. Jahrhundert mit der Industrialisierung die klassenförmige Marktgesellschaft entstand, bildeten sich mit den neuen Schichten des Bürgertums, der Arbeiterschaft und im 20. Jahrhundert der Angestellten neue soziale Hierarchien und Ungleichheiten heraus. Nach dem Zweiten Weltkrieg erlebten die westlichen Industriegesellschaften eine außergewöhnliche Steigerung des Lebensstandards, die Bundesrepublik gar eine regelrechte «Wohlstandsexplosion»[26]. Berechnungen kommen zum Ergebnis einer Verfünffachung des Volkseinkommens zwischen 1950 und 1980 oder einer realen Vervierfachung zwischen 1950 und 1989, wobei die größten Steigerungen der Realeinkommen in den sechziger Jahren zu verzeichnen waren, der Zeit des Durchbruchs der Konsumgesellschaft und der Etablierung des modernen Wohlfahrtsstaates.

Schon in den fünfziger Jahren war die Selbstbeschreibung als «nivellierte» Mittelstandsgesellschaft[27] populär geworden. Anhand von statistischen Daten in den USA, in England und in der Bundesrepublik erkannte Simon Kuznets eine abnehmende Einkommensungleichheit zwischen 1929 und 1950.[28] Dabei spielten kriegsbedingte Verluste sowie das Anwachsen der Mittelschichten als großes gesellschaftliches Segment eine wichtige

Rolle. Nach 1950 verbesserten sich die allgemeinen Lebensbedingungen spürbar, während die Ungleichheitsrelationen grundsätzlich konstant blieben, in der allgemeinen Aufwärtsentwicklung aber nicht als problematisch wahrgenommen wurden.

Dieser «Fahrstuhleffekt»[29] legte mit dem Ende des Nachkriegsbooms 1973 einen abrupten Zwischenstopp ein. Mit Arbeitslosigkeit und stagnierendem Wachstum, Inflation und Staatsverschuldung kehrten überwunden geglaubte Probleme zurück. Im letzten Quartal des 20. Jahrhunderts nahm die soziale Ungleichheit in den westlichen Gesellschaften zu, insbesondere nach 1990. Der Gini-Koeffizient, der soziale Ungleichheit auf einer Skala zwischen null und eins misst (0 steht für die vollkommene Gleichheit der Einkommen, 1 für vollkommene Einkommenskonzentration), stieg in Westdeutschland zwischen 1992 und 2010 von 0,25 auf 0,29 an.[30] Die Vergleichsziffern betrugen 2009 für die USA 0,38, das Vereinigte Königreich 0,34, die Niederlande 0,27 und für Dänemark 0,23,[31] wobei die Zahlen aufgrund statistischer Verzerrungen nur Tendenzen anzeigen.[32]

Ein zentraler Faktor für Ungleichheit war und ist Arbeitslosigkeit. Die bundesdeutsche Gesellschaft der achtziger Jahre hatte sich in einem Wohlstand für 80 bis 90 Prozent der Gesellschaft eingerichtet.[33] Struktureller Reformbedarf eines überlasteten Sozialstaates war zwar immer wieder angemahnt,[34] politisch aber nur bedingt realisiert worden. Als die Wiedervereinigung dann unerwartete finanzielle Belastungen nach sich zog und die Kosten der deutschen Einheit zu großen Teilen von der Arbeitslosen- und der Rentenversicherung getragen werden mussten, wodurch sich die Arbeitskosten weiter verteuerten, geriet Deutschland um die Jahrtausendwende in die Krise. Als die Arbeitslosigkeit ab 2006 wieder zurückging, nahm auch die soziale Ungleichheit nicht weiter zu, möglicherweise deutet sich sogar ihr neuerlicher Rückgang an.[35]

Während soziale Ungleichheit, die am unteren Rand der Einkommen entstanden war, durch die rückläufige Arbeitslosigkeit und durch sozialpolitische Maßnahmen wie 2015 die Einführung eines Mindestlohns von 8,50 Euro pro Stunde eingedämmt wurde, blieb sie am oberen Rand politisch unreguliert. Am sichtbarsten wurde die Explosion von Spitzengehältern im Spitzensport. Mit der Einführung des dualen Rundfunksystems in den achtziger Jahren trieb eine Allianz aus privaten Fernsehsendern und werbetreibender Wirtschaft die Preise nach oben: War Franz Beckenbauer in den siebziger Jahren mit einem Jahresgehalt von – dem Vernehmen nach – über einer Million D-Mark die große Ausnahme in Deutschland gewesen, so verdiente 2014/15 sogar der zweite Ersatztorhüter des FC Bayern München ein Jahresgehalt von 1,5 Millionen Euro, während die Einnahmen des amerikanischen Boxers Floyd Mayweather 2014 die 100-Millionen-Dollar-Grenze überschritten.[36] Auch im Bereich der Topmanager explodierten die Gehälter. Zwischen 1978 und 2012 stieg die Vergütung der Vorstandsvorsitzenden der 350 größten börsennotierten Unternehmen in den USA preisbereinigt um 876 Prozent, die Löhne und Gehälter einfacher Beschäftigter ohne Führungsverantwortung hingegen um 5,4 Prozent. In der Bundesrepublik fiel die Spreizung geringer aus, aber auch hier nahm die durchschnittliche Vergütung für Vorstandsmitglieder von Dax-Unternehmen zwischen 2001 und 2012 um mehr als 120 Prozent auf 3,2 Millionen Euro zu. Damit lag sie 53 mal so hoch wie der Verdienst durchschnittlicher Unternehmensangestellter; 1987 hatte dieser Faktor noch bei 14 gelegen.[37] Unverkennbar ist der Trend, dass sich Spitzengehälter von der allgemeinen Lohn- und Einkommensentwicklung abkoppelten.

Mehr noch als durch Einkommen entsteht diese Spreizung durch Vermögen, die gerade in Deutschland erheblich ungleicher verteilt sind als Einkommen. Zwischen 1998 und 2008 sank der Anteil der unteren Hälfte der Haushalte am gesamten Nettovermögen von 3 auf 1 Prozent, während der Anteil des obersten Zehntels von 45 auf über 53 Prozent zunahm. Besonders ungleich sind dabei Haus- und Grundbesitz, vor allem Unternehmensbesitz, Aktien und Wertpapiere verteilt. 2012 lag Deutschland mit einem Gini-Koeffizienten für Vermögen von 0,77 zwischen Frankreich und Großbritannien (0,69 bzw. 0,68) und den USA (0,85).[38] Da die Renditen auf Vermögen seit den siebziger Jahren (als sie freilich einen sehr tiefen Stand erreichten) stärker stiegen als die Einkommen, entstanden kumulative Effekte, die durch Heirat und Vererbung noch verstärkt werden. Zusätzlich begünstigt wird diese Entwicklung durch das deutsche Steuersystem, das Besitz und Vermögen mit einer pauschalen Kapitalertragssteuer von 25 Prozent günstiger behandelt als Arbeit mit einer Einkommensteuer bis zu 45 Prozent und somit die soziale Spreizung nach oben erhöht. Einstweilen gedämpft durch die Weltfinanzkrise und ihre Wertverluste, gewann die soziale Ungleichheit neuen Auftrieb durch die Niedrigzinspolitik der EZB in der Euro-Schuldenkrise, die den Wert vor allem von Aktien und Immobilien in die Höhe steigen lässt, während Zinseinkünfte für Sparer entfallen.

So lösten sich Vermögen zunehmend von Einkommen ab. Das Spannungsverhältnis zwischen dem Eigentumsprinzip und dem meritokratischen Prinzip der Leistungsgesellschaft, das auf individueller Leistung als Maßstab von Verteilung beruht, klafft zunehmend auf. Wenn aber eine verfestigte Ungleichheit der Vermögen die Bedeutung der Einkommen übersteigt, droht eine Gesellschaft an Dynamik zu verlieren, weil die Mehrzahl ihrer Mitglieder keine realistischen Aufstiegschancen mehr erkennt, während sich mit der wirtschaftlichen potentiell auch politische Macht in den Händen der sehr Reichen konzentriert. Weltweit nahm die Zahl der Wohlhabenden und der Vermögen zu Beginn des 21. Jahrhunderts stark zu. Eine Studie der Beratungsgesellschaft Capgemini nannte eine Zahl von knapp 14 Millionen Menschen weltweit, die über ein zur Kapitalanlage zur Verfügung stehendes Vermögen von mehr als einer Million Dollar verfügten – fast zwei Millionen mehr als im Jahr zuvor. Jeweils gut 4,3 Millionen von ihnen lebten in Nordamerika und Asien, 3,8 Millionen in Europa, davon 1,1 Millionen in Deutschland.[39]

Kumulative Effekte waren auch am anderen Ende des sozialen Spektrums zu beobachten. Armut stellt dabei in entwickelten Gesellschaften kein Problem des physischen Überlebens, sondern einer relativen Benachteiligung dar, die am Durchschnittseinkommen bemessen wird. Ein verfügbares Einkommen von unter 60 Prozent des Durchschnittseinkommens wird als «milde Armut», von unter 40 Prozent als «strenge Armut» bezeichnet. Dabei stellt sich das statistische Problem, dass Armut als ein relatives Phänomen in einer dynamischen Marktwirtschaft mit einer Differenz von mindestens 40 Prozent zwischen niedrigen und mittleren Einkommen rein rechnerisch gar nicht verschwinden kann, selbst wenn alle Mitglieder der Gesellschaft Millionäre wären. Tendenziell wächst Armut sowohl mit wachsender Arbeitslosigkeit als auch mit ökonomischer Belebung.

Diese statistischen Probleme hindern freilich nicht daran, signifikante Entwicklungen festzustellen. 1969 erreichte die Zahl der Fürsorge- bzw. Sozialhilfeempfänger in der Bundesrepublik einen Tiefstand von 510 000. Seither stieg sie parallel zur Arbeitslosigkeit kontinuierlich an, ging aber mit dem Rückgang der Arbeitslosigkeit Ende der achtziger Jahre nicht zurück. Die weitere Entwicklung lässt sich schwer vergleichen, weil 2005 die Arbeitslosenhilfe und die Sozialhilfe zum Arbeitslosengeld II zusammengelegt wurden. Die Zahl der Empfänger von Arbeitslosengeld II indessen sank zwischen 2006 und 2013 von 5,4 auf 4,4 Millionen.

Die Armutsquote ist in Deutschland im EU-Schnitt besonders niedrig. Die hauptsächlich betroffenen Gruppen haben sich seit den sechziger Jahren von Alten, insbesondere Frauen, zu Alleinerziehenden, kinderreichen Familien, Geringqualifizierten, Migranten und Getrenntlebenden verschoben. Armut ist zumeist ein Phänomen auf Zeit, doch dauern die Armutsrisiken fort. So haben sich Risikogruppen am unteren Rand einer zunehmend ausdifferenzierten Gesellschaft verfestigt, in denen besonders schlechte Voraussetzungen für Bildung und somit für Sozialaufstieg zu entsprechenden kumulativen Effekten führen.[40]

Erosion der Mittelschicht?

In sozialwissenschaftlichen Studien ist immer wieder zu lesen und in Talkshows immer wieder zu hören, die Mittelschicht sei geschrumpft oder bröckle. Dies ist umso bedeutsamer, als der Wohlstand wachsender Mittelschichten und die Möglichkeit des sozialen Aufstiegs das Elixier des «Modells Deutschland» waren.

Dabei ist Mittelschicht nicht gleich Mittelschicht. Im Englischen bezeichneten die *middle classes* im 19. Jahrhundert das Bürgertum und betrafen mithin die oberen 5 Prozent und nicht die Breite der Gesellschaft, aber die treibenden Kräfte der Industrialisierung. Zugleich erhoben die *middle classes* den sozialmoralischen Anspruch, dass Einkommen und Vermögen nicht an sich zählen, sondern auf Beruf und Leistung, Bildung und Ethos gründen. In der Bundesrepublik setzten sich die Mittelschichten aus dem «alten Mittelstand» der Selbständigen sowie den Dienstleistungsmittelschichten der Angestellten und Beamten, je nach Definition auch der Facharbeiter zusammen und gewannen eine große vertikale Ausdehnung. Sozialstatistische Erhebungen veranschlagen die deutschen Mittelschichten bei etwa 60 Prozent der Bevölkerung, und ein noch höherer Anteil von beinahe zwei Dritteln der Gesellschaft (65 Prozent) rechnet sich selbst der Mittelschicht zu, wobei das Selbstverständnis als Mittelschichtgesellschaft in Westdeutschland deutlich ausgeprägter ist als in den neuen Ländern.[41]

«Mittelschichten» sind also ein Phänomen jenseits rein quantitativer Größen. Das statistische Kriterium des mittleren Einkommens lässt unterdessen nicht nur den Aspekt des Selbstverständnisses außer Acht, sondern unterliegt auch statistischen Verzerrungen. Da mit bedarfsgewichteten Einkommen gerechnet wird, ziehen zum Beispiel Trennungen sowohl die individuelle Schichtenzugehörigkeit als auch den Durchschnitt der Einkommen herunter, ohne dass individuelle Einkommen zurückgingen.

Eine Erhebung der Konrad-Adenauer Stiftung hat für den Zeitraum zwischen 1999 und 2005 einen Rückgang der mittleren Einkommen zwischen 70 und 150 Prozent des Durchschnittseinkommens um 6 Prozent ermittelt. Dabei haben sowohl die Einkommen zwischen 60 und 80 Prozent als auch die Einkommen über 150 Prozent des Durchschnitts relativ zugenommen, während das Segment zwischen 80 und 110 Prozent relativ verloren hat. Die

Mittelschichten haben sich also nach oben und nach unten ausdifferenziert.[42]
Als Ursachen der relativen Verschiebungen nach unten benennt eine Studie des Roman Herzog Instituts weniger soziale Abstiege, sondern soziodemographische Entwicklungen wie etwa die hohen Geburtenraten von Familien mit Migrationshintergrund im Gegensatz zu deutschen Mittelschichtsfamilien. Die Abstiegsmobilität der unteren Mittelschicht war demzufolge sogar in den Krisenjahren zwischen 2000 und 2004 eher rückläufig.[43]

Das zentrale soziale Abstiegsrisiko lag nichtsdestoweniger in Arbeitslosigkeit. Steigende Zahlen und zunehmende subjektive Unsicherheit verbreiteten sich mit dem Arbeitsplatzabbau und den Firmenschließungen zu Beginn des 21. Jahrhunderts in allen sozialen Schichten. Viele weitere Unsicherheitsfaktoren wie Konkurrenzdruck, Beschleunigung, Entgrenzung von Beruf und Privatsphäre, Belastungen am Arbeitsplatz und erhöhte Mobilitätsanforderungen waren allgemeiner Art und rührten vom Strukturwandel der Arbeitswelt her.[44] Doch entlastete die rückläufige Arbeitslosigkeit seit 2006 auch die Mittelschichten, und mit dem deutschen Aufschwung ging auch die Rede von der «Erosion der Mittelschichten» wieder zurück. Von einer flächendeckenden Erosion der Mittelschichten kann also keine Rede sein. Aber wie steht es mit der sozialen Mobilität?

Soziale Mobilität

Nach dem Zweiten Weltkrieg und mit dem Übergang in die Konsumgesellschaft sortierte sich die Gesellschaft der Bundesrepublik neu. Aus dem Selbstverständnis als Mittelschichtgesellschaft heraus waren Aufstiegsmöglichkeit durch individuelle Leistung das Anliegen der Bildungsreformen seit den sechziger Jahren. Grundsätzlich ist dies gelungen, dennoch haben sich Tendenzen der Verfestigung eingestellt. Der Elitenforscher Michael Hartmann hat festgestellt, dass Vorstände von Unternehmen seit den sechziger Jahren in zunehmendem Maße sozial exklusiv rekrutiert werden.[45] Eine Tendenz zu Selbstrekrutierung und sozialer Vererbung ist ebenso bei Facharbeitern zu beobachten. Insgesamt aber herrscht in der Bundesrepublik eine relativ hohe soziale Mobilität zwischen den Generationen.[46] Insbesondere die wissenschaftlichen, die politischen und die Medieneliten sind – unter der Voraussetzung akademischer Bildung – relativ offen. Allgemein präsentieren sich die Eliten der Bundesrepublik als Aufsteigereliten mit Schwerpunkt in der oberen Mittelschicht und Oberschicht.[47]

Die Bundesrepublik ist also eine Mittelschichtgesellschaft geworden. Das hat abermals statistische Konsequenzen im Hinblick auf die soziale Mobilität. Wenn breite Schichten der Bevölkerung einen Bildungsaufstieg absolviert haben, erschöpfen sich die formalen Aufstiegsreserven. Wenn es immer weniger Landwirte und Arbeiter gibt, werden auch Bildungsaufstiege von Bauern- oder Arbeiterkindern seltener. Mehr noch führt ein Konzept von sozialer Mobilität, das an Bildungsabschlüsse im Generationenvergleich gekoppelt ist, zu Verzerrungen. Im internationalen Vergleich gelten deutsche Abschlüsse einer dualen Ausbildung als geringerwertig denn äquivalente Ausbildungen in anderen Ländern, die als akademischer Abschluss gewertet werden. Zugleich bedeutet die Definition von «Aufstieg» über einen höheren Bildungsabschluss als die Eltern, dass der Sohn eines taxifahrenden Akademikers, der einen erfolgreichen mittelständischen Handwerksbetrieb aufgebaut hat, als Sozialabsteiger gewertet wird (umgekehrt wäre von einem Aufstieg die Rede), während die Tochter eines Lehrers, die selbst Lehrerin wird, ein Beleg für versäumten Sozialaufstieg ist.

Das ändert freilich nichts am Problem der verfestigten Benachteiligung in den Unterschichten. Dabei ist die Aufstiegsmobilität in der Bundesrepublik kaum geringer als in den USA.[48] Aufstieg durch Bildung und individuelle Leistung ist institutionell nach wie vor möglich, angesichts der demographischen Entwicklung vielleicht mehr denn je. Allerdings ist der Glaube an gleiche Bildungschancen zurückgegangen. Gerade aus bildungsfernen Schichten finden relativ wenige Sozialaufstiege statt. Die Verfestigung von sozialen Benachteiligungen durch mangelnde Bildungserfolge ist der Antrieb eines sozialen Teufelskreises.

Die Reichen werden also immer reicher, während die Armen nicht ärmer, ihre Nachteile aber größer werden. Zunehmende soziale Ungleichheit ist durch Spreizung an den Rändern entstanden, während die Mittelschichten stabiler blieben als oft behauptet. Soziale Ungleichheit ist in Deutschland um die Jahrtausendwende überdurchschnittlich angestiegen, hat sich auf etwas höherem Niveau stabilisiert und während der Finanzkrise, anders als in anderen europäischen Ländern, nicht weiter zugenommen.[49] Im Vergleich zu den skandinavischen Ländern, aber auch zu Frankreich oder Belgien liegt sie inzwischen relativ hoch, aber unter dem OECD-Schnitt und dem Niveau der angelsächsischen Länder. Dem entspricht, dass die Einstellungen in Deutschland ungleichheitskritischer sind als in angelsächsischen Ländern, aber weniger egalitaristisch als in Skandinavien, wobei Ostdeutsche überdurchschnittlich ungleichheitsavers sind.[50]

Tendenziell zeigen Umfragereihen eine zunehmende Präferenz für bedarfsorientierte Staatsintervention gegenüber dem Leistungsprinzip, und insbesondere Frauen tolerieren Ungleichheit demzufolge weniger als Männer. Auch dies ist ein Hinweis darauf, dass sich die Kultur der Inklusion phänomenologisch eine Gegenbewegung zur wachsenden sozial-empirischen Spreizung und zur Globalisierung darstellt.

3. Drinnen und draußen: Migration und Integration

Was haben 20 000 Hugenotten in Preußen zu Beginn des 18. Jahrhunderts und 200 000 Türken und Türkischstämmige in Berlin dreihundert Jahre später, was haben der Auszug Israels aus Ägypten und 100 000 Bauarbeiter der transsibirischen Eisenbahn aus China, Russland, Italien oder Persien in den 1890er Jahren gemeinsam? Sie alle zeugen davon, dass Migration ein durchgängiges Phänomen der Geschichte ist. Solange der Mensch gehen kann, wandert er.[51]

Verschlungene Wege

Bis in die jüngste Zeit hinein hatte Migration vor allem zwei Gründe: Arbeit und Nahrung zu finden oder vor physischer Bedrohung zu fliehen. Die Sicherung der Lebensgrundlagen war auch der Grund für die europäische Auswanderung nach Amerika. Anfang des 20. Jahrhunderts verließen jährlich mehr als 1,3 Millionen Menschen den alten Kontinent, zwei Drittel kamen aus Süd- und Osteuropa. Ihre erste Adresse waren die USA, ihre zweite Argentinien; allein in diesem Land, dessen Einwohnerzahl sich 1870 auf 1,8 Millionen belief, siedelten sich bis 1914 drei Millionen Europäer an, vor allem aus Italien, Spanien und Portugal. Auch innerhalb Europas setzte die Industrialisierung im 19. Jahrhundert große Wanderungsströme in Bewegung, wobei sich die Migration von Süd- und Osteuropa nach Mittel- und Westeuropa als sozialgeographisches Muster erhalten hat. Italiener wanderten nach Frankreich, und im Ruhrgebiet siedelten sich bis 1914 etwa 500 000 «Ruhrpolen», eine Polnisch sprechende Minderheit aus dem östlichen Preußen, an. Und innerhalb staatlicher Grenzen führten die Industrialisierungswanderungen unterbäuerliche Schichten vom Land in das Proletariat der schnell wachsenden Industriestädte.

Migration kennt verschiedene Formen, wobei die Grenzen fließend sind. Zunächst ist zwischen dauerhafter und temporärer Wanderung zu unterscheiden. Ähnlich wie in den Golfstaaten der Gegenwart war es die Politik des Deutschen Reiches vor 1914 gewesen, Arbeitskräfte für eine begrenzte Zeit anzuwerben. Das war auch die Absicht bei der Anwerbung von «Gastarbeitern» in der Bundesrepublik seit den späten fünfziger Jahren, doch ging sie mit der Zeit in dauerhafte Masseneinwanderung über. Weiterhin ist zwischen freiwilliger und erzwungener Wanderung zu unterscheiden. Die transatlantische Sklaverei war eine erzwungene Migration von geschätzten elf Millionen Menschen zumeist aus Schwarzafrika in die USA, die Karibik und auch nach Südamerika zwischen 1519 und 1867. Zugleich ist Sklaverei ein in sehr unterschiedlichen Formen verbreitetes historisches Phänomen, etwa im arabischen Raum.

Der globale Migrationsstrom des transatlantischen Sklavenhandels, der viele Länder prägte, ging an Deutschland vorbei. Dasselbe gilt für die großen kolonialen Wanderungen. Zwar gingen Deutsche in die Kolonien, doch wurde die deutsche Kolonialpolitik kaum von weitergehenden Migrationsbewegungen begleitet, wie es bei der Ansiedlung von asiatischen oder afrikanischen Seeleuten in Liverpool und London oder bei der Bildungsmigration subsaharischer Afrikaner nach Paris und künftiger indischer Eliten nach Oxford und Cambridge der Fall war. Vor allem machte Deutschland nicht die unmittelbaren Erfahrungen der Dekolonisierung, einer der tiefstgreifenden globalen Entwicklungen nach 1945. Die Auflösung der europäischen Kolonialreiche setzte eine Massenzuwanderung nach Europa in Gang. Dabei kamen nicht nur die Europäer zurück, ihnen folgten die Angehörigen der sogenannten kolonialen «Hilfsvölker» – Inder aus Ostafrika kamen nach Großbritannien, algerische Harkis nach Frankreich – sowie Indigene, die meist als billige an- oder ungelernte Arbeitskräfte in die ehemaligen kolonialen Mutterstaaten kamen. Im Falle der beiden letztgenannten Gruppen blieben Spannungen nicht aus, die zu scharfen immigrationspolitischen Restriktionen in Großbritannien und Frankreich führten.

Demgegenüber befand sich Deutschland häufig im Zentrum von europäischen Flüchtlingswanderungen, die den Kontinent im 20. Jahrhundert überzogen.[52] Sie begannen mit den Balkankriegen 1912/13 und setzten sich im Ersten Weltkrieg fort, als 1,4 Millionen Belgier vor den deutschen und eine ähnlich hohe Zahl von Menschen in Ostpreußen und Galizien vor den russischen Truppen flohen. Die Vertreibung und Ermordung der Armenier in der Türkei 1915 war ein erster Höhepunkt dieser Gewalteskalationen. In Russland setzte der Bürgerkrieg nach der Oktoberrevolution von 1917 umfangreiche Fluchtbewegungen in Gang. Ihnen folgten die ethnischen Vertreibungen. Der zwangsweise griechisch-türkische «Bevölkerungsaustausch» im Jahr 1923, die weitgehende Vertreibung von 1,35 Millionen

Griechen aus Kleinasien und von 430 000 Türken aus Griechenland, war der Auftakt zu vielfältigen ethnischen «Homogenisierungen», mit denen Europa die Unfähigkeit seiner Staaten zum Umgang mit Minderheiten und ihren Rechten bezahlte. Die Auswirkungen ethnisch, rassisch und ideologisch begründeter Gewaltherrschaften gipfelten im Zweiten Weltkrieg, in dem militärische Kampfhandlungen und Besatzung, Unterdrückung und Vertreibung, Deportationen, Massen- und Völkermorde ineinander übergingen. Auf Deportationen und Morde durch Deutsche folgten Flucht und gewaltsame Vertreibungen von 14 Millionen Deutschen aus Gebieten, die bis 1945 zum Deutschen Reich gehört hatten oder in denen deutsche Minderheiten gelebt hatten.

In der Folge war Europa ethnisch weitgehend «entmischt»[53]. Die nach 1990 gegründeten oder transformierten Staaten waren daher weniger von Minderheitenproblemen betroffen, als es 1919 der Fall gewesen war, als die Staaten Ostmittel- und Südosteuropas aus der Konkursmasse der Vielvölkerstaaten des Habsburger- und des Zarenreiches hervorgingen. Dennoch blieben Nationalitäten- und Minderheitenprobleme virulent. Während sich Tschechen und Slowaken 1992 auf eine friedliche Auflösung der Tschechoslowakei verständigten, lebten die altbekannten Nationalitätenkonflikte, Diskriminierungen, Vertreibungen und Massaker in den Jugoslawienkriegen der neunziger Jahre wieder auf.

Einwanderungsland aus Versehen

Nach dem Zweiten Weltkrieg wurde Deutschland, vor allem das Gebiet der späteren Bundesrepublik, zu einer «Drehscheibe gewaltiger transnationaler und interner Migration» für über 40 Millionen aus Städten geflohene, kriegsgefangene, vertriebene oder staatenlose Menschen.[54] Allein drei Fluchtwellen gingen aus den deutschen Ostgebieten und dem Gebiet der DDR nach Westdeutschland, eine erste vor der Roten Armee am Ende des Krieges, eine zweite aus der sowjetischen Besatzungszone und eine dritte vor der kommunistischen Herrschaft in der DDR. Es waren vor allem Gutqualifizierte, die das westdeutsche «Wirtschaftswunder» begünstigten, während der DDR ihre Leistungsträger verloren gingen. Dies war der Hintergrund für den Bau der Berliner Mauer am 13. August 1961, mit dem dieser Strom nach Westen zum Versiegen kam.

In der Bundesrepublik herrschte unterdessen, wie in Großbritannien, Frankreich und Belgien, Vollbeschäftigung und Arbeitskräftemangel. Alle diese Länder begannen Arbeitskräfte anzuwerben,[55] und wie im 19. Jahrhundert kamen sie aus dem Mittelmeerraum, aus Italien, Spanien, Portugal, Griechenland und Jugoslawien, dann aus Marokko und Tunesien sowie der Türkei. Frankreich bezog Arbeitskräfte vor allem aus Südeuropa und Nordafrika, die Bundesrepublik vor allem aus der Türkei, die seit 1971 mit einem Drittel aller Ausländer die stärkste Einwanderergruppe in Deutschland stellte. Insgesamt wurden in Europa rund 120 bilaterale Anwerbeabkommen geschlossen, die zum zentralen migrationspolitischen Instrument der ersten drei Nachkriegsjahrzehnte wurden.

Die Bundesrepublik ebenso wie die «Gastarbeiter» und die türkische Regierung, die das Anwerbeabkommen von 1961 initiiert hatte, gingen von der Vorstellung aus, dass die Arbeitskräfte für eine befristete Zeit in Deutschland bleiben und dann zurückkehren würden. Da aber die deutschen Arbeitgeber kein Interesse daran hatten, immer wieder neue Arbeitskräfte anzulernen, wurden die ursprünglichen Befristungen der Aufenthaltserlaubnis und das Rotationssystem – anders als bei der Arbeitswanderung aus Asien in die Golfstaaten seit den siebziger Jahren – zunehmend aufgegeben.

Das Problem war, dass die Arbeitskräfte in der Hochphase des Nachkriegsbooms für jene standardisierten, gering qualifizierten manuellen Tätigkeiten angeworben worden waren, die durch den Strukturwandel der Arbeitswelt als erste überflüssig wurden. Als mit dem Ende des Nachkriegsbooms der Bedarf entfiel, wurde 1973 ein europaweiter «Anwerbestopp» verhängt, der die Zuwanderung paradoxerweise noch verstärkte.[56] Denn insbesondere die Arbeitsmigranten aus Nordafrika und der Türkei holten nun ihre Familien nach, wobei türkische Frauen oftmals ohne Sprachkenntnisse und berufliche Qualifikationen nach Deutschland kamen und dort in Isolation lebten. Durch Familiennachzug und hohe Geburtenraten stieg die ausländische Wohnbevölkerung in der Bundesrepublik zwischen 1973 und 1989 von 4 auf 4,9 Millionen, während die ausländische Erwerbsbevölkerung von 2,6 auf 1,6 Millionen zurückging. Soziologen sprechen von einer «Unterschichtung» der Gesellschaften der Aufnahmeländer.[57] Die Anwerbung der «Gastarbeiter» erwies sich somit als doppeltes Versehen: Erstens wurden ungelernte Arbeitskräfte angeworben, die bald nicht mehr gebraucht wurden. Zweitens ging ihre zeitlich befristet geplante Anwerbung in dauerhafte Masseneinwanderung mit Integrationsproblemen über.

Die deutsche Gesellschaft veränderte sich gründlich, auch wenn sie dies lange nicht wahrhaben wollte. Die Bundesrepublik war ein «Zuwanderungsland ohne rechtlichen Einwandererstatus»[58] und ohne Tradition geregelter Einwanderung. Die christlich-liberale Regierung versuchte nach 1982 zunächst, Zuzug zu begrenzen, Rückkehr zu fördern und Dagebliebene zu integrieren. Als insbesondere die Rückkehrförderung nicht die erwarteten Ergebnisse erbrachte, war man hilflos. Die Aussage «Deutschland ist kein Einwanderungsland»[59] widersprach nicht nur den offensichtlichen Realitäten, sondern auch dem regierungsseitig geförderten Zuzug von Spätaussiedlern, vor allem aus der ehemaligen Sowjetunion, d. h. Deutschen qua Abstammung samt nicht deutschstämmigen Angehörigen. Auf der anderen Seite des politischen Spektrums lehnten die Grünen eine auf Abstammung gegründete Ausländerpolitik ab und traten zugleich für die uneingeschränkte Aufnahme von Asylbewerbern ein, obwohl das Asylrecht offenkundig nicht nur aus den im Grundgesetz vorgesehenen Gründen politischer Verfolgung in Anspruch genommen wurde.[60] Die politische Diskussion fuhr sich zwischen überkommenen nationalen Homogenitätsvorstellungen und idealisiertem Multikulturalismus fest.

Probleme der Integration

Hatte das Zeitalter der Weltkriege zu einer nationalen Homogenisierung der Staaten Europas geführt, so brachte Zuwanderung im Gefolge der Dekolonisation, durch Arbeitswanderung, durch die europäische Integration und im Zusammenhang der Globalisierung neue Formen der Pluralisierung und der Diversität mit sich. Multikulturalismus war in vielen Gesellschaften nicht mehr die Ausnahme, sondern wurde zunehmend zur Normalität,[61] wenn auch nicht zu einer konfliktfreien, wie die periodischen Unruhen in den USA und in England, die Ausschreitungen in den Pariser Banlieus oder ausländerfeindliche Anschläge in Deutschland zeigen.

Die Ansiedlung und Eingliederung in die Aufnahmegesellschaft ist ein vielschichtiger Prozess von rechtlichen, sozial-ökonomischen und politisch-kulturellen Dimensionen mit unterschiedlichen Ursachen und Erfahrungsgeschichten. Auf rechtlicher Ebene wirft Migration das Problem der Staatsangehörigkeit auf. Das Staatsbürgerschaftsrecht war eine Erfindung der Französischen Revolution, die sich im 19. Jahrhundert mit den modernen europäischen Nationalstaaten verbreitete.[62] In Deutschland richtete sich die Staatsbürgerschaft nach dem Reichs- und Staatsangehörigkeitsgesetz vom 22. Juli 1913 – bis dahin hatte es eine Staatsbürgerschaft nur in den Einzelstaaten des Deutschen Reiches gegeben – nach der Staatsangehörigkeit der Eltern. Dem Abstammungsprinzip des *ius sanguinis* steht das Territorialprinzip des *ius soli* gegenüber, das die Staatsbürgerschaft an den Geburtsort koppelt und das, zusätzlich zum Abstammungsprinzip, traditionell in Frankreich praktiziert wird.

Einem verbreiteten Vorurteil zufolge gilt das *ius sanguinis* als rückständig, das *ius soli* hingegen als offen und fortschrittlich. Bei genauerem Hinsehen freilich macht es keinen entscheidenden Unterschied, ob Blut oder Boden, ob die Abstammung oder der Geburtsort als Kriterium für die Staatsbürgerschaft dient.[63] Entscheidend ist letztlich ihre Zugänglichkeit: Wie schwierig ist es für Zuwanderer, die Staatsbürgerschaft des Aufnahmelandes zu erwerben? Frankreich und Großbritannien sehen traditionell Möglichkeiten einer relativ zügigen Einbürgerung von dauerhaft Zugezogenen vor, weil das Staatsvolk bzw. die Nation als politische Gemeinschaft verstanden wird. Die deutsche Tradition des 19. Jahrhunderts hingegen neigte mangels eines bestehenden Nationalstaates dazu, sich als Kulturnation zu verstehen. Deshalb, und nicht aus Prinzip, tendieren Abstammungsgemeinschaften in der Tat zur Exklusivität mit hohen Zugangshürden.

Nachdem die Bundesrepublik in den achtziger und neunziger Jahren keine tragfähigen Lösungen für die ungeplante dauerhafte Masseneinwanderung gefunden hatte, stellte das zum 1. Januar 2000 in Kraft getretene Staatsangehörigkeitsgesetz eine der zentralen Reformmaßnahmen der 1998 ins Amt gekommenen rot-grünen Bundesregierung dar.[64] Es erklärte Deutschland programmatisch zum Einwanderungsland und nahm zwei grundlegende Veränderungen vor. Erstens wurde das Abstammungsprinzip um das Geburtsortprinzip ergänzt: In Deutschland geborene Kinder nichtdeutscher Eltern erhalten in der Regel die deutsche Staatsangehörigkeit, müssen sich allerdings im Falle einer mehrfachen Staatsangehörigkeit mit Vollendung des 23. Lebensjahres für eine alleinige oder gegen die deutsche Staatsangehörigkeit entscheiden. Zweitens erleichterte und erweiterte es den Anspruch auf Einbürgerung nach acht- bzw. sechsjährigem rechtmäßigem Aufenthalt (und seit 2008 einem Einbürgerungstest). Auch wenn die Einbürgerungszahlen hinter den Erwartungen zurückblieben, hatte sich Deutschland der Realität seiner Zuwanderung angepasst.

Noch nicht gelöst waren damit die sozial-ökonomischen Probleme von Zuwanderung. Zwischen einem Harvard-Professor aus Japan und einem Wanderarbeiter aus Mexiko liegen in den USA ebensolche Welten wie zwischen einem arbeitslosen Algerier in den Pariser Vorstädten und einem iranischen Frauenarzt in Deutschland. Es macht einen wesentlichen Unterschied aus, ob Migranten als mobile Eliten ins Land kommen oder ob sie sich, wie die Mehrzahl der Türken in Deutschland, als sozialstrukturelle Unterschicht formieren.[65] Sie sind in besonderem Maße von Arbeitslosigkeit bedroht und in den Einrichtungen der höheren Bildung sowie in den Eliten unterrepräsentiert; 2009 lag der Anteil der 25–35-Jährigen, die ohne

Berufsausbildung geblieben waren, unter Migranten drei mal so hoch wie unter Deutschen ohne Migrationshintergrund.[66] Dass ihnen Sprachkenntnisse, Netzwerke und Umgangsformen, mithin «soziales Kapital» fehlte, verband ihre soziale Randständigkeit mit ethnischer, kultureller und religiöser Fremdheit. Diese Kombination ist das große und das eigentliche Problem für die Integration großer Gruppen von Migranten in Deutschland.

Während in Deutschland die einen sprachliche und kulturelle Anpassung der Migranten und einen Konsens über grundlegende Werte erwarten – wobei die Frage offen bleibt, wie weit der Grundkonsens innerhalb der Mehrheitsgesellschaft reicht und wie «integriert» viele Deutsche eigentlich sind –, kritisieren andere die Vorstellung einer «Leitkultur» als Ausgrenzungsstrategie der Mehrheitsgesellschaft und fordern eine Kultur der Diversität und der transnationalen Hybridität. Wieder andere sehen nicht Kultur und Religion als entscheidend an, sondern die Integration über Wirtschaft, Recht, Politik oder Schule. Auch wenn sich ein Konsens darüber ausgebildet hat, dass die Rechts- und Verfassungsordnung als normative Grundlage und die deutsche Sprache als Verkehrsgrundlage gilt, bleiben Fragen hinsichtlich der Verbindlichkeit von kulturellen Grundlagen. Muss ein Muslim die Schmähung des Propheten als Ausdruck pluralistischer Meinungsfreiheit akzeptieren? Muss die muslimische Jugendliche am koedukativen Schwimmunterricht teilnehmen? Dabei eröffnen sich Konflikte nicht nur zwischen Multikulturalismus und Vorstellungen einer nationalen Leitkultur, sondern auch mit der Kultur der Inklusion: Sind Kopftuch oder Burka ein Symbol für die Unterdrückung der Frau oder Gegenstand kultureller Selbstbestimmung? Ist Homophobie von Deutschtürken Gegenstand multikultureller Diversität oder ein Fall für das Antidiskriminierungsgesetz? Sollen Imame auf *gender mainstreaming* verpflichtet werden? Ist die Erinnerung an den Holocaust Teil des kulturellen Erbes und des Selbstverständnisses einer eingewanderten Afghanin? Nicht nur in Deutschland gibt es auf diese Fragen keine eindeutigen und keine einfachen Antworten.[67]

Einwanderungsland Deutschland – eine Zwischenbilanz

2013 lebten in Deutschland 15,9 Millionen Menschen, damit 19,7 Prozent der Bevölkerung «mit Migrationshintergrund», davon 9,1 Millionen mit deutscher Staatsbürgerschaft und 6,8 Millionen Ausländer.[68] Definitionskriterium der neu geschaffenen sprachlichen Kategorie des «Migrationshintergrundes» ist mindestens ein nach 1949 zugewandertes oder ausländisches

 Elternteil, womit freilich sehr unterschiedliche Fälle – die Jura studierende Tochter einer deutschen Oberstudienrätin und eines kanadischen Klimaforschers ebenso wie der türkische Jugendliche ohne Schulabschluss und mit geringen Deutschkenntnissen – zu einer Kategorie zusammengefasst werden. Ein Viertel von ihnen hatte türkische Wurzeln und stellte die größte und zugleich fremdeste Gruppe dar.[69] Sie ist in besonderem Maße von Arbeitslosigkeit betroffen, deren Quote unter Ausländern in Deutschland 2011 bei 11,2 Prozent und damit mehr als doppelt so hoch lag wie unter Deutschen (einschließlich der Eingebürgerten). Ausländer sind mithin weit überwiegend erwerbstätig, aber schlechter in den Arbeitsmarkt integriert als Deutsche. Ähnlich liest sich die Kriminalitätsstatistik: Bei Straftaten liegt der Ausländeranteil bei 22,6 Prozent (bereinigt um ausländerspezifische Delikte wie Verstöße gegen Aufenthaltsbestimmungen), der Bevölkerungsanteil der Ausländer aber bei 8,6 Prozent; Straftaten werden mithin ganz überwiegend von deutschen Staatsangehörigen und zugleich in einem überproportionalen Maße von Ausländern begangen.[70]

Umfragen und die Demonstrationen des Vereins Pegida (Patriotische Europäer gegen die Islamisierung des Abendlandes) 2014/15 zeigten, dass es in der Gesellschaft einen Resonanzraum gibt, der sich vor allem gegen den Islam richtet,[71] wobei immer wieder die Grenzen zwischen Islamismus und Islam verwischt werden. Er steht damit in einer Tradition der Angst und der Abwehr von den Kreuzfahrern über die Türkenfurcht im 17. Jahrhundert. Türken wurden auch in besonderem Maße Opfer von ausländerfeindlichen Gewalttaten. Nach der deutschen Wiedervereinigung wurden in den neunziger Jahren ausländerfeindliche Ausschreitungen und Brandanschläge in Rostock, Mölln oder Solingen verübt, die mehrere Tote und Verletzte forderten. Zwischen 2000 und 2011 beging die rechtsterroristische Vereinigung Nationalsozialistischer Untergrund (NSU) zehn Morde, davon neun an Ausländern, drei Bombenattentate und 15 Raubüberfälle, an denen sie aufgrund eklatanter Fehler der Ermittlungsbehörden nicht gehindert wurden.

Zu dieser Geschichte gehört zugleich, dass Fremdenfeindlichkeit auf vehemente öffentliche Ablehnung stieß und mit bildmächtigen Symbolen wie Lichterketten oder der Verdunklung des Kölner Doms aus dem Kanon des öffentlich Akzeptierten ausgeschlossen wurde. Wie sehr solche öffentlichen Zeichen konstitutive Bedeutung für die politische Kultur eines Gemeinwesens besitzen, zeigte sich umgekehrt anhand der Demonstration nach dem islamistischen Attentat auf die Redaktion der Satirezeitschrift «Charlie Hebdo» am 11. Januar 2015 in Paris.

Dieses Attentat war ein Glied in einer Kette weltweiter islamistischer

Gewalttaten auch in westlichen Gesellschaften: die Anschläge in New York vom 11. September 2001, Bombenexplosionen mit über 200 Todesopfern und 1800 Verletzten in Madrid 2004 und in London 2005, die mit der Islamischen Jihad-Union verbundene deutsche terroristische Zelle, die unter dem Namen «Sauerlandgruppe» bekannt wurde, bis hin zum Terrorregiment des «Islamischen Staates» in Syrien und Irak seit 2014 unter Beteiligung von Muslimen aus Deutschland und den islamistischen Attentaten in Paris, Brüssel und Berlin 2015/16.[72] Angesichts von Berichten über «Ehrenmorde» und Aktivitäten fundamentalistischer Salafisten in Deutschland sowie von Tendenzen zur Separation in verfestigten «Parallelgesellschaften»[73] ergibt sich ein schwer zu entwirrendes Konglomerat von tatsächlichen Gewaltpotentialen, gefühlten Bedrohungen und gegenseitiger Fremdheit. Jeder neue Gewaltanschlag droht ein Pulverfass zu entzünden, in dem sich ethnische, religiöse, kulturelle und soziale Konfliktpotentiale mischen.

Anfang des 21. Jahrhunderts bemühten sich zugleich zahlreiche Initiativen um konstruktive Lösungen. Ein «nationaler Integrationsplan», Integrationskurse und die «Islamkonferenz» strebten eine Verbindung von Integration und Multikulturalismus an. Die hartnäckige Verbindung von sozialer Randständigkeit sowie ethnisch-kultureller und religiöser Fremdheit insbesondere von Türken oder Türkischstämmigen blieb jedoch bestehen. Auflösen könnte diese mehrfache Marginalisierung ein breiter sozialer Aufstieg in die deutschen Mittelschichten, und der Weg dorthin führt, so wie die Bildungsreformen der sechziger Jahre die «Begabungsreserven» in der bundesdeutschen Bevölkerung gehoben haben, über verstärkte Bildung.

Der Umgang mit bereits erfolgter Zuwanderung ist unterdessen das eine, die Gestaltung weiterer Zuwanderung das andere, wobei sehr unterschiedliche Fragen aufgeworfen werden. Ist sie aufgrund des demographischen Wandels erforderlich, um Fachkräfte zu gewinnen? Oder ist sie problematisch, weil zu viel Heterogenität eine Gesellschaft destabilisiert? Eindeutige Bedarfsprognosen lassen sich ebenso wenig beziffern wie eine maximale «Absorptionsrate»[74] oder ein notwendiges Minimum an kultureller Homogenität einer Gesellschaft. Dass es keine einfachen Antworten auf diese Fragen gibt, zeigen die Probleme und Konflikte auch in Ländern mit langer Einwanderungstradition wie den Niederlanden, Großbritannien und Frankreich.

In Kanada und in Australien ist der Umgang mit Migration zwar auch nicht ohne Probleme.[75] Doch fallen die Ergebnisse vor allem hinsichtlich der Ausbildung und der Integration in die Arbeitswelt deutlich günstiger aus, gerade bei muslimischen Einwanderern. Die Kultur der Akzeptanz in diesen Ländern beruht auf einer langen Tradition von Einwanderung, die zugleich durch strenge Restriktionen und bedarfsorientierte Steuerung gekennzeichnet ist. Hier liegt der entscheidende Unterschied zur deutschen Geschichte einer ungesteuerten Einwanderung, der sich nicht einfach kompensieren lässt.

Gefragt ist eine pragmatische Verbindung von Interessen der Aufnahmegesellschaft und Offenheit für Zuwanderung, die weder historisch überholten Homogenitätsvorstellungen von der Nation als exklusiver Abstammungsgemeinschaft verhaftet ist, noch in problemvergessenem Multikulturalismus die «Nation» ganz abschaffen möchte. Der Begriff «neue Deutsche»[76] für diejenigen, die zu den Deutschen qua Abstammung hinzugekommen sind, unternimmt in diesem Sinne den sprachlichen Versuch, die zunehmende ethnische und politisch-kulturelle Vielfalt der deutschen Gesellschaft zu fassen, ohne ihre überkommenen Ordnungskategorien zu verwerfen. Unterdessen setzen klare Regeln für eine bedarfsorientierte qualifizierte Zuwanderung den Willen zu einer steuernden Einwanderungspolitik voraus. Zugleich stellt sich die Frage, wie attraktiv die Aufnahmegesellschaft überhaupt für Zuwanderer ist, zumal Deutschland über den Nachteil einer nicht gerade global gesprochenen Sprache verfügt. Die Einwanderung von Erwerbstätigen aus Drittstaaten machte 2015 mit knapp 39 000 von über 1,1 Mio. Zuzügen nach Flüchtlingen, Studienanfängern und Familiennachzug nur die viertgrößte Gruppe von Zuwanderern aus.[77]

Ein anderes Problem ist das des Asyls, wobei die Komplexe nicht nur in der öffentlichen Debatte, sondern auch in der Realität häufig vermischt werden. Flüchtlingswanderungen überlagern sich mit Wirtschafts- und Arbeitsmigration und sind zugleich ein zentraler Teil globaler Wanderungsströme im frühen 21. Jahrhundert. Das zeigte sich, als Migrationsbewegungen aus Afrika, dem Nahen und Mittleren Osten nach Europa in einer neuartigen Größenordnung im Jahr 2015 auch Deutschland erreichten – und völlig unvorbereitet antrafen.

Globale Migration im 21. Jahrhundert – und die «Flüchtlingskrise» in Europa

Moderne Migration hat verschiedene Formen angenommen. Eliten in transnationalen Unternehmen und Wissenschaft sowie Alterswohnsitze von Engländern in Portugal oder von Deutschen in Mallorca stehen für neue Formen von Wanderung, die Grenzen nicht einmalig und dauerhaft oder langfristig überschreitet, sondern Formen der Bi- und Multilokalität begründet und neue Vorstellungen von Integration und Zugehörigkeit mit sich bringt.

Einstweilen sind dies Elitenphänomene, und die existentielle Dimension von Migration ist keineswegs verschwunden. Vielmehr hat die Globalisierung klassische Arbeitswanderung, beispielsweise in die Golfstaaten, nach Malaysia und Thailand, Taiwan und Südkorea, weltweit erleichtert und vermehrt. Auch Binnenwanderungen sind, wie in China oder in Europa, nach wie vor in Gang. Gerade die europäische Integration ist eng verbunden mit Prozessen der Migration.[78] Nach der Osterweiterung der EU 2004 sind jährlich ca. 200 000 Menschen aus den Ländern Ostmitteleuropas nach Westeuropa und Deutschland migriert. In den beiden Jahrzehnten nach 1990 kamen etwa 2,5 Millionen Menschen aus Osteuropa nach Deutschland. Sieben von zehn waren Polen, überwiegend junge männliche, relativ gering gebildete Arbeitsmigranten, die eher in Konkurrenz mit anderen Einwanderergruppen als mit Einheimischen traten – und zu 70 Prozent unter drei Jahren im Land blieben.[79] Empirische Evidenzen sind das eine – Ängste das andere. Symptomatisch waren die Sorge vor dem «polnischen Klempner», der das Lohnniveau im Aufnahmeland unterminiert, und die englische Angst vor Zuwanderung von Bulgaren und Rumänen. Britische Xenophobe erwogen gar eine Negativkampagne gegen das eigene Land, um Arbeitsmigranten mit schlechtem Wetter und langen Warteschlangen von der Zuwanderung abzuschrecken.[80]

Europa war in der Neuzeit ein Auswanderungskontinent gewesen. Diese Tradition kehrte sich erst im 20. Jahrhundert um: im Gefolge der Dekolonisierung, durch die Anwerbung von Gastarbeitern sowie durch die Nord-Süd-Wanderung von Armutsmigranten und Flüchtlingen. Schlepperbanden, ertrinkende Flüchtlinge im Mittelmeer oder Angriffe afrikanischer Flüchtlinge auf Grenzbefestigungen der spanischen Exklaven in Nordafrika sind Ausdruck von «Migrationsdruck» und Anlass moralischer Debatten um die «Festung Europa». Kann die Europäische Union die Ärmsten zurückweisen, um den eigenen Wohlstandsraum zu schützen?

Die einschlägigen Regelungen finden sich im Abkommen von Schengen. Dass es 1985 geschlossen wurde, aber erst 1995 vollständig in Kraft trat, zeigt bereits die Schwierigkeiten der Materie an. Es organisiert Freizügigkeit innerhalb gemeinsamer Außengrenzen, an denen die Einreisekontrolle stattfindet. Zugleich regelte der Vertrag von Amsterdam 1997 die Vergemeinschaftung der Visa- und Asylpolitik mit dem Ziel, irreguläre Zuwanderung zu begrenzen und legale Zuwanderung zu gestalten. In der Realität freilich ließen sich gewollte und ungewollte Zuwanderung nicht klar voneinander trennen, zumal sich irreguläre (Arbeits-)Migration und Flüchtlingswanderung überlagern.

Das Dubliner Abkommen von 1990 legte fest, dass Asyl in dem Land beantragt werden muss, das der Flüchtling zuerst betritt. Die Folge ist, dass einzelne Länder vor allem des Südens die Einreise zu unterbinden versuchen; Italien schob zwischen 2008 und 2011 Passagiere von abgefangenen Flüchtlingsschiffen unbesehen nach Libyen ab. Zugleich wurden Ausweisungsverfügungen im Falle abgelehnter Asylanträge nur sehr eingeschränkt ausgeführt, 2007 etwa nur zu einem Drittel. Überhaupt hat die Vergemeinschaftung der Asylpolitik nicht verhindert, dass innerhalb der EU erhebliche Diskrepanzen hinsichtlich der Aufnahmeentscheidungen und der staatlichen Leistungen herrschen. In der Folge vermischen sich Flucht und Wirtschaftsmigration, Asyl und Einwanderung. So gingen vergleichbare Gruppen als informelle Arbeitskräfte nach Italien und als Asylbewerber nach Deutschland.[81] Dort wurden 2013 insgesamt 127 000 Asylanträge gestellt, von denen 81 000 geprüft und 11 000 anerkannt wurden. «Abgeschoben» wurden 10 000 Ausländer, während sich 95 000 «Geduldete» im Land aufhielten. Innerhalb der Europäischen Union lag der Anteil der angenommenen Asylanträge 2013 bei 34,5 Prozent, der Anteil der abgelehnten Anträge bei 65,5 Prozent.[82]

Flüchtlinge in die Europäische Union machten noch 2012 kaum 4 Prozent und somit nur ein Rinnsal der weltweiten Flüchtlingsströme aus.[83] 2014 zählte das Flüchtlingskommissariat der Vereinten Nationen weltweit über 13 Millionen Menschen auf der Flucht, allein drei Millionen aus Syrien und mehr als 3,6 Millionen aus Somalia, dem Sudan und dem Südsudan, der Demokratischen Republik Kongo, Myanmar und dem Irak. 2,7 Millionen Afghanen stellten die größte langjährige Flüchtlingsbevölkerung dar, von denen Pakistan allein 1,6 Millionen beherbergte. 3,6 Millionen Flüchtlinge fanden Aufnahme im Libanon, dem Iran, der Türkei und in Jordanien, fast 1,6 Millionen in Äthiopien, in Kenia und im Tschad. Nicht mitgezählt sind dabei über 26 Millionen Binnenvertriebene.[84] Trotz aller neuen Formen postmoderner Hybride – global gesehen bleiben Kriege und materielle Not der Hauptantrieb von Migration.

Seit der «Arabellion» 2011 und dem darauf folgenden Verfall staatlicher Ordnungen richteten sich Wanderungsbewegungen aus dem Nahen Osten zunehmend nach Europa. Hinzu kamen Migranten aus Afghanistan und Pakistan sowie aus Nordafrika. Versuchten sie zunächst, Italien über das Mittelmeer zu erreichen, wobei viele bei Havarien unsicherer Schiffe zu Tode kamen, so nahmen sie seit 2015 zunehmend den Landweg über Griechenland, Mazedonien und Serbien, die sogenannte «Westbalkanroute», nachdem sie von der Türkei aus die griechischen Ägäisinseln erreicht hatten. Griechenland ließ die Migranten nach Norden weiterreisen, statt sie entsprechend dem Schengener Abkommen und der Dublin III-Verordnung zu registrieren und ihren Antrag auf internationalen Schutz zu bearbeiten.[85]

Als die Zahlen 2015 sprunghaft anstiegen, häuften sich humanitäre Tragödien. Anfang September ging das Foto eines toten dreijährigen syrischen Jungen um die Welt, der an die türkische Mittelmeerküste angespült worden war, und in Österreich wurde am 27. August ein Kühllastwagen entdeckt, in dem 71 Menschen qualvoll zu Tode gekommen waren. Als Anfang September eine rasch wachsende Zahl von Migranten unter zunehmend prekären Bedingungen am Budapester Bahnhof Keleti im Freien campierte, entschieden der österreichische Bundeskanzler Faymann und Bundeskanzlerin Merkel, ihre Einreise nach Österreich und Deutschland zu gestatten.

In Deutschland erwartete sie eine Welle der Hilfsbereitschaft, eine medial breit unterstützte «Willkommenskultur», die zugleich eine Sogwirkung auf den Migrationsstrom ausübte. Währenddessen bemühte sich Merkel um eine europaweite Verteilung von Flüchtlingen, die seitens der meisten europäischen Länder allerdings unter Verweis auf den deutschen Alleingang bei der Einreise von Migranten abgelehnt wurde. Die Innenminister der EU beschlossen zwar am 22. September 2015, 120 000 Flüchtlinge aus Ungarn, Italien und Griechenland auf andere EU-Mitgliedstaaten umzuverteilen.[86] Doch wurde dieses Kontingent weder den aktuellen Zahlen gerecht – schon Mitte August korrigierte die Bundesregierung die Zahl der allein in Deutschland erwarteten Flüchtlinge auf 800 000 – noch wirklich umgesetzt.

Vor diesem Hintergrund stellte sich die Frage, wie Deutschland mit dem unvermindert anhaltenden Zuwanderungsstrom umgehen sollte. Nach Art. 18 des deutschen Asylgesetzes war einem Ausländer «die Einreise zu verweigern, wenn er aus einem sicheren Drittstaat einreist», was an allen deutschen Landgrenzen der Fall war. Schon am 25. August hatte das Bundesamt für Migration und Flüchtlinge allerdings per Twitter in Umlauf gesetzt, «Dublin-Verfahren syrischer Staatsangehöriger werden zum gegenwärtigen Zeitpunkt vom Bundesamt für Migration und Flüchtlinge weitestgehend faktisch nicht weiter verfolgt».[87] Die Bundesregierung kündigte zwar am 13. September an, Kontrollen an der Grenze zu Österreich wiederaufzunehmen, an der die Migranten Deutschland erreichten. Sie sah aber unter Verweis auf das humanitäre Völkerrecht von einer Zurückweisung der Einreisewilligen ab, zumal der Europäische Gerichtshof für Menschenrechte 2011 die Rückführung nach Griechenland (als zuständigem Aufnahmestaat entsprechend der Dublin-Verordnung) untersagt hatte, da dort keine menschenwürdigen Aufenthaltsbedingungen herrschten.

Während sich nationales Recht, humanitäres Völkerrecht und europäisches Recht bzw. nicht funktionierende europäische Institutionen blockierten,[88] ließ die Bundesregierung eine monatelange Masseneinreise zu, die sich der Kontrolle der staatlichen Behörden weithin entzog. Pointiert urteilte Hans-Peter Schwarz: «Nie zuvor in den 65 Jahren bundesdeutscher Geschichte hat eine Bundesregierung ein derartiges Chaos verschuldet und seine Fortsetzung wie gelähmt toleriert, bis die Sperrung der Balkanroute durch eine Koalition der Willigen unter Führung Österreichs im März 2016 dem Kontrollverlust ein Ende machte.»

Währenddessen betonte Angela Merkel einerseits den «humanitären Imperativ», der die Aufnahme von Flüchtlingen gebiete. Andererseits bemühte sie sich um ein europäisches Abkommen mit der Türkei, das am 18. März 2016 geschlossen wurde und mit dem sich die Türkei für diverse Gegenleistungen verpflichtete, See- oder Landwege für illegale Migration zu blockieren. Dass «irreguläre Migranten» in die Türkei zurückgebracht werden sollten und im Gegenzug für jeden rückgeführten Syrer ein anderer syrischer Flüchtling aus der Türkei in die EU umgesiedelt werden sollte, zeigte in der mangelnden Sachlogik dieser Regelung, dass es in erster Linie darum ging, den Zustrom aus der Türkei zu stoppen. Ob es primär am EU-Türkei-Abkommen oder an der Schließung der Westbalkanroute durch die Anrainerstaaten unter Führung Österreichs neun Tage zuvor lag – die Reduzierung des akuten Massenzustroms wurde tatsächlich erreicht. Allerdings wurde keines der zugrunde liegenden Probleme gelöst.

Schon 2013 hatte der britische Ökonom und Migrationsforscher Paul Collier kritisiert, Europa verweigere einen konstruktiven Umgang mit dem Thema Migration. Statt über legale Zugangsmechanismen (wie das kanadische Punktesystem oder das amerikanische Green-Card-Verfahren) führten die Süd-Nord-Wege nach Europa entweder über Familiennachzug oder über das Asylrecht. Die Folgen sind Menschenschmuggel und organisierte Kriminalität sowie eine Überlastung des Asylrechts. Die Lösung sowohl des Asyl- als auch des Zuwanderungsproblems sieht Collier in einem großzügigen, aber auf klar definierte Gruppen und Länder begrenzten Asylrecht sowie eindeutigen Regeln für qualifizierte Einwanderung mit klaren Chancen und deutlichen Grenzen.[89] Die Krise von 2015/16 hat diesen Befund, zumal vor dem Hintergrund künftiger Wanderungspotentiale in Afrika und im Nahen Osten, nachdrücklich bestätigt.

4. Alt und jung: Die demographische Herausforderung

«Ein beängstigendes Problem muss das gesamte Denken der Franzosen beherrschen: ‹Wie verhindern wir, dass Frankreich verschwindet? Wie erhalten wir die französische Rasse auf Erden?›»[90] Während die Bevölkerung in Deutschland wuchs wie nie zuvor, löste das «Problem der leeren Wiege»[91] in Frankreich vor dem Ersten Weltkrieg erbitterte Debatten über sinkende Geburtenraten und schwache Männer aus.

Aber auch rechts des Rheins herrschte keineswegs eitel Sonnenschein: «Die außerordentlich geringe, völlig unzureichende Fruchtbarkeit in den Klassen der Besitzenden und Höhergebildeten erweckt die Sorge eines noch rascheren Versiegens des Nachwuchses an Hochbegabten».[92] Dabei klingt der alarmistische Unterton im frühen 21. Jahrhundert ebenso vertraut wie dieses Szenario von 1929: «Unsere Bevölkerungsentwicklung ist in das Stadium der Stagnation, ja des Bevölkerungsschwundes eingetreten. Diese Tatsache ist von erschütternder Tragik. Es ist eine Tatsache, deren Tragweite für die Zukunft unseres Volkes heute noch gar nicht abzusehen ist.»[93]

Wissenschaft von der Bevölkerung wird seit dem 17. Jahrhundert betrieben. Aufschwung nahm sie, seitdem im späten 19. Jahrhundert im großen Stil empirisch-statistische Daten erhoben wurden, bevor sich die Demographie im 20. Jahrhundert als moderne, theorieorientierte und zugleich politiknahe Sozialwissenschaft etablierte. Ihre Materie ist einfach und kompliziert zugleich. Es sind vor allem drei Faktoren, die über die demographische Entwicklung entscheiden: Aus- und Zuwanderung, zweitens Lebenserwartung und Sterblichkeit sowie drittens die Entwicklung der Geburten.

Dabei ist die langfristige Entwicklung einerseits berechenbar, da Geburten erfolgt sind und statistische Prognosen für geborene Alterskohorten auf Jahrzehnte ermöglichen. Andererseits kommen variable Faktoren ins Spiel: die Fertilität künftiger Generationen, die Salden von Wanderungen und die Veränderung der Lebenserwartung sowie Ereignisse wie die Kriege und die Weltwirtschaftskrise der frühen dreißiger Jahre im 20. Jahrhundert.

Der Rückgang der Geburten

Das zentrale demographische Ereignis der bundesdeutschen Nachkriegsgeschichte war der «Pillenknick». Zwischen 1965 und 1975 sank die Zahl der Lebendgeborenen pro Jahr von 1,04 Millionen auf 601 000, die Zahl der Lebendgeborenen pro 1000 Einwohner von ca. 18 in den sechziger auf ca. 10 in den siebziger und achtziger Jahren. Zwischen 1964 und 1978 gingen alle Indizes der Fruchtbarkeit auf fast die Hälfte zurück und verblieben dann im Großen und Ganzen auf dem erreichten Niveau.[94]

Die öffentliche Wahrnehmung der Gründe konzentrierte sich auf die Pille, die dem Knick dem Namen gab. Sie war von revolutionärer Bedeutung für die Geschichte der Sexualität. Aber auch schon zuvor, seit Mitte des 19. Jahrhunderts, war die Zahl der Kinder zurückgegangen. Die Pille hat den Geburtenrückgang erheblich verstärkt, aber sie war nicht seine primäre Ursache. Vier weitere, übergreifende Gründe sind zu nennen.[95] Erstens veränderte sich die ökonomisch-materielle Bedeutung von Kindern. In der Industriegesellschaft und im modernen Sozialstaat erbrachten sie keinen individuellen Nutzen als Arbeitskraft oder zur Alterssicherung wie in der vormodernen ländlichen Gesellschaft. In den sozialen Sicherungssystemen der modernen Wohlfahrtsstaaten und mit den gestiegenen Anforderungen an Erziehung und Ausbildung stellen Kinder *per saldo* eine finanzielle Belastung und ein Wohlstandshemmnis für Eltern dar, vor allem in Relation zu Kinderlosen. Der katholische Sozialphilosoph Oswald von Nell-Breuning sprach von einem «System zur Prämierung von Kinderlosigkeit».[96]

Der zweite Grund liegt im Verhältnis der Geschlechter und in der zunehmenden weiblichen Erwerbstätigkeit, die mit den Anforderungen der Kindererziehung kollidierte – gerade in der Bundesrepublik, wo sich in den fünfziger Jahren das bürgerliche Familienmodell besonders ausgeprägt hatte. In einzelnen Industrieländern verlief die Entwicklung sehr unterschiedlich, und auch zwischen weiblicher Erwerbstätigkeitsquote und Geburtenrate herrscht keine eindeutige Korrelation. Ein weiterer Faktor lag in anspruchsvolleren, weniger funktionalen Paarbeziehungen und veränderten Lebensstilen, nicht zuletzt der Freizeitgestaltung – exotisches Tiefseetauchen und After-Work-Partys sind mit Kindern nur bedingt vereinbar. Der gesamtgesellschaftliche Trend ging dahin, längerfristige exklusive Festlegungen und Bindungen zu meiden, und je häufiger gewollte Kinderlosigkeit wurde, desto normaler wurde sie, im empirischen und im normativen Sinne. Dieser sich selbst verstärkende Prozess war die vierte Ursache, und deren Ausmaß machte den entscheidenden Unterschied zwischen verschiedenen Ländern aus: Der Rahmen verschob sich, und Kinderlosigkeit wurde zu einer Normalität.

Der Geburtenrückgang war in erster Linie eine Folge zunehmender Freiheit und ihres Gebrauchs. Dabei folgte er einem langfristigen Trend und begründete zugleich einen neuen. In vormodernen agrarischen Gesellschaften lagen sowohl die Geburten- als auch die Sterberaten hoch. Thomas Malthus formulierte 1798 das sogenannte eherne Bevölkerungsgesetz: Wenn sich der Nahrungsspielraum ausweitet, steigt die Geburtenzahl und somit die Größe der Bevölkerung. Die Bevölkerung wächst aber schneller als landwirtschaftliche Produktion. In dieser prekären Konstellation führen Missernten, Epidemien, Hungersnöte oder andere Krisen dazu, die Bevölkerung wieder zu reduzieren. Dadurch kommt die Relation von Nahrung und Bevölkerung erneut ins Lot, und die Entwicklung beginnt von vorn. Diese Vorstellung entsprach der vorindustriellen Erfahrung, die im 19. Jahrhundert durch die Industrialisierung durchbrochen wurde.[97] Als die Sterblichkeit im 19. Jahrhundert zurückging und die Geburtenraten hoch blieben, setzte die Bevölkerungsexplosion ein. Im Gegensatz zur vormodernen Agrarwirtschaft aber sorgte die Industrialisierung nun dafür, die wachsende Bevölkerung zu absorbieren und zu ernähren. In Großbritannien vervierfachte sich die Bevölkerung zwischen 1816 und 1914. Die deutsche Bevölkerung wuchs zwischen 1900 und 1914 mit einer Rate von 1,5 Prozent pro Jahr so schnell wie nie zuvor und danach. In Frankreich herrschte demgegenüber angesichts deutlich niedrigerer Geburtenraten die geradezu panische Sorge, demographisch gegenüber Deutschland zurückzufallen.[98]

Dabei hatten bereits im Kaiserreich Veränderungen des generativen Verhaltens eingesetzt, deren Auswirkungen sich erst zeitversetzt bemerkbar machten. Mitten im vermeintlich konservativen Wilhelminismus hatte ein erster Geburtenrückgang begonnen. Zwischen den Kohorten der 1860 und der 1904 geborenen Frauen ging die Zahl der durchschnittlich geborenen Kinder von fünf auf zwei zurück; die kinderreiche Familie verabschiedete sich als Massenphänomen.[99] Die Transformation des generativen Verhaltens im ersten Drittel des 20. Jahrhunderts[100] überlagerte sich mit den Ereignissen im Zeitalter der Weltkriege. Durch direkte Gewalteinwirkung, Hunger und Krankheiten erhöhten die Kriege die Sterblichkeit und sorgten für Geburtenausfälle. Letzteres tat auch die Weltwirtschaftskrise der frühen dreißiger Jahre, die eine sichtbare «Delle» in der deutschen «Bevölkerungspyramide» hinterließ, die ohnehin schon keine mehr war.

Vor diesem Hintergrund lässt sich der «Babyboom» in Deutschland nach dem Zweiten Weltkrieg als nachholende Ausnahme verstehen. 1964 war der geburtenstärkste Jahrgang der Nachkriegszeit mit einer Geburtenrate von 2,5 Kindern pro Frau; ein solcher Wert war seit dem Ersten Weltkrieg nicht mehr erreicht worden. Dass die Entwicklung dann abbrach, bedeutete die Rückkehr zu einem langfristigen Trend. Bis zu den dreißiger Jahren waren die Geburtenraten bereits auf durchschnittlich 1,8 Kinder pro Frau zurück-

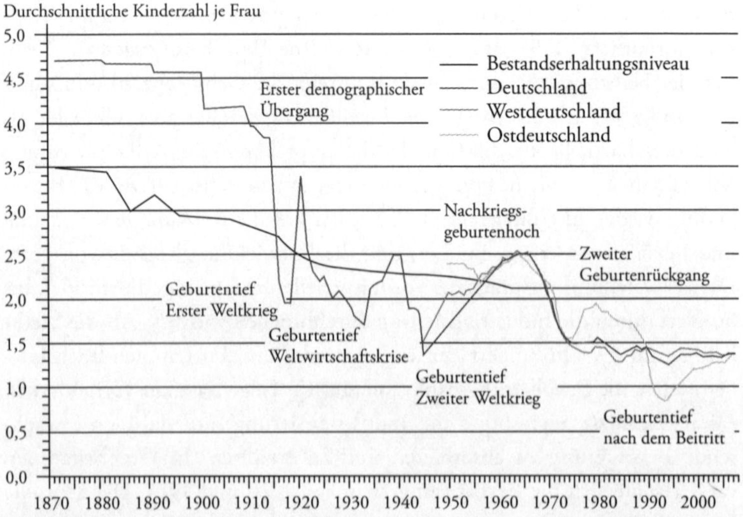

Zusammengefasste Geburtenziffer in Deutschland, dem frühen Bundesgebiet und Ostdeutschland, 1871/1880 bis 2009

gegangen. 1970 lagen sie bei 2,0 – und gingen seit den mittleren siebziger Jahren auf 1,4 zurück; darin sind bereits die höheren Geburtenraten von Migrantinnen gegenüber deutschen Frauen enthalten.[101]

Grundsätzlich ähnlich, aber mit einigen Besonderheiten verlief die Entwicklung in der DDR. Hatte sie zunächst mit dem Sonderproblem der Abwanderung bis 1961 zu kämpfen, so fiel der Geburtenrückgang seit den mittleren sechziger Jahren etwas weniger ausgeprägt aus. Während die westdeutsche Gesellschaft sich langsam in Kinderlose und Familien mit zwei und mehr Kindern spaltete, herrschte in der DDR die Tendenz zur Ein-Kind-Familie. Hinzu kam ein radikaler Einbruch der Fertilität mit der Wiedervereinigung; erst in den mittleren neunziger Jahren stieg die Geburtenrate in den neuen Ländern wieder an.[102]

Mit fortgesetzter Quantität gewann der Geburtenrückgang eine neue Qualität, und daher wird er zu Recht auch als «zweiter Geburtenrückgang» bezeichnet. Er betraf die gesamte westliche Welt, fiel allerdings in Deutschland besonders ausgeprägt aus.[103] Die durchschnittliche Zahl der Kinder pro Frau ging im späten 20. Jahrhundert weltweit zurück. Der zentrale Unterschied zwischen den Staaten liegt in der jeweiligen Höhe. Fällt sie unter die Bestandserhaltungsquote von statistisch etwas mehr als zwei Kindern pro

Frau? Weil die Nettoreproduktionsrate (vereinfacht gesagt: die durchschnittliche Reproduktionsrate jedes Menschen) über eins lag, hatten die Entwicklungsländer trotz sinkender Geburtenzahlen mit wachstumsbedingten Bevölkerungsproblemen zu kämpfen – darum ging China 1979/80 zu einer Ein-Kind-Politik über. Die Industrieländer waren – mit Ausnahme der USA, die einen dauerhaften leichten Geburtenüberschuss verzeichneten – mit schwundbedingten Bevölkerungsproblemen konfrontiert. In Europa wurden zwischen 2005 und 2010 im Durchschnitt 1,53 Kinder pro Frau geboren, allerdings mit erheblichen nationalen Unterschieden.[104] An der Spitze lagen Irland und Island (2,0) Frankreich (1,9) und Nordeuropa (1,8) sowie das Vereinigte Königreich (1,7), am anderen Ende lag Deutschland, der Pionier des Geburtenrückgangs, mit 1,4. Eine ähnliche Entwicklung der Geburtenraten wie in der Bundesrepublik war auch in Österreich und in der Schweiz zu beobachten,[105] und seit den neunziger Jahren herrschten vergleichbar niedrige Geburtenraten auch in Spanien und Italien, in osteuropäischen Staaten sowie in Japan, Singapur und Südkorea.

Seit 1972 lag die Zahl der Geburten in Deutschland dauerhaft unter derjenigen der Sterbefälle. Während der erste Geburtenrückgang damit zu tun hatte, dass es weniger kinderreiche Familien gab, lag der zweite in der Bundesrepublik vor allem an der Verbreitung der Kinderlosigkeit,[106] insbesondere unter Akademikerinnen – 21 Prozent der zwischen 1948 und 1952 geborenen Frauen mit Hochschulabschluss und 13 Prozent der Nichtakademikerinnen in ganz Deutschland blieben kinderlos. Für die Alterskohorte der zwischen 1963 und 1967 geborenen Frauen lagen die Werte bei 28 Prozent für Akademikerinnen und 19 Prozent unter Nichtakademikerinnen.[107]

Seit den siebziger Jahren lag die Geburtenrate in Deutschland stabil und deutlich unter der für die demographische Bestandserhaltung notwendigen Quote von 2,1. Mit einer Nettoreproduktionsrate von 0,7 reduziert sich die Reproduktion der Gesellschaft gegenüber dem Ausgangspunkt auf 70 Prozent in der ersten, auf knapp die Hälfte in der zweiten und auf gut ein Drittel in der dritten Generation. Dass seit der Jahrtausendwende in Deutschland ein natürlicher Bevölkerungsrückgang stattfindet, der nicht durch Krieg, Seuchen, Hungersnöte, Wanderung oder sonstige äußere Einwirkung, sondern allein durch die Entwicklung der Fertilität bedingt ist, stellt ein historisches Novum dar.

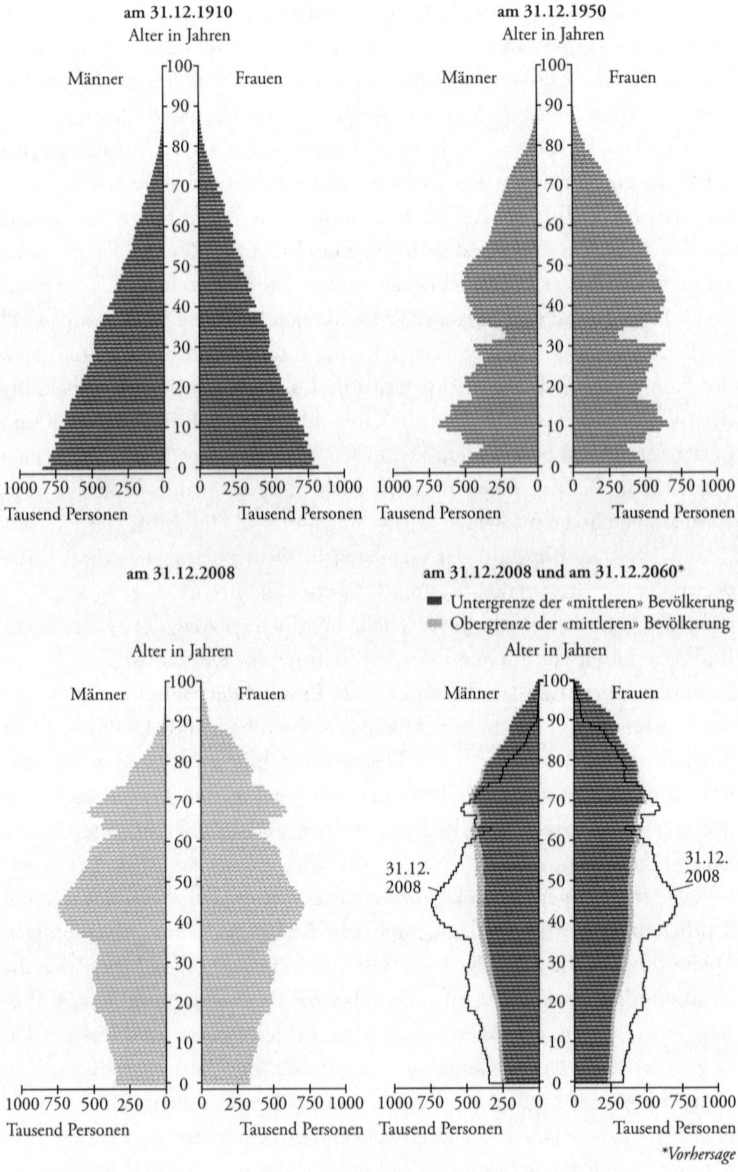

Alterspyramiden in Deutschland

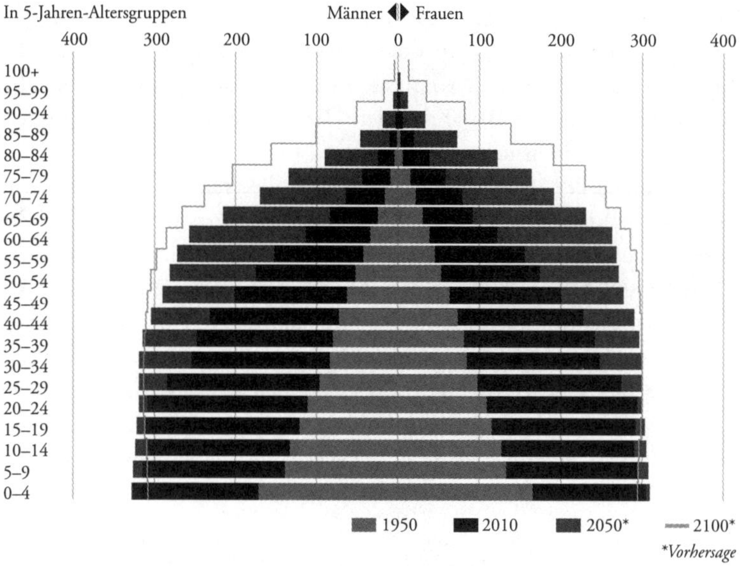

Alterspyramide der Weltbevölkerung, 1950 bis 2100

Die Alterung der Gesellschaft

Neben der Einwanderung und dem Rückgang der Geburten war die demographische Entwicklung in Deutschland durch die veränderte Lebenserwartung bestimmt.[108] In den modernen Industriegesellschaften stieg die durchschnittliche Lebenserwartung eines Mannes zunächst langsam – von 1700 bis 1875 von 30 auf 35 Jahre –, dann allerdings rapide: von 45 Jahren 1914 auf 60 Jahre 1939 und auf 75 Jahre 2000. Projektionen besagen, dass ein in diesem Jahr in den westlichen Industrieländern geborenes Baby mit einer statistischen Wahrscheinlichkeit von mindestens 50 Prozent einhundert Jahre alt wird.

Die Ursachen für die zunehmende Lebenserwartung sind in der Forschung umstritten. Die Medizin vermochte die Sterblichkeit durch Impfungen und durch die Bekämpfung von Infektionskrankheiten zu senken, wirkte sich darüber hinaus aber erst nach 1945 durchschlagend auf die Lebenserwartung aus. Vor allem waren es wohl Verbesserungen der Ernährung, der Hygiene und der Wohnverhältnisse, die eine «Gesundheits-Revolution» (G. Caselli) herbeiführten. Die hauptsächlichen Todesursachen wandelten sich; starben die meisten Menschen bis ins 19. Jahrhundert an Infektionskrankheiten und Krankheiten der Verdauungsorgane oder der Atemwege, wurden im 20. Jahrhundert Herz-Kreislauf-Erkrankungen und Krebs zu den Todesursachen Nummer eins.

Bis Anfang des 19. Jahrhunderts war über die Hälfte der Verstorbenen unter fünf Jahre alt. Bis zum Ende des 19. Jahrhunderts sank vor allem die Kindersterblichkeit, bevor bessere Lebens- und Arbeitsbedingungen sowie die Bekämpfung von Infektionskrankheiten Anfang des 20. Jahrhunderts die Sterblichkeit im mittleren Lebensalter reduzierten. Nach 1945 ging in erster Linie die Sterblichkeit im höheren Lebensalter zurück. Zunehmend wurde in den modernen Industriegesellschaften die biologisch mögliche Lebenszeit ausgeschöpft. Das Ergebnis war eine erhebliche Zunahme von Hochbetagten, allerdings in sozial ungleicher Verteilung, weil die verlängerte Lebenserwartung vor allem den Mittel- und Oberschichten zugute kam.

Die Alterung der Gesellschaft ist ein Prozess mit weitreichenden Folgen. Der Rückgang des Anteils junger Menschen und die zunehmende Zahl alter Menschen verschiebt die Mehrheitsverhältnisse zwischen den Generationen. Das birgt Potential für Verteilungskonflikte und verlangt zugleich nach neuen gesellschaftlich-politischen Konzepten. Das Alter ist im 21. Jahrhundert die Lebensphase mit der größten Veränderung. Hatte ein 65-Jähriger Mann in den 1870er Jahren noch durchschnittlich 9,5 Jahre zu leben, so waren es 1965 noch 12,3 und 2010 noch 17,65.[109] In der zusätzlichen Lebenszeit nimmt einerseits die Pflegebedürftigkeit weiter zu; lag die durchschnittliche Pflegezeit an der Wende vom 19. zum 20. Jahrhundert bei einigen Wochen oder höchstens mehreren Monaten, so währte sie zu Beginn des 21. Jahrhunderts sieben Jahre.[110] Alles in allem aber bedeutet die demographische Alterung einen Zugewinn an gesunden Lebensjahren und somit an Gestaltungsmöglichkeiten und Potentialen. Alter neu zu denken, nicht nur als inaktive Ruhephase, die in den Tod übergeht, zählt zu den zentralen gesellschaftspolitischen Zukunftsaufgaben.

Noch vor Jahren kaum vorhergesehen, macht der demographische Wandel (nach 2005 zusammen mit der guten Konjunkturentwicklung) das sozialpolitische Kernproblem in Deutschland über mehr als drei Jahrzehnte hinweg obsolet: die Arbeitslosigkeit. Falls Produktivität und Rationalisierung sich nicht noch schneller entwickeln sollten, schafft der voraussichtliche Arbeitskräftemangel glänzende Berufsperspektiven für die geburtenschwachen Jahrgänge, vor allem in nachgefragten Branchen und für Hochqualifizierte. Zugleich stellt sich die Frage nach dem Umgang mit der zunehmenden Zahl an älteren Erwerbstätigen: nachlassende Konzentrationsfähigkeit, langsameres Reaktionsvermögen und geringere Aufnahmebereitschaft für Veränderungen mögen der Preis des Alters sein – dem gegenüber stehen größere Erfahrung und Gelassenheit sowie eine bessere Menschenkenntnis.[111] Die Arbeitswelt ist mit der Herausforderung konfrontiert, passende und flexible Lösungen zu schaffen und Arbeit neu zu organisieren.

Auf diese Weise lässt sich auch den Herausforderungen der demographischen Alterung für die sozialen Sicherungssysteme begegnen, wenn sich die Relationen zwischen Beitragszahlern und Leistungsempfängern verschieben und höhere Pflegekosten für Hochbetagte entstehen. Schließlich wirkt sich die Alterung besonders auf den ländlichen Raum aus, wo die düstere Prognose einer Abwärtsspirale des Bevölkerungsrückgangs und des Rückbaus der Infrastruktur von Bussen, Schulen, Ämtern, ärztlicher Versorgung oder Kirchen droht.

Szenarien

Führt der Basistrend des natürlichen Bevölkerungsrückgangs und der demographischen Alterung in eine unvermeidliche Katastrophe? Auch hier zeigt der Blick in die Geschichte, dass sichere Prognosen eine sehr unsichere Sache sind, denn zu viele und unerwartete Variablen sind im Spiel. Eine Vorhersage von 1913 hätte die Bevölkerungsentwicklung bis 1963 ebenso wenig getroffen wie 1966 eine Prognose für 2016. Zugleich sind aufgrund der bereits geborenen Generationen irreversible Tendenzen angelegt, die eine repräsentative Prognose für die Gesamtgesellschaft auf knapp 25 bis 30 Jahre zulassen, allerdings ohne Berücksichtigung externer Ereignisse.[112] Auch die Kinder der aufgrund des Geburtenrückgangs nicht Geborenen werden nicht geboren. Selbst eine Trendumkehr der stabil niedrigen Geburtenraten mit einer Nettoreproduktionsrate von 0,7 seit einem halben Jahrhundert würde die Folgewirkungen dieser Geburtenausfälle nicht mehr kompensieren.

Erst im Laufe der Zeit werden sich die demographischen Auswirkungen der umfangreichen Maßnahmen beziffern lassen, mit denen im frühen 21. Jahrhundert in Deutschland versucht wurde, die Vereinbarkeit von Elternschaft und Beruf zu erleichtern. Um Müttern eine möglichst umfangreiche Erwerbstätigkeit zu ermöglichen, wurden vor allem die Kapazitäten außerfamiliärer Kinderbetreuung ausgebaut. Damit verfolgte dieser von einem lagerübergreifenden Konsens getragene Politikansatz in erster Linie geschlechter- bzw. gleichstellungspolitische Ziele, denen originär familienpolitische oder demographische Ziele nachgeordnet waren. Kinder erschienen in dieser Perspektive vor allem als Hindernis für weibliche Erwerbstätigkeit. Ein Politikwechsel, der Kinder und Familien zu einem vorrangigen Gegenstand gemacht hätte, fand nicht statt – im Unterschied zu Frankreich, das explizite Anreize zugunsten des dritten Kindes bot, die im Übrigen dokumentieren, dass materielle Anreize zugunsten von Kindern fertilitätssteigernde Wirkung entfalten können.[113]

Ein solcher Kulturwandel aber wäre notwendig, wollte man eine Steigerung der Geburtenraten anstreben, um den Rahmen wieder zu verschieben, der Kinderlosigkeit zur Normalität werden ließ. Die vorrangige Förderung von Familien mit Kindern ließe sich von den Sozialversicherungssystemen über Stellenbesetzungen und die familienfreundliche Gestaltung der Arbeitsbedingungen bis zur Gestaltung von Eintrittspreisen implementieren. Theoretisch könnte ein solches *family mainstreaming* ähnlich durchschlagende Wirkung haben wie *gender mainstreaming*.

Eine Umkehrung der Bevölkerungspyramide und eine Nettoreproduktionsrate weit unter eins sind auf Dauer in vieler Hinsicht problematisch – vom Fachkräftemangel über die sozialen Sicherungssysteme und den Generationenzusammenhalt bis zur Entwicklung des ländlichen Raumes. Wie fundamental die Auswirkungen sind, darüber herrschen auch in der wissenschaftlichen Debatte unterschiedliche Ansichten. Es gibt keine historische Richtgröße, kein historisches Normalmaß einer «richtigen» Bevölkerungsgröße und Bevölkerungsverteilung. Seit Beginn der Moderne ist die Bevölkerung in Bewegung, zunächst explosiv, nun implosiv, zumindest in Deutschland, und immer wieder waren große Befürchtungen im Schwange, die sich so nicht bewahrheitet haben – was nicht heißt, dass alle Befürchtungen falsch sind.

Abgesehen von der weiteren Gestaltung von Zuwanderung besagt die pessimistische Sichtweise, dass ohne eine, allerdings wenig wahrscheinliche, Steigerung der Geburtenrate vor allem innerhalb der Eliten ein Kollaps der sozialen Sicherungssysteme, Wirtschaftsschrumpfung, Innovationsmangel, Wohlstandsverluste und Generationenkonflikte bevorstehen.[114] Die Optimisten verweisen darauf, dass die Verteilung des Bruttoinlandsprodukts zu Wohlstandszuwächsen führe, und mit dem Rückgang der Arbeitslosigkeit zahle sich bereits die demographische Dividende aus.[115] Sie vertrauen auf die «Selbstlenkungskräfte der Gesellschaft» in einem «freien System sozialer

Selbststeuerung».[116] Zwischen diesen Positionen gehen «Aktivierer» davon aus, dass sich die Auswirkungen des Wandels durch Produktivitätssteigerungen, die Erhöhung der Erwerbsbeteiligung und längere Lebensarbeitszeiten «zu etwa drei Vierteln kompensieren» ließen.[117] Sie erkennen die Möglichkeit, aber auch den Bedarf tiefgreifender Anpassungen, etwa im Hinblick auf Formen gesellschaftlicher Solidarität, vor allem angesichts einer zunehmenden Zahl von kinderlosen älteren Menschen ohne eigene Familie, im Hinblick auf das Gesundheitsverhalten oder die kreative Neuorganisation von Arbeit im Lebensverlauf.[118]

Dies läuft auf neuartige Veränderungen von Gesellschaft hinaus. Sie werden sich weniger auf die materielle Sozialstruktur beziehen, die bis in die siebziger Jahre dominierte, sondern vor allem auf Demographie und Sozialkultur. In diesen Zusammenhang gehört auch eine der grundlegendsten Veränderungen seit dem letzten Drittel des 20. Jahrhunderts, die Beziehung der Geschlechter und das Zusammenleben der Menschen.

5. Männer und Frauen? Formen des Zusammenlebens

Ein unverheiratetes Paar in sozial ungesicherten Verhältnissen, das Nachwuchs aufgrund eines unkonventionellen Experiments spiritueller In-Vitro-Fertilisation erwartet – die Geschichte von Jesus, Maria und Joseph hätte Konsul Johann Buddenbrook auf ewig um den Schlaf gebracht, hätte sie ihm seine Tochter Toni als ihr Lebensmodell angetragen. Seine Vorstellung der bürgerlichen Familie samt der nicht erwerbstätigen Frau und Mutter erlebte ihre Blüte nach dem Zweiten Weltkrieg – und wurde kein halbes Jahrhundert später zum Antimodell für *gender mainstreaming* und die Lissabon-Strategie der EU. Außerfamiliäre Betreuung von Kleinkindern zwecks mütterlicher Berufstätigkeit stieß dabei Anfang des 21. Jahrhunderts auf hohe Zustimmung in Schweden und in Ostdeutschland, weniger hingegen in Polen und in Westdeutschland.[119]

Nicht erst im 21. Jahrhundert, sondern durchgängig sind Vielfalt und Wandel ein Kennzeichen von Familie. Die Probleme beginnen bereits bei der Definition: Was ist überhaupt «Familie»? Der Begriff ist ideologisch aufgeladen und inhaltlich unscharf. Stand traditionell die Ehe als Wesenskern im Zentrum, so hat sich zu Beginn des 21. Jahrhunderts das Vorhandensein von Kindern als Wesensmerkmal von Familie durchgesetzt. Ein offenes Verständnis in den skandinavischen Ländern und in Frankreich versteht Familie als «jede exklusive Solidargemeinschaft zwischen zwei oder mehr Personen, die auf relative Dauer ausgerichtet ist». Diese Definition geht weit über die Vorstellung von «Vater, Mutter, Kind» hinaus. Und dennoch: wenn es konkret wird, steht nach wie vor die Idee im Zentrum des Begriffs von Familie, «dass darin mindestens ein Elternteil und Kinder zusammenleben».[120]

Familie ist eine komplexe Materie auf unterschiedlichen Ebenen mit einer äußeren Form und innerer Organisation. Sie ist ein Geflecht aus Sozialbeziehungen mit ihren jeweiligen Eigenlogiken, der Beziehung zwischen den Partnern, zwischen Mutter und Kind sowie Vater und Kind, zwischen den Geschwistern sowie den Beziehungen zu Verwandten. Die Geschlechterbeziehungen verbinden die Familie mit der Arbeitswelt und der Gesellschaftsordnung. Diese Vielschichtigkeit ist ein Grund dafür, dass in den öffentlichen Debatten vieles durcheinandergeht. Daher ist es nötig, die Begriffe sorgsam zu unterscheiden und zu verwenden. Als «eheliche Kernfamilie» werden im Folgenden verheiratete Eltern mit Kindern bezeichnet. Das gilt in der Regel auch für die «bürgerliche Kernfamilie»; der Begriff zielt aber vor allem auf die Erwerbsorganisation: einen meist männlichen Vollerwerb, während der andere Elternteil, zumeist die Frau, nicht erwerbstätig ist. Als «modifizierte bürgerliche Kernfamilie» wird die Familienorganisation mit einem (meist männlichen) Vollerwerb und einer (meist weiblichen) Teilzeiterwerbstätigkeit bezeichnet. Und unter einer «egalitären Kernfamilie» werden Eltern mit zwei Vollzeiterwerbstätigkeiten verstanden.

Vom ganzen Haus zur Patchwork-Familie?

Die Anfänge der Familie liegen im historischen Nebel. Vieles lässt sich nur vermuten. Das antike Griechenland hatte kein Wort für die Kernfamilie, die in der Sache jedoch ebenso vorgeherrscht haben dürfte wie im antiken Rom. Jedenfalls gilt das für die Oberschichten, denn nur dort war es dem volljährigen Sohn ohne Weiteres möglich, einen eigenen Hausstand zu begründen. Neben der Kernfamilie waren auch Einpersonenhaushalte, Mehrgenerationenfamilien, um weitere Verwandte erweiterte Familien sowie Haushalte vorzufinden, in denen nicht blutsverwandte Personen zusammenlebten. Hohe Scheidungsraten und hohe Sterblichkeit machten die Familien zu fluiden, heterogenen Gebilden, zu denen auch die Allgegenwart von Sklaven gehörte. Nichtsdestoweniger stand den überlieferten Zeugnissen zufolge stets die Kernfamilie «im Zentrum der Gefühle».[121]

Auch die Institution der Eheschließung geht weit in die Frühgeschichte zurück. Im Laufe des Mittelalters setzte sich die kirchliche Ehelehre durch, die zwei Prinzipien miteinander verband: das römisch-rechtliche Konzept des Ehekonsenses mit dem aus der christlichen Vorstellung der Gotteskindschaft der Ehepartner abgeleiteten Konzept der Unauflöslichkeit. Während in der katholischen Tradition die Ehe im Fokus stand, bezog sich die protestantische Tradition eher auf die Familie als Ort des Glaubens und des Gebets. Der Begriff «Familie» wurde im Deutschen erst im späten 17. Jahrhundert als französisches Lehnwort (*la famille*) eingeführt. Vorher war vom «Haus» die Rede, wie im Griechischen vom *oikos* oder im Lateinischen vom *domus*. Daraus wurde der Begriff vom «ganzen Haus» abgeleitet, der über lange Zeit hinweg Vorstellungen von vormoderner Gemeinschaft und Geborgenheit vermittelte. Gemeint war damit ein Personenverband, in dem Arbeit und Privates nicht getrennt waren und in dem Eltern und Kinder, Großeltern, Verwandte ohne eigene Familie und das Gesinde unter einem Dach lebten. Mit Luther gesprochen: «Weib und Kind, Knecht und Magd, Vieh und Futter.»[122]

Mangelgesellschaft und Sozialkontrolle waren etwas anderes als eine postmoderne Patchworkfamilie oder ein genossenschaftlich betriebener Bio-Bauernhof mit Mehrgenerationenhaus. Das «ganze Haus» war eine Rechts-, Arbeits-, Wirtschafts- und Konsumeinheit unter dem Regiment des Hausvaters, die nicht als ein Modell, sondern in vielfältigen Formen existierte – als adliger Grundbesitz mit abhängigen Bauern, als bäuerliche Familie mit dem verwitweten Hofbesitzer, seiner zweiten Frau und den Kindern aus beiden Ehen, seiner ledigen Schwester, durchaus auch einem illegitimen Kind sowie Knechten und Mägden, oder, und das wohl zumeist, die Kernfamilie von Eltern und ihren Kindern, teils mit Gesinde.[123] Das «ganze Haus» war eine Haushaltsform der Agrargesellschaft. Und so geriet sie unter die Räder der Moderne, mit der sich die Zugpferde der Entwicklung in die Städte verlagerten.

Die bürgerliche Familie ist ein Produkt der Moderne und zugleich ein Widerspruch zu ihr. Sie war die Folge mehrerer Trennungen, zunächst zwischen Kernfamilie und Gesinde. Das Personal schlief nicht mehr auf der Holzbank in der Küche, sondern verschwand in der separaten, oftmals kargen Dienstbotenunterkunft, mit den Herrschaften vor allem durch die obligaten Klingelzüge verbunden. Die zweite Trennung betraf Wohnung und Arbeit. Auf dem ländlichen Hof ebenso wie im städtischen oder dörflichen Handwerksbetrieb waren Arbeitsstätte und Wohnort eins gewesen. In der Industriegesellschaft aber ging man seiner Erwerbstätigkeit in der Regel außer Haus nach, in der Fabrik – das galt für den Unternehmer ebenso wie für den Arbeiter – oder im Kontor. Wenn der Bürger nach Hause kam, war er privat.

So trennte sich die öffentliche Sphäre des Arbeitslebens und der Rationalität von der privaten Sphäre der Emotion und des sozialen Rückzugs, der Sphäre der Familie: «der rechte, von Gott erbaute Herd, auf dem die Flamme der Liebe brennt; sie ist darum auch die Stätte, wo der sittliche Mensch seine tiefste Befriedigung, sein höchstes Glück findet.»[124] Sie war das Reich der Frau, dem Wilhelm von Humboldt höheren Wert beimaß als der öffentlichen Sphäre. Weiblich dominierte Privatheit galt als Schonraum und weibliche Nichterwerbstätigkeit als Privileg, das sich erst in der Arbeitsgesellschaft des ausgehenden 20. Jahrhunderts und ihrer Verbindung von Gleichstellung und Erwerbstätigkeit zu einem Makel entwickelte. In diesem Zusammenhang entstand die Hausfrau als ein neuer Beruf des 19. Jahrhunderts, wobei die Realität der großbürgerlichen Hausfrau mit umfangreichem Personal eine ganz andere war als diejenige im kleinbürgerlichen Haushalt, wo die Frau für die gesamte Hausarbeit und Kindererziehung zuständig war.[125]

Die Trennung der Geschlechter findet sich auch in anderen Epochen und Kulturen, und die Hierarchie zwischen den Geschlechtern war eine historische Konstante seit der Antike.[126] Im 19. Jahrhundert wurde sie durch biologisch-anthropologische Zuschreibungen von natürlichen männlichen und weiblichen Merkmalen unterfüttert; die Frau galt als häuslich, mütterlich, emotional, aber auch hysterisch. Das Bürgerliche Gesetzbuch von 1900 verpflichtete sie auf die Haushaltsführung für den Mann, die erst 1977 durch die «Haushaltsführung im gegenseitigen Einvernehmen» abgelöst wurde.[127] Von höher qualifizierter Erwerbstätigkeit und von politischer Öffentlichkeit waren Frauen weithin ausgeschlossen.

Die bürgerliche Familie als Raum der Emotionalität, der bedingungslosen Liebe und Treue, der Bindung und der Stabilität kontrastierte mit der modernen Rationalisierung der Arbeitswelt und ihren Anforderungen von Mobilität, Ungebundenheit und Verfügbarkeit. Das galt im Übrigen für den Fabrikarbeiter um die Mitte des 19. Jahrhunderts nicht weniger als für den Gastarbeiter aus Portugal 1963 oder den Spitzenmanager bei Siemens zu Beginn des 21. Jahrhunderts. Die bürgerliche Familie war somit eine «moderne Gegenmoderne»[128] und ein in Europa verbreitetes Modell.

Im 20. Jahrhundert erlebte dieses Modell eine doppelte, gegenläufige Entwicklung. Auf der einen Seite schritten erwerbsorientierte Marktprinzipien einschließlich weiblicher Erwerbstätigkeit sowie Pluralisierung und Indivi-

Zusammengefasste Ehescheidungsziffern in Prozent

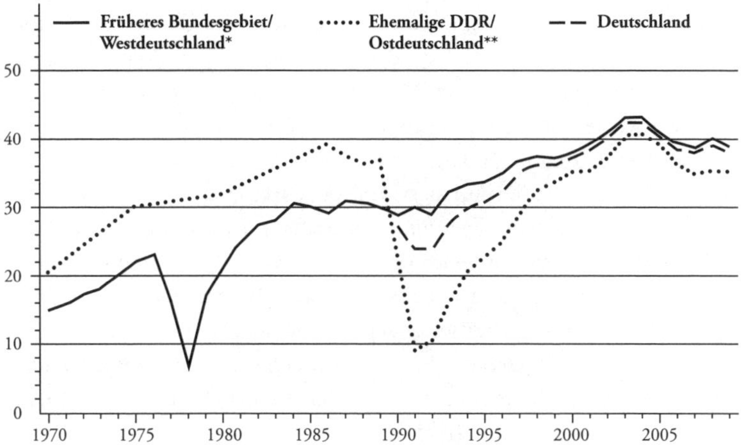

* ab 1991 ohne Berlin ** ab 1991 einschließlich Berlin

Zusammengefasste Ehescheidungsziffern in Deutschland, West- und Ostdeutschland, 1970 bis 2009

dualisierung machtvoll voran und wirkten dem bürgerlichen Familienmodell und seiner Verbindlichkeit entgegen. Auf der anderen Seite verbreitete sich das Modell der ehelichen bürgerlichen Familie zunehmend nicht nur als Lebensform einer sozialen Elite, sondern auch als Ideal in der Breite der Gesellschaft. Wenn «Mutti nicht mehr arbeiten» musste, dann galt das auch für die Arbeiterfamilie als Ausweis ihres sozialen Erfolges. Die fünfziger und sechziger Jahre sind als «goldenes Zeitalter» der bürgerlichen Familie und als «golden age of marriage» in die Geschichte eingegangen. Vom Anstieg der Fertilität in der Bundesrepublik auf über 2,5 Kinder pro Frau, den höchsten Wert seit dem Ersten Weltkrieg, war bereits die Rede. Über 90 Prozent der Frauen und Männer schlossen eine Ehe, über 90 Prozent der Kinder lebten mit beiden Elternteilen zusammen, und die Zahl der unehelichen Geburten erreichte den wohl niedrigsten Wert seit dem 18. Jahrhundert. Alle Tabellen und Graphiken zeigen deutlich, dass die Zahl der Eheschließungen bis zu Beginn der Sechziger deutlich zunahm, während die Zahl der Scheidungen nach dem Krieg sank und bis zur Mitte der sechziger Jahre niedrig blieb – ein Trend in den westlichen Industriegesellschaften allgemein.[129]

Die hohe Zeit der Familie war zugleich die Zeit einer außerordentlichen sozial-empirischen Fragmentierung von Familien im Gefolge der Kriege. Gefallene Väter, Ehemänner, Brüder und Söhne, Opfer von Verfolgung, Gewalt und Holocaust, zwei Millionen Kriegerwitwen, millionenfache Kriegsversehrte, auseinandergerissene Familien, uneheliche Kinder – die Turbulenzen hatten kaum eine deutsche Familie unversehrt gelassen. Die bürgerliche Kernfamilie war das Ideal der Nachkriegszeit und stand zugleich in unübersehbarer Spannung zur Realität. Zudem war das «goldene Zeitalter der Familie» mit seiner «Homogenisierung der privaten Lebensformen» in den fünfziger und sechziger Jahren[130] eine historische Ausnahmesituation, die sich die alte Bundesrepublik zu ihrem gesellschaftlich-politischen Normalnull gemacht hat. Der vermeintliche Trendbruch schloss Mitte der sechziger Jahre zunächst an längere historische Tendenzen an, um sie dann wesentlich zu verstärken.

Die Zahlen in der gesamten westlichen Welt sind eindeutig, vor allem in der Bundesrepublik, etwas weniger ausgeprägt in der DDR.[131] In Westdeutschland ging der Anteil der Frauen, die mindestens einmal in ihrem Leben heirateten, zwischen 1971 und 2007 von 93 auf 70 Prozent, der Anteil der Männer von 87 auf 64 Prozent zurück. Nachdem die Ehescheidungszahlen seit den mittleren sechziger Jahren steil angestiegen waren, stabilisierten sie sich in den achtziger Jahren, nahmen in einer zweiten Welle in den Neunzigern erneut zu und blieben seit 2005 wieder konstanter. 2012 lag die zusammengefasste Scheidungsziffer, d. h. die Summe der jährlichen Anteile der geschiedenen Ehen an der Gesamtzahl der Ehen des Heiratsjahrgangs, dem die geschiedenen Ehen angehören, bei rund 37 Prozent und damit auf einem mittleren europäischen Niveau.[132]

Das Ideal der Kernfamilie des verheirateten heterosexuellen Paars mit eigenen Kindern spaltete sich in verheiratete und unverheiratete Paare mit und ohne eigene und nichteigene Kinder auf. Hinzu kamen Alleinerziehende (deren Anteil von ca. 10 Prozent aller Lebensgemeinschaften mit Kindern in den siebziger Jahren auf etwa ein Drittel 2010 anstieg) sowie Alleinlebende und schließlich, sozial zumindest offiziell nicht mehr geächtet, homosexuelle Lebensgemeinschaften. Zugleich löste sich der exklusive Zusammenhang von Ehe, Partnerschaft, Familie, Sexualität und Reproduktion und schließlich auch von Heterosexualität auf. Das Ergebnis war eine große Bandbreite von Lebens- und Privatheitsformen; standardisierte Lebensverläufe lockerten sich, indem biographische Übergänge wie Verlobung, Heirat und Familiengründung ihre Verbindlichkeit verloren.

Ein Grund liegt in der Veränderung der Arbeitswelt hin zur Dienstleistungsgesellschaft. Ihre erhöhten Anforderungen an Flexibilität und Mobilität kollidierten zwangsläufig mit der Familie als dem Ort der Stabilität. Dasselbe gilt für den Wandel der Geschlechterbeziehungen und die zunehmende weibliche Erwerbstätigkeit; selbst bei günstigsten Rahmenbedingungen stellt die Verbindung von (Voll-)Erwerbstätigkeit und Kindern eine erhöhte Belastung dar. Das Wohlstandsniveau der Konsumgesellschaft und der moderne Sozialstaat machten die Individuen materiell von der Familie unabhängig. Im Gegenteil, sie verkehrten die materielle Kosten-Nutzen-Rechnung in Bezug auf Kinder ins Negative. Schließlich hing die Veränderung der Lebensformen eng mit den langfristigen modernen Trends der Pluralisierung und der Individualisierung zusammen.

Was also ist historisch neu?[133] Als gesellschaftlich sichtbare und akzeptierte Lebensformen sind es erstens homosexuelle Lebensgemeinschaften sowie gewollt kinderlose Ehen. Alleinlebende hingegen hatte es aufgrund von Heiratsbeschränkungen in der Vormoderne ebenso in großer Zahl gegeben wie Patchworkfamilien, die in aller Regel aus der Wiederverheiratung des Ehemannes entstanden, wenn die Ehefrau im Wochenbett verstorben war. Neu war nicht die Existenz dieser Lebensformen, neu war zweitens die freie Wahl zwischen gleichberechtigten Optionen. Diese freie Wahlmöglichkeit macht den entscheidenden Unterschied zur Vormoderne aus, so dass wir es nicht, wie manchmal mit sozialromantischem Unterton behauptet wird,[134] mit der Wiederaufnahme einer vermeintlich vormodernen Pluralität zu tun haben. Damit einher ging die Deinstitutionalisierung der Ehe. Sie wandelte sich von der «Fusion» zur «Assoziation» mit einer Option auf ihre Auflösung. Dies galt mehr noch für die zunehmende Zahl unverheiratet zusammenlebender Paare, die in Westdeutschland zwischen 1972 und 2010 von 137 000 auf fast 2 Millionen anstieg. Drittens verlor damit die eheliche Kernfamilie ihr Monopol auf das normative Ideal des Zusammenlebens. Indem zugleich der Anteil von Familien mit Kindern zurückging, während kinderlose Lebensformen zunahmen und vielfältiger wurden, bildete sich eine «duale Ordnung von Erwachsenen mit Kindern und kinderlosen Erwachsenen»[135] aus. So entstand viertens eine neue Kategorie sozialer Ungleichheit. Schließlich stellt der dauerhafte Rückgang der Geburtenraten auf eine Nettoreproduktionsrate weit unter eins ein fünftes historisches Novum dar.

Zugleich ist eine durchgängige Differenz zwischen öffentlichen Debatten und realer Lebenspraxis zu beobachten. Der Mikrozensus 2011 verzeichnete 29 000 eingetragene Lebenspartnerschaften in Deutschland gegenüber 17 Millionen Ehepaaren.[136] 2007 lebten in der Hälfte aller Haushalte der 25-

 bis 45-Jährigen in Deutschland Partner mit Kindern, und 57 Prozent aller Haushalte der zwischen 40- und 45-Jährigen waren Ehen mit Kindern. Die eheliche Kernfamilie ist zwar nicht mehr die exklusive Leitvorstellung, aber sie stellt weiterhin das Mehrheitsmodell dar. Alleinerziehende haben oft eine gescheiterte Ehe hinter sich, und umgekehrt sind Kinder oft der Grund für eine Eheschließung; auch das Adoptionsrecht als Ziel homosexueller Bestrebungen deutet auf die Attraktivität dieser Lebensform hin. Die Kontinuitäten sind größer, als es medienöffentlich scheint.

Im Vergleich zur alten Bundesrepublik waren und sind auf ostdeutscher Seite einige Besonderheiten zu verzeichnen. Neben dem Geburteneinbruch in den ersten Jahren nach der Wiedervereinigung bildet die um ein Mehrfaches höhere Rate nicht ehelich geborener Kinder einen markanten Unterschied und steht für die schwächere Verbindung von Ehe und Elternschaft. Zudem gibt es in den neuen Ländern relativ weniger Kinderlose, dafür mehr Ein-Kind-Familien, und die Vollerwerbstätigkeit von Müttern ist wesentlich weiter verbreitet als in Westdeutschland, wo Mütter in einem auch im europäischen Vergleich relativ hohen Maße in Teilzeit arbeiten. Umgekehrt besitzt die modifizierte bzw. modernisierte bürgerliche Kernfamilie samt der Ehe in Westdeutschland nach wie vor hohe Popularität. Bei Menschen mit Migrationshintergrund variieren die Lebensformen mit dem Herkunftsland. In der Summe sind unter Migranten ein geringerer Anteil kinderloser Frauen, höhere Geburtenraten (v. a. bei Afrikanerinnen), ein größerer Anteil von Frauen mit drei und mehr Kindern sowie eine besonders hohe Rate verheirateter Eltern anzutreffen.[137]

Das Gesamtbild ergibt somit eine Verbindung von signifikanten Veränderungen einerseits und machtvollen Kontinuitäten andererseits. Das gilt in besonderem Maße für Geschlechterbeziehungen, das Feld der größten gesellschaftlichen Veränderungen im 20. Jahrhundert und das zentrale gesellschaftspolitische Thema um die Jahrtausendwende.

Männer und Frauen

Der Abbau von geschlechterbedingten Unterschieden war ein Basistrend westlicher Gesellschaften im 20. Jahrhundert, insbesondere im letzten Drittel. Zugleich wurden verbleibende Ungleichheiten als sozial ungerecht angesehen, wobei Alexis de Tocqueville schon 1835 das Paradox erkannt hatte, dass mit dem Abbau von Ungleichheiten die Sensibilität gegenüber verbliebenen Ungleichheiten zunimmt.[138]

Von zentraler Bedeutung war dabei die Verbindung von Geschlechterbeziehungen und weiblicher Erwerbstätigkeit. Sie wurde zur dominanten Kombination im gesamten Komplex von Familie, Geschlechterbeziehungen, Generationenverhältnis und Gesellschaftsordnung. Geschlechterbeziehungen sind ins Zentrum des Erwerbslebens und das Erwerbsleben ins Zentrum der Geschlechterbeziehungen gerückt. In diesem Zusammenhang hat sich auch die Rede von der «Vereinbarkeit von Familie und Beruf» semantisch verschoben. In der westdeutschen Familienpolitik der achtziger Jahre war damit die konsekutive Vereinbarung einer dreijährigen Phase der Kinderbetreuung und dann der Berufstätigkeit auf weiblicher Seite gemeint.[139] Im frühen 21. Jahrhundert bedeutet «Vereinbarkeit von Familie und Beruf» im politischen Sprachgebrauch, möglichst umfangreiche weibliche Erwerbstätigkeit zu ermöglichen und dazu Kapazitäten für außerfamiliäre Kinderbetreuung einzurichten.

Weibliche Erwerbstätigkeit liegt einerseits in der Logik der bürgerlichen Moderne. Sie schließt an ihr Versprechen an, soziale Position nicht durch Geburt und Stand, sondern aufgrund von individuell erworbener Bildung und Leistung bzw. von Beruf zu erwerben. Im 19. Jahrhundert war dieses Versprechen den Männern vorbehalten, während Frauen ihre soziale Position durch Heirat erwarben. Dass dieses Versprechen im Zuge der weiblichen Emanzipationsbewegung auch von Frauen reklamiert wurde und sich die Geschlechterrollen somit auf der Basis des männlichen Rollenmodells der bürgerlichen Moderne anglichen, belegt die überragende materielle und kulturelle Bedeutung der Arbeitswelt in der kapitalistischen Moderne; andere Formen der Distinktion wie das Privileg der Nichterwerbstätigkeit, das der Adel in der Vormoderne oder bürgerliche Frauen im 19. Jahrhundert besessen hatten, haben sich demgegenüber nicht behaupten können. So unterminierte weibliche Erwerbstätigkeit andererseits die spezifische Geschlechterordnung, wie sie die bürgerliche Moderne im 19. Jahrhundert ausgeprägt hatte, indem sie ihre Rollenzuschreibungen zurückwies. Weibliche Nichterwerbstätigkeit galt im frühen 21. Jahrhundert nicht mehr als Privileg, sondern als Defizit.

Das Konfliktmuster zwischen Rollenerwartung und Erwerbstätigkeit ist seit dem 19. Jahrhundert Thema. Die ältere bürgerliche Frauenbewegung zielte auf weibliche Selbständigkeit und die Befreiung aus häuslicher Enge. Ihre Forderungen richteten sich daher auf das Wahlrecht für Frauen (das es bis 1914 nur in Finnland und Norwegen sowie in zwölf Bundesstaaten der USA gab), auf Eigentumsrechte, das Scheidungsrecht, den Zugang zu höherer Bildung (erst 1895/96 nahmen die Universitäten Berlin und Göttingen Gasthörerinnen auf[140]) und zu qualifizierten Berufen. Bürgerliche Frauen wollten arbeiten, um sich zu emanzipieren. Proletarische Frauen hingegen mussten arbeiten, um sich und ihre Familien zu ernähren. Ihnen ging es um bessere Arbeitsbedingungen, höhere Einkünfte und eine Verringerung des Zwangs zur Erwerbsarbeit. Daher gewann das bürgerliche Familienmodell in der Nachkriegszeit besondere Attraktivität in den Arbeiterschichten. Der Unterschied in der Einschätzung weiblicher Erwerbstätigkeit zwischen Mittelschichten und Arbeiterschaft, zwischen Akademikerinnen und Nichtakademikerinnen ist bis heute geblieben.

Die DDR stand in der proletarischen Tradition. Hohe weibliche Erwerbstätigkeit lag in erster Linie an ökonomischen Notwendigkeiten und war nicht Medium weiblicher Emanzipation; sie war weder der politische noch der gesellschaftliche Zustand in der DDR. Zugespitzt ist dies in Entwicklungsländern sichtbar, wo weibliche Erwerbstätigkeit auf existentieller materieller Notwendigkeit beruht und ohne nachhaltige emanzipatorische Relevanz bleibt.[141] Der Emanzipationsvorsprung durch weibliche Erwerbstätigkeit in der DDR ist daher ein nachträgliches Wahrnehmungsphänomen; es stellte sich nach dem Ende der DDR ein, als die weibliche Erwerbsquote zum zentralen Indikator von Gleichstellung geworden war.

Im Gegensatz zur älteren bürgerlichen Frauenbewegung zielte die neue Frauenbewegung, die sich in den siebziger und achtziger Jahren in der gesamten westlichen Welt formierte, weniger auf die Beseitigung von rechtlicher als vielmehr von materieller und gesellschaftlich-kultureller Ungleichheit.[142] Sie entwickelte sich seit 1968 aus der antiautoritären Jugend- und Studentenbewegung, vor allem aus einem kleineren Kreis jüngerer Frauen mit höheren Bildungsabschlüssen. Ihre Ziele – repressionsfreie Geschlechterbeziehungen, freie selbstbestimmte Sexualität, Arbeitsteilung – waren weniger kohärent als die der bürgerlichen Frauenbewegung. Aber sie besaß einen klaren Kristallisationskern, die Forderung nach der Straffreiheit von Abtreibung, um mit den Folgen einer ungewollten Schwangerschaft eine zentrale geschlechterspezifische Ungleichheit zu beseitigen. Das Dilemma war ihr Widerspruch zu einer anderen fundamentalen ethischen Position: dem Tötungsverbot ungeborenen Lebens. Dass sich der Aspekt der weiblichen Selbstbestimmung letztlich durchsetzte, zeigt die gesellschaftliche Durchsetzungskraft der feministischen Sache. Nachdem in den siebziger Jahren zunächst einzelne Projekte wie Kinderläden oder Frauenhäuser gestartet und Miss-Wahlen gesprengt wurden, institutionalisierte sich die Frauenbewegung in den achtziger Jahren auf breiter Front. Weltfrauenkonferenzen schufen Netzwerke und setzten die Frauenfrage auf die globale Agenda der hohen Politik.

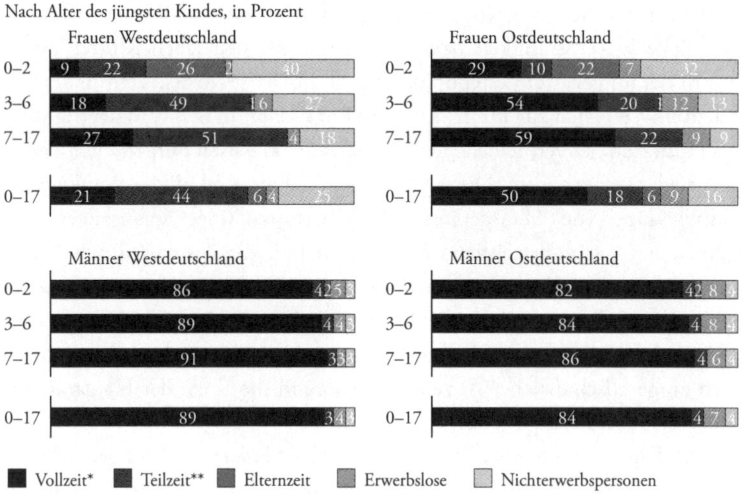

*30 Std. und mehr **bis 29 Std.

Für Personen, die in Elternzeit sind, aber gleichzeitig eine Erwerbstätigkeit oder Erwerbslosigkeit angegeben haben, wurde nur die Elternzeit berücksichtigt.

Erwerbsbeteiligung von Frauen und Männern mit Kindern unter 18 Jahren im Haushalt, 2010

Weibliche Lebensverläufe veränderten sich, die Bedeutung von Ehe und Familie relativierte sich, die Mittel zur Empfängnisverhütung entkoppelten Sexualität von Elternschaft, ein liberalisiertes Scheidungsrecht vergrößerte die individuellen Wahlmöglichkeiten und der Sozialstaat übernahm zunehmend Funktionen der Familie wie die Betreuung von Kindern und Pflege.[143] Die Bildungsreformen brachten hochqualifizierte Erwerbstätigkeit von Frauen voran und erwiesen sich als Emanzipatonskatalysator.[144]

Historisch gesehen hingen der Anstieg weiblicher Erwerbstätigkeit und die veränderte Geschlechterordnung der Arbeit mit dem Wandel von der Industrie- zur Wissensgesellschaft zusammen. Denn Dienstleistungsberufe gewannen an Bedeutung, die Frauen leichter zugänglich waren als die auf körperlicher Kraft beruhenden Industrieberufe.[145] Um die Wende vom 19. zum 20. Jahrhundert waren zunächst typische neue Frauenberufe wie Sekretärinnen und Telefonistinnen entstanden. 1925 waren in Deutschland 22 Prozent aller Arbeiterfrauen und 10 Prozent aller Angestelltenfrauen außerhäuslich vollerwerbstätig, und auch im Nationalsozialismus nahm die weibliche Erwerbstätigkeit trotz allen Kults der deutschen Mutter weiter zu. In der jungen Bundesrepublik ging sie zunächst zurück, signifikant vor allem im Vergleich zur DDR, um allerdings schon in den fünfziger Jahren, also inmitten der vermeintlichen Hochzeit der klassisch bürgerlichen Familie wieder anzusteigen. Die Konsumgesellschaft und die technologische Entwicklung von Hausgeräten wie Waschmaschine, Staubsauger und Kühlschrank setzten zeitliche Kapazitäten frei, die vormals durch Hausarbeit, etwa am «Waschtag», gebunden waren. Die Gesamterwerbsquote verheirateter Frauen (nicht die Vollerwerbsquote) stieg von 26,4 Prozent 1950 auf 36,5 Prozent 1961. Zugleich gewann die Berufstätigkeit von Müttern an gesellschaftlicher Akzeptanz, während die Rolle der Hausfrau auf lange Sicht an Prestige verlor.[146]

Die Erwerbsquote aller 15- bis 65-jährigen Frauen in Westdeutschland stieg. Zwischen 1970 und 1990 nahm sie um 10 Prozentpunkte (von 46 auf 56,7) und in den beiden folgenden Jahrzehnten um weitere 14 Prozentpunkte zu. 2011 betrug sie 70,5 Prozent in Westdeutschland und 71,8 Prozent in ganz Deutschland. Das waren 5,9 Prozentpukte weniger als in Schweden und 0,9 Prozentpunkte weniger als in Finnland, aber 2,1 Prozentpunkte mehr als im Vereinigten Königreich und 5,6 Prozentpunkte mehr als in Frankreich, 11,1 Prozentpunkte über Luxemburg und knapp 7 Prozentpunkte über dem EU-Durchschnitt. Zugleich enthielt die weibliche Erwerbsquote in Deutschland einen relativ hohen Anteil an Teilzeitbeschäftigung von Müttern, vor allem in Westdeutschland.[147]

Die «Feminisierung der Arbeitswelt» in den westlichen Industriegesellschaften war ein Basistrend seit dem ausgehenden 19. Jahrhundert und eine der größten sozialen Veränderungen vor allem seit dem späten 20. Jahrhundert.[148] Zugleich ist die Arbeitswelt ein Ort anhaltender Geschlechterungleichheiten. Arbeitsmärkte sind nach wie vor geteilt in typische Männerberufe wie Monteur, Metzger und KfZ-Mechaniker oder auch Koch und typische Frauenberufe wie Kindergärtnerin, Arzthelferin und Sekretärin. Zugleich sind Verschiebungen wie die zunehmende Verweiblichung des Lehrerberufs und des Medizinstudiums zu beobachten.

Besondere öffentliche Aufmerksamkeit gilt dem Verdienstunterschied zwischen Männern und Frauen. Er betrug 2012 in Deutschland 22 Prozent und lag damit im europäischen Vergleich ähnlich hoch wie in Österreich (23 %) und etwas höher als in Finnland (19 %), Schweden (16 %) und Frankreich (15 %). Am kleinsten war die Verdienstlücke in Slowenien (3 %) sowie in Malta (6 %) und Italien (7 %)[149] – den Ländern mit den niedrigsten weiblichen Erwerbsquoten in Europa. Groß war der *gender pay gap* hingegen in Ländern mit hoher weiblicher Erwerbsquote. Die Gründe liegen erstens in der Teilzeitbeschäftigung von Frauen, die zudem weniger bezahlte Überstunden absolvieren oder übertarifliche Zulagen (etwa für Schichtarbeit) beziehen. Zweitens ist das Gehalt in Berufen wie Arzthelferin, Kindergärtnerin oder Sekretärin niedriger als das von Metzgern, Müllfahrern oder Monteuren. Drittens führen Karriererückstände aufgrund von ausgesetzter Erwerbstätigkeit für die Kindererziehung zu Verdienstlücken.

Ungleiche Bezahlung erfolgte überwiegend für ungleiche Berufspositionen, nicht für gleiche Arbeit, wie beispielsweise Bundesministerin von der Leyen persistent behauptete.[150] Die Ausnahmen betreffen einfache Tätigkeiten ohne Berufsausbildung auf der einen und frei verhandelte außertarifliche Gehälter auf der anderen Seite, deren Unterschied auf ein in der Regel zurückhaltenderes Auftreten von Frauen im Hinblick auf Gehaltsforderungen zurückgeführt wird.[151] Der Gender-Soziologe Stefan Hirschauer konstatierte in den Debatten um Geschlechterungleichheit politisch interessierte Wahrnehmungen, die nicht unbedingt tatsächlichen Benachteiligungen entsprechen.[152]

Gilt das auch für Führungspositionen? Für das Phänomen der hierarchisch zunehmenden Männerdominanz etwa unter Managern und Professoren sind eine Reihe von Gründen benannt worden: geschlechtsspezifische Verhaltensunterschiede wie ausgeprägtere Karriereorientierung und Durchsetzungskraft von Männern sowie Aufstiegsstrukturen, die Frauen durch die «gläserne Decke» benachteiligen. Empirisch belegt sind sie allerdings nicht.[153] Für Mütter kommt die geschlechtsspezifische Rollenverteilung in der Familie hinzu, die den Erwartungen an Führungskräfte widerspricht; diese sind am typisch männlichen Lebenslauf orientiert und räumen der Arbeit vor der Familie Priorität ein, wenn etwa wichtige Meetings um 19 Uhr angesetzt werden. 2011 betrug der Frauenanteil in Führungspositionen in der Privatwirtschaft nach Angaben des Bundesministeriums für Familie, Senioren, Frauen und Jugend 30,4 Prozent, an Vorstandsmitgliedern der deutschen Top-200-Unternehmen hingegen 3,0 Prozent. Im öffentlichen Dienst hatte sich der Frauenanteil im höheren Dienst zwischen 2001 und 2010 auf knapp über 50 Prozent fast verdoppelt, in Leitungsfunktionen der Bundesbehörden lag er 2009 bei etwa 30 Prozent.[154]

Alles in allem ist einmal mehr ein Nebeneinander von Kontinuität und Wandel zu beobachten, allerdings mit einem Übergewicht des Wandels. Die größten Veränderungen lagen in der Verschiebung des Rahmens allgemein akzeptierter Werte und Normen, denen bekanntlich Entscheidungen folgen.

 Männliche Dominanz ist zwar noch in weiten Bereichen gegeben, wird aber in abnehmendem Maße öffentlich akzeptiert. Die Frage, inwiefern Ungleichheit und ihre Entwicklung der gesellschaftlichen Selbstorganisation zu überlassen oder politisch zu regulieren sind, wurde im Zeichen von Gleichstellung als politischer Norm zunehmend zugunsten der Regulierung beantwortet. Dabei dominiert das Geschlecht als ausgleichsbedürftige Kategorie der Ungleichheit über andere Kriterien wie soziale Lage oder ethnische Herkunft, Kinderzahl, Alter, sexuelle Orientierung oder Behinderung.

Gender mainstreaming stellt somit, nach der älteren Frauenbewegung des späten 19. Jahrhunderts und der neuen Frauenbewegung seit den siebziger Jahren des 20. Jahrhunderts, eine geschlechterübergreifend getragene dritte Phase der Frauenbewegung im Zeichen aktiver Gleichstellung dar. Sie umfasst Offensiven zur Übernahme traditionell geschlechterferner Berufe (Jungen als Kindergärtner und Mädchen als Ingenieure), Quoten für Führungspositionen und Anreize zugunsten des Modells der egalitären Familie sowie der innerfamiliären Rollenangleichung von Mann und Frau. Denn geschlechterbedingte Unterschiede bestehen neben dem Erwerbsleben traditionell vor allem im Bereich von Haus- und Familienarbeit.

Familien zwischen Selbstorganisation, Gesellschaft und Politik

Die Kindheit war eine Entdeckung des 19. Jahrhunderts, ihr Entdecker war die bürgerliche Familie, in der die Frau und Mutter für das Haus sorgte, und ihr Symbol war das bürgerliche Kinderzimmer als eigener Raum des Kindes.[155] Es war vor allem die Reformpädagogik um die Wende vom 19. zum 20. Jahrhundert, die einen allgemeinen Wandel der Einstellung zum Kind von der früh anzulernenden Arbeitskraft zum sich entfaltenden Individuum beförderte. Seit den sechziger Jahren des 20. Jahrhunderts verschoben sich die Erziehungswerte von Gehorsam und Unterordnung hin zu Selbständigkeit und freiem Willen.[156] Die «Emanzipation des Kindes»[157] schlug sich in einer durchgängigen Stärkung von Kinderrechten und in steigenden Erwartungen an Eltern durch anspruchsvollere Erziehungsleitbilder nieder.

Zugleich wandelten sich die bevorzugten Modelle von Familien mit Kindern. Während die Zahl traditioneller bürgerlicher Kernfamilien mit vollerwerbstätigem Vater und nicht erwerbstätiger Mutter zurückging, bildete sich ein neues Mehrheitsmodell heraus: die modifizierte oder modernisierte bürgerliche Kernfamilie mit vollerwerbstätigem Vater und teilzeitbeschäftigter Mutter. War dies der Ausdruck gesellschaftlicher Selbstorganisation, von individuellen Präferenzen und flexibilisierten Lebensverläufen – oder war es das Ergebnis mangelnder Alternativen? Von einer breiten politischen Koalition wurde diese Lebensform, insbesondere eine relativ lange Unterbrechung der Erwerbstätigkeit für Kindererziehung, zu Beginn des 21. Jahrhunderts als «problematisch» angesehen.[158] Hatte in den achtziger Jahren die häusliche Erziehung von Kleinkindern durch die Mutter als Leitbild christdemokratischer Familienpolitik gegolten, so förderte ein überparteilicher Konsens spätestens seit 2005 explizit das Modell der egalitären Familie mit doppelter Vollerwerbstätigkeit (bzw. zwei ähnlich umfangreichen Erwerbstätigkeiten zwischen 50 und 100 Prozent) und angeglichenen Rollen innerhalb der Familie. Das Elterngeld sollte Anreize für eine maximal einjährige Unterbrechung der Berufstätigkeit nach der Geburt eines Kindes sowie für eine berufliche Auszeit auch von Vätern setzen. In Verbindung damit wurden die in Ostdeutschland aus Zeiten der DDR verbreiteten, im Westen hingegen sehr eingeschränkten Möglichkeiten der außerfamiliären Tagesbetreuung für Kinder unter drei Jahren in einem großen Ausbauprogramm erheblich erweitert. 2008 beschloss der Bundestag, die Kapazitäten in ganz Deutschland auf 750 000 Betreuungsplätze zu verdreifachen und einen Rechtsanspruch auf die Betreuung ab dem zweiten Lebensjahr einzuführen.[159]

Damit veränderten sich die gesellschaftlichen Realitäten der Kindererziehung in Westdeutschland grundlegend. Zwischen 2007 und 2012 stieg die Quote außerfamiliär betreuter Kinder unter drei Jahren von 15 auf 28 Prozent, bei zunächst erheblichen regionalen Unterschieden zwischen 18 Prozent in Nordrhein-Westfalen und 58 Prozent in Sachsen-Anhalt.[160] Flankiert wurde diese «Entprivatisierung der Kindererziehung»[161] durch politische Ressentiments gegen das traditionelle Modell der innerfamiliären Kindererziehung, die insbesondere in den Debatten um das Betreuungsgeld artikuliert wurden. Repräsentativ dafür war die Aussage einer rheinland-pfälzischen Staatssekretärin: «Keine Mutter kann ihrem Kind das bieten, was eine Krippe bieten kann.»[162]

Die politischen Einflussnahmen auf die Gestalt der Familien zeigen, wie Familien im Spannungsverhältnis zwischen gesellschaftlicher Selbstorganisation und politischer Regulierung, zwischen diskursiven Normen und sozialer Realität stehen. Und sie verweisen einmal mehr auf den Strukturkonflikt zwischen der Familie und der gesamten Moderne. Die materielle Kosten-Nutzen-Rechnung dieser Lebensform hat sich in modernen Wohlfahrtsstaaten umgekehrt; während Alter und Pflege durch Renten- und Pflegeversicherung sozialisiert wurden, verursachen Kinder durch gestiegene Anforderungen an Erziehung und Ausbildung erhöhte Kosten. Zugleich haben auch die familienpolitischen Maßnahmen des frühen 21. Jahrhunderts nichts daran geändert, dass die Arbeitswelt fordert, familiäre Belange hinter die Anforderungen des Arbeitslebens zurückzustellen.[163]

Die «Beseitigung direkter und indirekter Diskriminierungen von Familien» sowie die systematische Berücksichtigung «der Auswirkungen allgemeiner politischer, rechtlicher und wirtschaftlicher Entscheidungen auf Familien» – zum Beispiel durch eine Anpassung beruflicher Karrieremuster an familiäre Lebensverläufe und Bedürfnisse durch Aufstiegsmöglichkeiten für Eltern in einer späteren Lebensphase – bezeichnete der Schweizer Familienbericht von 2004 als *family mainstreaming*.[164] Dieses Konzept kollidiert allerdings mit dem etablierten feministischen Paradigma. Geht es *gender mainstreaming* vor allem um weibliche Erwerbsarbeit und Gleichstellung, so liegen die Prioritäten von *family mainstreaming* auf Kindern und Familien als Wert und Ziel an sich.

Familien sind der Ort umfangreicher intergenerationeller Solidarbeziehungen und der sozialen Einbindung und selbstverständlicher Fixpunkt für die Mehrzahl der Menschen. Sie haben sich an gewandelte äußere Erfordernisse angepasst und verfügen trotz aller zeitgenössischer Krisenrhetorik über eine robuste Eigenlogik. «Familie ist eine Konstante menschlichen Zusammenlebens, jedoch nicht in einer bestimmten Erscheinungsform. Weil sich die Familie beständig wandeln kann, ist sie überhaupt existenzfähig.»[165]

Sexualität und Lebensformen

Die Sexualmoral nahm traditionellerweise einen prominenten Platz in der christlichen wie in der bürgerlichen Moral ein und war Gegenstand geradezu obsessiver Regulierung. Im antiken Griechenland und Rom sollte Sexualität innerhalb der Ehe, so sahen es Xenophon und Plutarch, auf die Zeugung von Kindern beschränkt sein, männlicher Mehrbedarf gegebenenfalls außerhalb der Ehe gestillt werden. Ersteres, aber nicht Zweiteres übernahm die christlich-kirchliche Sexuallehre, die Sexualität nur zur Fortpflanzung im Rahmen der heterosexuellen Ehe akzeptierte. Sie verfügte wiederum über große Schnittmengen mit der bürgerlichen Sexualmoral, die auf einen vernunftgeleiteten und kontrollierten statt triebhaften Umgang mit Sexualität baute. Zugleich nahm sie eine schon ältere geschlechterbezogene Doppelmoral in Kauf – während von Frauen erwartet wurde, jungfräulich in die Ehe zu gehen und sich auf die Liebe zum Gatten und zu den Kindern zu beschränken, wurden dem Mann größere Freiräume zugestanden.

Bis ins 20. Jahrhundert galt die Ehe in Europa als einziger Ort legitimer Sexualität. In Frage gestellt wurde die bürgerliche Sexualmoral durch die Sexualforschung sowie die Reformbewegungen um 1900. Das 20. Jahrhundert gab zunächst ein ambivalentes Bild ab, was auch für den Nationalsozialismus galt – einerseits propagierte er traditionelle Vorstellungen von Ehe und Familie, andererseits unterminierte das Rasse- und Zuchtdenken die christliche und bürgerliche Sexualmoral ehelicher Treue. Das war der Hintergrund für eine ausgeprägte Retraditionalisierung in der frühen Bundesrepublik – und nicht nur dort – auch im Bereich der Sexualethik.[166]

Bereits seit den sechziger Jahren war demgegenüber ein Prozess der Ent-Bindung von Sexualität (wieder) im Gange. Mit der ersten Ausgabe des Playboy im Dezember 1953 tat die Erotik- und Sexindustrie einen großen Schritt in die Öffentlichkeit der entstehenden Konsumgesellschaft. Diesen Markt bediente auch das «Versandhaus Beate Uhse», das sein Geschäft unter dem Begriff «Ehehygiene» führte, wie auch die von Oswalt Kolle seit den sechziger Jahren betriebene Popularisierung von Sexualität und Nacktheit als «Aufklärung» firmierte. Pille und Wertewandel lösten den exklusiven Zusammenhang von Sexualität und Fortpflanzung, von Partnerschaft und Elternschaft, von Sexualität und Ehe auf. «1968» war nur die sichtbare Spitze eines Eisbergs: des Abbaus moralischer und rechtlicher Regulierungen von Sexualität in den sechziger und siebziger Jahren, ohne dass dies freilich zur allgemeinen gesellschaftlichen Norm und Praxis geworden wäre; die persistente öffentliche Skandalisierung von «Seitensprüngen» zeigt die fortdauernde grundsätzliche Geltung der Beschränkung als legitim erachteter Sexualität zumindest auf eine Zweierbeziehung an.

In den achtziger Jahren wurde die Sexindustrie zu einem Bestandteil der Massenkultur,[167] und die privaten Rundfunkanstalten etablierten sich vor allem mit Hilfe von *sex and crime*. Mediale Inszenierungen brachten mit zunehmender Kommerzialisierung neue Stereotypen der Geschlechterordnung hervor. Neue mediale Stars und Eliten wie Models und *playmates*, Hochleistungssportler, Popstars und Schauspieler inszenierten eine neue und zugleich höchst traditionelle Körperlichkeit. Demgegenüber fand mit der politischen Implementierung von Gleichstellung eine fundamentale Neuverhandlung von Geschlechterrollen und -identitäten statt. Die «neue Frau» hatte allerdings schon zu Beginn des 20. Jahrhunderts tradierte männliche Rollenbilder herausgefordert, während die Bedeutung männlicher Muskelkraft durch immer leistungsfähigere Maschinen entwertet wurde. Das Ergebnis war ein Kult der Männlichkeit: von Helden in Flugzeugen und Rennwagen, von athletischen Körpern und Kriegern.[168]

Ein Jahrhundert später wird abermals von «neuen Männern» gesprochen, nun allerdings im Sinne von teilzeitarbeitenden Vätern und gleichberechtigter männlicher Beteiligung an Hausarbeit, von Kooperation, Flexibilität und Feminität. Staatliche Programme wie «Mehr Männer in Kitas» unterstützten diese Entwicklung. Zugleich löste eine neue Männlichkeit die alte nicht einfach ab; das neue Männerbild stellte weitgehend ein Mittelschichtenphänomen dar, und besonders im Beruf blieb der leistungsstarke und erfolgreiche Mann auch weiterhin das Maß der Dinge. Inwiefern sich dieses Bild im Zuge der Kultur der Inklusion ändert und sich Ansätze zu einer Diversität der Lebensläufe auch von Männern durchsetzen, ist eine offene Frage.[169]

Mit der Pluralisierung von Sexualität und dem postmodernen Dekonstruktivismus wurden unterdessen die Sexualnorm der Heterosexualität und das Gegenverhältnis der Geschlechter in Frage gestellt.[170] Die Emanzipation von Homosexualität war ein breiter transnationaler Prozess auf rechtlicher und politisch-kultureller Ebene. In vielen Ländern hatte es zu verschiedenen Zeiten unterschiedliche Formen strafrechtlicher Verfolgung gegeben. In Deutschland stellte der Paragraph 175 des Strafgesetzbuches von 1872, der in entschärfter Form offiziell bis 1994 existierte, sexuelle Handlungen zwischen Männern unter Strafe. Widerstand gegen den Paragraphen 175 regte sich seit der Gründung des Wissenschaftlich-Humanitären Komitees durch den Berliner Arzt Magnus Hirschfeld 1897. Seit den siebziger Jahren des 20. Jahrhunderts bewegte sich die Schwulenbewegung in den USA im Gefolge der schwarzen Bürgerrechtsbewegung und der Frauenbewegung, wobei sich Lesben lange Zeit innerhalb der Frauenbewegung und damit getrennt von männlichen Homosexuellen organisierten. Die eigentlichen Emanzipationsfortschritte erzielte die Schwulenbewegung seit den achtziger Jahren dabei nicht in konfrontativ politisierter Form, sondern im Gefolge des dekonstruktivistischen *trickle-down*-Effekts.

In Deutschland wurde 2001 das Gesetz über die Eingetragene Lebenspartnerschaft für zwei Menschen gleichen Geschlechts verabschiedet, die den Rechtsfolgen der Ehe in bürgerlich-rechtlichen Angelegenheiten zum größten Teil nachgebildet ist[171] und deren zunehmende Gleichstellung mit der heterosexuellen Ehe durch die Urteile des Bundesverfassungsgerichts befördert wurde. 2012 ging die amtliche Statistik von 73 000 gleichgeschlechtlichen Lebensgemeinschaften in Deutschland aus (die Angaben im Mikrozensus waren freiwillig), davon waren knapp 44 Prozent eingetragene Lebenspartnerschaften, darunter wiederum knapp 44 Prozent Frauen.[172] Auf politisch-kultureller Ebene gab das Allgemeine Gleichbehandlungsgesetz von 2006 explizit vor, Benachteiligungen aufgrund sexueller Identität zu verhindern und zu beseitigen.

Kritiker wiederum monieren, dass die Inklusion von homosexuellen Lebensgemeinschaften zugleich eine Exklusion anderer Lebensformen, zum Beispiel polyamorer Beziehungen darstelle und zugleich das Prinzip der Zweigeschlechtlichkeit verfestige. Die *queer-theory* geht daher kategorial über Schwule und Lesben hinaus und fordert die Inklusion auch von Bi- und Intersexuellen, Transgender, Pan- und Asexuellen sowie Heterosexuellen, die BDSM oder Polyamorie praktizieren – und eröffnet weitere Perspektiven einer Auflösung der Geschlechterordnung von Männern und Frauen.

Sind dies Vorboten einer neuen Welt, in der zugleich die traditionellen Bindeglieder innerhalb der Gesellschaft schwächer werden? Der demographische und sozial-kulturelle Wandel wird zunehmend alternde Menschen ohne langfristige Partnerschaft und ohne Kinder hervorbringen, die nichtsdestoweniger sozialer Bindungen bedürfen. Voraussichtlich werden neue «Wahlverwandtschaften»[173] wie Nachbarschaften, Netzwerke und neue Gemeinschaftsformen an Bedeutung gewinnen und auch geschaffen werden müssen. Eine neue Dimension liegt unterdessen in den Potentialen künstlicher Reproduktion, mit denen sich die Trennung zwischen Sexualität bzw. Partnerschaft und Reproduktion, wie sie seit den sechziger Jahren des 20. Jahrhunderts als verlässliche Option eingetreten ist, noch einmal radikalisieren kann. Denn zum einen eröffnen sich biotechnologische und medizintechnische Möglichkeiten der geplanten Zusammensetzung von Erbgut und von Reproduktion. Zum anderen ermöglichen sie Reproduktion ohne persönliche Bindung, vermögen sie also ganz von der Familie im klassischen Sinne zu entkoppeln – dass dies im Sinne totalitärer Vorstellungen einer Zucht von Menschen nicht ganz neu ist, deutet zugleich die Risikopotentiale möglicher Entwicklungen an.

Und dennoch spricht die historische Erfahrung, bei aller Vorsicht über ihre prognostischen Qualitäten, nicht unbedingt dafür, dass eine völlig neue Welt zu erwarten ist. Denn die eigentliche Besonderheit der Geschichte von Frauen, Männern und Familien liegt darin, dass die Geschichte des Wandels zugleich eine Geschichte der Kontinuität ist. Formen des Zusammenlebens ändern sich, unverändert aber ist die Bereitschaft von Menschen, füreinander da zu sein.

6. Ost und West: Die Folgen von 1989

Die Befreiung vom Kommunismus war das eine, die Gestaltung einer neuen Zukunft das andere. Maßgabe dafür waren, nach Lage der Dinge nach dem Ende des Staatssozialismus, Marktwirtschaft und parlamentarische Demokratie. Für alle postkommunistischen Staaten bedeutete dies eine fundamentale Transformation und eine Herausforderung ohne historisches Vorbild.

Wirtschaftlich war ein gleich dreifacher Sprung auf einmal zu leisten: erstens von der verwalteten Planwirtschaft in eine kompetitive Marktwirtschaft, zweitens den Strukturwandel von der Schwerindustrie zur Dienstleistungsgesellschaft nachzuholen, den die westlichen Industriegesellschaften seit den siebziger Jahren (unter erheblichen Anpassungsproblemen) vollzogen hatten, und drittens der Sprung in die digitalisierte *global economy*, die sich seit den achtziger Jahren im Westen etablierte. In Staaten, die von sozialistischen Staatsparteien dominiert gewesen waren, mussten staatliche Institutionen neu aufgebaut und neue Eliten gefunden werden. Das Staatsvermögen war zu verteilen und obendrein eine demokratische politische Kultur zu entwickeln. Polen und Tschechien vollzogen eine schlagartige Transformation, während Ungarn und die Slowakei einen graduellen Prozess verfolgten. Die Entwicklungen in den ostmittel- und südosteuropäischen Transformationsstaaten werden im Kapitel über das neue alte Europa näher behandelt,[174] während hier zunächst vom Sonderfall der DDR die Rede sein soll.

Die DDR war im Ost-West-Konflikt ein Sonderfall gewesen. Denn in ihrem Westen gab es einen zweiten deutschen Staat, der sich auf die Einheit Deutschlands und damit zugleich auf die Auslöschung der DDR verpflichtet hatte. Was für die DDR eine Existenzbedrohung gewesen war, bedeutete ab 1990 eine Unterstützungsgarantie für die neuen Länder.

Deindustrialisierung und Modernisierungsschock

Die deutsche Wiedervereinigung von 1990 wurde durch den Beitritt der DDR – genau genommen den Beitritt der in einer «juristischen Sekunde» am 3. Oktober 1990 geschaffenen neuen Länder – zur Bundesrepublik und durch die umfassende Übertragung der bundesdeutschen Ordnung auf die neuen Länder vollzogen. Geleitet vom westdeutschen Geschichtsbild der «Erfolgsgeschichte» des «Modell Deutschland»[175], erwartete nicht nur Bundeskanzler Helmut Kohl ein analoges ostdeutsches «Wirtschaftswunder» und «blühende Landschaften» binnen weniger Jahre. Auf diese Weise würde die DDR in der Bundesrepublik aufgehen, wie sie sich nach 1949 im Westen herausgebildet hatte: «Aufbau Ost als Nachbau West»[176], lautete die Devise.

So wurde eine schlagartige Transformation unter erheblichem Mitteleinsatz innerdeutscher Transfers eingeleitet. Der entscheidende Schritt wurde mit der Wirtschafts-, Währungs- und Sozialunion zum 1. Juli 1990 noch zu Lebzeiten der DDR vollzogen. In ihrem Zentrum stand die Währungsumstellung, die zugleich der kontroverseste Gegenstand im innerdeutschen Vereinigungsprozess von 1990 war.[177] Vor dem Hintergrund, dass der Umtauschkurs zwischen D-Mark und Mark der DDR im innerdeutschen Handel bei eins zu 4,4 und auf dem freien Markt bei eins zu acht bis eins zu neun lag, schlug die westdeutsche Bundesbank vor, laufende Zahlungen, Bankguthaben über 2000 Mark und Verbindlichkeiten «im Verhältnis 2 Mark der DDR zu 1 DM umzustellen». Dies hätte die neuen Länder zu einem Niedriglohngebiet mit ökonomischen Wettbewerbsvorteilen (wie die anderen postkommunistischen Staaten) gemacht und zugleich bedeutet, dass Löhne in Ostdeutschland großenteils weniger als 20 Prozent der Westlöhne betragen hätten. Ökonomisch mochte dies sinnvoll sein – politisch war es nicht durchsetzbar, zumal die (im Unterschied zu den anderen postkommunistischen Staaten) rechtlich garantierte Abwanderungsmöglichkeit der Ostdeutschen nach Westdeutschland ohnehin das «Grundproblem der deutschen Wiedervereinigung» ausmachte.[178]

Das Ergebnis wütender Proteste der Ostdeutschen war eine Umstellung der sogenannten Stromgrößen wie Löhne, Gehälter, Mieten etc. im Verhältnis eins zu eins, von Bargeld, Sparguthaben und Verbindlichkeiten oberhalb gewisser Freigrenzen im Verhältnis zwei zu eins und alles in allem ein durchschnittlicher Umtauschkurs von 1,8 zu eins. In sozialer Hinsicht und in Verbindung mit der Sozialunion bedeutete dies einen Wohlstandssprung und das Ende der Mangelwirtschaft. Ökonomisch kam es einem Aufwertungsschock gleich, der eine unerwartet heftige Deindustrialisierung zur Folge hatte. Sie war zugleich ein Modernisierungsschock, dessen erste Phase bis 1993/94 währte und der von Arbeitslosigkeit und Kurzarbeit geprägt war. Die Arbeitslosenzahlen in den neuen Ländern einschließlich Berlins stiegen 1991 über eine Million und auf über 1,5 Mio. bzw. eine Quote von 17,7 Prozent 1997; 2003 überschritt die Arbeitslosenquote gar die 20-Prozent-Marke. Die Erfahrung war für Ostdeutsche kulturell besonders einschneidend, da Arbeitslosigkeit in der DDR ein unbekanntes Phänomen gewesen war. Zwar lässt sich argumentieren, dass die Arbeitslosigkeit in etwa der Scheinbeschäftigung der vormaligen DDR entsprach[179] und in erster Linie eine Folge der strukturell mangelnden Konkurrenzfähigkeit der DDR-Ökonomie unter Marktbedingungen war. Das änderte aber nichts daran, dass sie – im Unterschied zum Wirtschaftswunder nach der Währungsreform von 1948 im Westen – das «Urerlebnis» der neuen Länder mit der Marktwirtschaft darstellte und eine «tiefe emotionale Distanz der Ostdeutschen zur Marktwirtschaft» begründete.[180]

Ausverkauf der DDR?

Im Zentrum der Vorbehalte standen die Privatisierung des volkseigenen Vermögens und vor allem die zu diesem Zweck eingerichtete Treuhandanstalt.[181] Zum 1. Juli 1990 wurde sie Eigentümerin von 7894 volkseigenen Betrieben mit vier Millionen Beschäftigten und einer Grundfläche, die mehr als die Hälfte des Territoriums der DDR umfasste. Sie hatte das umfangreichste Programm der Eigentumsumschichtung in Deutschland seit der Säkularisation und der Bodenreform in der Sowjetischen Besatzungszone umzusetzen, in diesem Falle aber nicht auf dem Wege der Verstaatlichung, sondern umgekehrt der Privatisierung. Dafür gab es weder ein historisches Vorbild noch eine nennenswerte konzeptionelle Vorlaufzeit. Die Devise der Treuhandanstalt lautete: zügig privatisieren, entschlossen sanieren, behutsam stilllegen.

Die Entwicklung verlief freilich ganz anders als erwartet. Die Erwartungen mussten permanent nach unten korrigiert werden, die Zahl der überlebensfähigen Betriebe erwies sich als sehr viel niedriger denn ursprünglich veranschlagt, und das Aktionsfeld der Treuhand wandelte sich rasch von einem Verkäufer- in einen Käufermarkt. Bis Ende 1994 hatte die Treuhandanstalt von den 12 162 Unternehmen, die zwischenzeitlich aus den ehemaligen Kombinaten entstanden waren, 3718 und somit fast ein Drittel stillgelegt, mit 6546 etwas mehr als die Hälfte privatisiert, 1588 (13,1 %) an Alteigentümer zurückgegeben und mit 310 Unternehmen jedes vierzigste in kommunale Trägerschaft überführt. Dabei wurden die privatisierten Betriebe überwiegend von westlichen Käufern übernommen, so dass das volkseigene Vermögen weitgehend an Westdeutsche verkauft wurde. Zugleich ging über die Hälfte der ehemals 4 Millionen Arbeitsplätze verloren.

Vor diesem Hintergrund entstanden in den neuen Ländern vielfältige menschliche Verletzungen durch den Eindruck, dass alles Bisherige entwertet werde. Die Treuhand wurde zum Inbegriff des «Ausverkaufs» der DDR und des Vorwurfs, der Westen habe lebensfähige Strukturen zerstört, um mögliche Konkurrenz niederzuhalten.[182] Tatsächlich war die Treuhandanstalt mit einer Aufgabe konfrontiert, die sie gar nicht zufriedenstellend bewältigen konnte.[183] Anstelle des ursprünglich erwarteten Erlöses von 600 Milliarden D-Mark erwirtschaftete sie schließlich ein Defizit von 230 Milliarden D-Mark. Diese Diskrepanz von sage und schreibe 830 Milliarden D-Mark – selbst in Zeiten der Eurorettung sehr viel Geld – enthüllt sowohl die finanziellen Dimensionen der deutschen Einheit als auch das gesamte Ausmaß der Illusionen bei der Wiedervereinigung.

1992 waren die neuen Länder «praktisch deindustrialisiert»; ihr Anteil an der gesamtdeutschen industriellen Wertschöpfung lag bei gerade einmal 3,5 Prozent,[184] und zugleich existierte keine Basis für Dienstleistungsprodukte. Stattdessen expandierte zunächst die Bauwirtschaft. Sie wurde zum Motor der ostdeutschen Wirtschaft und des Aufbaus Ost nach 1990. Allerorten entstanden prächtige Bauten und glanzvoll sanierte Innenstädte, allerdings wurde vielfach am Bedarf vorbei saniert. 1995 platzte die ostdeutsche Immobilienblase, und der Bauboom brach ein. Der «Aufbau Ost» ging in eine lange zweite Phase über, die bis 2008 währte. Ein verlangsamter Aufholprozess führte eine kontinuierliche Reindustrialisierung mit sich, die nach der Weltfinanzkrise zumindest vorübergehend zu einem Halt kam.

«Aufbau Ost»

Der Aufbau- und Konvergenzprozess in den neuen Ländern verlief viel langsamer, mühsamer und begrenzter, als 1990 erwartet. Vermeintliche Übergangsphänomene wurden zu Dauerproblemen, die unerwartete staatliche Interventionen erforderten, ohne die erwarteten Ergebnisse zu erbringen. Wo lagen die Gründe? Waren es Fehler bei der Herstellung der deutschen Einheit? Die einen argumentieren, die Währungsumstellung habe die Wettbewerbsfähigkeit der ostdeutschen Wirtschaft ruiniert. Andere sagen, überlebensfähige Strukturen und Potentiale der ostdeutschen Wirtschaft seien durch die Politik der Treuhandanstalt zerstört worden, während wieder andere darauf hinweisen, dass die Aufgabe gar nicht befriedigend zu lösen war.[185] In der Tat harrt die Politik der Treuhandanstalt einer gründlichen historischen Aufarbeitung. Bislang wurde aber keine plausible Alternative aufgezeigt, wie der Prozess der deutschen Einheit und der marktwirtschaftlichen Transformation der DDR auf eine politisch realisierbare Weise mit signifikant geringerer Arbeitslosigkeit, ohne massive Deindustrialisierung, unter Aufbau selbsttragender ökonomischer Strukturen und mit deutlich geringeren finanziellen Belastungen hätte gestaltet werden können.[186]

Freilich wurden 1990 in den neuen Ländern und in ganz Deutschland ebenso wie in ganz Ostmitteleuropa die gesamte Dimension der Transformation unterschätzt und die Selbstheilungskräfte einer Marktwirtschaft überschätzt. Dabei lagen die zentralen Probleme, wie der liberale Ökonom Karl-Heinz Paqué argumentiert, nicht in der Transformation, sondern im Erbe des Staatssozialismus. Die Probleme der übernommenen Altschulden und des verschlissenen Kapitalstocks samt der kollektiven Illusionen über seinen Wert, der in den weit hinter den Erwartungen zurückbleibenden Treuhanderlösen zum Ausdruck kam – all dies, so Paqué, ließ sich ebenso lösen wie die Probleme der Währungsumstellung. Der Aufbau Ost war nichts anderes als eine grundlegende Modernisierung von Kapitalstock, Institutionen und Infrastruktur. Das zentrale Problem lag vielmehr in einer spezifischen Folge von vierzig Jahren Staatssozialismus, also einem Mangel an weltmarktfähigen Produkten, indigenem Marktwissen und Innovationspotential, und das angesichts verteilter Auslandsmärkte und bei überlegener Konkurrenz westlicher Unternehmen. Das Kapital «Wissen» war weniger mobil als oftmals gedacht.[187]

Wie sah die Bilanz nach dem ersten Vierteljahrhundert aus?[188] In den neuen Ländern wurde die Produktion, sofern sie nicht abgewickelt wurde, gründlich modernisiert. Die Reindustrialisierung brachte vor allem kleine Betriebsgrößen hervor, sofern es sich nicht um Produktionsstätten größerer Unternehmen handelte wie das Opel-Werk in Eisenach. Dies ist zugleich ein markantes Beispiel dafür, dass die Fertigungsstätten in den neuen Ländern weithin eine verlängerte Werkbank blieben, während die Forschungsabteilungen und die Konzernleitungen weiterhin in Westdeutschland saßen und das entsprechend qualifizierte Personal dorthin zogen. So reichten die Innovationspotentiale der neuen Länder nicht an die starken westdeutschen Regionen heran; die Anzahl der Patente pro Einwohner belief sich in Ostdeutschland nur auf 30 Prozent des Westens. Zwar bildeten sich regionale Wachstumsregionen und Innovationskerne in Dresden, Leipzig, Jena und im Berliner «Speckgürtel», alles in allem aber keine selbsttragenden wirtschaftlichen Strukturen aus. Die Produktivität (Wertschöpfung pro Erwerbstätiger) erreichte insgesamt – je nach Berechnungsmethode – ca. drei Viertel bis vier Fünftel des Westniveaus und blieb dort stehen. Die große

Ausnahme von dieser Produktivitätslücke war die Landwirtschaft, wo die Produktivität um ca. 20 Prozent höher lag als in Westdeutschland.

Obwohl die Lohnstückkosten (Arbeitskosten pro erstellte Einheiten) unter westdeutschem Niveau lagen, blieb die Arbeitslosigkeit zunächst das zentrale Problem der deutschen Einheit, bevor sie ab 2005 erheblich zurückging (bis 2012 von 21 auf 12 Prozent), freilich weiterhin fast doppelt so hoch war wie im westdeutschen Durchschnitt. Unterdessen erlebten die Ostdeutschen, so sie eine Beschäftigung hatten oder Rentner waren, eine «nachholende Einkommensexplosion» – wobei die Lebenswirklichkeiten im Einzelfall natürlich anders aussehen als die statistischen Größen. Hatten die ostdeutschen Haushalte 1991 im statistischen Durchschnitt über ca. 56 Prozent der Haushaltseinkommen in Westdeutschland verfügen können, so stieg der Wert bis 1998 auf 80 Prozent an und blieb mit gewissen Schwankungen im Großen und Ganzen auf diesem Niveau, weil aufgrund der ostdeutschen Wirtschaftsstruktur im Durchschnitt geringere Löhne gezahlt wurden als in Westdeutschland. Daher belief sich das durchschnittliche Einkommen je Einwohner in den neuen Ländern auf ca. 80 Prozent des Niveaus der alten Länder, wobei auch die Lebenshaltungskosten vor allem für Dienstleistungen, Mieten und Immobilien im Durchschnitt niedriger lagen. Zugleich verfügten Ostdeutsche über weniger Vermögen und damit über weniger Chancen, Kapitaleinkünfte zu erzielen.

Unterdessen war die Ausstattungslücke mit Autos, Telefonen, Computern, Haushalts- und Unterhaltungselektronik nach einem Jahrzehnt weitgehend geschlossen; die Konsummuster hatten sich angeglichen. Die Gewinner der Wirtschaftsunion waren Erwerbstätige, die einen Arbeitsplatz hatten, die Hauptgewinner der Sozialunion waren die Rentner. Denn die Rentenansprüche ostdeutscher Arbeitnehmer aus der DDR-Zeit wurden im vereinten Deutschland anerkannt und aus der umlagefinanzierten Rentenversicherung ausgezahlt. 2012 betrug der sogenannte Rentenwert 89 Prozent des Rentenwerts West, was sich für ostdeutsche Rentner wegen der verbreiteten Doppelerwerbstätigkeit von Ehepaaren als besonders günstig erwies.

Die Sozialunion hat die Wiedervereinigung politisch und sozial aufgefangen und zugleich hohe wirtschaftliche Kosten verursacht und die sozialen Sicherungssysteme zusätzlich erheblich belastet. So stieg die deutsche Staatsverschuldung auf über 1500 Milliarden Euro bis 2008 an, als die Weltfinanzkrise und die Euro-Schuldenkrise ganz neue Dimensionen von Beträgen aufriefen. Waren 1967 zwei Drittel der Mittel des Bundeshaushalts frei verfügbar gewesen, so waren 2009 zwei Drittel durch Sozialausgaben und

 Schuldendienst gebunden.[189] Hinzu kam eine dauerhafte Steuerdeckungslücke der neuen Länder gegenüber Westdeutschland (mit Ausnahme von Bremen), unabhängig von der aktuellen Finanzlage der einzelnen Länder. Dass keine selbsttragende Steuerbasis entstand, war eine Folge der Ost-West-Lücke in der Wirtschaftskraft und erzeugte zugleich ein strukturelles Problem der Staatsfinanzierung in Ostdeutschland. Alles in allem lagen die Kosten der deutschen Einheit und die Folgekosten weit über den Erwartungen von 1990. Schätzungen besagen, dass Gesamttransfers von ca. 2000 Mrd. Euro getätigt wurden und Transferleistungen vor allem in den Renten- und Sozialsystemen auch weiterhin notwendig bleiben. Die neuen Länder sind eine Dependenz- und Transferökonomie geblieben.

In politisch-institutioneller Hinsicht hat sich in den neuen Ländern eine stabile Demokratie etabliert. Zugleich hat das politische System der Bundesrepublik die Nachfolgepartei der SED, die PDS, als Partei der Wiedervereinigungsverlierer und der Systemkritiker zu integrieren vermocht.[190] Der Regimewechsel in den neuen Ländern blieb somit – und das ist keine historische Selbstverständlichkeit, schaut man zum Beispiel auf die Geschichte der Weimarer Republik – ohne eine dauerhaft virulente Systemopposition. In sozial-kultureller Perspektive bedeutete die Wiedervereinigung einen tiefen Bruch für die Ostdeutschen, indem beinahe alle öffentlich-politischen Werte eine Umwertung erfuhren.[191] Hinzu kam der Bruch der Erwerbsbiographien. Stellenwechsel waren in der DDR sehr unüblich gewesen; 1993 aber waren nur noch 29 Prozent der Beschäftigten an dem Arbeitsplatz, an dem sie im November 1989 gewesen waren. Mit dem Arbeitsplatz entfiel zugleich der zentrale Ort der sozialen Gemeinschaft, hatte der Betrieb doch die gesamte Lebenswelt geprägt, einschließlich Freizeit und Urlaub. Die Wiedervereinigung forderte den Ostdeutschen grundlegende Umorientierungen und gewaltige Anpassungsleistungen ab. Die Veränderung der Sozialbeziehungen war dabei begleitet von einem verbreiteten Gefühl der Benachteiligung, der Fremdbestimmung und der Desintegration, der mangelnden Anerkennung und der kränkenden Entwertung ostdeutscher Biographien durch westliche Dominanz.

Die Zwischenbilanz der deutschen Einheit

Die Geschichte der deutschen Einheit ist nicht schwarz oder weiß, sondern voller Schattierungen und ihre Bilanz eine Frage des Maßstabs. Misst man die Ergebnisse an den Aufgaben, die 1989/90 anstanden, so war es zunächst erforderlich, den Massenexodus zu stoppen. Die schnelle Einheit verhinderte eine fortgesetzte akute Massenabwanderung. Dennoch verloren die neuen Länder zwischen 1991 und 2007 über eine Million oft sehr gut qualifizierter Einwohner, während sie umgekehrt ca. 400 000 Menschen aus dem Westen gewannen.[192] Diese Wanderungsbewegungen waren ebenso ein Produkt der neu gewonnenen Freiheit wie ihre Folgewirkungen, eine überdurchschnittliche Alterung und Schrumpfung der Gesellschaft in weiten Teilen der neuen Länder, vor allem in den ländlichen Gebieten. Schaut man auf die weiteren Aufgaben, die sich 1990 stellten, so wurden neben der Begründung einer demokratischen Ordnung die Lebensbedingungen für die überwiegende Mehrzahl der Ostdeutschen, wenn auch unter höchster Anspannung des Sozialstaates, dramatisch verbessert, während eine selbsttragende Wirtschaft nur bedingt erreicht wurde. Allerdings ließ die konkrete historische Situation 1990 wiederholt «nur die Wahl zwischen zwei schlechten Lösungen».[193]

Vergleicht man die Situation von 2014 mit der von 1989, so ist zunächst eine enorme gesamtdeutsche Aufbau- und Solidarleistung festzustellen. Seien es Städte, Infrastruktur, Versorgung, Arbeitsproduktivität oder soziale Sicherung – «blühende Landschaften» sind entstanden, wenn auch nicht flächendeckend. Gewinner der Einheit waren vor allem Erwerbstätige, die einen Arbeitsplatz besaßen, Rentner, Menschen mit Behinderung und Witwen sowie Oppositionelle und Dissidenten, auch wenn diese oft mehr Satisfaktion erwartet hatten. Verlierer waren zunächst die alten Eliten, vor allem die politische Elite und der Apparat der SED mit 44 000 Funktionären, in der Verwaltung und der Führung der Staatsbetriebe, im Militär, in der Justiz, in den Hochschulen und den Führungspositionen im Rundfunk, während Journalisten und Lehrer sowie funktionale Eliten unterhalb der politischen Machtelite weithin in ihren Positionen verblieben. Zugleich besaßen frühere Angehörige der Eliten bessere Chancen, sich in neuen Verhältnissen zu behaupten. Zu den Verlieren gehörten auch die Arbeitslosen; besonders hart waren die um 1940 Geborenen betroffen, die zu jung für die Rente waren, aber zu alt, um sich erfolgreich umzuorientieren, während ihre Altersgenossen die «goldene Generation» der alten Bundesrepublik darstellten. Selbst für die Verlierer der Einheit trifft freilich zumindest in materieller Hinsicht die Prognose Helmut Kohls zu, es werde in Ostdeutschland «niemandem schlechter gehen als zuvor – dafür vielen besser».[194]

Im Vergleich zu den postkommunistischen Staaten in Ostmittel- und Südosteuropa stehen die neuen Länder in Deutschland mit weitem Abstand an der Spitze. 2010 lag die Arbeitsproduktivität im verarbeitenden Gewerbe, gemessen am Niveau Gesamtdeutschlands, in Westdeutschland bei 103 Prozent, in Ostdeutschland bei 75, in Tschechien bei 38 und in Polen bei 31 Prozent, in Ostdeutschland also 28 Prozentpunkte hinter Westdeutschland, aber 37 Punkte vor Tschechien und 44 Punkte vor Polen. Noch eklatanter fällt der Unterschied bei den monatlichen Bruttolöhnen aus. Im verarbeitenden Gewerbe lagen sie 2007 in Westdeutschland bei durchschnittlich 3177 Euro, in Ostdeutschland bei 2119 Euro und in Tschechien bei 734 Euro – sie beliefen sich in Ostdeutschland also auf zwei Drittel des westdeutschen und fast das Dreifache des tschechischen Niveaus.[195] Die Industrie war in den Staaten Ostmitteleuropas zwar erheblich umfangreicher verblieben als in Ostdeutschland, dafür klaffte eine umso größere Produktivitätslücke zum Westen; und auch dort stellte sich das Problem der verlängerten Werkbank.

Vergleicht man die Entwicklung in den neuen Ländern mit der westlichen Bundesrepublik, so wurden der physische Aufbau abgeschlossen und die Unterschiede in Infrastruktur und Kapitalstock überwunden. Zugleich blieben spezifisch teilungsbedingte Differenzen hinsichtlich Produktivität, Innovationskraft und Weltmarktfähigkeit oder Steuerdeckungsquote bestehen, die zwischen den alten und den neuen Ländern *en bloc* stärker ausfielen als zwischen den einzelnen Ländern.[196] Im Prinzip haben sich die neuen Länder als stabile strukturschwächere Region in einem hochproduktiven Industrieland etabliert. Gemessen an der Ausgangslage und den Rahmenbedingungen ist das eine stolze Aufbauleistung. Die Unterschiede zwischen Ost- und Westdeutschland waren größer und hartnäckiger als 1990 erwartet, und die deutsche Einheit hat sich nicht so verwirklicht, dass die vielfache Trennlinie zwischen alten und neuen Ländern verschwunden wäre. Als vorrangiges deutsches Problem aber ist die deutsche Einheit Geschichte geworden.

Und sie hat Spuren hinterlassen – nicht nur den grünen Pfeil zum Rechtsabbiegen. Die westdeutsche Erwartung ging 1990 dahin, die bundesdeutsche Ordnung auf die DDR zu übertragen, die sich dann der Bundesrepublik angleichen würde, und dass ansonsten alles so bleiben würde, wie es war. Stattdessen ging das ganze Land in eine Phase der tiefgreifenden Veränderungen, die von der Globalisierung, der Digitalisierung und der Europäisierung, aber auch von den Rückwirkungen der Wiedervereinigung herrührten. Die Transformation der neuen Länder sorgte für eine Bekräftigung und eine Ausweitung des Sozialstaates. Zugleich erfuhr die deutsche Sozialpolitik eine Neuprogrammierung in Richtung Erwerbsaktivierung vor allem von Frauen und insbesondere von Müttern sowie die Institutionalisierung und Ausdehnung von außerfamiliärer Kinderbetreuung. In diesem Prozess wurde die Bundesrepublik sozialpolitisch «ostdeutscher»[197], und zugleich führte die Überlastung durch die Folgen der Einheit zu jenem Reformprozess, mit dem Deutschland seine neue Stärke gewann.

VI.
Vater Staat

1. Totgesagte leben länger

1990 schien das «Ende der Geschichte» zum Greifen nahe. Der Westen hatte auf ganzer Linie gesiegt und mit ihm das Zivilisationsmodell von individueller Freiheit, Demokratie und Marktwirtschaft. «Eine neue Weltordnung kann entstehen: ein neues Zeitalter [...], in dem die Nationen der Welt, Ost und West, Nord und Süd blühen und in Harmonie leben können. Hundert Generationen haben diesen verheißungsvollen Weg zu Frieden gesucht, während tausend Kriege alle menschlichen Anstrengungen durchkreuzten. Heute kämpft die neue Welt darum, Realität zu werden [...] – eine Welt, in der die Herrschaft des Rechts das Gesetz des Stärkeren ersetzt.»[1] Wenn George Bush sr. in seiner Vision einer neuen Welt am 11. September 1990 von «Nationen» sprach, dann waren sie für ihn das Fundament dieser neuen Ordnung.

Der Nationalstaat hatte durch die europäischen Revolutionen von 1989/90 eine Renaissance erlebt. In der Mitte des Kontinents war der deutsche Nationalstaat wiederhergestellt worden, und im ehemaligen sowjetischen Herrschaftsbereich gewannen die Staaten ihre nationale Souveränität zurück. Gleichzeitig war die Rede von der Erosion des modernen Nationalstaats: «Seine politischen Einrichtungen können der globalen Probleme nicht Herr werden. Es ist an der Zeit, ihn durch demokratisch legitimierte, transnationale politische und staatliche Organisationen zu ersetzen, die wirksam eingreifen können.» Was Oskar Lafontaine 1988 formulierte, war zu Beginn des 21. Jahrhunderts zur gängigen Meinung in der politischen Öffentlichkeit geworden. Der Freiburger Erzbischof Zollitsch erklärte: «unsere Zukunft liegt in Europa und nicht in der Rückkehr in die Nationalstaaten. Ich hoffe, dass wir diese Frage auf Dauer überwunden haben.»[2] Diese Überzeugung beruht auf drei Begründungen. Erstens führt der Prozess der europäischen Integration dazu, dass immer mehr nationale Souveränitätsrechte auf die europäische Ebene übertragen werden. Zweitens betreffen die Auswirkungen der Globalisierung alle Staaten weltweit. Ökonomische Akteure auf den Finanzmärkten oder transnationale Unternehmen handeln losgelöst von nationalen Bindungen und Politiken. Die Digitalisierung und die Möglichkeiten des Verkehrs und der Kommunikation führen zu grenzüberschreitenden Orientierungen und Loyalitäten; Migration und Mehrfachstaatsbürgerschaften oder transnationale Wissensnetzwerke unterminieren exklusive nationale Zugehörigkeiten. Außerdem sprengen globale Probleme wie Energieversorgung, Pandemien, Flüchtlinge, Piraten und der Klimawandel nationalstaatliche Regelungskompetenzen. Auf dieser Einsicht gründen neue Vorstellungen eines Regierens jenseits der Nationalstaaten, unterstützt von Nichtregierungsorganisationen wie Amnesty International und Greenpeace, von «Menschenrechten plus Experten», von Netzwerken nationaler Regierungsvertreter mit Funktionen einer Weltregierung in einer «zerstreuten Souveränität» oder von einem System des Multilateralismus mit breiter massenmedialer Begleitung.[3] Der postmoderne Postkolonialismus ist die dritte Begründung, mit der die Souveränität der Nationalstaaten in Frage gestellt wird.[4] Mit seiner Kritik an den dunklen Seiten der Moderne dekonstruierte er die westliche Moderne als Zivilisationsmodell und mit ihr eine seiner tragenden Säulen, den nordwesteuropäischen oder, wie es in der anglo-amerikanischen Debatte zumeist heißt, «westfälischen» Nationalstaat.

Damit ist das Problem der Begriffe angesprochen, das die Debatte neben ihrem normativen Zug zusätzlich erschwert. Bunt durcheinander ist die Rede von Staaten, Territorialstaaten, Territorialität und Nationalstaaten, von international, transnational und supranational. Daher zunächst einige definitorische Klärungen: Der angelsächsische Begriff des *nation state* ist in seiner Bedeutung weit weniger aufgeladen als der deutsche Begriff des Nationalstaats. Während *the nation* allgemein das Staatswesen bzw. das Staatsvolk meint, klingen beim deutschen Nationalstaat schicksalsbeladene Vorstellungen von der «verspäteten» oder der «geteilten» Nation an, womit Definitionsmerkmale wie Abstammung, Sprache, Kultur und Geschichte ins Spiel kommen. In dieser Debatte um den Nationalstaat geht es aber sehr viel weniger um die Nation als um den Staat.[5] China ist bis heute eher ein «Nationalitätenzoo»[6] als ein ethnisch homogener Nationalstaat im westeuropäischen Sinne des 19. Jahrhunderts, agiert aber nach innen und nach außen ebenso als Staat wie die Schweiz.

Es geht also um das Staatswesen, korrekter um den Territorialstaat. Charles Maier definiert Territorialität als Territorium samt der politischen Eigenschaften, die ihm zugeschrieben werden.[7] Das ist etwas weiter gefasst als die klassische Jellinekschc Definition von Staatlichkeit durch ein umgrenztes Staatsgebiet, das zugehörige und mit bestimmten Rechten versehene Staatsvolk und die Staatsgewalt. All diese Definitionen grenzen staatlich organisierte Entscheidungsmacht von nichtstaatlichen oder überstaatlichen Organisationsformen wie Nichtregierungsorganisationen oder internationalen Organisationen ab.

Der Zentralbegriff ist dabei Souveränität. Nach innen ist dies eine Frage der Ausübung und der Begründung von Herrschaft – wer entscheidet und warum? In der Moderne hat sich die Legitimation politischer Herrschaft vom Gottesgnadentum zur Volkssouveränität verschoben – in Konflikten um Verfassungen, um den Parlamentarismus und die Demokratie im 19. Jahrhundert, denen im 20. Jahrhundert die großen Auseinandersetzungen zwischen Demokratien und Diktaturen folgten; an diesen Konflikten wird sichtbar, wie eng Souveränität und Demokratie zusammenhängen. Nach außen bedeutet Souveränität Unabhängigkeit. Die gesicherte Integrität der Staaten nach außen war die Grundidee des «westfälischen» Staatensystems von 1648. Dies ist eine idealtypische Vorstellung, denn in der Praxis herrschten stets eingeschränkte Formen von Souveränität, sei es durch direkte Herrschaftsverhältnisse, sei es indirekt durch Machtgefälle zwischen Mächten, sei es durch innere Einflüsse äußerer Akteure. Souveränität nach außen existiert praktisch nie in Reinform.

Der moderne Territorialstaat

Der moderne Territorialstaat ist eine nordwesteuropäische Erfindung.[8] Der Staat des Mittelalters war kein Staat im modernen Sinne, sondern ein Personenverband, der ursprünglich auf dem Lehnswesen beruhte, also der auf Lebenszeit befristeten Übertragung von Besitz durch den Lehnsherrn, dem der Lehnsmann dafür Treue und Dienst versprach. Als die Lehen erblich wurden, löste sich die Herrschaft von konkreten Personen ab und übertrug sich auf Territorien und Institutionen. Diese Herausbildung des Territorialstaates war ein jahrhundertelanger Prozess, der erst mit der endgültigen Abschaffung der Leibeigenschaft im 19. Jahrhundert zum Abschluss kam.

Nichtsdestoweniger durchdrangen und erschlossen Staat und Verwaltung in der Frühen Neuzeit zunehmend den Raum, durch Kartographierung und Katastrierung, durch den Aufbau von Infrastruktur und militärischen Kapazitäten sowie von staatlicher Ordnung. Einen Meilenstein dafür stellte der Ewige Landfriede von 1495 dar, der die Fehde (die Regelung von Rechtsbrüchen, ohne eine übergeordnete Instanz hinzuzuziehen) verbot und mit dem der Staat das Gewaltmonopol beanspruchte. Wie prekär dieser Anspruch war, zeigte sich in den Konfessionskriegen des 16. und 17. Jahrhunderts, vor allem im Dreißigjährigen Krieg, der sowohl ein Bürgerkrieg als auch ein internationaler Staatenkrieg war.

Solche Konflikte durch den weltlichen Staat einzuhegen, das war das Ziel des Westfälischen Friedens von 1648 und der Staatsrechtstheorie eines Thomas Hobbes. Die Grundlage war die Idee der Souveränität des Staates nach innen und nach außen. Dabei nahm der «westfälische Staat» durchaus unterschiedliche Ausprägungen an. In England bzw. Großbritannien herrschte eine Ordnung auf der Grundlage von Gewohnheits- und Fallrecht, einzelnen Freiheiten, Traditionen und *common sense.* Sie stand ebenso im Gegensatz zur französischen Tradition der Zentralverwaltung wie der deutsche Föderalismus von Reich und Einzelstaaten. Zugleich beruhte der deutsche Verwaltungsstaat auf der Wertschätzung schriftlich fixierter Normen, die zusammen mit der historischen Erfahrung ihres Gegenteils, der nationalsozialistischen Willkürherrschaft, den «deutschen Legalismus» erklärt, der in Europa immer wieder für Verwunderung sorgt.

Neue Staatsaufgaben im Gefolge der Industrialisierung setzten im 19. Jahrhundert einen territorialstaatlichen Entwicklungsschub in Gang. Preußen, in der Folge auch die anderen Bundesstaaten, führte zwischen 1820 und 1891 stufenweise eine einheitliche Einkommensteuer ein. Der in den achtziger Jahren entstehende Sozialstaat koppelte soziale Rechte an die Staatsangehörigkeit, die auch die Voraussetzung für das Wahlrecht war. Das Recht der Staatsangehörigkeit verbreitete sich im 19. Jahrhundert im Zusammenspiel mit der Ausprägung von klar markierten Staatsgrenzen.

Über die administrativen Fragen hinaus verband sich der Territorialstaat mit der Idee der Nation zu einer Emotions- und Loyalitätsgemeinschaft. Dieser moderne Nationalstaat samt seiner militärtechnischen Kriegsfähigkeit ermöglichte schließlich Europas Aufstieg zur globalen Vormacht im späten 19. Jahrhundert.[9] Das Ergebnis war die weltweite Verbreitung des nordwesteuropäischen Modells von Staatlichkeit – und eine tiefe historische Ambivalenz. Denn die Verbindung des modernen Staates mit der Nation und dem Volk und vor allem ihre Überhöhung im Nationalismus führten neben der globalen Dominanz zu einer selbstzerstörerischen Rivalität der europäischen Nationalstaaten, die sich im Ersten Weltkrieg entlud. Während sich das europäische Modell der Staatlichkeit global verbreitete, ging die globale Vormacht Europas im 20. Jahrhundert nieder. Zugleich wandelte sich die europäische Staatlichkeit. Denn seit dem Ersten Weltkrieg und insbesondere mit dem Aufbau der Wohlfahrtsstaaten nach 1945 zogen Staat und

 Politik zunehmend weitere Funktionen an sich, um Gesellschaft und Wirtschaft zu steuern.

Zwei Reiche?

Nach 1989 waren zwei Entwicklungen zu beobachten. Zum einen wurde in Deutschland, in den baltischen Staaten, in Tschechien und in der Slowakei sowie in den Nachfolgestaaten der Sowjetunion und Jugoslawiens die formelle nationalstaatliche Souveränität wiederhergestellt. In einem politischen Sinne gilt dies auch für die Unabhängigkeit der übrigen Warschauer-Pakt-Staaten Polen, Ungarn, Rumänien und Bulgarien. Zum anderen gewannen territoriale Grenzen und die Integrität souveräner Staaten neue Bedeutung. Die internationale Intervention gegen die irakische Invasion in Kuweit 1991 war als eindeutiges Signal zu verstehen, nach dem Ende des Ost-West-Konflikts keinen Präzedenzfall für die willkürliche Umgestaltung des territorialen Status quo zuzulassen, wie es in den dreißiger Jahren der Fall gewesen war, als die internationale Staatengemeinschaft tatenlos zugesehen hatte, wie japanische Truppen 1931 die Mandschurei besetzten und in der Folge das faschistische Italien und das nationalsozialistische Deutschland die internationale Ordnung umstürzten. Das zu Beginn des 21. Jahrhunderts entwickelte Konzept der «Schutzverantwortung» (*responsibility to protect*) erlaubt zwar die Verletzung der nationalen Souveränität durch Intervention auswärtiger Staaten, aber nur im expliziten Ausnahmefall schwerer Menschenrechtsverletzungen. Umgekehrt lässt sich das Konzept als Bekräftigung der nationalen Souveränität und der territorialen Integrität außerhalb solcher Ausnahmesituationen verstehen.[10] Die erste offene Abweichung nach 1989/90 stellte das russische Vorgehen gegen Georgien 2008 und vor allem gegen die Ukraine 2014 dar (die USA berührten im Irak-Krieg von 2003 nicht die territoriale Integrität des Irak).[11]

Angesichts der gegensätzlichen Befunde der Bekräftigung ebenso wie der Einschränkung von Territorialität spricht Charles Maier von zwei großen Bereichen seit den europäischen Entdeckungsfahrten: dem Land und der hohen See. Das Reich des Landes ist umgrenzt und staatlicher Souveränität unterworfen – es ist das Reich des Westfälischen Staates. Das Reich der See hingegen zeichnet sich durch offenen Zugang aus – es ist das Reich der Freiheit. Sein Nachfolger im digitalen Zeitalter ist der Cyberspace, ein offener, transterritorialer Raum, der sich exklusiver Aneignung widersetzt.

Die US-amerikanische Politik – unter Barack Obama nicht anders als unter George W. Bush – respektiert in der Regel die Grenzen und die Souveränität des Anderen im Reich des Landes (die diffizile Frage des Irak einmal mehr ausgeklammert). Im Cyberspace hingegen übt sie, wie die globale Abhöraffäre zeigt, staatlich-exekutive Gewalt ohne Rücksicht auf rechtliche und staatliche Grenzen und die Souveränität Anderer nach jenem *law of the jungle* aus, das George Bush der Ältere 1990 überwunden wähnte. Das vermeintliche Reich der Offenheit und der Freiheit ist in Wahrheit der Bereich umso ungehemmteren staatlich-exekutiven Zugriffs. Die Digitalisierung hat viele neue Mitspieler auf den Plan gerufen und zugleich den Raum neuer, ungebundener Machtausübung eröffnet. Seine staatliche Durchdringung konterkariert die Hoffnungen auf eine neue Ordnung jenseits des klassischen Territorialstaates und erinnert an die Geschichte des Freihandels im 19. Jahrhundert. Auch er zog zunächst die Hoffnung auf eine neue, staatsfreie Friedensordnung auf sich, wurde dann durch Handelsabkommen in die staatliche Sphäre überführt und endete schließlich im weitgehenden Protektionismus.

Eine verstärkte Ausübung territorialstaatlicher Souveränität lässt sich auch in anderen Bereichen und in anderen Ländern beobachten. In China wird der ökonomische Wachstumsprozess von einem starken handelnden Staat gelenkt. In Indien hat illegale Migration zu einer Befestigung der Grenzen zu Bangladesh und zu einer vertieften Staatlichkeit geführt, die sich in der biometrischen Identifikation von Staatsangehörigen niederschlägt. Und Russland hat mit der faktischen Annexion der Krim 2014 die klassischste Form ungebundener staatlicher Machtpolitik nach dem Recht des Stärkeren reaktiviert.

Alles in allem zeichnet sich ein Konglomerat aus Stärkung und Schwächung von Staatlichkeit ab. Solche Ambivalenzen sind historisch nichts Neues. In der Frühen Neuzeit gewann der Staat Kompetenzen im militärischen Bereich, in der Wirtschaft und Infrastruktur, während er sie im Bereich der Religion verlor. Im Cyberspace sind neue Akteure wie Hacker, Piraten und Konzerne ins Spiel gekommen, und zugleich haben sich, wie die Überwachungsaktivitäten der amerikanischen National Security Agency (NSA) zeigen, die Möglichkeiten des staatlichen Zugriffs erweitert. In der globalisierten Ökonomie haben sich die Staaten entgegen der Prognosen, dass ihnen im globalen Standortwettbewerb nur noch ein sozialpolitisches *race to the bottom* bleibe, als nach wie vor handlungsfähig erwiesen.[12] Und was die Finanzmärkte anbetrifft, so zwangen sie die Staaten einerseits 2008 und 2010 zu vermeintlich «alternativlosen» Entscheidungen größter Reichweite binnen kürzester Zeit; zugleich brachten Weltfinanzkrise und Euro-Schuldenkrise die staatlichen Exekutiven zurück ins Spiel.

Wie der Kapitalismus, so haben sich auch die Staaten, genauer die staatlichen Exekutiven, als adaptationsfähig erwiesen, auf nationaler, europäischer und internationaler Ebene, in unterschiedlichen Souveränitätsformen und in unterschiedlichen Institutionalisierungen. China und Russland treten als Mächte klassischer Souveränität auf, die Europäische Union zeigt sich als supranationale Entität eigener Art, in der die Staatenregierungen nach wie vor die entscheidende Rolle spielen, die USA agieren als globale Hegemonialmacht; hinzu kommen intergouvernementale Institutionen wie die G8 oder die G20.[13] Der Sozialstaat wurde nach 1945 zu einer «Schlüsseldomäne der nationalen Souveränität»[14] und blieb es. In der Energiepolitik traf die deutsche Bundesregierung 2011 im Alleingang binnen kürzester Zeit politische Entscheidungen zur weitreichenden Umgestaltung von Wirtschaft und Landschaft. Und in der Euro-Schuldenkrise entschieden die nationalen Regierungen gleichsam über Nacht über bis dato unvorstellbare Summen.

«Exekutive Diskretion»

All dies zeigt, es gibt keine lineare Entwicklung der Territorialstaaten und der Staatlichkeit, sondern überlappende Probleme und überraschende Entwicklungen. Wenn es einen roten Faden in der Entwicklung von Staatlichkeit gibt, ist es, jedenfalls in Europa, eine Verlagerung von exekutiver Macht auf die zwischenstaatliche Ebene.

Sei es die Deklaration der europäischen Bildungsminister zur Errichtung eines europäischen Hochschulraumes von 1999, sei es die Behindertenrechtskonvention der Vereinten Nationen zur Inklusion von 2006, die als internationale Vereinbarungen in die nationale Öffentlichkeit zurückkehrten, seien es die Euro-Rettungsmaßnahmen der europäischen Staats- und Regierungschefs vom 8./9. Mai 2010, die dann «alternativlos» und unter hohem Zeitdruck durch die nationalen Parlamente gebracht wurden – immer wieder wurden politische Entscheidungsprozesse aus den national verfassten politischen Öffentlichkeiten gelöst. Da politische Öffentlichkeit einen wesentlichen Bestandteil von Demokratie darstellt, berührte diese Zunahme internationalen exekutiven Regierens zugleich die Frage demokratischer Legitimität und Souveränität.

Über diese zentrale verfassungsgeschichtliche Frage des späteren 19. und des 20. Jahrhunderts hinaus warf sie zugleich die zentrale verfassungsrechtliche Frage des frühen 19. Jahrhunderts auf, nämlich die Frage nach der Bindung politischer Herrschaft an Regeln. Eine Tendenz zur Lösung internationalen Regierens von Regeln hat Jonathan White als *executive discretion* (Ermessen oder Belieben) bezeichnet: Maßnahmen jenseits etablierter Regeln, Normen und Praktiken werden als notwendige Krisenreaktionen legitimiert und stärken zugleich die Exekutiven. Dies ist ein durchgängiges Phänomen in Krisen. Zugleich neigen solche Krisenmaßnahmen zur Perpetuierung. Die European Financial Stability Facility (EFSF) und der European Stability Mechanism (ESM) oder das Programm der Europäischen Zentralbank zum Ankauf von Staatsanleihen etablierten in der Euro-Schuldenkrise neue politische Regime von unbestimmter Dauer, die von bestehenden Verträgen abwichen. Die Abhängigkeit der Staaten von einem globalisierten Finanzkapitalismus und diffusen Märkten geht einher mit der Zunahme staatlicher Exekutive. Internationale Institutionen wie die Europäische Union, die G8, das Welthandelsabkommen, der Internationale Währungsfonds oder die Weltbank ermöglichen Staaten und Politik einen größeren Einfluss, als es in der ersten Globalisierung vor 1914 der Fall war. Alles in allem handelt es sich jedenfalls nicht um einen Machtverlust des territorialen Staates *in toto*, sondern um eine Machtverlagerung hin zu den Exekutiven.[15]

Nach innen verstärkt dies die Herrschaft der Bürokratie, die vermeintlich von außen kommende Vorgaben wie die Universitätsreformen oder schulische Inklusion umsetzt und dabei an reformabsolutistische Muster anknüpft. Nach außen fallen die Konsequenzen asymmetrisch aus. Letztlich befördern sie das Recht des Stärkeren gegenüber verbindlichen internationalen Institutionen und multilateralen Verfahren, die zum Beispiel für die USA rein instrumentellen Charakter, aber keinen Wert an sich besitzen. Aber auch dies ist nicht neu, sondern entspricht den traditionellen Mustern der klassischen Staatenwelt und der internationalen Politik, wo kein übergeordneter verbindlicher Souverän herrscht. Allianzen, äußere Bedrohungen und internationale Institutionen haben schon immer Souveränität eingeschränkt – ob es sich um die Wiederbewaffnung, den NATO-Doppelbeschluss oder den Einsatz im Kosovo von Seiten der Bundesrepublik oder um Auflagen des IWF für Schuldnerländer handelte. Machtungleichgewichte sind der historische Normalfall. Sie fallen freilich nicht einseitig nur zugunsten des Stärkeren aus, denn auch der Schwächere besitzt seine Verhandlungsmacht: das gilt für die OPEC-Staaten und den Ölpreis seit den siebziger Jahren oder für die südeuropäischen Länder und ihre Mehrheit im EZB-Rat, und selbst Griechenland konnte die Mitgliedstaaten der Europäischen Union lange nach der Maßgabe «scheitert der Euro, dann scheitert Europa»[16] in Haftung nehmen.

 Das Problem ist nicht die staatliche Exekutive und ihre Handlungsfähigkeit, die Klage über ihren Verlust gehört vielmehr zum Standardrepertoire zeitgenössischer Selbstwahrnehmungen: «Regierungen können heutzutage so wenig ausrichten oder verhindern. Den Politikern ist die Macht entglitten, aber ich könnte nicht sagen wohin. Es ist ein einziges Dahintreiben, und während wir stromabwärts treiben, können wir höchstens die eine oder andere Kollision vermeiden. Aber wohin treiben wir?» Das sagte nicht Angela Merkel auf dem Höhepunkt der Flüchtlingskrise im Herbst 2015, sondern der britische Premierminister Salisbury am 1. Januar 1895.[17]

Totgesagte leben länger

Die staatliche Exekutive hat sich als adaptionsfähig erwiesen. Die Globalisierung führte nicht zu mehr oder weniger, sondern zu einem anderen Staat.[18] Der Nationalstaat hat keinen Niedergang erlebt, sondern er ist ein funktionsfähiger Entscheidungsraum geblieben, dessen Handlungsfähigkeit von seiner Wirtschaftskraft, der Staatsverschuldung, der Staatsverwaltung, dem politischen System, den Regierungsparteien und dem Personal abhängt. Dass die Bundesregierung 2015/16 Migranten die Einreise ermöglichte, indem sie auf die Anwendung der Dublin-III-Verordnung verzichtete, während die Länder der Visegrád-Staaten den Beschluss des Rats der Europäischen Union zur Verteilung von 120 000 Flüchtlingen auf die Länder der EU unterliefen, bestätigt diesen Befund. Zugleich ist der Territorialstaat nicht nur ein zentraler Identitäts- und Solidarraum, sondern vor allem der entscheidende Referenzraum demokratisch legitimierter Souveränität geblieben. Dies gilt nicht nur in weltweiter Perspektive, sondern auch im Hinblick auf den globalen Sonderfall der Europäischen Union. Nicht alle Nationalstaaten sind Demokratien, aber alle Demokratien sind Nationalstaaten.

Mit Staaten ist auch in Zukunft zu rechnen, auch und gerade weil sie sich verändern und neuen Umständen anpassen. Tragfähige internationale oder globale Lösungen ohne oder gar gegen Nationalstaaten bzw. gegen nationale Exekutiven, zumindest der machtvollen Staaten, sind einstweilen nicht absehbar.[19] Das gilt für supranationale Institutionen wie die Vereinten Nationen und die Europäische Union, und es gilt erst recht für Institutionen von *global governance* wie transnationale Netzwerke von Parlamentariern, Beamten oder Experten oder NGOs samt den an sie geknüpften kosmopolitischen Visionen.

Damit tut sich eine Diskrepanz zwischen der globalen Dimension von Problemen und der nationalstaatlichen Organisation von Entscheidungen auf, ob es sich um den Klimawandel oder um die Regulierung von Finanzmärkten handelt. Nationale Vetospieler stehen globaler Gemeinwohlorientierung entgegen, zugleich sind sie wahlpolitischen Zeitrhythmen unterworfen oder müssen auf akute Krisen reagieren. Dies wirkt langfristiger Orientierung entgegen und beschränkt die Handlungsfähigkeit gegenüber globalen Herausforderungen – das allerdings ist ein Grundproblem moderner Demokratien allgemein.

Es ist nicht ausgeschlossen, dass sich eine höhere Ebene von Loyalität und Entscheidung herausbildet, so wie im 19. Jahrhundert der Nationalstaat die Gemeinde oder den Einzelstaat ergänzte. Dafür sind empirisch bislang allerdings keine verlässlichen Anzeichen zu sehen. Pankaj Ghemawat erkennt vielmehr eine Verbindung von Semi-Globalisierung und nationaler Regulierung,[20] und die Europäische Union stellt in der Triade Nordamerika – Europa – Ostasien vorerst einen Sonderfall, aber kein globales Rollenmodell dar. Wahrscheinlicher ist, dass mit zunehmender globaler und internationaler Verflechtung und Komplexität die Tendenz zum internationalen Regieren zunimmt – diskretionär und auf Kosten von Demokratie. Jedenfalls sind praktikable Formen von *global governance* nur über starke Nationalstaaten absehbar. Das Problem ist nicht der Nationalstaat. Ein Problem hat die Demokratie. Aber wo liegt es?

2. Kapitalismus und Demokratie

Wer von «Demokratie» spricht, meint etwas Gutes. Historisch ist das keine Selbstverständlichkeit. Wörtlich bedeutet Demokratie nichts anderes als «Herrschaft des Volkes», die für Aristoteles stets die Gefahr einer Herrschaft der Armen und der Mehrheitsdiktatur in sich trug. In der Tat ist der Begriff der Demokratie an sich «moralisch leer»[21]. Die moderne Demokratie zeichnet sich unterdessen durch die Verbindung aus, die sie mit liberalen Werten und Grund- bzw. Menschenrechten, mit dem Parlamentarismus, dem Kapitalismus, dem Wohlfahrtsstaat und der Konsumgesellschaft eingegangen ist. Das aber war ein schrittweiser und ein immer wieder umkämpfter Prozess.

Nur in den USA hat sich die moderne Demokratie in einer direkten Verbindung mit dem modernen Kapitalismus durchgesetzt. In Europa etablierten sich Kapitalismus und Industrialisierung unabhängig von der politischen Ordnung – zunächst in der zunehmend parlamentarischen Monarchie Großbritanniens, aber auch in der eingeschränkt konstitutionellen Monarchie

Preußens. Zugleich entstanden mit Kapitalismus und Industrialisierung neue soziale Großgruppen, das Bürgertum, die Industriearbeiterschaft und die Angestellten, und damit die sozialen Grundlagen für demokratische Mitbestimmungsansprüche. Die enge programmatische Verbindung zwischen Marktwirtschaft und Demokratie etablierte sich in Westeuropa, zumal in der Bundesrepublik, erst nach 1945 und in Abgrenzung zu den kommunistischen Systemen. So verlief die Frontstellung des Ost-West-Konflikts zwischen Demokratie und Diktatur, Markt- und Planwirtschaft, und auf westlicher Seite wurden Freiheit, Kapitalismus und Demokratie als ideologische Einheit festgezurrt.

Mit dem Zusammenbruch des Kommunismus 1989 setzte sich das westliche Modell von Kapitalismus und Demokratie, verbunden durch politische und wirtschaftliche Freiheit, Konsumgesellschaft und Wohlfahrtsstaat, als weltweites Ideal durch. Allerdings war diese Verbindung nach wie vor nicht selbstverständlich. Die Demokratie als politisches Organisationsprinzip setzt auf formale Gleichheit, während der Kapitalismus als ökonomisches Organisationsprinzip materielle Ungleichheit hervorbringt. Die marxistische Perspektive, immer auf der Suche nach «Widersprüchen», betont den Widerspruch zwischen dem gemeinwohlorientierten demokratischen und dem an individuellem Gewinn orientierten kapitalistischen Prinzip der Organisation sozialer Belange. Braucht Demokratie daher ein bestimmtes Maß an sozialer Gleichheit? Dass die USA als älteste und stabilste moderne Demokratie ein relativ hohes Maß an sozialer Ungleichheit tolerieren, zeigt, dass es auf diese Frage keine pauschalen Antworten gibt.

Stattdessen ist durch die gesamte Moderne hindurch eine asymmetrische Abhängigkeit zu beobachten. Alle Demokratien haben kapitalistisch organisierte Volkswirtschaften, aber nicht alle kapitalistischen Systeme sind Demokratien. Kapitalismus verträgt sich auch mit anderen politischen Organisationsformen – Augusto Pinochets Chile war in den siebziger Jahren der Vorreiter einer «neoliberalen» Politik im Sinne der Chicago School, und das China der Jahrtausendwende vereinigt ebenso wie Singapur ein kapitalistisches System und einen autoritären Staat. Die Demokratie ist vom Kapitalismus abhängiger als der Kapitalismus von der Demokratie. Eine funktionierende kapitalistische Wirtschaft ist die materielle Grundlage des modernen Steuer- und Sozialstaates, seiner Legitimation und Akzeptanz. Zugleich ist der Kapitalismus abhängig von Staat und Politik. Die westlichen Demokratien praktizieren unterschiedlich weitreichende staatliche Eingriffe in die Volkswirtschaft. Das Problem dabei ist, dass eine dynamische Wirtschaft das allgemeine Wohlstandsniveau hebt und zugleich die soziale Ungleichheit vergrößert, während politische Maßnahmen zur Regulierung sozialer Ungleichheit die wirtschaftliche Dynamik hemmen.

Die Frage ist daher, wie weit solche staatlichen Interventionen gehen sollen und können. Adam Smith ging 1776 davon aus, das Streben nach Eigennutz befördere schließlich das Gemeinwohl, und er vertraute auf die Selbstregulierung der Märkte durch die «unsichtbare Hand». Dem stand die Erfahrung mit einem ungeregelten Kapitalismus im 19. Jahrhundert entgegen, der regulierungsbedürftige Probleme hervorbrachte: eine neue soziale Ungleichheit häufte soziales und politisches Konfliktpotential an. Die soziale Frage führte zur Sozialgesetzgebung, Koalitionsfreiheit, Streikrecht und Tarifautonomie zur Lohnfindung wurden politisch garantiert, und gegen die Zerstörung der Umwelt sind immer wieder politische Maßnahmen getroffen worden, ohne dieses Problem freilich nachhaltig in den Griff zu bekommen. Marktwirtschaften tragen keine eigenen gesellschaftlichen, politischen und moralischen Ziele in sich. Vielmehr sind politisch-moralische Maßstäbe stets an Entscheidungen von Gemeinwesen gebunden, und die Rahmenbedingungen des Kapitalismus bedürfen der politischen Setzung.[22]

Andererseits wirft die Intervention von Staat und Politik in die Wirtschaft immer wieder Probleme auf. Von den desaströsen Ergebnissen direkter staatlicher Steuerung in den kommunistischen Planwirtschaften einmal ganz abgesehen, waren die Reparationen, die dem Deutschen Reich durch den Versailler Vertrag von 1919 auferlegt wurden, politische Schulden, die die Wirtschaft der Zwischenkriegszeit schwer belasteten und destabilisierten. Die 2007/08 geplatzte Immobilienblase in den USA wurde in erheblichem Maße durch die sozialpolitische Subventionierung genährt, die ihrerseits Anreize zum *moral hazard* setzte. Dasselbe gilt für die Befreiung der Banken von der Pflicht zur Hinterlegung von Eigenkapital für Staatsanleihen. Die staatliche Rettungspolitik nach 2008 und in Europa nach 2010 löste den Zusammenhang von Risiko und Haftung und führte damit ebenso zu Verzerrungen der Märkte wie die deutsche Energiewende.

Staat und Wirtschaft: Stationen einer gegenseitigen Abhängigkeit

Das Verhältnis zwischen Staat und Wirtschaft in der Moderne zeigt eine Wellenbewegung, die fünf große Wellen erkennen lässt. In der Frühen Neuzeit waren Markt und Staat durch die politische Steuerung der Wirtschaft eng verbunden. Zunftordnungen städtischer Wirtschaften und Gesellschaften regulierten Ausbildung, Berufsausübung und Arbeitsbeziehungen, Produktionsmethoden, Preise und Absatzmengen, soziale Sicherung,

 Moralvorstellungen und Verhaltensweisen. Und der Merkantilismus war ein staatsinterventionistisches Wirtschaftsmodell, das darauf hinwirkte, Außenhandelsüberschüsse zu erzielen.[23]

Seit dem ausgehenden 18. und im 19. Jahrhundert traten Markt und Staat in einer zweiten Phase auseinander. Die Politik förderte Marktdynamiken und beließ es bei geringen staatlichen Interventionen. So entstand mit der Industrialisierung ein relativ ungeregelter Kapitalismus, der zunehmend Probleme hervorbrachte. Staatliche Eingriffe wie die Arbeitszeitgesetze in England seit den 1830er Jahren oder die Sozialgesetzgebung in Deutschland hatten subsidiär-begleitenden Charakter, ohne dass der Staat das Kommando über die Wirtschaft übernommen hätte. Das änderte sich mit dem Ersten Weltkrieg. Er führte in eine dritte Phase der erheblich ausgeweiteten staatlichen Regulierung, die mit den Erfahrungen der Weltwirtschaftskrise und durch den Aufbau der Wohlfahrtsstaaten nach dem Zweiten Weltkrieg noch einmal intensiviert wurde. Seit den siebziger Jahren, nach Ende des Nachkriegsbooms und mit der Abkehr vom Keynesianismus, vollzog die Politik in den westlichen Industriestaaten in einer vierten Phase der Deregulierung und der Marktorientierung eine begrenzte Trendumkehr, die durch die Transformation der osteuropäischen Staats- und Marktwirtschaften weiter verstärkt wurde. Es gibt guten Grund zu der Annahme, dass die Weltfinanzkrise von 2008 in historischer Perspektive einen Wendepunkt hin zu einer neuen Phase des Staatsinterventionismus darstellt.

Der moderne Paradigmenwechsel im Verhältnis von Staat und Wirtschaft ging auf den Ersten Weltkrieg zurück, der erheblich ausgeweitete Staatsinterventionen mit sich gebracht hatte: Beschaffung von Uniformen und Waffen, Pressekontrolle, Produktionsvorgaben und Wirtschaftslenkung, Schulden und nach dem Krieg die Sozialgesetze zur Versorgung von Kriegshinterbliebenen sowie von Arbeitslosen. Wenn Walther Rathenau davon sprach, die «Wirtschaft ist unser Schicksal»[24], dann war dies nicht als fatalistische Situationsbeschreibung, sondern als «umfassendes Bändigungsversprechen» gemeint.[25] In diesem Sinne entwickelte John Maynard Keynes seine Vorstellungen für eine gezielte Steuerung des ökonomischen Prozesses. Ihre Stunde schlug endgültig mit der Weltwirtschaftskrise, die klassisch liberale Ansätze ebenso delegitimierte wie Heinrich Brünings Sparpolitik mit ihren katastrophalen sozialen Folgen.

Zum Inbegriff der politischen Zähmung des Kapitalismus wurde der «New Deal» in den USA 1933 bis 1938. Er reichte von kurzfristigen Krisenbekämpfungsmaßnahmen wie Arbeitsbeschaffungsprogrammen und Hilfen für Landwirte über mittelfristige Maßnahmen zur Eigenheimförderung und Infrastrukturprojekte bis zu langfristigen Reformen wie dem zweiten Glass-Steagall Act zur Einführung des Trennbankensystems und der Finanzmarktregulierung 1933 oder der Einführung von Sozialversicherungen 1935. Dieses wirtschafts- und sozialpolitische Bündel war in seinem Umfang begrenzt; es gab zum Beispiel keine landesweite Renten- und Arbeitslosenversicherung für alle und keine öffentliche Krankenversicherung. Dennoch markierte es einen Kurswechsel in den USA hin zu einer aktiven, interventionistischen Rolle des Staates gegenüber der Wirtschaft.

In Westeuropa prägten sich nach dem Zweiten Weltkrieg unterschiedliche Modelle aus. Die Bundesrepublik führte das Modell der «sozialen Marktwirtschaft» ein, das freilich kein geschlossenes Konzept, sondern eine offene Ordnungsidee darstellte. Sie verband die ordnungspolitische Vorstellung, dass der Staat eine funktionsfähige Wettbewerbsordnung gewährleisten solle, mit sozialpolitischen Zielen: «Wohlstand für alle» (Ludwig Erhard). Eine maßvolle sozialpolitische Korrektur von Marktergebnissen sollte vor allem durch die Verteilung von Einkommenszuwächsen durch die «Sozialpartnerschaft» von Arbeitgebern und Arbeitnehmern bewirkt werden. Das Prinzip der individuellen Selbstverantwortung hatte den Vorrang und beruhte zugleich auf staatlich moderierten sozialen Sicherungssystemen. Es liegt auf der Hand, dass dieser «Stilgedanke», wie Alfred Müller-Armack, einer ihrer Urheber, die soziale Marktwirtschaft bezeichnete,[26] permanente Abwägungsentscheidungen erforderte.

Zugleich drang der Sozialstaat weiter vor, materiell und prinzipiell.[27] Mit der 1957 eingeführten dynamischen Rente koppelte er die sozialen Transferleistungen an die Lohnentwicklung und ging von der elementaren Existenzsicherung zur Statussicherung über. Einen weiteren großen Schritt tat die sozial-liberale Reformpolitik, die nach 1969 Sozialpolitik als explizite Gesellschaftspolitik betrieb. Dieser Paradigmenwechsel des deutschen Sozialstaates entsprach dem allgemeinen Aufbau der Wohlfahrtsstaaten in Europa nach dem Zweiten Weltkrieg.

Am 1. Dezember 1942 legte der britische Ökonom William Beveridge seinen «Report to the Parliament on Social Insurance and Allied Services» vor, um den ihn der britische Arbeitsminister Ernest Bevin im Jahr zuvor gebeten hatte. Der Beveridge-Report identifizierte «fünf große Übel», deren Bekämpfung Aufgabe des Staates sein sollte: Elend, Unwissen, Not, Untätigkeit und Krankheit (*squalor, ignorance, want, idleness, and disease*). Hinzu kamen drei weitere Grundforderungen, für die der Staat sorgen sollte: ausreichende staatliche Rente, Familienförderung und Vollbeschäftigung. Das war die Blaupause für den Aufbau des britischen Wohlfahrtsstaates unter der Labour-Regierung Attlee nach 1945. Sein Kernstück war der National Health Service: eine aus Steuermitteln finanzierte, staatlich organisierte und relativ egalitäre Einheitsversicherung mit allerdings auch vergleichsweise niedriger Leistung.

Der Ausbau der Wohlfahrtsstaaten in West- und Osteuropa geschah auf breiter Front: von staatlichen Sozialversicherungen gegen Krankheit und Unfall, Arbeitslosigkeit und Alter über das Bildungswesen, den Wohnungsbau und die Gesundheitsversorgung bis zu Freizeiteinrichtungen, öffentlichem Nahverkehr und kulturellen Angeboten. Dabei stieg der Anteil der Sozialausgaben am BIP in Westeuropa von ca. 9 Prozent 1950 auf rund 18 Prozent 1973 und folgte dem bereits 1863 formulierten Wagnerschen «Gesetz des wachsenden Staatsbedarfs», wonach Regierungen die Staatsausgaben aufgrund vermehrter Ausgaben für Kultur- und Sozialzwecke sowohl absolut als auch relativ zur Wirtschaftsleistung ausdehnen. In Deutschland stieg der Anteil der Sozialausgaben am Reichs- bzw. Bundeshaushalt von 3 Prozent 1919 auf 46 Prozent im Jahr 2003, während die Militärausgaben von 79 Prozent 1913 auf 10 Prozent 2003 sanken.[28]

Mit dem Ausbau der Sozialstaaten erweiterte sich der Demokratiebegriff des 19. Jahrhunderts vom formalen Organisationsprinzip für politische Entscheidungen hin zu einem gesellschaftlichen Organisationsprinzip sozialer Teilhabe. Zugleich wandelte sich der Sozialstaat von einer Institution zur Absicherung der Existenzrisiken zum «Generalagenten der Lebenszufriedenheit» der Bürger «mit nahezu allumfassender Zuständigkeit».[29] In den sechziger und frühen siebziger Jahren herrschte ein allgemeiner Konsens, der Staat müsse mehr öffentliche Güter bereitstellen, um die Bedürfnisse der Gesellschaft zu befriedigen. Vor diesem Hintergrund wurde eine «Erweiterung des Staatskorridors» vorgenommen. Die Staatsquote (der Anteil der Staatsausgaben am Bruttoinlandsprodukt), die in der Bundesrepublik der fünfziger Jahre zwischen 30 und 35 Prozent gelegen hatte, stieg auf 39 Prozent Ende der sechziger und von dort aus auf 50 Prozent Mitte der siebziger Jahre. Zugleich stieg die Sozialleistungsquote (der Anteil der Sozialausgaben am BIP) zwischen 1970 und 1982 von 27 auf 33 Prozent und die Abgabenquote (die Relation der Steuern und Abgaben zum BIP) von 37 auf 43 Prozent.[30]

Dieses historisch einzigartige Ausgabenwachstum wurde im Glauben an die umfassende Steuerbarkeit, Planbarkeit und Machbarkeit für beherrschbar gehalten, der vor allem die sechziger Jahre prägte. Die keynesianische Vorstellung, Nachfragelücken und Konjunkturschwankungen durch staatsgenerierte, kreditfinanzierte Nachfrage ausgleichen und somit Arbeitslosigkeit durch Staatsausgaben beseitigen zu können, pulverisierte sich in der

Krise von 1973. Die Folge war der steile und ungebrochene Anstieg der Staatsverschuldung.

Staaten und Schulden – Stationen einer liaison dangereuse

Schulden und Streit darüber gibt es seit 5000 Jahren.[31] Schulden hafteten stets die Dimensionen der Macht und der Moral an. Der moralische Anspruch, Schulden zu begleichen, schlägt sich in Begriffen wie «Zahlungsmoral» oder «Kredit haben» nieder. Zugleich wurden als überzogen empfundene Gebühren für den Verleih von Geld als «Wucher» gebrandmarkt; lange lehnte die katholische Kirche Geldverleih gegen Zinsen generell ab, und es gab Zeiten, da lag das moralische Prestige von Geldverleihern etwa auf einem Niveau mit dem von Henkern.

Moderne Staatsschulden begannen im Venedig des 12. Jahrhunderts mit einer Zwangsanleihe zur Kriegsfinanzierung, die mit jährlich 5 Prozent verzinst war. Die Übertragbarkeit der Anleihen eröffnete einen Markt für den Handel mit Staatsschulden als Kreditgeld. Außerdem offenbaren die venezianischen Anfänge die Bedeutung von Militär und Staatlichkeit für die Ausbildung moderner Finanzinstrumente. Das galt im Falle der USA und ihrer Rüstungspolitik in den achtziger Jahren des 20. Jahrhunderts, und das galt auch bei der Gründung der Bank of England 1694, als ein Konsortium von vierzig Kaufleuten König Wilhelm III. einen Kredit von 1,2 Millionen Pfund für den Krieg gegen Frankreich gab und im Gegenzug das Monopol auf die Ausgabe von Banknoten erhielt, die de facto als Schuldscheine für das dem König geliehene Geld ausgegeben wurden. Im 18. Jahrhundert herrschte ein enger Zusammenhang zwischen kolonialen Aktivitäten oder Kriegen und Spekulationsblasen. In vielen Territorialstaaten wie Bayern und Österreich stiegen die Einnahmen, noch schneller aber stiegen die Ausgaben, vor allem für das Militär und vor allem in Kriegszeiten.

Die Aufklärer sahen in diesem nicht nur tintenklecksenden, sondern auch waffenklirrenden Saeculum die Gefahr eines Staatsbankrotts voraus, wenn der Staat Kredite nicht zu den ursprünglich vereinbarten Konditionen bedienen konnte und diese ohne deren Einwilligung zum Nachteil der Gläubiger veränderte. Allein bis 1789 erlebte Frankreich acht Insolvenzen, bevor die Revolutionskriege und die napoleonischen Kriege zwischen 1792 und 1815 die öffentlichen Finanzen endgültig aus dem Lot brachten. Einen Sonderweg in dieser Schuldenorgie beschritt England, das seine Staatsschulden während des 19. Jahrhunderts kontinuierlich von fast 300 auf 40 Prozent reduzierte. Ansonsten haben Kenneth Rogoff und Carmen

 Reinhart im 19. und 20. Jahrhundert weltweit 318 Staatspleiten gezählt, notorisch in Spanien (allein sieben im 19. Jahrhundert), in Griechenland und in Argentinien. Mindestens 250 Staatspleiten gingen auf Verschuldung im Ausland zurück, 68 auf interne Verschuldung.[32]

So endete die Finanzierung des Ersten Weltkrieges durch Anleihen bei der eigenen Bevölkerung in Deutschland wenige Jahre nach dem Krieg in Hyperinflation und Währungsreform. Der Staat entledigte sich somit seiner Schulden, und die Gläubiger wurden, mit bekannt katastrophalen Folgen, enteignet. Das wiederholte sich nach dem Zweiten Weltkrieg: Die Währungsreform von 1948 in den Westzonen war nichts anderes als der zweite deutsche Staatsbankrott im 20. Jahrhundert.[33] Eine neue, strukturelle Qualität nahm die Staatsverschuldung seit den siebziger Jahren an. Das volatile Weltwährungssystem freier Wechselkurse, das auf den Zusammenbruch des Bretton-Woods-Systems folgte, verband sich mit zunehmenden Staatsschulden und den dynamisierten Finanzmärkten zu einem undurchschaubar komplexen System.[34]

Die westlichen Industriegesellschaften hatten den Aufbau der Wohlfahrtsstaaten und die expandierten Staatsaufgaben zunächst aus dem langen Boom der fünfziger und sechziger Jahre finanziert. Diese historische Sondersituation lief nach 1973 aus, und die Staaten standen vor dem Problem gestiegener Ausgabenlasten, die sich durch die wachsende Arbeitslosigkeit noch vermehrten, und rückläufiger Einnahmen. Die Haushaltsdefizite ließen sich entweder durch Senkung der Ausgaben oder durch Steigerung der Einnahmen ausgleichen, für die Erhöhungen von Steuern oder die Aufnahme von Krediten zur Wahl standen. Seit den siebziger Jahren verschuldeten sich die europäischen Staaten systematisch bei privaten Kreditgebern.

Staatsschulden sind nicht gleich Staatsschulden. Es ist ein Unterschied, ob die Schulden im Inland oder im Ausland aufgenommen werden. Und es kommt darauf an, wie sie verwendet werden: Investitionen sollten sich langfristig auszahlen, konjunkturpolitische Maßnahmen sollten sich kurzfristig ausgleichen; etwas anderes sind Ausgaben für außergewöhnliche Ereignisse wie die Bewältigung von Naturkatastrophen oder konsumtive Ausgaben, vor allem Sozialausgaben – dieses Geld ist weg.[35] Verschuldung hat für den Staat den Vorteil, den ein Kredit für jeden Kreditnehmer hat: sie eröffnet Handlungsspielräume. Dabei werden die Kosten gestreckt, ohne dass dem Wirtschaftskreislauf unmittelbar liquide Mittel entzogen werden, wie es bei Steuererhöhungen der Fall wäre. Im Unterschied zum privaten Hausbauer läuft dies freilich gerade nicht darauf hinaus, Kredite für eine vorweggenommene Anschaffung wieder zu tilgen, sondern sie unbegrenzt zu erneuern.

So ist die «ewige Staatsschuld» zu einer spezifischen Form zinstragenden Kapitals geworden. Gedeckt werden Staatsschulden durch die Steuerkraft des Staates; die letzte Haftung liegt folglich bei den Steuerzahlern. Für den Anleger, der in Staatsanleihen investiert, hat dies den Vorteil der Sicherheit, und darum hat Basel II (die Eigenkapitalvorschriften des Basler Ausschusses für Bankenaufsicht) Staatsanleihen von der Pflicht zur Hinterlegung von Eigenkapital befreit; vielmehr können Banken Staatsanleihen sogar als Mindestreserveeinlage verwenden. Dass sie obendrein verbrieft, d. h. in handelbare Wertpapiere umgewandelt werden können, eröffnete einen dynamischen Handel auf den liberalisierten Finanzmärkten. Staatsschulden wurden zu einem elementaren Bestandteil des Weltfinanzsystems seit den siebziger Jahren. Auf Staatspapieren beruhende Anlagestrategien machten die Banken abhängig von Staatsschulden und die Staaten abhängig von den Banken. Das Ergebnis war eine Allianz aus kreditbedürftigen Staaten und renditeorientierten Banken, die darauf baute, dass alles gut gehen werde.

Auf den Zusammenhang zwischen der steigenden Staatsverschuldung der USA in den achtziger Jahren und der Deregulierung der Finanzmärkte, die niedrige Zinsen zur Folge hatte, verweist Wolfgang Streeck.[36] Auch als die Regierung Clinton in den neunziger Jahren zu einer Politik der Haushaltskonsolidierung überging, setzte sie die Deregulierung des Finanzsektors fort. Mit der erleichterten Zugänglichkeit von Krediten verschob sich die Verschuldung in den privaten Sektor und wurde nach 2001 durch eine Politik des billigen Geldes und die staatlich geförderten Immobilienkredite – Sozialpolitik *à l'Americaine* – noch verstärkt. Das Ergebnis war eine um die Jahrtausendwende erheblich zunehmende Tendenz von Staaten, privaten Haushalten und Unternehmen, sich zu ver- und zu überschulden. Der deutsch-britische Liberale Ralf Dahrendorf sprach vom «Pumpkapitalismus».[37]

Das Problem der «ewigen Staatsschuld» ist dabei weniger ihre zeitliche Unbegrenztheit als vielmehr ihre materielle Kumulation, da ja nicht nur die einmal erreichte Höhe revolviert wird. Wann aber wird die Höhe der Staatsschuld problematisch? Carmen Reinhart und Kenneth Rogoff haben errechnet, dass eine Schuldenquote von mehr als 90 Prozent des BIP, in Entwicklungsländern (je nach Verschuldungsart) ab 60 Prozent, das Wirtschaftswachstum nachhaltig schwächt. Solche Berechnungen hängen freilich eng mit ökonomischen Schulenbildungen und politischen Interessen zusammen, und so sind sie nicht unwidersprochen geblieben. Zudem unterscheidet sich je nach ökonomischer Leistungskraft und Art der Verschuldung die Schuldentragfähigkeit eines Landes; für die Bundesrepublik hat der Internationale Währungsfonds zum Beispiel eine Schuldentragfähigkeit von 155 Prozent errechnet.[38]

Wie auch immer, irgendwann erreicht die Staatsverschuldung den Punkt, an dem sie den Staat problematisch belastet und an dem die Kreditgeber um ihr Geld zu fürchten beginnen. Die utilitaristische Kurzfristperspektive der Akteure vor allem bei nicht-investiven Ausgaben – von den kurzfristigen Staatsanleihen der Banca d'Italia in den siebziger Jahren über die Niedrigzinspolitik der Fed nach 2001 und die quantitative Lockerung der Europäischen Zentralbank nach 2010 bis zur verdeckten Staatsverschuldung durch Renten- und Pensionszusagen – stößt dann auf die langfristigen Folgen, die obendrein von der Zinsentwicklung und allgemeinen Marktveränderungen abhängig sind.[39]

Die Bundesrepublik erlebte in den siebziger Jahren einen Verschuldungsschub. Mit der Zunahme der Staatsquote auf fast 50 Prozent stiegen die durchschnittliche Defizitquote auf 3 bis 4 Prozent und die Schuldenstandsquote von ca. 20 Prozent des BIP im Jahr 1970 auf ca. 40 Prozent zu Beginn der achtziger Jahre – im internationalen Vergleich war dies freilich moderat. Die Politik der Haushaltskonsolidierung nach 1982 stabilisierte die Schuldenstandsquote bei ca. 41 Prozent, und bis 1989 wurden die Staatsquote von 50 auf 46 und die Sozialleistungsquote von 33 auf 30 Prozent gesenkt. Nach der Wiedervereinigung allerdings stieg die Staatsquote schon 1993 wieder über 50 Prozent, und die Verschuldung ging in einem zweiten Schub steil in die Höhe. Trotz Steuererhöhungen erreichte sie einen Stand von 60 Prozent 2000 und von 1,5 Billionen Euro 2006, bevor sie nach der Weltfinanzkrise von 2008 noch einmal auf 80 Prozent anstieg.[40]

Die strukturellen Hauptprobleme der Ausgaben lagen dabei in Arbeitslosigkeit, der Alterung der Gesellschaft sowie den Zinsen. 1962 beliefen sich die Ausgaben für soziale Sicherung (31,59 %) und Schuldendienst (3,55 %) auf insgesamt 35 Prozent und somit ein gutes Drittel der Gesamtausgaben des Bundes. 2007 nahmen soziale Sicherung (51,67 %) und Schuldendienst (14,33 %) mit 66 Prozent knappe zwei Drittel der Gesamtausgaben in Anspruch.[41] Vor diesem Hintergrund wird die eminent entlastende Bedeutung der rückläufigen Arbeitslosigkeit für die Staatsfinanzen sichtbar, zu der nach 2010 die von der EZB aktiv niedrig gehaltenen Zinsen hinzukamen. Beides zusammen bescherte dem deutschen Bundeshaushalt im zweiten Jahrzehnt des 21. Jahrhunderts vergangen gewähnte goldene Zeiten. 2014 schloss der Bundeshaushalt erstmals seit 1969 ohne zusätzliche Schuldenaufnahme ab. Zugleich bleibt die Höhe der Zinsen eine riskante Unbekannte für jede Finanzierung, ebenso die Möglichkeit rückläufiger

Staatseinnahmen in künftigen Krisen, und nicht gelöst ist das Problem der verdeckten Staatsverschuldung durch erst in der Zukunft fällig werdende Renten- und Pensionsleistungen.

Rückzug des Staates?

Die Liberalisierung der Finanzmärkte seit den achtziger Jahren hatte also den doppelten Hintergrund der wachsenden Staatsverschuldung, die in Europa auf den Ausbau der Wohlfahrtsstaaten und gesteigerte Staatstätigkeiten zurückging, und der Umorientierung der vorherrschenden politischen Ökonomie, die auf der Erfahrung mangelnder Steuerbarkeit der Wirtschaft durch staatliche Interventionen mit makroökonomischen Instrumenten beruhte. Nach monetaristischer Theorie sollte der Staat vor allem die Geldmenge steuern. Außerdem sollte die Wirtschaftspolitik die Angebotsbedingungen verbessern. Sie setzte auf Wettbewerb, Innovation und Wachstum und vertraute auf die Selbststeuerung der Märkte als Orte rationaler Entscheidungen und schneller Anpassung. Auch dieser politischen Ökonomie lag also die Vorstellung einer staatlichen Steuerung zugrunde, allerdings einer indirekten. Was Keynesianismus und Monetarismus nichtsdestoweniger einte, war die Erwartung eines stabilen Gleichgewichts.[42]

Vor allem änderte sich trotz einzelner Reformmaßnahmen nichts am sozialstaatlichen Engagement – nicht einmal im Großbritannien Margaret Thatchers, und als sich die skandinavischen Staaten in den neunziger Jahren genötigt sahen, ihre hoch aggregierten Sozialstaaten zu reformieren, geschah dies durch Anpassungen, aber ohne Abkehr von den Grundlagen. Andererseits stellten die Deregulierungen, Liberalisierungen und Privatisierungen seit den achtziger Jahren insofern eine Trendumkehr gegenüber der staatsinterventionistischen Tradition der Nachkriegsjahrzehnte dar, als sich die westlichen Staaten aus konkreten wirtschaftlichen Abläufen zurückzogen. Die Folge waren eine erhebliche ökonomische Belebung, ein allgemeiner Wohlstandsschub und eine historische Ironie. Denn aus Einsicht in die staatliche Unfähigkeit, die Konjunktur zu steuern, und im Vertrauen auf die Steuerung durch Deregulierung und stabilitätsorientierte Geldpolitik begaben sich die Staaten mit wachsender Staatsverschuldung in die Abhängigkeit von den Finanzmärkten, die sie selbst freisetzten.

Die Finanzmärkte waren zunächst in der Lage, die Investition brachliegenden Kapitals aufzunehmen und steigende Gewinne hervorzubringen. In Verbindung mit der Kultur des *shareholder value* koppelten sie sich seit den neunziger Jahren zunehmend von der Realwirtschaft ab und verselbständigten sich. Dabei erwiesen sich die Märkte nicht nur als Orte rationaler Entscheidungen, sondern auch der Emotionen, des Spiels und des Herdentriebs. Hinzu kamen die Auswirkungen der Globalisierung. Zwar gibt es keinen empirischen Beleg dafür, dass die Staaten sich auf das viel befürchtete *race to the bottom* in Bezug auf die Sozialstaaten eingelassen hätten.[43] Dennoch führte eine verschärfte Standortkonkurrenz dazu, dass Staaten auf Steuern verzichteten – etwa durch eine Kapitalertragssteuer von nur 25 Prozent oder durch Steuerfreiheit für Gewinne aus Unternehmensveräußerungen in Deutschland. Die zunehmend verschuldeten Staaten waren zu ihrer Refinanzierung auf die volatilen Mechanismen der Finanzmärkte angewiesen, und so zog die Weltfinanzkrise ab 2007 auch die Staaten nach sich.

In der Krise waren die kreditbedürftigen Staaten darauf angewiesen, die Banken zu retten (statt sie der «schöpferischen Zerstörung» gemäß dem Haftungsprinzip zu überlassen), damit das System, einschließlich der Staatsfinanzierung und des Sozialstaates, am Laufen blieb. Zugleich brachte die Krise Staat und Politik wieder zurück in die Kommandozentrale – allerdings unter Umverteilung des Risikos, jedenfalls zu großen Teilen, auf die Steuerzahler. Die Staatsschulden stiegen durch die Krisenbekämpfungsmaßnahmen noch einmal dramatisch an, bis das Vertrauen der Kreditgeber in die Rückzahlungsfähigkeit der Staaten zu bröckeln begann und selbst das für Basel II Undenkbare und politisch Ausgeschlossene möglich schien: dass Staatsanleihen nicht sicher sind.

Die Furcht vor Zahlungsausfällen setzte einen dramatischen Anstieg der Zinsen für einzelne Länder in Gang, und die Furcht trieb das Befürchtete noch voran. Die Explosion der Zinsen für Staaten wie Griechenland, Spanien, Irland und Portugal seit 2010 gefährdete die Refinanzierungsfähigkeit der Staaten und beschwor die Gefahr des Staatsbankrotts herauf. Die politischen Reaktionen bestanden in einem exekutiven situativen Krisenmanagement, das den Kapriolen an den Finanzmärkten politische Garantien entgegensetzte. Angela Merkels Aussage «scheitert der Euro, scheitert Europa» war die Ansage, alle erdenklichen Maßnahmen zu ergreifen, um die Währungsunion zu erhalten, und entsprach der Haltung des EZB-Präsidenten Mario Draghi: «whatever it takes». Die Folge waren Kredite, Bürgschaften und Schuldenerlass sowie Ankäufe von Staatsanleihen und massive Zinssenkungen durch die EZB. Auf diese Weise konnte der Zusammenbruch abgewendet werden, und die Ausschläge der Märkte konnten sich wieder beruhigen. Die Frage war: Hatte man auf diese Weise Zeit für tragfähige Restrukturierungen gewonnen oder wurde die Spirale weiter gedreht?

Bedroht der Kapitalismus die Demokratie?

Der Blick in die Geschichte zeigt, nicht nur Demokratien überschulden sich, sondern überbeanspruchte Staaten allgemein, von Frankreich und der kriegführenden Habsburgermonarchie im 18. Jahrhundert bis zu den südeuropäischen Wohlfahrtsstaaten Anfang des 21. Jahrhunderts. Und die Geschichte bestätigt: *There ain't no such thing as a free lunch* und *anybody pays the cheque.*
Staatsschulden sind ein komplexes Phänomen mit schwer kalkulierbaren Folge- und Nebenwirkungen. Sie aktivieren Ressourcen und haben sich als Anlagemöglichkeit etabliert. Ihr Problem liegt nicht im Umstand der Verschuldung an sich, sondern in ihrer Höhe, dem akuten Bedarf und dem Management, das auf schmalem Grat zwischen übermäßiger Inflation und Deflation wandelt. Auch bei «ewigen Schulden» überschreitet permanenter Zuwachs irgendwann die kritische Grenze und beeinträchtigt die Handlungsfähigkeit des Staates, zumal in einer Kreditkrise oder bei steigenden Zinsen. Hohe und wachsende Staatsschulden sind eine Zeitbombe. Eine Konsequenz aus der Einsicht in die fatale Abhängigkeit übermäßig verschuldeter, d. h. kreditbedürftiger Staaten von volatilen Märkten hat die deutsche «Schuldenbremse» gezogen. Am 29. Juli 2009 wurde in Art. 115 des Grundgesetzes der Satz eingefügt: «Einnahmen und Ausgaben sind grundsätzlich ohne Einnahmen aus Krediten auszugleichen.» Der Bund darf sich seit 2016 nur noch mit maximal 0,35 Prozent des BIP und die Länder dürfen sich ab 2020 gar nicht mehr neu verschulden. Die Hoffnung ist, dass der Staat durch eine nachhaltige Finanzpolitik *à la longue* durch Wachstum aus seinen Schulden herauswächst – wie Großbritannien im 19. Jahrhundert.[44] Auf europäischer Ebene versuchte die Bundesregierung über den Fiskalpakt auch die anderen Länder auf die Implementierung dieses Ansatzes zu verpflichten, stieß dabei aber auf Widerstände und die Kritik, dass eine stabilitätsorientierte «Austeritätspolitik» das Wachstum ersticke.

Die Krisen von 2008 und 2010 veränderten die Wahrnehmung des Verhältnisses von Demokratie und Markt. Eine neue Welle staatlicher Interventionsbereitschaft ist dabei, die Trendwende der siebziger Jahre wieder zu revidieren, um abermals den Kapitalismus zu zähmen. Diese Haltung schlug sich nach 2008 nicht nur in der ordnungspolitischen Bereitschaft zu verstärkter Bankenaufsicht nieder, sondern darüber hinaus in einer Rückkehr der Makroökonomie, die sich etwa 2014 in den vehementen Debatten um «Das Kapital im 21. Jahrhundert» von Thomas

 Piketty bemerkbar machte. In diesen Zusammenhang gehören die Nachfragestimulierung durch die Politik des billigen Geldes und den Ankauf von Staatsanleihen seitens der Europäischen Zentralbank ebenso wie die verstärkte Bereitschaft zur Staatsintervention und zur Regulierung durch staatliche Ausgabenprogramme, Mindestlöhne oder Frauenquoten – mit den Worten des Generalsekretärs der OECD im Dezember 2014: Starke Ungleichheit in der Einkommensverteilung bremse Wachstum, der «Kampf gegen Ungleichheit muss in das Zentrum der politischen Debatte rücken».[45]

Zur Finanzierung stehen dabei verschiedene Möglichkeiten zur Verfügung: Steuererhöhungen[46], die sich allerdings als Standortnachteile für die eigene Wirtschaft auswirken, solange die Steuerpolitik nicht international koordiniert wird; Umschichtungen innerhalb der Haushalte, die allerdings Verteilungskämpfe zur Folge haben; weitere Verschuldung, die allerdings das Staatsschuldenproblem weiter antreibt; schließlich die Hoffnung auf Geldschöpfung durch die EZB, wobei freilich das Wort in den Ohren klingt, dass irgendjemand die Rechnung zahlt. Dass all diese Politiken erhebliche Risiken und Nebenwirkungen enthalten, ist allerdings mit Blick auf die Geschichte des Staates im Umgang mit der Wirtschaft seit 1914 kein neues Phänomen.[47]

Aber müssen die Staaten nicht ihre Handlungsautonomie gegenüber dem Kapitalismus zurückgewinnen? Wolfgang Streeck interpretiert die «Transformation des keynesianischen politisch-ökonomischen Institutionensystems der Gründungsphase des Nachkriegskapitalismus in ein neohayekianisches Wirtschaftsregime» als staatlich sekundierte Revolte des Kapitals gegen den regulierten Kapitalismus der Nachkriegszeit und die Deregulierungen seit den achtziger Jahren als fortschreitende Entdemokratisierung des Kapitalismus.[48] Kritik daran richtete sich auf die Argumentation mit abstrakten Großeinheiten, weil *das* Kapital als Kollektivakteur in der Realität gar nicht existiere.[49]

Dass die alten Beschreibungskategorien der Hochmoderne nicht mehr funktionieren, hatte schon Lyotard gesagt: Die großen Erzählungen und die geschlossenen Theorien – die marxistische Theorien des Kapitalismus und der keynesianische Glaube an die Steuerbarkeit der Wirtschaft ebenso wie der Friedmansche Glaube an die rationale Funktionalität und das Gleichgewicht der Märkte oder die Geldmengentheorie – haben ihre Glaubwürdigkeit verloren. Mit der historischen Erfahrung des 21. Jahrhunderts ist der Optimismus sowohl von Keynes als auch von Friedman perdu. Immer wieder treten nicht intendierte Folgen intentionalen Handelns, unvorhergesehene Entwicklungen und unerwartete Ereignisse auf, die das Erwartete und Prognostizierte makulieren. Die Realität ist komplexer als alle Theorie.

Das gilt auch für die Beziehungsgeschichte von modernem Kapitalismus und moderner Demokratie. Sie ist keine 150 Jahre alt, und in ihrer engen Verbindung außerhalb der USA und Großbritanniens noch deutlich jünger. Während diese Verbindung vor allem nach 1989 weltweite Verbreitung gefunden hat, ist zugleich eine zunehmende Gemengelage gegenseitiger Abhängigkeit von Kapitalismus und Demokratie entstanden. Werner Plumpe argumentiert, Staat und Politik hätten sich im 20. Jahrhundert bei dem Versuch überhoben, den Kapitalismus zu bändigen, und sich durch den damit verbundenen Finanzierungsbedarf von der Ökonomie und den Finanzmärkten abhängig gemacht.[50] Zugleich ist die Asymmetrie zugunsten des Kapitalismus historisch ebenso wenig neu wie das politische Gefühl der Machtlosigkeit der Demokratie – und die faktischen Möglichkeiten staatlicher Intervention.

Die Euro-Rettungspolitik nach 2010 war für die Demokratie ein größeres Problem als die Bankenrettungspolitik 2008. Denn hier traf der Kapitalismus nicht auf nationale Demokratien, sondern auf die Europäische Währungsunion und ein Krisenregime internationalen Regierens gegen die oder am Rande der Verträge und an der Souveränität der gewählten Parlamente vorbei. War das die «Postdemokratie»?

3. Postdemokratie?

Anfang des 21. Jahrhunderts sorgte der britische Politikwissenschaftler Colin Crouch mit seiner These von der «Postdemokratie» für Furore. Die westlichen Demokratien näherten sich einem Zustand an, so seine Diagnose, in dem zwar «nach wie vor Wahlen abgehalten werden», in dem aber die öffentliche Debatte zu einem reinen, von PR-Experten inszenierten «Spektakel verkommt». Hinter der Fassade formaler Partizipations-, Repräsentations- und Entscheidungsverfahren «wird die reale Politik hinter verschlossenen Türen gemacht: von gewählten Regierungen und Eliten, die vor allem die Interessen der Wirtschaft vertreten.» Gesellschaftlich wirksame Entscheidungen würden zunehmend außerhalb demokratischer Institutionen getroffen: durch unkontrollierte deregulierte Märkte, globale Konzerne, weltumspannende Banken, finanzstarke Lobbys oder supranationale Organisationen und Regime.[51] Was ist aus historischer Perspektive dran an der These vom Substanzverlust demokratischer Partizipation und der Krise der entwickelten Demokratie?

Die Rede über Demokratie wird dadurch erschwert, dass unterschiedliche Begriffe von Demokratie im Umlauf sind.[52] Ein minimalistisches Modell erachtet Wahlen als Kern und Wesen der Demokratie. Ein mittleres Modell versteht Demokratie als Regierungsform, die nicht nur durch Wahlen konstituiert wird, sondern vor allem dadurch, dass das gewählte Gremium innerhalb des politischen Systems die entscheidende Bedeutung besitzt; insofern spielen das gleiche Wahlrecht eine wichtige Rolle und – in einer parlamentarischen Demokratie – die Entscheidungskompetenz des gewählten Parlaments über die Regierung. Hinzu kommt, worauf das Bundesverfassungsgericht in seinem Urteil zum Lissabon-Vertrag insistiert hat, jenseits formaler Verfahren die konstitutive Bedeutung einer politischen Öffentlichkeit. Eine weitergehende Variante des mittleren Modells fasst Demokratie zusätzlich als Lebensform auf, die sich durch Bürgerrechte und Gewaltenkontrolle sowie die Gewährleistung von Partizipation und Lebenschancen auszeichnet. Schließlich zielt ein maximalistisches Modell auf Politikergebnisse, vor allem auf soziale Gerechtigkeit und soziale Sicherheit als wesentliche Bestandteile von Demokratie.

Hier setzt Crouchs «Postdemokratie» an: Demokratie verlangt «ein gewisses Maß an Gleichheit, was die tatsächlichen Möglichkeiten aller Bürger angeht, auf die politischen Entscheidungen einzuwirken»,[53] weshalb zum Beispiel die Macht der großen Unternehmen eingeschränkt werden müsse. Damit hat Crouch Muster der sozialistischen Parlamentarismuskritik der sechziger Jahre aufgenommen[54] und immanente Probleme parlamentarischer Demokratien, aber keine neue Entwicklung angesprochen. Insofern monierten Kritiker auch ein idealisiertes, romantisierendes und unrealistisches Schema des Niedergangs,[55] das nichtsdestoweniger auf Verfahrensprobleme hinweist.

Wolfgang Merkel konstatiert eine Verschiebung der Legitimitätsachsen demokratischen Regierens, die zunächst an abnehmender Wahlbeteiligung liege. Demgegenüber wird oft auf neue Formen nichtkonventioneller Partizipation verwiesen, durch zivilgesellschaftliche Organisationen wie Amnesty International und soziale Bewegungen wie Attac oder Bürgerinitiativen gegen die Hamburger Schulreform von 2010 oder gegen Stuttgart 21. Dass sie von Mittelschichten getragen werden, offenbart unterdessen die soziale

Exklusivität zivilgesellschaftlicher Ansätze. Die Mittelschichtendemokratie einer individualisierten, nicht kollektiv organisierten Gesellschaft unterscheidet sich insofern von der modernen Demokratiebewegung, die maßgeblich von den Unterschichten bzw. der Arbeiterbewegung getragen wurde, und ähnelt eher den liberalen Bewegungen der frühbürgerlichen Gesellschaften im frühen 19. Jahrhundert.[56]

Für die Verschiebung der Legitimitätsachsen sind weiterhin der Mitgliederschwund der Parteien und ihr Verlust an Integrationsfähigkeit verantwortlich. Zudem werden Entscheidungen auf zentralen Politikfeldern wie der Geld-, Finanz- und Fiskalpolitik durch internationales Regieren zunehmend außerhalb nationaler demokratischer Verfahren samt der Auseinandersetzung über Alternativen getroffen und somit von den Legitimationsquellen der Demokratie abgelöst. Merkel erzählt allerdings keine einseitige Verlustgeschichte der jüngeren Demokratie, sondern verbucht auf der Haben-Seite höhere Partizipationschancen von Frauen, den besseren Schutz von kulturellen Minderheiten sowie höhere Transparenzanforderungen.

Parlamentarismus und Demokratie

In Deutschland steht das Modell der parlamentarischen Demokratie außer Frage. Historisch war dies keineswegs immer der Fall, und es führte auch keine bruchlose Entwicklung dorthin. Die enge Verbindung von Parlamentarismus und Demokratie etablierte sich erst seit dem späten 19. Jahrhundert; es gab parlamentarische Systeme, die keine Demokratien waren, und die Existenz eines Parlaments allein macht noch kein parlamentarisches System aus. Ob eine Regierungsform parlamentarisch ist, ob also von einem parlamentarischen System zu sprechen ist oder nicht, hängt davon ab, ob das gewählte Parlament auch das zentrale Entscheidungsgremium ist, also über den Haushalt, die Gesetze und vor allem über die Regierung entscheidet, sei es durch die aktive Wahl, sei es durch das Recht zur Abwahl.

Dabei ist ein parlamentarisches System nicht zwingend demokratisch. Demokratie hängt davon ab, ob das Letztentscheidungsrecht beim Volk liegt. Aber wer ist das Volk? Nur das allgemeine Wahlrecht für die Gesamtheit der Staatsbürger (mit sehr begrenzten Ausnahmen wie Minderjährigen) konstituiert eine Demokratie, und zwar unter der Voraussetzung, dass entweder die Bürger direkt oder die von ihnen gewählte Instanz über die zentrale Bedeutung im politischen System verfügen. Entscheidend ist also nicht die Staatsform, sondern die Regierungsform – auch eine Monarchie kann demokratisch sein.

Das gilt zum Beispiel für das Vereinigte Königreich, das zugleich idealtypisch für die enge Verbindung von Parlamentarismus und Demokratie seit der Wende vom 19. zum 20. Jahrhundert steht. Seit 1688 war das Parlament die dominante Größe im politischen System, aber Großbritannien war keine Demokratie, weil nur ein Bruchteil der Bevölkerung das Parlament wählen durfte. Die Besitzrechtsqualifikationen wurden im 19. Jahrhundert in drei großen Schüben durch Wahlrechtsreformen ausgeweitet. Zusammen mit dem Wahlrecht für Frauen 1919 und 1928 schlugen sie die Brücke zur Demokratie, die freilich erst 1948 vollständig war, als die Universitäten Oxford und Cambridge ihren Sitz im Unterhaus verloren und damit die letzten ständischen Elemente abgeschafft waren.

Anders, geradezu umgekehrt, lagen die Verhältnisse im Deutschen Kaiserreich. Es verfügte mit dem allgemeinen Männerwahlrecht über ein für seine Zeit weit fortgeschritten demokratisches Wahlrecht. Es besaß aber kein parlamentarisches System, weil der Reichstag nicht über die Existenz der Regierung zu bestimmen hatte, die nur vom Kaiser abhing. Daher war das Kaiserreich weder parlamentarisch noch demokratisch. Allerdings gewann der Reichstag zunehmend an Bedeutung innerhalb des politischen Systems, und die vom Kaiser eingesetzten Regierungen regierten im frühen 20. Jahrhundert nicht mehr gegen den Reichstag.[57] Ganz an seinem Ende, 14 Tage vor der Abdankung des Kaisers, wurde das Kaiserreich durch eine Verfassungsreform, abgesehen vom fehlenden Frauenwahlrecht, sogar noch zur parlamentarischen Demokratie.

Universellen Geltungsanspruch für das Modell der repräsentativen Demokratie erhoben seit 1917 die USA, als Präsident Woodrow Wilson den amerikanischen Eintritt in den Ersten Weltkrieg mit dem Ziel begründete, «to make the world safe for democracy»[58]. Diesem grundsätzlich globalen Missionsanspruch der westlichen Demokratie stand der weltrevolutionäre Anspruch des sowjetischen Kommunismus seit der russischen Oktoberrevolution von 1917 entgegen. Das darin angelegte Zeitalter der Ideologien, die Konfrontation zwischen westlich-marktwirtschaftlicher Demokratie und östlich-planwirtschaftlicher Diktatur, wurde in der Zwischenkriegszeit zunächst durch eine andere Konfrontation überlagert. Nach dem Ersten Weltkrieg hatte es zunächst so ausgesehen, als hätte die parlamentarische Demokratie, wie sie etwa im Deutschen Reich und in Österreich, in Polen, der Tschechoslowakei und den baltischen Staaten entstand, ihren flächendeckenden Durchbruch in Europa erzielt. Bedrängt wurde sie allerdings von links und von rechts. Von Spanien über das Deutsche Reich bis nach Lettland verwandelte sich eine Demokratie nach der anderen in ein autoritäres oder diktatorisches Regime. Bis 1939 blieben nur noch Großbritannien und Frankreich, die Benelux- und die skandinavischen Staaten sowie die Tschechoslowakei als parlamentarische Demokratien übrig.

Nachdem die faschistischen Diktaturen im Zweiten Weltkrieg niedergeworfen waren, erlebte die parlamentarische Demokratie in Westeuropa eine Renaissance und ihren endgültigen Durchbruch. Das bundesdeutsche Grundgesetz begründete den Musterfall mit verfassungsmäßigen Sicherungen. Die parlamentarische Demokratie wurde zugleich zur Grundlage für die Mitgliedschaft in der Europäischen Gemeinschaft, in die Griechenland, Spanien und Portugal in den achtziger Jahren nach dem Ende der Militärdiktaturen aufgenommen wurden. Nach 1990 war dies für die postkommunistischen Staaten in Ostmittel- und Südosteuropa der Fall, und auch hier vollzog sich die Transformation zur Demokratie in enger Verbindung mit der Perspektive des Beitritts zur Europäischen Union.

Die Demokratie ist nicht nur innerhalb der EU als grundlegende Norm und als Bedingung für einen Beitritt verankert, sondern zu einem globalen Muster von Lateinamerika bis Indien geworden. Im Juni 2000 trafen sich Regierungsvertreter aus 106 Ländern in Warschau, um eine Deklaration der Gemeinschaft der Demokratien zu verabschieden, die beabsichtigten, demokratische Prinzipien und Praktiken zu respektieren und zu bewahren.[59] Freilich waren nicht alle Anwesenden lupenreine Demokraten. Und während sich die repräsentative Demokratie zu Beginn des 21. Jahrhunderts in Nordamerika, in Europa, in Indien, Indonesien und Ozeanien sowie mit eigenen Ausprägungen in Lateinamerika als Regelfall verbreitet hat, existieren in globaler Hinsicht markante Ausnahmen, etwa eine «gelenkte Demokratie» in Russland, die sich vom westlichen Pfad wieder deutlich entfernt hat, oder eine spezielle sozialistisch-kapitalistische Einparteienherrschaft in China. In den arabischen Ländern haben die demokratischen Revolutionen des sogenannten «arabischen Frühlings» allenfalls in Tunesien eine Demokratie hervorgebracht. Stattdessen befinden sich Staaten wie Libyen oder Syrien am Rande eines *failed state,* und der «Islamische Staat» breitet sein islamistisch-diktatorisches Regime aus, während sich in Afrika demokratische Staaten zwischen autoritären Regimen, repressiven Diktaturen und bürgerkriegsgeplagten *failed states* wiederfinden.

Die Erfahrung nach 1990 war mithin eine doppelte: Einerseits hatte sich das System der repräsentativen Demokratie als globales Muster etabliert, andererseits wurde auch klar, dass die westliche Demokratie nicht das «Ende der Geschichte» darstellte. Begriffe wie «multiple Demokratie» oder «postklassische Demokratien» reflektieren neue Herausforderungen und Infragestellungen der klassischen parlamentarischen Demokratie,[60] seien es Ansprüche vermeintlich gesicherten Expertenwissens,[61] basisdemokratische Beteiligungsformen oder der Einfluss globaler ökonomisch-technologischer Akteure und Institutionen wie der Internetkonzerne oder der Finanzmärkte. Eine andere Frage an die Demokratie wird angesichts der Entwicklung in China aufgeworfen: Sind Demokratien eigentlich konkurrenzfähig? Diese Debatte ist nicht neu, vielmehr begleitete der nagende Zweifel an ihrer Effizienz die Demokratie durch das gesamte 20. Jahrhundert. Auch in der Zwischenkriegszeit wurde debattiert, ob die Demokratien mit ihren umständlichen Entscheidungsfindungsverfahren den totalitären Diktaturen nicht heillos unterlegen seien.

Ihr zentrales Problem liegt im Gegenteil in der Effizienz internationalen exekutiv-diskretionären Regierens.[62] Dort entscheiden zwar die demokratisch gewählten nationalen Regierungen, aber sie tun dies ohne wirkliche Rückbindung an die nationalen Parlamente. Paradigmatisch dafür war die Euro-Rettungspolitik, die unter ultimativem Zeitdruck beschlossen und unter hohem Zustimmungsdruck durch die nationalen Parlamente gebracht wurde. Ihre Deklaration als «alternativlos» setzte Mechanismen der parlamentarischen Debatte und Deliberation außer Kraft und führte zu starken Asymmetrien zwischen Exekutiven wie dem Europäischen Rat, den nationalen Regierungen und der Europäischen Zentralbank einerseits und den Gegengewichten innerhalb der Gewaltenteilung, den Parlamenten, der Opposition und der politischen Öffentlichkeit andererseits. Während die Verantwortung für die beschlossenen Maßnahmen unter Verweis auf äußere Notwendigkeiten und internationale Beschlüsse verschwamm, wurden die parlamentarische Opposition und die demokratische Kontrolle geschwächt. Die Frage war, ob es sich bei dieser Form ermessensorientierter exekutiver Politik auf internationaler Ebene um ein transitorisches Krisenphänomen oder um eine strukturelle Verlagerung handelte.

Lässt sich die verselbständigte internationale Ebene demokratisch einfangen?[63] Das ist die Hoffnung von unterschiedlichen Konzepten transnationalen demokratischen Regierens. Die Vorstellungen reichen von einem Weltstaat mit demokratisch verfasster Weltregierung über alternative basisdemokratische Formen globaler Organisationen oder die Herrschaft von transnationalen Experten bis zu netzwerkartigen Entscheidungsstrukturen in einer transnationalen Mehrebenenordnung. Bedenken liegen auf der Hand: Schon die Europäische Union erweist sich als grenzwertig groß, um noch handlungsfähig zu sein. Einer Weltregierung fehlen sowohl institutionelle als auch soziokulturelle Voraussetzungen. Und eine globale

Zivilgesellschaft würde, wie die Erfahrung schon auf nationaler Ebene zeigt, voraussichtlich auf eine «Elitenherrschaft von Aktivisten» hinauslaufen. Alternativen zur national begründeten Demokratie, die sowohl tragfähig realisierbar als auch wünschenswert sind, zeichnen sich vor diesem Hintergrund nicht ab. Allerdings zeigt die historische Erfahrung, dass bevorstehende Veränderungen leicht unterschätzt werden und größer, allerdings auch ganz anders ausfallen als zeitgenössisch erwartet. Und in der Tat ist die Demokratie von der Polis bis zum Territorialstaat stets den größeren territorialen Einheiten nachgewachsen und hat sich neuen Gegebenheiten angepasst.

Medialisierung der Demokratie?

Demokratie ist nicht nur eine Frage der Institutionen, sondern auch der Partizipation. Diese wiederum ist an eine politische Öffentlichkeit gebunden. Jenseits der direkten persönlichen Kommunikation auf dem Marktplatz oder der Versammlungswiese beruht die öffentliche Kommunikation auf Massenmedien, die seit dem ausgehenden 18. Jahrhundert eine permanente Erweiterung und Verdichtung erfahren haben. Von «Massenmedien» im engeren bzw. modernen Sinne ist seit dem Aufkommen der Massenpresse im späten 19. Jahrhundert die Rede.[64] Im 20. Jahrhundert sind Rundfunk und Fernsehen hinzugekommen und um die Jahrtausendwende das Internet und die neuen digitalen Medien. Sie ermöglichen neue Kommunikationsformen der «Disintermediation», der direkten Ansprache von Öffentlichkeit ohne journalistische Vermittlungsinstanzen. Das «Web 2.0» erweiterte die Teilnahme an öffentlicher Kommunikation durch ein aktives statt rezipierendes Publikum, durch Weblogs und soziale Netzwerke, Verbraucherportale und Nutzerplattformen für eine Vielzahl von Teilnehmern.[65]

Die Lektüre vieler Kommentare im Netz 2.0 wirft freilich die Frage auf, ob die Vervielfältigung und Beschleunigung von Information und Kommunikation zu einem Verfall der Qualität politischer Öffentlichkeit geführt hat.[66] Einmal mehr offenbart die historische Perspektive diese Sichtweise als ein Muster: Wo eine bildungsbürgerlich-konservative Kritik den Verlust von Bildung und Niveau beklagte, monierte die linke Kritik in der Tradition Max Horkheimers und Theodor Adornos Manipulation und Entmündigung. Das Ideal einer Vernunftherrschaft oder Gelehrtenrepublik war allerdings, wenn überhaupt jemals, im Reformabsolutismus oder im Beamtentum der Preußischen Reformen verwirklicht. Die Neuordnung Europas nach dem Ersten Weltkrieg misslang nicht zuletzt deshalb, weil die Staatsmänner – im

 Gegensatz zur Kabinettsdiplomatie auf dem Wiener Kongress – Rücksicht auf die politischen Öffentlichkeiten ihrer Länder und die dort geschürten Erwartungen nehmen mussten. Die Vorstellung einer deliberativen Demokratie verbindet sich am ehesten mit dem Bildungsfernsehen der Bundesrepublik in den sechziger und siebziger Jahren, etwa Werner Höfers «Internationalem Frühschoppen». Allerdings wurde schon in den sechziger Jahren der Wahlkampf Willy Brandts als amerikanisch-inhaltslos kritisiert.[67]

Dahinter steht die mediale «Doppelstruktur demokratischer Politik».[68] Das demokratische Paradox, so Margaret Canovan, liegt darin, dass zunehmende Komplexität in der Sache eine zunehmend komplexitätsreduzierte Kommunikation erfordert. Je komplizierter und intransparenter die realen Entscheidungen für die Öffentlichkeit werden, umso mehr wächst dort das Bedürfnis nach Eingängigkeit und Transparenz.[69] Dabei dient vor allem die Konzentration auf Personen dazu, den Eindruck von Handlungsfähigkeit zu erzeugen. So inszenierte Gerhard Schröder die Proklamation seiner Kanzlerkandidatur im April 1998 als «Krönungsmesse», und er krönte seinen Wahlkampf mit Show-Effekten wie dem Auftritt in einer Vorabendserie im deutschen Fernsehen.[70] Den vorläufigen Höhepunkt erreichte diese Entwicklung mit der Wahl des amerikanischen Unternehmers, Milliardärs und Fernsehstars Donald Trump zum US-Präsidenten im November 2016, die vor allem auf seiner medial vermittelten Popularität und der Kunst der Vereinfachung beruhte: ‹Make America great again›. Die Inszenierung von Politik oszilliert dabei zwischen Realität und Fiktion, zwischen inner- und außermedialer Existenz. Das gilt nicht weniger für Angela Merkels medienbegleitete Besuche in der Kabine der Fußball-Nationalmannschaft.

Die Massenmedien erfüllen eine doppelte Funktion. Sie bilden Realität ab und bedienen, zumal im Falle kommerziell betriebener Medien, Erwartungen des Publikums. Damit tragen sie zur Reproduktion und zur Stabilisierung der politischen Kultur, von Normalitätsvorstellungen und Werten, kurz: des Rahmens bei. Medien verstärken aber auch Wandlungsprozesse und verändern politisch-kulturelle Normen, indem sie Bildwelten etablieren und Realitäten konstruieren.[71]

Bedeutet dies nun eine «Medialisierung» der Demokratie? Die «Institutionalisierung von Medienregeln im politischen System» wird zumeist kritisch als «Aufmerksamkeitsökonomie» gesehen.[72] Professionalisierte Massenkommunikationsparteien richten sich an Medienlogik statt an Sachinhalten und an kurzfristig aktuellen *issues* statt an langfristigen Programmen aus; sie inszenieren Veranstaltungen, planen ihre Events nach Sendezeiten, setzen auf telegene Fähigkeiten und orientieren sich an demoskopischen Daten. «Politainment», so der Begriff von Andreas Dörner, bezeichnet eine Form der öffentlichen, massenmedial vermittelten Kommunikation, in der politische Themen, Akteure, Prozesse, Deutungsmuster, Identitäten und Sinnentwürfe, also die Gegenstände der Politik, «im Modus der Unterhaltung zu einer neuen Realität des Politischen werden.»[73]

Sind politische Talkshows an die Stelle von ernsthaftem Parlamentarismus getreten? Durchgesetzt haben sie sich nach Einführung des dualen Rundfunks (mit «Talk im Turm» in SAT 1 und im Gefolge mit «Christiansen» in der ARD) als Debattenshows, die Teil von Unterhaltung sind und sich an Zuschauerquoten orientieren. Sie umgrenzen den öffentlichen Konsens, indem sie den als legitim erachteten Diskurs abbilden. Zugleich vermitteln sie strategisch formulierte Statements von PR-Profis und eine «personalisierte, auf einfache Grundkonstellationen reduzierte Wirklichkeit». Allerdings ist Ernsthaftigkeit nicht unbedingt ein Maßstab für Qualität, und in solchen Einschätzungen schwingen latente Residuen einer älteren Konsumkritik mit. Heute wird man die Fernsehdebatten vor den Bundestagswahlen der hoch politisierten siebziger und frühen achtziger Jahre nicht gerade für ausgesprochen differenziert halten.

Politik-, Medien- und Sozialwissenschaften haben theoretische Überlegungen, aber weniger belastbare empirische Nachweise zur «Medialisierung» der Demokratie vorgelegt.[74] Einiges spricht dafür, dass die Medien das Politische nicht kolonisiert oder verdrängt haben. Vielmehr haben sich neue Verbindungen von Medienlogik und dem Funktionieren von demokratischer Politik, von Öffentlichkeit und Politik eingestellt. Zeitgenössische Medien sind das Ergebnis technologischer Entwicklungen, Teil der Gesellschaft und mithin Bestandteil des politischen Systems. Auch das ist nicht neu, vom Diktator bis zum Demokraten, von Gaius Iulius Caesar über Paul von Hindenburg und Adolf Hitler bis zu Willy Brandt haben Politiker schon immer die Möglichkeiten ihrer Zeit zur medialen Inszenierung genutzt.

Die Diskrepanz zwischen medialer Inszenierung und wahrgenommener Realität ist dabei nicht beliebig, vielmehr ist in der Regel ein Kern an politischer Substanz erforderlich.[75] Das postdemokratische Auseinanderfallen zwischen Illusionstheater auf der Vorderbühne und Kuhhandel im Hinterzimmer ist selbst eine Illusion. Das heißt nicht, dass es keine Hinterzimmer gäbe, aber es gab sie schon immer.[76] Ebenso sind massenmediale Einflüsse auf politische Entscheidungen zu finden, in der öffentlichen Affäre um Bundespräsident Wulff 2011/12 ebenso wie bei der Entstehung des Versailler Vertrags von 1919.

Neu sind die Vervielfältigung, die Verdichtung und die Beschleunigung von Kommunikation. Referenz ist nicht mehr die Zeitung am nächsten Morgen oder die Hauptnachrichtensendung am Abend, vielmehr werden Neuigkeiten den gesamten Tag über im Internet und über die digitalen Medien umgewälzt. In Deutschland kam der Regierungsumzug nach Berlin hinzu, der ein neues, kurzatmigeres und aufgeregteres Milieu der politischen Kommunikation geschaffen hat.

Konsens der Mitte – wofür stehen die Parteien?

Skepsis gegenüber der Politik und den Parteien hat in Deutschland Tradition. Als es ernst wurde, kannte Wilhelm II. keine Parteien mehr, nur noch Deutsche.[77] Die Weimarer Reichsverfassung erwähnte die Parteien nur einmal, und dies im negativen Sinne, als sie im Artikel 130 klarstellte: «Beamte sind Diener der Gesamtheit, nicht einer Partei.» Die Bundesrepublik drehte die notorische Kritik an Parteien und Parlament in der Weimarer Republik um und wies den Parteien qua Artikel 21 des Grundgesetzes die Aufgabe zu, bei der politischen Willensbildung des Volkes mitzuwirken. Verfassungsrechtlich wurde dies durch die Parteienstaatslehre von Gerhard Leibholz untermauert, der als Richter am Bundesverfassungsgericht zwischen 1951 und 1971 die Verfassungsrechtsprechung in der Aufbauphase des politischen Systems prägte; der Parteienstaat sei «eine rationalisierte Erscheinungsform der plebiszitären Demokratie».[78]

Die Folge war mehr als nur eine Mitwirkung bei der Willensbildung. Die Parteien gewannen eine zentrale Stellung. Politische Eliten werden über Parteien rekrutiert, Abgeordnete werden als Vertreter von Parteien gewählt, schließen sich zu Fraktionen zusammen und bilden gegebenenfalls zusammen mit der Regierung eine operative Einheit in engem Austausch. Die entscheidende politische Trennlinie in modernen parlamentarischen Demokratien verläuft nicht wie in der konstitutionellen Monarchie zwischen dem Parlament und den Ministern des Königs, nicht zwischen Legislative und Exekutive, sondern zwischen den Regierungsparteien und der Opposition.

Die Entscheidungskompetenzen der Parteien reichen weit in Staat und Gesellschaft hinein, wenn es zum Beispiel um die Auswahl der Bundesrichter oder die Besetzung öffentlich-rechtlicher Fernsehräte geht. Mit der Zunahme der Staatsaufgaben im modernen Wohlfahrtsstaat wuchsen die Parteien in die Gesellschaft hinein. Sie wurden zu Mittlern zwischen Staat und Gesellschaft und durchdrangen beide. Schon in den achtziger Jahren sind die Parteien und ihr Einfluss als «überdehnt und abgekoppelt» kritisiert worden; wissenschaftlich wird diese These unter dem Stichwort «Kartellparteien» verhandelt.[79]

Allerdings herrscht eine eigentümliche Diskrepanz zwischen der zunehmenden Bedeutung der Parteien und ihrer rückläufigen Bindungskraft. Ihre Mitglieder werden älter und weniger, und ebenso ändert sich die Wählerschaft, indem stabile Parteibindungen und Wahlbeteiligungen zurückgehen und das Wahlverhalten volatiler geworden ist.[80] Die Gründe dafür liegen in erster Linie in der allgemeinen Pluralisierung: Die klassischen Milieus, jene lebensweltlichen Zusammenhänge des Lebensvollzugs und der Weltdeutung vor allem in der Arbeiterschaft und unter Katholiken, auf die insbesondere SPD und Unionspartien rekurrierten, haben sich aufgelöst. Hatten SPD und Unionsparteien bei den Bundestagswahlen 1957 zusammen 82,0 Prozent der Stimmen auf sich vereinigt, so waren es 1976, in der hohen Zeit des Dreiparteiensystems, 90,8 Prozent, 1994 hingegen 77,8 und 2013 nur noch 67,2 Prozent. Dabei handelt es sich jedoch nicht um irreversible lineare Trends: 2009 hatte der Anteil der beiden großen Parteien bei nur 56,8 Prozent und damit mehr als 10 Prozent unter dem Ergebnis von 2013 gelegen, als die Unionsparteien kaum mehr für möglich gehaltene 41,5 Prozent der Stimmen gewannen und damit die Rede vom Niedergang der Volksparteien als voreilig entlarvten.

Insbesondere während der Kanzlerschaft Angela Merkels ist immer wieder Kritik an einer «Sozialdemokratisierung» der CDU geäußert worden; die Volksparteien glichen sich einander an und verlören ihr Profil.[81] Auch diese Debatte ist nicht neu; die Sozialdemokratie kennt sie fast so lange, wie sie besteht. 1896 wurde die «Revisionismusdebatte» über die marxistischen Grundlagen der SPD zwischen «Reformismus» und Sozialrevolution geführt. Die Bewilligung der Kriegskredite im August 1914 oder das Bündnis mit den alten Eliten in der Weimarer Republik führten die SPD in Zerreißproben, und in ihrem Godesberger Programm von 1959 erkannte sie mit Marktwirtschaft und Westbindung die von Christdemokraten implementierten Grundlagen der Bundesrepublik an. Umgekehrt arrangierten sich CDU und CSU in den siebziger Jahren mit den Ostverträgen und dem reformierten § 218 StGB zur Straffreiheit von Abtreibungen, während die SPD mit einer Politik der Marktliberalisierung, dem Schröder-Blair-Papier und der Agenda-Politik den Vorwurf auf sich zog, vor dem «Neoliberalismus» zu kapitulieren.[82]

Eine andere These besagt, die Sozialdemokratie des «dritten Weges» habe um die Jahrtausendwende in vielen europäischen Ländern wie den Niederlanden, Großbritannien, Schweden und der Bundesrepublik die Politik der «alten Sozialdemokratie» hinter sich gelassen, sich aber nicht dem «Neoliberalismus» angepasst, sondern weitgehend das Programm der Christdemokratie (Eigenverantwortung, Entlastung des Staates, Senkung der Arbeitskosten oder Chancengleichheit statt Ergebnisgleichheit) übernommen.[83] Umgekehrt hat die Union sich nach dem unerwartet schlechten Wahlergebnis von 2005 von den marktliberalen Leitsätzen des Leipziger Parteitags von 2004 abgewendet und stattdessen mit der familienpolitischen Hinwendung zur egalitären Familie, zu *gender mainstreaming* und Frauenquote, Energiewende und der Abschaffung der Wehrpflicht grüne Positionen der achtziger Jahre übernommen, die zu Beginn des 21. Jahrhunderts den Rahmen der Kultur der Inklusion absteckten.[84]

Die Konvergenz der Volksparteien in der Bundesrepublik geschah in Wellenbewegungen. Der Konsens der sechziger Jahre stand im Zeichen der allgemeinen Modernisierungsideologie, in der auch die erste Große Koalition möglich war. Der Machtwechsel von 1969 leitete eine ideologische Aufladung um die Ost- und die Gesellschaftspolitik in den siebziger Jahren ein, die letztlich eher eine Ausnahme darstellte und vor allem nach dem Ende des Ost-West-Konflikts entschärft wurde. Dies entsprach nicht zuletzt den Vorlieben der deutschen Bevölkerung, die Konsens überwiegend höher schätzt als Konfrontation.[85] Vor diesem Hintergrund wurden dann auch die zweite und die dritte Große Koalition nach 2005 und mehr noch nach 2013 relativ reibungslos möglich. Erleichtert wurde dies dadurch, dass die klassischen politischen Konfliktlinien zwischen Etatisten und Liberalen oder zwischen Progressiven und Konservativen weniger zwischen den Parteien als vielmehr mitten durch die Volksparteien hindurch verlaufen. Insofern erwiesen sie sich trotz sinkender Mitgliederzahlen und abnehmender Wählerbindung als nach wie vor integrationsfähig und in der Lage, den gesellschaftlichen Generalkonsens zu repräsentieren – im Gegensatz zu einer fragmentierten politischen Landschaft mit kaum überwindlichen Grenzen wie in der Weimarer Republik. Zugleich war, um einmal mehr auf Lyotard zurückzukommen, auch dieser Konsens ein Instrument zur Exklusion von Dissens und von politischen Alternativen.

Solche formierten sich an den Abbruchkanten des Generalkonsenses, an den Rändern des politisch-kulturellen Rahmens, die von den Volksparteien nicht mehr integriert wurden. Das gilt für die Grünen in den achtziger Jahren, die aus der Kritik an der wachstumsbasierten Industriegesellschaft entstanden. Es gilt für die PDS bzw. die Linke, die sich nach der Wiedervereinigung an der Abbruchkante des antikommunistischen Grundkonsenses der Bundesrepublik und als Regionalpartei der selbst empfundenen ostdeutschen Wiedervereinigungsverlierer kristallisierte, bevor sie 2005 als Linke die Opposition gegen die marktliberale Reformpolitik der Jahrtausendwende neu sammelte. Schließlich formierte sich die Alternative für Deutschland an der Abbruchkante des europapolitischen Generalkonsenses aller Regierungsparteien sowie der allgemeinen politischen Kultur der Inklusion. Sie stellte die deutsche Variante der sich in ganz Europa herausbildenden europakritischen und rechtspopulistischen Parteien dar; regionale und linkspopulistische Parteien kamen hinzu.

Dies war kein neues Phänomen. Politiker, die sich auf den vermeintlichen Willen des *populus* beziehen, agierten schon im antiken Rom. Als Ursprung des modernen Populismus gilt die «Populist Party» in den Vereinigten Staaten, die im späten 19. Jahrhundert als Interessenvertretung von Farmern im Süden und Mittleren Westen des Landes für eine progressive Einkommenssteuer und für die Verstaatlichung der Eisenbahnkonzerne eintrat. Die «Fortschrittsparteien», die in den 1970er Jahren in Dänemark und Norwegen entstanden, wollten das Gegenteil und setzten sich gegen Steuern und überbordende Wohlfahrtsstaaten ein. Ihre «rechtspopulistischen» Nachfolger wiederum, die sich in ganz Europa ausgebreitet haben, finden ihren ideologischen Kern in einem ethnisch verstandenen Nationalismus, autoritärem Denken und entschiedener Ablehnung der Kultur der Inklusion. «Linkspopulisten» wiederum kämpfen gegen den «neoliberalen Konsens» und die «Herrschaft der Konzerne». Was diese Phänomene eint, ist umstritten; jedenfalls lassen sie sich nicht eindeutig durch ökonomische, soziale oder sozialpsychologische Dispositionen oder anhand bestimmter Inhalte erklären. Was sie verbindet, ist ein gemeinsamer Politikstil: Sie appellieren an «das Volk», zu dessen eigentlichen Repräsentanten sie sich stilisieren. Daraus resultiert eine antielitäre Tendenz, die sich gegen das «Establishment», den herrschenden Konsens und seine Grenzen des Sagbaren richtet. Sie trägt zugleich antipluralistische Züge, die sich auch in einer Neigung zu Verschwörungstheorien niederschlägt. Die ursprünglich von Euro-kritischen Ökonomen bestimmte Alternative für Deutschland oszillierte dabei zwischen einer liberal- und nationalkonservativen und einer zunehmend rechtspopulistischen Bewegung, die zugleich als «Partei der sich ausgeliefert fühlenden Durchschnittsverdiener» beschrieben wurde.[86]

Für die Bundesrepublik war diese Pluralisierung von Parteien und ihren Anliegen samt politischer Konfliktlinien einerseits neu. Andererseits ist die Formierung von Parteien entlang grundsätzlicher gesellschaftlicher Konfliktlinien ein bekanntes Muster,[87] das zugleich, wenn die Parteien nicht dauerhaft aus dem Generalkonsens ausgeschlossen sind, politisch integrierend wirkt. Die Hyperstabilität eines Drei-Parteien-Systems (wenn wir CDU und CSU zusammenfassen) in der Bundesrepublik der sechziger und siebziger Jahre stellte sich als die eigentliche historische und internationale Ausnahme heraus.

In erster Linie sind es nicht die Veränderungen innerhalb des Parteiensystems, die der Demokratie Probleme bereiten. In erster Linie ist es eine Verschiebung von Souveränität: ein nicht an verbindliche Regeln gebundenes internationales Regieren, das die Regelbindung des Verfassungsstaates, die Souveränität des demokratisch legitimierten Parlamentarismus und die Gewaltenteilung zugunsten einer losgelösten diskretionären Exekutive im Stile der Kabinettspolitik (und einer Bürokratie im Stile des Reformabsolutismus) zurückdrängt. Die Bindung politischer Herrschaft an verbindliche Regeln und die parlamentarische Souveränität samt ihrer demokratischen Legitimation sind Grundfragen der modernen Verfassungsgeschichte und Grundlagen der parlamentarisch-demokratischen Verfassungsstaaten, wie sie sich seit dem 19. Jahrhundert herausgebildet haben. Für die weitere Entwicklung der Demokratie zeichnen sich einstweilen zwei Möglichkeiten ab. Die eine liegt darin, demokratische Legitimation auf internationaler Ebene nachzubauen, zum Beispiel durch einen europäischen Bundesstaat. Die andere bindet Souveränität wieder stärker an die demokratisch legitimierte nationale Ebene. Dabei sind die normativen Aspekte das eine, die empirischen das andere – und spätestens hier wird die Sache unberechenbar.

Die historische Erfahrung besagt, dass die Demokratie sich der territorialen Organisation anzupassen vermag und ihrer Verlagerung auf höhere Ebenen unter Zuhilfenahme kommunikationstechnischer Innovationen gefolgt ist. Perspektivisch spricht dies für das Modell «internationaler Nachbau». Doch die bislang vorgetragenen Konzepte von *global governance* wirken einstweilen allesamt wenig realistisch. Was die europäische Ebene betrifft, so spricht die Logik des Integrationssogs für die faktische Herausbildung eines europäischen Bundesstaates; ebenso ist es freilich möglich, dass die europäischen Fliehkräfte zunehmen. Schließlich besteht eine dritte Option darin, dass weniger Demokratie herrscht, weil die äußeren Anforderungen und Krisen weiter wachsen und mit ihnen ein internationales Regieren zunimmt, das die verselbständigten internationalen Exekutiven weiter stärkt und die nationalen Demokratien weiter schwächt. Das wäre nach dem Sieg der westlichen Demokratien von 1989 zwar eine historische Ironie, aber es wäre nicht die erste.

4. Interventionsstaat und Bürgergesellschaft

Warum ist die Helmpflicht für Fahrradfahrer umstritten, und warum wird die Anschnallpflicht für Autofahrer akzeptiert? Was ist legitimes Eingreifen des Staates, und was gilt als staatliche Bevormundung des Bürgers? Was ist die

Zivilgesellschaft, die dem modernen Interventionsstaat gegenübergestellt wird? Der Begriff ist ebenso schillernd und widersprüchlich wie der des «Bürgers». Wenn Aristoteles von den *polítai* sprach, meinte er die Gemeinschaft der Freien und Gleichen – zu der freilich die Sklaven und Frauen nicht gehörten. Er «wünschte ein Bürger zu sein», schrieb Theodor Mommsen 1899 in seinem Testament, und habe es in Deutschland doch nicht sein können.[88] Die «Achtundsechziger» waren eine zivilgesellschaftliche Bewegung, gaben sich aber bewusst antibürgerlich, während im frühen 21. Jahrhundert die «neue Bürgerlichkeit» einer Zivilgesellschaft auf dem Prenzlauer Berg ausgerufen wurde.

Die Vorstellung der *societas civilis* ist antiker Herkunft und richtete sich in der Frühen Neuzeit gegen die Machtentfaltung des souveränen Staates. Dabei sind zwei Traditionen der «Zivilgesellschaft» zu beobachten: eine konservative, ursprünglich adelige, die lokale und partikulare Gewalten gegen den staatlichen Herrschaftsanspruch verteidigte, und eine liberale, die den moralisch begründeten Anspruch des Bürgertums auf Mitsprache gegenüber dem herrschenden Adel formulierte.[89] Gemeinsam war beiden die Kritik am bürokratisch-zentralistischen Staat. In der zweiten Hälfte des 20. Jahrhunderts richtete sich «Zivilgesellschaft» in Ostmitteleuropa als Konzept der Dissidenten gegen den diktatorischen sozialistischen Staat; es geriet allerdings nach 1990 in Schwierigkeiten, als der Staat nicht mehr der Gegner war, sondern aktiv neu begründet werden musste. In Westeuropa entwickelte sich die Vorstellung der Zivilgesellschaft aus kommunitaristisch-libertären Bewegungen. Im Bereich zwischen Staat, Markt und Familie ging es um Selbstorganisation, Teilhabe und Gemeinwohl – einmal mehr also um jenen sozialmoralischen Anspruch, mit dem bereits die frühbürgerliche Bewegung im 19. Jahrhundert angetreten war.[90]

Der britische Soziologe Anthony Giddens schlug 1998 einen «dritten Weg» zwischen klassischem Wohlfahrtsstaat und Neoliberalismus vor, um eine «Erneuerung der sozialen Demokratie» herbeizuführen.[91] Sein Entwurf diente der 1997 ins Amt gekommenen Regierung Blair in Großbritannien als Blaupause für «New Labour» und strahlte nach Deutschland aus, als sich die im Jahr darauf an die Macht gekommene rot-grüne Regierung mit dem «Schröder-Blair-Papier» dem britischen Vorbild anschloss.[92] Kritiker bemängelten, es handle sich lediglich um Camouflage für den Rückzug des Staates aus der sozialstaatlichen Verantwortung. Die Zivilgesellschaft sei letztlich ein elitäres Konzept, das soziale Ungleichheit vergrößere: «Bürger, die sich für Verkehrsberuhigung einsetzen, oder Eltern, die in ihrer Freizeit das Klassenzimmer in der Grundschule ihrer Kinder renovieren, weil die Stadtverwaltung dafür kein Geld hat, finden sich eher in einem bürgerlichen Wohnquartier als in einem sozialen Brennpunkt.»[93] Der «geradezu demokratietheoretische Versuch, ‹Zivilgesellschaft› als Markenzeichen rot-grüner Politik zu begründen», endete unterdessen «an dem Tag, an dem eine vom Kanzleramt in Auftrag gegebene Meinungsumfrage in der Bundesrepublik zu dem Ergebnis kam: Die Deutschen können nicht zwischen Zivilgesellschaft und Zivildienst unterscheiden.»[94] Ohne den Staat geht es offenbar nicht.

Von der Policey-Ordnung zum modernen Sozialstaat

Schon die vormoderne Gesellschaft unterlag einer obrigkeitlichen Regulierung. Die Reichweite staatlicher Autoritären war zwar begrenzt, doch lag ein Netz von Instanzen und Regeln über der Gesellschaft: die höfische Etikette für Adlige, Policey-Ordnungen und militärischer Drill, Kirchenzucht und Konfessionalisierung (das Ineinandergreifen von Kirche, Staat und Gesellschaft nach der Reformation) oder Zunft- und Kleiderordnungen in den Städten. Flächendeckend verbreitete sich «Sozialdisziplinierung» mit dem bürokratisierten Territorialstaat im 19. Jahrhundert, insbesondere durch die allgemeine Schulpflicht, Wehrpflicht und Steuerpflicht sowie durch die Fabrik, die mit Schichtbetrieb und Stechuhr ein durchgetaktetes allgemeines Zeitregime errichtete.[95] Die Gesellschaft wurde durch Recht und Staatsapparat reguliert; 1872 wurden beispielsweise sexuelle Handlungen zwischen Männern unter Strafe gestellt. Zugleich war das 19. Jahrhundert in den westeuropäischen Gesellschaften ein Zeitalter der gesellschaftlichen Liberalisierung, von der Gewerbefreiheit über Freizügigkeit bis zu den schubweisen Ausweitungen des Wahlrechts.

Eine neue Dimension erreichte die staatlich-ganzheitliche Modellierung der Gesellschaft im 20. Jahrhundert. Die nationalistischen Bestrebungen, ethnisch homogene Nationalstaaten herzustellen, führten zu staatlicher Gewalt gegen Minderheiten, wie etwa im Falle des griechisch-türkischen «Bevölkerungsaustauschs». Es ist kein Zufall, dass weite Teile Europas am Ende des Zeitalters der Weltkriege tatsächlich ethnisch homogenisiert waren. Dabei standen für die totalitären Ideologien noch andere Formen der Homogenisierung im Vordergrund: die «klassenlose Gesellschaft» für den Bolschewismus und die «rassereine Gesellschaft» für den Nationalsozialismus. Die Einteilung war zwar höchst willkürlich, doch wurden alle diese Ideologien mit wissenschaftlichem Anspruch untermauert. Dies galt auch für die Bestrebungen westlicher Demokratien, die Gesellschaft zu modellieren – sozialtechnokratische Entwürfe, die Pläne der Eugenik und zur

Zwangssterilisation oder das gemeinschaftsorientiert-fürsorgliche sozialdemokratische «Volksheim» in Schweden.[96]

Zum Inbegriff der Verbindung zwischen Staat, Wirtschaft und Gesellschaft wurde im zwanzigsten Jahrhundert der Sozialstaat.[97] Vormoderne soziale Netzwerke wie die kommunale Armenfürsorge, berufsständische Institutionen wie Gesellenvereine oder Knappschaften und die ländliche Großfamilie funktionierten in der Welt der Industrialisierung nicht mehr. Nachdem begrenzte Formen bereits in anderen europäischen Ländern wie in Dänemark und Frankreich entwickelt worden waren, ging die moderne Sozialgesetzgebung seit den 1880er Jahren von Deutschland aus, wo sie Teil des Obrigkeitsstaates war. Und von Europa aus verbreitete sie sich bis nach Südamerika und Ozeanien – zuerst Kranken-, Renten und Unfallversicherung, zuletzt die Arbeitslosenversicherung.

Bis in die Zwischenkriegszeit hinein weitete sich die Sozialstaatlichkeit international aus, wobei die allgemeine Entwicklungsrichtung von punktuellen Ergänzungsleistungen hin zur Vollversorgung wies. Dabei spielten das allgemeine Wahlrecht und insbesondere die Demokratie, die sich nach dem Ersten Weltkrieg schubartig verbreitete, eine erheblich beschleunigende Rolle. Aber selbst die Nationalsozialisten tasteten die sozialstaatlichen Arrangements nicht an. Das machte den Sozialstaat, über Regime- und Regierungswechsel hinweg, zu einer der bemerkenswerten Konstanten des 20. Jahrhunderts.

Das Ziel der Vollversorgung blieb in der Zwischenzeit mangels Finanzierbarkeit eine unrealisierte Idee. Dies änderte sich nach dem Zweiten Weltkrieg, als die Sozialstaaten ihre entscheidende Entwicklung erlebten. Die Weltwirtschaftskrise der dreißiger Jahre hatte das Vertrauen in die Selbststeuerung der Marktwirtschaft nachhaltig erschüttert, der Krieg die Solidaritätsbereitschaft und das staatliche Engagement befördert und der Ost-West-Konflikt soziale Sicherheit zum politischen Kapital gemacht. Der Beveridge-Report von 1942 repräsentierte ein neues Verständnis von staatlicher Verantwortung – nicht nur Hilfe in der Not, sondern die Bekämpfung der «fünf großen Übel» Not, Krankheit, Unwissen, Elend und Untätigkeit. 1948 erhob die Menschenrechtserklärung der Vereinten Nationen soziale Sicherheit in den Rang eines Grundrechts.

Expansion

Der Sozialstaat wurde zu einer wesentlichen Ergänzung der Marktwirtschaft. Indem er die Existenz außerhalb des Marktes sicherte, marktbedingte Ungleichheiten und Konfliktpotentiale regulierte und Teilhabe ermöglichte, gewährleistete er die Akzeptanz und die Stabilität der marktwirtschaftlichen Ordnung. Dabei sind verschiedene Formen und Typen zu unterscheiden. Die bekannteste Typologie stammt von Gøsta Esping-Andersen. Er unterschied ein sozialdemokratisch-egalitäres skandinavisches Modell, das auf der Grundlage sozialer Bürgerrechte und mit der Norm sozialer Gleichheit allgemeine Versorgung auf höchstem Niveau anstrebt und hohe Sozialausgaben aufwendet. Demgegenüber setzt ein wettbewerbsorientiert-liberales angloamerikanisches Modell, das soziale Unterschiede als Motor der ökonomischen Entwicklung erachtet, vorrangig auf die zentrale Rolle des freien Marktes und der Familie und sieht eher geringe Leistungen im Falle individueller Bedürftigkeit vor. In der Mitte liegt ein konservativ-korporatistisches kontinentaleuropäisches Modell, das sich mehr auf Sicherheit denn auf Gleichheit oder Freiheit richtet, sich stark an Erwerbsarbeit orientiert und eher temporäre sozialstaatliche Interventionen vorsieht.[98]

Die verschiedenen Systeme unterscheiden sich zugleich nach Finanzierungsart und Höhe der Leistungen. Vor diesem Hintergrund hat Guiliano Bonoli die Einteilung von Esping-Andersen weiterentwickelt und vier Typen von Sozialstaaten identifiziert, wobei zwischen den USA auf der einen und Schweden auf der anderen Seite eine erhebliche Bandbreite liegt. Während die skandinavischen Länder überwiegend steuerfinanzierte Sozialleistungen auf hohem Niveau erbringen, werden solche Leistungen in den englischsprachigen Ländern ebenfalls überwiegend aus Steuern finanziert, liegen allerdings auf deutlich niedrigerem Niveau. In Kontinentaleuropa werden Sozialausgaben nur nachrangig aus Steuern, sondern hauptsächlich aus Beiträgen finanziert und auf hohem Niveau, während die südeuropäischen Staaten beitragsfinanzierte Sozialleistungen auf niedrigerem Niveau vorsehen.[99] Alle Systeme haben ihre Vorzüge und Nachteile: «Im Falle eines Beamten oder Facharbeiters ist der konservative Wohlfahrtsstaat immer noch ein Hort der Sicherheit und des Wohlstandes. Ist man jedoch arbeitslos, dann sind die hohen Lohnersatzleistungen und die massiven Qualifizierungs- und Betreuungsangebote der sozialdemokratischen Welt interessanter und wichtiger. Wenn man dagegen jung, gegebenenfalls auch Frau ist und über eine sehr gute Qualifikation verfügt, dann lockt der liberale Wohlfahrtsstaat mit seiner hohen Aufstiegsdynamik und den geringen Steuern.»[100]

In der Bundesrepublik war mehr vom «Sozialstaat» als vom «Wohlfahrtsstaat» die Rede, um anzuzeigen, dass die soziale Marktwirtschaft auf das Konzept der Subsidiarität, also auf die Verbindung von Eigenverantwortung und Solidarität, statt auf Vollversorgung setzte. Nichtsdestoweniger ging auch der deutsche Sozialstaat von der elementaren Risikoabsicherung zur Maxime der Statussicherung über. Ein Meilenstein auf diesem Weg war die Rentenreform von 1957, mit der die Renten an die Entwicklung der Löhne und Gehälter gekoppelt und auf ein Niveau angehoben wurden, das den erworbenen sozialen Status sichern sollte. Eine andere Wegmarke war die Umwandlung der Fürsorge, sprich: der Armenhilfe, in eine bedarfsdeckende und erheblich ausgeweitete Sozialhilfe.[101]

Mit diesem Paradigmenwechsel von der Hilfe in der Not zum Recht auf Teilhabe und dem Übergang von der ursprünglichen Konzentration auf den Arbeiterschutz zu einem breiten Konzept individueller Wohlfahrt vollzogen die Sozialstaaten der fünfziger und sechziger Jahre einen Paradigmenwechsel, der normative Demokratievorstellungen mit friedenspolitischen Ideen verband.[102] Solche gesellschaftspolitischen Aufladungen erklären die Schärfe in den Debatten um den Sozialstaat, die stets, über die Frage konkreter materieller Leistungen hinaus, an normativen Grundvorstellungen der Gesellschaft rühren.

Mit dem Ausbau der Sozialstaaten erweiterten sich der Kreis der Leistungsberechtigten, die sozialstaatlichen Leistungen sowie die Gegenstandsbereiche der Wohlfahrt. In Deutschland war es insbesondere die Reformpolitik der sozial-liberalen Regierung Brandt, die zu Beginn der siebziger Jahre mehr «soziale Demokratie» wagen wollte – denn das war es, was Willy Brandt mit seinem berühmten Satz in erster Linie meinte – und eine zweite Expansionsphase des Sozialstaats in der Nachkriegszeit vorantrieb. Materielle Leistungsausweitungen verbanden sich mit einem dezidiert sozialplanerischen Anspruch, Gesellschaft zu gestalten.

Dabei wirkten gesellschaftlich-politische Leitvorstellungen und das Eigengewicht bzw. das Eigenleben der (Sozial-)Bürokratie zusammen, die sich mit dem allgemeinen Prozess der Verrechtlichung, Monetarisierung und Professionalisierung der sozialstaatlichen Arrangements herausgebildet hatte. Kritiker bemängelten, dass diese Entwicklung die Betroffenen zu passiven Objekten der Sozialfürsorge mache, dass sie ein auskömmliches Leben in den sozialen Sicherungssystemen ermögliche und zu einem Verlust an Eigeninitiative führe. Jedenfalls wandelte sich das Verständnis vom Staat hin zu einem «Generalagenten der Lebenszufriedenheit» der Bürger «mit nahezu allumfassender Zuständigkeit».[103]

Mit ihrer Reformpolitik hatte die Regierung Brandt Vieles angestoßen. Aber, so bilanzierte ihr Chefmaschinist Horst Ehmke im Nachhinein kritisch, «das Ganze blieb Stückwerk».[104] Vor allem hatte die Reformpolitik die Frage der Finanzierbarkeit außer Acht gelassen, wie sich zeigte, als die Sozialleistungsquote von 25,7 Prozent 1970 innerhalb von fünf Jahren auf

 33,7 Prozent anstieg. Mochte die Abkopplung sozialer Leistungsansprüche von der finanziellen Leistungskraft in Zeiten boomenden Wachstums noch funktionieren, so führte sie bei rückläufigem Wachstum oder gar Rezession zu einem Defizit. Diese Zeit war 1973 gekommen.

Konsolidierung oder Systemwechsel?

Mit dem Ende des Nachkriegsbooms stand der deutsche Sozialstaat ebenso wie viele andere Wohlfahrtsstaaten vor strukturellen Finanzierungsproblemen, zumal in Krisenzeiten die Einnahmen zurückgingen und aufgrund erhöhter Inanspruchnahme zugleich die Ausgaben anstiegen. Zudem setzte mit dem Übergang zur Marktorientierung seit den späteren siebziger Jahren zunehmend Kritik am bestehenden Wohlfahrtsstaat ein, weil er Wettbewerbsfähigkeit behindere und Wachstum bremse.[105]

Selbst die britische Labour-Regierung unter Tony Blair rückte mit ihrem Konzept vom «dritten Weg» zumindest verbal vom überkommenen *welfare state* ab. Insbesondere die skandinavischen Staaten unterzogen ihre Sozialsysteme in den neunziger Jahren tiefen Einschnitten. Modellbildend war dabei das (in den Niederlanden entwickelte) dänische Konzept der *flexicurity*, der Versuch einer neuen Verbindung aus ökonomischer Wettbewerbsfähigkeit und sozialer Sicherheit.[106] Konkret bedeutete das eine Lockerung des Kündigungsschutzes bei hohen akuten Unterstützungsleistungen sowie aktiven Wiedereingliederungshilfen für Arbeitslose.

Das Leitbild verschob sich. Hatte sich der keynesianische Wohlfahrtsstaat der sechziger Jahre in der Gesamtverantwortung für Arbeit gesehen und versucht, durch staatliche Ausgabenpolitik Beschäftigung zu schaffen, so ging es nun zunächst darum, Wettbewerbsfähigkeit zu schaffen und als «aktivierender Sozialstaat» auf individuelle Verantwortung zu dringen, sich also wieder mehr dem subsidiarischen bzw. dem ursprünglichen Konzept des Sozialstaates anzunähern. Begleitet wurde diese Umorientierung von Vorstellungen wie «weniger Staat» und der Privatisierung bislang staatlicher Versorgungsleistungen wie Bahn, Telekommunikation oder Elektrizität sowie dem Übergang «von der Ämterverwaltung zum Dienstleistungsunternehmen»[107].

Idealtypisch dafür war die «Agenda 2010» der rot-grünen Bundesregierung ab 2003. Vor dem Hintergrund steigender Arbeitslosigkeit und einer sich verschärfenden ökonomischen Krise in der Bundesrepublik kündigte Bundeskanzler Schröder am 14. März 2003 mit für einen Sozialdemokraten ungewöhnlichen Worten einen sozialpolitischen Kurswechsel an: «Wir werden Leistungen des Staates kürzen, Eigenverantwortung fördern und mehr

Eigenleistung von jedem Einzelnen abfordern müssen. [...] Wer zumutbare Arbeit ablehnt – wir werden die Zumutbarkeitskriterien verändern –, der wird mit Sanktionen rechnen müssen.»[108] Zur Förderung der Eigenverantwortung wurde die «Ich-AG», eine staatlich bezuschusste Existenzgründung eines Arbeitslosen, erfunden, nachdem eine Rentenreform einen privaten Anteil der Altersvorsorge eingeführt hatte. Die Arbeitslosenhilfe mit der Sozialhilfe auf niedrigerem Niveau zusammenzulegen und von der sozialen Statussicherung zu entkoppeln, vollzog eine systemische Veränderung. In diesen Zusammenhang gehörte schließlich auch die schrittweise Anhebung des regulären Renteneintrittsalters auf 67 Jahre durch die große Koalition 2007.

Diese Reformen waren höchst umstritten. Sie wurden als sozialer Kahlschlag kritisiert, riefen öffentliche Massenproteste hervor und führten in Deutschland zur neuerlichen Abspaltung eines linken Flügels von der SPD. Auch weite Teile der SPD konnten sich mit diesen Reformen nicht abfinden; ein Papier der parteinahen Friedrich-Ebert-Stiftung kritisierte die gesamte Politik der *flexicurity* als «zu viel Flexibilität und zu wenig soziale Sicherheit».[109]

War das ein Paradigmenwechsel, eine Revision des Sozialstaates im Zeichen des *retrenchment*? Wie so oft relativiert sich manches durch den Blick aufs Ganze. Auf der einen Seite ist die Verschiebung des Leitbildes von der Vollversorgung zur Eigenverantwortung und sind auch entsprechende Anpassungen von Leistungen festzustellen. Zugleich stiegen die Sozialleistungsquoten und die Sozialausgaben auch nach dem politisch-ökonomischen Übergang zur Marktorientierung in den achtziger und neunziger Jahren weiter an.[110] Dies hatte mehrere Gründe: zunehmende Aufgaben und Inanspruchnahmen durch Arbeitslosigkeit und Alterssicherung, eine hohe Resistenz der Sozialstaatsklientel und ihrer Agenten, aber auch bewusste politische Entscheidungen. Hatte die Regierung Kohl nach ihrem Amtsantritt 1982 zunächst Einschnitte bei Vorruhestandsregelungen, Bafög oder Kassenleistungen in der medizinischen Versorgung vorgenommen, so führte sie neue Sozialleistungen wie das Erziehungsgeld und die Anrechnung von Kindererziehungszeiten in der Rentenversicherung ein. Obendrein errichtete sie 1994 mit der Pflegeversicherung eine fünfte Säule der Sozialversicherung (die erste neue Sozialversicherung seit 1927). Und während in Großbritannien auch die Reformregierung Thatcher in den achtziger Jahren den *National Health Service* nicht angerührt hatte, expandierte der britische Wohlfahrtsstaat unter der Regierung Blair in den Bereichen Gesundheit und Bildung.[111]

Alles in allem handelte es sich bei den niederländischen und skandinavischen Reformen der neunziger Jahre ebenso wie bei der deutschen Agenda 2010 nach 2003 um Reformen innerhalb des Systems, nicht um Systembrüche.[112] Und während solche Reformen in vielen europäischen Ländern überhaupt ausblieben, setzte in Deutschland vor allem im zweiten Jahrzehnt des 21. Jahrhunderts mit Maßnahmen wie der Einführung von Mindestlöhnen, der «Rente mit 63» für langjährig Versicherte oder der sogenannten «Mietpreisbremse» eine Gegenbewegung ein. Ihr Hintergrund war die wirtschaftliche Erholung Deutschlands nach 2005 und damit verbunden der Rückgang der allgemeinen Krisenstimmung, nicht zuletzt der Kritik am Sozialstaat. Ungelöst bleiben darüber freilich die auflaufenden Strukturprobleme. Zum einen verschiebt die demographische Entwicklung die Relationen von Beitragszahlern und Leistungsempfängern; zum anderen gehen mit den Geburtenzahlen und den Familienstrukturen auch die in den Familien erbrachten zivilgesellschaftlichen sozialen Leistungen weiter zurück. Von einem Rückzug des Staates im Gefolge der Sozialstaatsreformen ist schließlich auch deshalb nicht zu sprechen, weil sich die staatlichen Ambitionen auf neue Bereiche richteten und neue Schwerpunkte gebildet haben: Kinderbetreuung, die Vereinbarkeit von Familie und Beruf zwecks weiblicher Erwerbstätigkeit und die Gleichstellung der Geschlechter.[113]

Gleichstellung und Risikovorsorge

Mit dem neuen Schwerpunkt der Gleichstellung erreichte der Sozialstaat nach den Ausweitungsphasen der fünfziger bis siebziger Jahre und der Konsolidierungs- bzw. Reformphase seit den achtziger Jahren im frühen 21. Jahrhundert ein drittes Stadium.[114] Staatliche Vorgaben zielen auf eine Gestaltung der Gesellschaft nach Quoten, wobei das Geschlecht Priorität vor anderen Ungleichheiten gewonnen hat. Im März 2015 beschloss der Deutsche Bundestag, dass sich der Aufsichtsrat börsennotierter Unternehmen «zu mindestens 30 Prozent aus Frauen und zu mindestens 30 Prozent aus Männern» zusammensetzen muss.[115]

Auch der Kernbereich der Zivilgesellschaft, die Familie, wird von politischen Anreizen und Regulierungen durchdrungen, die auf eine gleichstellungsorientierte Aufteilung von Familienarbeit und Kindererziehung hinwirken. Die Tendenz des modernen Staates, auch in innerfamiliäre Angelegenheiten einzugreifen, wie sie zum Beispiel in der Einführung der Schulpflicht und der Einrichtung von Jugendämtern oder in der familienpolitischen Förderung der bürgerlichen Familie bzw. der häuslichen Betreuung von Kleinkindern in der alten Bundesrepublik angelegt war, wurde so mit einer neuen, gleichstellungsorientierten Zielrichtung fortgeschrieben. Wenn die Bundesfamilienministerin Mütter aufforderte, mehr arbeiten zu gehen,[116] trat dem Bürger ein paternalistisch (bzw. maternalistisch) modellierender Staat entgegen, dessen Ambivalenz in der sprachlichen Nähe von Gouvernanz, dem Begriff für moderne Führungsstrukturen, und Gouvernante zum Ausdruck kommt.

Ob der Sozialstaat der Anfänge mit dem Anspruch der Hilfe in der Not, ob der Wohlfahrtsstaat mit dem Programm der Vollversorgung, der reformierte Sozialstaat mit dem Ziel der Aktivierung oder der gleichstellende Sozialstaat mit der Ambition der Moderation von Diversität – stets changiert er zwischen dem Regelungsbedarf zunehmend komplexer moderner Gesellschaften von unten und der staatlichen Regulierung der Gesellschaft von oben. So reflektiert die Kritik des Sozialstaates ebenso wie die Kritik der Sozialstaatsreform, die Kritik am Rückzug des Staates ebenso wie an seinem Vordringen in die Gesellschaft der freiheitsberechtigten Bürger[117] die doppelte Aufgabe des Sozialstaates, sowohl soziale Sicherheit als auch Freiheits- und Partizipationschancen zu gewährleisten.[118]

Und beides ist zu beobachten, Vordringen ebenso wie Rückzug des Staates. Zurückgezogen hat sich der Staat beispielsweise aus der Regulierung und Normierung von Sexualität, indem die Straftatbestände der Homosexualität unter Männern, des Ehebruchs, der Kuppelei und der Unzucht aufgegeben wurden. Dasselbe gilt für die Impfpflicht, die im Deutschen Kaiserreich bestand, in der DDR als Ausdruck der Fürsorge des Staates galt und in der Bundesrepublik durch Freiwilligkeit ersetzt wurde.[119] Zugleich hat die Deregulierung und Privatisierung von Netzwerkindustrien wie der Bahn und der Telekommunikation neuen Regulierungsbedarf und neue Behörden wie die Bundesnetzagentur hervorgebracht.[120] Und gesellschaftlich entstandene Pluralisierung wird durch staatliche Regelungen wie das Allgemeine Gleichbehandlungsgesetz moderiert.

Gerade darin zeigt sich die Gleichzeitigkeit von Liberalisierung und Regulierung, deren Gewichte freilich der Verschiebung dessen unterliegen, was als legitime staatliche Intervention in die Gesellschaft angesehen wird: Anschnallpflicht oder Helmpflicht. Diese Verschiebungen sind Ergebnis handfesten sozialstrukturellen Wandels, der neue Staatsaufgaben hervorbringt. Zugleich sind sie das Resultat veränderter Erwartungen an den Staat. Mit zunehmendem Sicherheitsbedürfnis der Gesellschaft – von Sicherheit vor militärischer Bedrohung über soziale Sicherheit bis zur Gewährleistung kultureller Teilhabe – entwickelte sich der Staat in Richtung eines proaktiven Präventionsstaates.[121] Mit der Kultur der Inklusion sind dabei neue Quoten zustimmungsfähig geworden, während ältere Quotenmodelle für Parteien in Rundfunkräten oder für katholische und evangelische Minister als Proporzdenken in die Kritik oder außer Mode gerieten. Entscheidend sind letztlich der politisch-kulturelle Rahmen und seine Verschiebungen.

Dabei sind wellenförmige bzw. pendelartige Bewegungen zwischen «mehr» und «weniger» Staat zu beobachten: von der Subsidiarität hin zur Vollversorgung, zurück zur Gewährleistung und wieder hin zur Gleichstellung. Hinzu kommt als durchlaufende Grundströmung die bürokratische Pfadabhängigkeit des Sozialstaats; Institutionen, die einmal geschaffen sind, entfalten ihr Eigenleben. Außerdem entfalten die gesellschaftlichen Institutionen ihre eigene Logik. Dies gilt insbesondere für die Familie, die zivilgesellschaftliche Instanz *par excellence*, die sich allen Abgesängen zum Trotz ungebrochener Popularität erfreut. Hier lässt sich die Spannung zwischen sozialstaatlicher Regulierung und gesellschaftlicher Eigenlogik idealtypisch beobachten. Während der politische Wille und die staatlichen Anreize auf die gleichgestellte Familienorganisation und weibliche Vollerwerbstätigkeit (bzw. zwei ähnlich umfangreiche Erwerbstätigkeiten) zielen, haben sich die Familien überwiegend in unterschiedlichen Formen der modifizierten bürgerlichen Kernfamilie aus Voll- und Teilzeiterwerb organisiert.

Angesichts der demographischen Entwicklung werden Familien im Besonderen und Solidargemeinschaften im Allgemeinen an Bedeutung noch gewinnen. Sie werden für die Zukunft der Gesellschaft ebenso wichtig sein wie «echte Chancen» (Amartya Sen) des Einzelnen zum Aufstieg in einer offenen Gesellschaft. Dabei wird der Sozialstaat um so erfolgreicher sein, je mehr er die gesellschaftlichen Kräfte in ihrer Vielfalt unterstützt, statt die Gesellschaft nach einem bestimmten Bilde formen zu wollen, dem bald schon ein anderes folgt, wenn der Rahmen sich wieder verschiebt.

5. Modell Deutschland oder Problem Deutschland?

«Setz dich hin, großer Deutscher. Du machst ja alle ganz nervös!» So blaffte die britische Premierministerin Margaret Thatcher den deutschen Bundeskanzler 1990 in einer Karikatur der Montreal Gazette an. Kohls Antwort: «Ich sitze bereits …» – und seine Auffassung in der Realität: «Es sind die alten Ängste, es sind die alten Animositäten. Die Deutschen sind zu stark, haben zwei Kriege verloren und sind jetzt wieder da.»[122]

«Seit der Einigung unter Bismarck hat Deutschland […] stets auf unberechenbare Weise zwischen Aggression und Selbstzweifeln geschwankt», schrieb Thatcher in ihren Memoiren. Ein «wiedervereinigtes Deutschland ist schlichtweg viel zu groß und zu mächtig, als dass es nur einer von vielen Mitstreitern auf dem europäischen Spielfeld wäre. [...] Daher ist Deutschland von Natur aus eher eine destabilisierende als eine stabilisierende Kraft im europäischen Gefüge.»[123] Ähnlich hatte schon 1871 ihr Vorgänger Benjamin Disraeli den deutsch-französischen Krieg von 1870/71 und die Reichsgründung als «deutsche Revolution» kommentiert: «Das Gleichgewicht der Mächte ist vollkommen zerstört worden.»[124]

Mit dem Sieg über Frankreich und der Reichseinigung war das Deutsche Reich zur militärischen und politischen Vormacht auf dem europäischen Kontinent geworden. Als es im späten 19. Jahrhundert auch zum wirtschaftlichen und technologischen Kraftzentrum Europas wurde, fand es sich in einer prekären «halbhegemonialen Stellung»[125] wieder: Deutschland war zu schwach, um den Kontinent wirklich zu beherrschen, aber es war zu stark, um sich einfach einzuordnen.

Um 1900 war das Deutsche Reich die europäische Macht mit den wohl größten Zukunftspotentialen – oder wie der französische Philosoph Raymond Aron formulierte: «Es hätte Deutschlands Jahrhundert sein können.»[126] Daher wurde der 1. August 1914, der Beginn des Ersten Weltkrieges, zur entscheidenden Zäsur, ja zum Schicksalstag der deutschen Geschichte in der Moderne. Der Krieg öffnete die «Büchse der Pandora»[127] und setzte die vielfältigen Übel der deutschen Geschichte im 20. Jahrhundert frei: den harten Frieden von Versailles, die Hyperinflation und das Scheitern der Weimarer Republik, die nationalsozialistische Diktatur, den Zweiten Weltkrieg und den Holocaust und mit ihm eine unvergängliche historische Schuld, die Vertreibung und Vernichtung weiter Teile der Eliten, die Zerstörung der Städte, die deutsche Teilung und die sozialistische Diktatur samt ihrer Folgelasten. Nicht alles wurde unmittelbar durch den Ersten Weltkrieg verursacht, aber all dies wäre ohne ihn nicht so gekommen.

Zwei mal wurden zudem deutsche Machtressourcen vergemeinschaftet, die Schwerindustrie in den fünfziger Jahren und die Währung in den Neunzigern. Und doch gewann das gestutzte Deutschland immer wieder an Macht hinzu, und wenn es nur an der relativen Entwicklung lag. In den siebziger Jahren litt die Bundesrepublik zwar unter den beiden Konjunkturkrisen, dennoch verlief die sozialökonomische Entwicklung so viel günstiger als in anderen westlichen Ländern, dass vom «Modell Deutschland» die Rede war. 1979 wurde der Machtzuwachs des Kriegsverlierers auf der Ebene der internationalen Politik überdeutlich, als Helmut Schmidt, der Kanzler der Nichtnuklearmacht Bundesrepublik, auf Guadeloupe gleichberechtigt am Tisch mit den Staats- und Regierungschefs der drei westlichen Nuklearmächte saß und mit ihnen ein westliches Vierer-Direktorium bildete.[128] Ende der achtziger Jahre wiederum, als die NATO über die Modernisierung der atomaren Kurzstreckenraketen stritt, die nur in Deutschland stationiert waren und ausschließlich deutsches Territorium bedrohten, und sich dort von vielen Seiten Widerstand regte, stellte sich immer drängender die Frage nach der Position Deutschlands in Europa und innerhalb des westlichen Bündnisses. Dies war der Hintergrund, vor dem George Bush sr. der Bundesrepublik antrug, «partners in leadership» zu sein.[129]

Hintergrund dieser wachsenden Bedeutung war die prosperierende ökonomische Entwicklung. Angesichts der Härten der Marktreformen des Thatcherismus in Großbritannien und der Reaganomics in den USA war die Rede vom «Modell Deutschland» nicht zuletzt in anglo-amerikanischen Debatten verbreitet. Denn es verband, so schien es, ökonomischen Erfolg mit sozialem Ausgleich.

«Modell Deutschland»

Den Begriff vom «Modell Deutschland» brachte zuerst die SPD im Bundestagswahlkampf 1976 auf.[130] Bald verselbständigte er sich zum Narrativ von der «Erfolgsgeschichte» der Bundesrepublik. Sie wird in zwei Varianten erzählt. Eine bürgerliche Version zielt auf die Stabilität der parlamentarischen Demokratie und die Integrationskraft der politischen Institutionen, auf materiellen Wohlstand und außenpolitische Sicherheit. Eine zweite, eher linke Lesart betont Pluralismus und Individualisierung, Liberalisierung und Demokratisierung, Emanzipation und Partizipation – mit den Worten des sozialdemokratischen Intellektuellen Peter Glotz: «Endlich einmal ist den Deutschen ein ziviler Staat gelungen […]; wir mussten das große Tier zähmen. Es ist uns gelungen.»[131] Beide Versionen fügten sich in den Vierzig-Jahr-Feiern der Bundesrepublik 1989 zusammen: «Wir können stolz auf das Geleistete und auf unseren gemeinsamen Staat sein. Daraus schöpfen wir Kraft für die Bewältigung der Zukunft.»[132]

Ende der achtziger Jahre war eine lang anhaltende Aufschwungphase nach 1982 in einen wahren Boom übergegangen, wie ihn die Bundesrepublik seit den frühen siebziger Jahren nicht mehr erlebt hatte. Dieser ökonomische Erfolg drückte, insbesondere durch die Hochzinspolitik der Bundesbank, zugleich auf die europäischen Nachbarn und offenbarte somit eine «gewaltige Kehrseite»[133]. Zusammen mit der Kontroverse um die Modernisierung der atomaren Kurzstreckenraketen innerhalb der NATO kamen die Grenzen der harmonischen Verbindung von deutschen Interessen und internationaler Integration in Sicht, erst recht nach der deutschen Wiedervereinigung, durch die Deutschland noch größer und stärker zu werden schien. Die Furcht vor einer neuen deutschen Hegemonie in Europa war nicht zu übersehen, und der französische Präsident Mitterrand führte den Deutschen unmissverständlich die Alternative vor Augen: entweder eine vertiefte europäische Integration oder «das Europa von 1913», also eine deutsche Isolation gegenüber einer neuen Koalition aus Frankreich, Großbritannien und Russland.[134]

Diese Forderung traf unterdessen auf die Bereitschaft der Bundesregierung und der politischen Elite in Deutschland zur verstärkten Selbsteinbindung, die sich nicht zuletzt in substantiellen Kompromissen bei der Herbeiführung der Währungsunion niederschlug.[135] Allerdings trat die erwartete deutsche Dominanz in Europa nach der Wiedervereinigung zunächst nicht ein. Schon in den achtziger Jahren waren mangelnde Anpassungen an den weltwirtschaftlichen Wandel kritisiert worden:[136] das «Modell Deutschland» sei zu unflexibel, wie die Dauerdebatten um die Ladenöffnungszeiten zeigten, und die Lohnnebenkosten seien zu hoch; zudem herrsche im Bildungssystem eine Schieflage, weil es an der Ausbildung von Arbeitskräften für diversifizierte Qualitätsproduktion mangele. Die sozial-ökonomische Substanz und die politisch-kulturelle Wahrnehmung des «Modell Deutschland» drifteten auseinander – auch dies entsprach einem Muster. Die Erwartung bei der deutschen Wiedervereinigung, die DDR werde sich innerhalb weniger Jahre in «blühende Landschaften» verwandeln, überschätzte die Leistungsfähigkeit des «Modell Deutschland», das durch die Wiedervereinigung bis an die Grenzen belastet wurde. Die unerwartet hohen Kosten der Einheit ließen die Staatsverschuldung explodieren, und die Finanzierung großer Teile der Einheit über die Renten- und Arbeitslosenversicherung trieb die Lohnnebenkosten noch weiter in die Höhe. Der Teufelskreis des Sozialstaates verband sich mit der Globalisierungskrise der Deutschland AG.[137]

Um die Jahrtausendwende schlug die Selbstüberschätzung des «Modell Deutschland» in die Panik vom «Abstieg eines Superstars» um: das «Methusalem-Komplott» und die «Konsens-Falle», so die zeitgenössische Rede, erstickten den nötigen «Mut zu Reformen».[138] Abermals allerdings fielen Wahrnehmung und Substanz auseinander, denn zur selben Zeit waren bereits die Arbeitsmarktreformen der Agenda 2010 im Gange. Ihre Wirkungen sind schwer zu bestimmen; viele Faktoren wie die Weltkonjunktur, der Dollarkurs oder die demographische Entwicklung können eine Rolle spielen. Die Wirkungen einzelner Maßnahmen sind kaum eindeutig festzustellen und werden zudem, je nach politischer Position, sehr unterschiedlich gewichtet. Was sich als Konsequenz der Reformen abzeichnete war eine beschleunigte Vermittlung von Arbeitslosen in Beschäftigung, vor allem eine Zunahme von Minijobs und Teilzeitarbeit, allerdings zusätzlich zu den bestehenden Normalarbeitsverhältnissen, nicht auf ihre Kosten. Weiterhin spielten offenkundig die Tarifpartner eine große Rolle, indem sie seit Mitte der neunziger Jahre flexible Tarifverträge schlossen und die Arbeitnehmer Lohnzurückhaltung übten. Die Konsequenz waren erhebliche Produktivitätssteigerungen um den Preis zunehmender Gehaltsunterschiede. Jedenfalls verbesserte sich die deutsche Wettbewerbsfähigkeit zu Beginn des 21. Jahrhunderts, die Arbeitslosigkeit ging massiv zurück, und 2013 erreichte Deutschland den Rekordstand von 42 Millionen Erwerbstätigen.[139]

Zugleich wurden Elemente des «Modell Deutschland» gewahrt, die zuvor als rückständig gegolten hatten. Der relativ hohe Industrialisierungsgrad wurde gerade in der Finanzkrise als großer Vorteil wiederentdeckt, und die Kurzarbeiterregelung, die auf die Kooperation der Tarifpartner setzte, brachte die Bundesrepublik 2009 besser durch die Krise als andere Länder. Und so war das «Modell Deutschland» mit einem Mal wieder *en vogue*. Angesichts des Musters der Inkongruenz von Wahrnehmung und Substanz des deutschen Erfolges sind dies freilich nicht nur *good news*.

Dies ist das Wahrnehmungsproblem des «Modell Deutschland». Ein weiteres kommt hinzu: die Diskrepanz zwischen Binnenperspektive und Außensicht, die sich in historischer Perspektive als die «deutsche Wahrnehmungsfalle» auftut.

Die Wahrnehmungsfalle

«Mit einem Worte: wir wollen niemand in den Schatten stellen, aber wir verlangen auch unseren Platz an der Sonne.»[140] Die berühmte Äußerung des Staatssekretärs Bernhard von Bülow vom Dezember 1897 vor dem Deutschen Reichstag wäre Otto von Bismarck dort nie über die Lippen gekommen. Dieser zog aus der «halbhegemonialen Stellung» des Deutschen Reiches nach 1871 die Konsequenz, sein Ziel könne nicht das «irgendeines Ländererwerbs» sein (auch wenn er davon in den 1880er Jahren abwich), sondern «das einer politischen Gesamtsituation, in welcher alle Mächte außer Frankreich unser bedürfen, und von Coalitionen gegen uns durch ihre Beziehungen zu einander nach Möglichkeit abgehalten werden.»[141] Geleitet war Bismarck von der Einsicht, dass die europäischen Mächte dem Deutschen Reich keinen weiteren substantiellen Machtzuwachs gestatten würden, den sie für sich selbst freilich unhinterfragt in Anspruch nahmen.

Eben diese ungleichen Maßstäbe wollten die Vertreter der wilhelminischen Weltpolitik nicht mehr akzeptieren. Als von Bülow «auch unseren Platz an der Sonne» forderte, mochte er die Betonung auf das «auch» legen. Was die Deutschen allerdings als eine Frage der Gleichberechtigung ansahen, erschien anderen als Vormachtanspruch, der auf einem «tief verwurzelten Gefühl» beruhe, «dass Deutschland durch die Kraft und die Lauterkeit seines Anliegens [...], den hohen Stand seiner Wettbewerbsfähigkeit, die Aufrichtigkeit seiner Verwaltung, den Erfolg seiner öffentlichen und wissenschaftlichen Anstrengungen und die herausragende Qualität seiner Philosophie, Künste und Moral das Recht erworben habe, den Vorrang der deutschen Ideale zu etablieren.» Dieses Zitat stammt nicht aus der Euro-Schuldenkrise nach 2010, sondern aus der Feder des britischen Diplomaten Eyre Crowe im Januar 1907.[142]

In diesen unterschiedlichen Wahrnehmungen zeigt sich ein durchgängiges historisches Muster: Was die Deutschen für ihr gutes Recht hielten, verstehen die anderen als deutsches Vormachtstreben und als Bedrohung. Das mochte die wilhelminische Politik für ungerecht halten, es änderte nichts an der historischen Konsequenz, dass unbedingtes Pochen auf deutsche Interessen in die europäische Isolation führte. Deren Konsequenz war die deutsche Katastrophe. Aus dieser historischen Erfahrung zog die Bundesrepublik den Schluss, sich nie wieder in Europa zu isolieren. Die europäische Integration im Rahmen der Westintegration wurde zur Staatsräson der Bundesrepublik. Doch die Wahrnehmungsfalle verschwand nicht, und hinein tappte ausgerechnet der deutsche Vorreiter der europäischen Integration, Helmut Kohl, mit seinem «Zehn-Punkte-Programm zur Überwindung der Teilung Deutschlands und Europas» vom 28. November 1989. Vor allem in Paris und Moskau brach ein Sturm der Entrüstung los, weil Kohl diese Initiative zuvor nicht abgesprochen hatte. Sie wurde als eigenmächtiges deutsches Vorpreschen und als Rücksichtslosigkeit gegenüber den Interessen der anderen interpretiert, die sich, so der sowjetische Außenminister Schewardnadse, selbst Hitler nicht erlaubt hätte.[143] Dass Bonn darauf verwies, der französische Präsident würde in einem analogen Fall niemals andere Regierungen zuvor konsultieren,[144] offenbarte einmal mehr sowohl ungleiche Maßstäbe als auch unterschiedliche Wahrnehmungen in Europa. Dasselbe Muster griff in der Euro-Schuldenkrise. Während Deutschland Bedingungen für ökonomische Unterstützung verlangte und auf der Verbindlichkeit der geschlossenen Verträge bestand, wurde diese Politik in weiten Teilen Europas als «Austerität» und deutsches Vormachtstreben kritisiert.

Das deutsche Dilemma

Die Europäische Währungsunion, der Inbegriff der europäischen Einhegung Deutschlands um die Jahrtausendwende, warf ein gutes Jahrzehnt nach ihrem Start abermals das Problem der deutschen Vormacht in Europa auf. Gegen alle Katastrophen und über alle europäischen Einhegungen hinweg war die deutsche Stärke in Europa eine Konstante seit 1871, und nach jedem Rückschlag war sie irgendwann wie ein Springteufel wieder da. Die Machtressourcen mochten sich wandeln – ob Militär, Schwerindustrie, Technologie, Währung oder Wirtschaftskraft: das Problem der deutschen Stärke in Europa blieb.

Es war offenkundig nicht nur ein Problem tumber wilhelminischer Weltpolitik, sondern struktureller Art. Das wiedervereinigte Deutschland fand sich in der «halbhegemonialen Stellung» des Kaiserreichs wieder, zumal sich seit 2005 seine ökonomischen Potentiale erneut entfalteten und die 1990 erwartete Dominanz sich tatsächlich abzuzeichnen begann. Zugleich kann Deutschland wegen seiner eingeschränkten Größe, seiner Lage und seiner Geschichte keine Hegemonialmacht wie die USA oder China sein. Wenn der amerikanische Finanzminister Connally Anfang der siebziger Jahre die Welt nonchalant wissen ließ, der Dollar sei «unsere Währung», aber «euer Problem»,[145] so konnte die Bundesregierung eine solche Haltung nicht einnehmen. Bundeskanzlerin Merkel bezog mit der Parole «scheitert der Euro, dann scheitert Europa» die deutsche Gegenposition. Auch eine zurückhaltende Distanz zu Europa oder gar ein Austritt aus der Europäischen Union ist für die Bundesrepublik nicht realisierbar. «In der Mitte ist sehr viel mehr Klugheit notwendig als an den Rändern», brachte der Politikwissenschaftler Herfried Münkler die deutsche Position auf den Punkt.[146]

Aktive Selbsteinbindung und europäische Benevolenz entsprachen dem ausdrücklichen Willen der deutschen Politik, insbesondere nach der Wiedervereinigung. Dass die deutsche Politik in der Eurokrise allerdings oftmals nicht als wohlwollende Führung, sondern als deutsches Vormachtstreben wahrgenommen wurde, deutete einmal mehr auf die Wahrnehmungsfalle hin. Das zeigt auch die vielfältige Kritik an der gestiegenen deutschen Wettbewerbsfähigkeit, die daraus hervorgegangen war, dass die Bundesrepublik der immanenten Logik der Europäischen Währungsunion gefolgt und ihrer ökonomischen Schwäche durch innere Reformen begegnet war. Zugleich konnte die Bundesrepublik nicht verhindern, dass ihre klassischen stabilitätspolitischen Interessen und die vertragspolitischen Grundlagen der Währungsunion immer weiter zurückgedrängt wurden, wenn der Bundesbankpräsident im Rat der Europäischen Zentralbank regelmäßig überstimmt wurde. Das deutsche Integrationskonzept geriet an seine Grenzen.

Die globale Wettbewerbsfähigkeit der Bundesrepublik vergrößerte eben jene volkswirtschaftlichen Ungleichgewichte in Europa, die der Grund für die Währungsunion gewesen waren. Dies galt insbesondere für das deutsch-französische Verhältnis, das von Anfang an im Zentrum der europäischen Integration gestanden hatte. Anders als nach 1919 hatten die französischen Regierungen nach dem Zweiten Weltkrieg versucht, die deutsche Stärke nicht durch Konfrontation, sondern durch Kontrolle und Vergemeinschaftung der deutschen Machtressourcen einzudämmen. Mitterrands Tragik lag darin, dass er mit der Vergemeinschaftung der Geldpolitik sein großes Ziel erreichte – doch es funktionierte nicht. Mit der ökonomischen Entwicklung Frankreichs seit der Einführung des Euro und insbesondere in der Krise Frankreichs im zweiten Jahrzehnt des 21. Jahrhunderts wuchs die Diskrepanz zwischen politischem Anspruch und ökonomischem Potential. Erstmals nach 1945 geriet Frankreich in die Position, die gleiche Augenhöhe mit Deutschland zu verlieren.

Zugleich wurde die deutsche Stärke im frühen 21. Jahrhundert so groß, dass an deutscher Führung in Europa kein Weg vorbeiging, wie sich sowohl in der Euro-Schuldenkrise als auch in der Ukraine-Krise zeigte. Der polnische Außenminister Radosław Sikorski sagte 2011: «Ich fürchte deutsche Macht weniger, als ich deutsche Untätigkeit zu fürchten beginne. Sie sind Europas unverzichtbare Nation geworden. Sie dürfen nicht versagen zu führen.» Andererseits drohte deutsche Führung stets als Dominanzstreben ausgelegt zu werden und zu Gegenmachtbildungen zu führen. Die deutsche Verteidigungsministerin Ursula von der Leyen versuchte den Spagat 2015 mit der Formel von deutscher Führung «aus der Mitte heraus».[147]

Die entscheidenden Fragen lauten: Wie viel Führung und Macht werden Deutschland in Europa von den anderen Beteiligten zugestanden? Und wie lassen sich nationale Interessen und internationale Integration vereinbaren? Vorrangig die nationalen Interessen zu verfolgen, droht in eine Isolation zu führen, die sich die Bundesrepublik nicht leisten kann und die zu vermeiden die Essenz ihrer historischen Erfahrung des 20. Jahrhunderts ist. Eine Politik der Integration um jeden Preis unter Zurückstellung eigener Interessen – etwa in Form einer europäischen Transferunion – würde Deutschland selbst schwächen und ihm schaden. Der deutschen Politik bleibt nur eine Gratwanderung, auf der die Balance zwischen nationalen Interessen und europäischer Integration, zwischen deutscher Führung und internationaler Einbindung immer wieder neu auszutarieren ist. Das deutsche Dilemma aber bleibt.

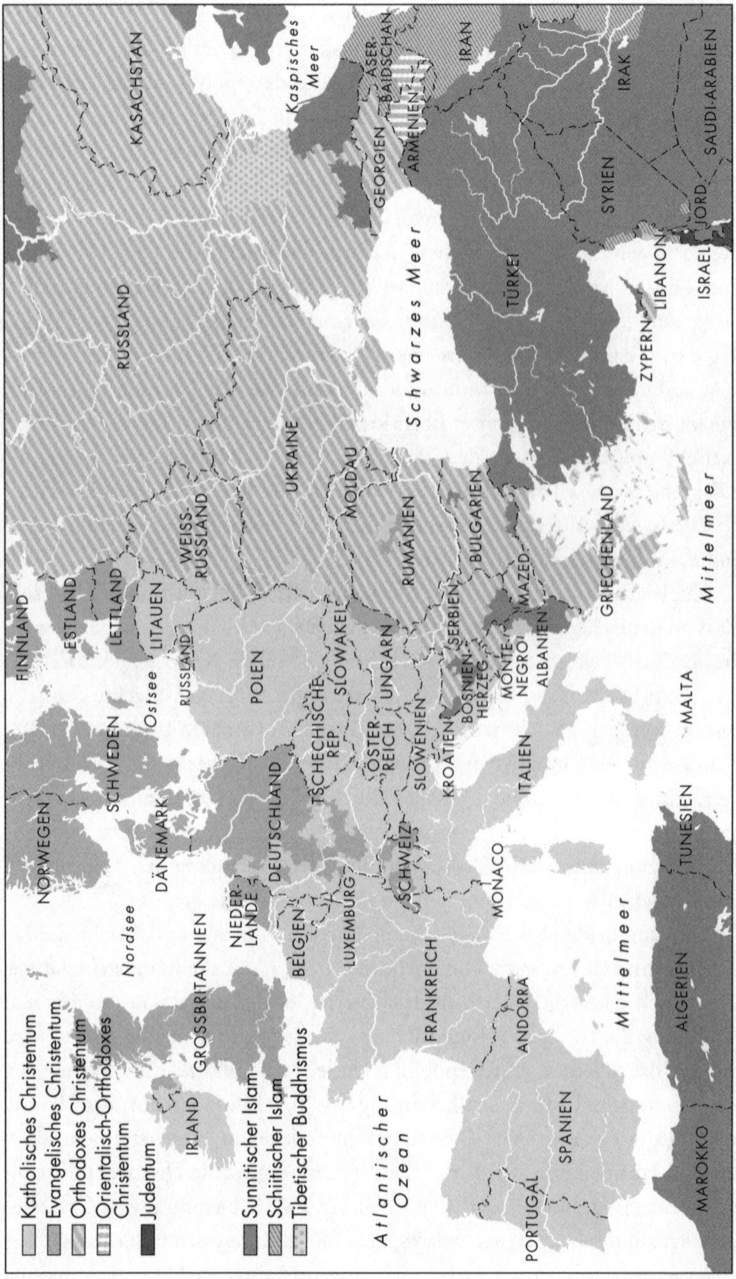

Religionsverteilung in Europa

VII. Neues vom alten Europa

1. Von Athen nach Brüssel?

Die Sache Europa war von Anfang an rätselhaft. Schon begrifflich war unklar, ob «Europa» aus dem Griechischen stammt und so etwas wie «weit blickend» bedeutet oder ob es vom semitischen Begriff für «Abend» abgeleitet ist. Auch der Mythos der antiken Sagengestalt – Europa, die Tochter eines phönizischen Königs, ließ sich am Strand des Mittelmeers von Zeus entführen, der sich in einen Stier verwandelt hatte, und bekam schließlich drei Kinder von ihm – war etwas rätselhafter Natur.[1] Ebenso wenig eindeutig ist der als Europa bezeichnete Raum. Ursprünglich umfasste er nur Mittelgriechenland und dehnte sich mit der Zeit nach Westen aus.[2] Auch in der Neuzeit blieben die Grenzen vor allem im Osten (am Ural?) und im Südosten (die Türkei?) unklar. Und warum darf der israelische Meister in der UEFA Champions League spielen? Europa war stets sowohl ein geographischer als auch ein politisch-kultureller und ein politisch institutionalisierter Raum, ohne dass die drei Ebenen deckungsgleich gewesen wären. Schon Herodot verband im 5. Jahrhundert vor Christus die Geographie mit der Mythologie, wenn er die Perserkriege als Konflikt zwischen Griechen und Barbaren, zwischen Europa und Asia, zwischen Freiheit und Despotie, zwischen den Wenigen und der Masse stilisierte.

Traditionen Europas

Eine erste Tradition der Geschichte von «Europa» lag in der Abgrenzung. Herodots Entgegensetzung von Europa und Asia erfuhr eine Fortsetzung in der ersten religiös begründeten Spaltung im Mittelalter, der Spaltung zwischen Christentum und Islam. Die islamischen Eroberungen des 7. und 8. Jahrhunderts in Nordafrika und im Nahen Osten brachen die antike Einheit des Mittelmeerraumes auf und verschoben das europäische Zentrum nach Norden. Die Auseinandersetzungen mit dem Islam gipfelten in den Kreuzzügen. In den Opern Mozarts kommt jene Mischung aus Furcht und Faszination gegenüber dem Orient als dem Reich der Sinne und der Gewalt zum Ausdruck, die sich auch in der Dichotomie von «christlichem Abendland» und «muslimischer Gefahr» niederschlug.

Dieser Spaltung folgte die Trennung von Ost und West. Sie war schon durch die Teilung des Römischen Reiches 395 angelegt und gewann durch das «große Schisma» von 1054 Gestalt, als sich die vier ostkirchlichen Patriarchate Konstantinopel, Alexandria, Antiochia und Jerusalem von der lateinischen Kirche abspalteten. Dem Auseinandertreten von orthodoxen Kirchen und römischer Kirche folgte im 16. Jahrhundert mit der Reformation die dritte religiöse Spaltung, mit der sich die lateinische Kirche in römisch-katholische und protestantische Länder teilte.

Die Trennlinien scheinen bis heute immer wieder durch – die christlich-islamische in den Debatten um den EU-Beitritt der Türkei, die lateinisch-orthodoxe in den Konflikten mit Russland und seiner Politik gegenüber den orthodoxen Ländern in Südosteuropa, und die katholisch-protestantische in den Auseinandersetzungen zwischen Süd- und Nordländern in der Europäischen Union. Immer wieder wurden Abgrenzungen zur Selbstvergewisserung der europäischen Integration bemüht. Deren Anfänge in den fünfziger Jahren wurden als Selbstbehauptung des «Abendlandes» zwischen sowjetischem Kommunismus und amerikanischem Kapitalismus begründet. Auch der Euro wird als «Einheit gegenüber der restlichen Welt»[3], dem Dollarraum und China legitimiert.

Dichotomische Abgrenzungen, vor allem durch Feindbilder, sind ein Mechanismus, um kollektive Identitäten auszubilden. Das war insbesondere bei der Entstehung der modernen Nationen im 19. Jahrhundert der Fall. Hinzu kam die positive Sinnstiftung durch historische Erzählmuster. Nicht anders ist es mit der Geschichte vom kulturellen Erbe Europas. Für Theodor Heuss waren es 1950 die «drei Hügel, von denen das Abendland seinen Ausgang genommen hat: Golgatha, die Akropolis in Athen, das Capitol in Rom»,[4] und 2013 beschwor die künftige deutsche Verteidigungsministerin Ursula von der Leyen «Athen – Rom – Jerusalem» als die Grundlagen Europas.[5] Diese normative Formel lebt von ihrer suggestiven Verkürzung und besitzt zugleich einen Kern in der Sache. In der Geschichte Europas sind antike und christliche Traditionsbestandteile angelegt, auf die spätere Epochen zurückgreifen konnten: die Republik der Bürger, die politische Öffentlichkeit und der Vernunftgedanke der griechischen Stadtstaaten, die Domestizierung der Natur und die Kodifizierung des Rechts im antiken Rom sowie die Zehn Gebote, die christliche Barmherzigkeit und die lateinische Kirche als Träger der mittelalterlichen Kultur, der neuzeitliche Rationalismus und die Aufklärung.[6] Was Europa hingegen nicht einte, waren eine gemeinsame Abstammung oder eine gemeinsame Sprache. Was Europa ausmachte, war vielmehr eine Vielfalt der Sprachen und Kulturen und somit eine Ambivalenz zwischen Gemeinsamkeiten und Differenzen.

Eine weitere europäische Besonderheit lag in einer Tradition des Ausgreifens seit den überseeischen Entdeckungsfahrten im 15. und 16. Jahrhundert. Während die Spanier ein Kolonialreich in Mexiko und Peru eroberten, legte Portugal Handelsstützpunkte an den afrikanischen und arabischen Küsten an und nahm Brasilien in Besitz. Die Niederlande verdankten ihr goldenes Zeitalter im 17. Jahrhundert den kolonialen Handelsaktivitäten der Niederländischen Ostindien-Kompanie in Südostasien und der Niederländischen Westindien-Kompanie in Westafrika und in Amerika. Großbritannien errichtete im 17. und 18. Jahrhundert sein erstes Empire mit den Kolonien in Nordamerika, Niederlassungen der British East India Company in Indien sowie der Inbesitznahme von Australien und Neuseeland. Die französischen Ambitionen richteten sich auf Kanada und das Zentralgebiet der späteren USA, die Karibik und Indien. Zudem ist das russische Ausgreifen nach Sibirien und Mittelasien zu nennen. Im späten 19. Jahrhundert gewann der europäische Kolonialismus mit dem imperialistischen Wettrennen um Gebiete in Afrika und Asien, an dem auch Italien, das Deutsche Reich und Belgien teilnahmen, noch einmal eine neue Dimension.

Begleitet wurde die Geschichte von den Kreuzzügen über die Kabinettskriege der Frühen Neuzeit und die Kolonialregime bis zum Zeitalter der Weltkriege von einem hohen Maß an Gewalt. Sie war kein rein europäisches Phänomen, aber sie war ein wesentlicher Bestandteil der europäischen Geschichte bis ins und gerade im 20. Jahrhundert. Die gemeinsame Gewaltgeschichte, deren Erinnerung lange im Schatten der nationalsozialistischen Gewalt und der deutschen Verantwortung für den Zweiten Weltkrieg sowie des Ost-West-Konflikts stand, entdeckten die Europäer in schmerzhaften Prozessen vor allem nach 1989. Von Frankreich über die Niederlande bis nach Polen und in die baltischen Staaten wurde offenbar, dass die Kollaboration mit dem deutschen Völkermord viel weiter gegangen war als lange gedacht und erinnert.[7] In den Debatten um den hundertsten Jahrestag von 1914 wurde entgegen der lange gehegten Vorstellung vom deutschen «Griff nach der Weltmacht» deutlich, dass es sich um ein gesamteuropäisches Elitenversagen von Wien über Belgrad, Paris, London und Sankt

 Petersburg bis Berlin gehandelt hatte und die Gewaltentladung des Ersten Weltkrieges ein gesamteuropäisches Trauma darstellt.[8] Zugleich ist Europa auch der Kontinent der Gegenbewegungen. Menschenrechte und Philanthropie, Anti-Sklaverei-Bewegung und Pazifismus gingen allesamt aus dem europäischen Kulturraum hervor.

Eine weitere europäische Besonderheit liegt in der Herausbildung der modernen Territorialstaaten. Die «westfälische Ordnung» nach 1648 ruhte auf souveränen Staaten als ordnungstiftende Instanz nach innen und begründete das Europäische Konzert der Großmächte nach außen. Während die gut anderthalb Jahrhunderte zwischen 1648 und 1815 durch einen Marathon von Konflikten und Kriegen um Territorien und Vorherrschaft geprägt waren, begründete der Wiener Kongress 1815 eine stabile europäische Ordnung. Sie wurde Mitte des 19. Jahrhunderts durch den Krimkrieg und die italienischen und deutschen Einigungskriege erschüttert, grundsätzlich aber blieb sie bis 1914 unangetastet.

In diesen Staaten traten die Verfassungsbewegungen im 19. Jahrhundert dafür ein, die Ausübung von Herrschaft durch Regeln zu begrenzen und politische Mitbestimmungsrechte für bestimmte gesellschaftliche Gruppen zu etablieren. Das Ergebnis waren die Verfassungs- und die Nationalstaaten. Dabei ist der Staat eine Organisationsform, die Nation im engeren Sinne eine politisch-kulturelle Größe; beide standen in unterschiedlichen Ländern in unterschiedlichen Verhältnissen zueinander. Im Vereinigten Königreich existierte zuerst der Staat, dann kam das Selbstverständnis als Nation. In Deutschland war es umgekehrt; als die Nation im 19. Jahrhundert zum politischen Thema und der Nationalstaat zum Ziel einer Bewegung wurde, verstanden sich die Deutschen in Ermangelung eines Staates zunächst als Kulturnation, der das Deutsche Reich 1871 einen Staat gab.

Die Kriterien einer Nation, gerade wenn sie sich nicht über einen bestehenden Staat definieren kann, sind stets unscharf und prekär. Konstituierten sich die Nation und die Zugehörigkeit zu ihr über eine gemeinsame Sprache, über Abstammung, Kultur und Geschichte oder über eine politische Willensentscheidung? Wer ist Deutschland? Die Nation war in erster Linie eine kulturelle und emotionale Kategorie der Selbstwahrnehmung und zugleich die politische Leitkategorie im 19. Jahrhundert, die sich vor allem durch Abgrenzung nach außen definierte. So formierte sich die deutsche Nation in der Abwehr gegen Napoleon und gegen Frankreich.[9]

Dieser Nationalismus legte zugleich Lunte an die Wiener Ordnung von 1815. Sie war als rationales Gleichgewicht der Mächte konstruiert und nahm auf nationalstaatliche Hoffnungen in Deutschland und Italien keine

Rücksicht, weil sie das Gleichgewicht störten. Die nationalen Bewegungen ließen sich allerdings nicht auf Dauer einhegen, und schließlich waren es paradoxerweise Revolutionen von oben, mit denen Otto von Bismarck und Camillo Graf von Cavour den deutschen und den italienischen Nationalstaat zwischen 1859 und 1871 auf kriegerischem Wege herbeiführten.

Kraftentfaltung und Selbstzerstörung – Europa in der Hochmoderne

Der deutsch-französische Krieg von 1870/71 zeitigte anhaltende Folgewirkungen. Benjamin Disraeli, der Führer der britischen Konservativen, bezeichnete die Gründung des Deutschen Reiches vor dem Londoner Unterhaus als «deutsche Revolution, ein größeres politisches Ereignis als die Französische Revolution».[10] Das Deutsche Reich fand sich nach 1871 in einer politisch und militärisch «halbhegemonialen Stellung»[11] wieder und avancierte nach 1890 auch zum ökonomisch-technologischen Kraftzentrum in Europa. Unterdessen markierte das deutsch-französische Verhältnis, nach 1871 im Zeichen erbitterter Rivalität, die zentrale politische Trennlinie Europas.

Europa gewann durch die Kombination von Hochindustrialisierung, Nationalstaat und Militärmacht einen einmaligen technologischen, ökonomischen und militärischen Vorsprung in der Welt, der sich im europäischen Kolonialismus des späten 19. Jahrhunderts niederschlug.[12] Seine Ausprägungen und seine Motive waren im Einzelnen unterschiedlich und miteinander verwoben, doch lassen sich gemeinsame Grundlagen erkennen. Die erste besteht in einer zivilisatorischen Missionsidee der europäischen Kolonisatoren, einem doppelgesichtigen Phänomen. Wenn die Briten Witwenverbrennungen oder die Tötung neugeborener Mädchen in Indien unterbanden, war einerseits ein humanitäres Engagement am Werk, das sich nicht vom Eintreten gegen weibliche Beschneidung im Sudan zu Beginn des 21. Jahrhunderts unterschied. Außerdem fußte die Überzeugung von der humanitären Mission immer auf einem kulturellen Überlegenheitsgefühl, das fließend in ein rassisches Wertigkeitsdenken überging. Dieses begründete eine in Europa bis dahin undenkbare Gewaltbereitschaft. Als deutsche Truppen 1904 den Aufstand der Herero in Deutsch-Südwestafrika niederschlugen, riegelten sie die geflüchteten Überlebenden in der Wüste ab und überließen sie dem sicheren Tod. Im Kongo errichtete der belgische König Leopold II. ein brutales Ausbeutungsregime, das auf Sklavenarbeit, Geiselnahmen, Tötungen und Verstümmelungen beruhte und Millionen von Kongolesen das Leben kostete – quantitativ entspricht dies den Dimensionen des Holocaust. Auch die französische Kolonialgeschichte kennt Episoden grausamer Tötungen und Gewalt, etwa bei der Eroberung des Tschadsees oder in Äquatorialafrika. Die britischen Kolonialregime wurden vergleichsweise liberal geführt, allerdings wurde der Sepoy-Aufstand in Indien 1858 brutal niedergeworfen.[13]

Ökonomische Interessen wie der Import von Rohstoffen aus den Kolonien und der Export von Fertigwaren in das Kolonialreich sind die zweite gemeinsame Grundlage. Aber selbst für Großbritannien war, trotz allen aus Indien importierten Wohlstands, das Kolonialreich unter dem Strich eher ein Zuschussgeschäft.[14] Wichtiger waren die Kolonien drittens als Prestigeobjekte innerhalb der europäischen Mächterivalität im Hochimperialismus seit den 1880er Jahren, als der «Wettlauf um Afrika» begann und sich in Asien fortsetzte, als der Kolonialismus sich verselbständigte und die überschießende europäische Kraftentfaltung sich schließlich ins Selbstzerstörerische wendete.

Als Europa um die Jahrhundertwende eine nie gekannte globale Vormachtstellung gewonnen hatte, nahmen die Antagonismen innerhalb des Staatensystems zu; die europäischen Krisen häuften sich. Sie gingen aus einem allgemein geteilten Wertesystem hervor, das auf Prestige und Ehre, Nationalismus und Militarismus beruhte. Dabei vermischten sich Kraftentfaltung und Überlegenheitsgefühl mit Unsicherheit und einer geradezu panischen Angst vor dem eigenen Niedergang gegenüber den vermeintlich immer stärker werdenden Konkurrenten. Diese Muster prägten die Wahrnehmungen im Juli 1914 auf allen Seiten: der Fatalismus, dass ein Krieg ohnehin kommen werde, die gegenseitige Bedrohung und die Vorstellung, es sei fünf vor zwölf, so dass es besser sei, jetzt zu handeln als zu spät. «Krieg! Es war die Reinigung, Befreiung, was wir empfanden, und eine ungeheure Hoffnung».[15]

In Wahrheit brachte der Krieg ein Maß an Gewaltentladung auf den europäischen Kontinent, das es vorher nur in den Kolonien oder an den Rändern, etwa auf dem Balkan, gegeben hatte. Zugleich baute sich eine neue Dimension von gegenseitiger Erbitterung über die breit propagierten deutschen «Kriegsgräuel» in Belgien, das Massensterben vor Verdun oder die «Schmach von Versailles» auf. Ihr folgte der ökonomische Rückschlag. Der Anteil Europas am Welthandel ging von 62 auf 52 Prozent zurück, und die erste Globalisierung kam an ihr Ende. Stattdessen verbreiteten sich Protektionismus, Verschuldung, Wachstumsschwäche und Arbeitslosigkeit.[17]

Mit dem amerikanischen Eintritt in den Weltkrieg und der russischen Oktoberrevolution formierten sich neue weltpolitische Kräfte, die das Zeitalter der Ideologien im «kurzen 20. Jahrhundert» bestimmen sollten: die

USA, die nach 1990 als einzige Supermacht verblieben, und die Sowjetunion, die nach 1945 Ostmittel- und Südosteuropa in kommunistische Diktaturen verwandelte und beherrschte. So verlor das «alte Europa» mit dem Ersten Weltkrieg seine globale Vorherrschaft. Das war zwar nach Kriegsende nicht unmittelbar abzusehen, als sich der britische und französische Einfluss durch die Mandatsgebiete im Irak und in Palästina bzw. in Syrien und im Libanon in die ehemaligen Herrschaftsbereiche des Osmanischen Reiches im Nahen Osten ausdehnte. 1924 wurde das pompöse Gateway of India in Bombay fertiggestellt, und erst 1931 erreichte das British Empire seine größte Ausdehnung. Doch stand die koloniale Herrschaft der durch den Weltkrieg geschwächten europäischen Mächte gegenüber einheimischen Unabhängigkeitsbewegungen auf tönernen Füßen.[18]

Die Pariser Friedenskonferenz von 1919/20 vermochte keine stabile Nachkriegsordnung in Europa zu errichten, wie es dem Wiener Kongress ein gutes Jahrhundert zuvor gelungen war. Stattdessen nährte die Teilung Europas in Siegerstaaten und Besiegte die Bestrebungen der *have nots*, die neue Ordnung zu revidieren. Obendrein – im europäischen Gedächtnis gegenüber dem deutsch-französischen Gegensatz unterschätzt – schuf die Auflösung der alten Großreiche der Habsburgermonarchie, des Zarenreiches und des Osmanischen Reiches jene *shatter zones*, Räume zerstörter Ordnungen, fragiler staatlicher Autorität und besonders hoher Gewaltpotentiale, in denen zunächst der russische Bürgerkrieg stattfand und die dann zu jenen *bloodlands* wurden, wo der Zweite Weltkrieg und der Holocaust am allerverheerendsten wüteten.[19] So spannte sich ein Krisenbogen der Instabilität vom Baltikum über Polen, die Ukraine und den Kaukasus, den griechisch-türkischen Konflikt und den türkischen Nationsbildungskrieg bis 1923 bis nach Palästina und Nordafrika.

Vor allem in den revisionistischen Ländern herrschte eine ausgeprägte Tendenz zu autoritären oder diktatorischen Regimen. Das gilt nicht nur für Deutschland mit der 1933 etablierten nationalsozialistischen Herrschaft, sondern auch für Österreich, Italien, Ungarn und ebenso, obwohl keine genuin revisionistischen Länder, für Rumänien, Spanien, Portugal, Polen und die baltischen Staaten. Gegenüber einer Melange aus «Krieg im Frieden und Frieden im Krieg»[20] machten sich in den dreißiger Jahren vor allem in Großbritannien und Frankreich kriegsüberdrüssige pazifistische Tendenzen breit. Der Appeasementpolitik ging es vor allem darum, einen großen Krieg zu vermeiden, in dem Großbritannien und Frankreich nur verlieren konnten, selbst wenn sie ihn schließlich gewannen. Der Zweite Weltkrieg führte zur ultimativen Entfesselung von Gewalt in Europa, an den Fronten, durch

 Besatzungsherrschaften, durch Zwangsarbeit, den vorsätzlichen Hungertod von Kriegsgefangenen, durch den Bombenkrieg und mit der Ermordung der Juden Europas. Im Gefolge des Krieges brachen die europäischen Kolonialreiche zusammen, angefangen mit der Unabhängigkeit und der Teilung Indiens 1947. Die bis in die siebziger Jahre währende Dekolonisierungswelle gehörte zu den wichtigsten weltpolitischen Entwicklungen nach dem Zweiten Weltkrieg.

Nach 1945 wurde vieles anders. Auch die Gewaltgeschichte Europas, die zwischen 1914 und 1945 so unfassbar eskaliert war, kehrte sich wieder um. Ein Projekt wie der 1953/54 realisierte, von deutschen und französischen Katholiken finanzierte Bau der Friedenskirche in Speyer[21] wäre vor 1945 kaum denkbar gewesen. Diese Entwicklung blieb freilich für Jahrzehnte auf den Westen des Kontinents beschränkt. Hier kam nach 1945 eine neue Europabegeisterung auf, die ältere Wurzeln hatte.

Die Geschichte der Europapläne von Dante über Immanuel Kant bis Aristide Briand war in aller Regel an Situationen der Bedrohung gebunden.[22] Erst nach 1918 brachten einzelne Initiativen konkrete Pläne für eine politische Einigung Europas auf. Der japanisch-österreichische Schriftsteller Richard Graf Coudenhove-Kalergi verfolgte mit der von ihm gegründeten Paneuropa-Union aristokratisch geprägte Vorstellungen eines Zusammenschlusses der europäischen Staaten des christlichen Abendlandes von Polen bis Portugal, allerdings ohne das Vereinigte Königreich und die Sowjetunion; sie offenbarten zugleich, dass Europa-Ideen keineswegs immer liberal sein mussten. Die Internationale Rohstahlgemeinschaft von 1926 war ein Kartell der kontinentaleuropäischen Stahlindustrie, das eine koordinierte Anpassung der Produktion, aber noch keinen gemeinsamen Markt anstrebte.

Neuere Forschungen zeigen, dass «Europa» in der Zwischenkriegszeit als Zukunftshoffnung transnationaler Kooperation diskursiv durchaus präsent war. Auf die Agenda der operativen Politik kam eine institutionelle Einigung allerdings nur in Ansätzen.[23] Das Heidelberger Programm der SPD formulierte 1925 erstmals das Ziel der «Vereinigten Staaten von Europa», Gustav Stresemann forderte in seiner letzten Rede vor dem Völkerbund am 5. September 1929 eine «europäische Münze» und eine «europäische Briefmarke»,[24] und der Europaplan des französischen Außenministers Aristide Briand schlug im Mai 1930 eine Art «föderatives Band» zwischen den europäischen Staaten vor. Mit einer stark sicherheitspolitischen Ausrichtung schürte er bei der deutschen und der italienischen Regierung allerdings den Verdacht, nur den eigenen Vorteil zu verfolgen, und daher verschafften sie dem Plan ein «Begräbnis erster Klasse».[25] Ideen einer engeren europäischen

Kooperation blieben unter den Bedingungen der Zwischenkriegszeit ohne Chance; weder waren die Siegermächte bereit, Souveränität aufzugeben, noch verzichteten die revisionistischen Staaten auf ihren Wiedergewinn.

All dies ergibt keine lineare Geschichte einer Tradition von Integrationsbemühungen, die nach 1945 ihre Erfüllung gefunden hätten. Vielmehr wurde die Zeit nach 1945 durch zwei besondere Umstände bestimmt, die Erfahrung des Zweiten Weltkriegs und den Ost-West-Konflikt. Die Folgen für Europa waren die Spaltung des Gesamtkontinents und die politische Integration Westeuropas.

Die westlichen Anfänge der europäischen Integration

Die Anfänge der westeuropäischen Integration nach dem Zweiten Weltkrieg gingen auf zwei Entwicklungen zurück, die sich nur bedingt miteinander verbanden. Zum einen kamen in den westeuropäischen Ländern verschiedene Europabewegungen auf. Föderalistische Bestrebungen zielten auf eine Vereinigung von Nationalstaaten, die einen Teil ihrer Souveränität an eine gemeinsame europäische Regierung abtreten sollten. Unionisten hatten eine intergouvernementale Union der Nationalstaaten, ein europäisches Commonwealth im Sinn. Den Höhepunkt dieser Bewegungen markierte 1948 der Europakongress in Den Haag unter dem Ehrenpräsidium Winston Churchills. Im Jahr darauf gründeten Frankreich, die Benelux-Staaten, Großbritannien und Irland, Italien, Dänemark, Norwegen und Schweden den (nicht mit dem Europäischen Rat zu verwechselnden) Europarat, dem 1950 auch die Bundesrepublik beitrat. Er blieb allerdings ein Konsultativgremium, ohne ihn zu einem Instrument der europäischen Integration auszugestalten. Dies enttäuschte die Hoffnungen der Europabewegungen, deren hohe Zeit 1950 zu Ende ging, bevor die europäische Einigung konkrete Gestalt annahm.

Diese war Sache des zweiten Strangs, der operativen Politik. Sie ist nicht strikt von der Europabewegung zu trennen, handelte aber auf der Grundlage konkreter nationaler Interessen und unter den Bedingungen der internationalen Politik. Die europäische Integration ist keine politische Umsetzung eines rein idealistischen Projekts.[26]

Am 9. Mai 1950, exakt fünf Jahre nach der deutschen Kapitulation, machte der französische Außenminister Robert Schuman den Vorschlag, die gesamte deutsche und französische Kohlen- und Stahlproduktion – jene Bereiche, «die lange Zeit der Herstellung von Waffen gewidmet waren»[27] – unter eine gemeinsame oberste Aufsichtsbehörde zu stellen. Daraus wurde im April 1951 die Europäische Gemeinschaft für Kohle und Stahl (EGKS), kurz die «Montanunion». Frankreich, die Bundesrepublik, Belgien, die Niederlande, Luxemburg und Italien verpflichteten sich, einen einheitlichen Markt für schwerindustrielle Produkte zu errichten und Handelsbarrieren wie Zölle und mengenmäßige Beschränkungen abzuschaffen.

Bereits im Anfang waren die Muster der künftigen europäischen Integration angelegt. Eine Hohe Behörde aus neun von den Regierungen ernannten Mitgliedern sowie ein Ministerrat als Kontrollgremium waren die Vorläufer der supranationalen Kommission und des intergouvernementalen Rates. Hinzu kamen eine parlamentarische Versammlung (deren Mitglieder allerdings bis 1979 delegiert, nicht gewählt wurden) und als Schiedsinstanz der Europäische Gerichtshof.

Von Anfang an stand das deutsch-französische Verhältnis im Mittelpunkt. Der deutsch-französische Ausgleich nationaler Interessen war der Kern der europäischen Integration seit den fünfziger Jahren. Frankreich ging es hauptsächlich darum, Deutschland einzubinden und auf dem Weg der Kooperation die deutsche Kohle und Schwerindustrie, die zentralen Machtressourcen des schwerindustriellen Zeitalters, zu kontrollieren. Der Bundesrepublik unter Führung Konrad Adenauers lag an Sicherheit gegenüber dem Ostblock im aufziehenden Ost-West-Konflikt sowie an gleichberechtigter Eingliederung in die westliche Staatengemeinschaft.

Eine weitere Konstante lag in der Verbindung von Rückschlägen und Fortschritten, von Krisen und Integration. Als Anschlussprojekt zur Montanunion war eine Europäische Verteidigungsgemeinschaft geplant, die jedoch am 30. August 1954 in der Französischen Nationalversammlung abgelehnt wurde. Es kam also zu keiner europäischen Armee, aber zur ersten *relance européenne*, dem ersten europäische Neustart. Eine Konferenz der Außenminister Anfang Juni 1955 setzte eine Kommission ein und etablierte damit ein Muster. Ihr Ergebnis waren die Römischen Verträge der sechs Staaten Kerneuropas, die am 25. März 1957 abgeschlossen wurden.

Sie ergänzten die EGKS um die Europäische Atomgemeinschaft (Euratom), die mit der Kernkraft auf *die* technologische und energiepolitische Zukunftshoffnung der fünfziger Jahre setzte. Weil diese Hoffnung scheiterte und wegen der Interessen Frankreichs an der eigenen Atomstreitmacht wurde aus dieser Vergemeinschaftung allerdings nicht sehr viel. Die Europäische Wirtschaftsgemeinschaft (EWG) war die dritte Säule der europäischen Integration. Sie begründete eine Zollunion der Sechs, zwischen denen Zölle und Mengenbeschränkungen der Ein- und Ausfuhr abgeschafft wurden. Zudem regelte ein gemeinsamer Agrarmarkt die Abnahme von landwirtschaftlichen Produkten innerhalb der EWG zu festen Preisen. Dieser Protektionismus sicherte das Überleben der europäischen Landwirtschaften und sorgte in den siebziger Jahren für gewaltige Überproduktionen. In der EWG kam ein weiteres Muster der europäischen Integration zum Vorschein, die Ambivalenz zwischen dem Zugang zu den Märkten der Mitgliedstaaten, vor allem für die deutsche Industrie, und der Abschirmung vom freien Markt, vor allem der französischen Landwirtschaft – die Ambivalenz von Freihandel und Protektionismus, von freiem Markt und Marktregulierung.

Die Römischen Verträge errichteten die Institutionen der Europäischen Gemeinschaften entsprechend der Montanunion: den intergouvernementalen Ministerrat als zentrales Gremium, die Kommission mit Initiativmonopol und als «Hüterin der Verträge» sowie das Stiefkind der offiziell nicht einmal Parlament genannten «Versammlung» ohne substantielle Rechte. Eine Hauptstadt gab es nicht, sondern drei Standorte in Straßburg, Luxemburg und Brüssel. Die Sechs bekundeten den Willen zum «immer engeren Zusammenschluss der europäischen Völker»[28], wie die Formulierung seit den Römischen Verträgen lautete. Von Anfang an war die europäische Integration somit als ein prinzipiell unendlicher Prozess ohne ein klar definiertes Ziel angelegt, der nach der *methode Monnet* (benannt nach Jean Monnet, dem eigentlichen Gründungsvater der EGKS und ersten Präsidenten ihrer Hohen Behörde) verlief. Einzelschritte vor allem auf wirtschaftlichem Gebiet entfalteten eine funktionale «Sachlogik», wie der erste Kommissionspräsident Walter Hallstein es nannte,[29] und zogen weitere Integrationsschritte nach sich. Von Beginn an besaßen politische Motive dabei den Vorrang vor ökonomischem Kalkül; ökonomische Instrumente dienten politischen Zwecken.

In den drei Jahrzehnten nach Abschluss der Römischen Verträge blieben weitere Schritte formaler Integration allerdings aus, vielmehr scheiterten Initiativen wie 1970 der Werner-Plan zur Einführung einer gemeinsamen Währung. Die institutionellen Grundlagen der europäischen Integration wurden aber weiter ausgestaltet. 1967 wurden die drei Gemeinschaften von Rom zur Europäischen Gemeinschaft (EG) zusammengeführt. In den siebziger Jahren wurde dann, zunächst außerhalb des Organisationsgefüges der EG, dasjenige Gremium geschaffen, das auf Dauer zur wichtigsten Institution der europäischen Integration werden sollte, der Europäische Rat. Erstmals einberufen und dann verstetigt wurde der Gipfel der Staats- und Regierungschefs 1974 durch den französischen Präsidenten Giscard d'Estaing; vertragsrechtlich institutionalisiert wurde der Europäische Rat erst 1986 durch die Einheitliche Europäische Akte. Dieses intergouvernementale Element avancierte bald (auf Kosten der Kommission) zur obersten Entscheidungs- und letzten Einigungsinstanz. Dabei prägte sie eine besondere Mischung aus intergouvernementaler und supranationaler Ebene aus; denn wenn die nationalen ministeriellen Bürokratien und Regierungsstäbe auf europäisch-gemeinschaftlicher Ebene zusammenwirkten, lösten sie sich zugleich aus ihren nationalen Rückbindungen und neigten dazu, sich als eigene intergouvernemental-supranationale Mischebene zu verselbständigen.

1979 wurde das Europäische Parlament – bis dahin ein Gesandtenkongress – erstmals direkt gewählt. Dies eröffnete einen zweiten demokratischen Legitimationsstrang neben den durch nationale Wahlen legitimierten Regierungen der Mitgliedstaaten im Rat. Seit 1979 gewann das Parlament an Legimitation und Kompetenzen hinzu, etwa das Recht zur Ablehnung des Haushalts mit zwei Dritteln der abgegebenen Stimmen. Dies machte die Europäische Union aber nicht zu einem parlamentarisch-demokratischen System. Denn erstens besaß das Europäische Parlament nicht das Recht zur Bestimmung über die Regierung,[30] zumal die Europäische Kommission auch gar nicht die Europäische Regierung war, sondern letztlich dem Europäischen Rat untergeordnet blieb; und zweitens stand das europäische Wahlrecht im Gegensatz zum demokratischen Grundsatz *one man, one vote*, der das (ungefähre) Gleichgewicht der Stimmen bei der Wahl der Abgeordneten bezeichnet.[31]

Neben der institutionellen Ausgestaltung erlebte die europäische Gemeinschaft in den siebziger und achtziger Jahren zwei Runden der Erweiterung. Ein westeuropäischer Schlüsselspieler hatte bei den Römischen Verträgen besonders gefehlt: das Vereinigte Königreich. Als es 1961 einen mit Forderungen angereicherten Antrag auf Beitritt stellte, blockierte ihn der französische Staatspräsident Charles de Gaulle. Nach einem Streit um den Haushalt und die gemeinsame Agrarpolitik in der EWG trieb de Gaulle die europäische Integration in den sechziger Jahren mit einer «Politik des leeren Stuhls» auf einen Tiefpunkt, dem nach seinem Rücktritt 1969 eine zweite *relance européenne* folgte. Ab 1970 wurden Verhandlungen mit dem Vereinigten Königreich, Irland, Dänemark und Norwegen geführt, die nach langem Hin und Her in den Beitritt zum 1. Januar 1973 mündeten; nur Norwegen blieb außen vor, nachdem sich die Bevölkerung in einer Volksabstimmung gegen einen Beitritt ausgesprochen hatte. Aus dem Europa der Neun in den siebziger Jahren wurde in den Achtzigern durch die Süderweiterung um Griechenland (1981), Spanien und Portugal (1986) das Europa der Zwölf. Alle drei Staaten hatten erst in den siebziger Jahren diktatorische Regime überwunden; der Beitritt zur EG half ihnen, die politische Isolation in Europa zu überwinden, und flankierte den Prozess der Demokratisierung. So tat die Süderweiterung einen weiteren Schritt zur politischen Einigung Europas, erzeugte aber zugleich hartnäckige Problempotentiale, weil mit den agrarisch strukturierten Ländern ein erhebliches Gefälle an Wohlstand und ökonomischer Leistungskraft in die EG einzog.

In den siebziger Jahren schlugen die allgemeinen ökonomischen und politischen Krisen auf Europa durch. Als die europäischen Währungen nach dem Zusammenbruch des Weltwährungssystems von Bretton Woods 1973 frei schwankten, suchten die Europäer diese Volatilitäten einzudämmen, indem sie zunächst die sogenannte Währungsschlange und 1979 das Europäische Währungssystem einführten.[32] Es legte feste Wechselkurse zwischen den Währungen der Teilnehmerstaaten mit einer Schwankungsbreite von 2,25 Prozent nach oben und nach unten fest und verpflichtete die beteiligten Notenbanken zur Intervention durch Stützungskäufe auf dem Devisenmarkt, im Falle ausbleibenden Erfolgs zu einer Festlegung neuer Leitkurse.

Zu Beginn der achtziger Jahre jedoch wurde die EG von einer Haushaltskrise erfasst. Sie ging auf die explodierenden Kosten für die Gemeinsame Agrarpolitik zurück, die zwischen 1965 und 1980 um das 60-Fache angestiegen waren und 1980 etwa zwei Drittel des Haushalts der EG ausmachten. Zugleich leistete Großbritannien relativ hohe Mehrwertsteuer- und Importzollabgaben an die EG, erhielt aber relativ geringe Leistungen aus der Agrarpolitik. Vor diesem Hintergrund erhob die britische Premierministerin Margaret Thatcher die ostinate Forderung nach einer Senkung der britischen Beiträge: «we want a very large proportion of our money back.»[33] Helmut Kohl gewann den Eindruck, die EG sei «in der Gesinnung nicht einmal mehr eine Freihandelszone, sondern das ist ein Basar».[34] Die gegenseitige Blockade und Lähmung der europäischen Organe zu Beginn der achtziger Jahre wurde schließlich unter dem Namen «Eurosklerose» bekannt.

Zog man eine Zwischenbilanz der europäischen Integration zu Beginn der achtziger Jahre,[35] so war die Europäische Gemeinschaft weder hinsichtlich ihrer Kompetenzen noch als Institution einzigartig. Die Besonderheit der Europäischen Gemeinschaft lag vielmehr darin, dass sie sich als Neuanfang zu inszenieren vermochte, der Friede und Wohlstand garantierte. Dies umgab die EG mit einer umfassenden europäischen Aura, und sukzessive wurden die Europäische Gemeinschaft und Europa miteinander identifiziert. Das symbolische Kapital zahlte sich aus, als die europäische Integration in den achtziger Jahren eine neue Gestalt und mit dem Ende des Ost-West-Konflikts neue Bedeutung gewann.

2. Von Europa I nach Europa II

Der dritte Neustart

Der Integrationsschub ab Mitte der achtziger Jahre markierte eine tiefe Zäsur. Die europäische Integration nach 1985 war eine andere als die europäische Integration davor; Europa I ging in Europa II über.

Schon während der «Eurosklerose» war verschiedentlich versucht worden, den europäischen Integrationsprozess wieder in Gang zu bringen. Im November 1981 schlugen der bundesdeutsche Außenminister Genscher und der italienische Außenminister Colombo vor, eine Europäische Union zu schaffen, um die politische und wirtschaftliche Integration zu vertiefen. Überhaupt erwies sich Genscher in den achtziger Jahren als europapolitischer Treiber, der nicht zuletzt bei den Weichenstellungen zugunsten der Währungsunion 1988/89 eine entscheidende Rolle spielte.

Im Juni 1984 stieß der Europäische Rat in Fontainebleau einen bereits aus der Frühzeit der europäischen Integration bekannten Mechanismus an. Er setzte eine Kommission ein, die einen Bericht mit Vorschlägen für das weitere Vorgehen unterbreitete und damit die dritte *relance européenne* einleitete. Die Einheitliche Europäische Akte, die im Februar 1986 unterzeichnet wurde, war die erste substantielle Änderung der Europäischen Verträge von 1957 und begründete ein Muster, indem die weitere Integration über Maastricht bis nach Lissabon wesentlich auf dem Wege der Vertragsänderungen vor sich ging. Die Gegenstände waren stets ähnlich, zum einen organisatorisch-institutionelle Fragen, zum anderen die Ausdehnung der Felder der Zusammenarbeit.

Die größte Baustelle war zunächst der Binnenmarkt, der bis Ende 1992 vollendet werden sollte, um die vier Grundfreiheiten der europäischen Integration zu realisieren: die Mobilität von Waren, von Kapital, von Personen und von Dienstleistungen. Eine Zollunion hatte es bereits seit den Römischen Verträgen gegeben, doch hatte eine Vielzahl nichttarifärer Handelshemmnisse weiterbestanden. So musste Philips beispielsweise sieben verschiedene Rasierapparate desselben Typs für die europäischen Märkte produzieren. Die unterschiedlichen nationalen Vorschriften und technischen Normen führten zu den viel bespöttelten Regulierungen für die Gurkenkrümmung oder für Traktorsitze. Auch die Umsetzung des europäischen Binnenmarktes zeitigte die typisch europäische Ambivalenz von Liberalisierung und Regulierung. Der integrationspolitische Ansatz führte eine Vielzahl von Folgewirkungen mit sich: vom Erasmus-Programm zur Förderung der Mobilität von Wissenschaftlern und Studenten in Europa (1987) über das Schengen-Abkommen zur Abschaffung der Kontrollen an den Binnengrenzen (das 1985 zunächst zwischen der Bundesrepublik, Frankreich und den Benelux-Staaten geschlossen und 1997 durch den Vertrag von Amsterdam in den Rechtsrahmen der EU übernommen wurde) bis hin zur Möglichkeit, Gemeinschaftsinstitutionen im Bereich der Währungszusammenarbeit zu errichten.

Eben dies war der Ansatzpunkt für Jacques Delors, der seit Januar 1985 als Präsident der Europäischen Kommission amtierte und sich als einer der innovativsten und durchsetzungsfähigsten Kommissionspräsidenten in der Geschichte der europäischen Integration erwies.[36] Delors war ein hoch kompetenter, bestens vernetzter und politisch versierter undogmatischer Linker, der in Bonn als französischer Stabilitätspolitiker galt und das Vertrauen Helmut Kohls genoss. Delors inspirierte und verkörperte den europäischen Integrationsprozess, der in den späteren achtziger Jahren plötzlich wieder *à la mode* war. Die neue Integrationsdynamik durch den Binnenmarkt und die europäische Aufbruchsstimmung vor dem Hintergrund einer allgemein günstigen wirtschaftlichen Entwicklung waren der Rahmen für Delors' nächstes Ziel: eine gemeinsame europäische Währung.

Sprung ins Dunkle – der Weg zur Währungsunion

Die Ursprünge für eine europäische Währungsunion lagen in der Volatilität der Wechselkurse zwischen den europäischen Währungen nach Ende des Weltwährungssystems von Bretton Woods 1973. Das Europäische Währungssystem von 1979 hatte dieser zu begegnen versucht, sich aber nicht als krisenfest erwiesen. Der Grund dafür war zugleich die zweite Ursache für eine europäische Währungsunion: die volkswirtschaftlichen Ungleichgewichte vor allem zwischen Frankreich und der Bundesrepublik in den achtziger Jahren – ein hartnäckiges Strukturproblem in Europa, wie sich zeigen sollte, das auch die Währungsunion nicht löste.

Frankreich hatte nach der Wahl François Mitterrands zum Staatspräsidenten im Mai 1981 zunächst eine umfangreiche sozialistische Ausgabenpolitik betrieben, 1983 aber – unter Federführung von Finanzminister Delors – eine Kehrtwende zur Konsolidierungspolitik vollzogen. Dennoch musste der Franc in den achtziger Jahren gegenüber der D-Mark dreimal abgewertet werden. Abwertungen aber, so Mitterrand, «sind niemals gering genug, um einen Gesichtsverlust zu verhindern, und niemals groß genug, um einen wirklichen Exportvorteil zu verschaffen».[37]

 Die Bundesrepublik hatte seit der Bildung der Regierung Kohl/Genscher im Herbst 1982 unter Finanzminister Gerhard Stoltenberg eine Politik der Haushaltskonsolidierung betrieben und nach 1982 ein zunächst langsames, aber stetiges Wachstum erlebt, das Ende der Achtziger in einen veritablen Boom überging. Die Bundesbank, schon seit den siebziger Jahren auf einem primär stabilitätsorientierten Kurs, reagierte darauf mit einer Politik hoher Zinsen, die zugleich massiven Druck auf die übrigen europäischen Volkswirtschaften ausübten. Parteiübergreifend wurde in Frankreich diese «Asymmetrie» kritisiert – auch diese Kritik an den Folgen von Wettbewerb und die Forderung nach ihrer politischen Regulierung ist ein Muster der europäischen Integrationsgeschichte. Mitterrand brachte die französische Einschätzung auf den Punkt: «Die D-Mark ist Deutschlands Atombombe.»[38]

Helmut Kohl war dies sehr bewusst: Der wirtschaftliche Erfolg der Bundesrepublik offenbare eine «gewaltige Kehrseite», nämlich «erhebliche, ganz erhebliche psychologische Verwerfungen». Die Bundesrepublik erscheine mit ihrer Wirtschaftskraft und der Macht der Bundesbank aus Sicht der europäischen Partner geradezu bedrohlich.[39] In der Tat wurde auf französischer Seite wahrgenommen, dass die Bundesrepublik nicht nur zunehmend ökonomisches, sondern auch politisches Gewicht auf die Waage bringe und entsprechende Ambitionen entwickle. Dass der amerikanische Präsident Bush der Bundesrepublik zugleich anbot, «partners in leadership» zu sein, war nicht gerade dazu angetan, die französischen Sorgen zu zerstreuen.[40]

Nur die europäische Union könne die deutsche Macht eindämmen, erläuterte Mitterrand der britischen Premierministerin Margaret Thatcher. Eine europäische Zentralbank, in der Entscheidungen gemeinsam getroffen würden, sei die einzige Möglichkeit der Mitsprache. Ohne eine gemeinsame Währung seien alle europäischen Staaten dem deutschen Willen unterworfen. Vor diesem Hintergrund schlug der französische Wirtschafts- und Finanzminister Edouard Balladur am 29. Dezember 1987 die «Errichtung einer Zone mit einheitlicher Währung» und gemeinsamer Zentralbank vor.[41] Eine europäische Gesamtordnung sollte von einer vertieften westeuropäischen Integration ausgehen und insbesondere die Bundesrepublik fest an die europäische Gemeinschaft binden. Begleitet wurde dieses Kalkül von durchgängigem Misstrauen gegenüber der deutschen Bereitschaft zur weiteren europäischen Integration, insbesondere zur Währungsunion.[42]

Dabei herrschte in Bonn eine weitreichende Bereitschaft zur Selbsteinbindung deutscher Stärke, die zugleich grundlegende Differenzen zwischen Integrationspolitikern und Ordnungspolitikern hervorbrachte. Außenminister Genscher, der Kopf der Integrationspolitiker in den achtziger Jahren, nahm Balladurs Initiative auf und ging am 12. Februar 1988 mit einem Plan zur «Schaffung eines einheitlichen europäischen Währungsraums mit einer Europäischen Zentralbank» in die Offensive.[43] Auch wenn er ökonomische Argumente anführte, waren seine eigentlichen Gründe für die Währungsunion politischer Natur. Damit forderte er die deutschen Ordnungspolitiker im Bundesfinanzministerium und in der Bundesbank sowie eine gewichtige Zahl ökonomischer Experten heraus. Bundesfinanzminister Stoltenberg schlug in einem Gegenmemorandum vier Wochen später vor, zunächst den Binnenmarkt und den freien Kapitalverkehr zu verwirklichen, eine Konvergenz der Volkswirtschaften herbeizuführen und die EG «in Richtung einer umfassenden Union» umzugestalten, bevor eine «Wirtschafts- und Währungsunion als längerfristiges Ziel» – und man meint herauszulesen: in sehr ferner Zukunft – realisiert werden könne.[44]

Bundeskanzler Kohl zögerte zunächst und schwankte zwischen ordnungspolitischen Reflexen und integrationspolitischen Idealen, zumal er noch eine andere Agenda verfolgte: die politische Union Europas. Dieser unscharfe Begriff kann ganz Verschiedenes bedeuten; Kohl verstand darunter eine weitergehende Übertragung staatlich-politischer Souveränitätsrechte auf die europäische Ebene und eine institutionelle Demokratisierung der Gemeinschaft durch verstärkte Kompetenzen für das Europäische Parlament. Dieses Europa sollte keine bloße Freihandelszone, sondern eine «echte Solidargemeinschaft» sein, einschließlich einer harmonisierten Wirtschafts- und Sozialpolitik sowie einer gemeinsamen Sicherheitspolitik. «Vereinigte Staaten von Europa» – so lautete Kohls Zielvorstellung, und im Grunde ging es darum, eine europäische Bundesrepublik zu schaffen.[45]

Kohl war im Zweifelsfall eher proeuropäisch als ordnungspolitisch orientiert. Schon kurz nach der Regierungsübernahme 1982 hatte er bekundet, «wenn wir, das ist mein Credo und bleibt es, in diesem Jahrzehnt in Sachen Europa nicht weiterkommen, werden wir die Schicksalsfrage dieses letzten Viertels des 20. Jahrhunderts […] falsch beantwortet und verspielt haben».[46] Ende der achtziger Jahre bewegte sich Kohl zunehmend von Stoltenberg zu Genscher, und er wurde mehr und mehr, vor allem nach der deutschen Wiedervereinigung, zum deutschen Motor der europäischen Integration.

Das unterschied ihn von Margaret Thatcher, die sich von der Proeuropäerin des Jahres 1975 mehr und mehr zur Euroskeptikerin gewandelt hatte. Ihre Regierung war die einzige innerhalb des Europa der Zwölf, die nicht davon überzeugt war, dass «mehr Europa» notwendig und wünschenswert sei.[47] In ihrer Rede vor dem Europäischen Kolleg in Brügge im September 1988 formulierte sie den Gegenentwurf zu Kohls «Solidargemeinschaft» der

 «Vereinigten Staaten von Europa», nämlich den Entwurf eines Europas der souveränen Staaten, des freien Unternehmertums, des Wettbewerbs und der offenen Märkte – und ihre Kritik an Brüsseler Zentralismus und Bürokratie: «The European Community is *one* manifestation of that European identity, but it is not the only one. […] The Community is not an end in itself. Nor is it an institutional device to be constantly modified according to the dictates of some intellectual concept. Nor must it be ossified by endless regulation.»[48] Thatchers Orientierung an demokratisch legitimierten souveränen Staaten, Binnenmarkt und Freihandel sowie ihr Widerstreben gegen automatische weitere Vergemeinschaftungen nahm in manchem die Kritik des Bundesverfassungsgerichts im Lissabon-Urteil vom Juni 2009 vorweg, die europäische Integration dürfe nicht so verwirklicht werden, «dass in den Mitgliedstaaten kein ausreichender Raum zur Gestaltung der wirtschaftlichen, kulturellen und sozialen Lebensverhältnisse mehr bleibt».[49] Thatcher unterschätzte allerdings die Dynamik des europäischen Integrationsschubs, so dass sie das Vereinigte Königreich in eine europäische Isolation manövrierte, vor allem gegenüber der deutsch-französischen Achse.

In Italien standen dem strategischen Ziel, Teil der Währungsunion zu werden, dauerhafte Zweifel gegenüber, ob es die Qualifikationskriterien dafür erfülle. Die führenden Kräfte der Banca d'Italia und des Schatzministeriums sowie Ökonomen wie Mario Draghi sahen in der Währungsunion die Chance eines *vincolo esterno*, eines äußerer Zwangs, um Währungsstabilität, eine größere Unabhängigkeit der Zentralbank und Finanzmarktliberalisierungen durchzusetzen. Demgegenüber plädierten Regierungspolitiker und -beamte gegen strenge Konvergenzkriterien und für eine niedrige Eintrittsschwelle. Alles in allem besaß Italien in den europäischen Debatten keine starke Verhandlungsposition.[50]

Unterdessen hatte sich Ende der achtziger Jahre ein allgemeiner Konsens über stabiles Geld und solide Finanzen durchgesetzt – die europäische Variante des *Washington Consensus*, der sich in den achtziger Jahren in der politischen Ökonomie der westlichen Welt etabliert hatte. Niedrige Inflation, Wettbewerb und Angebotsorientierung galten als Leitgrößen, die den Rahmen der Verhandlungen über die Währungsunion absteckten, ebenso das bundesdeutsche Modell von Stabilität, Leistungskraft und Massenwohlstand.[51] Das heißt freilich nicht, dass Konsens über den Weg zu einer Währungsunion geherrscht hätte. Vielmehr standen sich zwei Positionen gegenüber, jeweils begleitet von suggestiven Sprachbildern und unklaren Begriffen.[52] Die sogenannten «Monetaristen» waren – anders als aus der politischen Ökonomie zu vermuten – nicht die Vertreter der Geldwertstabilität, sondern wollten im Gegenteil erst eine gemeinsame Währung schaffen, der dann die ökonomische Konvergenz folgen sollte. Mit den Institutionen zu beginnen, wie diese «Lokomotiv»- oder auch «Schöpfungstheorie» vorschlug, war vor allem die französische Position, die von Belgien, Italien und der Kommission unterstützt wurde. Demgegenüber wollten die «Ökonomisten», die Verfechter der Geldwertstabilität, erst die Konvergenz der europäischen Volkswirtschaften herstellen und damit die stabilitätspolitischen Grundlagen für eine gemeinsame Währung sichern, die als «Krönung» am Ende des Prozesses stehen sollte. Dies war die Position vor allem der deutschen Ordnungspolitiker. Die deutsch-französische Differenz zwischen Schöpfungs- und Krönungstheorie war eine allgemeine zwischen den Währungskulturen in Europa. Sie tat sich aber auch in Bonn auf und kristallisierte sich an der Konfliktlinie zwischen Genscher und Stoltenberg, zwischen Integrationspolitikern und Ordnungspolitikern.

In dieser Konstellation wurde die europäische Währungsunion zwischen Juni 1988 und Februar 1992 in einem Schauspiel in vier Akten auf die Bühne gebracht. Mit dieser Weichenstellung gingen die Wege in Westeuropa auseinander; während sich die deutsch-französische Allianz verstärkte, bewegte sich Großbritannien an den europäischen Rand. Dabei hatte Margaret Thatcher einen klaren Sinn für die Probleme einer weiteren europäischen Integration, aber sie hatte keine Idee für eine europäische Ordnung nach dem Ende des Ost-West-Konflikts. Jacques Delors, Helmut Kohl und François Mitterrand hatten diese Idee, aber sie hatten keinen Sinn für die Probleme, die daraus folgten.

Schauspiel in vier Akten

Ende Juni 1988 setzte der Europäische Rat in Hannover ein Komitee ein, um die «Prinzipien für die Entwicklung eines europäischen Währungsraums und ein Statut für die Errichtung einer Europäischen Zentralbank» zu entwerfen. Diese vermeintlich bürokratische Maßnahme sollte sich als ein weichenstellendes Stück Machtpolitik herausstellen, das insbesondere auf die deutsche Ratspräsidentschaft und Helmut Kohl zurückging. Als Mitglieder des Komitees wurden alle Notenbankpräsidenten nominiert. Die Leitung fiel aber nicht, wie im Vorfeld ventiliert, an den deutschen Bundesbankpräsidenten Karl-Otto Pöhl, sondern, wie im Vorfeld arrangiert, an den europäischen Kommissionspräsidenten Delors. Pöhl war empört, diese Leitung garantiere die Dominanz der Kommission und der «lateinischen» Ansichten auf Kosten der deutschen Stabilitätskultur. Er wollte zunächst gar nicht an diesem Komitee teilnehmen, ließ sich aber vom niederländischen Notenbankpräsidenten Wim Duisenberg doch dazu überreden, um die deutschen Positionen einzubringen. Damit stand der Zug auf dem Gleis – und wie sich zeigte, war es nicht das tote Gleis, auf das viele Kommissionen geschickt werden. Vielmehr waren alle Kritiker an Bord, als die Reise begann. Und eine Vorentscheidung über deren Ziel war bereits mit der Formulierung des Auftrags an die Kommission getroffen worden: Sie sollte nämlich nicht herausfinden, ob eine Währungsunion wünschenswert, sondern wie sie zu realisieren sei.[53]

In Hannover offenbarten sich zwei Mechanismen, die von entscheidender Bedeutung für die Währungsunion sein sollten: erstens die Entmachtung der Bundesbank und der Primat der Politik, zweitens die Pfadabhängigkeit europapolitischer Entscheidungen – wenn Mitgliedstaaten und Kommission sich einmal auf ein Vorgehen geeinigt haben, gibt es kein einfaches Zurück.

Das Delors-Komitee legte im April 1989 seinen Bericht mit dem Vorschlag vor, eine Wirtschafts- und Währungsunion in drei Stufen zu schaffen.[54] In einer ersten Phase sollten die noch bestehenden Beschränkungen des Kapitalverkehrs zwischen Mitgliedstaaten aufgehoben und eine engere Koordinierung der Wirtschafts- und Währungspolitiken herbeigeführt werden. In einer zweiten Stufe sollten die grundlegenden Organe und Strukturen eingerichtet werden, vor allem ein System der europäischen Zentralbanken. In einer dritten Stufe schließlich sollten unwiderruflich fixe Wechselkurse festgelegt, die monetären und wirtschaftlichen Kompetenzen auf die Gemeinschaftsorgane übertragen und eine einheitliche Gemeinschaftswährung eingeführt werden.

Wirtschaftliche Konvergenz sollte die Voraussetzung sein. Daher setzte das Delors-Komitee auf Wettbewerbspolitik – und zugleich auf Gemeinschaftspolitik zur Strukturanpassung und Regionalentwicklung, womit es einmal mehr dem europäischen Muster von Marktorientierung *und* Interventionspolitik folgte. Die eigentliche Sensation des Delors-Berichts aber war der Vorschlag einer unabhängigen, primär auf Geldwertstabilität verpflichteten Zentralbank nach dem Vorbild der Bundesbank – mit einer Zustimmung der anderen Staaten dazu hatte Pöhl jedenfalls nicht gerechnet. Ansonsten ließ der Delors-Bericht viele Fragen offen, etwa über die Art und die Umsetzung des Konvergenzprozesses oder die Ausgestaltung und die Sicherung der Haushaltskoordinierung. Kohl monierte gegenüber dem französischen Premierminister Rocard, «dass der Bericht alles Unangenehme nicht enthalte».[55]

Dies entsprach dem deutschen Muster, stabilitätspolitische Bedenken zu äußern und gegenteiligen oder Kompromissregelungen zuzustimmen.

Zweiter Akt: Auf dem Europäischen Rat in Madrid genau ein Jahr nach dem Rat von Hannover wurde der Delors-Bericht grundsätzlich angenommen. Damit war der politische Wille zur Wirtschafts- und Währungsunion manifest. Die erste Stufe wurde zum 1. Juli 1990 beschlossen, die zweite und dritte setzten eine Regierungskonferenz voraus. Der Beschluss über die Einsetzung dieser Regierungskonferenz war nach Madrid die zentrale Frage, und sie wurde im Herbst 1989 zum großen deutsch-französischen Konfliktthema.

Das Bonner Kanzleramt bilanzierte die unterschiedlichen Positionen folgendermaßen:[56] «Für Mitterrand geht es in den nächsten Jahren in erster Linie und vor allem um die Wirtschafts- und Währungsunion – sie ist für die verbleibenden Jahre seiner Amtszeit das Ziel schlechthin. Die anderen Fragenkomplexe haben für ihn e[ine] Nebenrolle.» Für Kohl hingegen standen Währungsunion und politische Union auf einer Stufe, und wichtig war die Stabilitätssicherung. Die Auseinandersetzung konzentrierte sich auf Verfahrensfragen, die in Wahrheit weit mehr waren. Die Bundesregierung wollte erst Sachprobleme identifizieren und dann Verhandlungen führen, den Prozess also einstweilen offen halten und die Entscheidung über die Einberufung einer Regierungskonferenz erst Ende 1990 treffen. Mitterrand hingegen bestand auf einem verbindlichen Beschluss zur Einsetzung der Regierungskonferenz auf dem Straßburger Gipfel des Europäischen Rats im Dezember 1989.

Mitterrand ging davon aus, Kohl habe dies zugesagt, und war der Meinung, Frankreich habe mit der Zustimmung zu einer unabhängigen, stabilitätsverpflichteten Zentralbank sowie zur Konvergenz der Ökonomien die zentralen deutschen Bedingungen erfüllt.[57] Ende Oktober stieg seine Besorgnis, Kohl ziehe die Unterstützung zurück. Das war für Paris ein Problem an sich – und es war erst recht ein Problem, als nach dem Fall der Berliner Mauer auch noch die deutsche Frage ins Spiel kam.

So folgte der dritte Akt, ein deutsch-französischer Showdown an zwölf Tagen im November und Dezember 1989. Am Montag, dem 27. November schrieb Kohl einen Brief an Mitterrand, in dem er zunächst stabilitätspolitische Bedenken äußerte. «Besondere Sorge» mache ihm die «Tatsache, dass trotz der erheblichen Konvergenzschritte zwischen unseren beiden Ländern nach wie vor innerhalb der Gemeinschaft große Differenzen in der Stabilitätsentwicklung bestehen, die sich evtl. sogar noch vergrößern können. Dies hat seine Ursache in den nach wie vor hohen Haushaltsdefiziten einiger Mitgliedsstaaten.» Diesem Praeludium folgte die Fanfare in Form eines Zeitplans: In Straßburg sollten die Vorbereitungen für eine Regierungskonferenz in Auftrag gegeben werden, über deren Einsetzung dann ein Jahr später zu entscheiden sei.[59] Diesem ersten Schlag ins Pariser Kontor folgte ein zweiter am Morgen darauf, als Helmut Kohl am 28. November ohne vorherige Konsultation mit den anderen Regierungen sein Zehn-Punkte-Programm «zur Überwindung der Teilung Deutschlands und Europas» im Deutschen Bundestag vorstellte.[60] In Paris herrschte Alarmstufe Rot über die *incertitudes allemandes.* Kohls Initiative wurde als deutsches Vorpreschen auf dem Weg zu einem anderen Europa verstanden, das die Sorge mehrte, ein vereintes großes Deutschland könne sich aus der europäischen Integration zurückziehen. Die Währungsunion war in Sichtweite und nun wieder in Gefahr.

Das bekam der bundesdeutsche Außenminister zwei Tage später in Paris zu spüren. Das für gewöhnlich geglättete Protokoll spricht von «insistierenden Wiederholungen» Mitterrands: «Wenn die West-Integration stehen bleibe, gehe sie zurück. Wenn sie zurückgehe, würden die Verhältnisse in Europa grundlegende Änderungen erfahren und neue privilegierte Bündnisse entstehen. Es sei sogar nicht ausgeschlossen, dass man in die Vorstellungswelt von 1913 zurückfalle.» Und weiter: «Wenn Deutschland sich, um die DDR vergrößert, im europäischen Gesamtverband bewegt, wird [es] in der Europäischen Gemeinschaft Freunde haben, sonst nur Partner mit eigenen Reflexen. Die einzelnen Länder, auch Frankreich, werden sich dann wieder unmittelbar an die Sowjetunion wenden.» Unverhohlen drohte Mitterrand mit der alten Dreierfront der Weltkriege, und er machte, acht Tag vor Straßburg, klar, eine Wiedervereinigung akzeptiere er nur gegen weitere Westintegration – gegen den Beschluss zur Einsetzung der Regierungskonferenz.[61]

Kohls Berater Bitterlich empfahl dem Kanzler noch am 3. Dezember, an der deutschen Linie festzuhalten. Am 5. Dezember jedoch schrieb Kohl an Mitterrand, der Straßburger Gipfel solle beschließen, dass die Regierungskonferenz in einem Jahr eröffnet werde.[62] Das war die entscheidende Wende. Am 8. Dezember beschloss der Europäische Rat die Einsetzung der Regierungskonferenz, die ihre Arbeit ein Jahr später aufnehmen sollte – die entscheidende Station auf dem Weg zur Währungsunion. Zugleich wurde die politische Union zurückgestellt, während der Europäische Rat sich für das Selbstbestimmungsrecht der Deutschen aussprach und damit grünes Licht für eine deutsche Wiedervereinigung gab.[63]

Einen Nachklang fand dieser Showdown wenige Tage später in einem Gespräch Kohls mit dem amerikanischen Außenminister Baker: «Er frage sich», so Kohl, «was er denn noch mehr tun könne, als beispielsweise die Schaffung einer Wirtschafts- und Währungsunion mitzutragen. Diesen Entschluss habe er gegen deutsche Interessen getroffen. [...] Aber der Schritt sei politisch wichtig, denn Deutschland brauche Freunde.»[64] Die Formulierung «gegen deutsche Interessen» ist dabei auslegungsfähig und mochte *ad personam* gesprochen sein, um nach dem allgemeinen internationalen Aufruhr über die Zehn Punkte die deutsche Bereitschaft zur internationalen Einbindung zu bekunden. Jedenfalls aber macht sie deutlich, dass die Europäische Währungsunion allseits als Konzession Deutschlands angesehen wurde.[65]

War der Euro der Preis für die Einheit?

War die Zustimmung zur europäischen Währungsunion also der deutsche Preis für die französische Zustimmung zur deutschen Einheit? Präziser gestellt lautet die Frage: Hätte Bonn der Währungsunion, der Einsetzung der Regierungskonferenz auch ohne bevorstehende Wiedervereinigung zugestimmt? Die französische Befürchtung im Herbst 1989 lautete: nein. In der Tat war die Europäische Währungsunion auch nach dem Gipfel von Madrid noch nicht unter Dach und Fach. Kohl wollte in Straßburg noch keinen Beschluss über die Einsetzung der Regierungskonferenz treffen und die Frage mithin offen lassen. Möglicherweise hätte man sich bei einem Verfahren nach deutschen Vorstellungen nicht einigen können – neben dem Muster der Pfadabhängigkeit kennt die Geschichte der europäischen Integration auch die Erfahrung gescheiterter Pläne. Andererseits war die Entwicklung mit dem Delors-Bericht schon erheblich vorangeschritten, und das wesentlich auf deutsche Initiative hin. Kohl hatte den Einfluss der Ordnungspolitiker und somit der potentiellen Widerstandskräfte in Bonn bereits 1988 zurückgedrängt. Dass die Bundesregierung die gesamte Währungsunion hätte scheitern lassen, dass es also ohne Mauerfall keine Regierungskonferenz und ohne Wiedervereinigung keine Währungsunion gegeben hätte, war zwar nicht unmöglich, nach diesem Vorlauf aber nicht sehr wahrscheinlich.

Die deutsche Konzession für die französische Zustimmung zur Wiedervereinigung war also nicht die Zustimmung zur Währungsunion an sich, sondern die Zustimmung zur Einberufung der Regierungskonferenz und somit zu einem stärker schöpfungstheoretischen Verfahren, das die stabilitätspolitischen Sicherungen zurückstellte. Einschränkend ist festzuhalten, dass die unabhängige, auf Geldwertstabilität verpflichtete Zentralbank in Europa als Triumph der deutschen Stabilitätspolitik und als Konzession an die Bundesrepublik angesehen wurde. Eine zweite deutsche Konzession, insbesondere Kohls, lag darin, die politische Union hinter die Währungsunion zurückzustellen, wobei nie wirklich klar war, was mit der politischen Union genau gemeint war. Zwar wurde 1990 beschlossen, eine zweite Regierungskonferenz für eine politische Union einzusetzen. Diese blieb aber von vornherein in ihrer Bedeutung nachgeordnet.

Die Regierungskonferenz war vor allem eine deutsch-französische Angelegenheit.[66] Dabei wähnte sich die französische Seite in einem Bergaufgefecht gegenüber der Bundesrepublik, deren Position als einheitlicher wahrgenommen wurde, als sie in Wirklichkeit war. Denn während der deutsche Verhandlungsführer Horst Köhler, Staatssekretär im Bundesfinanzministerium, einen hart stabilitätspolitischen Kurs mit hoch angesetzten Konvergenzkriterien verfolgte, lag Kohls vorrangiges Interesse darin, die Verhandlungen zum Erfolg zu führen. Überzeugt von der Mission der europäischen Einbindung des vereinten Deutschlands, war Kohl zu mancherlei Kompromissen bereit. Als Ende 1991 die Frage zur Debatte stand, ob die Gemeinschaftswährung zu einem festen Stichtag eingeführt werden solle oder ob ihr Start vom Fortgang des Konvergenzprozesses abhängig sein solle, entschied Kohl offenbar ohne Rücksprache mit der Bundesbank und dem Finanzministerium zugunsten des fixen Einführungsdatums spätestens am 1. Januar 1999.[67] Für Kohl hatte die unumkehrbare Einführung des Euro Vorrang vor der Garantie seiner Stabilität. Zugleich setzte die deutsche Delegation die Konvergenzkriterien für den Beitritt zur Währungsunion durch. In beidem zeigt sich ein bekanntes Charakteristikum der deutschen Europapolitik: das Changieren zwischen stabilitätspolitischen Prinzipien und integrationspolitischen Kompromissen.

Die Währungsunion von Maastricht

So folgte der vierte Akt, der Kompromiss von Maastricht im Dezember 1991 und die Unterzeichnung des Vertrages im Februar 1992. In seinem Zentrum stand die Europäische Währungsunion, die auf drei Prinzipien gründete. Erstens wurde eine gemeinsame Währung ohne eine politische Union geschaffen. Geldpolitisch beruhte sie auf der supranationalen Institution einer unabhängigen Zentralbank mit dem Ziel der Geldwertstabilität. Fiskalpolitisch lag ihr ein System von Regeln für eine stabilitätsorientierte Finanzpolitik in einzelstaatlicher Selbstverantwortung zugrunde, in der auch die Wirtschafts- und Sozialpolitik verblieb. Als Bedingung für den Beitritt wurde zweitens die Erfüllung bestimmter Konvergenzkriterien festgelegt (Obergrenzen der öffentlichen Verschuldung, Stabilität des Preisniveaus und des Wechselkurses und Zinssätze langfristiger Staatsanleihen innerhalb eines bestimmten Rahmens). Zudem wurden übermäßige Haushaltsdefizite ebenso verboten wie die Finanzierung der Staatsschulden durch die Zentralbanken, und die Haftung für die Schulden anderer Teilnehmerstaaten wurde ausgeschlossen (*no bail out*). Das bedeutet drittens, die Währungsunion war explizit nicht als Transferunion angelegt, und auch der europäische Kohäsionsfonds zur Unterstützung wirtschaftlich schwächerer Staaten blieb weit hinter verschiedenen Wünschen und hinter den Volumina zurück, die innerhalb der Einzelstaaten umverteilt werden. Die implizite Logik lautete: Wenn die Möglichkeit der Anpassung von Wechselkursen entfällt, verbleibt nur eine Möglichkeit, um volkswirtschaftliche Ungleichgewichte innerhalb der Währungsunion auszugleichen, nämlich innere Strukturreformen zur Herstellung von Wettbewerbsfähigkeit.[68] Dies allerdings war wie vieles anderes nicht klar formuliert und eindeutig geregelt, vielmehr blieb die Auslegung und Ausgestaltung offen. Uneindeutige, auslegungsfähige Formulierungen machten die europäischen Kompromisse überhaupt erst möglich. Zugleich legten sie den Grund für spätere Missverständnisse und Konflikte.

Der allgemeinen Einschätzung zufolge war die Währungsunion mit ihrer unabhängigen, stabilitätsorientierten Zentralbank und den Beitrittskriterien zu deutschen Bedingungen vereinbart worden. Zugleich hatte die Bundesrepublik das monetaristische Verfahren einer zügigen und verbindlichen Einführung der Währungsunion akzeptiert und damit stabilitätspolitische Prinzipien zurückgestellt. Aufs Ganze gesehen, wurde die Währungsunion als deutsche Konzession aufgefasst.[69] Kohl war bereit gewesen, auch weitere staatliche Souveränitätsrechte auf einen europäischen Bundesstaat zu übertragen. Die europäische Integration als Überwindung der Nationalstaaten anzusehen, blieb jedoch ein deutscher Sonderweg, der kaum Gefolgschaft in Europa fand.[70] So blieben auch Maastricht und der große europäische Integrationsschub der achtziger Jahre ein Prozess ohne klare politische Finalität.

Europa II

«Vieles von dem, was in den Amtsstuben in ganz Europa – ich schließe dabei Deutschland nicht aus – heute noch gedacht wird – ich denke an die Widerstände und Überlegungen, dass etwas, was noch nie dagewesen war, deswegen auch nicht kommen könne –, wird durch die Entwicklung hinweggefegt werden. Es ist ein dynamischer Prozess eingeleitet worden, den wir in dieser Form in der modernen Geschichte noch nie hatten.»[71]

Helmut Kohls Prophezeiung nach dem Abschluss von Maastricht galt in erster Linie für die Europäische Währungsunion, die freilich manches anders hinwegfegte als gedacht. Zugleich traf der Vertrag auch Bestimmungen für eine politische Union, der allerdings das *grand design* vorenthalten blieb. Neben der supranationalen Währungsunion wurden die Gemeinsame Außen- und Sicherheitspolitik sowie die Innen- und Justizpolitik als intergouvernementale Kooperation angelegt. Diese drei «Säulen» trugen die «Tempelkonstruktion» von Maastricht mit der Europäischen Union und dem Europäischen Rat als gemeinsamem Dach, wie die plastische Formulierung für ein schwer durchschaubares Vertragsgebilde lautete.

Die Bedeutung von Maastricht lag in einem Konstitutionalisierungsschub der europäischen Integration. Die vergemeinschafteten Politikbereiche wurden erweitert, vor allem um die Währung. Durch die Ausweitung der Mehrheitsentscheidungen im Rat der Europäischen Union (statt des Einstimmigkeitsprinzips) und der Mitwirkungsrechte des Europäischen Parlaments wurden Entscheidungskompetenzen auf die europäische Ebene verlagert und von einzelstaatlichen Einflüssen bzw. dem Veto einzelner Regierungen abgelöst. Eine Revisionsklausel zeigte an, dass die Integration weitergehen würde – die Vertiefung der EU wurde zur Grundlage für ihre Erweiterung. Mit Maastricht etablierte sich die Europäische Union – und nicht die KSZE oder eine andere Organisation – als die zentrale Institution in Europa nach 1989.

Im Windschatten der osteuropäischen Revolutionen und der deutschen Wiedervereinigung, des Irak-Krieges von 1991 und des Endes der Sowjetunion nach dem Putsch gegen Gorbatschow fand diese «säkulare Veränderung unseres Kontinents»[72] zunächst freilich wenig öffentliche Aufmerksamkeit. Umso größer war die Überraschung, als ein Referendum in Dänemark scheiterte und der Vertrag von Maastricht erst nach einem zweiten Durchgang angenommen wurde. Es waren wohl vor allem innenpolitische Gründe, die Mitterrand bewogen, den Vertrag von Maastricht einer Volksabstimmung auch in Frankreich zu unterziehen, um das europapolitisch gespaltene bürgerliche Lager zu schwächen.[73] Damit befeuerte er allerdings eine scharfe Kampagne gegen den Verlust französischer Selbstbestimmung, und das äußerst knappe Abstimmungsergebnis von 51 Prozent Ja-Stimmen erschütterte das Vertrauen weiter. Auch im britischen Unterhaus wurde Maastricht nur knapp ratifiziert. In Deutschland kam die

Kritik von ökonomischen Experten; sie trugen Fragen der Währungsunion in der Folge wiederholt vor das Bundesverfassungsgericht, das zunehmend zu einem Schlüsselspieler der deutschen Europapolitik wurde.

Klagen wegen der Nichtvereinbarkeit des EU-Vertrags von Maastricht mit dem deutschen Grundgesetz führten zu einem staatsrechtlich wegweisenden Urteil des Bundesverfassungsgerichts vom 12. Oktober 1993.[74] Der EU-Vertrag begründe einen «Staatenverbund» – mit diesem Neologismus bezeichnete das Verfassungsgericht das Europa II zwischen Staatenbund und Bundesstaat. Dieser «Staatenverbund» stelle keinen «sich auf ein europäisches Staatsvolk stützenden Staat» dar, vielmehr gehe die Herrschaftslegitimation im demokratischen Staat der Bundesrepublik nach wie vor vom deutschen Staatsvolk aus. Für die Kompetenzen der EU gelte – auch dies eine einschlägige Formulierung – das Prinzip der «begrenzten Einzelermächtigung», und die Europäische Union besitze keine Kompetenz-Kompetenz, kein Entscheidungsrecht über die eigenen Kompetenzen. Stattdessen müssten dem Deutschen Bundestag «Aufgaben und Befugnisse von substantiellem Gewicht verbleiben». Das Bundesverfassungsgericht ließ den EU-Vertrag von Maastricht mit unüberhörbar skeptischen Untertönen über die Dynamik einer Kompetenzausweitung der Europäischen Union passieren. Zugleich formulierte es eine implizite verfassungsrechtliche Begrenzung für einen fortwährenden Integrationsprozess – und legte den argumentativen Grund für das Urteil des Verfassungsgerichts über den Vertrag von Lissabon im Juni 2009.

Vor diesem Hintergrund rückte die deutsche Europapolitik nach Maastricht von der Idee der «Vereinigten Staaten von Europa» ab.[75] Das änderte freilich nichts an der Bereitschaft der Bundesregierung zur europäischen Einbindung Deutschlands, die sich nach der Wiedervereinigung noch einmal deutlich verstärkt hatte. Die politische Einigung Europas «bis hin zu allen nur denkbaren Vorstellungen» wurde für Kohl und in seinem Gefolge die CDU und die Bundesregierung zum politischen Vermächtnis.[76] Eine verselbständigte Idee der europäischen Integration, die Bereitschaft, auf die Bedürfnisse der kleineren Staaten Rücksicht zu nehmen, Führung durch Verzicht auf explizite Vormachtansprüche und die konsequente Durchsetzung deutscher Interessen in einem engeren Sinne sowie die ordnungspolitische Nonchalance, der europäischen Integration im Zweifelsfall den Vorrang vor ökonomischer Räson zu geben – mit dieser Methode wurde Kohl zum überragenden deutschen Europapolitiker der neunziger Jahre und schließlich zum «Euro-Fighter».[77]

Die Einführung des Euro

Ein Jahr nach Maastricht sah es für die Europäische Währungsunion nicht gut aus. Der kurzfristige Vereinigungsboom in Deutschland hatte die Zinsen der Bundesbank abermals in die Höhe getrieben, während das Volumen des umlaufenden Kapitals nach der Liberalisierung des Kapitalverkehrs mit der ersten Stufe der Europäischen Währungsunion zum 1. Juli 1990 erheblich zunahm. In schweren währungspolitischen Turbulenzen mussten Großbritannien und Italien im September 1992 das EWS verlassen, während die Bundesbank auf Drängen der Bundesregierung unbegrenzt zugunsten des Franc intervenierte.[78] 1993 wurden die Bandbreiten innerhalb des EWS von 2,25 auf 15 Prozent angehoben; eine günstige Prognose für die Währungsunion bedeutete das nicht.

Als Bundesfinanzminister Waigel im Herbst 1995 einen Vorschlag für einen Stabilitätspakt vorlegte, um die Konvergenzkriterien für den Beitritt auch über den Start der Währungsunion hinaus zu verstetigen, wurde dies als deutscher Versuch verstanden, die Währungsunion zu torpedieren.[79] Dennoch wurde 1996 der Stabilitätspakt geschlossen, der 1997 in den Vertrag von Amsterdam einging. Demzufolge verpflichteten sich die Teilnehmer der Währungsunion dauerhaft, ein Haushaltsdefizit von 3 Prozent und eine öffentliche Gesamtverschuldung von 60 Prozent des BIP nicht zu überschreiten. Die Europäische Währungsunion von Maastricht beruhte somit auf zwei institutionellen Pfeilern. Zum einen hatte die weisungsunabhängige Europäische Zentralbank den Auftrag, Preisstabilität zu gewährleisten, während ihr die monetäre Staatsfinanzierung untersagt wurde. Zum anderen wurde ein Regelsystem nationaler Verschuldungsgrenzen geschaffen, das den Prinzipien der Selbstverantwortung, der Wettbewerbsfähigkeit und der konsolidierten Staatsfinanzen verpflichtet war.

Gleich zu Beginn trat freilich eine der typisch europäischen Ambivalenzen auf, als mit dem Stabilitätspakt weniger weit reichende Sanktionsmechanismen beschlossen wurden als von deutscher Seite vorgesehen. Der Europäische Rat erklärte, dass neben der Preisstabilität auch «Wachstum» – in der europäischen Politik ein anderes Wort für staatliche Ausgabenpolitik – ein explizites Ziel der Geldpolitik der Währungsunion sei. Die Bezeichnung als «Stabilitäts- und Wachstumspakt» diente, nach bekanntem Muster, der Überbrückung und zugleich der Verschleierung von Differenzen.

1998 wurde es mit dem Start der Währungsunion ernst. Eine unerwartet günstige Konjunkturentwicklung in Europa seit 1997 sowie diverse statistische Manipulationen an den Zugangskriterien hatten die Ausgangslage unterdessen verbessert.[80] Das Europäische Währungsinstitut, das zur Herbeiführung der Währungsunion geschaffen worden war, legte am 25. März 1998 seinen nach Artikel 109j des EG-Vertrags von Maastricht vorgesehenen Konvergenzbericht vor. Er stellte deutliche Verbesserungen der Konvergenz seit Ende 1996 fest und übte zugleich Kritik an verschiedenen einmaligen Maßnahmen und Ergebnissen. Insgesamt aber wurde ein hoher Grad an Ungewissheit sprachlich positiv gewendet.[81] Die Europäische Kommission empfahl am selben Tag die Teilnahme von elf Mitgliedstaaten an der Währungsunion: Belgien, die Niederlande, Luxemburg, Frankreich, Italien, Deutschland, Irland, Spanien, Portugal, Österreich und Finnland. Griechenland wurde wegen übermäßigen Defizits nicht vorgesehen; einem Beitritt Schwedens stand die Unvereinbarkeit der Bestimmungen über die nationale Zentralbank mit Vorgaben des EG-Vertrags entgegen, während das Vereinigte Königreich und Dänemark von der in Maastricht vereinbarten Option Gebrauch machten, nicht an der Währungsunion teilzunehmen.[82]

Tags darauf legte der Zentralbankrat der Bundesbank auf Bitten bzw. Drängen der Bunderegierung eine Stellungnahme vor.[83] Deutlicher als das Europäische Währungsinstitut monierte die Bundesbank, «dass die Mehrzahl der Mitgliedstaaten mittelfristig noch nicht das Ziel des Stabilitäts- und Wachstumspaktes erreichen wird.» Der Zentralbankrat äußerte «erhebliche Zweifel an der dauerhaften Tragbarkeit der Finanzlage der öffentlichen Hand» in Belgien, Italien und Griechenland, und er betonte das «Risiko für die künftige Stabilitätspolitik». Die entscheidenden Sätze aber lauteten: «Vor dem Hintergrund der erreichten Konvergenzfortschritte in vielen Mitgliedstaaten und nach Abwägung der noch bestehenden Probleme und Risiken erscheint der Eintritt in die Währungsunion ab 1999 stabilitätspolitisch vertretbar. [...] Die Auswahl der Teilnehmer bleibt letztlich [...] eine politische Entscheidung.»

Diese traf die Bundesregierung abermals einen Tag später, indem sie der Empfehlung der Kommission folgte.[84] Dass der Wille zur europäischen Integration den Vorrang vor Erwägungen zu den ökonomischen Risiken besaß, zeigte sich vor allem im Fall Italiens.[85] 1995 lag das Haushaltsdefizit dort bei 7,7 Prozent, der Gesamtschuldenstand 1997 bei 117,4 Prozent des BIP. Während das Bundesfinanzministerium und die Bundesbank dafür plädierten, die Währungsunion ohne Italien zu beginnen, drohte die französische Regierung, ohne Italien nicht an der Währungsunion teilzunehmen. Mit Hilfe von Einmalmaßnahmen wie der Erhebung einer rückzahlbaren Europasteuer, der Verschiebung von Infrastrukturprojekten und dank einer großzügigen Auslegung von Ausnahmeregelungen für die Rückführung des Schuldenstandes durch das Europäische Währungsinstitut erreichte Italien 1998 die Empfehlung für die Teilnahme an der Währungsunion. Italien habe, so lautete das politische Argument, die Konsolidierung der Staatsfinanzen eingeleitet und werde sie fortsetzen.

Trotz des eindeutigen Vorrangs der Politik sprachen aus Sicht der Bundesregierung auch ökonomische Gründe für den Euro. Durch die Weiterentwicklung des Binnenmarktes, durch neue Anlage- und Finanzierungsmöglichkeiten, die Beseitigung der Wechselkursunsicherheiten und den Wegfall von Transaktionskosten werde die Währungsunion Wachstum und Beschäftigung anregen, und die Eurozone werde als Gegengewicht gegen Dollar und Yen eine größere Unabhängigkeit von externen Krisen gewinnen.[86]

Demgegenüber äußerten insbesondere ökonomische Experten, angefangen mit Bundesbankpräsident Tietmeyer 1992, von Beginn an Kritik an der Währungsunion. Am 9. Februar 1998 erklärten 155 Wirtschaftswissenschaftler: «Der Euro kommt zu früh», da die Konvergenz nicht nachhaltig und die Haushaltsdisziplin der Teilnehmerstaaten durch den Stabilitätspakt nicht gesichert sei – und wenn man den Aufruf liest, kam der Euro ihrer Meinung nach nicht nur zu früh. Die Gegner des Euro trugen drei Argumente vor. Erstens sei die Eurozone trotz aller Konvergenzfortschritte weit entfernt von einem «optimalen Währungsraum».[87] Zweitens seien die Stabilitätsverpflichtungen nicht hinreichend abgesichert, woraus die Gefahr inflationärer Entwicklungen erwachse. Und drittens verschiebe der Wegfall der Wechselkurse als Ausgleichsmechanismus für volkswirtschaftliche Ungleichgewichte deren Anpassung vom Markt in die Politik; zudem fehle es im Falle asymmetrischer Schocks an Ausgleichsmechanismen innerhalb der Währungsunion. Dabei zielte die Kritik in zwei unterschiedliche Richtungen; während die einen vor diesem Hintergrund die ausgebliebene Vergemeinschaftung der Finanz- und Wirtschaftspolitik bemängelten, befürchteten die anderen eine Vergemeinschaftung auch der Finanz- und Wirtschaftspolitik durch die Hintertür.[88]

Ein hellsichtiges Szenario hatte bereits der Delors-Bericht entworfen,[89] indem er darauf hinwies, «dass von der Marktmeinung nicht immer kräftige und zwingende Signale ausgehen und dass der Zugang zu einem großen Kapitalmarkt eine Zeitlang sogar die Finanzierung wirtschaftlicher Ungleichgewichte erleichtern kann. Statt zu einer schrittweisen Anpassung der Finanzierungskosten zu führen, neigt die Markteinschätzung der Kreditwürdigkeit von offiziellen Kreditnehmern eher dazu, sich abrupt zu ändern, mit dem Ergebnis, dass der Zugang zur Finanzierung über den Markt gesperrt wird.» Und die Bundesbank hatte im März 1998 das Problem einer mangelnden Einhaltung der Regeln benannt: «Für die Glaubwürdigkeit kommt es maßgeblich darauf an, dass alle Verantwortlichen bei ihren Entscheidungen im Einklang mit den vielfach erklärten Prinzipien handeln. Nur so wird sich in Europa die erforderliche Stabilitätskultur weiter entwickeln können.»[90]

Die Gefahren waren also bekannt, als sich die Europäer auf ein «historisch einzigartiges Projekt» einließen, für dessen Funktionieren es, außer vagen Vorläufern wie der Lateinischen Münzunion des späten 19. Jahrhunderts, keine Erfahrungswerte gab. Doch der unbedingte Wille zur Integration überwog alle Bedenken. Denn er gründete letztlich nicht auf rationalem Kalkül, sondern in grundlegenden Überzeugungen, europäischen Erzählungen und Bildern.

3. Making of

Erzählungen und Bilder

Offensichtlich benötigt jeder Zusammenschluss größerer Einheiten ein notwendiges Minimum an Gemeinsamkeiten. Aber welche sind es? Die «grundlegende[n] Werte» nach Artikel 2 des Vertrags über die Europäische Union entfalten im Dschungel des europäischen Vertragsgeflechts wenig Appellationskraft. Die klassischen Werte der Gemeinschaftsbildung wie eine gemeinsame Sprache oder Abstammung fallen hingegen aus; das Charakteristikum der Kultur in Europa ist vielmehr die Vielfalt der Nationen und Regionen, und dies gilt auch für die Geschichte.

Allerdings haben sich zwei historische Erzählungen herausgebildet. Die eine ist positiv und enthält unter der Überschrift «Athen – Rom – Jerusalem» ein abrufbares Narrativ kultur- und geistesgeschichtlicher Leistungen. Dagegen werden jedoch auch Einsprüche geltend gemacht, was zum Beispiel den Gegensatz der modernen Entkirchlichung zur christlichen Tradition oder das Verhältnis zu nichtchristlichen Europäern betrifft. Stärker wirkt eine europäische Negativgeschichte: Jahrhundertelange Kriege der Staaten Europas gegeneinander kulminierten in der Selbstzerstörung Europas zwischen 1914 und 1945 und im Holocaust, dem universalen Erinnerungsort schlechthin. Die Umkehr dieser Gewaltgeschichte wurde zur Gründungsgeschichte der Selbstzivilisierung Europas, des europäischen Wiederaufstiegs aus den Trümmern des Zweiten Weltkrieges zu einem historisch einzigartigen Zustand des Friedens, der Freiheit und des Wohlstands. Auch diese Geschichte ist richtig und verkürzt zugleich. «Das postnationale, sozialstaatliche, friedfertige Europa erwuchs nicht aus dem ehrgeizigen zukunftsweisenden Projekt, wie es heute im verklärenden Rückblick gern dargestellt wird. Europa war das verunsicherte Kind von Angst», schreibt Tony Judt in seiner großen Geschichte Europas.[91] Dabei ist die historisch korrekte Aussage das eine, die politische Erzählung das andere, und diese lebt von der Reduzierung von Komplexität.

Auch bei der Begründung der Europäischen Währungsunion war dieser Mechanismus am Werk. Das zentrale Problem lag darin, dass es kein verlässliches Wissen über die notwendigen Voraussetzungen einer funktions- und tragfähigen Währungsunion gab.[92] Um also diesen Weg ins Ungewisse zu gehen, mussten sich die Akteure gegen Selbstzweifel immunisieren. Das aber geht nicht durch permanentes Differenzieren und Infragestellen, sondern durch suggestive Bilder und dichotomische Rechtfertigungsnarrative. So erklärte Helmut Kohl: «Die Frage des Baus des europäischen Hauses unter irreversibler Einbindung des mit Abstand stärksten Landes, Deutschland, ist die Frage von Krieg und Frieden im 21. Jahrhundert.»[93] Diese Narrative waren «wie Öl im Getriebe» der interessengeleiteten Integrationspolitik,[94] zumal die europäische Integration weniger über präzise bestimmte Festlegungen als vielmehr durch Formelkompromisse mit allgemeinen, auslegungsfähigen Vereinbarungen vonstatten ging. Die Sprache der europäischen Verträge war offener und unbestimmter als die beispielsweise des Grundgesetzes. Unklare und unterschiedlich gefüllte Begriffe wie der politischen Union oder der Fiskalunion waren eine Voraussetzung für die europäische Einigung und zugleich Quelle von späteren Missverständnissen.

Die Verträge allein trugen also nicht. Ergänzt wurden sie durch Bilder wie das vom europäischen Fahrrad, das ständig bewegt werden müsse, damit es nicht umfalle, um eine permanent fortschreitende Integrationsdynamik zu rechtfertigen – wobei ein Fahrrad, das nicht stoppen kann, unter verkehrspolizeilichen Aspekten keine sonderlich überzeugende Metapher ist. Bilder wie die Lokomotive, die Krönung oder die Schöpfung wurden im Zusammenhang mit der Einführung des Euro verwendet. Und als der Euro in die Krise geriet und sich die Frage stellte, die Währungsunion zumindest um einzelne Mitgliedstaaten zu reduzieren, diente die Formel *you cannot unscramble scrambled eggs*[95] zur Abwehr dieser Option. Allen diesen Bildern ist gemeinsam, dass sie Eindeutigkeit suggerieren und grundsätzliche Begründungen überflüssig machen, Alternativen reduzieren und Entscheidungen erleichtern.

Dies gilt auch für weitere Erzählungen. Neben dem Friedensnarrativ ist dies vor allem das Narrativ der Selbstbehauptung Europas, das seine Bedeutung und Position in einer globalisierten Welt nur als Union bewahren könne.[96] Wie das antike Muster der Entgegensetzung von Abendland und Morgenland setzen auch solche Narrative auf die Inszenierung von scharfen Dichotomien wie zum Beispiel Europa oder Nationalstaaten. Die Alternative zur europäischen Währungsunion, so Helmut Kohl 1990, «heißt zurück zu Wilhelm II., das bringt uns nichts», sondern bedeute einen «Rückfall in früheres nationalstaatliches Denken mit all seinen schlimmen Konsequenzen»[97] – womit der europäische Integrationsbefürworter ironischerweise die Rechtfertigungsmuster des Nationalstaats gegenüber der «Kleinstaaterei» im 19. Jh. übernommen hatte. Dahinter stand die ultimative, moralisch aufgeladene Dichotomie von Frieden und Krieg, die zur «Sakrilisierung Europas» (Hans Joas) und zu einer Tabuisierung der politischen Debatte führte.[98]

Der europäische Integrationsschub seit den mittleren achtziger Jahren war verbunden mit dem Gewinn der Diskurshoheit. Die britische Regierung war die einzige, die gegen eine «immer engere Union» und die Vertiefung der europäischen Integration opponierte. Auch die Kritiker und Gegner der Währungsunion schickten ihrer Kritik stets ein Bekenntnis zur vertieften europäischen Integration voraus. Die Autoren des Aufrufs «Der Euro kommt zu früh» vom Februar 1998 waren eigentlich gegen den Euro, sagten dies aber nicht, weil es außerhalb des Rahmens des Zustimmungsfähigen gelegen hätte. «Mehr Europa» und eine «vertiefte Integration» steckten seit den späten achtziger Jahren den sprachlichen Rahmen der politischen Entscheidungen ab. Der Rahmen macht verbindliche Vorgaben für Denken, Reden und Entscheiden. Er kann sich aber auch wandeln, vor allem wenn Diskrepanzen zwischen Erzählung und Erfahrung sichtbar werden. Mit diesem Problem wurden die EU und die Währungsunion im Gefolge der Euro-Schuldenkrise im zweiten Jahrzehnt des 21. Jahrhunderts konfrontiert.

Entscheider und Entscheidungen

Wer hat letztlich über die Einführung des Euro entschieden? Die Bevölkerungen waren es nicht; Helmut Kohl setzte vielmehr alles daran, das Thema aus dem Bundestagswahlkampf von 1998 herauszuhalten. Wenn Abstimmungen stattfanden, gingen sie, wie in Frankreich, knapp dafür oder auch unkalkulierbar dagegen aus wie in Dänemark oder Irland, in Norwegen zum

 EU-Beitritt 1972 und 1994, in Irland zum Vertrag von Nizza 2001, in Frankreich und den Niederlanden zum Verfassungsvertrag 2005 und insbesondere 2016 im Vereinigten Königreich.

Die Bevölkerungen erlebten die europäische Integration bis zur Euro-Schuldenkrise als weit entfernt und technokratisch.[99] Von den Entscheidungen zur Währungsunion ausgeschlossen waren auch Experten, Interessenverbände und Institutionen, die auf innenpolitischer Ebene als «Veto-Spieler» wahrgenommen werden. Das gilt für die Bundesbank auf dem Gipfel von Hannover 1988 oder bei der Einführung des Euro 1998, aber auch für das Bundesverfassungsgericht vom Maastricht-Urteil bis zu den Entscheidungen über die Euro-Rettungsmaßnahmen. Immer ließen die vermeintlichen Veto-Spieler die Integration gerade noch passieren.

Sucht man die Entscheider über die Währungsunion wie über die europäische Integration allgemein, so findet man sie in kleinen, geschlossenen Gruppen in den Zentren der hohen Politik der Einzelstaaten und der Europäischen Kommission. Sie bestanden aus den Regierungschefs und ihren Beratern, Finanzministerien und Zentralbanken, Kabinetten und Kabinettsausschüssen, bilateralen ministeriellen Kontakten und interministeriellen Arbeitsgruppen, in der Kommission aus Delors, seinem persönlichen Kabinett sowie ausgewählten Mitgliedern der Generaldirektion 2 der EG-Kommission.[100] Dort fanden komplexe Verhandlungs- und Entscheidungsprozesse statt, wobei die Akteure bei zahlreichen Gelegenheiten in unterschiedlichen Gremien zusammenkamen, dem Europäischen Rat, dem Rat der Finanz- und Wirtschaftsminister (Ecofin), einer interministeriellen Kommission unter Leitung der französischen Ministerialbeamtin Elisabeth Guigou, dem Komitee der Zentralbankpräsidenten oder der Regierungskonferenz. Unter ihnen entwickelte sich, obwohl sie überwiegend Vertreter ihrer nationalen Exekutiven waren, eine eigene Art der Kooperation, die über die rein intergouvernementale Zusammenarbeit hinausging.

Und wie kamen Entscheidungen zustande? Schaut man auf die europäischen Verhandlungen, dann scheint sich die Einschätzung des französischen Präsidenten Jacques Chirac nach den harten Auseinandersetzungen um den ersten Präsidenten der EZB im Mai 1998 zu bestätigen: «Wir befinden uns in einem System europäischer Nationen, und jede verteidigt ihre Interessen.»[101] Die Lage ist allerdings komplexer, und mindestens vier Ebenen fließen in den Entscheidungsprozessen zusammen: nationale Interessen, eine allgemeine übergreifende Denkweise, die Eigendynamik der Verhandlungen sowie die Selbstläufigkeit des Integrationssogs.

Die nationalen Interessen waren von Anfang an sehr unterschiedlich. Das

Selbstverständnis, ja die Staatsräson der alten Bundesrepublik lag in ihrer doppelten Westbindung, an die USA und die NATO zum einen und die europäische Einbindung in enger Zusammenarbeit mit Frankreich zum anderen. Konrad Adenauer suchte Sicherheit für die Bundesrepublik, vor allem vor der Sowjetunion und dem sowjetischen Kommunismus, sowie Gleichberechtigung und Wiederaufstieg innerhalb der westlichen Staatenwelt. Mit der Methode des «Souveränitätsgewinns durch Souveränitätsverzicht» war er zu einer Politik bereit, die über die Grenzen des klassischen Nationalstaats hinausging und sich an einer Zielvorstellung der «Vereinigten Staaten von Europa» orientierte.[102] Schon unter Helmut Schmidt in den siebziger Jahren und mehr noch unter Helmut Kohl in den achtziger Jahren kam die Vorstellung hinzu, eine bundesdeutsche Hegemonie in Europa zu verhindern. Selbsteinbindung und Integration wurden zunehmend zu einem Ziel an sich, das sich mit der deutschen Wiedervereinigung noch einmal verstärkte.[103]

Anders lagen die Interessen in Frankreich, das sich nach dem Zweiten Weltkrieg, wie grundsätzlich schon seit 1871, einem Sicherheitsdilemma gegenüber Deutschland ausgesetzt sah. Zwar war Frankreich aus beiden Weltkriegen als Siegermacht hervorgegangen, doch war es, auf sich allein gestellt, dem Nachbarn im Osten potentiell unterlegen. In gaullistischer Tradition stellte eine europäische Integration unter französischer Führung ein Instrument dar, um eine eigenständige Machtposition gegenüber den USA zu behaupten, Sicherheit vor Deutschland zu gewinnen und zugleich ökonomische Interessen zu verfolgen. Der Agrarmarkt diente in erster Linie dem Schutz der französischen Landwirtschaft, und die Europäische Währungsunion eröffnete den Zugriff auf die deutsche Zentralbankpolitik und die Bonität der D-Mark-Zone. Wieder anders lagen die Dinge in Großbritannien. Im Selbstverständnis des Kriegssiegers und der früheren See- und Weltmacht und vor dem Hintergrund der *special relationship* mit den USA benötigte das Vereinigte Königreich die europäische Integration nicht als sicherheitspolitische Basis. Sie war nur eines von verschiedenen Foren zur Realisierung britischer Interessen. Hinzu kam eine dezidiert ökonomische Position in freihändlerischer Tradition.

Im Prozess der europäischen Integration verbanden sich politische und wirtschaftliche Motive und Interessen in unterschiedlicher Gewichtung. Sie waren zugleich nicht voneinander zu trennen, da ökonomische Stärke zugleich Ressource und Indikator politischer Macht ist. Im Kern war die europäische Integration ein deutsch-französisches Projekt zur Zähmung des deutsch-französischen Verhältnisses, bei dem die Politik stets den Vorrang vor ökonomischen Einwänden und rechtlichen Bedenken besaß.

 Damit ist ein großer Teil des Rahmens der europäischen Integration abgesteckt. Ergänzt wurde er durch allgemeine, grundlegende Denkweisen, die auf gemeinsamen Erinnerungen und auf gemeinsamem Wissen beruhten. Jenseits unterschiedlicher politischer Grundauffassungen einte Kohl und Mitterrand die Erfahrung des Krieges, die sie auch mit George Bush und Michail Gorbatschow teilten. Ebenso wie Hans-Dietrich Genscher und Jacques Delors hatten sie daraus den Schluss gezogen, Herzenseuropäer zu werden.[104] Zu den gemeinsamen Wissensbeständen gehörte auch der gescheiterte Werner-Plan zur Einrichtung einer Währungsunion von 1970. Die Konsequenz dieser Erfahrung war, die Schaffung einer Währungsunion als einen langfristigen, sehr konkreten Prozess anzugehen.[105] Dafür mussten sehr unterschiedliche nationale Denktraditionen zusammenfinden. Die ordoliberale Tradition der Bundesrepublik setzte auf Preisstabilität, eine unabhängige Zentralbank und einen Staat, der die Rahmenbedingungen für Markt und Wettbewerb gewährleistet. In Großbritannien und Frankreich hingegen besaß die Politik den Vorrang auch in der Geldpolitik; vor allem das Vereinigte Königreich stellte sich einer Übertragung geldpolitischer Souveränität entgegen, während Frankreich Probleme mit der Vorstellung einer unabhängigen Zentralbank hatte.

Auf der Suche nach gemeinsamen Positionen und gegenseitig annehmbaren Lösungen veränderten sich die Positionen, etwa die französische Haltung zur Stabilitätspolitik und zur Zentralbank. Zugleich wurden pragmatische Anpassungen vorgenommen. Die Unterschiede in den Vorstellungen über die Verbindlichkeit der Konvergenzkriterien oder zwischen einem staatsinterventionistischen *gouvernement économique* und der deutschen Idee der «Stabilitätsgemeinschaft» wurden durch Formelkompromisse wie «Stabilität und Wachstum» aufgefangen, die an das Witzwort über die SPD in den siebziger Jahren erinnerten: «mit Helmut Schmidt und Erhard Eppler für und gegen Kernenergie»[106]. Suggestive Begriffe und Metaphern und eine symbolisch-integrative, mehrdeutige und Gegensätzliches vereinende Sprache waren, wie bereits gesehen, die Voraussetzung und das Erfolgsgeheimnis der europäischen Einigung und zugleich der Grund folgender Missverständnisse und Probleme.

Zur Spezifik und Eigendynamik der Verhandlungen kam schließlich der bürokratische Selbstlauf des Integrationssogs hinzu, die *méthode Monnet*: konkrete Einigungen vor allem auf wirtschaftlichem Gebiet unter begrenzter Übertragung von Hoheitsrechten der Mitgliedstaaten auf die Gemeinschaften. Diese Einzelschritte folgten keiner klaren Ausrichtung auf eine bestimmte Finalität und zugleich einem «Programm, das die Maschen des

Flechtwerks zwischen den Mitgliedstaaten stetig enger zieht» und somit die pfadabhängige Logik der «immer engeren Union» entfaltet.[107]

In der Europäischen Union ist ein ganz eigenes Institutionengefüge entstanden, das vor allem dadurch gekennzeichnet ist, dass sich zwei Legitimationsstränge der europäischen Hoheitsgewalt herausgebildet haben.[108] Der Hauptstrang ist die parlamentarisch-demokratische Legitimation der nationalen Regierungen, die auf der Ebene der Staats- und Regierungschefs im Europäischen Rat bzw. auf Ministerebene im Rat der Europäischen Union zusammenkommen. Der Nebenstrang besteht im Europäischen Parlament, das seit 1979 direkt gewählt wird. Zwischen Rat und Parlament steht die Kommission.

Sowohl in der Legislative als auch in der Exekutive mischen sich dabei supranationale und intergouvernementale, ständische und demokratische Prinzipien zu eigenen Hybriden mit einander überlagernden Bezugsebenen. Wenn sich 2014 der britische Premierminister David Cameron und EU-Parlamentspräsident Martin Schulz begegneten, traf ein Tory, Brite und Regierungschef auf einen Sozialdemokraten, Deutschen und Parlamentsvertreter – während auf nationaler Ebene zumeist in erster Linie die parteipolitische Bezugsebene zählt.

Die Kommission ist die supranationale Exekutive und zugleich durch ihr Initiativmonopol und durch Verordnungen, das sogenannte Sekundärrecht, Teil der Legislative. In der Europäischen Union herrscht nicht Gewaltenteilung entlang der Linie Legislative – Exekutive – Judikative, sondern nach dem Grundsatz des institutionellen Gleichgewichts. Dabei spielt die Kommission in wechselnder Besetzung eine Doppelrolle als Vermittlerin zwischen Mitgliedstaaten und «Hüterin der Verträge» einerseits, als «Motor der Integration» andererseits. Als Motor wirkte sie, wenn sie Initiativen anstieß wie Delors Ende der achtziger Jahre die Währungsunion; auf die Rolle des Sekretariats zurückgedrängt wurde sie in der Regel im Fall von Krisen.

Dann pflegte der Europäische Rat das Kommando zu übernehmen. Seine Analogie auf nationaler Ebene ist die Versammlung der Ministerpräsidenten der Länder bzw. der Bundesrat. Auf europäischer Ebene hingegen ist dieses intergouvernementale Gremium die entscheidende Instanz, mit der die Mitgliedstaaten die Entscheidungsgewalt über die europäische Integration in Anspruch nehmen. Indem der Europäische Rat – bestes Beispiel: die Euro-Schuldenkrise – das Letztentscheidungsrecht in Anspruch nimmt, entspricht er Carl Schmitts Definition des Souveräns, der «über den Ausnahmezustand entscheidet».[109] Organisiert ist der Europäische Rat ebenso wie der Rat der

 Europäischen Union (der Ministerrat) nach dem Prinzip der Staatenrepräsentation anstelle der Bevölkerungsrepräsentation; Malta besitzt mit 432 000 Einwohnern ebenso eine Stimme wie Deutschland mit 80,6 Millionen. Den Unterschied macht das faktische politische Gewicht der Staaten und Personen. Institutionell hat der Vertrag von Lissabon die Regeln für Mehrheitsentscheidungen so gestaltet, dass eine qualifizierte Mehrheit 55 Prozent (d. h. mindestens 15) der Mitgliedstaaten und mindestens 65 Prozent der Bevölkerung erfordert. Qualifizierte Mehrheitsentscheidungen kommen vor allem im Rat der Europäischen Union (dem Ministerrat) zur Anwendung, während der Europäische Rat (der Staats- und Regierungschefs) anstrebt, im Konsens zu handeln und daher zu Paketlösungen neigt.

Das Europäische Parlament ist gemeinsam mit dem Rat Gesetzgeber und besitzt die klassischen parlamentarischen Haushaltsbefugnisse. Zugleich wählt es auf Vorschlag des Rates den Kommissionspräsidenten und die Kommission, die es durch Misstrauensvotum mit Zwei-Drittel-Mehrheit zum Rücktritt zwingen kann. Das Parlament wurde, wenn auch in der Sache und im Einzelnen schwer durchschaubar, von Vertrag zu Vertrag in seinen Rechten gestärkt und erstritt sich nach den Wahlen zum Europaparlament von 2014 das Recht nicht nur zur Zustimmung, sondern zur faktischen Designation des Kommissionspräsidenten. Es entspricht inzwischen weithin der Vorstellung eines klassischen Repräsentativorgans, allerdings mit zwei entscheidenden Ausnahmen. Erstens übt es nur eine partielle Kontrolle über die Exekutive aus – selbst wenn die Kontrolle des Parlaments über die Kommission zugenommen hat, so ist der letztlich entscheidende Rat gemäß dem doppelten Legitimationsstrang nicht vom Europäischen Parlament abhängig. Daher kann trotz gewachsener Rechte des Europäischen Parlaments von einer Parlamentarisierung der EU nicht die Rede sein.

Zweitens entspricht das Wahlrecht nicht dem Grundsatz der Gleichheit, denn es gibt kein einheitliches europäisches Wahlrecht; vielmehr werden die Abgeordnetenkontingente nach unterschiedlichem nationalem Europawahlrecht gewählt. Noch wichtiger ist die Diskrepanz der Repräsentationsverhältnisse. Sie rührt aus den extrem unterschiedlichen Größen der Mitgliedstaaten her, die wiederum die Frage der Vereinbarkeit von Staatenrepräsentation und Wählerrepräsentation aufwerfen. Wie gesehen, entsprechen der Europäische Rat bzw. der Rat der Europäischen Union ebenso wie die Europäische Kommission, der EZB-Rat oder der Europäische Gerichtshof in ihrer Zusammensetzung der reinen Staatenrepräsentation – analog zum Senat in den USA. Im Repräsentantenhaus hingegen wird die Anzahl der Sitze für jeden Bundesstaat streng proportional zu seiner Bevölkerungszahl bemessen.

Ebenso sind die Wahlkreise in Großbritannien ähnlich groß eingeteilt, und in Deutschland kommt ein Abgeordneter des Bundestages auf 250 000 bis 300 000 Einwohner. Im Gegensatz zu dieser proportionalen Wählerrepräsentation gegenüber folgt die Zusammensetzung des Europäischen Parlaments dem Grundsatz der degressiven Proportionalität. Dabei unterscheiden sich die Relationen zwischen der Zahl der Abgeordneten und der Zahl der Wähler bis zum Faktor 12: Ein Abgeordneter repräsentiert in Deutschland 827 000 Einwohner, in Dänemark 430 000, in Luxemburg 83 000 und 70 000 auf Malta.

Diese ungleichen Repräsentationsverhältnisse zusammen mit dem Umstand, dass die Europäische Union keine vom Parlament abhängige Regierung besitzt und dass keine gemeinsame politische Öffentlichkeit existiert, macht den Unterschied zwischen ihrem politischen System und einem parlamentarisch-demokratischen Staat aus. Demokratie in den Einzelstaaten ist zwar eine bindende Voraussetzung für die Mitgliedschaft in der EU, sie selbst verfügt aber nicht über eine parlamentarisch-demokratische Verfassung. Vor diesem Hintergrund hat das Bundesverfassungsgericht die Europäische Union als Staatenverbund bezeichnet, während die demokratisch legitimierte Souveränität bei den Einzelstaaten verbleibe. Dem gegenüber steht die Erfahrung des «Integrationssogs», der sukzessiven Verlagerung von Souveränität auf die europäische Ebene.

Rückschläge und Fortschritte

Die Krise der Europäischen Währungsunion oder der Europäischen Union ist nichts Neues, denn die Geschichte der europäischen Integration war von Anfang an von Krisen begleitet. Sie waren nicht nur ein fester Bestandteil, sondern geradezu der Motor in einem Prozess der Fortschritte durch Rückschläge. Auf das Scheitern der Europäischen Verteidigungsgemeinschaft 1954 folgten die erste *relance européenne* und die Römischen Verträge. Die Krise der sechziger Jahre führte zum zweiten Neustart und den ersten Erweiterungsrunden. Die Reaktion auf die Eurosklerose der frühen achtziger Jahre waren die dritte *relance* und der Integrationsschub vom Europa I zum Europa II von Maastricht, und nach dem Scheitern des Verfassungsvertrags 2005 wurde 2007 der Vertrag von Lissabon geschlossen.

Ein Muster hatte sich etabliert: eine europäische Krise durch «mehr Europa» zu lösen, was mittelfristig in eine neue Krise führte, die abermals durch mehr Europa gelöst wurde. Dies klingt nach der «Logik einer Pfadabhängigkeit»[110], die gerade für die Euro-Schuldenkrise hohe Plausibilität besitzt. Die

 Krise der Währungsunion führte auf dem Weg der Logik des Sachzwangs zu weiteren Vergemeinschaftungen. Einen dialektischen Automatismus von Krise und Konvergenz, eines Laufs der europäischen Integration, den in Anlehnung an August Bebel weder Ochs noch Esel aufhält, muss dies jedoch nicht bedeuten, wie die Entscheidung des Vereinigten Königreichs, die Europäische Union zu verlassen, im Jahr 2016 in aller Deutlichkeit zeigte. Der teleologischen Logik der Pfadabhängigkeit steht immer auch die Möglichkeit der Pfadabweichung zur Seite.

Liberalisierung und Regulierung

Freihandel und Protektionismus, Liberalisierung und Regulierung – seit ihren Anfängen lag eines der Charakteristika der europäischen Integration darin, gegensätzliche Tendenzen zu verbinden. Die Montanunion errichtete einen gemeinsamen Markt und Marktregulierungen, die Römischen Verträge etablierten die Europäische Wirtschaftsgemeinschaft und den Agrarmarkt. Der Binnenmarkt realisierte die vier Freiheiten der Mobilität von Waren und Kapital, Personen und Dienstleistungen, er wirkte als Schrittmacher von Privatisierungen, etwa im Bereich der Telekommunikation, und die erste Stufe der Währungsunion umfasste die Abschaffung der Kapitalverkehrskontrollen. Zugleich wurden unterschiedliche Standards durch EU-Normen in einem Maße vereinheitlicht, das als Überregulierung wahrgenommen wurde.

Das charakteristische Doppelgesicht von Liberalisierung und Regulierung zeigte sich besonders in der Lissabon-Strategie des Europäischen Rats von 2000.[111] Das Ziel, die EU innerhalb von zehn Jahren «zum wettbewerbsfähigsten und dynamischsten wissensbasierten Wirtschaftsraum der Welt zu machen», Vollbeschäftigung und «eine durchschnittliche wirtschaftliche Wachstumsrate von etwa 3 %» zu erzielen, ging mit der «Entwicklung eines aktiven und dynamischen Wohlfahrtsstaates» einher. Die Vorgabe quantitativer und qualitativer Indikatoren und Ziele und ihre regelmäßige Überwachung – eine Beschäftigungsquote von 70 Prozent oder die Halbierung der «Zahl der 18–24jährigen, die lediglich über einen Abschluss der Sekundarstufe I verfügen» – lief auf eine marktorientierte Modernisierung durch bürokratische Regulierung hinaus. Ähnlich, allerdings weniger wettbewerbsorientiert, sondern stärker inklusiv fiel zehn Jahre später die Strategie «Europa 2020» aus.[112] Sie setzte die Ziele einer Beschäftigungsquote von 75 Prozent der Bevölkerung zwischen 20 und 64 Jahren, einer Hochschulabsolventenquote von 40 Prozent unter den 30- bis 34-Jährigen und, während höchstens 10 Prozent eines Jahrgangs ohne Schulabschluss bleiben sollten, einer Senkung der Zahl der Armutsgefährdeten um 20 Prozent. Die Erfolge dieser technokratischen *top-down*-Strategien blieben freilich begrenzt. Nach Ablauf des Jahrzehnts, in dem die EU zum «wettbewerbsfähigsten und dynamischsten wissensbasierten Wirtschaftsraum in der Welt» werden sollte, stand die Europäische Währungsunion am Rande des Zusammenbruchs.

Einheit und Vielfalt

Die prägendste Ambivalenz Europas ist die zwischen Einheit und Vielfalt. Die großen Gemeinsamkeiten zwischen den Staaten Europas bzw. der europäischen Integration liegen in ihrem geographischen Zusammenhang, in der Demokratie als verbindender Grundlage aller EU-Staaten, in den Grundwerten nach Artikel 2 des EU-Vertrags sowie in der sozialstaatlichen Absicherung sozialer Risiken, die ein bestimmendes Merkmal der europäischen Gesellschaften im gesamten 20. Jahrhundert darstellte, vor allem nach 1945.[113]

Vor diesem Hintergrund waren zunehmende europäische Konvergenzen in Alltagswelt und Konsum, auf der Ebene der Staatsformen sowie in der Wirtschafts- und Sozialstruktur zu beobachten.[114] Fernsehen und Internet, Mobiltelefone und die Benutzung gleicher PC-Oberflächen, Warenangebot und Werbung von Ikea bis Aldi brachten Erfahrungs- und Lebenswelten, Konsum und Lebensstile, Alltags- und Freizeitästhetik zusammen. Individualisierungsprozesse wie der Rückgang von Familiengründungen, die zunehmende Bedeutung anderer Lebenslaufoptionen und der Wandel der Geschlechterbeziehungen führten europaweit zu einer Pluralisierung der Gesellschaften. Mobilität, Reisen und Begegnungen veränderten die Vorstellung vom Fremden. Was zunächst für italienische Arbeiter, deutsche Urlauber und spanische Studenten möglich wurde, eröffnete sich nach 1989 auch den postkommunistischen Gesellschaften in Ostmittel- und Südosteuropa.

Die Überwindung der kommunistischen Diktaturen bedeutete den größten Konvergenzzuwachs in Europa, nachdem sich zuvor die Unterschiede gegenüber den vormaligen Diktaturen in Südeuropa abgemildert hatten. Schließlich sorgte die Europäische Union für die Verbreitung marktwirtschaftlicher Ordnungen in den Mitgliedstaaten. Sie förderte die Industrialisierung auch der Peripherie Europas, Infrastrukturprojekte in wirtschaftlich schwachen Regionen und die Verflechtungen zwischen den Mitgliedstaaten. Insbesondere die postkommunistischen Staaten machten nach 1990 erhebliche ökonomische Fortschritte.

Dass die Vorstellungen einer nachhaltigen ökonomischen Konvergenz insbesondere durch die Währungsunion allerdings trügerisch waren, zeigte sich in der Weltfinanzkrise, die Spaniens vermeintliche Konvergenz pulverisierte, und der Euro-Schuldenkrise, mit der die alten Nord-Süd-Differenzen den Ost-West-Gegensatz überlagerten, wenn nicht gar ablösten. Die strukturellen ökonomischen Ungleichheiten zwischen den europäischen Volkswirtschaften nahmen Anfang des 21. Jahrhunderts sogar zu, als Deutschland seine Wettbewerbsfähigkeit deutlich erhöhte und zunehmende Leistungsbilanzüberschüsse erzielte, während die Wettbewerbsfähigkeit in Frankreich und Italien zurückging, in Griechenland kaum je wirklich zugenommen hatte und die Aufholprozesse in Osteuropa nicht in einer echten Angleichung mündeten.

Neben den ökonomischen Differenzen blieben in Europa vor allem politisch-kulturelle Unterschiede bestehen, wie sich in den deutschen und den französischen Argumentationsmustern zur Währungsunion und zur Geldpolitik zeigte. Für Deutschland besitzt die geldpolitische Stabilität den Vorrang, für Frankreich der Sozialstaat, und was für Deutschland die Schuldenbremse, ist für Frankreich Konjunkturpolitik; während sich die Deutschen an Rechtsnormen und Institutionen orientieren, gilt in Frankreich der Primat der republikanischen Politik; und während die Inflation das historische Trauma der Deutschen ist, sind das Trauma der Franzosen die Deutschen.[115] In Spanien herrschte eine traditionell niedrige Steuermoral, während die Kultur des «Solidarismo» in Italien auf eine «Vergemeinschaftung von Leistung und Verdienst ebenso wie von Verantwortung und Schuld» hinausläuft und die Legitimation von politischer Macht darin gesehen wird, die Ungerechtigkeit der übermächtigen äußeren Verhältnisse zu korrigieren. Diese Sympathie für den «armen Teufel» ist das Gegenteil der angelsächsischen Vorstellung, jeder sei seines Glückes Schmied.[116]

Eine europäische Identität wurde zwar im *top-down*-Verfahren zu fördern versucht, doch fehlte ihr eine Breitenbewegung wie die Nationalstaatsbewegung im 19. Jahrhundert, an die sie anknüpfen konnte. Eher war zu beobachten, dass die Integrationsschübe der fünfziger und der neunziger Jahre zu einer Verstärkung nationaler Selbstbilder führten. Widersprüchliche Tendenzen kamen auch in der Euro-Schuldenkrise zum Vorschein. Einerseits führte sie zu einer Verstärkung überwunden geglaubter gegenseitiger nationaler Stereotype und Ressentiments, andererseits beförderte sie die Ausprägung einer europäischen politischen Öffentlichkeit, wenn mit einem Male Wahlen, Regierungsbildungen und politische Handlungen lebhafte Aufmerksamkeit in anderen Ländern der Währungsunion fanden.[117]

Zur selben Zeit verbreiteten sich zentrifugale Tendenzen der Renationalisierung durch antieuropäische, europa- oder euroskeptische Bewegungen. So unterschiedlich die United Kingdom Independence Party (UKIP), die Partij voor de Vrijheid in den Niederlanden, der Front National in Frankreich, der Vlaams Blok in Belgien, die Lega Nord in Italien, die «Wahren Finnen» oder die Alternative für Deutschland orientiert waren – die Europäische Union diente ihnen aus ökonomischen und politisch-kulturellen Gründen als Feindbild.[118] 2013 kehrte sich sogar ein regierungsamtlicher «Subsidiaritätsbericht» in den traditionell integrationsfreundlichen Niederlanden mit der Richtschnur «auf europäischer Ebene nur wenn nötig, auf nationaler Ebene immer wenn möglich» von der Maxime der «immer engeren Union» ab.[119]

Schließlich blieb die Außen- und Sicherheitspolitik eine Domäne einzelstaatlicher Prärogative. Eine gemeinsame Politik scheiterte von den Kriegen in Jugoslawien in den neunziger Jahren über den dritten Irak-Krieg 2003 bis zum Militäreinsatz in Libyen 2011 stets an der Dominanz nationaler Interessen, die fast immer verschieden waren.

Alles in allem ergibt sich ein Bild konstitutiver Ambivalenzen: zwischen begrenzter Einzelermächtigung und Integrationssog, zwischen ungeklärter Finalität und «immer engerer Union», zwischen zunehmend ausgeweiteten Zielen und Subsidiarität. Unbestimmtheit und Uneindeutigkeit, inhärente Widersprüchlichkeit und Formelkompromisse waren die Grundlage der Einigungsfähigkeit – und eine Quelle von Konflikten.

4. Die vergessene Hälfte

Mit den osteuropäischen Revolutionen von 1989 stellte sich die Frage nach dem Fortgang der europäischen Integration: Sollte sie auf dem bereits eingeschlagenen Weg der westeuropäischen Vertiefung weitergehen oder stand eine Erweiterung um die osteuropäischen Staaten an, denen die Teilnahme bislang versagt gewesen war? Diese Frage wurde nach 1990 zu einer zentralen Herausforderung der Europäischen Union. Zwei Gruppen von Beitrittskandidaten standen vor der Tür: neben den ehemals kommunistischen Staaten Ostmittel- und Südosteuropas die vormals nicht der EG angehörigen blockfreien EFTA-Staaten. In einer ersten Runde ging es um die Aufnahmeanträge Österreichs, der Schweiz, Norwegens, Schwedens und Finnlands. Während sich die Schweizer und – zum zweiten Mal nach 1972 – die

 Norweger gegen einen EU-Beitritt aussprachen, gingen die drei anderen Volksabstimmungen positiv aus. Die Aufnahme der westlich-demokratischen und marktwirtschaftlich prosperierenden Staaten Österreich, Finnland und Schweden stellte eine vergleichsweise unproblematische Übung für die Europäische Union der nun 15 dar, die im selben Moment vor ihrer größten und schwierigsten Erweiterungswelle stand.

Die große Erweiterung

Ungleich komplizierter lagen die Verhältnisse im Hinblick auf die postkommunistischen Staaten in jenem Teil Europas, der aus westlicher Sicht bis 1990 hinter dem Eisernen Vorhang verschwunden gewesen war. Die Diskrepanz innerhalb Europas hatte ältere Wurzeln. Im Mittelalter und in der Frühen Neuzeit war der ostmitteleuropäische Raum dünner besiedelt und weniger produktiv gewesen. Er war überwiegend später und geringer industrialisiert worden und stärker autoritär geprägter Herrschaft unterworfen gewesen als Nordwesteuropa. Die kommunistische Herrschaft nach 1945 verschärfte diese Diskrepanz noch einmal; während der Westen prosperierte, bedeutete die Teilung des alten Kontinents für Ostmitteleuropa einen Zustand verfestigter wirtschaftlicher Rückständigkeit und den «Frieden eines scharf bewachten Gefängnishofs»[120]. Zugleich verfestigte der Gegensatz zwischen Diktatur und Demokratie, zwischen Planwirtschaft und Marktökonomie, zwischen Kollektiv und individuellem Glücksstreben über die Jahrzehnte die wirtschaftliche, politische und kulturelle Abkopplung vom Westen.

Das Ende des Ost-West-Konflikts stellte eine entscheidende Zäsur der europäischen Geschichte dar, in deren Gefolge sich neue Entwicklungen und alte Strukturen auftaten. In den baltischen Staaten, in Tschechien und der Slowakei, in Weißrussland, der Ukraine, Moldawien, Georgien, Armenien und Aserbaidschan sowie später in den Nachfolgestaaten Jugoslawiens wurden Nationalstaaten neu (bzw. wieder) gebildet. Oder die Staaten gewannen wie Polen, Ungarn, Rumänien und Bulgarien ihre Souveränität zurück. Mit der Wiedervereinigung Deutschlands, der wiedergewonnenen Souveränität der ostmitteleuropäischen Staaten sowie der Unabhängigkeit der ehemaligen Sowjetrepubliken im Baltikum wurden 1989/91 staatlich-territoriale Folgen des Zweiten Weltkrieges revidiert. Neu stellten sich hingegen die Probleme, die im Gefolge des Ersten Weltkrieges aus dem Zerfall der Vielvölkerreiche entstanden waren. Das Ende der Sowjetunion knüpfte an das Ende des Ersten Weltkrieges an und brachte den Zerfall der Vielvölkerstaaten in Ost- und Südosteuropa zum Abschluss. Denn während das Habsburgerreich und das Osmanische Reich nach dem Ersten Weltkrieg aufgelöst worden waren, hatte das Zarenreich in der Sowjetunion eine Nachfolgerin gefunden. Ihr Zerfall, zudem das kriegerische Ende Jugoslawiens und die Auflösung der Tschechoslowakei waren «das hinausgeschobene Nachspiel der postimperialen Staatenbildung».[121] So eröffnete sich ein Krisenbogen von den baltischen Staaten über den Kaukasus und den Balkan bis zum Nahen Osten und nach Nordafrika.

Für die ostmitteleuropäischen Staaten war ein Beitritt zur Europäischen Gemeinschaft bzw. zur Europäischen Union das vorrangige Ziel. Er verband sich mit der Erwartung, Unterstützung beim Aufbau der Demokratie zu finden, der Hoffnung auf Zugang zum europäischen Binnenmarkt und wirtschaftliche Hilfen, der Perspektive ökonomischer Prosperität – und der politischen Sicherheit vor Russland. Als erstes Land stellte Ungarn 1994, danach stellten Estland, Lettland, Litauen, Polen, Tschechien, die Slowakei, Rumänien, Bulgarien und Slowenien, zudem Zypern, Malta und die Türkei, später auch Kroatien, Mazedonien, Albanien und Island, also insgesamt 17 Staaten, einen Antrag auf Aufnahme in die Europäische Union.

Dass eine Verdopplung der Mitgliedstaaten die alte westeuropäische Integration grundlegend verändern würde, lag auf der Hand. Die westeuropäischen Staaten bezogen dazu unterschiedliche Positionen. Vor allem die Bundesrepublik, Dänemark und Großbritannien traten für eine zügige Osterweiterung ein; insbesondere die Bundesrepublik war an einer Stabilisierung Ostmitteleuropas interessiert, damit kein neues Zwischeneuropa wie nach dem Ersten Weltkrieg entstand,[122] hinzu kam, nicht zuletzt auf britischer Seite, ein handels- und wirtschaftspolitisches Interesse. Auf französischer Seite hingegen herrschte die Sorge, dass sich das Gravitationszentrum der Europäischen Union zu deutschen Gunsten nach Osten verschiebe. Mitterrand setzte daher den Vorrang auf eine fortgesetzte Vertiefung, während er für eine Konföderation mit den ostmitteleuropäischen Staaten anstelle einer veritablen Osterweiterung der EU plädierte.[123]

In der Tat stand die werdende Europäische Union vor einem Dilemma. Die Erweiterung konnte die vor 1989 begonnene Vertiefung gefährden und drohte obendrein, Russland in Europa zu isolieren. Auf eine Erweiterung zu verzichten und die osteuropäischen Staaten außen vor zu lassen, hätte hingegen die europäische Integration als Selbstbezogenheit eines westeuropäischen Wohlstandsclubs decouvriert. Zudem zeigten die Kriege in Jugoslawien seit 1991 in aller Schärfe, welche Gefahren der Instabilität und der Gewalt in Südost- und Ostmitteleuropa lauerten.

 Vor diesem Hintergrund beschloss der Europäische Rat im Juni 1993 in Kopenhagen eine Politik der Osterweiterung, für die zugleich Kriterien festgelegt wurden. Mit der Anforderung stabiler Institutionen als «Garantie für eine demokratische und rechtsstaatliche Ordnung, für die Wahrung der Menschenrechte sowie die Achtung und den Schutz von Minderheiten» reflektierte die Europäische Union auf die historische Gewaltdimension des Nationalismus und der Diktaturen im 19. und 20. Jahrhundert. Hinzu kamen eine funktions- und wettbewerbsfähige Marktwirtschaft sowie die Übereinstimmung mit den Zielen der Europäischen Union und auch der Europäischen Währungsunion.[124]

Seit 1998 wurden bilaterale Verhandlungen mit den Beitrittskandidaten geführt, wobei letztlich nur sieben Kandidaten die Voraussetzungen für Verhandlungen erfüllten. Dass aber auch mit den anderen Bewerbern verhandelt wurde, zeigt einmal mehr den Primat des politischen Integrationswillens vor der akkuraten Sicherstellung ökonomischer, materieller oder sonstiger definierter Grundlagen. 2004 erlebte die Europäische Union mit der Aufnahme von zehn neuen Mitgliedern ihren größten Erweiterungsschub, dem 2007 die Vollmitgliedschaft Rumäniens und Bulgariens folgte, obwohl die Aufnahmekriterien nicht erfüllt waren. 2013 schließlich trat Kroatien bei.

Die Europäische Union war von zwölf Mitgliedern 1992 auf 28 gewachsen und sehr viel heterogener geworden. Das neue Europa war schwerer zu steuern und mit verstärkten Effizienzproblemen konfrontiert. Die Institutionen waren ursprünglich für sechs Mitgliedstaaten angelegt gewesen und hatten schon mit zwölf Staaten in den achtziger Jahren Probleme bekommen. Die Osterweiterung hatte die ökonomischen Diskrepanzen verschärft und das Wohlstandsgefälle innerhalb der Union deutlich vergrößert. Hinzu kamen die Ängste der westlichen *haves* vor der Arbeitsmigration und der Billigkonkurrenz der osteuropäischen *have-nots*.

Die ökonomische Bilanz

Mit den eigentlichen Herausforderungen waren freilich die ostmitteleuropäischen Transformationsstaaten konfrontiert. Sie standen vor der Anforderung, gleichzeitig ihre politischen, ökonomischen und rechtlichen Systeme umzubauen, ohne dass es ein historisches Vorbild für den Übergang vom Kommunismus zum Kapitalismus gab. Zudem fehlten historisch gewachsene institutionelle Grundlagen für die Marktwirtschaft. Weiterhin stellte sich die Frage, wie das Staatsvermögen verteilt werden sollte und woher die

Eliten der neuen Ordnung kommen konnten. Den Intellektuellen und vormaligen Dissidenten fehlte es an der notwendigen administrativen Erfahrung, die wiederum bei den Bürokraten und den Mitgliedern der Nomenklatura der alten Systeme lag; sie prägten in der Folge die Transformation mit, auch in materieller Hinsicht und nicht zuletzt bei der Privatisierung des Staatseigentums. Die Übergänge zwischen Privatisierung, Korruption und Diebstahl waren fließend, und die Dimension dessen zeigte sich vor allem weiter östlich in Russland und in der Ukraine, wo eine veritable «Kleptokratie» entstand.[125] Zusätzlich zu den materiellen und institutionellen Anforderungen standen die ostmitteleuropäischen Staaten vor einem Wandel von Gesellschaft und Kultur, ohne über zivilgesellschaftlich-demokratische und marktwirtschaftliche Traditionen zu verfügen. Fast schon unproblematisch wirkte demgegenüber die Übernahme des «gemeinschaftlichen Besitzstandes» von EU-Rechtsbeständen, des *acquis communautaire* von ca. 80 000 Textseiten.

Diese Herausforderungen überstiegen die Dimensionen der deutschen Einheit, die das leistungsstarke Deutschland an den Rand des Leistbaren brachte. Diese Anforderungen der Transformation im Allgemeinen und des EU-Beitritts im Besonderen waren so fundamental und so umfangreich, dass es keiner besonderen Begründung bedurft hätte, wären die ostmitteleuropäischen Staaten reihenweise daran gescheitert. Daran musste sich eine Zwischenbilanz ein Jahrzehnt nach dem Beitritt der zehn neuen Staaten und ein Vierteljahrhundert nach den osteuropäischen Revolutionen bemessen, in wirtschaftlicher und in politischer Hinsicht.[126]

Wirtschaftlich standen die dysfunktionalen Planwirtschaften vor der Alternative eines abrupten oder schrittweisen Übergangs in die Marktwirtschaft. Letzteres taten Ungarn, die Slowakei und – besonders zögerlich – Rumänien, die Schocktherapie wählten, neben der DDR in ihrer Sondersituation,[127] Tschechien, Estland und vor allem Polen. Hier gab der zum Jahreswechsel 1989/90 beschlossene, nach Finanzminister Leszek Balcerowicz benannte Plan bei einer Hyperinflation von 600 Prozent im Jahr den Außenhandel, den Umtausch des Złoty und viele Preise frei und setzte eine umfassende Liberalisierung und Entmonopolisierung der Wirtschaft in Gang. Wie in der DDR, wo er allerdings durch die Wirtschafts-, Währungs- und Sozialunion mit der Bundesrepublik abgefedert wurde, folgten diesem abrupten Übergang der Kollaps von Industrien, ein Einbruch der Wirtschaftsleistung (um 24 Prozent) sowie eine Arbeitslosigkeit, die zugleich den Abbau kommunistischer Überbeschäftigung bedeutete; die Arbeitslosigkeit stieg von 0,3 Prozent 1990 auf 16,7 Prozent 1994, und 2010 lag sie bei 12,9 Prozent, während die Realeinkommen 1990 um fast 25 Prozent zurückgingen.[128] Auch die Staaten, die einen graduellen Übergang wählten, blieben nicht von einem – zeitlich nur gestreckten – Einbruch der Wirtschaftsleistung um etwa ein Viertel verschont. Mitte der neunziger Jahre folgte eine zweite Welle der Rückschläge, mit der die Wege zwischen den Staaten Ostmitteleuropas (und innerhalb der Staaten zwischen Stadt und Land) wieder auseinandergingen. Am schlechtesten erging es Ländern wie Bulgarien und Rumänien, die Reformen weitgehend vermieden hatten, während Polen auf der Basis einer effizienteren Wirtschaftsorganisation Mitte der neunziger Jahre wieder Zuwächse zwischen 5 und 7 Prozent erzielte und als einziges Land in Ostmitteleuropa keinen neuerlichen Einbruch erlebte. Ob die Gründe dafür in der Schocktherapie oder in ihrer Abmilderung durch die postkommunistische Regierung ab 1993 lagen, ist eine umstrittene Frage. Jedenfalls schaltete Polen, die «positive Überraschung» der neunziger Jahre, in einer «zweiten Reformära» unter Balcerowicz Ende der neunziger Jahre noch einmal auf beschleunigte Privatisierungen, eine Pensionsreform und eine Restrukturierung des Kohlebergbaus um.[129]

Dieser ökonomische Transformationsprozess wurde von Wanderungsbewegungen aus den Ländern Ostmitteleuropas nach Westen begleitet, die zwischen 2005 und 2012 etwa 200 000 Menschen jährlich zählten. Viele Polen gingen in das Vereinigte Königreich, nach Irland und Skandinavien. Die Einwohnerzahl Bulgariens sank zwischen 2001 und 2011 von 8,1 auf 7,3 Millionen. Demgegenüber verzeichnete Tschechien einen positiven Wanderungssaldo. Jedenfalls ist die massive Zuwanderung von billigen Arbeitskräften aus den neuen in die alten EU-Mitgliedstaaten nicht eingetreten; unterdessen fand eine Welle der Zuwanderung aus Osteuropa nach Ostmitteleuropa statt.[130]

Zugleich vollzogen sind Entwicklungen, die für sich modernisierende Staaten typisch sind: In Tschechien stieg die Lebenserwartung zwischen 1989 und 2008 – im Gegensatz zu Russland, wo sie stagnierte – um fünf bis sechs Jahre, während die Geburtenrate sank und das Bildungsniveau sowie die Einkommensunterschiede zunahmen. In Polen stieg das Pro-Kopf-Einkommen zwischen 2003 und 2013 von 43 auf 63, in der Slowakei von 49 auf 71 Prozent des Durchschnitts der alten EU-15-Länder, in Ungarn allerdings lediglich von 55 auf 62 Prozent; Slowaken und Polen konnten ihre Einkommen in Euro gemessen mehr als verdoppeln, wobei die Aufholdynamik wie in den neuen Ländern in Deutschland nach einigen Jahren nachließ. Die Slowakei und Slowenien, Estland, Lettland und Litauen wurden zudem Mitglieder der Europäischen Währungsunion.[131]

Kapitalzuflüsse und die Zunahme des Handels öffneten die ostmitteleuropäischen Volkswirtschaften nach Westen und etablierten neue Abhängigkeiten. Sie machten sich in der Weltfinanzkrise nach 2008 bemerkbar, die besonders Ungarn und die baltischen Staaten sehr hart traf und Direktinvestitionen westeuropäischer Unternehmen in Osteuropa zum Erliegen brachte. Allein Polen ging gestärkt aus der Finanzkrise hervor, nachdem die polnische Zentralbank seit 2001 eine vorsichtige Geldpolitik und Restriktionen gegen einen übermäßigen Anstieg von Hypothekenkrediten betrieben hatte.[132] Die Probleme im Gefolge der Finanzkrise waren freilich ebensowenig ein spezifisch ostmitteleuropäisches Phänomen wie der Umstand, dass die Konsumausgaben schneller wuchsen als die Produktivitätsgewinne; die daraus folgenden Haushaltsdefizite wiesen auch andere EU-Staaten auf. Die Probleme seit 2010 gruppierten sich nicht entlang der Ost-West-Achse, sondern entlang einer neu-alten Trennlinie zwischen Nord und Süd.

Vor dem Hintergrund schwierigster Ausgangsbedingungen ergab sich eine gemischte Bilanz. Die postkommunistischen EU-Staaten hatten grundsätzlich eine ökonomische Liberalisierung und Stabilisierung erreicht. Vor allem in Polen, in Tschechien und in der Slowakei gründete die Entwicklung auf verlässlichen Institutionen, der Teilhabe relativ breiter Bevölkerungsschichten und dem Vertrauen in die Zukunft des Landes.[133] Die postkommunistischen Transformationsgesellschaften erzielten, in unterschiedlichem Maße, erhebliche Wohlstandszuwächse, aber keine Konvergenz mit Westeuropa. Allerdings bestand dieses Problem bereits vor 1945 und erst recht vor 1990; die Wohlstandsspaltung Europas war mithin keine Folge des EU-Beitritts, sondern hatte eine doppelte historische Tradition. Zugleich verlief die Entwicklung in diesen Staaten erheblich günstiger als in denjenigen Staaten Ostmitteleuropas, die nicht Mitglieder der Europäischen Union wurden – wie Weißrussland und die Ukraine, wo ebenso wie in Russland ein Oligarchenkapitalismus ohne tragfähige demokratische Institutionen entstand. Der Beitritt zur EU machte also einen wesentlichen Unterschied in der Bilanz aus. Zum einen profitierten die Beitrittsstaaten von Transferzahlungen für Strukturhilfen und Subventionen, zum anderen setzte der Beitritt den Anreiz, bestimmte Ziele zu erreichen, wirtschaftlich ebenso wie politisch.

Die politische Bilanz

Die Transformation kommunistischer Staaten ohne aktive Bürgergesellschaft in Demokratien stellte ein fundamentales institutionelles und politisch-kulturelles Problem dar. Alle Staaten Ostmitteleuropas erhielten neue Verfassungen, in denen Demokratie, Rechtsstaatlichkeit und Marktwirtschaft als zentrale Elemente verankert waren. Dass der EU-Beitritt demokratische Standards zur Voraussetzung hatte, beförderte die Etablierung von Demokratien und Rechtsstaaten. Was auf den ersten Blick wenig spektakulär aussehen mag, machte einen schlagenden historischen Unterschied zur Zwischenkriegszeit aus.[134]

Probleme gab es nach vollzogenem Beitritt mit der Einhaltung der Spielregeln. Wie im Ökonomischen waren auch hier die Verhältnisse sehr unterschiedlich.[135] Die Schwierigkeiten ergaben sich aus dem Mentalitätswandel und der politischen Kultur. Die geringe Bereitschaft zur politischen Partizipation war ein Erbe der Parteidiktaturen und zugleich die Ursache für fehlendes Parteien- und Institutionenvertrauen. Ob Ungarn, Polen, Litauen oder Lettland, überall maßen Umfragen starkes Misstrauen gegenüber Parlamenten und Regierungen und somit niedrige Zufriedenheit mit der Realität der Demokratie. In allen osteuropäischen Transformationsstaaten waren mithin politisch-kulturelles Krisenpotential und Anfälligkeiten für nichtdemokratische Verheißungen angelegt, die allerdings nicht durchschlugen.

Instabile Parteien und häufige Regierungswechsel – die durchschnittliche Amtsdauer der Regierungschefs zwischen 1990 und 2008 betrug 2,4 Jahre[136] – hatten damit zu tun, dass sich die politischen Konfliktlinien verschoben. Verliefen sie zunächst zwischen Vertretern der alten Diktaturen und Reformern, lagen sie bald – und das war nicht deckungsgleich – zwischen radikalen Marktwirtschaftlern und Etatisten. Hinzu kamen ethnische Konfliktlinien. Das lettische Staatsbürgerschaftsgesetz 1994 verlieh die «automatische Staatsbürgerschaft» an alle Personen, die vor 1940 in Lettland gelebt hatten, und an deren Nachkommen. Damit wurden die ethnischen Russen, und somit 40 Prozent der Bevölkerung, ausgeschlossen; 1998 wurde das Gesetz gelockert, aber um 2010 waren noch immer 15 Prozent der Einwohner Lettlands staatenlos. In Bulgarien eröffnete sich eine Konfliktlinie gegenüber mindestens 9 Prozent ethnischen Türken und 4 Prozent Roma.[137]

Als grundsätzlich stabil erwiesen sich die Parlamente, freie Wahlen und die *rule of law*. Allerdings etablierte sich verschiedentlich eine «Schattenrechtsordnung nichtstaatlicher, privater und krimineller Selbsthilfe». Eine verbreitete, aber schwer bezifferbare Korruption und Klientelismus herrschten insbesondere in der Privatisierung vormaligen Staatseigentums, vor allem in Rumänien und Bulgarien – ganz abgesehen von Russland und der Ukraine. Einschränkungen der Medienfreiheit waren in der Slowakei, in Bulgarien und Rumänien und insbesondere in Ungarn zu beobachten, wo ein Mediengesetz Ende 2010 die staatliche Aufsicht verstärkte.[138] In Ungarn stellte sich die Frage, wohin die neue Verfassung von 2012, mit der exekutive Elemente zu Lasten demokratischer Mitbestimmungsrechte gestärkt wurden, und Einschränkungen des Minderheitenschutzes führten. Und was bedeutete es, dass 2010 der 4. Juni, der Tag des als demütigend empfundenen Friedensschlusses von Trianon 1920, zum neuen Nationalfeiertag erklärt wurde? Machte Ungarn, das ohnehin einen besonderen Blick auf die außerhalb der Landesgrenzen lebenden Ungarn hatte, einen neuen irredentistischen Nationalismus zur Staatsdoktrin? Die Einschätzungen dazu fielen kontrovers aus, jedenfalls führten diese Entwicklungen zu einer Verschiebung der Spielregeln der parlamentarischen Demokratie zu Nutzen der regierenden Exekutive und zu Lasten der Freiheit oppositioneller Gruppen in einer sehr konfrontativen, wenig konsensorientierten politischen Kultur. Ähnliche Diskussionen entzündeten sich nach dem Wahlsieg der nationalkonservativen PiS-Regierung 2015, in dessen Folge die Europäische Union ein Rechtsstaatsverfahren zur Überprüfung der geplanten Reform des Verfassungsgerichts einleitete.[139] All dies zeigte Probleme demokratischer Konsolidierung an.

Die Bilanz hängt immer auch von den Maßstäben ab. Im historischen und politischen Vergleich lässt sich feststellen, dass außerhalb der Europäischen Union – von der Ukraine und Weißrussland über Russland und Georgien bis Kasachstan – keine ähnlich konsolidierten postkommunistischen Demokratien entstanden. In der Zwischenkriegszeit nach 1919 hatte sich die Mehrzahl der ostmitteleuropäischen Staaten innerhalb weniger Jahre in autoritäre Staaten oder Diktaturen mit erheblichen Gewaltpotentialen verwandelt. Die Stabilisierung in Ostmitteleuropa nach 1990 und der Beitrag der Europäischen Union zugunsten von Frieden und Demokratie, Rechtsstaatlichkeit und Minderheitenschutz stellen vor diesem Hintergrund eine herausragende historische Leistung dar. Dabei zog die Westorientierung der ostmitteleuropäischen Staaten im Osten eine neue Grenze der Europäischen Union zur Ukraine, zu Weißrussland und zu Russland. Diese Konfliktlinie baute sich nach 2008 als unerwartet drastische militärisch-politische Herausforderung für die Europäische Union auf.

Ein anderes grundsätzliches Problem erlebte sie mit dem Umstand, dass die Maßnahmen, um die Aufnahme zu erreichen, substantieller ausfielen als die Einhaltung dieser Kriterien nach erfolgtem Beitritt, weil die Anreize der EU für den Beitritt größer sind als die Möglichkeiten, die Beachtung der Spielregeln danach durchzusetzen. Dieses Phänomen war auch bei der Währungsunion zu beobachten.

5. Europa III? Die Euro-Schuldenkrise

Das Pendant zur Erweiterung war die Vertiefung. Mit dem «festen Willen, die Grundlagen für einen immer engeren Zusammenschluss der europäischen Völker zu schaffen»[140], war sie bereits in den Römischen Verträgen angelegt – dabei lautete die englische Formulierung von Anfang an *an ever-closer union*, während im Deutschen aus dem «immer engeren Zusammenschluss» von Rom in Maastricht die «Schaffung einer immer engeren Union der Völker Europas» wurde. Sie wurde nach Maastricht auf dem Wege dreier weiterer größerer Vertragsänderungen von Amsterdam 1997, Nizza 2001 und Lissabon 2007 in Angriff genommen, wodurch ein zunehmend unüberschaubares Sammelsurium von einzelnen Regelungen entstand.

Um diese zu vereinheitlichen, wurde ein europäischer Verfassungskonvent einberufen, der am 29. Oktober 2004 in Rom einen europäischen Verfassungsvertrag unterzeichnete. Dass er die Europäische Union in eine eigene Rechtspersönlichkeit verwandelte, rief eine Kontroverse in den Mitgliedsländern hervor, und im Mai und Juni 2005 wurde der Verfassungsvertrag per Volksabstimmung in Frankreich und den Niederlanden abgelehnt. Die Abstimmungsergebnisse mochten vorwiegend innenpolitische Gründe haben, jedenfalls bedeuteten sie einen Rückschlag für die europäische Integration.

Die Staats- und Regierungschefs verordneten sich daraufhin eine «Denkpause», während sie in Wahrheit – nach dem Muster von Krise und *relance* – einen Neuansatz vorbereiteten. Er schlug sich 2007 im Vertrag von Lissabon nieder, der wesentliche Bestimmungen des Verfassungsvertrags übernahm, allerdings ohne die Elemente der Staatlichkeit. Das Amt eines europäischen Präsidenten wurde durch einen permanenten EU-Ratspräsidenten ersetzt, eine hybride Bildung aus intergouvernementaler und supranationaler Institution, die in einem Konkurrenzverhältnis zu den Staats- und Regierungschefs einerseits und zum Präsidenten der Europäischen Kommission andererseits stand. Weichenstellend wirkt sich nach der Einrichtung neuer Institutionen ihre konkrete Ausgestaltung durch die ersten Amtsinhaber aus – das Paradebeispiel dafür war die Ausgestaltung der Ämter von Bundeskanzler und Bundespräsident und ihr Zusammenspiel durch Theodor Heuss und Konrad Adenauer in der Bundesrepublik nach 1949. Charakteristisch für die Europäische Union war, diese Ämter nicht mit starken Persönlichkeiten, sondern mit Konsens- und Kompromisslösungen wie dem belgischen Premierminister Hermann van Rompuy zu besetzen. Dasselbe gilt für das neu geschaffene Amt des «Hohen Vertreters der Union für die Außen- und Sicherheitspolitik» – inoffiziell dem europäischen Außenminister –, das mit der außen- und sicherheitspolitisch unerfahrenen Lady Catherine Ashton besetzt wurde.

«... darf nicht so verwirklicht werden ...»

Diesmal wurden außer in Irland (wo im ersten Durchgang eine Mehrheit dagegen, im zweiten dann dafür stimmte) sicherheitshalber keine Volksabstimmungen abgehalten. Erneut wurde aber in Deutschland das Bundesverfassungsgericht angerufen, das mit dem «Lissabon-Urteil» vom 30. Juni 2009 die grundsätzliche Vereinbarkeit des Lissabon-Vertrags mit dem Grundgesetz feststellte.[141] Allerdings machte das Urteil grundlegende Vorbehalte und die verfassungsrechtlichen Grenzen einer weiteren europäischen Integration deutlich: «Die europäische Vereinigung auf der Grundlage einer Vertragsunion souveräner Staaten darf nicht so verwirklicht werden, dass in den Mitgliedstaaten kein ausreichender Raum zur politischen Gestaltung der wirtschaftlichen, kulturellen und sozialen Lebensverhältnisse mehr bleibt. Dies gilt insbesondere für Sachbereiche, die die Lebensumstände der Bürger, vor allem ihren von den Grundrechten geschützten privaten Raum der Eigenverantwortung und der persönlichen und sozialen Sicherheit prägen, sowie für solche politischen Entscheidungen, die in besonderer Weise auf kulturelle, historische und sprachliche Vorverständnisse angewiesen sind, und die sich im parteipolitisch und parlamentarisch organisierten Raum einer politischen Öffentlichkeit diskursiv entfalten.»

Das Urteil zog scharfe Kritik auf sich, es sei einem antiquiert nationalstaatlichen Denken verhaftet.[142] Tatsächlich verfolgte es eine explizit demokratietheoretisch begründete Argumentation. Ihr ging es um die Repräsentationsprobleme der Stimmengewichtung und des Wahlrechts zum Europäischen Parlament, die dem Gleichheitsgrundsatz widersprechen. Außerdem ist die demokratische Legitimationskette vom Wähler zum nationalen Parlament zu den nationalen Regierungen auf der letzten Stufe zum Rat durchbrochen – die Legitimation des Europäischen Rats innerhalb der Europäischen Union entspricht der des Bundesrats in der Bundesrepublik, in der die Länderregierungen gerade nicht als Bundesregierung gewählt und legitimiert sind.

 Das Verfassungsgericht berief sich freilich nicht nur auf institutionelle verfassungsrechtliche Regelungen. Vielmehr verfolgte es einen breiteren Ansatz von Demokratie, indem es vor allem auf die fehlende politisch-demokratische Öffentlichkeit verwies, durch die sich Demokratie erst konstituiert. Daher bekräftigte es die Europäische Union als «Staatenverbund», d. h. als «eine enge, auf Dauer angelegte Verbindung souverän bleibender Staaten, die auf vertraglicher Grundlage öffentliche Gewalt ausübt, deren Grundordnung jedoch allein der Verfügung der Mitgliedstaaten unterliegt und in der die Völker [...] der Mitgliedstaaten die Subjekte demokratischer Legitimation bleiben.» Eine weitere Integration, das war die in die Zukunft weisende Botschaft, sei nicht auf dem Weg des «Integrationssogs» legitimiert, sondern nur durch explizite Willensentscheidung des deutschen Volkes. Das Urteil wurde als Stoppschild für eine weitere Verselbständigungsdynamik des europäischen Integrationsprozesses verstanden. Weniger als ein Jahr später stellte sich ebendiese Frage in ganz neuer Dringlichkeit, als die Euro-Schuldenkrise über die Europäische Währungsunion hereinbrach.

Showdown in Brüssel

Er habe es satt, dass alle Treffen verspätet begännen, weil sich zuvor kleine Runden auf den Fluren oder hinter verschlossenen Bürotüren träfen und er aus den Medien erfahre, was eigentlich los sei. Mit einem geharnischten Protest eröffnete der luxemburgische Premierminister Jean-Claude Juncker den Sondergipfel, zu dem die Staats- und Regierungschefs der Eurozone am Freitag, dem 7. Mai 2010, kurzfristig in Brüssel zusammengekommen waren. Die Nerven lagen blank. An den Finanzmärkten waren die Renditen griechischer Staatsanleihen durch die Decke gegangen; Griechenland bekam kein Geld mehr, während der Interbankenmarkt praktisch zum Erliegen gekommen war, und zugleich standen auch Portugal und Spanien vor zunehmenden Schwierigkeiten.

So überliefert Peter Ludlow, der Verfasser der Berichte über jeden europäischen Gipfel und Brüsseler Insider, den Beginn jener ebenso dramatischen wie weichenstellenden Sitzung,[143] als EZB-Präsident Jean-Claude Trichet ein Menetekel an die Wand schrieb, das keiner weiteren Erklärung bedurfte: «Lehman». Die Europäische Union könne explodieren, warnte der französische Präsident Nicolas Sarkozy und schlug drastische Maßnahmen vor: einen permanenten Rettungsmechanismus ohne parlamentarische Zustimmung in den Einzelstaaten und den Ankauf von Staatsanleihen durch die EZB. Ob es der gleich mehrfache Verstoß gegen die Unabhängigkeit der

EZB und das Verbot monetärer Staatsfinanzierung, gegen die Haftungsausschlüsse und die demokratische Legitimation europäischer Hoheitsbefugnisse sowie das Prinzip der begrenzten Einzelermächtigung war – der zypriotische Präsident schlug vor, sich ein paar Tage Zeit zu nehmen und in Ruhe zu überlegen, woraufhin ihn die deutsche Bundeskanzlerin zurechtwies: «Wir haben keine paar Tage. Wir müssen zeigen, was wir vorhaben, bevor die Märkte am Montag öffnen.» Und zu Trichet gewandt, so Ludlow: «Wir haben völliges Vertrauen, dass Sie tun werden, was Sie tun müssen» – was sich als eindeutige Aufforderung verstehen ließ.

Am Ende garantierte die Runde europäische Kredite über insgesamt 500 Milliarden Euro. Die Währungsunion von Maastricht war in wesentlichen Teilen außer Kraft gesetzt. Sie hatte kaum zehn Jahre überdauert. Wie war es dazu gekommen?

Der Weg in die Euro-Schuldenkrise

Aus deutscher Sicht stand der Start des Euro unter keinem günstigen Stern. Zum einen ging die Bundesrepublik mit einer relativ hohen Parität der D-Mark zum Euro in die Währungsunion, womit sie den Partnern einen Vorteil und dem deutschen Export einen Nachteil verschaffte. Zum anderen litt sie unter den Folgelasten der Wiedervereinigung; Wachstumsschwäche und hohe Arbeitslosigkeit ließen Deutschland vor allem zwischen 2002 und 2004 als den kranken Mann Europas dastehen.[144]

Aus deutscher Sicht haben zwei Geschichten hier ihren Ursprung: die der erfolgreichen Reformen und die vom gebrochenen Stabilitätspakt. 2003 vollzog die rot-grüne Bundesregierung mit der Agenda 2010 eine scharfe Wende hin zu Strukturreformen des Arbeitsmarktes und der Sozialsysteme.[145] Dies entsprach der inneren Logik der Währungsunion: Nachdem die Anpassung der Wechselkurse als Ausgleichsmechanismus volkswirtschaftlicher Ungleichheiten entfallen war, blieben nur innere Anpassungen zur Steigerung von Produktivität und Wettbewerbsfähigkeit. Darin lag der erste Nutzen der Währungsunion für die Bundesrepublik: Der Anpassungsdruck aufgrund der hohen Einstiegsbewertung führte zu einer erheblichen Verbesserung der deutschen Wettbewerbsfähigkeit. Damit kam der zweite Nutzen zum Tragen: Fixe Wechselkurse wirkten als Exportkatalysator innerhalb der Eurozone.

Die zweite Geschichte klingt anders. Schon 2001, erneut 2002 und wieder 2003 erfüllte Deutschland das 3-Prozent-Kriterium für die maximale Neuverschuldung nicht und verfehlte es 2003 gar mit 4,1 Prozent.[146] Im November 2003 unternahmen die deutsche und die ebenfalls betroffene

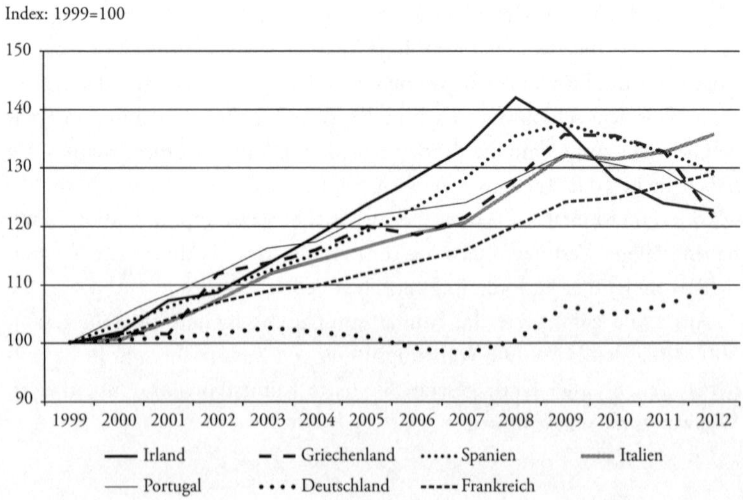

Entwicklung der nominalen Lohnstückkosten in ausgewählten europäischen Ländern, 1999 bis 2012

französische Regierung eine gemeinsame Initiative, um die Sanktionsmechanismen des Stabilitätspakts zu suspendieren. Der Europäische Rat verzichtete auf die vertraglich vorgesehenen Maßnahmen und setzte das Defizitverfahren aus. Daraufhin rief die Europäische Kommission den Europäischen Gerichtshof an, der sich jedoch zurückhaltend verhielt, zumal sich abzeichnete, dass Deutschland unter die Defizitgrenze zurückkehren würde. Nichtsdestoweniger war der Präzedenzfall geschaffen; die sanktionsbewehrten Regeln der Währungsunion waren außer Kraft gesetzt.[147] Beide Geschichten machen das Doppelgesicht der Regierung Schröder aus: eine nachhaltige Reformpolitik in Deutschland und die folgenreiche Außerkraftsetzung des europäischen Stabilitätspaktes.

Im März 2005 fasste der Rat der Wirtschafts- und Finanzminister den Beschluss zur «Verbesserung der Umsetzung des Stabilitäts- und Wachstumspakts».[148] Das Konzept des annähernden Haushaltsausgleichs wurde durch länderspezifische «mittelfristige Haushaltsziele» ersetzt, die Ausnahmetatbestände für die Überschreitung des 3-Prozent-Referenzwertes erweitert und die Fristen im Defizitverfahren verlängert. Die Bundesbank monierte, die Anpassung an das gelockerte Finanzgebaren der Mitgliedstaaten bedeute eine erhebliche Schwächung des Regelwerks und beschwöre die Gefahr herauf, «dass Haushaltsdefizite und Schuldenquoten mittel- bis langfristig noch zunehmen». Risiken für die künftige Stabilitätspolitik hatte die Bundesbank ja bereits bei der Auswahl der Teilnehmerstaaten 1998 ahnungsvoll angemahnt, und sie nahmen noch zu, als Griechenland der Währungsunion 2001 aufgrund falscher Daten mit nicht erfüllten Konvergenzkriterien beitreten konnte.[149]

Die mangelnde Verbindlichkeit des Konsenses von Maastricht in Verbindung mit den Mechanismen liberalisierter Finanzmärkte prägte die weitere Entwicklung. Der Wegfall des Wechselkursrisikos und die Bonität der Hartwährungsländer innerhalb des Euro führten zu einem erheblichen Zinsrückgang im Olivengürtel, so die etwas augenzwinkernde Bezeichnung für Griechenland, Spanien, Portugal, Italien, Zypern und auch Frankreich im Englischen. Deren Kreditaufnahmen vor allem bei den Banken in den reicheren Ländern der Eurozone wurden durch den Umstand begünstigt, dass erweiterte Finanzierungsmöglichkeiten auf liberalisierten Finanzmärkten den Zugang zu Krediten erleichterten.[150]

Ein überreichlicher Kapitalzustrom konterkarierte unterdessen das Vertrauen in die Marktmechanismen bei Einführung des Euro, dass nämlich Verschuldung zu hohen Zinsen führe und diese wiederum zu einer Politik der Haushaltskonsolidierung zwingen würden. Stattdessen baute sich eine wachsende kurzfristige Verschuldung im Ausland auf. 1998 war durchschnittlich ein Fünftel der Verschuldung der EU-Staaten im jeweiligen Ausland plaziert. 2008 wurden 60 Prozent der portugiesischen, 50 Prozent der spanischen und griechischen und über 40 Prozent der italienischen Schulden von Ausländern gehalten; das machte den Unterschied zu Japan aus, dessen hohe Verschuldung vor allem im Inland aufgenommen war.[151]

Mit diesen Krediten stiegen zugleich die Haushaltsdefizite. Das griechische Defizit lag vom Beitritt zur Währungsunion bis 2007 (bei unzuverlässigen griechischen Datenmeldungen) zwischen 4,5 und 7,5 Prozent jährlich, in Portugal zwischen 3,3 und 6,2 und in Italien zwischen 3,1 und 4,2 Prozent. Auch in Deutschland betrug das jährliche Haushaltsdefizit von 2001 bis 2005 zwischen 3,1 und 4,1 Prozent, ging aber 2006 deutlich unter 3 Prozent zurück und 2007 gar in einen Überschuss über.[152] Das Problem wurde noch verstärkt durch eine laxe Vergabe der Mittel und die Fehlallokation von Kapital durch Investitionen in wenig rentable Projekte – in Spanien, auch in Irland flossen die vergebenen Kreditmittel in das private Bau- und Immobiliengewerbe, in Portugal in eine hohe Auslandsverschuldung der Banken und Privatunternehmen und in Griechenland und Italien in die Finanzierung der Staaten und ihrer Sozialpolitik.

 Während die Lohnstückkosten in Deutschland nach Angaben der OECD zwischen 1998 und 2007 um 10 Prozent sanken (und sich die Wettbewerbsfähigkeit entsprechend verbesserte), nahmen sie in Italien um 34 Prozent zu.[153] Zugleich ging der Anreiz für Strukturreformen zurück. Frankreich zum Beispiel hatte in den neunziger Jahren erhebliche Anstrengungen unternommen, um den Haushalt zu konsolidieren und die Konvergenzkriterien zu erfüllen, und damit auch seine Wettbewerbsfähigkeit gesteigert. Mit dem Start der Währungsunion aber machte sich der Gedanke breit, wie es der vormalige Finanzminister Edmond Alphandéry formulierte, Frankreich «befinde sich nun in einer komfortableren Welt»[154].

So baute sich das europäische Schuldenproblem auf, und es wurde akut, als es auf die Probleme der globalen Finanzmärkte traf. Die *Subprime*-Krise stieß 2007 die Teufelsspirale von sinkender Liquidität, steigenden Zinsen und Rezession an. Am 9. Dezember 2009 platzte die zweite Blase. Die Ratingagentur Fitch stufte die Kreditwürdigkeit Griechenlands herab, dessen Refinanzierungskosten stiegen an, und Ministerpräsident Papandreou verkündete die drohende Insolvenz Griechenlands. Da die Möglichkeit der Wechselkursanpassung nicht mehr bestand, wurden die Probleme mitten in die Währungsunion hineingeleitet. 2010 drohte der Euro zu scheitern.

War die Währungsunion eine Fehlkonstruktion?

Wo lagen nun die entscheidenden Ursachen der Krise – in Konstruktionsfehlern der Währungsunion, in der Politik einzelner Staaten, bei Banken und Märkten, oder war die Euro-Schuldenkrise nur die Fortsetzung der Weltfinanzkrise? Die These hier ist: Es waren in erster Linie institutionelle und politisch-kulturelle Defizite der Währungsunion – mangelnde Ausgleichsmechanismen für volkswirtschaftliche Ungleichgewichte sowie mangelnde institutionelle Mechanismen und mangelnder politischer Wille zur Einhaltung der Regeln – in Verbindung mit dem Problem überhöhter Staatsverschuldung.[155]

Oftmals wird angeführt, dass die Wirtschafts- und Währungsunion in Maastricht nicht von einer politischen Union begleitet wurde. Allerdings bleibt unklar, was mit einer solchen gemeint ist; und ebenso unklar ist, ob ein parlamentarisierter europäischer Bundesstaat die Probleme vermieden hätte. Ähnlich stellt sich auch für eine Fiskalunion die Frage, ob eine supranationale Einnahmen- und Ausgabenpolitik stabiler wäre als koordinierte einzelstaatliche Politiken.[156]

Dem Stabilitäts- und Wachstumspakt fehlte es an funktionsfähigen

Sanktionsmechanismen und an einer glaubwürdigen Ultima Ratio; ein Austritt oder ein Ausschluss aus der Währungsunion war vertraglich gar nicht vorgesehen. Zusätzlich geschwächt durch die Aussetzung des Defizitverfahrens gegen Deutschland und Frankreich 2003 und die Aufweichung im Jahr 2005, war das Regelsystem des Stabilitätspakts kein Instrument, um übermäßige Staatsverschuldung zu vermeiden.[157] Unter diesen Rahmenbedingungen und durch politisches Handeln (bzw. Nichthandeln) wuchs stattdessen die öffentliche und private Verschuldung in den Ländern des Olivengürtels, die zugleich an Wettbewerbsfähigkeit verloren.[158] Die bei der Einführung des Euro festgestellte Konvergenz erwies sich nach wenigen Jahren als nicht nachhaltig. Während in den Südländern eine Konsumblase entstand, nahm die strukturelle Diskrepanz gegenüber den nördlichen Ländern zu. Für diese volkswirtschaftlichen Ungleichgewichte gab es in der Währungsunion keine Ausgleichsmechanismen.[159] Die Möglichkeit der Abwertung der eigenen Währung war mit der Währungsunion entfallen. Die vorgesehenen Instrumente, nämlich innere Reformen und Haushaltskonsolidierung, wurden von den Krisenstaaten angesichts des billigen Geldes nicht angewendet.

Die andere Seite der Ungleichgewichte war die Stärke vor allem der deutschen Volkswirtschaft nach den Reformen zu Beginn des 21. Jahrhunderts. Mit dem Wegfall der Möglichkeit zur Aufwertung der D-Mark war auch ein Ausgleichsmechanismus für ihre ökonomische Stärke entfallen. Sein Ersatz konnte entweder in erhöhtem Konsum, einer Erhöhung des Lohnniveaus und somit auch der Lohnstückkosten sowie Inflation in Deutschland oder in Transfers liegen. Beides war indessen problematisch. Transfers oder auch eine Vergemeinschaftung von Schulden widersprachen den geschlossenen Verträgen, während eine systembedingte Erhöhung der Inflation die systemkonform verbesserte Wettbewerbsfähigkeit Deutschlands nicht nur in Europa, sondern auch im globalen Wettbewerb wieder geschwächt und zugleich den Krisenstaaten mangels Exportfähigkeit wenig Vorteile erbracht hätte.

Hinzu kam eine weitere unvorhergesehene Folge der Währungsunion in Verbindung mit den liberalisierten Finanzmärkten. Da das Risiko der Wechselkursschwankungen entfallen war, gingen deutsche Kapitalexporte nicht nur als Gewinnanlagen von Unternehmern und Privathaushalten, sondern systematisch auch als Kapitalanlagen von Banken, Fonds und Versicherern ins Ausland. So wuchsen die deutschen und die niederländischen Handelsbilanzüberschüsse auf der einen Seite und die Handelsbilanzdefizite in Spanien, Frankreich, Griechenland und Italien auf der anderen. An die Stelle des früheren Wechselkursrisikos für die Exportwirtschaft trat das Kreditrisiko für die Schuldner, und es koppelte die Europäische Währungsunion an die liberalisierten Finanzmärkte mit ihren gestiegenen Volumina umlaufenden Kapitals samt ihren Volatilitäten und Dysfunktionalitäten: die Bereitschaft von renditeorientierten Banken zur Finanzierung von nicht nachhaltigen Objekten und Staatsschulden, die wiederum von staatlicher Seite gefördert wurde, niedrige Zinsen, die ihre Signalfunktion für die Märkte verloren, und Ausschläge aufgrund kurzfristiger Markterwartungen mit allen Mechanismen kollektivpsychologischer Irrationalitäten.

Entgegen ihren Erwartungen wurde die Europäische Währungsunion somit anfällig für externe Schocks. Die Finanzkrise in den USA war der Auslöser, die Euro-Schuldenkrise war die zweite Welle.

Griechische Alternativen

Die Griechenland-Krise war, eindeutiger als die spanische oder insbesondere die irische Krise, die eher aus einem Finanz- und Immobiliencrash hervorgingen, eine Folge struktureller Staatsverschuldung. Zugleich warf sie grundsätzliche Fragen auf: Wie sollten Verluste und Haftung zwischen den Schuldnerstaaten bzw. ihren Einwohnern, den Eignern oder den Einlegern der Gläubigerbanken und den Gläubigerstaaten bzw. ihren Steuerzahlern verteilt werden? Außerdem war der Umgang mit der griechischen Krise paradigmatisch für die gesamte Eurozone. Das Dilemma war, dass sich die Einhaltung der Verträge und die Funktionsfähigkeit der Währungsunion *rebus sic stantibus* nicht miteinander vereinbaren ließen.

Grundsätzlich boten sich drei Alternativen. Konsequent das Prinzip der Selbstverantwortung im Sinne der Währungsunion von Maastricht anzuwenden, hätte bedeutet, dass Griechenland die Währungsunion hätte verlassen müssen, wie Bundeskanzlerin Merkel in einem frühen Stadium der Krise andeutete.[160] Allerdings war dieser Fall vertraglich nicht vorgesehen. Und vor allem kursierte unter den Staats- und Regierungschefs die Sorge vor einer Kettenreaktion und einem Überspringen der Vertrauenskrise auf andere europäische Krisenstaaten mit unabsehbaren Folgen – mit Trichets Wort: «Lehman». Jürgen Stark, bis 2011 Chefvolkswirt der Europäischen Zentralbank und aus Protest gegen die Euro-Rettungspolitik zurückgetreten, hielt das Szenario im Rückblick für überzogen; es habe sich um eine beherrschbare «abstrakte Gefahr» gehandelt, ein Zerfall des Währungsgebietes habe nicht wirklich gedroht.[161] Die griechische Krise eröffnete die einstweilen letzte Möglichkeit, eine grundsätzliche ökonomische Fehlentwicklung der Währungsunion von Maastricht zu revidieren – allerdings mit hohen Risikopotentialen; niemand kann wissen, ob die Krise nicht doch übergesprungen wäre. Ein Zusammenbruch der Eurozone und die politische Destabilisierung Europas aber hätten nicht nur das politische Herzstück der europäischen Integration seit den mittleren achtziger Jahren zerstört, sondern auch Deutschland isoliert, das ohnehin unter enormem Druck stand, die gegenteilige Option zu realisieren: eine energische gemeinschaftliche Krisenintervention, die Vergemeinschaftung der Schulden und umfangreiche Transfers, um die Marktdynamiken einzudämmen.

Internationale Makroökonomen übten scharfe Kritik an den deutschen Außenhandelsüberschüssen. Berlin müsse eine generöse deutsche Hilfsgeste ausreichen, um die europäischen Ungleichgewichte auszugleichen, so die zweite Option.[162] Auf bemerkenswerte Weise mischten sich dabei sachpolitische Argumente und ökonomische Eigeninteressen, wenn ein Marktteilnehmer wie der Investor George Soros, der das britische Pfund 1992 durch Devisenspekulationen aus dem EWS gezwungen und damit eine halbe Milliarde Dollar verdient hatte, öffentlich vehement für Eurobonds zur Rettung des Euro und eine politische Union Europas plädierte.[163]

Solche Vorschläge einer offenen Transferunion zielten auf eine andere Währungsunion, als sie vertraglich vereinbart worden war, und hätten die vom Bundesverfassungsgericht gezogenen Grenzen der europäischen Integration ohne demokratische Legitimation durch einen verfassunggebenden Akt überschritten. Ein Mittelweg lag daher – die dritte Möglichkeit – in Unterstützung und Krisenhilfen gegen Bedingungen und Auflagen zu Haushaltskonsolidierung und Strukturreformen, in pragmatischen Reparaturmaßnahmen an der Währungsunion unter Bewahrung und Bewehrung der Stabilitätsmechanismen. Auch diese Maßnahmen widersprachen Artikel 125 des Vertrags über die Arbeitsweise der Europäischen Union: «Ein Mitgliedstaat haftet nicht für die Verbindlichkeiten […] eines anderen Mitgliedstaats und tritt nicht für derartige Verbindlichkeiten ein». Um dem Karlsruher Vorbehalt zu begegnen, dass die deutsche Teilnahme an der Währungsunion weiterwirkend an die Voraussetzung der Stabilitätsorientierung gebunden sein sollte, argumentierte die Bundesregierung mit der Gefahr des Totalzusammenbruchs der Union.[164] Darüber hinaus legte sich Angela Merkel nach anfänglichem Zögern fest: «scheitert der Euro, dann scheitert Europa».[165] Damit war das Narrativ bestimmt: Es ging ums Ganze; Merkel erklärte die Rettungspolitik schlechterdings für «alternativlos».[166]

Rettungspolitik

Ende April 2010, schon vor dem dramatischen Gipfel von Brüssel, waren Griechenland bilaterale Hilfskredite über 80 Milliarden Euro zugesagt worden, auf völkerrechtlicher Basis und außerhalb des rechtlichen Rahmens der EU. So wurde auch die European Financial Stability Facility (EFSF) als Aktiengesellschaft nach luxemburgischem Recht mit Sitz in Luxemburg eingerichtet. Nach der Nacht von Brüssel beschloss der Ecofin-Rat am 9. Mai 2010 den Europäischen Finanzstabilisierungsmechanismus (EFSM), der nach Artikel 122 AEUV «aufgrund von Naturkatastrophen oder außergewöhnlichen Ereignissen» 60 Milliarden Euro zur Verfügung stellte, und mit dem EFSF zwischenstaatlich vereinbarte Kreditausfallbürgschaften von bis zu 440 Milliarden Euro, zu denen noch 250 Milliarden Euro des IWF hinzukamen.[167]

Das einmal mehr angerufene Bundesverfassungsgericht ließ diesen «Rettungsschirm» ebenso mit großer Skepsis passieren wie den im März 2011 beschlossenen Europäischen Stabilisierungsmechanismus (ESM)[168], mit dem die temporären Maßnahmen in einen dauerhaften Mechanismus zur Stabilisierung des Euro überführt wurden. Die Notfallmaßnahmen umfassten insgesamt 700 Milliarden Euro, davon 80 Milliarden Einlagen und 620 Milliarden Garantien. Waren ursprünglich Griechenland sowie Irland und Portugal betroffen gewesen, so spannte sich der Rettungsschirm nun auch über Spanien, Zypern und Slowenien.[169]

Als Pendant wurde im März 2012 vor allem auf deutsches Drängen der Fiskalpakt (Vertrag über Stabilität, Koordinierung und Steuerung in der Wirtschafts- und Währungsunion, SKS-Vertrag) geschlossen. Er übertrug die Kontrolle über die nationalen Fiskalpolitiken auf die europäische Ebene und verlangte vor allem die Übertragung der «Schuldenbremse» nach deutschem Vorbild in nationales Verfassungsrecht; zugleich war er die Voraussetzung für die Hilfen aus dem ESM. Bereits im Dezember 2011 war der Stabilitäts- und Wachstumspakt durch den sogenannten «Sixpack» reformiert worden, der das mittelfristige Ziel eines im Grundsatz strukturell ausgeglichenen Haushalts und den Abbau der Schuldenstandsquote auf einen Zielwert von 60 Prozent vorgab sowie ein abgestuftes und stärker automatisiertes Sanktionsverfahren bei übermäßigem Defizit und Geldstrafen für gefälschte Statistiken vorsah.

Als dritte Ebene neben Rettungsschirm und Fiskalpakt ersetzte die Europäische Zentralbank weggefallene Finanzierungsmöglichkeiten auf den Finanzmärkten. Sie gab Kredite an Banken der Peripherie aus, kaufte mit dem

Securities Markets Programme (SMP) Staatsanleihen auf dem Sekundärmarkt, dem Finanzmarkt zum Handel von bereits emittierten Wertpapieren, an, wie es die amerikanische Federal Reserve und die Bank of England (auf Primärmärkten) schon zuvor getan hatten, und betrieb zudem eine massive Niedrig-, schließlich gar Nullzinspolitik. Als sich die Krise 2011/12 dennoch weiter ausbreitete,[170] zündete EZB-Präsident Mario Draghi am 26. Juli 2012 in London die ganz große Kanone: «The ECB is ready to do whatever it takes to preserve the Euro.»[171] Was das konkret bedeutete, kündigte er am 6. September 2012 mit dem Outright-Monetary-Transaction-Programm (OMT) an: unbegrenzte Käufe von Staatsanleihen von Eurostaaten, die dem Rettungsschirm unterstanden, an Sekundärmärkten. Zunehmend verlagerte sich die Kriseninterventionspolitik innerhalb der Währungsunion auf die Europäische Zentralbank, und die Frage war, ob es sich noch immer um temporäre Notmaßnahmen oder um einen dauerhaften und strukturellen Verfassungswandel der Währungsunion handelte.

Wie fast immer in Fragen der Währungsunion und der Euro-Schuldenkrise gingen die Meinungen auseinander, innerhalb der Ökonomenzunft ohnehin, aber auch zwischen Ökonomen und Juristen. Die positive Einschätzung besagt, dass Draghis Notstandsmaßnahme der Ankündigung des OMT die drohende Insolvenz von Staaten verhindert, die Märkte beruhigt, Sicherheit gegenüber Staatsanleihen wiederhergestellt und die Übertreibungen der Renditen für Staatsanleihen an den Märkten korrigiert habe.[172] Mit ihrem Beitrag zur Sicherung der Währung habe die EZB die Voraussetzung für Preisstabilität gewährleistet und sei damit innerhalb ihres Mandats geblieben. Dazu habe die Ankündigung des Ankaufs von Staatsanleihen ausgereicht, ohne ihn realisieren zu müssen[173] – was die EZB 2015 in anderem Zusammenhang allerdings doch tat. Kritik äußerten demgegenüber Bundesbankpräsident Jens Weidmann, der ehemalige EZB-Chefvolkswirt Jürgen Stark und der ehemalige Bundesverfassungsrichter Paul Kirchhof. Die EZB überziehe ihr Mandat der Währungsstabilität, um Staaten und Banken zu stabilisieren, und betreibe damit eine Finanz- und Wirtschaftspolitik ohne parlamentarische Kontrolle. In funktionaler Hinsicht setze diese Politik Anreize für die betroffenen Regierungen, Reformen zu unterlassen.[174]

Diese unterschiedlichen Einschätzungen resultierten aus unterschiedlichen Logiken, die in der öffentlichen Debatte unverbunden nebeneinander standen. Ökonomische Perspektiven neigten entweder zur utilitaristisch-funktionalen Argumentation, das OMT-Programm habe die Märkte beruhigt. Oder sie sahen in der Politik der EZB einen fundamentalen ordnungspolitischen Regelverstoß. Die staatsrechtliche Kritik wiederum zielte darauf, dass die Rettungsmaßnahmen die Währungsunion (und mithin die Europäische Union) als Rechts- und Vertragsgemeinschaft untergrüben und zugleich die demokratisch legitimierte politische Herrschaft auf nationaler Ebene im Kernbereich der Budgethoheit unterhöhlten.[175] Eine historisch-genetische Perspektive wiederum nimmt das Zusammenspiel von ökonomischen, institutionellen und politisch-kulturellen Faktoren in den Blick: fehlende Ausgleichsmechanismen für volkswirtschaftliche Ungleichgewichte, ein Regelsystem ohne funktionsfähige Sanktionsmechanismen und die mangelnde Bereitschaft seiner Teilnehmer zur Einhaltung der Regeln, und dies in Verbindung mit dem Problem exzessiver Staatsverschuldung und unter den Bedingungen volatiler Märkte.

In der Krise zeigte sich, dass die Grundlagen der Währungsunion nicht trugen, weil die Unwuchten im System zu groß waren und nicht regulär ausgeglichen werden konnten. Die Frage, ob sich diese Währungsunion in ein stabiles und lebensfähiges System transformieren ließe, war aus politischer Sicht bereits die langfristige Perspektive. Kurzfristig ging es darum, den großen Crash zu verhindern und das System schlechterdings am Laufen zu halten.

Bilanzen und Optionen

Fünf Jahre «Rettungspolitik» veränderten die Währungsunion ebenso wie die Europäische Union. Mit der Krise verschoben sich die politischen Gewichte, und wie in jeder europäischen Krise nahmen zunächst die Staats- und Regierungschefs das Heft in die Hand.[176] Im Wechselspiel mit der europäischen Politik wuchs zudem die Europäische Zentralbank in die Rolle eines Schlüsselspielers an der Grenze ihres Mandats hinein.[177] Sie erwarb Staatsanleihen – Anfang 2015 beschloss sie zusätzlich, Wertpapiere und Staatsanleihen von Staaten der Währungsunion in einem Gesamtwert von über 1,1 Billionen Euro anzukaufen –, übernahm die Ausfallrisiken privater Banken, betrieb eine Politik niedrigster Zinsen und somit zugleich Konjunkturpolitik, und sie nahm die neu eingerichtete Bankenaufsicht an sich. Durch die Aufsicht über den reformierten Stabilitätspakt gewann schließlich auch die Kommission, die zunächst hinter den Rat hatte zurücktreten müssen, wieder an Kompetenzen hinzu.

Die Staats- und Regierungschefs gewannen in der Krise an Bedeutung, wobei es sich genau genommen um die Staats- und Regierungschefs der Eurozone handelte. Die Verhältnisse waren kompliziert; den Fiskalpakt unterzeichneten die Euroländer, in abgestufter Form auch die Nichteuroländer Schweden, Dänemark, Polen, Ungarn, Rumänien und Bulgarien, nicht aber Großbritannien, Tschechien und Kroatien. Der ESM ist hingegen ein Instrument der Eurozone. Insgesamt vergrößerte die Euro-Schuldenkrise die Distanz zwischen der Eurozone und der restlichen Europäischen Union.

Wollte man fast zwanzig Jahre nach ihrem Start eine Zwischenbilanz der Währungsunion ziehen, so hatte sie verschiedene ihrer Gründungsziele erreicht: die Vergemeinschaftung der Geldpolitik anstelle der Vormacht der Bundesbank, die Erleichterung des Handels und der Finanzgeschäfte (wenn auch mit vielen Fehlallokationen, aber das war kein Sonderproblem der Währungsunion), eine nach außen stabile und starke Währung, und das Ziel der Preisstabilität hatte sie geradezu übererfüllt. Andere Ziele hatte sie hingegen nicht erreicht. Statt ökonomische Stabilität und äußere Unabhängigkeit zu gewinnen, hatte sie sich als anfällig für innere Fehlentwicklungen und externe Schocks erwiesen. Der Konvergenzprozess stellte sich als nicht nachhaltig heraus – der politische Wille zur Integration hatte die ökonomische Logik nicht auf Dauer bezwingen können. Schließlich hatten sich auch die Hoffnungen auf die Einbindung Deutschlands nicht erfüllt. Ob trotz oder wegen der Währungsunion – die wirtschaftliche Dominanz Deutschlands in Europa hatte noch zugenommen, während Frankreich substantiell an Wettbewerbsfähigkeit verloren hatte und erstmals seit 1945 auch politisch die gleiche Augenhöhe mit Deutschland zu verlieren drohte. Dass demgegenüber die Südländer über eine starke institutionelle Übermacht im Rat der EZB verfügten, sorgte für eine weitere Diskrepanz zwischen ökonomischer Potenz und politischer Macht.[178]

Mit der Krise brachen nicht nur die ökonomischen Differenzen, sondern auch politisch-kulturelle Divergenzen in längst überwunden geglaubter Schärfe auf. Die als Friedensprojekt geplante Währungsunion wurde zum europäischen Spaltpilz, bis hin zu gegenseitigen Schuldzuweisungen und neuen Dolchstoßlegenden. Die deutsche Seite beharrte auf den Regelsystemen und wurde dafür des «Legalismus» geziehen: «Auf die Verträge kommt es gar nicht an», hielt Jean Claude Juncker dagegen.[179] Die Mehrheitskultur innerhalb der Währungsunion setzte situativen Pragmatismus vor die Verbindlichkeit der Rechtsgemeinschaft.

Die Grundlagen der Währungsunion von Maastricht waren nach fünfzehn Jahren in wesentlichen Teilen außer Kraft. Ihr Selbstverständnis hatte sich von der Vertragsunion zur «Schicksalsgemeinschaft»[180] gewandelt. Die normativen Grundlagen der Währungsunion von Maastricht verschoben sich von Selbstverantwortung, soliden Staatsfinanzen und Wettbewerbsorientierung in Richtung Solidargemeinschaft und Haftungsunion, Vergemeinschaftung von Staatsschulden und expansiver Geldpolitik durch die EZB. Markierte diese Verschiebung den Übergang zu einer neuen Stufe der europäischen Integration – zu Europa III? Jedenfalls war eine hybride Konstruktion aus Regelsystem und situativen Krisenmaßnahmen ohne erkennbares Ziel entstanden.

So wenig die historische Logik der europäischen Integration für eindeutige Lösungen spricht, sind doch vier unterschiedliche Richtungen möglicher Entwicklungen zu erkennen. Die erste liegt in einer Auflösung der Währungsunion in der bestehenden Form, sei es durch den Austritt einzelner Staaten, die Einführung von Parallelwährungen oder die Formierung neuer kleinerer Währungsverbünde aus der Währungsunion heraus. Historisch wäre dies kein Novum; der Lateinischen Münzunion zwischen 1865 und 1927 war es ebenso ergangen wie dem Goldstandard, dessen Auflösung in den dreißiger Jahren die Voraussetzung für wirtschaftliche Erholung war.[181] Eine Auflösung der Währungsunion würde allerdings bedeuten, die Grundströmung des Integrationssogs umzukehren; zudem würde sie das politische Eingeständnis voraussetzen, das zentrale europapolitische Gemeinschaftsprojekt eines Vierteljahrhunderts zu revidieren. Dies alles scheint so lange unwahrscheinlich, wie es nicht durch massive Ereignisse von außen erzwungen wird. Zudem besagt die allgemeine historische Erfahrung, dass es kein einfaches Zurück gibt, etwa zum Vorabend des Gipfels von Hannover im Juni 1988. Auch dies war nicht die gute alte Zeit, vielmehr wurde auch das Europäische Währungssystem von starken ökonomischen und politischen Verwerfungen geschüttelt, die im 21. Jahrhundert angesichts veränderter Finanzmärkte wohl noch stärker ausfallen würden.

Die zweite Option, auf die der Stabilitätspakt zielt, liegt in der Bewehrung und der Einhaltung der Regeln. Dem entgegen steht freilich die Erfahrung, dass die Verschuldungsregeln strukturell nicht eingehalten werden.[182] Abgesehen vom deutschen Präzedenzfall von 2003, der zugleich einen Sonderfall darstellte, liegen ihr grundsätzliche politisch-kulturelle Differenzen innerhalb Europas zugrunde, etwa zwischen deutschem «Legalismus» und italienischem «Solidarismo», die bei der Einführung des Euro nicht ernst genommen wurden. Sie erwiesen sich aber als ebenso hartnäckig wie virulent und setzen das Regelsystem unter permanente inhärente Spannung. Auf die Einhaltung des Regelwerks zu vertrauen, setzt daher einen Kulturwandel voraus, der erfahrungsgemäß keine realistische Option ist.

Die dritte Option lautet «mehr Europa» hin zur «Souveränitätsübertragung auf europäische Institutionen», eine «gemeinschaftliche Haftung für Staatsanleihen des Euroraums» und eine vergemeinschaftete Finanz-, Wirtschafts- und Sozialpolitik[183] – der große Schritt hin zu einem europäischen Bundesstaat. Er hätte eine andere Qualität als die in den bisherigen Verträgen vereinbarte Europäische Union und würde daher eine neue europäische Vertragsgrundlage erfordern. Er würde nach Lage der Rechtsprechung des Bundesverfassungsgerichts auch die Notwendigkeit einer Volksabstimmung über eine neue Verfassung nach Artikel 146 GG in Deutschland aufwerfen, weil die Bundesrepublik durch diesen Schritt zum europäischen Bundesstaat den Charakter eines souveränen Staates verlöre. Ob ein neuer europäischer Vertrag und eine Volksabstimmung über eine neue Verfassung in Deutschland die erforderlichen Mehrheiten fänden, ist freilich zweifelhaft.

Zudem würde eine europäische Transferökonomie – die Übertragung innerstaatlicher Ausgleichssysteme wie etwa des deutschen Länderfinanzausgleichs auf die europäische Ebene, die in ihren Dimensionen und Proportionen weit über die Größenordnungen der deutschen Wiedervereinigung hinaus gingen – weitere grundsätzliche Fragen aufwerfen. Sie würde die Kosten für die Stärke der deutschen Exportindustrie, die vor der Währungsunion über Aufwertungen der D-Mark von der Industrie selbst getragen wurden, auf die Steuerzahler verlagern. Sie würde, nach allen Erfahrungen mit der Währungsunion, Anreize zur Steigerung der Wettbewerbsfähigkeit in den einzelnen Staaten konterkarieren, und sie würde zugleich die leistungsstarken Staaten in einem Maße belasten, das Europas globale Wettbewerbsfähigkeit wohl endgültig gefährdete.

Als vierte Option blieben Krisenmanagement und *muddle through*, Reparaturen im laufenden Betrieb, um die Maschine am Laufen zu halten – und die Hoffnung auf bessere Zeiten. Dies war die Krisenpolitik der Bundesregierung, die von allen Seiten kritisiert worden ist. Den Einen galt sie als zu nachgiebig gegenüber vertragswidrigen Forderungen nach Vergemeinschaftung, den Anderen erschien sie als Walterin rücksichtsloser Austerität. Jedenfalls verfolgte sie keine große Linie, die zu einer nachhaltigen Lösung der Krise geführt hätte, sondern eine «Politik der Diagonale», die versuchte, diametral unterschiedliche Anforderungen zu vereinbaren. Dies zu kritisieren ist freilich leicht. Es war ein «System der Aushilfen»[184], mit dem Otto von Bismarck im späten 19. Jahrhundert den prekären europäischen Frieden sicherte. Geschichte baut nie für die Ewigkeit, und oft kann der Gewinn von Zeit entscheidend sein – hätten Gustav

 Stresemann und Aristide Briand in der Zwischenkriegszeit einige Jahre mehr für ihre Verständigungspolitik gehabt, wäre die Geschichte des 20. Jahrhunderts möglicherweise völlig anders verlaufen.

Freilich lässt sich im Vorhinein nicht absehen, ob Zeitgewinn ein Problem entschärft oder nur vertagt – und gar verschärft. Jedenfalls kam die Krise 2015 zurück, als die neu gewählte griechische Regierung die Regelungen der Rettungspolitik seit 2010 grundsätzlich in Frage stellte. Wie in einem Brennglas bündelten sich die ökonomischen, institutionellen und politisch-kulturellen Probleme und Muster der Währungsunion. Offensichtlich war die mangelnde Wettbewerbsfähigkeit Griechenlands struktureller Natur und selbst durch einen Schuldenschnitt nicht zu lösen. Einmal mehr besaß der politische Wille Vorrang vor ökonomischen Argumenten und verbindlichen Regeln: Gegen allgemeine griechische Zusagen wurden die Fristen für Hilfsgelder ebenso verlängert wie in anderem Zusammenhang die Fristen zur Erfüllung der Defizitkriterien für Frankreich.[185]

Sieben Jahre nach ihrem Beginn hatte die europäische Rettungspolitik zählbare Fortschritte in Spanien, Portugal und Irland zu verzeichnen, nicht aber in Griechenland. Vor allem standen Italien und Frankreich vor der dringenden Notwendigkeit innerer Strukturreformen ihrer Arbeitsmärkte, um Beschäftigung im Privatsektor aufzubauen und die volkswirtschaftlichen Ungleichgewichte innerhalb der Währungsunion zu reduzieren. Dass die Politik der EZB zugleich Anreize setzte, solche Reformen zu unterlassen, stellte eine systemische Dysfunktionalität dar. So konnte die Währungsunion nicht funktionieren.

Die Europäische Union – eine Zwischenbilanz

Als einen «irregulären und einem Monstrum ähnlichen Körper» bezeichnete Samuel von Pufendorf 1667 das Heilige Römische Reich deutscher Nation.[186] Dreihundertfünfzig Jahre später hätte er seine Begriffsprägung für das komplizierte Gebilde der Europäischen Union verwenden können, das in seiner Komplexität kaum zu durchschauen ist. Lässt sich dennoch eine allgemeine Bilanz formulieren?

Durch Freihandel und gemeinsamen Markt, Freizügigkeit und grenzüberschreitende Mobilität sowie die Konvergenz von Konsum und Kultur, Lebensstilen und Alltagswelt hat die europäische Integration Grenzen überwunden und eine zunehmende Verflechtung der europäischen Staaten, Wirtschaften und Gesellschaften befördert. Staatlichkeit veränderte sich, indem qualifizierte Mehrheitsentscheidungen auf europäischer Ebene an

Verbindlichkeit gewannen. Die Europäische Union wirkte vielfältig auf die nationale Ebene ein, wenn etwa EU-Richtlinien in nationales Recht transformiert wurden.[187]

Zugleich blieb die ökonomische Konvergenz fragiler, als es den äußeren Anschein hatte, und durch die Weltfinanzkrise und in der Euro-Schuldenkrise haben die Divergenzen eher zugenommen. Hinzu kommen dauerhafte Differenzen der politischen Kultur: unterschiedliche Vorstellungen politischer Ordnung und politischer Ökonomie sowie der Verbindlichkeit von rechtlichen Regelsystemen und vertraglichen Vereinbarungen. Eine eigene europäische Identität hat sich nicht ausgebildet, stattdessen haben zu Beginn des 21. Jahrhunderts die zentrifugalen und nationalistischen politischen Kräfte zugenommen – paradoxerweise als gemeinsames europäisches Phänomen und ironischerweise im Gefolge einer vertieften Integration durch die als Friedensprojekt geplante Währungsunion.

Über Schwierigkeiten und Defiziten werden die Erfolge der europäischen Integration leicht unterschätzt. Als die Staats- und Regierungschefs am 7. Mai 2010 zusammenkamen, um die Krise gemeinsam zu bewältigen, taten sie das Gegenteil dessen, was die Verantwortlichen im Juli 1914 getan hatten, als jeder für sich und höchstens bilateral handelte, die Krise binnen weniger Tage eskalierte und in einer Katastrophe endete. Die europäische Integration hat einen Raum geschaffen, in dem Krieg nach menschlichem Ermessen genauso undenkbar geworden ist wie zwischen den USA und Kanada. Der friedliche Interessenausgleich und die zivile Methode der Problembearbeitung ist «die sicherste, verlässlichste, die produktivste Art der Zusammenarbeit [...], die Europa in seiner Geschichte je erlebt hat» und eine nachhaltige politisch-kulturelle Leistung. Dies, so Günther Nonnenmacher, nicht ihre Finalität, ist der eigentliche Wert der europäischen Integration.[188]

Statt der Dominanz und der Willkür der Großmächte ausgeliefert zu sein, genießen die kleinen Staaten Achtung und Integrität. Waren Luxemburg, Belgien und Polen 1914 und 1939/40 Objekte militärischer Invasion, so stellen sie in der Europäischen Union Präsidenten der Europäischen Kommission und des Europäischen Rates. In diesem Sinne gehört es – neben der deutsch-französischen Verständigung – zu den herausragenden Erfolgen der europäischen Integration, dass sie einen grundlegenden Beitrag zur demokratischen, wirtschaftlichen und politischen Stabilisierung Ostmitteleuropas nach 1990 geleitet hat, deren historische Bedeutung sich (bei allen Defiziten und Rückschlägen) vor allem im Vergleich mit Jugoslawien oder der Ukraine nach 1990 oder der fatalen Krisengeschichte Ostmitteleuropas nach 1919 erweist.

Der mächtigen Erfolgsbilanz stehen nicht realisierte Vorhaben und Defizite gegenüber. Eine echte politische Union ist an unterschiedlichen nationalen Interessen und Kulturen und an unterschiedlichen Vorstellungen über die europäische Finalität gescheitert. Stattdessen ist fern von den Bürgern ein unübersichtliches Institutionengefüge mit unklaren Regeln und bislang geringer politischer Öffentlichkeit entstanden. Eine gemeinsame Außen- und Sicherheitspolitik ist ebenso wenig zustande gekommen wie eine koordinierte Flüchtlingspolitik, weil nationale einzelstaatliche Interessen auf der Ebene der internationalen Politik im Ernstfall stets den Vorrang behielten und ein gemeinsames Auftreten Europas als *global player* verhinderten.

Die Wirtschafts- und Währungsunion hat sich, selbst wenn der Euro gerettet wird, mit ihren ökonomischen, institutionellen und politisch-kulturellen Problemen als Fehlkonstruktion erwiesen. Hinzu kommt die hartnäckige Wettbewerbsschwäche weiter Teile der Währungsunion, deren Prinzipien sich von Selbstverantwortung und Wettbewerbsorientierung in Richtung Solidargemeinschaft und Transferunion, von der Vertragsunion zur «Schicksalsgemeinschaft» verschoben.

Das große Kennzeichen der europäischen Integration sind ihre Ambivalenzen: von begrenzter Einzelermächtigung und schleichender funktioneller Integration, von Zentralisierung und Vielfalt, von Konvergenzen und Divergenzen, von Liberalisierung und Regulierung, von Vergemeinschaftung und einzelstaatlicher Persistenz, von proeuropäischem Idealismus und nationalen Interessen, von Integration und Krise, von Fortschritten durch Rückschläge und schließlich von ungeklärter Finalität gegenüber einer «immer engeren Union». Dabei hat die Krise eine zunehmende Bandbreite und Diskrepanz der Positionen sichtbar gemacht. Fordern die einen mehr Integration, weil die bisherige noch nicht weit genug geht – die Verwirklichung der «Vereinigten Staaten von Europa» als makroökonomisch transferierende Union[189] –, wollen andere weniger Integration, weil die bisherige schon zu weit geht, etwa die Rückgabe von Souveränitätsrechten an die Einzelstaaten und die Besinnung auf Subsidiarität und Wettbewerb.[190] 2016 entschied sich das Vereinigte Königreich gar für einen Austritt aus der Europäischen Union, und auch in anderen Ländern fanden europakritische Parteien Zulauf.

Unabhängig von politischem Willen bestimmt ein machtvoll fortschreitender Integrationssog, der sich gerade durch die Krise noch einmal verstärkte, die pfadabhängige Logik des europäischen Integrationsprozesses. Die historische Erfahrung kennt freilich keine Automatismen, denn zu viele Unbekannte sind im Spiel, als dass sich die weitere Entwicklung verlässlich prognostizieren ließe. Die berechenbarste Größe liegt im traditionellen

Primat der Politik und dem politischen Willen der integrationsfreundlichen Regierungen zur Integration *whatever it takes*. Er hatte stets den Vorrang vor ökonomischen Argumenten, deren Konsequenzen sich allerdings nicht dauerhaft zurückdrängen ließen: *There ain't no such thing as a free lunch*. Wie die expansive Geldpolitik der Fed nach 2001, die eine Krisenbekämpfungsstrategie war und neue Probleme erzeugte, droht die EZB mit ihrer Politik der monetären Lockerung eine neuerliche Blase zu erzeugen. Was das Recht betrifft, so hat das deutsche Bundesverfassungsgericht zwar nie Veto gespielt, aber es hat Grenzen markiert. Die Öffentlichkeiten hingegen waren im Prozess der europäischen Integration nie besonders relevant. Doch kann die europaweite Formierung von Gegenbewegungen einen neuen Willen hervorbringen und den allgemeinen Rahmen des Sagbaren und des Machbaren verändern, und zwar in unterschiedlichen Richtungen. Schließlich die große Unbekannte: Ereignisse, die über Nacht alles verändern und vormals Undenkbares möglich machen können – wie der 7. Mai 2010, der 11. September 2001, der 9. November 1989 oder der 28. Juni 1914.

Die historische Erfahrung besagt, der fortgesetzte pfadabhängige Weg in den europäischen Bundesstaat ist ebenso möglich wie ein Pfadwechsel nach überschrittenem Zenit. Dabei ist die Euro-Schuldenkrise ein Musterfall dafür, wie weit historische Analyse und politische Lösung auseinanderfallen können. Immerhin sieht man, wenn es gut geht, klarer. Und schauen wir auf das große Bild, offenbart die europäische Integration eine historisch einmalige Leistung: die Art des Umgangs der Staaten und Völker Europas miteinander, die Überwindung von Grenzen und die demokratische Stabilisierung in Europa, nach 1945 im Westen und mindestens so sehr nach 1990 im Osten. Gefährdet wird sie, wie der Euro zeigt, durch die Verselbständigung und Überdehnung einer «immer engeren Union», die das Gegenteil des Gewollten erreicht. «Die Stärke der EU», so formulierte es der ehemalige Bundesverfassungsrichter Dieter Grimm, «liegt in einer klugen Begrenzung.»[191]

VIII. Weltpolitik und Weltgesellschaft seit 1990

«Das Zeitalter der Konfrontation und der Teilung Europas ist zu Ende gegangen.» Stattdessen begrüßten die Staats- und Regierungschefs der KSZE-Staaten ein «Zeitalter der Demokratie, des Friedens und der Einheit», als sie im November 1990 die «Charta von Paris für ein neues Europa» unterzeichneten.[1] Als der Kalte Krieg zu Ende war, schien das «Ende der Geschichte» (Francis Fukuyama) im besten Sinne gekommen, jedenfalls im Sinne des westlichen Modells von Freiheit und Menschenrechten, Demokratie und Marktwirtschaft.

Weltweit wirkte sich das Ende des Ost-West-Konflikts unterschiedlich aus. Es beschleunigte einen ökonomischen und technologischen Schub, der sich in den westlichen Gesellschaften bereits in den siebziger und achtziger Jahren vorbereitet hatte. Für den globalen Süden eröffneten sich neue Freiräume und Handlungsmöglichkeiten, indem die Überlagerung der regionalen Probleme durch den Ost-West-Konflikt und die damit verbundenen Stellvertreterkonflikte entfielen. Stattdessen wurde auch der Süden von der beschleunigten Globalisierung erfasst, die sich nicht zuletzt durch Produktionsverlagerungen in Niedriglohngebiete bemerkbar machte.

Geringere Auswirkungen hatte das Ende des Kalten Krieges auf den Nahostkonflikt, der mit der Zeit immer vielgestaltiger und unlösbar erschien. Zudem tat sich mit dem Islamismus ein neuer Gegner des Westens auf, insbesondere der USA, die noch in den achtziger Jahren die islamistischen Aufständischen gegen die sowjetische Besatzung in Afghanistan unterstützt hatten. Unterdessen hatte die chinesische Staatsführung sehr genau beobachtet, wie die Reform des Sozialismus in der Sowjetunion in den Zusammenbruch geführt hatte, und setzte umso konsequenter auf ihr historisch einzigartiges Reformmodell eines sozialistischen Kapitalismus, das China innerhalb von dreißig Jahren in eine ökonomische Supermacht verwandelte.

Der große Gewinner von 1989 war jedoch Europa. Die ostmitteleuropäischen Staaten gewannen die Freiheit und das Recht auf Selbstbestimmung. Der europäische Kontinent überwand seine Teilung, und zugleich war die Gefahr eines großen Krieges, den Europa im 20. Jahrhundert zwei Mal erlebt hatte, in weite Ferne gerückt.[2]

1. Die Ordnung von 1990

Mit dem Ende des Ost-West-Konflikts stellte sich die Frage nach einer neuen Ordnung für die alte Welt, der dritten im 20. Jahrhundert. Nach dem Dreißigjährigen Krieg ebenso wie nach den Napoleonischen Kriegen hatten große, multilaterale Kongresse getagt, und es war ihnen 1648 und 1815 gelungen, stabile Staatenordnungen zu schaffen, die mehr als ein Jahrhundert bzw. ein knappes Jahrhundert lang trugen. In diesem Sinne trat auch nach dem Ersten Weltkrieg die Pariser Friedenskonferenz zusammen. Doch die Zeit der Kongressdiplomatie war, wie sich zeigte, abgelaufen. Massive Spannungen zwischen Siegern und Besiegten ebenso wie unter den Siegern vor dem Hintergrund emotional aufgeheizter nationaler Öffentlichkeiten verhinderten, dass wie 1815 ein kühl kalkulierter, moralisch unbefriedigender, aber politisch tragfähiger Kompromissfriede zustande kam. 1945 wurde gar keine Ordnung mehr multilateral ausgehandelt. Als die zunehmende Ost-West-Konfrontation keine Einigung mehr zuließ, wurde der Status quo von 1945 eingefroren und Deutschland entlang der Besatzungszonen geteilt. Dieser Ordnung aus Verlegenheit verschaffte das nukleare Zeitalter mit seiner Drohung der gegenseitigen atomaren Vernichtung ein stabiles Gleichgewicht unter höchstem Einsatz, die *pax atomica*.[3]

Neuer Wein in alten Schläuchen

Auch nach 1989 fand kein multilateraler Kongress statt. Nur zwischen Deutschland und den vier alliierten Siegermächten wurde der Zwei-plus-Vier-Vertrag «über die abschließende Regelung in bezug auf Deutschland» geschlossen. Die NATO-Mitgliedschaft des vereinten Deutschlands ebenso wie die Gestaltung der deutschen Einheit durch die Übertragung der westlichen Ordnung auf die vormalige DDR dienten dabei als Muster für die

 Staaten Ostmittel- bzw. Südosteuropas, die mittelfristig in die NATO und in die Europäische Union aufgenommen wurden.

Zwei bereits etablierte westliche Institutionen aus der Zeit des Kalten Krieges blieben also bestehen, wurden nach Osten ausgedehnt und bestimmten die neue Ordnung Europas – und es wurde keine neue multilaterale Sicherheitsarchitektur, keine umfassende und balancierte Neuordnung Europas geschaffen, etwa auf der Grundlage der KSZE oder der Vereinten Nationen. War diese neue Ordnung ohne Neuordnung alternativlos? Und warum kam es dazu?

Ein Grund lag in den Entstehungsbedingungen des europäischen Revolutionsjahres 1989/90, die kurzfristigen Handlungsbedarf erzeugten. Niemand wusste, wie lange das Fenster der Gelegenheit einer Verständigung des Westens mit Moskau offenstehen würde – in der Tat fand nicht ein Jahr nach der Wiedervereinigung der Putsch gegen Gorbatschow statt. Ein weiterer Grund lag im westlichen Triumph oder auch Triumphalismus: «we prevailed, they didn't», sagte George Bush zu Helmut Kohl.[4] Dies bedeutete zugleich, in einem ebenso unerwarteten wie unabsehbaren Umbruch am (aus westlicher Sicht) Bewährten festzuhalten.

Im Hinblick auf das vereinte Deutschland waren verschiedene Optionen denkbar. Eine Mitgliedschaft im Warschauer Pakt stand nicht zur Debatte – aber allein die Vorstellung zeigt an, wie extrem das andere Extrem der NATO-Mitgliedschaft war. Die Idee der Neutralität bzw. der Blockfreiheit eines vereinten Deutschlands, die auch in der deutschen Linken verbreitet war, hatte Gorbatschow gegenüber Kohl ursprünglich ebenso vorgeschlagen wie die Idee einer Mitgliedschaft in beiden Blöcken, ohne dass er sie aber ernsthaft weiterverfolgt hätte; immerhin standen in der DDR 380 000 Mann starke sowjetische Truppen. Eine Auflösung der Blöcke lag in der Logik ihrer Gründung als unmittelbare Produkte des Kalten Krieges. Auch der deutsche Außenminister Hans-Dietrich Genscher hatte sie vor Augen, jedenfalls längerfristig: «Die deutsche Regierung wolle, dass die beiden Allianzen integrale Bestandteile einer gesamteuropäischen Sicherheitsstruktur werden» und «in einer neuen kooperativen europäischen Sicherheitsordnung» aufgingen.[5] Was Genscher vorschwebte, war eine multilaterale Struktur auf der Basis der KSZE. Helmut Kohl hingegen setzte auf den Primat der klassischen Westbindung und schloss sich daher der US-amerikanischen Forderung einer NATO-Mitgliedschaft des gesamten vereinten Deutschlands an, die der Sowjetunion schließlich mit vereinten Kräften abgerungen wurde.[6]

François Mitterrands Idee einer spezifischen europäischen Sicherheitsarchitektur bzw. einer «europäischen Konföderation»[7] scheiterte in den blutigen Balkankriegen der neunziger Jahre. In Jugoslawien, dem erstmals 1918 und nach dem Zweiten Weltkrieg wieder gegründeten Vielvölkerstaat, hatten die Spannungen schon in den achtziger Jahren zugenommen, bevor 1991 zunächst Slowenien und Kroatien, später auch Mazedonien und Bosnien-Herzegowina ihre Unabhängigkeit erklärten.[8] Slowenien konnte sie nach dem «Zehn-Tage-Krieg» mit der Jugoslawischen Volksarmee schon im Juli 1991 durchsetzen. Dafür brachen in Kroatien, wo es große serbische Minderheiten gab, und insbesondere in Bosnien-Herzegowina, wo Kroaten, Serben und Muslime bunt durcheinander siedelten, blutige Kriege aus, die von schweren Gewalttaten auf allen Seiten begleitet waren. Sie gipfelten im Juli 1995, als bosnische Serben die UN-Schutzzone im bosnischen Srebrenica stürmten und über 7000 bosnische Männer ermordeten.

Beendet wurden die Balkankriege erst durch Eingreifen der NATO, das heißt vor allem: durch das Eingreifen der USA. Vom 28. August bis zum 14. September 1995 bombardierte die NATO bosnisch-serbische Ziele, und am 21. November 1995 schloss der Vertrag von Dayton Frieden zwischen Bosnien-Herzegowina, Kroatien und Serbien, nachdem 100 000 Menschen ihr Leben und zwei Millionen ihre Heimat verloren hatten. Offen blieb in Dayton unterdessen die Frage des mehrheitlich albanisch-sprachigen Kosovo, das Serbien als seine Provinz bzw. als Bestandteil der verbliebenen Bundesrepublik Jugoslawien ansah. 1999 eskalierte der Konflikt zwischen der Unabhängigkeitsbewegung UÇK und der jugoslawischen Zentralgewalt bzw. der serbischen Armee. Nach westlicher Einschätzung, getragen von der Erfahrung von Srebrenica, verfolgte Serbien das Ziel, die Kosovo-Albaner vollständig aus dem Kosovo zu vertreiben. Als Serbien die Bedingungen der NATO auf der internationalen Konferenz von Rambouillet im Februar 1999 nicht annahm und die jugoslawische Armee stattdessen am 20. März eine Offensive im Kosovo begann, die eine Flüchtlingswelle in Gang setzte, griff die NATO unter amerikanischer Führung Serbien mit wochenlangen Luftschlägen an. Dass die Operation Allied Force – im Gegensatz zur Operation Deliberate Force im Bosnien-Krieg 1995 – ohne Mandat der Vereinten Nationen stattfand, weil Russland im Sicherheitsrat gegen den Einsatz stimmte, war ein Vorbote späterer Spannungen und erinnerte zugleich an die Brisanz des Balkans als internationaler Konfliktherd vor 1914. Der NATO-Einsatz von 1999 führte unterdessen zum serbischen Abzug und zu einer UNO-Friedensmission im Kosovo, das somit faktisch zu einem Protektorat der Vereinten Nationen wurde und 2008 seine Unabhängigkeit proklamierte.

Was bedeutete all dies für die internationale Ordnung nach dem Ende des Ost-West-Konflikts? Sie wurde von drei Elementen bestimmt. Erstens gewann die Globalisierung zusätzlichen Schub. Zweitens endete die Bipolarität der Supermächte; ob die neue Ordnung als unipolar oder als polyzentrisch bezeichnet wurde, war eine Frage der Sichtweise. Jedenfalls wurde sie durch eine historisch einzigartige Hegemonie der USA als einzig verbliebener Weltmacht anstelle einer Neuauflage des klassischen Konzerts der Mächte oder der *balance of power* bestimmt. Drittens gründete die neue Ordnung in Europa auf den westlichen Institutionen aus der Zeit des Kalten Krieges. Die Europäische Union strahlte vor allem als ökonomische und politische Verheißung nach Osten aus, konnte aber sicherheitspolitisch nicht ordnend und gestaltend wirken, wie ihr Versagen in Jugoslawien zeigte. Die entscheidende sicherheitspolitische Instanz war stattdessen die NATO, und die USA blieben der entscheidende Akteur.[9]

Schon mitten in der Hochphase der deutschen Wiedervereinigung hatte die NATO den Wandel zu einer politischen Allianz bekanntgegeben und eine Änderung ihrer Strategie angekündigt. Mit ihrem neuen Konzept vom November 1991 gab sie das bipolare Bedrohungsdenken und die entsprechende Verteidigungsplanung auf, die in erster Linie einen Vorstoß aus Osteuropa auf NATO-Gebiet aufhalten sollte. Stattdessen stellte sie nun Krisenmanagement, Konfliktverhütung und Kooperation ins Zentrum ihrer Strategie, die von einem neuen, erweiterten Sicherheitsbegriff ausging.[10] «Sicherheit» wurde über Staaten hinaus auf den Schutz von Personen ausgedehnt. Dies betraf nicht mehr nur das Bündnisgebiet der NATO; mit den Worten des republikanischen Senators Richard Lugar: «if NATO does not go out of area, it will go out of business» (und dem Zusatz seiner Kritiker: «or out of treaties»).[11] Die starren Grenzen für Einsätze aus der Zeit des Ost-West-Konflikts lösten sich auf, und die NATO ging zu einer multidimensionalen Sicherheitspolitik über, die nicht nur Schutz gegen einen Angriff gewährleisten, sondern ebenso den Aufbau präventiver Strukturen gegen unfriedliche Bedingungen umfassen sollte. Darüber wandelte sich das Verteidigungsbündnis zu einer globalen Interventionsallianz.

Das hatte erhebliche Auswirkungen auf den vormaligen sowjetischen Herrschaftsbereich in Mittel- und Osteuropa, also die ehemaligen Ostblockstaaten bzw. die souverän gewordenen Sowjetrepubliken auf der einen Seite und Russland auf der anderen. Den Vorstellungen und Erwartungen aller Seiten gerecht zu werden, erwies sich dabei angesichts der komplexen Konfliktlagen in Osteuropa als Quadratur des Kreises. Ungarn, Polen und die Tschechoslowakei suchten Schutz vor der ehemaligen Hegemonialmacht. Schon 1991, im Jahr der Auflösung des Warschauer Pakts, äußerten sie den Wunsch, der NATO beizutreten.[12] Dass in eben dieser Hinwendung der ehemaligen Verbündeten bzw. Vasallen zum vormals gegnerischen Bündnis bei allem Wandel der NATO-Strategie ein gravierendes Konfliktpotential mit der Sowjetunion bzw. mit Russland lag, war allen Beteiligten bewusst. Aus diesem Grund stießen die Beitrittsbegehren der Ostmitteleuropäer zunächst auf hinhaltende Reaktionen seitens der NATO-Staaten.

Das änderte sich mit dem Putsch gegen Gorbatschow und dem Ende der Sowjetunion 1991 sowie mit den Kriegen im zerfallenden Jugoslawien. Zunehmend offenbarten sich die Gefahrenpotentiale der gesamten Situation sowie die Einsicht, dass sowohl die Europäische Union als auch die KSZE bzw. OSZE als sicherheitspolitische Instanzen ausfielen. Als Ordnungsmacht blieb die NATO, und so erhöhte sich der Druck in Richtung einer Osterweiterung, auf die sich die NATO-Gipfelkonferenz in Brüssel im Januar 1994 grundsätzlich verständigte. 1997 fiel die Entscheidung, Beitrittsgespräche mit Tschechien, Ungarn und Polen zu beginnen, die der NATO in einer ersten Welle 1999 beitraten. Neue Dynamik gewann die Erweiterungsfrage durch die Anschläge des 11. September 2001 und das amerikanische Interesse an Alliierten im *war on terror*. Im November 2002 fiel der Entschluss zu einer zweiten Erweiterungsrunde, Ende März 2004 traten Bulgarien und Rumänien, Slowenien und die Slowakei sowie die baltischen Staaten der NATO bei. Offen blieb die Frage der Balkanstaaten Albanien, Kroatien und Mazedonien sowie der vormaligen Sowjetrepubliken Ukraine und Georgien.

John Lewis Gaddis, der Altmeister der realistischen Schule der Geschichtsschreibung des Kalten Krieges, kritisierte die Osterweiterung als Verstoß gegen das Gebot historischer Klugheit. Wie 1815 hätte sie darin bestanden, dem Besiegten, in diesem Falle Russland, gegenüber Großmut walten zu lassen, unnötige Gegnerschaften zu vermeiden und nüchterne globalstrategische Gesamtinteressen über emotionale Erwägungen der Verantwortung für die Staaten und Völker Ostmitteleuropas zu setzen.[13] Ein Verzicht auf historisch-moralische Erwägungen hätte gleichzeitig bedeutet, Ostmitteleuropa, die *bloodlands* des 20. Jahrhunderts, sich selbst zu überlassen – und neue Instabilitätspotentiale zu akzeptieren, wie sie aus der Zwischenkriegszeit bekannt waren.

Allerdings ließ sich die Argumentation für die Erweiterung nicht konsequent durchhalten. Denn während dem elementaren Sicherheitsbegehren nicht nur der ehemaligen Ostblockstaaten, sondern auch ehemaliger Sowjetrepubliken wie der baltischen Staaten entsprochen wurde, blieben die Ukraine und Georgien aus realpolitischen Rücksichten auf Russland außen vor. Man stand vor einem doppelten Dilemma. Alle Argumente konnten nicht verbergen, dass die NATO die ostmittel- und osteuropäischen Staaten ungleich behandelte. Zudem musste sie versuchen, die Verantwortung für Ostmitteleuropa und das Selbstbestimmungsrecht der Völker einerseits sowie die Beziehungen zu Russland und realpolitische Rücksichten andererseits unter einen Hut zu bekommen.

Die Lösung sollte, so die Berliner Idee, in einer Modernisierungspartnerschaft Russlands mit dem Westen liegen, um die vormalige Supermacht einzubinden. 1997 wurde die Grundakte über gegenseitige Beziehungen beschlossen, und die Einrichtung des NATO-Russland-Rats war ein Versuch vertrauensbildender Maßnahmen. Allerdings vollzog sich das Bemühen um eine verstärkte Anbindung Russlands an die NATO auf der Grundlage russischer Schwäche und amerikanischer Dominanz im Verhältnis 27 zu eins. Die Konstruktion funktionierte so lange, wie sich Moskau nach dem Rücktritt von der Weltmacht zur Großmacht mit der Rolle des Juniorpartners zufrieden gab. Spannungen waren dabei durch die Osterweiterung der NATO angelegt, auch wenn Präsident Boris Jelzin der ersten Runde schließlich zustimmte. Hinzu kam die «orangene Revolution» in der Ukraine von 2004 (die allerdings keine wirkliche Revolution war), als der russlandorientierte Wiktor Janukowitsch nach Wahlfälschungen und massiven öffentlichen Protesten dem westorientierten Wiktor Juschtschenko unterlag, der eine Mitgliedschaft der Ukraine in EU und NATO anstrebte. Aus russischer Perspektive rückte die NATO in alte sowjetische Einflussbereiche und bis auf sowjetisches Territorium vor.

Neue Ordnung und neue Kriege

Deutschland war noch nicht wiedervereinigt, da brach bereits die erste große Krise über die neue Ordnung herein, als irakische Truppen am 2. August 1990 in Kuweit einmarschierten und Bagdad das Emirat sechs Tage später annektierte.[14] Die Gründe des irakischen Präsidenten Saddam Hussein mochten in Erdöl – über 20 Prozent der Ölfördermenge der OPEC befanden sich nach der Annexion im irakischen Besitz – und in Territorialansprüchen aus der Zeit des Osmanischen Reiches liegen. Jedenfalls unternahm ein regionaler Machthaber unmittelbar nach dem Ende des Ost-West-Konflikts den Versuch, die Integrität eines anderen Staates zu übergehen und Grenzen eigenmächtig und gewaltsam zu eigenen Gunsten zu verändern, also jenes Recht des Dschungels anzuwenden, das George

Bush und die KSZE mit dem Ende des Kalten Krieges für überwunden erklärt hatten.

Um eben diesen Präzedenzfall für die Ordnung nach dem Ende des Kalten Krieges zu verhindern, stellte eine Resolution des Sicherheitsrats der Vereinten Nationen dem Irak am 29. November 1990 ein Ultimatum bis zum 15. Januar 1991, und als Saddam Hussein sich weigerte, seine Truppen abzuziehen, begann am 16. Januar 1991 eine alliierte Offensive unter amerikanischer Führung. Die Operation Desert Storm war der erste größere Einsatz moderner Waffentechnik mit Stealth-Bombern, *cruise missiles*, Präzisionsbomben und Patriot-Raketen. Binnen eines Monats und nach einem nur viertägigen Einsatz von Bodentruppen führte sie zur Befreiung Kuweits, dessen Unabhängigkeit Saddam Hussein am 27. Februar 1991 anerkannte. Weder seine Truppen noch sein Regime wurden daraufhin zerschlagen, weil Washington kein Risiko in den Beziehungen zu Moskau und zur arabischen Welt eingehen wollte. Aber immer wieder flammten in den folgenden Jahren Spannungen zwischen Washington und Bagdad auf, nicht zuletzt wegen der Unterdrückung von Minderheiten im Irak durch Saddams Regime. 1993, 1996, 1998 und 2000 übten Amerikaner und Briten einzelne militärische Operationen gegen den Irak aus, bevor der Krieg von 2003 die Situation grundlegend veränderte.

Der Ost-West-Konflikt erwies sich aus der Rückschau als «langer Friede» (John Lewis Gaddis) auf der Grundlage einer gegenseitigen Vernichtungsandrohung, der *mutually assured destruction* (MAD). Ihm folgte freilich nicht, wie 1990 erhofft, ein Zeitalter der Herrschaft des Rechts und der Harmonie. Auch die Vorstellung eines Zeitalters der gewaltlosen Revolutionen – der «friedlichen» und der «samtenen» Revolutionen von 1989 über die «ausgehandelte» Revolution in Südafrika und die «orangene» in der Ukraine 2004 bis zum «arabischen Frühling» 2010/11[15] – erwies sich als optische Täuschung aus westlich-europäischer Perspektive. Neue Konflikte offenbarten neue Gewaltpotentiale und eine Diffusion von Gefahren und Bedrohungen anstelle der klaren Frontstellungen des Ost-West-Konflikts.

Um die Jahrtausendwende kam die Rede von asymmetrischen und «neuen Kriegen» auf. An die Stelle von Kampfhandlungen staatlicher Armeen gegeneinander sei ein unübersichtliches Gemisch aus Terrorismus, Guerillakriegen und fragiler Staatlichkeit, aus Paramilitärs und Warlords, Söldnern, Clans und regulären Armeen unter hohem Übergriff auf Zivilisten getreten.[16] Das Ziel der Akteure sei nicht, durchschlagende militärische Erfolge zu erzielen, sondern, wie am 11. September 2001, durch hochsymbolische, medial kommunizierte Einzelaktionen die Verwundbarkeit des

Gegners sichtbar zu machen und seine Position durch ständige kleinere Aktionen zu unterminieren oder auch, wie im Falle von Warlords, unter Entgrenzung von Kriegs- und Friedenszuständen politische und ökonomische Strukturen auszubilden. Daran war nicht alles neu: Söldnertruppen, Warlords und Partisanenkriege mit unterschiedlicher Bewaffnung, asymmetrische Kriegführung und die Vermischung von fragiler Staatlichkeit, Kriegen und Menschenrechtsverletzungen waren von den frühneuzeitlichen Kriegen über den russischen Bürgerkrieg und den Holodomor in der Ukraine bis zum Holocaust historisch allzu bekannt.[17] Die Ordnung der Welt erlebte nach dem Ende des Ost-West-Konflikts nicht nur ein Wiederaufleben des Faustrechts, sondern auch Massen- und Völkermorde – vom Mord der Hutu an den Tutsi in Ruanda 1994 über das Massaker von Srebrenica 1995 bis zu den islamistischen Terrorregimen in Somalia und Nigeria, in Syrien, im Irak und in Libyen.

Zwischen Menschenrechtsimperialismus und Gleichgültigkeit: Schutzverantwortung und humanitäre Interventionen

Die Souveränität der Staaten und universale Menschenrechte wurden immer wieder als Grundlagen und Ideale der internationalen Ordnung ausgerufen, insbesondere nach 1990 – und standen oftmals in Konkurrenz zueinander. Einen theoretischen Ausweg wies das 2005 von den Vereinten Nationen formulierte und von 192 Staaten angenommene Konzept der *responsibility to protect,*[18] das im Wesentlichen den Begriff des «Schutzes» von Staaten auf Individuen ausweitete. Wenn ein Staat seiner Verantwortung nicht nachkomme, seine Bevölkerung zu schützen, begründe der Schutz der Menschen vor schweren Menschenrechtsverletzungen das Recht zum bewaffneten Eingreifen von außen auch gegen die Souveränität dieses Staates.[19] Diese Schutzverantwortung rechtfertigte völkerrechtlich die humanitären Interventionen, wie sie seit den neunziger Jahren praktiziert wurden. Allerdings formulierte sie keine verpflichtende völkerrechtliche Norm. Ungeklärt blieb auch, was passiert, wenn die Schutzverantwortung gegenüber Menschenrechtsverletzungen mit der Ablehnung einer Intervention durch die Vetomächte im UN-Sicherheitsrat kollidiert.

So führten die Erfahrungen zu Ernüchterung und Verwirrung. Seit Dezember 1992 intervenierten die USA aus humanitären Gründen mit 25 000 Mann im Bürgerkrieg in Somalia. Am 3. und 4. Oktober 1993 kämpften amerikanische Elitesoldaten in Mogadischu, um den Warlord Mohammed Farah Aidid festzunehmen, der für die Ermordung von 24 pakistanischen

UN-Soldaten verantwortlich gemacht wurde. Die Operation ging schief. 18 amerikanische Soldaten wurden von Aidids Milizen getötet, und der Leichnam eines von ihnen wurde unter dem Jubel der Anhänger Aidids durch die Straßen von Mogadischu geschleift.[20] Die Fernsehbilder gingen um die Welt, und in den USA schlug die öffentliche Meinung um: Sollten amerikanische Soldaten für Mogadischu sterben?

«Mourir pour Danzig?» So hatte es 1940 in Frankreich geheißen, und die Gretchenfrage allen Beistands zu verneinen, hatte in den neunziger Jahren zwei andere Katastrophen zur Folge. Als 1994 in Ruanda die Hutus 800 000 Tutsis ermordeten, und als bosnische Serben im Juli 1995 über 7000 bosnische Männer erschossen, stand die Völkergemeinschaft abseits und ließ die Massenmorde geschehen – in Srebrenica wagten es die niederländischen UN-Blauhelmsoldaten nicht, ihr Mandat zu überschreiten.

Die humanitäre Frage führte offenkundig in ein Dilemma. Das Versäumnis nicht noch ein weiteres Mal zu wiederholen, war der Hintergrund und die Begründung für den NATO-Einsatz im Kosovo und die Bombardierung Serbiens 1999, denen Russland und China allerdings ein Mandat des Sicherheitsrats der Vereinten Nationen versagten. Menschenrechtliche Legitimität stand somit gegen völkerrechtliche Legalität. In Libyen wollte der Diktator Muammar al-Gaddafi 2011 die Protestbewegung des «arabischen Frühlings» niederschlagen lassen, was einen Massenmord als wahrscheinlich erscheinen ließ. Luftschläge gegen die libyschen Streitkräfte unter amerikanischer Führung mit einigen europäischen und arabischen Staaten, während Deutschland im UN-Sicherheitsrat neutral blieb, retteten Menschenleben. Am Ende wurde Gaddafi von Rebellen getötet, und Libyen stand am Rande eines *failed state*. Noch komplexer nahm sich die Lage im Bürgerkrieg in Syrien aus, wo Präsident Baschar al-Assad, militärisch und politisch unterstützt durch Moskau, die Opposition in der eigenen Bevölkerung gewaltsam unterdrückte und sein diktatorisches Regime zugleich durch das noch brutalere Terrorregime des Islamischen Staates bedrängt wurde. Die kurzfristige Bilanz der *responsibility to protect* war mithin durchwachsen.

Die humanitären Einsätze standen auf der Grundlage menschenrechtlicher Überzeugungen, aber auf keiner verlässlichen völkerrechtlichen Grundlage. Was sind die Kriterien für schwere Menschenrechtsverletzungen, und wer entscheidet, ob sie wirklich drohen? Dass sich ein drohender Völkermord oft nicht eindeutig bestimmen lässt, ist das Problem jeder Präventionsmaßnahme. Sie lässt Spielraum für unterschiedliche Deutungen und Interessen. Ohnehin ist das Völkerrecht keine eindeutige, autonome

Größe; vielmehr vermischen sich Recht und Macht, wenn ein Beschluss des Sicherheitsrats der Vereinten Nationen als völkerrechtliche Legitimationsgrundlage eines Einsatzes gilt. Ist Völkermord ein politischer Verhandlungsgegenstand? Wie sehr die Schutzverantwortung ein Gegenstand der Auslegung ist, zeigte sich, als sich der russische Außenminister Lawrow zur Rechtfertigung der offensiven russischen Militäroperationen gegenüber Südossetien und Abchasien im August 2008 auf die *responsibility to protect* berief.[21]

Die grundsätzlich unteilbare Frage der Schutzverantwortung für die Menschenrechte wird nicht nur aus macht- und interessenpolitischen, sondern auch aus kapazitären Gründen selektiv gehandhabt; die Staatengemeinschaft kann nicht überall intervenieren. Die Interventionen in Somalia und in Afghanistan warfen die Frage der Erfolgsaussichten bzw. der Konsequenzen auf; die militärische Intervention ist das eine, die Gewährleistung stabiler Strukturen, die weitere Verbrechen verhindern, etwas anderes.[22] Und noch einmal anders gelagert ist die postkoloniale Kritik an humanitären Interventionen als einem Menschenrechtsuniversalismus, der auf eine neu aufgelegte hegemoniale Strategie des Westens hinauslaufe.[23]

Der Zusammenhang der Schutzverantwortung ist komplex, und eine konsequente Argumentation und Handhabung sind nicht möglich. Letztlich bleibt nur ein Balanceakt zwischen den Extremen westlicher Weltmission einerseits und der Hinnahme von Unterdrückung und Massenmord (wie in Ruanda und Srebrenica geschehen) andererseits – unter Abwägung sowohl der Möglichkeiten als auch der Folgen einer Intervention. Moralisch bleibt dies zwangsläufig defizitär, aber die Beschränkung von Interventionen auf Ausnahmefälle konkreter Genozidgefahr verhindert Überforderungen und Überdehnungen, denen stets die Gefahr neuer Verwerfungen und unvorhergesehener Konsequenzen innewohnt.

Der Weg in die deutschen Auslandseinsätze

Hatte das Militärische in der preußisch-deutschen Geschichte eine zentrale Rolle gespielt, so markierte der Zweite Weltkrieg einen Wendepunkt für die militärische Kultur Deutschlands. «Nie wieder Krieg», so lautete fortan die Devise der Bundesrepublik. Sie ließ unterschiedliche Umsetzungen zu, eine pazifistische oder Verteidigungsbereitschaft und Abschreckung nach der Maxime *si vis pacem, para bellum* (wenn Du den Frieden willst, bereite Dich für den Krieg). Der Wiederaufbau westdeutscher Streitkräfte in den fünfziger Jahren, auch mit einem strikt auf den Verteidigungsfall beschränkten Auftrag, und die Stationierung von amerikanischen atomaren Mittelstreckenraketen in den Achtzigern zählten zu den umstrittensten Entscheidungen in der Geschichte der Bundesrepublik. Dabei war sie eine Nicht-Nuklearmacht und blieb in der operativen Militärpolitik stets in der zweiten Reihe. Nichtsdestoweniger gewann die Bundesrepublik innerhalb des westlichen Bündnisses zunehmend an politischem Einfluss,[24] und sie leistete ihren Beitrag nicht zuletzt auf dem finanziellen Wege der sogenannten «Scheckbuchdiplomatie».

Nach der Wiedervereinigung setzte die Bundesregierung zunächst die Politik der Selbsteinbindung und der Zurückhaltung fort. Mit dem Zwei-plus-Vier-Vertrag akzeptierte Deutschland die territorialen Verluste von 1945 und bekräftigte den Status des Nichtkernwaffenstaates. Mit dem Vertrag von Maastricht integrierte es sich in eine Europäische Währungsunion, und in den neunziger Jahren bemühte sich Bundeskanzler Kohl um Partnerschaft und Zusammenarbeit mit Russland und seinem Präsidenten Jelzin. Eine Ausnahme von dieser Politik der Integration war Deutschlands Drängen auf eine frühzeitige diplomatische Anerkennung der Unabhängigkeit Sloweniens und Kroatiens 1991, das in Europa als deutsches Vorpreschen wahrgenommen wurde.[25]

Die internationalen Erwartungen an das vereinte Deutschland richteten sich auf ein Engagement jenseits der «Scheckbuchdiplomatie», der Tradition militärischer Absenz und des Selbstverständnisses als «Zivilmacht» (Hanns-W. Maull). Zögerlich tat die Bundesregierung einzelne Schritte. Im Golfkrieg von 1991 betätigte sich Deutschland, neben der Finanzierung von 10 Prozent der Kriegskosten, durch Logistik und durch Aktivitäten im Hinterland bzw. außerhalb der Gefahrenzonen. 1992/93 wirkten Sanitätssoldaten an der UN-Mission in Kambodscha mit. Auf dem Balkan beteiligten sich deutsche Soldaten an der Flugaufklärung. Damit waren sie nicht in Kampfeinsätze einbezogen, übernahmen aber gegebenenfalls eine Feuerleitfunktion für andere Luftwaffen außerhalb des Bündnisgebiets.

Stand dies nicht im Widerspruch zum Grundgesetz? Dort hieß es in Artikel 87a: «Außer zur Verteidigung dürfen die Streitkräfte nur eingesetzt werden, soweit dieses Grundgesetz es ausdrücklich zulässt.» Kampfeinsätze *out of area* aber berührten, sowohl verfassungsrechtlich als auch politisch-kulturell, die rote Linie in Deutschland. Für eine verfassungsrechtliche Klärung riefen FDP und SPD das Bundesverfassungsgericht an, das am 12. Juli 1994 ein wegweisendes Urteil fällte. Es stärkte die verfassungsrechtlich verankerte Möglichkeit, «sich zur Wahrung des Friedens einem System gegenseitiger Sicherheit einzuordnen» (Art. 24 GG), und gestattete in diesem Rahmen die Entsendung von Truppen. Dabei machte es jeden Auslandseinsatz deutscher Streitkräfte von einem Beschluss des deutschen Bundestages abhängig.[26] Von nun an ging es in der Frage der Auslandseinsätze um politische Argumente.

Zur Wasserscheide wurde die Beteiligung am Kampfeinsatz im Kosovo 1999, die eine schwere innere Kontroverse hervorrief, vor allem innerhalb der Grünen.[27] Außenminister Fischer führte eine neue Argumentation ins Feld: Hatte die deutsche Geschichte, hatte «Auschwitz» bis dahin zur Begründung für die Verweigerung deutscher Militäreinsätze gedient, so war es nun gerade die Verhinderung eines neuen «Auschwitz», mit der Fischer den ersten echten deutschen militärischen Auslandseinsatz nach 1945 begründete. Die deutsche Argumentation schwenkte von «nie wieder Krieg» auf «nie wieder Völkermord» um.[28] Beides klingt freilich eher nach einer Kultur der Unbedingtheit denn nach der Abwägung des Möglichen und rief entsprechende internationale Skepsis hinsichtlich der Berechenbarkeit der deutschen Außenpolitik hervor.

Deutschland beteiligte sich im Folgenden an einer Reihe von militärischen Missionen: in Afghanistan 2001, in Mazedonien und an einer Marine-Operation im Mittelmeer, ab 2003 im Kongo, 2004 im Sudan, 2006 im Libanon und 2008 an den Anti-Piraterie-Missionen vor Somalia, 2013 in Mali und seit Ende 2015 an der Anti-IS-Mission in Syrien und im Irak. Hatte sich die Begründung im Kosovo 1999 auf den Schutz der Menschenrechte gerichtet, so ging es in Afghanistan 2001 sowie in Syrien und im Irak 2015 um die Bekämpfung des internationalen Terrorismus; hinzu kamen Erwägungen regionaler Stabilisierung sowie Rücksichten auf die Bündnissolidarität,[29] die in der Außenpolitik der Bundesrepublik als Mittelmacht stets eine überragende Rolle spielten.[30]

2013 waren etwa 6100 deutsche Soldaten in Auslandseinsätzen tätig, vor allem in NATO-Missionen. Die Entsendung von Soldaten war nicht zuletzt eine Voraussetzung für politische Mitsprache. Die Bundeswehr wandelte sich darüber von der Verteidigungsarmee des Kalten Krieges zur mobilen, flexiblen und globalisierten Interventionsarmee im Rahmen der NATO.[31] Dabei verfolgte die bundesdeutsche Sicherheitspolitik keine übergreifende Strategie, sondern handelte situationsbezogen – das galt auch für die beiden großen Abweichungen von der westlichen Linie im Falle des Irak-Krieges von 2003 und der Intervention in Libyen 2011, in denen zugleich die weiterwirkende deutsche Tradition der Zurückhaltung sichtbar wurde.

2. Ein seltsamer Hegemon

Der Kampf gegen imperiale Hegemonie war das Gründungsmotiv der USA. Geboren aus dem Abfall vom British Empire, verstanden und inszenierten sich die Vereinigten Staaten von Amerika als Gegenentwurf zum Imperialismus, als *Empire of liberty.* Mit dem spanisch-amerikanischen Krieg von 1898 und der amerikanischen Besetzung Kubas und der Philippinen sowie dem Eintritt in den Ersten Weltkrieg begannen die USA jedoch, selbst eine imperiale Rolle zu spielen. Das 20. Jahrhundert erlebte den Aufstieg der USA zur Weltmacht – mit einem Set von «Werten und Ideen, die in den meisten Fällen aus der ‹alten Welt› stammten, die sich im Laufe der Zeit aber erkennbar von ihren Ursprüngen entfernt hatten».[32]

Nach Ende des Kalten Krieges verfügten die USA über einzigartige und unangefochtene Macht. Die Frage war, ob die USA eine aktive globale Führungsrolle spielen und ihre Macht aktiv ausüben oder sich auf die eigenen Belange zurückziehen und ihre Politik international einbetten sollten. Während die Neokonservativen für eine Politik des «Friedens durch Stärke» plädierten, verfolgte Präsident Clinton in den neunziger Jahren zunächst eine Politik der relativen Zurückhaltung und der multilateralen Einbettung, die sich in einer «Kanonenbootdiplomatie» begrenzter Einsätze niederschlug. Abgesehen von dem somalischen Fehlschlag erwiesen sich die USA im Golfkrieg von 1991 und mit den *cruise-missile*-Einsätzen gegen den Irak oder mit dem Eingreifen auf dem Balkan 1995, das den Krieg entschied, ohne amerikanische Opfer zu fordern, militärisch als unbesiegbar überlegen. Diese Erfahrung und das damit verbundene Selbstbewusstsein beförderten einen zunehmenden Unilateralismus, nicht zuletzt im Verhältnis zu Russland. Zur Jahrtausendwende standen die USA im Zenit ihrer globalen Dominanz – und waren zugleich eine «Supermacht ohne Mission»[33]. Zugleich wurde bereits unter der Präsidentschaft Clintons das Konzept der «Schurkenstaaten» (*rogue states*) entwickelt, das mit der Orientierung gegen den islamischen Fundamentalismus einherging. Die Agenda der Regierung George W. Bush jr. war mithin vorbereitet, als das Unvorstellbare geschah.[34]

Der 11. September 2001 und der war on terror

Am sonnigen Dienstagmorgen des 11. September 2001 wurden vier amerikanische Flugzeuge entführt, davon zwei in die Twin Towers des World Trade Center in Manhattan sowie eines in das Pentagon in Washington gelenkt; das vierte wurde auf dem Weg vermutlich zu einem weiteren Ziel in Washington von Passagieren zum Absturz gebracht. Fünfzehn der neunzehn Entführer stammten aus Saudi-Arabien und gehörten zum islamistischen Terrornetzwerk al-Qaida unter der Führung Osama Bin Ladens, das bereits 1993 einen Bombenanschlag auf das World Trade Center verübt hatte. Die Anschläge des 11. September forderten 2973 Tote und schufen globale Ikonen, vor allem der rauchenden und in sich zusammenstürzenden Twin Towers in Manhattan. Die Weltmacht USA war in ihrem Herzen getroffen.

«Wir befinden uns im Krieg», verkündete US-Präsident George W. Bush. Das Problem war, dass der Gegner, die Attentäter und das Terrornetzwerk al-Qaida, keine Regierung als vielmehr der Inbegriff der «asymmetrischen Kriegführung» war. Die Lösung lag in einer Gleichsetzung von Terroristen und denen, die ihnen Unterschlupf boten und sie unterstützten. Noch am selben Tag wurden fünf Staaten identifiziert: der Irak, Afghanistan, Libyen, der Sudan und der Iran.[35] Unter dem Schock des 11. September gingen die USA, nachdem sie in den neunziger Jahren zwischen Dominanz und Einbindung geschwankt hatten, zu einem erheblich resoluteren internationalen Auftreten über. Für den «Krieg gegen den Terror» nahm die US-Regierung das Recht zu Präventivschlägen in Anspruch, um Bedrohungen durch «Schurkenstaaten» und Terroristen zuvorzukommen und um, wie Bush es Anfang 2005 in seiner Rede zur Lage der Nation formulierte, «die Tyrannei in dieser Welt zu beenden».[36] Die Leitlinie, den Status quo im Nahen Osten zu bewahren, wurde zugunsten des *regime change* aufgegeben. Die USA verdoppelten ihre Verteidigungsausgaben, und sie stellten an sich (so die Sicherheitsstrategie vom März 2006) den Anspruch, jeden Konflikt mit überlegener Stärke zu dominieren.

Der erste «Schurkenstaat», gegen den sich der *war on terror* richtete, war Afghanistan. Nachdem die staatlichen Strukturen in den Kämpfen nach dem Ende des sowjetgestützten Regimes zusammengebrochen waren, hatten 1996 die fundamentalistischen Taliban die Herrschaft übernommen. Seitdem befanden sich auch Osama Bin Laden und sein Terrornetzwerk al-Qaida in Afghanistan, von wo aus sie unter anderem Anschläge auf die amerikanischen Botschaften in Nairobi und Daressalam im August 1998 sowie auf die USS Cole im Hafen von Aden im Oktober 2000 verübten.[37]

Am 20. September 2001 stellte Präsident Bush, unterstützt durch eine Resolution der Vereinten Nationen, den Taliban in Afghanistan ein öffentliches Ultimatum, al-Qaida auszuliefern, verbunden mit der klaren Ankündigung: «Every nation, in every region, now has a decision to make: Either you are with us, or you are with the terrorists.»[38] Am 7. Oktober 2001 begannen die Kampfhandlungen der von den USA geführten Operation Enduring Freedom. Vier Tage nach der Schlacht von Mazar-i-Sharif am 9. November flohen die Taliban aus Kabul. Anfang Dezember hatte die Kriegskoalition alle wichtigen Städte unter ihre Kontrolle gebracht. Am 22. Dezember wurde Hamid Karzai als Vorsitzender der afghanischen Interimsadministration eingesetzt, und die «internationale Sicherheitsunterstützungsgruppe» (ISAF) wurde etabliert; ihr Ziel lag in der Stabilisierung und im Wiederaufbau Afghanistans, was allerdings viel länger dauerte als geplant und über die ursprünglich vorgesehene Region Kabul hinaus auf das ganze Land ausgedehnt werden musste. Die Kriegskoalition, insbesondere Washington, hatte die Dimensionen der Aufgabe und der Widerstände erheblich unterschätzt und die indigenen Stabilisierungspotentiale gegenüber tief verwurzelten Clan-Strukturen und Warlords überschätzt. Letztlich stellte sich der Krieg gegen den Terror in Afghanistan als kurzfristige Reaktion auf den 11. September ohne eine umfassende politisch-militärische Strategie und Exit-Option heraus.[39]

2008/09 verschärften Warlords und Drogenhändler sowie oppositionelle militante Kräfte wie die Taliban in Süd- und Ostafghanistan die Gewalt durch Minen und Sprengfallen. Dass der Stabilisierungseinsatz vom Militäreinsatz nun nicht mehr zu unterscheiden war, unterhöhlte die Glaubwürdigkeit der Staatsgewalt und der internationalen Ordnungsmacht. Ende 2014 wurde die ISAF-Mission durch die Nachfolgemission Resolute Support abgelöst, die weiterhin mit 12 000 Soldaten (darunter bis zu 850 deutschen) präsent war. Ein Ende war in Afghanistan, mehr als fünfzehn Jahre nach dem Beginn des *war on terror*, nicht in Sicht.

Der Krieg im Irak – eine Zäsur

Nach dem 11. September ging die US-Regierung angesichts der Effizienzprobleme des *war by committee* zunehmend dazu über, auf eigene Faust zu handeln. Das galt insbesondere für das Vorgehen gegen den zweiten der «Schurkenstaaten», die am 11. September 2001 identifiziert worden waren:

den Irak. Der Vorwurf lautete auf Besitz von Massenvernichtungswaffen, wie ihn Außenminister Colin Powell am 5. Februar 2003 in einem großen Auftritt vor dem UN-Sicherheitsrat erhob.[40]

Allein er entbehrte der Grundlage. Massenvernichtungswaffen wurden keine gefunden. Wie aber ließ es sich erklären, dass der amerikanische Außenminister weltöffentlich die Unwahrheit sagte? Plausibler denn als plumpe Lüge lässt sich das Verhalten der US-Regierung nach dem 11. September wohl aus einem Konglomerat von «Alarmismus, Selbsttäuschung und Allmachtsphantasien» erklären, in dem abweichende Meinungen und Argumente nicht mehr gehört wurden. Die Amerikaner verstanden nicht, dass Saddam Hussein bluffte, wenn er den Vorwürfen des Besitzes von Massenvernichtungswaffen nicht entgegentrat, um eine starke Position des Irak vorzugaukeln. Zugleich verstand Saddam Hussein offenkundig nicht, dass die Amerikaner nicht blufften, als sie eine militärische Aktion ankündigten. Jedenfalls begannen die USA am 19. März 2003 mit einer «Koalition der Willigen», aber ohne Mandat der Vereinten Nationen und ohne zureichenden Grund Krieg gegen den Irak.

Dieser «am wenigsten realistische aller modernen Kriege» (Michael Cox) bleibt ein Rätsel. Dass der Irak eine Gefahr für den Nahen Osten darstellte, war die offizielle Begründung. Amerikanisches Interesse, die irakischen Ölreserven zu kontrollieren, wurde vielfach vermutet, ebenso der Einfluss der israelischen Lobby und der Einfluss der Neokonservativen in Washington. Vieles spricht dafür, dass die US-Regierung schlicht einen schnellen und einfachen Sieg erwartete. Zugleich bedeutete der Krieg einen «Akt imperialer Selbstbestätigung» (Stefan Bierling) gegen die «Achse des Bösen». Die Bilanz fiel freilich anders aus. Dem schnellen militärischen Sieg folgte das politische Desaster. Im Irak entstand keine stabile Ordnung, vielmehr kam es zu einer Kette von Aufständen und der Eskalation von Gewalt. Politische Reformen wurden nicht in Gang gesetzt, weil die «Befreiung von der Tyrannei» und der Verzicht auf ein vorgegebenes Modell zugleich bedeutet hatten, auf ernsthafte Nachkriegsplanungen zu verzichten. Die innere Destabilisierung und Radikalisierung des Irak erschütterte die Kräfteverhältnisse im Nahen Osten, erhöhte den Einfluss des Iran und eröffnete einen Sammelplatz für radikale Islamisten.[41]

Der Irak-Krieg führte die wohl schwerste innere Krise in der Geschichte der NATO herbei.[42] Als die rot-grüne Bundesregierung im Vorfeld des Krieges eine deutsche Beteiligung selbst im Falle eines Mandats der Vereinten Nationen ablehnte, ging sie zum ersten Mal seit 1945 in eine direkte deutsch-amerikanische Konfrontation und kooperierte dabei zudem mit Frankreich und Russland. Wenn der amerikanische Verteidigungsminister Donald Rumsfeld daraufhin verächtlich zwischen dem «alten Europa» der Kritiker und dem «neuen Europa» der osteuropäischen Beitrittsstaaten unterschied,[43] die in den USA den entscheidenden Garanten der Sicherheit gegenüber Russland sahen, verwies er auf die Spaltung Europas über dieser Bündnisfrage.

Aufs Ganze gesehen hatten die USA sich zwar vorderhand militärisch durchsetzen können. Aber durch einen Krieg unter falschem Vorwand wie durch die Anwendung von Folter in Gefangenenlagern hatten sie sich als Weltmacht nach den eigenen Maßstäben von Freiheit und Menschenrechten diskreditiert. Wenn Präsident Obama 2014 die russische Annexion der Krim mit der Begründung verurteilte, «man marschiert nicht einfach in einem fremden Land ein»,[44] besaß ein amerikanischer Präsident dafür keine wirkliche Glaubwürdigkeit mehr.

Die «Herrschaft des Rechts» in der internationalen Ordnung blieb die Vision des vermeintlich visionslosen George Bush sr. Die Regierung Obama revidierte zwar die exzessive Sicherheitspolitik der Regierung Bush jr. Dennoch blieben die amerikanischen Interessen oberster Bezugspunkt ihrer Politik. Der fortgesetzte Betrieb des Gefangenenlagers von Guantanamo, *data-mining* und die globale Überwachungsaffäre sowie der Einsatz von Drohnen atmeten den Geist des Unilateralismus und der Präventionslogik; ebenso blieb es bei den «Koalitionen der Willigen». Sie bedienten sich der multilateralen Institutionen wie der Vereinten Nationen, die dem Handeln und den Interessen einzelner Staaten nachgeordnet waren.[45]

3. Ein unzufriedener Verlierer

«Ich hoffe, dass von den hier Anwesenden niemand an den Unsinn glaubt, dass eine der Seiten den Sieg im ‹Kalten Krieg› davongetragen habe.»[46] Michail Gorbatschows Bemerkung gegenüber George Bush am 31. Mai 1990 war in doppelter Hinsicht signifikant. Erstens war sie vollkommen falsch, und zweitens sagte sie mehr über die russische Befindlichkeit aus, als dem Westen 1989/90 bewusst war.

Das Ende des Ost-West-Konflikts, die osteuropäischen Revolutionen gegen die kommunistischen Regime und die sowjetische Vorherrschaft sowie schließlich der Zusammenbruch der Sowjetunion selbst bedeuteten nichts anderes als die historische Niederlage der Sowjetunion – gemessen am weltrevolutionären Anspruch der Oktoberrevolution von 1917 ebenso wie am weltpolitischen Anspruch einer Supermacht. Sie wurde durch entgegenkommende Maßnahmen des Westens wie die Revision der NATO-Strategie gemildert, aber sie blieb eine Niederlage. Im historischen Vergleich war es keine demütigende Niederlage, wie sie Russland gegenüber dem Deutschen Kaiserreich in Brest-Litowsk 1918 erlebt hatte, aber auch kein gleichberechtigter Friedensschluss wie mit Frankreich 1815. Am ehesten entsprach 1989/91 aus sowjetischer Perspektive der Niederlage Österreichs gegen Preußen im Deutschen Krieg von 1866. Nach der entscheidenden Schlacht von Königgrätz wurde die Habsburgermonarchie im schnell geschlossenen Frieden von Prag geschont, war aber fortan auf die Position eines Juniorpartners zurückgestuft. Wien akzeptierte dies, und auch die Ordnung von 1990 funktionierte, solange sich Russland mit dieser Rolle zufrieden gab.

In den neunziger Jahren war Russland erheblich geschwächt.[47] Schnelle Privatisierungen des Staatseigentums stürzten die ohnehin zutiefst marode Volkswirtschaft in wirtschaftliche Turbulenzen, ökonomische Depression und Inflation, den Rückgang der industriellen Produktion und des allgemeinen Lebensstandards, Machtkämpfe und Korruption. Außenpolitisch suchte Russland während der Präsidentschaft Boris Jelzins Anlehnung an die vormaligen kapitalistischen Gegner. Im Juni 1994 trat Russland dem NATO-Programm «Partnerschaft für den Frieden» bei, der NATO-Russland-Rat wurde eingerichtet und 1997 ein Kompromiss im Streit um die Osterweiterung der NATO gefunden, die Jelzin ursprünglich strikt abgelehnt hatte. Im selben Jahr schloss Moskau ein Partnerschafts- und Kooperationsabkommen mit der Europäischen Union, und 1998 wurde Russland in die zu G8 umbenannte Runde der G7 aufgenommen.

Um die Jahrtausendwende änderten sich die Vorzeichen. Jelzins Nachfolger Wladimir Putin verfolgte eine autoritärere Innenpolitik, setzte auf erneute staatliche Kontrolle über ökonomische Ressourcen und auf eine nationalistischere Außenpolitik. Sie richtete sich vor allem gegen die Ausdehnung der NATO, die zwischen 2002 und 2004 in die zweite Runde ging und die ein Gebiet betraf, das Moskau nach wie vor als den eigenen Hinterhof ansah. Kompromisslos verhinderte Moskau 2007/08 eine westliche Orientierung der Ukraine durch ökonomischen Druck und Georgiens durch militärische Gewalt.[48]

Die georgischen Autonomieregionen Abchasien und Südossetien, beide an der georgisch-russischen Grenze gelegen, beanspruchten ihre Unabhängigkeit von Georgien. Während Moskau jegliche Abspaltungstendenzen von Russland mit harter Hand unterwarf, kündigte der Kreml am 5. August 2008 an, die russischen Bürger in Südossetien zu schützen, falls sie von georgischer Seite angegriffen würden. Als georgische Truppen zwei Tage später versuchten, Südossetien wieder unter georgische Kontrolle zu bringen, griff Russland ein, attackierte militärische Ziele in Georgien und verbrachte Soldaten nach Abchasien. Fünf Tage dauerten die Kämpfe zwischen russischen und georgischen Truppen, die mit einem Rückzug der Georgier endeten. Die russischen Einheiten wurden wenige Wochen nach einem vorläufigen Waffenstillstand wieder abgezogen.

Die konkrete Verursachung der Kampfhandlungen blieb, wie oft in solchen Fällen, undurchsichtig. Da der umstrittene georgische Präsident Saakaschwili den Konflikt zumindest fahrlässig riskiert hatte, hielt sich die internationale Empörung in Grenzen. Zweierlei aber hatte sich abgezeichnet. Erstens beanspruchte Russland eine Zuständigkeit für Russen außerhalb Russlands. Zweitens markierte das russische Vorgehen einen Wendepunkt; mit den Worten des amerikanischen Publizisten und Politikberaters Robert Kagan: «Russlands Angriff auf das souveräne Territorium Georgiens markiert die offizielle Rückkehr der Geschichte im Stile der Großmächterivalität des 19. Jahrhunderts, angereichert mit bösartigen Nationalismen, Ressourcenkämpfen, Auseinandersetzungen über Einflusssphären und Territorien und – auch wenn es unsere Sensibilität im 21. Jahrhundert schockiert – sogar mit dem Gebrauch militärischer Macht, um geopolitische Ziele durchzusetzen.»[49]

Nicht nur die Geschichte kehrte zurück, sondern auch Geschichte als Argument, indem die Krim als historisches russisches Kernland deklariert wurde, um die Veränderung gegenwärtiger als Wiederherstellung früherer Zustände zu legitimieren. Die Sprengkraft solcher Argumentationsweisen offenbart sich in der Vorstellung, Deutschland hätte mit der Wiedervereinigung eine Rückkehr zu den Grenzen von 1937 oder von 1914 zum Thema gemacht. Wo verlaufen die «historischen» Grenzen Polens? Solches Denken führt in der Konsequenz von einer historischen Revision zur nächsten, bis auch die Migration des *homo sapiens* aus Afrika im Jungpleistozän rückgängig gemacht wäre. Es gibt kein historisches Normalnull.

Schon im April 2005 beklagte Putin den Untergang des sowjetischen Imperiums als «größte geopolitische Katastrophe des 20. Jahrhunderts».[50] In der Folge zielte seine Politik auf Satisfaktion für die Kränkung von 1989/91, auf die Wiederherstellung russischer Größe und eine neue Weltordnung ohne Dominanz der USA. Dazu baute der Kreml, während Russland in eine autoritär «gelenkte Demokratie» verwandelt wurde, auf die klassischen territorialen und militärischen Ressourcen von *hard power*. Zugleich griff Moskau zu eigenen Formen der *soft power*: Eine erneuerte Nationalideologie imaginierte russische Größe, Geschichte und Gemeinschaft und inszenierte eine Systemauseinandersetzung der «östlichen Demokratie» in Russland (Sergej Iwanow) mit dem Westen; internationale Medienoffensiven konnten tief sitzende antiamerikanische Ressentiments abrufen und adressierten nicht zuletzt nationalpopulistische und antieuropäische Bewegungen wie den Front National in Frankreich.

Im Februar 2007 kritisierte Putin in einer «Wutrede» auf der Münchener Sicherheitskonferenz das Streben der USA nach «monopolarer Weltherrschaft» und die Ausdehnung der NATO an die Grenzen Russlands.[51] Das tat er abermals in seiner Rede vom 18. März 2014, nachdem Russland die Krim faktisch annektiert hatte: «Wir sind nur dagegen, dass eine Militärallianz – und die NATO ist und bleibt trotz aller inneren Veränderungen noch immer eine Militärorganisation – sich direkt vor unserem Zaun, neben unserem Haus und auf unserem angestammten Territorium zu schaffen macht.» Und: «Wir wurden ein ums andere Mal betrogen, Entscheidungen wurden hinter unserem Rücken gefällt, man stellte uns vor vollendete Tatsachen. [...] Ständig versucht man, uns in irgendeine Ecke zu drängen.»[52] So vermischten sich ein Narrativ der Benachteiligung, historisch begründete territoriale Ambitionen und der Anspruch auf internationale politische Gleichberechtigung. Hinzu kam die «Putin-Doktrin», die eine Zuständigkeit Russlands für die Russen im Ausland beanspruchte – womit Russland zugleich die Definitionsmacht über eine Bedrohung bzw. über Interventionsgründe reklamierte, die über die *responsibility to protect* deutlich hinausging. All dies lief darauf hinaus, die Ordnung von 1990 in Europa neu zu verhandeln.

Der ersten Krise von 2008 folgte 2014 eine zweite Welle, die über die Ukraine hereinbrach.[53] Ausgangspunkt war ein Assoziierungsabkommen mit der Europäischen Union, das die Ukraine ebenso wie Moldawien und Georgien mit der Erwartung einer baldigen Mitgliedschaft in der EU verband. Denn ohne eine Mitgliedschaft in der EU (wenn schon nicht in der NATO) herrschte in diesen Ländern die Angst vor einer vollständigen Abhängigkeit von Russland – es war dieselbe Situation wie in den Staaten Ostmitteleuropas nach 1990. Putin sah dies ähnlich, allerdings aus anderer Perspektive: Das Assoziierungsabkommen war für ihn gleichbedeutend mit einer Mitgliedschaft in der EU sowie in der NATO, deren weitere Ausdehnung nach Osten er strikt ablehnte.

Unmittelbar vor der Unterzeichnung brachen das Parlament der Ukraine bzw. Präsident Janukowitsch, offenkundig unter erheblichem russischem Druck, die Vorbereitungen für das Assoziierungsabkommen Ende November 2013 ab. Dagegen formierte sich eine Protestbewegung innerhalb der Ukraine, die sich insbesondere durch Demonstrationen auf dem Majdan-Platz in Kiew artikulierte und die wider Erwarten den gesamten Winter über anhielt. Nachdem es seit dem 19. Januar immer wieder zu Gewaltanwendungen gekommen war, geriet die Situation zwischen dem 18. und dem 20. Februar 2014 außer Kontrolle, als Scharfschützen zum Einsatz und etwa einhundert Menschen zu Tode kamen. Dass die Umstände dieser gewaltsamen Eskalation nicht genau geklärt wurden, war der Nährboden für Spekulationen und weitere Eskalationen. Die Demonstrationen gingen in eine Mischung aus Revolution und Putsch über, als Präsident Janukowitsch am 21. Februar in die Ostukraine und von dort aus weiter nach Russland floh. Das Parlament enthob Janukowitsch seines Amtes und schrieb für den 25. Mai Neuwahlen des Präsidenten aus, die der Oligarch Petro Poroschenko gewann. Derweil befand sich die Ukraine am Rande des Staatsbankrotts, während sich im Osten des Landes prorussische separatistische Bewegungen ausbreiteten. Die tiefe grundsätzliche Spaltung in einen russischsprachigen Osten und einen westorientierten Westen, die sich nun bemerkbar machte, hatte ihre historischen Wurzeln, auch wenn die Grenzlinien nicht deckungsgleich sind, in der Zugehörigkeit der westlichen Teile zum Habsburgerreich und der östlichen zum Zarenreich. Die Auflösung der Vielvölkerreiche nach dem Ersten Weltkrieg schuf gerade in diesen Regionen jene *shattered zones* instabiler Staatlichkeit[54], deren Kontinuitäten nun, nach fast einem Jahrhundert, wieder zum Vorschein kamen.

Russland praktizierte eine Destabilisierungspolitik auf mehreren Ebenen. Es nutzte die Abhängigkeit der Ukraine, deren Wirtschaft aus der Zeit der Sowjetunion eng mit derjenigen Russlands verflochten war, von den russischen Gaslieferungen und diktierte Liefermengen und Preise. Des Weiteren annektierte Russland faktisch die Krim. Die Halbinsel im Schwarzen Meer war 1954 der Ukrainischen Sowjetrepublik eingegliedert und nach der Auflösung der Sowjetunion zu einer Autonomen Republik im Staatsverband der Ukraine geworden; zudem hatte die Ukraine eine Vereinbarung mit Russland über die dortige Stationierung der Schwarzmeerflotte geschlossen. Die Krim besaß somit für Russland erhebliche militärstrategische Bedeutung. Zugleich erhob Putin historische Ansprüche auf die Krim als ur-russisches Territorium (das historisch korrekt krimtatarisches Gebiet wäre). Russlandfreundliche Politiker auf der Krim riefen Russland um Schutz an, das Parlament der Autonomen Republik beschloss ein Referendum über die staatliche Zugehörigkeit, während russische Soldaten auf der Krim aktiv wurden. Unter diesen Vorzeichen stellte die kurzfristig abgehaltene Volksabstimmung vom 16. März 2014 alles andere als einen rechtsstaatlichen Akt der Selbstbestimmung, sondern einen Vorwand für eine Annexion durch Russland dar – die erste gewaltsame Verschiebung staatlicher Grenzen in Europa seit 1945.

Außerdem leistete Russland kaum verhohlene militärische Unterstützung für die Separatisten in der Ostukraine. Gewaltsame Kämpfe führten seit 2014 zur Destabilisierung von Teilen der Ostukraine; das Donezbecken war auf ukrainischer Seite der staatlichen Hoheitsgewalt faktisch entzogen. Welches Ziel der Kreml verfolgte, blieb einstweilen unklar: eine Landverbindung in der Südostukraine, die Putin in Anlehnung an Zarin Katharina II. als «Neurussland» bezeichnete, hin zur Krim oder gar bis nach Transnistrien? Eine Spaltung der Ukraine? Würden die russischen Ansprüche weiter gehen und wenn ja: wie weit? Der Anspruch auf alte russische Größe bzw. den postsowjetischen Raum verwies auf weitere Begehrlichkeiten, und der Anspruch auf die Zuständigkeit für Russen außerhalb Russlands war ein Hebel zur Intervention in anderen Ländern. Richtete er sich auch auf die baltischen Staaten, die immerhin Mitglied der NATO waren?

Russland versuchte unterdessen zunehmend, politischen Einfluss auf Südosteuropa zu nehmen. Ungarn und Bulgarien hingen von russischen Gaslieferungen ab, und Griechenland, das sich 2015 aus den europäischen Bedingungen für die Euro-Rettungspolitik zu lösen versuchte, wurde finanzielle Unterstützung in Aussicht gestellt. So verband sich die Ukraine-Krise mit der Euro-Schuldenkrise, und so offenbarten sich die Potentiale und die Sprengkraft der neuen Konflikte in Europa, was in manchem an die Zeit vor 1914 erinnerte.

Auf die Rückkehr klassischer Macht- und Militärpolitik war Europa, wie schon in den Balkankriegen, nicht vorbereitet. Die Europäische Union wähnte sich im 21. Jahrhundert samt den Mechanismen, die sie für zeitgemäß hielt: Völkerrecht und internationale Regelungen, Frieden und Wohlstand durch Zivilmacht. Die Sicherheitsstrategie der EU vom Dezember 2003 setzte vor allem auf humanitäre Hilfe, friedenserhaltende Maßnahmen und kleinere Kampfeinsätze.[55] Sie verfügte weder über militärisches Abschreckungspotential noch über militärpolitische Optionen.

Das «alte Europa» hatte die besonderen Erfahrungen der europäischen Integration – den kooperativen Umgang miteinander, die friedliche Überwindung von Grenzen und den Respekt vor der Integrität aller Staaten – auch auf die Wahrnehmung der Lage jenseits der eigenen Grenzen übertragen; das galt für die «orangene Revolution» in Kiew 2004 und den «Euromajdan» 2013/14 ebenso wie für den «Arabischen Frühling» 2010/11.[56] Die Realität aber war komplexer, als es die Hoffnung auf eine weltweite demokratisch-prowestliche Konvergenz wahrhaben wollte. Der «Arabische Frühling» führte zur Destabilisierung einer ganzen Region, in der das Terrorregime des Islamischen Staates Wurzeln schlug, und in der Ukraine waren weder die Protagonisten der «orangenen Revolution» noch die Demonstranten auf dem Majdan ausnahmslos lupenreine Demokraten.

Zudem hatte es die Europäische Union seit 1990 – von den Balkankriegen über den Irak-Krieg von 2003 bis zur Intervention in Libyen 2011 – immer wieder nicht vermocht, Einigkeit und Handlungsfähigkeit in internationalen Krisen zu erzielen und eine gemeinsame Außen- und Sicherheitspolitik zu verfolgen. Traditionell lehnte sich Großbritannien eng an die USA an, während Frankreich eine Gegenmachtbildung zu den USA bevorzugte und Deutschland zwischen beiden vermittelte.[57] Das «neue Europa» in Ostmitteleuropa, insbesondere Polen, war in erster Linie antirussisch orientiert und suchte daher enge Anlehnung an die USA, die nicht nur in der Ukraine-Krise für militärpolitische Optionen offener waren als Deutschland. Demgegenüber wurden südosteuropäische Staaten wie Zypern, Ungarn, Griechenland und Bulgarien zum Ziel russischer Beeinflussungsversuche. In der Ukraine-Krise gelang es Berlin und Paris, die deutsch-französische Achse zu revitalisieren; zugleich war nicht zu übersehen, dass die Zentrifugalkräfte in Europa zunahmen.

Als sich der Kriegsausbruch von 1914 zum hundertsten Mal jährte, waren die historischen Parallelen allgegenwärtig, zumal der populäre Buchtitel der «Schlafwandler» von Christopher Clark an das Diktum des britischen Premierministers David Lloyd George erinnerte, die Nationen seien in den Krieg hineingeschlittert. Das Problem war nur, dass die historischen Lehren von 1914 und die historischen Lehren von 1939 einander grundsätzlich widersprachen. Lautete die Lektion von 1914, die russische Perspektive mit einzubeziehen – Putin zu verstehen – und nicht unbedacht einen regionalen Konflikt zu riskieren, der sich zu einem internationalen Flächenbrand ausweiten und außer Kontrolle geraten kann, so lautete die Lehre der dreißiger Jahre, einer aggressiv-expansiven Politik nicht mit Appeasement zu begegnen, sondern frühzeitig und mit Entschlossenheit entgegenzutreten. Die eine Möglichkeit der internationalen Reaktion bestand darin, die russische Politik im ehemaligen sowjetischen Machtbereich gewähren zu lassen, wobei kühle Realpolitik und überzeugter Pazifismus im Ergebnis nahe beieinander lagen. Dies bedeutete zugleich, einen Präzedenzfall für einseitige und gewaltsame Veränderungen der internationalen Ordnung zu akzeptieren wie im Falle der japanischen Invasion der Mandschurei 1931 und der deutschen Politik zur Zerschlagung der Tschechoslowakei 1938/39. Die Alternative, eine aktive Unterstützung der Ukraine beispielsweise durch Waffenlieferungen, wie von amerikanischer Seite vorgeschlagen, kollidierte unterdessen mit zwei strategischen Grundsätzen: *respice finem*, an das Ende zu denken, und eine Exit-Strategie zu haben. Sollte der Westen die Integrität der Ukraine, an der viele westorientierte Kräfte in Kiew nur bedingtes Interesse besaßen, gegen sich selbst verteidigen? Und wem sollte er zu welchem Zweck und mit welchem Ende Waffen liefern? Nicht nur der Krieg in Vietnam hatte die Sogwirkung von Waffenlieferungen über die Entsendung von Militärberatern bis zum Einsatz von eigenen Truppen demonstriert, auch die Erinnerung an 1914 stand für die Eskalationspotentiale einer internationalen Krise.

In diesem Dilemma übernahm die deutsche Politik, ähnlich wie in der Euro-Schuldenkrise, die europäische Führung mit einer pragmatischen Kriseninterventionspolitik, die zwischen Skylla und Charybdis zu navigieren versuchte.[58] Sie schloss militärische Optionen aus, organisierte aber konsequente ökonomische Sanktionen, ohne wiederum alle Brücken abzubrechen. Vielmehr engagierte sich insbesondere Bundeskanzlerin Merkel in einem permanenten diplomatischen Gesprächsprozess. Dabei nahm sie klare Problemdefinitionen vor, ohne in Lösungsszenarien zu denken. Angela Merkel hatte keine Vision, aber sie hätte 1914 möglicherweise den Ausbruch des Ersten Weltkriegs verhindert.

4. Wer regiert die Welt?

Zwei grundlegende Veränderungen der internationalen Beziehungen seit dem ausgehenden 20. Jahrhundert hat der amerikanische Politikwissenschaftler Joseph Nye ausgemacht: auf einer vertikalen Ebene die Verschiebung von staatlichen zu nichtstaatlichen Akteuren, und auf horizontaler Ebene den Aufstieg der nichtwestlichen Welt.[59]

Was heißt überhaupt «Aufstieg», und was bedeutet «Macht» im frühen 21. Jahrhundert? Nach 1990 dominierten weitgehende Vorstellungen einer Verwandlung von alter zu neuer, von archaischer zu digitaler Macht: «Macht kommt nicht mehr aus den Kanonenrohren, sondern aus dem

Computer.»[60] Wie das 21. Jahrhundert allerdings zeigt, kommt Macht zwar in der Tat aus dem Computer, nach wie vor aber auch aus Kanonenrohren, selbst wenn es computergesteuerte Drohnen sind. So hat nicht eine Form der Macht die andere abgelöst, vielmehr stehen unterschiedliche Ressourcen von Macht nebeneinander und überlagern sich: Technologie und Information, Ökonomie und Handel, politische Herrschaft und militärische Kapazitäten, Kultur und Ideen.

Vor diesem Hintergrund unterscheidet Nye zwischen militärischer Macht, ökonomischer Macht und *soft power*, sprich kultureller und politischer Attraktivität. Was militärische Macht betrifft, so sind die USA auch im zweiten Jahrzehnt des 21. Jahrhunderts führend, ökonomische Macht verteilt sich multipolar, und *soft power* unterliegt einer hochgradigen Diffusion. Macht ist somit auf verschiedenen Ebenen unterschiedlich verteilt. Zugleich bedeutet der Aufstieg der einen nicht automatisch den Abstieg der anderen. Die globale Kräfteverteilung ist kein Nullsummenspiel.

Mars und Venus?

Mit einem Krieg unter falschem Vorwand haben die USA, wie gesehen, ihr Ansehen als Weltmacht und ihre Glaubwürdigkeit, ihre *soft power* beschädigt. Weder die Weltfinanzkrise noch die globale Überwachungsaffäre haben freilich etwas an der weiter wachsenden *hard power* der USA geändert, deren technologische Dominanz im Zuge der Digitalisierung noch zunahm und deren militärische Überlegenheit ebenso wie ihre ökonomische Potenz letztlich ungeschmälert blieben. Entgegen jahrzehntelanger Unkenrufe eines amerikanischen *decline* und trotz aller historischen Muster des Aufstiegs und des Niedergangs von großen Mächten ist ein amerikanischer Abstieg, wie auch immer bemessen, nicht in Sicht.[61]

Zugleich haben die USA ihre politische Aufmerksamkeit verstärkt auf Asien gerichtet, während die amerikanisch-europäischen Beziehungen, die im Zentrum des Ost-West-Konflikts gestanden hatten, nicht mehr von der gemeinsamen Bedrohung durch den sowjetischen Kommunismus und dem gemeinsamen ideologischen Gegenentwurf der Freiheit des Westens getragen werden. Stattdessen wurden, ob es sich um soziale Sicherheit und Religion, Todesstrafe oder Waffenbesitz handelt, Diskrepanzen im gemeinsamen Wertefundament sichtbar. Zudem unterscheiden sich die Gefahrenwahrnehmungen und die bevorzugten Vorgehensweisen. Europa kultiviere, so spitzte es Robert Kagan polemisch zu, ein «postheroisches Paradies von Frieden und relativem Wohlstand» und ein damit verbundenes «neues

 Sendungsbewusstsein», während die USA «Macht in einer anarchischen Hobbesschen Welt» ausüben und durch ihre Sicherheitsgarantie den Europäern eine «Gratisfahrt» ermöglichten.[62]

Die Krise, in die der Krieg im Irak 2002/03 das deutsch-amerikanische Verhältnis gestürzt hatte, wurde überwunden. Die NATO raufte sich wieder zusammen, gegenseitige Distanz aber blieb. Die NATO war nicht länger der selbstverständliche Rahmen der Kooperation für die USA, die stattdessen zu situativen «Koalitionen der Willigen» neigten. Umgekehrt machten sich in Deutschland, nicht zuletzt in der Ukraine-Krise und in einem nachsichtigen Verhältnis gegenüber der russischen Politik, sowohl auf der linken als auch auf der rechten Seite und auch in der Mitte der politischen Öffentlichkeit offenkundig tiefsitzende antiamerikanische Ressentiments bemerkbar. Die transatlantische Wertegemeinschaft der Nachkriegszeit ging zunehmend in eine «pragmatische Partnerschaft» über.[63]

Das Pendant zur Erwartung des amerikanischen Abstiegs ist die Wahrnehmung des europäischen Niedergangs. Ihr liegt allerdings ein in historischer Perspektive schiefer Maßstab zugrunde, der von der globalen Dominanz ausgeht, die Europa im 19. Jahrhundert gewonnen hatte. Sie war aber nicht der historische Regelfall, sondern das Phänomen eines bestimmten Jahrhunderts. Es erreichte seinen Höhepunkt in der Zeit des Hochimperialismus und der ersten Globalisierung um die Wende vom 19. zum 20. Jahrhundert, der zugleich ein Wendepunkt war, an dem die überschießende Dynamik Europas ins Selbstzerstörerische umschlug. Der Ausbruch des Ersten Weltkrieges läutete das Ende der globalen Vormacht Europas ein, die somit eine welthistorische Episode blieb – wenn auch eine entscheidende, denn es war das Europa des 19. Jahrhunderts, das die gesamte moderne «Verwandlung der Welt» (Jürgen Osterhammel) anstieß.

Zwischen 1914 und 1945 wurde Europa zum zentralen weltpolitischen Konfliktraum, der durch zwei Weltkriege auf den ganzen Globus ausstrahlte, bevor die europäischen Kolonialreiche in der zweiten Hälfte des 20. Jahrhunderts wieder zu Ende gingen. Zugleich positionierten sich 1917, mitten im Ersten Weltkrieg, die beiden neuen globalen Supermächte der USA und der Sowjetunion, die jeweils exklusive politisch-ökonomische und kulturelle Missionsideen verfolgten und die Jahrzehnte des Ost-West-Konflikts bestimmten. Diese internationale Struktur nach 1945, verbunden mit dem Aufstieg Ostasiens, löste die globale Vorherrschaft Europas ab. Dennoch war Westeuropa, trotz aller Niedergangsszenarien, stets eine der am höchsten entwickelten und wohlhabendsten Regionen der Welt.

Mit dem Ende des Ost-West-Konflikts, der Wiedervereinigung Deutschlands, der Wiederentstehung der baltischen Staaten sowie der politischen Unabhängigkeit der postkommunistischen Staaten in Ostmitteleuropa waren die politisch-territorialen Folgen des Zweiten Weltkrieges in Europa weltpolitisch abgearbeitet. Die Folgeprobleme des Ersten Weltkrieges hingegen, die durch die Auflösung der Vielvölkerreiche entstanden waren – des Zarenreiches, des Osmanischen Reiches und insbesondere der Habsburgermonarchie, dem weithin unterschätzten Stabilitätsfaktor in Ostmittel- und Südosteuropa –, blieben virulent. Sie gewannen nach dem Ende der Blockkonfrontation sogar wieder an Dynamik. Von Jugoslawien und der Ukraine über den Kaukasus, den Nahen Osten sowie den Palästinakonflikt spannte sich ein Krisenbogen bis nach Ägypten und in den Maghreb, dessen Ursachen auf den Ersten Weltkrieg und die erste europäische Nachkriegsordnung des 20. Jahrhunderts zurückgehen.

Diese alten Strukturen verbanden sich mit Phänomenen wie dem islamistischen Terrorismus zu neuen Konflikten, zu denen die Probleme der Nord-Süd-Migration hinzukamen. Zugleich entstanden in Ostasien, insbesondere in China, neue Wachstumsregionen. Europa war ein Kraftzentrum unter mehreren. Historisch ist das eher der Normalfall als ein Grund für Niedergangsszenarien, die sich oftmals als historische Muster erkennen lassen. Das eigentliche Problem Europas liegt nicht im «Aufstieg der anderen», sondern in der mangelnden Wettbewerbsfähigkeit und Innovationskraft weiter Teile der Europäischen Union.

Nord-Süd und Nahost

Die weltweit vielleicht weitest reichende Entwicklung nach 1945 war die Dekolonisierung, als bis 1975, und mit einem besonderen Schub zwischen 1957 und 1962, aus vormaligen Kolonialgebieten 75 neue Staaten gebildet wurden.[64] Mit der formalen Unabhängigkeit verließen sie den rechtlichen Status als Objekte auswärtiger Mächte. Aber die ehemaligen Kolonialmächte behielten ökonomischen, politischen und militärischen Einfluss. Nicht nur dadurch entstand ein vielgestaltiges Bild, in dem sich allgemeine Tendenzen nur schemenhaft abzeichnen.

Die Euphorie der Unabhängigkeit kollidierte, gerade im subsaharischen Afrika, von Anfang an mit schwierigen Startbedingungen und Hinterlassenschaften, mit willkürlichen Grenzziehungen und gewaltigen Größenunterschieden zwischen den Staaten, unterentwickelter Infrastruktur, uneinheitlichen Ressourcenvorkommen und Monokulturen von Exportgütern.

Hinzu kam, dass die bis dahin von den Kolonialmächten beherrschten Staaten nur über kleine indigene Eliten verfügten. Die Folge waren problematische politische und ökonomische Weichenstellungen, die in Afrika, im Unterschied zu den erfolgreichen ostasiatischen Entwicklungsländern, zu staatszentrierten und nicht exportorientierten Ökonomien führten. Das zentrale Problem der wirtschaftlichen Entwicklung lag im Fortbestehen von Traditionen der «Rentenökonomie»; damit sind Einkommen gemeint, denen keine Investition von Kapital oder Arbeitskraft entspricht, etwa Einkünfte aus Rohstoffexporten wie Öl, die oft nur an kleine Minderheiten gingen, oder Transfereinkommen aus Entwicklungshilfe. Ökonomisch ist Afrika somit das «Armenhaus der Welt» geblieben, in dem noch heute jeder Zweite in extremer Armut lebt.[65]

Diesen wirtschaftlichen Strukturproblemen gegenüber steht eine neue gesellschaftlich-kulturelle Dynamik. Auch in Afrika, allerdings weniger als in anderen Regionen der Welt, haben sich seit der Unabhängigkeit die Lebensverhältnisse insgesamt verbessert, was etwa Lebenserwartung und Sterblichkeit betrifft. Angesichts hoher Geburtenraten sind afrikanische Gesellschaften jung. In zerfallenden Staatsstrukturen bedeutet dies ein erhebliches Gewaltpotential, in zivilen Strukturen hingegen, in Verbindung mit Migration, Urbanisierung und Bildungsexpansion, eine Ressource von Dynamik. Gesellschaft und Kultur waren von eigenen Prozessen der Diversifizierung und der Pluralisierung geprägt. Das gilt nicht zuletzt für die Formen des Zusammenlebens, die von kinderarmen monogamen über traditionelle polygyne Ehen bis zu fluiden Familienmodellen reichen. Hinzu kommen eine hohe Pluralität von religiösen Orientierungen und eine Vielzahl von Sprachen auf engem Raum, die Diversität zu einer alltäglichen Erfahrung machten.

Mit der Unabhängigkeit entstanden zugleich unterschiedliche Staatsformen und politische Systeme von Parteiendemokratien über Monarchien bis zu Militärdiktaturen. Überlagert wurden diese neu entstehenden Strukturen bis 1989 durch den Ost-West-Konflikt und die Suche der Supermächte nach Verbündeten. Die ideologischen Orientierungen reichten vom fast stalinistischen Äthiopien über sozialistische Modelle in Ghana und Tansania bis zu prowestlich-kapitalistischen Systemen in Kenia und an der Elfenbeinküste, wobei Staatsformen und ideologisch-politische Orientierungen wechselten. Durchgängig hingegen blieben die Staaten des subsaharischen Afrikas auf das Modell des zentralstaatlich-hierarchischen Verwaltungsstaates fixiert. Er war ein Erbe der kolonialen Tradition, allerdings mit ausgetauschtem Personal, und zugleich Einfallstor für Korruption.[66]

Einen möglicherweise nachhaltigeren Anstoß als durch die formale Unabhängigkeit um 1960 erfuhr das subsaharische Afrika durch den «afrikanischen Frühling», einen Liberalisierungs- und Demokratisierungsschub um 1990, von Benin 1989 bis Südafrika, wo 1994 das System der Apartheid nach einem friedlichen Übergang endete.[67] Allgemein stiegen die Einschulungsraten deutlich an, während Deregulierungen nicht nur auf ökonomischer Ebene, sondern auch im Bereich der Medien zu unerwarteten und weitreichenden Folgen führten. Waren staatliche Behörden bis dahin nicht in der Lage gewesen, Festnetzanschlüsse in ausreichender Zahl zur Verfügung zu stellen, so veränderte die Verbreitung von Mobiltelefonen und später Smartphones nicht nur den Alltag, sondern die gesamten Bedingungen des Wirtschaftens, etwa für Taxifahrer, Händler und Kleinunternehmer.

Afrika erlebte auch nach 1990 immer wieder Eruptionen von Gewalt wie etwa den Völkermord der Hutu an den Tutsi in Ruanda 1994, der sich mit den Bürgerkriegen in Zaire (ab 1997 der Demokratischen Republik Kongo) bis 2003 überlagerte. Die weitere Entwicklung vor allem im Nordosten des Kongo war symptomatisch für die Destabilisierung von staatlichen Strukturen durch bürgerkriegsähnliche Auseinandersetzungen und das Wirken von Warlords, die private Milizen aus Söldnern und nicht zuletzt aus Kindersoldaten rekrutierten. Solche Entwicklungen waren allerdings volatil – in Richtung Destabilisierung ebenso wie in Richtung Konsolidierung, wobei sich zunehmend diffuse Regierungsformen ausbildeten. Diese Zustände öffneten das Einfallstor für den Islamismus, der sich nach dem «arabischen Frühling» in Nigeria, in Mali und in weiten Teilen des Maghreb ausbreitete und die wohl größte Bedrohung im frühen 21. Jahrhundert darstellte.

Alles in allem lassen sich eine neue gesellschaftlich-kulturelle Dynamik wie fortdauernde politisch-ökonomische Schwierigkeiten und neue Bedrohungen beobachten. Dabei unterscheiden sich die Staaten Afrikas hinsichtlich ihrer wirtschaftlichen Entwicklung und ihrer politischen Stabilität erheblich, während zu Beginn des 21. Jahrhunderts allgemein beträchtliche Wachstumsraten von BIP und Export, Pro-Kopf-Einkommen und Auslandsdirektinvestitionen (oftmals aus China) zu verzeichnen waren. Allerdings gelten die afrikanischen Märkte als unbeständig und die angestoßenen Entwicklungen als permanent gefährdet. So ist Afrika weder der «hoffnungslose Kontinent» (wie der Economist einmal schrieb), noch ist die «Zeit Afrikas» (Jean-Michel Severino/Olivier Rey) unwiderruflich angebrochen.[68] Denn dies würde nicht nur hohe Wachstumsraten von niedrigem Niveau aus erfordern, sondern eine langfristig dynamische ökonomische Entwicklung voraussetzen, wie es in Ostasien der Fall ist. Allerdings haben gerade diese Staaten die (unerwarteten) Möglichkeiten einer positiven Entwicklung unter Beweis gestellt, während sich in Afrika mehr als einmal die geringe Halbwertzeit von Prognosen bewahrheitet hat.

Keine Richtungsänderung zeichnete sich unterdessen im Nahostkonflikt ab. Er ging auf Wanderungs- und Siedlungsbewegungen des späteren 19. Jahrhunderts zurück, die sich später nicht mehr mit staatlichen Grenzen in Übereinstimmung bringen ließen. Die Situation wurde mit zunehmender Dauer immer verfahrener, und der Konflikt, zudem an der Schnittstelle zwischen westlicher und arabischer Welt, verfestigte sich zu einem der hartnäckigsten in der gesamten Weltpolitik.

Seit dem späten 19. Jahrhundert waren jüdische Siedler nach Palästina eingewandert, wo die zionistische Bewegung einen eigenen jüdischen Staat errichten wollte. Juden suchten dort Zuflucht vor Pogromen in ihren Heimatländern, zunächst vor allem Russland, Polen, Rumänien und dem Jemen, insbesondere dann vor der nationalsozialistischen Verfolgung und nach dem Holocaust. Politisch gehörte Palästina im 19. Jahrhundert zum Osmanischen Reich und wurde nach dessen Auflösung nach dem Ersten Weltkrieg von Großbritannien als Mandatsgebiet des Völkerbundes übernommen. Schon im Krieg war den Arabern, als Teil der Kriegführung gegen das Osmanische Reich, von britischer Seite in Aussicht gestellt worden, ihre staatliche Unabhängigkeit anzuerkennen. Zugleich wurde auch den Juden Unterstützung für den Aufbau einer «nationalen Heimstätte für das jüdische Volk in Palästina»[69] zugesagt.

Der daraus resultierende Konflikt blieb in der Zwischenkriegszeit unter der Kontrolle der britischen Herrschaft. Nach dem Zweiten Weltkrieg spitzte er sich jedoch akut zu, als Großbritannien ankündigte, das Mandat über Palästina aufzugeben, und die Entscheidung über das weitere Vorgehen in die Hände der Vereinten Nationen legte. Im November 1947 beschloss die UNO-Generalversammlung einen Teilungsplan für Westpalästina in einen jüdischen und einen arabischen Staat, der allerdings bei jüdischen Nationalisten und vor allem bei den arabischen Führern, freilich aus entgegengesetzten Gründen, auf Ablehnung stieß. Als die Briten am 14. Mai 1948 ihr Völkerbundsmandat niederlegten, überschlugen sich die Ereignisse. Am selben Tag verkündete der Jüdische Nationalrat die Gründung des Staates Israel gemäß dem Teilungsplan der Vereinten Nationen. Tags darauf griffen Ägypten, Jordanien, der Libanon, Syrien und der Irak den neu gegründeten Staat militärisch an, wurden aber von den israelischen Kräften zurückgeschlagen. Daraufhin verließen über 700 000 Araber das israelische Gebiet und begründeten damit das palästinensische Flüchtlingsproblem.

Aus dieser Konstellation resultierte in den folgenden Jahrzehnten eine unablässige Folge von Kriegen, Aufständen, Attentaten, Vergeltungsschlägen, Friedensinitiativen und Lösungsversuchen. 1993 vereinbarten Israelis und Palästinenser im Abkommen von Oslo den Abzug der israelischen Armee aus den palästinensischen Siedlungsgebieten sowie deren Selbstverwaltung gegen die Anerkennung der staatlichen Existenz Israels und einen Gewaltverzicht von Seiten der Palästinenser. Das Abkommen beendete die erste Intifada, die 1987 begonnen hatte; im Herbst 2000 brach jedoch die zweite Intifada aus, die bis zum Februar 2005 dauerte. In der Folge ging Israel dazu über, die palästinensischen Autonomiegebiete im Gaza-Streifen und im Westjordanland räumlich abzutrennen und faktisch einzumauern. Nach über einem halben Jahrhundert und dem Scheitern aller Arrangements war die Situation so verfahren, dass eine Lösung weniger denn je in Sicht war. 2011 wurde in Jerusalem die «Rakevet Kala», eine neue Straßenbahnlinie in Betrieb genommen, die entlang der «grünen Linie», der Grenze zwischen Israel und Palästina, führt und als verbindendes Projekt zwischen jüdischen und arabischen Wohnvierteln in West- und Ostjerusalem geplant war. Dass sie aber vom Herzlberg, auf dem sich der Friedhof der israelischen Staatsmänner und -frauen und der Nationalfriedhof für gefallene Soldaten und Polizisten befinden, zu den israelischen Siedlungen im palästinensischen Ostjerusalem führt, war für die Palästinenser eine Provokation, und sie bewarfen die Bahn daraufhin immer wieder mit Steinen.[70]

Der Aufstieg Chinas

Ganz anders verlief die Entwicklung in Ostasien. Auch diese Weltregion hatte extreme Gewaltentladungen im Zweiten Weltkrieg erlebt. Anders als Europa hatte sie aber auch nach 1945 die Erfahrung verheerender Kriege in China, Korea und Vietnam gemacht, Revolutionen auf den Philippinen, in Malaysia und Indonesien, autoritäre Regime und totalitäre Diktaturen, revolutionären Extremismus und brutalste Gewalt wie im Kambodscha der siebziger Jahre erlebt. Das Ende des Kalten Krieges hatte hier zunächst weit weniger direkte Auswirkungen als in Europa; vielmehr blieben die kommunistischen Parteiherrschaften in China, Vietnam und Nordkorea im Amt.

Anders als in Europa ging die verbreitete Erwartung im ausgehenden

20. Jahrhundert in Richtung weiterer Instabilität und Gewalt – und dann kam alles anders. Ostasien wurde zu einem *powerhouse* der globalen Wirtschaft, in dem der große Rückgang von Armut stattfand. Der Verband südostasiatischer Nationen (ASEAN) ist bei vergleichbarer Einwohnerzahl zwar nicht vergleichbar mit der Integrationsdichte und auch nicht mit der Wirtschaftskraft der Europäischen Union, aber er stellt einen dynamischen regionalen Zusammenschluss dar, der für den «Aufstieg der Anderen» (Fareed Zakaria) steht.[71]

Eine ähnliche Vorstellung birgt das Akronym BRICS, das Brasilien, Russland, Indien, China und Südafrika als die neuen aufsteigenden Mächte zusammenfasst. Abgesehen davon, dass auch hier Prognosen einfließen, die sich *à la longue* als eher kurzatmig erweisen dürften, unterscheiden sich die Verhältnisse in allen fünf Fällen erheblich – oder wie es Fareed Zakaria ausdrückte: «Ich bin in Indien aufgewachsen und kann Ihnen sagen, dass es Asien nicht gibt.»[72] Tatsächlich gemeint ist mit der Regel von den aufsteigenden Mächten in aller Regel China.

Das «Reich der Mitte» ist für Europäer ein legenden- und mythenumranktes «Faszinosum».[73] Über Jahrhunderte war China als dominierende Zivilisation in Ostasien Europa in Vielem überlegen. Als Europa sich aber im 19. Jahrhundert daran machte, die Welt zu verändern, fiel China zurück. Nach dem ersten Opiumkrieg (um die Einfuhr von Opium nach China) mit Großbritannien musste China 1842 den Vertrag von Nanking akzeptieren und damit Hongkong abtreten, Häfen öffnen und Handelsbeschränkungen aufheben. Der Vertrag war das Muster jener ungleichen Verträge, mit denen China zum Objekt des europäischen Kolonialismus und auswärtiger Machtinteressen wurde. Verstärkt wurde die «Zeit der Machtlosigkeit und Leistungsschwäche»[74] durch die inneren Wirren mit dem Ende des Kaisertums 1911 sowie die Konflikte mit Japan um die Jahrhundertwende und zwischen 1931 und 1945.

Dann folgte 1949 die kommunistische Herrschaft. Um Landwirtschaft und Schwerindustrie zu modernisieren, verwandelte der «Große Sprung nach vorn» die Dörfer ab 1958 in Volkskommunen mit jeweils eigenem Hochofen. Das Programm war allerdings desaströs funktionsunfähig und endete zwischen 1960 und 1962 in einer Hungerkatastrophe, die dreißig Millionen Menschen das Leben kostete. Kritiker bekämpfte Mao Zedong seit 1966 durch die «Kulturrevolution», die tradierte Autoritäten durch die Kommunistische Partei ersetzte, Individualität zugunsten revolutionärer Ideologie und maoistischem Personenkult ausmerzte und wiederum drei Millionen Opfer forderte, von den Folgen für die Überlebenden ganz zu schweigen.[75] Als Mao Zedong 1976 starb, war China ein traumatisiertes Entwicklungsland.

Zwei Jahre später begann die historische Wende, als Maos eigentlicher Nachfolger Deng Xiaoping 1978 zu einer Politik der Öffnung überging. Sie umfasste die «vier Modernisierungen» – der Landwirtschaft, der Industrie, der Landesverteidigung und der Wissenschaft –, aber keine Demokratisierung. 1979 begannen marktwirtschaftliche Reformen in einem politischen System, das konsequent sozialistisch-autoritär blieb – anders als Michail Gorbatschow, der in der Sowjetunion wenige Jahre später mit einer Kombination ökonomischer und politischer Reformen eine Abwärtsspirale in Ganz setzte. In China entstand erstmals in der Geschichte ein sozialistisch bzw. gar kommunistisch geführter Kapitalismus – ein Paradox gegenüber allen gängigen politisch-ökonomischen Lehren –, der China innerhalb von 30 Jahren in eine ökonomische Supermacht verwandelte.[76] Bauern durften auf eigene Rechnung wirtschaften, China öffnete sich für Auslandskapital und richtete Sonderwirtschaftszonen ein, die durch Steuerbegünstigungen, Infrastruktur und die Abwesenheit von Arbeitskämpfen bei niedrigem Lohnniveau attraktive Orte für Investoren waren. Die Ursachen für den chinesischen Aufstieg sieht die taiwanesisch-angloamerikanische Ökonomin Linda Yueh in der exportorientierten Wachstumsstrategie eines Entwicklungslandes, die von spezifischen mikroökonomischen Faktoren wie Faktorproduktivität, Arbeitsmarktreformen und Innovationen vorangetrieben wurde und auf sozialen Netzwerken, nicht zuletzt einer besonderen Art gegenseitiger persönlicher Beziehungen beruhte.[77]

Der chinesische Wachstumspfad erwies sich als erstaunlich stabil. Das Wachstum des Bruttoinlandsprodukts um durchschnittlich 10 Prozent pro Jahr über dreißig Jahre hinweg ist sowohl historisch als auch weltweit einzigartig.[78] Hatte der Anteil Chinas am Welthandel 1980 auf Rang 26 gelegen, so war das Land 2009 zum größten Güterexporteur geworden, für kostengünstige Konsumgüter, aber zunehmend auch für hochwertige Technologien. Zugleich war China der zweitgrößte Importeur, vor allem für hochwertige Investitionsgüter. Vor allem der deutschen Exportwirtschaft bot China einen florierenden Absatzmarkt; der deutsche Aufschwung im frühen 21. Jahrhundert profitierte in hohem Maße vom chinesischen Aufstieg. Die Europäische Union wurde zum wichtigsten Handelspartner Chinas (vor den USA) und China zum zweitwichtigsten Handelspartner für die EU (nach den USA). In der Folge waren die europäische und die chinesische Wirtschaft in einem historisch neuen Maße miteinander verflochten.[79]

 Dass China 2010 30 Prozent aller Devisenreserven weltweit hielt, davon zwei Drittel in US-Dollar angelegte Wertpapiere, machte das Land zu einem erheblichen Einflussfaktor für den Dollar und zum größten internationalen Gläubiger der USA. Überhaupt begann China seine Finanzkraft politisch einzusetzen, wenn es zum Beispiel 2010 Staatsanleihen der Euro-Krisenstaaten kaufte. Hinzu kamen umfangreiche Direktinvestitionen und Übernahmen ausländischer Unternehmen; der chinesische Autokonzern Geely kaufte den skandinavischen Autohersteller Volvo, und Anfang des 21. Jahrhunderts lag ein Drittel des peruanischen Bergbaus in Händen chinesischer Unternehmen.[80]

Mit dem Anstieg der durchschnittlichen Pro-Kopf-Einkommen von 200 auf 2300 US-Dollar zwischen 1978 und 2008 überschritten etwa 20 Millionen Menschen jährlich die Armutsgrenze nach oben, und für Hunderte von Millionen Menschen wurde ein «kleiner Wohlstand» zur Realität.[81] Insofern stellt sich die Frage, ob auf dem Weg zu wirklichem Massenwohlstand der eigentliche *take off* der chinesischen Ökonomie nicht erst noch bevorsteht. Eine entgegengesetzte Entwicklungsmöglichkeit liegt allerdings in der *middle income country trap*, der Falle für Länder mittlerer Einkommen, in denen das Wachstum ab einem bestimmten mittleren Level deutlich nachlässt.[82]

In der Tat brachte der Aufstieg zugleich eine Reihe von Problemen mit sich. Die Binnenmigration vom Land in die Städte ließ eine Schicht von Wanderarbeitern entstehen, die den Pauper der europäischen Industrialisierung ähneln und auf die soziale Frage jenseits der Zuwachsraten des BIP verweisen. Der Gini-Koeffizient sozialer Ungleichheit, der 2010 in Deutschland bei 0,29 lag, stieg in China zwischen 1978 und 2012 von 0,29 auf 0,47.[83] In der Summe hat sich das soziale Gefälle zwischen arm und reich sowie zwischen Städten und Land erheblich vergrößert. Hinzu kommen das Problem der demographischen Alterung durch die Ein-Kind-Politik sowie ökologische Probleme durch übermäßigen Ressourcenverbrauch und Umweltbelastungen wie durch den Drei-Schluchten-Stausee oder die Luftverschmutzung in den Megastädten. Wenn es stimmt, dass China 10 Prozent seines BIP zur Bekämpfung von Umweltschäden aufwendet,[84] würde es seine Wachstumsraten damit per saldo faktisch wieder einbüßen.

Nicht nur in China, sondern in ganz Ostasien hat sich angesichts der Entwicklung um die Jahrtausendwende unterdessen ein neues Selbstvertrauen breit gemacht. Der singapurische Politikwissenschaftler und Diplomat Kishore Mahbubani benennt eine Reihe von kulturellen Eigenschaften, die den Aufstieg der asiatischen Gesellschaften begünstigen. Da ist zunächst die Akzeptanz der freien Marktwirtschaft und eine neu entdeckte Affinität der asiatischen Gesellschaften zur Technologie. Aus den USA heimkehrende Studenten bringen eine Kultur der Leistungsorientierung, der Aufstiegschancen und des Bildungshungers mit, die sich in Verbindungen von asiatischen und anglo-amerikanischen Universitäten niederschlägt und die zugleich bis in die Slums von Mumbai hinein ausstrahlt. Ein weiterer Faktor liegt in einem Pragmatismus, den Deng Xiaoping mit seinem berühmten Ausspruch formulierte: «Es spielt keine Rolle, ob eine Katze schwarz oder weiß ist; wenn sie Mäuse fängt, ist sie eine gute Katze.» Hinzu kommt schließlich eine Kultur des Friedens, insbesondere seit 1989.[85] Ein weiteres Element sieht Deepak Lal in den familiäreren Sozialbeziehungen, die den ausgebauten westlichen Wohlfahrtsstaat erübrigen.

Möglicherweise ist es, so Lal, gerade die Mischung von westlichen Institutionen mit asiatischen Traditionen und Werten, die den ökonomischen Erfolg der asiatischen Länder begründete und die Vorstellung einer Überlegenheit des westlichen Modells und einer westlich geprägten Weltgemeinschaft zurückdrängte – nicht zuletzt nach der Weltfinanzkrise von 2008, als der chinesische Premierminister dem Westen auf dem World Economic Forum in Davos die Leviten las.[86]

Damit stellt sich die Frage der Demokratie und der Menschenrechte. Elf Jahre nach Beginn der Öffnungspolitik schlug das chinesische Regime am 3./4. Juni 1989 friedliche Studentenproteste für Freiheit, Demokratie und Menschenrechte auf dem Tiananmen-Platz in Peking gewaltsam nieder. Dissidenten unterlagen auch in der Folge schweren Repressionen, ebenso die Minderheiten vor allem in Tibet und die muslimischen Uiguren.[87] Damit steht China nicht nur im Gegensatz zum westlichen Ordnungsmodell, sondern auch zur Norm universaler Menschenrechte.

Dass Diktaturen effizienter sein könnten, beunruhigte die westlichen Demokratien schon in der Zwischenkriegszeit. Anfang des 21. Jahrhunderts stellt sich die Frage erneut: Wird China samt seinem Modell zur künftigen Vormacht der Welt? So sagen es viele Prognosen. Dennoch weiß niemand, ebenso wie im Deutschen Reich um 1900, welche Richtung die ökonomische und politische Entwicklung nehmen wird. Die einfache Fortschreibung der Tendenzen der jüngeren Vergangenheit in die Zukunft stellt sich aller Erfahrung nach als unzutreffend heraus. Welche Konsequenzen hätte eine ökonomische oder politische Krise? Setzt Asien seinen Aufholprozess durch Bildung und Wachstum fort oder tappt es in die *middle income country trap*? Treten möglicherweise im 21. Jahrhundert ganz neue Probleme ins Blickfeld, die bislang nur am Rande lagen? An der Wende vom 19. zum

 20. Jahrhundert galten Bevölkerung und Schwerindustrie als Maßstab von «Macht», ein Jahrhundert später «Wissen» und Humankapital, in Zukunft ist es möglicherweise Nachhaltigkeit oder etwas ganz anderes. Auch weltweit verschieben sich die Rahmen.

Und wie steht es um die machtpolitischen Gewichte? Realisten der Internationalen Beziehungen, die in Kategorien von Macht denken, gehen davon aus, dass Chinas Aufstieg den weltpolitischen Status quo durcheinanderbringen wird. Sie führen die amerikanische Verschuldung in China sowie seine hegemonialen Ambitionen im südchinesischen Meer und die fragilen Mächtebeziehungen in Asien ins Feld. Konfliktpotential liegt zum Beispiel in Taiwan, das von den USA aufgrund der chinesischen Ein-China-Politik als Staat zwar nicht formell anerkannt wird, das aber eine faktische amerikanische Schutzzusage hat. So kam es 1995 zu einer amerikanisch-chinesischen Konfrontation um die Straße von Formosa, in der China schließlich nachgab, nachdem die USA zwei Flugzeugträger entsandt hatten.[88]

Das chinesisch-amerikanische Verhältnis ist von Spannungen und gegenseitigen Abhängigkeiten geprägt. Chinas wirtschaftliches Engagement weltweit, vor allem in Afrika, schafft Abhängigkeiten und Potentiale von Macht. Dass der Aufstieg Chinas bislang nichtsdestoweniger alles in allem friedlich verlaufen ist, nährt die Hoffnung, dass China auch in Zukunft das Konzept verfolgt: Lasst uns aufsteigen, und wir stellen die internationale Ordnung nicht in Frage.[89] Damit würde es sich vom Aufstieg Japans und Deutschlands im späten 19. und in der ersten Hälfte des 20. Jahrhunderts unterscheiden; zuweilen waren aber auch schon weniger kooperative Töne zu vernehmen.[90]

Alles in allem sind die Indikatoren nicht einheitlich. China verfügt, so Joseph Nye, über ökonomische, aber nicht über militärische Macht und nicht über *soft power*. Die chinesischen Militärausgaben betrugen 2009 nur 15 Prozent der amerikanischen und 30 Prozent der EU-27-Staaten. China erhebt keinen globalen Führungsanspruch und keinen Anspruch auf die Gestaltung globaler Probleme wie etwa des Klimawandels, der Energieversorgung, der Entwicklung Afrikas, der Doha-Runde oder des Umgangs mit dem Iran, es macht allerdings abweichende Vorstellungen geltend.[91] Wie auch immer, eine der großen historischen Ironien der internationalen Geschichte könnte darin liegen, «dass China als aufsteigende kapitalistische Macht, die nach den Regeln des Marktes spielt, für den Westen ein größeres Problem werden könnte denn als kommunistische Macht.»[92]

Vor und zurück – die Welthandelsordnung

Ein Motor der globalen Veränderungen ist der weltweite Handel. Dies war schon im Falle der ersten Globalisierung vor 1914 so gewesen – und dass sie durch den Ersten Weltkrieg gestoppt wurde, zeigt einmal mehr, dass vermeintlich unaufhaltsame Entwicklungstendenzen keineswegs irreversibel sein müssen.[93]

Nach dem Zweiten Weltkrieg suchte das 1948 in Kraft getretene Allgemeine Handelsabkommen GATT den Welthandel wieder in Schwung zu bringen. Es folgte den Prinzipien der gegenseitigen Meistbegünstigung und des Verbots von Obergrenzen für Importwaren, bezog sich aber fast ausschließlich auf Industriegüter und staatliche Zölle. So richteten sich die folgenden Ambitionen auf Erweiterungen der Güterpalette um Agrarprodukte oder Dienstleistungen sowie auf den Abbau nichttarifärer Handelshemmnisse wie zum Beispiel unterschiedlicher Hygienevorschriften und Produktstandards.[94]

Nach 1990 erlebte die liberale Ordnung des Welthandels einen weiteren Aufschwung. War GATT nur ein völkerrechtliches Abkommen gewesen, so wurde 1995 mit der Welthandelsorganisation WTO eine der zentralen internationalen Organisationen mit Sitz in Genf gegründet, die sich mit der Regelung von Handels- und Wirtschaftsbeziehungen befasst und der 1995 auch Brasilien und Indien sowie 2001 China beitraten. 2001 startete auch, ausgehend von der vierten Konferenz der Wirtschafts- und Handelsminister der WTO in Doha, die sogenannte Doha-Runde. Sie stand vor dem Grundproblem der liberalen Welthandelsordnung, wie nämlich Staaten dauerhaft verpflichtet werden können, freien Handel über ihre Grenzen zuzulassen und auf Maßnahmen zum Schutz der eigenen Wirtschaft zu verzichten; denn grundsätzlich sind Staaten an offenen Märkten anderer interessiert, neigen aber zur Protektion der eigenen Wirtschaft. Selbst das exportorientierte Deutschland trat für Marktöffnungen ein, sperrte sich aber mit Rücksicht auf den (hoch protektionistischen) europäischen Agrarmarkt gegen Liberalisierungen im Agrarbereich und schützte heimische Industrien wie Kohle, Stahl und Schiffbau.

So verlangten die USA und die Europäische Union in der Doha-Runde Öffnungen der ausländischen Märkte und die Etablierung von Normen wie etwa Umwelt- und Arbeitsmarktvorschriften in den Entwicklungsländern. Diese hingegen forderten Liberalisierungen des Agrarmarktes der Industrieländer, asymmetrische Liberalisierungen durch Handelspräferenzen und Ausnahmebestimmungen. Letztlich traten die Konfliktlinien des alten

Nord-Süd-Konflikts zu Tage, wobei sich die traditionellen Entwicklungsländer verstärkt der Übermacht der «G8-Welt» widersetzten. Auch die WTO wurde multipolarer und dadurch komplizierter. Die Doha-Runde wurde unterdessen am 24. Juli 2006 ausgesetzt und war damit faktisch gescheitert. Die multilateralen Verhandlungsrunden der WTO sind seitdem gelähmt, und an ihre Stelle traten bilaterale und regionale Handelsabkommen, zu denen auch die Verhandlungen um das Transatlantische Freihandelsabkommen zwischen den USA und der EU (TTIP) gehören.

5. Weltgesellschaft oder Machtspiel?

Werden die klassischen Staatenbeziehungen durch *global governance* verdrängt? Was ist wichtiger: die internationale Politik der Staaten oder nichtstaatliche transnationale Institutionen und Entwicklungen? Sind kriegerische Machtkonflikte wie die russische Politik gegenüber der Ukraine atavistische Überhänge in einem globalen Transformationsprozess hin zu einer Weltgesellschaft oder dauerhafte Normalitäten einer unwandelbar hobbesianischen Staatenwelt?

Befragt man die zuständige Wissenschaft der Internationalen Beziehungen, so stößt man auf völlig unterschiedliche Antworten. Sie gehen auf eine alte Unterscheidung zurück: Für die realistische Schule bestimmen Macht und feststehende nationale Interessen anstelle von Moral das Geschehen. Demgegenüber zielt die idealistische Schule auf internationale Organisationen statt internationaler Konkurrenz und letztlich auf eine Weltgesellschaft. Diese Richtungen haben sich im Laufe der Zeit vielfältig ausdifferenziert, und doch ist die grundsätzliche Unterscheidung bis heute präsent. Letztlich handelt es sich um eine Glaubensfrage, in der empirische und normative Ebenen ineinanderfließen, was auf beiden Seiten zu Sichtbeschränkungen führt.

Versucht man, möglichst breit auf die Welt zu schauen, offenbaren sich auf der einen Seite Elemente von globaler Konvergenz und Kosmopolitismus, die sich seit der zweiten Hälfte des 20. Jahrhunderts, zumal seit den siebziger Jahren und nach dem Ende des Ost-West-Konflikts, verstärkt haben. Die Informationsrevolution der Digitalisierung hat viele neue Akteure und viel mehr transnationale Beziehungen hervorgebracht. Die globalisierte Wirtschaft ist tief verflochten, und die großen internationalen Konferenzen der neunziger Jahre – von der Weltfrauenkonferenz in Peking

1995 bis zur Weltklimakonferenz von Kyoto 1997 – zeigten ein globales Bemühen darum an, «gemeinsame Werte jenseits der Nationalstaaten oder globaler Märkte zu identifizieren».[95]

Im Zentrum solcher Bemühungen stand die Universalisierung der Menschenrechte, die seit den siebziger Jahren zunehmende Schubkraft gewonnen hatte. In Verbindung mit den Erfahrungen aus Jugoslawien und Ruanda in den neunziger Jahren führte sie 1998/2002 dazu, den Internationalen Strafgerichtshof in Den Haag einzurichten. Auch wenn ihm viele Länder wie China, Russland, Israel und die USA nicht angehören, verkörpert er eine weltweite Zunahme an Verbindlichkeit der Menschenrechte. Sein erstes Urteil fällte er gegen den kongolesischen Warlord Lubanga, der wegen der Rekrutierung von Kindersoldaten schuldig gesprochen wurde.

Allenthalben haben Elemente einer Weltgesellschaft zugenommen:[96] Für viele Jugendliche ist Multikulturalismus nicht nur in Städten wie London und Berlin zum gelebten Alltag geworden. Austauschprogramme machen Auslandserfahrungen für viele Schüler, Studenten und Wissenschaftler zu einer Normalität, in den Wissenschaften zirkulieren Ideen und Publikationen, und Kinofilme vermitteln rund um den Globus gemeinsame Erfahrungen und Bilder. Avantgardistisch international war schon im gesamten 20. Jahrhundert die Musik; in Bayreuth singen koreanische Sänger Wagner-Opern, und in Santiago de Chile dirigiert ein russischer Chefdirigent. Flughäfen sehen auf der ganzen Welt gleich aus, in den Shops werden global verfügbare Spirituosen und Kosmetika angeboten, Touristen bereisen die Stätten des UNESCO-Weltkulturerbes, und für viele Waren ist *fair trade* zu einem Gütesiegel geworden. Die Globalgeschichte hat den Blick auf die Welt und ihre Geschichte verändert, und im «Konzept der globalen Zivilgesellschaft», das statt auf Staaten und Macht auf «universelle Humanität» und die «Einheit der Menschheit» zielt,[97] geht die Empirie in ein normatives Programm für eine neue Weltordnung über. Anne Marie Slaughter plädiert für besseres Regieren durch «disaggregierte Staaten», und Jeremy Rifkin hofft auf eine bessere Welt durch Zivilgesellschaft.[98]

Zivilgesellschaftlich und transnational sind allerdings nicht nur Menschenrechtsbewegungen, sondern auch Menschenhändlerringe. Empirisch ist zu beobachten, dass globale Konvergenzen von neuen Abschließungen begleitet sind. Während die Berliner Mauer gefallen ist, sind zwischen den USA und Mexiko oder zwischen Israel und den palästinensischen Autonomiegebieten neue Mauern errichtet worden. Neben dem «Projekt Weltethos» (Hans Küng) stehen neue Terrorregime, das Faustrecht neben dem Völkerrecht, Großmachtinteressen neben *global governance*. Machtkonflikte, Gewalt und Krieg sind aus idealistischer Hinsicht nicht wünschenswert, aber aus realistischer Erfahrung persistent.

Die Geschichte der Gegenwart ist nicht eindeutig, sondern ambivalent, nicht linear, sondern komplex. Kräfte werden entfesselt und werden wieder eingehegt. Was ein Problem löst, bringt das nächste hervor, so wie die Geldpolitik der Fed nach 2001 (oder der EZB nach 2010). Alte und neue Herausforderungen überlagern sich: Pandemien und Klimawandel, Energieversorgung und globale Handelspolitik, transnationale Kriminalität und Terrorismus, die Verbreitung von Massenvernichtungswaffen und der Zusammenbruch staatlicher Ordnungen sowie klassische Machtkonflikte, unilaterale Interventionen und militärische Gewalt. Gerade in den 2010er Jahren nahmen nicht nur weltgesellschaftliche Konvergenzen, sondern auch gewaltsame Konflikte zu – der Islamische Staat stellte eine neue Stufe islamistischer Gewaltherrschaft dar, der Nahostkonflikt schien aussichtslos, und in der Ukraine kehrte militärische Machtpolitik nach Europa zurück. Die Schutzverantwortung für Menschen wurde zu einem weltgesellschaftlichen Prinzip, aber ihr fehlte der institutionelle Träger; stattdessen blieben die Vereinten Nationen das Objekt einzelstaatlicher Machtpolitik. Verantwortung nahm zu und diffundierte zugleich.

Nationalstaaten und *global governance*, Weltgesellschaft und Machtpolitik, alte und neue Probleme sind keine Gegensätze. Sie stehen nebeneinander und überlagern sich. In aller Regel, so besagt die historische Erfahrung, gibt es keine Entwicklung in eine Richtung, weder in eine schlechtere, aber auch nicht in eine bessere Welt. Und es kommt fast immer anders als gedacht.

21.0 Resümierende Überlegungen

Was der Mensch auch tut, es schafft unvorhergesehene Folgen: Marktliberalisierung führt zu Staatshaftung, Gleichstellung erzeugt Ungleichheit, Vielfalt weckt Hunger nach Ganzheit. Es gibt keine eindeutigen Lehren. Aus guten Gründen prognostizierte Krisen treten ein oder bleiben aus. *There ain't no such thing as a free lunch* – und manchmal ist schierer Zeitgewinn die Rettung, ohne dass die Rechnung präsentiert wird. Aber wann ist es so, und wann ist es anders?

Die Gegenwart hat stupendes Expertenwissen über alles hervorgebracht – und zumeist auch über das jeweilige Gegenteil. Wir wissen so viel wie nie zuvor – und verstehen die Welt dennoch nicht. Neu ist das nicht: «Was will das Schicksal? Aber das Schicksal ist zumeist ganz dumm und unbewusst und verheddert sich in lauter Zufällen. Wer es packt, der hat es. Aber es ist in dieser verflucht verwirrten modernen Welt so vielgestaltig geworden, weder zu berechnen noch zu greifen. Zuviel Faktoren auf einmal», schrieb der Privatsekretär des deutschen Reichskanzlers sieben Tage vor Ausbruch des Ersten Weltkrieges in sein Tagebuch.[1]

Die Unlesbarkeit der Gegenwart hat zwei unterschiedliche Lesarten hervorgebracht. Die historische Sichtweise neigt dazu, nichts Neues unter der Sonne zu erkennen, weil alles irgendwie schon einmal da war. Feuilletons und Gegenwartswissenschaften hingegen verstehen die Gegenwart gern als radikalen Bruch mit der Vergangenheit. Nonchalance ist das Ergebnis im einen Falle, Alarmismus im anderen. Dieses Buch versucht, die Phänomene der Gegenwart in historischer Perspektive einzuordnen. Resümierend möchte es fünf Neuigkeiten des frühen 21. Jahrhunderts vorstellen, fünf historische Muster identifizieren, die wir mindestens seit dem 19. Jahrhundert kennen, und schließlich drei allgemeine Tendenzen benennen.

Novum 1: Digitalisierung und rhizomatisches Denken

Digitalisierung, Mikroelektronik und Internet haben die Welt verändert. Digitalisierung beruht auf der Umwandlung von Signalen in speicher- und übertragbare Zahlenwerte, und die Mikroelektronik hat ungekannte Kapazitäten und Geschwindigkeiten der Bearbeitung von Informationen ermöglicht. Das Internet hat alle Anwender in Echtzeit miteinander verknüpft, verschiedene Medien wie Telefon, Fotografie, Film, Tonaufnahme und Computer haben sich miteinander verbunden, und die Kommunikation mit digitalen Medien ist zu einer ständigen Alltagserfahrung geworden. Wer wissen will, wie das Wetter ist, schaut nicht nach draußen, sondern auf die Wetter-App; im Zweifelsfall, wenn es draußen anders ist als auf dem Smartphone, lügt das Wetter. Digitalisierung und Internet haben die Kommunikation verändert wie fünf Jahrhunderte vorher Gutenbergs Erfindung des Buchdrucks, als Schrift jenseits der Handschrift reproduzierbar und verfügbar wurde. Sie haben die zweite Globalisierung ermöglicht, die Wirtschafts- und die Arbeitswelt revolutioniert, neue Dimensionen von Kapitaltransaktionen eröffnet und die Finanzmärkte in das Zentrum des Kapitalismus gerückt.

Damit verändern sich die Mechanismen der Wahrnehmung und des Denkens. Hypertextstrukturen im Internet sind anders angelegt als ein geschriebener Text; eine Webpage bleibt unter ihren Möglichkeiten, wenn sie ausgedruckt wird. Dem entspricht ein «rhizomatisches», d. h. wurzelförmiges Denken, das nicht logisch-hierarchisch oder linear angelegt, sondern flächig-vernetzt ist. Denken in Kategorien von Netzwerken statt kausal-genetischer Logik, wie sie die abendländische Tradition geprägt hat, wird zu einer neuen Form der Weltaneignung.

Novum 2: Der anthropogene Klimawandel

Klimawandel ist nichts Neues, Klimawandel ist der historische Regelfall. Es war der Treibhauseffekt, der menschliches Leben auf der Erde erst möglich machte. Die Neuigkeit der Gegenwart, darin sind sich Klimaforscher weltweit weitgehend einig, liegt darin, dass es seit Mitte des 20. Jahrhunderts (angefangen bereits mit dem Beginn der Industrialisierung) erstmals der Mensch ist, der den Klimawandel verursacht, und zwar vor allem durch den Ausstoß von CO_2, das bei der Verbrennung fossiler Energieträger freigesetzt wird. Ergebnis ist eine globale Erwärmung, die sehr unterschiedliche Folgen zeitigt, aber ab einem Umfang von 2° C überwiegend negative Auswirkungen haben dürfte. Wie diese Folgen genau aussehen, ist dabei ebenso unsicher wie der weitere Verlauf selbst einer unveränderten Entwicklung, zumal der anthropogene und der natürliche Anteil des Klimawandels schwer zu beziffern sind. Ist die Unterbrechung des Anstiegs der globalen Erwärmung um die Jahrtausendwende eine unerhebliche Delle innerhalb einer stabilen Gesamtentwicklung oder eine unerwartete Trendveränderung? Hinzu kommen die Folgen für die Umwelt des erst beginnenden wirtschaftlichen Aufstiegs von Gesellschaften in Südamerika, Afrika und Asien, in denen die Mehrheit der Weltbevölkerung lebt.

Dissens herrscht vor allem über die Konsequenzen dieses Befundes. Soll der Globus durch eine «große Transformation»[2] klimafreundlich umgestaltet werden, oder setzt man besser auf viele einzelne Maßnahmen des technologischen Fortschritts? Dahinter steht die Grundfrage des Umgangs mit Ungewissheit und historischem Wandel, auf die wir ganz am Schluss zurückkommen.

Novum 3: Der Aufstieg der anderen

Europas Vormacht in der Welt war ein Produkt der Neuzeit, vor allem des 19. Jahrhunderts. Industrialisierung und Militärmacht eröffneten den Europäern die Möglichkeit, weite Teile der Welt zu beherrschen. China hingegen, Europa über Jahrhunderte hinweg voraus oder mindestens ebenbürtig, blieb in seiner Entwicklung zurück.

Mit der Mächterivalität des Imperialismus wendete sich Europas überschießende Dynamik ins Selbstzerstörerische. Das Zeitalter der Weltkriege brachte neue weltpolitische Akteure hervor, die nach 1945 zu globalen Supermächten wurden: die Sowjetunion, die allerdings nicht über den Status eines «Obervolta mit Raketen» (Helmut Schmidt) hinauskam und 1991 zerfiel, und die USA, die politisch und militärisch, technologisch und ökonomisch zur globalen Vormacht aufstiegen und dies, trotz aller Abgesänge, auch nach 1990 blieben. Darüber hinaus beförderte das Zeitalter der Weltkriege die Dekolonisierung nach 1945. Sie zog instabile Verhältnisse in den neuen Staaten Afrikas und Asiens nach sich, die durch die Überlagerung des Nord-Süd-Konflikts mit dem Ost-West-Konflikt in ihren Entwicklungsmöglichkeiten zusätzlich gehemmt wurden.

1978 begann China das einzigartige Experiment der Verwandlung in ein kommunistisch-autoritär regiertes kapitalistisches System und damit seinen Aufstieg zur zweitgrößten Volkswirtschaft der Welt. Überhaupt wurde Ostasien nach 1990 durch eine unerwartet prosperierende Entwicklung, mit der auch die Armut erheblich zurückging, zu einer globalen Boomregion. Allerdings beläuft sich das BIP pro Kopf in China bis heute, je nach Berechnungsmethode, auf weniger als ein Viertel oder gar ein Fünftel dessen der USA.

Wenn von «Aufstieg» der einen die Rede ist, bedeutet dies nicht automatisch den «Abstieg» anderer. «Macht» ist vielgestaltig geworden und kein Nullsummenspiel, in dem einer verliert, was der andere gewinnt, wie es das überholte, aber nicht verschwundene mechanisch-analoge Weltmachtdenken des Imperialismus im 19. Jahrhundert nahelegte. Gerade Europa profitiert vom Aufstieg Chinas und ist trotz seines relativen Abstiegs eine der wohlhabendsten und leistungsstärksten Regionen der Welt geblieben. Das Problem Europas ist nicht der Aufstieg der anderen, sondern die Wettbewerbsschwäche einzelner europäischer Staaten.

Novum 4: Die europäische Integration

Die Friedenserzählung von der Selbstzivilisierung nach 1945 ist zu einem Ritual der «Sakralisierung Europas» (Hans Joas) geworden. Und doch ist sie im Kern richtig. Die europäischen Staaten hatten in der gesamten Neuzeit mit Vorliebe Krieg gegeneinander geführt, um dem anderen etwas wegzunehmen oder um sich gegen die tatsächliche oder empfundene Bedrohung durch den jeweils anderen zu behaupten. Beides kulminierte im Zeitalter der Weltkriege, in denen Europa sich weitgehend selbst zerstörte. Nach 1945 vermochten es zunächst die Staaten Westeuropas, nach 1990 auch Ostmitteleuropas, von diesem Pfad abzukehren. Kooperation statt Konfrontation bedeutete, dass Belgien, Luxemburg und Polen nicht mehr Durchmarschgebiet für Truppen europäischer Großmächte waren, die gegeneinander in den Krieg zogen, sondern Präsidenten der europäischen Institutionen stellten. Das vereinte Europa wurde zu einem Raum, in dem Grenzen überwunden und Demokratie und Menschenrechte garantiert wurden. Die eigentliche Erfolgsgeschichte der europäischen Integration nach 1989, im historischen wie im politischen Vergleich, war ihr Beitrag zur Stabilisierung des ostmittel- und südosteuropäischen Raums, soweit er in die Europäische Union einbezogen wurde; die Balkankriege oder der Krieg in der Ukraine fanden gerade nicht innerhalb der EU statt. Gefahr droht diesen historisch außerordentlichen Errungenschaften unterdessen von der Verselbständigung und Überspannung einer «immer engeren Union», die ihre eigenen Gegenkräfte hervorruft.

Novum 5: Wahlfreiheit der Lebensformen

Gesellschaftlicher Wandel war in der industriellen Welt 2.0 vor allem an materielle Entwicklungen, an Klassen und Schichten gebunden. Auch in der Welt 3.0 ist die Bedeutung materieller Strukturen nicht geschwunden, wichtiger geworden aber sind kulturelle Entwicklungen.

Im Zentrum gesellschaftlicher Veränderungen im frühen 21. Jahrhundert steht das Verhältnis der Geschlechter. Hatte über Jahrhunderte eine Ordnung der Ungleichheit zwischen Männern und Frauen als natürlich gegolten, so hatte die Frauenbewegung im späten 19. Jahrhundert gleiche Rechte für Frauen eingefordert. Neuen Schwung gewann die Frauenbewegung erst wieder nach dem Zeitalter der Weltkriege. Entscheidende Treiber weiblicher Emanzipation waren Bildung und Erwerbstätigkeit; hier liegt der Ansatzpunkt für die wirkmächtige Koalition von Feminismus und Kapitalismus. Weibliche Erwerbstätigkeit und Berufsposition rückten in den Mittelpunkt der Geschlechterdebatte. Die Gleichstellung der Geschlechter wurde zu einem politischen Kernanliegen des frühen 21. Jahrhunderts, implementiert durch den Ansatz des *gender mainstreaming*, der sich binnen nicht einmal zweier Jahrzehnte von einem Randphänomen zu einer politischen Querschnittsaufgabe entwickelte.

Darüber hinaus änderten sich die privaten Lebensformen. Kinderlose Verheiratete und Nichtverheiratete, Patchworkfamilien, Alleinlebende und Alleinerziehende oder Homosexuelle gab es zu allen Zeiten – aber nicht als gleichberechtigte bzw. gewollte und allgemein akzeptierte Lebensformen. Mit der gesellschaftlichen Pluralisierung und der Auflösung traditioneller Ordnungsvorstellungen wurde die gleichberechtigte Wahl zwischen diesen Lebensformen möglich.

Verbunden war diese Wahl in vielen Fällen mit Kinderlosigkeit. Damit tat sich eine neue Kategorie sozialer Ungleichheit zwischen kinderlosen Erwachsenen und Erwachsenen mit Kindern auf. Sie führte seit den siebziger Jahren des 20. Jahrhunderts zu einem Rückgang der Nettoreproduktionsrate in der deutschen Gesellschaft auf einen Wert weit unter eins und damit zum historischen Novum eines fruchtbarkeitsbedingten indigenen Bevölkerungsrückgangs. Geburtenrückgang und gestiegene Lebenserwartung hatten zugleich die demographische Alterung der Gesellschaft zur Folge und bringen die Notwendigkeit mit sich, Alter als Phase im Lebensverlauf ganz neu zu denken.

Muster 1: Familie

Die Rede vom Untergang der Familie ist alt. Konservative fürchteten schon im 19. Jahrhundert den Untergang des Abendlandes, während die Achtundsechziger die Familie als Instrument der Repression überwinden wollten. Durch die Pluralisierung der Lebensformen hat die eheliche Kernfamilie ihr Monopol als normatives Ideal verloren – und ist zugleich Mehrheitsmodell geblieben. 57 Prozent aller Haushalte der 40- bis 45-Jährigen in Deutschland bestanden 2007 aus Eltern mit Kindern. Und nach wie vor ist das Modell attraktiv; wenn Homosexuelle heiraten und Kinder adoptieren möchten, wünschen sie für sich nichts anderes als die klassische eheliche Familie.

Auch in anderen Ländern und Kulturen spielen Familien wie eh und je eine tragende Rolle, in den USA, in asiatischen Gesellschaften, in denen familiäre Beziehungen nach wie vor sozialstaatliche Strukturen ersetzen, oder in Afrika, wo Familien oft ebenso fluide wie prägend sind. Überall wollen die Menschen zusammenleben, und sie übernehmen Verantwortung füreinander. Formen wandeln sich, aber die Sehnsucht nach Liebe und die Bereitschaft zur Solidarität zwischen Menschen sind ungebrochen – *good news* aus der Geschichte der Gegenwart.

Muster 2: Beschleunigung und Anpassung

Das 19. Jahrhundert war das Zeitalter der Beschleunigung. Die Eisenbahn löste Fortbewegung von der Muskelkraft, und um die Wende zum 20. Jahrhundert versetzte «elektrische Schnelle» die Zeitgenossen in Erregung. Dabei zeigten sich immer wieder gleiche Formen des Umgangs mit technologischem Wandel: der Ablehnung und der Abwehr, von den Maschinenstürmern bis zur Panik vor «den Algorithmen», folgten Aneignung und Anverwandlung, von der Einführung von Verkehrsampeln über die Ausblendung der Informationsüberflutung beim Herantreten an einen Zeitungskiosk. Menschen und Gesellschaften haben sich dem Wandel gegenüber als außerordentlich anpassungsfähig erwiesen.

Ebendies ist ein Erfolgsrezept des Kapitalismus, der immer wieder in der Lage war, neue und Gegenbewegungen zu adaptieren; die Kreativitätsforderungen und die Hierarchiekritik der Achtundsechziger wurden im «Netzwerkkapitalismus» (Luc Boltanski/Eve Chiapello) aufgenommen, die industrialisierungskritische Umweltbewegung wurde in Form von «grüner Produktion» aufgegriffen, und mit dem Feminismus entdeckte der Kapitalismus das gemeinsame Interesse an weiblicher Erwerbsstätigkeit.

Dasselbe gilt für die Nationalstaaten, genauer: die modernen Territorialstaaten. Immer wieder totgesagt gegenüber europäischer Integration, globalisiertem Kapitalismus und übernationalen Herausforderungen, erwiesen sie sich als dauerhaft und anpassungsfähig – und nach wie vor als die höchste Ebene der Organisation von Demokratie. Ein wesentliches Element ihrer Anpassung an veränderte Rahmenbedingungen war unterdessen die Verlagerung von Souveränität auf die zwischenstaatliche Ebene nationaler Regierungen, insbesondere innerhalb der Europäischen Union. Damit lösten sich die Regierungen und das Regieren von nationalen Parlamenten und Gewaltenteilung, demokratischer Legitimation und verfassungsmäßigen Regelbindungen. Das Problem ist nicht der Nationalstaat. Ein Problem hat die Demokratie.

Muster 3: Die Asymmetrie zwischen Kapitalismus und Demokratie

Nicht alle kapitalistischen Systeme sind Demokratien, aber alle modernen Demokratien sind kapitalistisch. In der gesamten Tradition der Moderne waren Demokratien abhängiger vom Kapitalismus als der Kapitalismus von der Demokratie; der Kapitalismus funktioniert sogar in einem autoritär-sozialistischen System wie in China, und das mit großem Erfolg. Zugleich sind die einzelstaatlich verfassten Demokratien mit einem globalisierten Kapitalismus konfrontiert. Dabei haben die westlichen Demokratien selbst ebenso wie die asiatischen Staaten erheblich dazu beigetragen, marktwirtschaftliche Kräfte freizusetzen. Problematisch waren nicht die Liberalisierungen und Deregulierungen der achtziger Jahre – sie haben einen Schub an technologischer und ökonomischer Dynamik gebracht und weltweit Armut reduziert –, sondern die mangelnde Nachjustierung, als sich die deregulierten Finanzmärkte seit den neunziger Jahren verselbständigten und dem Ordnungsrahmen entzogen. Dabei waren die demokratischen Staaten selbst an der Krise des Kapitalismus beteiligt, die 2008 aufbrach. In den USA blähten politischer Wille und eine Politik des billigen Geldes die Immobilienblase auf. Und eine kumulierende Staatsverschuldung auf internationalisierten Finanzmärkten führte in vielen Ländern zu einer fatalen Liaison aus nach Krediten dürstenden Staaten und renditehungrigen Banken.

Muster 4: Internationale Konflikte und Gewalt

Mit dem Ende des Kalten Krieges sprießten die Hoffnungen auf ein Zeitalter des Völkerrechts, des Friedens und der Weltgesellschaft. In der Tat haben sich Elemente globaler Konvergenz vermehrt und verstärkt. In einer globalisierten Welt machen Menschen Begegnungen und Erfahrungen mit dem und den Anderen, die Digitalisierung hat viele neue Akteure und Transaktionen ins Spiel gebracht, weltweit haben sich universelle Menschenrechte als Norm verbreitet und ein globales Umweltbewusstsein zeichnet sich ab. Wissenschaftliche Konzepte einer «globalen Zivilgesellschaft» gehen Hand in Hand mit politischen Programmen für eine bessere Welt, denen allerdings die Erfahrung gegenläufiger Entwicklungen widerspricht, die nicht nur absterbende Überreste vergangener Zeiten sind: Mauern sind nicht nur gefallen, sondern auch neu gebaut worden, universellen Menschenrechten steht neuer Terror, dem Völkerrecht wiederbelebtes Faustrecht gegenüber.

Machtkonflikte, *hard power* und Gewalt sind nicht verschwunden, sondern scheinen im 21. Jahrhundert noch zuzunehmen. Im Konflikt in der Ukraine ist militärische Macht- und Mächtepolitik zurückgekehrt, und die russische Annexion der Krim stellt einen neuerlichen Präzedenzfall der gewaltsamen einseitigen Verschiebung von Grenzen dar. Noch größere Gewaltpotentiale offenbaren sich in der Ausweitung fundamentalistisch-islamistischer Regime im Nahen Osten und in Nordafrika – das sind die *bad news* aus der Geschichte der Gegenwart.

Muster 5: Die deutsche Stärke in Europa

Mit der Reichsgründung von 1871 war Deutschland der militärisch stärkste Staat in der Mitte Europas. Ende des Jahrhunderts wurde das Land zugleich zum technologisch-ökonomischen *powerhouse* in Europa mit allen Entwicklungs- und Entfaltungschancen für das 20. Jahrhundert. Insofern bedeutete der Kriegsausbruch am 1. August 1914 den Schicksalstag der deutschen Geschichte, der die Ressourcen und Perspektiven des Landes nachhaltig beschädigte. Deutschland verlor im 20. Jahrhundert zwei Weltkriege, es trieb große Teile seiner Eliten aus dem Land und lud die unauslöschliche Schuld des Holocaust auf sich, es wurde geteilt und verlor ein Drittel seines Territoriums, zwei Mal wurden nach 1945 seine zentralen Machtmittel, die Schwerindustrie und die Währung, europäisch vergemeinschaftet, und nach 1990 schien es sich mit dem Erbe der sozialistischen Diktatur und den Folgelasten der Wiedervereinigung endgültig übernommen zu haben. Und wie lautete die Bilanz einhundert Jahre nach Beginn des Ersten Weltkrieges? Deutschland war wieder die bei weitem stärkste Macht in Europa. Das ist die eigentliche Besonderheit der deutschen Geschichte im 20. Jahrhundert: dass es *against all odds* so stark ist.

Diese strukturelle deutsche Stärke rief «erhebliche, ganz erhebliche psychologische Verwerfungen»[3] hervor, die nicht zuletzt aus unterschiedlichen Wahrnehmungen resultierten. Was die Deutschen für ihr gutes Recht halten, erscheint anderen als deutsches Vormachtstreben, vom «Platz an der Sonne» für das wilhelminische Deutschland bis zur Euro-Schuldenkrise. Von Deutschland wird Führung verlangt, die schnell, wenn tatsächlich ausgeübt, als Dominanz kritisiert wird. Mit der deutschen Stärke bleibt auch das deutsche Dilemma.

Tendenz 1: Das Entschwinden des 20. Jahrhunderts

Nach wie vor prägt das Zeitalter der Weltkriege und der Diktaturen das kollektive Gedächtnis. Als Bezugszeitraum für das Verständnis der Gegenwart aber verliert es an Bedeutung. Stattdessen treten mit den Erfahrungen einer beschleunigten, globalisierten und digitalisierten Welt zwei neue Referenzzeiten hervor: die siebziger und achtziger Jahre des 20. Jahrhunderts, in der die Kräfte freigesetzt wurden, aus denen die Welt 3.0 hervorging, und die Zeit vor 1914, als die Welt 2.0 entstand.

Die erste Globalisierung brachte weltumspannenden Handel, globale Kapitalströme und weltweite Migration mit sich. Zugleich sorgte sie für die Erfahrung neuer Beschleunigung. Elektrizität war die Digitalisierung des späten 19. Jahrhunderts, mit Autos und Flugzeugen, bei Sechstagerennen und den wieder begründeten Olympischen Spielen wurde alles immer «schneller, höher, weiter». Und spätestens seit Charles Darwin die Entstehungsgeschichte der Menschheit nicht auf einen Schöpfungsplan, sondern auf Naturgesetze zurückgeführt hatte, gingen die vertrauten Gewissheiten der Welt 1.0 verloren.

Offenkundig wollten die Menschen aber «nicht allein im All» sein (Václav Havel), und so schufen sie neue Gewissheiten. «Hunger nach Ganzheit» (Peter Gay) trieb bürgerliche Reformbewegungen vom Wandervogel bis zur Reformpädagogik an; die Sehnsucht nach der «Volksgemeinschaft» machten sich schließlich die Nationalsozialisten zu Nutze. Die Utopien einer «rassereinen« oder einer «klassenlosen« Gesellschaft waren die totalitären Antworten auf die Krise der Moderne. Aber auch in westlichen Demokratien brach sich die Sehnsucht nach Gewissheit Bahn. Experten entwarfen sozialtechnokratische Modelle zur Gestaltung der Gesellschaft, vom skandinavischen «Volksheim» über eugenische Konzepte und Entwicklungsdiktaturen in der «dritten Welt» bis zur keynesianischen «Globalsteuerung».

Solche Ordnungsentwürfe der Welt 2.0 prägten das 20. Jahrhundert bis zur Tendenzwende von 1973, als mit dem Ende des Nachkriegsbooms auch die klassische Moderne zu Ende ging, wie sie sich im späten 19. Jahrhundert ausgeprägt hatte. Stattdessen setzten sich zwei neue Strömungen durch, die das frühe 21. Jahrhundert prägen. Zum einen wurde der staatsinterventionistische Keynesianismus durch eine politische Ökonomie der Marktorientierung abgelöst, die auf den Rückzug des Staates und die Freisetzung von Marktkräften durch Liberalisierungen und Deregulierungen baute. Mit der Digitalisierung und einem globalen Wohlstandsschub verbreitete sich das Modell des börsenorientierten *shareholder-value*-Kapitalismus. In einem *spill-over*-Effekt der kulturellen Ökonomisierung wurden immer weitere Bereiche der Gesellschaft von der Funktionslogik und den Organisationsprinzipien des Marktes erfasst. Dies nahm Züge einer marktorientierten Modernisierungsideologie an, die ganz auf Wettbewerb, Rankings und Ratings, Zahlen und Quoten setzte.

Die zweite Folge der Krise von 1973 war die Postmoderne. Michel Foucault erhob den Anspruch, «anders zu denken», und Jean-François Lyotard entlarvte den allgemeinen Konsens als Instrument zur Exklusion des Abweichenden. Ihre Konsequenz war die abermalige Zurückweisung von Ganzheit: «Die große Erzählung hat ihre Glaubwürdigkeit verloren.»[4] Daraus folgten eine verstärkte gesellschaftliche Pluralisierung und die Dekonstruktion überkommener Ordnungsvorstellungen der Moderne – der Nation, der Ordnung der Geschlechter oder des Konzepts vom «Westen». Was zunächst wie akademische Glasperlenspiele in Pariser Universitätsseminaren aussehen mochte, verbreitete sich in einem erstaunlichen *trickle-down*-Effekt in Gesellschaft und Politik. Dabei irrte Lyotard, wenn er gemeint hatte, die Postmoderne unterscheide sich von der klassischen Moderne dadurch, dass nicht nur die Ganzheit als solche, sondern auch die Sehnsucht nach ihr verloren gegangen sei. Vielmehr stellte sich heraus, dass der «Hunger nach Ganzheit» auch um die Jahrtausendwende ungebrochen war. Und so ging aus der Dekonstruktion der überkommenen Ordnung die Konstruktion einer neuen hervor: die Kultur der Inklusion.

Tendenz 2: Die Verschiebung des Rahmens, die Kultur der Inklusion und der Wandel der Freiheit

Nietzsches provozierende Frage, unter welchen Bedingungen sich der Mensch «jene Werturteile gut und böse» erfand,[5] enthielt die fundamentale Einsicht, dass Ordnungen nicht gegeben sind, sondern gemacht werden. Zusammengehalten werden sie von Rahmen, die das öffentlich Sagbare und

Machbare umschließen. Sie geben das Denken, Reden und Handeln der Menschen vor und sind doch nicht statisch, sondern verschieben sich, zumeist durch Machtkonflikte oder durch veränderte Bedingungen. Die Umorientierung vom Keynesianismus zur Marktorientierung in den siebziger Jahren war eine solche Rahmenverschiebung. Dieser Rahmen wurde durch die Weltfinanzkrise von 2008 erschüttert, und mit einer neuerlichen Rahmenverschiebung – einer zweiten Tendenzwende nach 1973 – wurde eine andere Tendenz dominant, die sich ebenfalls seit den achtziger Jahren ausgeprägt hatte: die Kultur der Inklusion.

Die Dekonstruktion überkommener Ordnungsvorstellungen im Hinblick auf Lebensformen, Sexualität oder Geschlechterbeziehungen war zunächst als befreiende Pluralisierung begrüßt worden: «anything goes» (Paul Feyerabend). Doch Pluralisierung allein war offenkundig auf Dauer zu wenig. Paradoxerweise war es gerade Vielfalt, die zur neuen Ganzheitsvorstellung wurde. *Diversity management* und Antidiskriminierung wurden als neue Normen und Gleichstellung als Ziel etabliert. Es ging um einen proaktiven Ausgleich für Menschen, die in den überkommenen Ordnungen benachteiligt oder ausgeschlossen waren: Menschen mit anderer Hautfarbe oder mit Behinderung, Homosexuelle und sexuell anders Orientierte, und vor allem Frauen. Geschlecht wurde zur vorrangigen Kategorie als ausgleichsbedürftig akzeptierter sozialer Ungleichheit.

Die Frage, welche Benachteiligung als ausgleichswürdig anerkannt wird, war immer auch eine Machtfrage im Konflikt um die öffentliche Ordnung. Schon Talcott Parsons hatte festgestellt, dass Exklusion jeder Inklusion als «logischer Schatten»[6] nachfolgt. In diesem Fall lag der Schatten in der diskursiven Marginalisierung traditioneller Familienformen, in denen nicht erwerbstätige Mütter ihre Kinder zu Hause erziehen. Die Kultur der Inklusion führte zu einem Zuwachs an gesellschaftlicher Pluralität und Offenheit, Zugewandtheit und Emanzipation. Zugleich zog die Verschiebung des Rahmens neue Grenzen des Sagbaren und nahm ideologische Züge repressiver Toleranz an.

Mit der Kultur der Inklusion wandelte sich das Freiheitsverständnis, wie es in der sprachlichen Verschiebung von Gleich*berechtigung* zu Gleich*stellung* zum Ausdruck kommt. Die Freiheit des Westens hatte nach 1990 in gesellschaftlich-kultureller Pluralisierung bestanden, die neuen Orientierungsbedarf hervorbrachte, und in einer entgrenzten ökonomischen Freiheit, die 2008 in eine Glaubwürdigkeitskrise geriet. Dass Marktliberalisierungen in Staatshaftung endeten und dass Risiko von Haftung und Gewinn von Verantwortung getrennt wurden, versetzte dem bürgerlich-liberalen

 Freiheitsverständnis auf der Grundlage individueller Selbstverantwortung einen schweren Schlag. Das Ergebnis war eine Umorientierung hin zu einer staatlich moderierten Freiheit der gleichgestellten Vielfalt und des Nachteilsausgleichs. Die Kultur der Inklusion tendiert zur ergebnisorientierten staatlichen Gestaltung der Gesellschaft anstelle der Vorstellung gesellschaftlicher Selbstregulierung. Diese Verschiebung von Freiheitsvorstellungen war auch auf anderen Ebenen zu beobachten und fügte sich zu einer übergreifenden Entwicklung; mit der Euro-Schuldenkrise verschoben sich die Prinzipien der auf Selbstverantwortung und Wettbewerbsfähigkeit gegründeten Europäischen Währungsunion in Richtung Solidarhaftung und Transferunion, und in der politischen Ökonomie kehrte die staatsinterventionsfreundliche Makroökonomie zurück.

Tendenz 3: Umgang mit Ungewissheit

Wohin führt der Wandel der Welt? Ein Ziel ist nicht zu erkennen, am ehesten lassen sich Bewegungen und Gegenbewegungen von Entgrenzung und Begrenzung beobachten. Dem Sturm und Drang folgte die Klassik, der Auflösung überkommener Gewissheiten im späten 19. Jahrhundert folgten der «Hunger nach Ganzheit» und die großen Ordnungsentwürfe des 20. Jahrhunderts, den marktliberalen Deregulierungen und der beschleunigten Pluralisierung seit den achtziger Jahren folgte die Kultur der Inklusion. Das historische Wechselspiel hat keine erkennbare übergeordnete Richtung, weder in den Verfall, noch in eine bessere Welt. Dafür ist es voller Dilemmata und Überraschungen.

Alte Probleme werden nicht von neuen abgelöst, sondern sie überlagern sich, und das Geflecht wird immer komplexer. Pfadabhängigkeiten treten ebenso auf wie Pfadwechsel, Kontinuitäten ebenso wie Revisionen. Als Treiber des Wandels lassen sich hauptsächlich drei Kräfte ausmachen: die technologisch-ökonomischen Entwicklungen, der herrschende Rahmen des Denkens, Redens und Handelns sowie Ereignisse, Krisen und externe Schocks. Das heißt, viele Unbekannte sind im Spiel, und daher verhelfen auch immer mehr Daten und Rechenkapazitäten nicht zu verlässlichen Prognosen. Vielmehr liest sich die Geschichte der Prognosen so haarsträubend – vom «Ende der Arbeitsgesellschaft» bis hin zu Franz Beckenbauers Voraussage von 1990, die deutsche Nationalmannschaft werde auf Jahre hin unschlagbar sein –, dass der historische Blick eine Skepsis gegenüber Prognosen lehrt, die proportional zur Selbstgewissheit steigt, mit der sie vorgetragen werden.

So stellt sich die Frage, wie mit der Ungewissheit des historischen Wandels umzugehen ist. Auch hier hält die Geschichte widersprüchliche Erfahrungen bereit. Einerseits haben Menschen und Gesellschaften, Wirtschaft, Politik und Kultur in der Moderne immer wieder erstaunliche Anpassungsleistungen an veränderte Umstände erbracht. Andererseits hat gerade das 20. Jahrhundert verheerende Fehlentwicklungen erlebt.

Schon in der antiken Philosophie und im mittelalterlichen Universalienstreit sind dabei zwei grundlegende Denkweisen des Umgangs mit der Realität zu identifizieren. Der platonischen Tradition zufolge existiert das Allgemeine vor dem Besonderen – zuerst ist die Idee. Ein solches Denken geht von Visionen, Modellen und Theorien aus. Es stößt weitreichende Veränderungen an, und es unterliegt zugleich der Versuchung der Ganzheit, die Welt nach einem bestimmten Bilde umzugestalten und den neuen Menschen zu schaffen. Hier liegt der gemeinsame Nährboden von Ideologien und religiösen Fundamentalismen, der Radikalisierung des Marktprinzips und der «Großen Transformation» ebenso wie der «Sakralisierung Europas» und einer verabsolutierten Kultur der Inklusion.

Die andere Denktradition geht auf Aristoteles zurück: Das Allgemeine existiert nur im Besonderen – die Idee ist nicht von ihrer praktischen Umsetzung zu trennen. Nicht die großen Entwürfe leiten dieses Denken, sondern Erfahrung und Alltagsvernunft. In der Einsicht, dass das, was heute für richtig gehalten wird, sich morgen als falsch herausstellen kann, geht es Schritt für Schritt vor, um den Kurs gegebenenfalls rechtzeitig korrigieren zu können. Seine Gefahr liegt darin, vor lauter Pragmatismus die notwendigen Veränderungen und Weichenstellungen zu versäumen.

Ein zukunftsfähiges Gemeinwesen wird sich bemühen, beide Denktraditionen in ihren Vorteilen zu verbinden und ihre Nachteile zu minimieren. Modelle und Statistiken sind hilfreich, wenn sie als Hilfsmittel verwendet werden, doch sie werden schädlich, wenn sie zum Ziel an sich gemacht werden. Ideen werden gefährlich, wenn sie sich von der Realität lösen. Sie führen in jene Kultur der Unbedingtheit, die gerade in Deutschland lange prägend war. In nuce: Eines Tages unternahmen der junge Wilhelm Furtwängler und sein Lehrer, der Archäologe Ludwig Curtius, eine Wanderung in den Bergen, als Curtius sagte, er schätze die Frömmigkeit von Bachs H-moll-Messe höher als die von Beethovens Missa solemnis. «Wenn du so denkst», entgegnete Furtwängler, «können wir nicht weiter zusammen wandern.»[7]

Geschlossene Ordnungsentwürfe und verfestigte Rahmen sind Instrumente zur Ausgrenzung des Abweichenden – hinter diese postmoderne Erkenntnis führt kein Weg zurück. Sie verstellen die Einsicht, dass morgen als falsch gelten kann, was heute für richtig gehalten wird, sie verstellen die Offenheit dafür, dass alles anders kommen kann. Es ist wahrscheinlich, dass das Unwahrscheinliche geschieht, sagte Aristoteles. Der historischen Erfahrung nach wird die Zukunft in doppeltem Sinne anders sein: anders als die Gegenwart und anders als gedacht.

Václav Havel hat es wohl geahnt: Wir sind allein im All, und nichts ist sicher. Was als Kompass hilft, ist Offenheit statt Selbstgewissheit. Das gilt für unvorhergesehene Gefahren, für neue Bedrohungen der Freiheit oder für unerwartete Konflikte. Wer hätte mit der Rückkehr des Krieges nach Europa oder mit dem Islamischen Staat gerechnet? Wir erwarten für die Zukunft des 21. Jahrhunderts weniger Veränderungen, als sie das 20. Jahrhundert gebracht hat. Das gilt freilich auch für die positiven Möglichkeiten. In einem persischen Märchen machen die drei klugen Prinzen von Serendip auf einer Reise allerhand nützliche Entdeckungen, nach denen sie gar nicht gesucht haben. Nach ihnen ist das Lebensprinzip der Serendipität benannt: Nur wer offen dafür ist, dass alles auch ganz anders sein mag als gedacht, kann die Chancen des Unvorhergesehenen nutzen.[8] So gelangte Kolumbus nach Amerika, so wurden der Teebeutel und das Penicillin erfunden, und wenn sich neue Ideen mit dem Sinn für die Realitäten verbinden, dann macht auch die Geschichte der Gegenwart keine Angst vor der Zukunft.

Dank

Dieses Buch zu schreiben, war ein Abenteuer. Immer wieder habe ich mich gefragt, wer wohl auf die Idee dazu gekommen ist, habe aber außer mir selbst niemanden gefunden, den ich beschuldigen könnte. Dafür habe ich allen Grund, vielen Menschen herzlich zu danken.

Allen voran dem Team meines Lehrstuhls: Bernhard Dietz, Wolfgang Elz, Thorsten Holzhauser, Anna Kranzdorf und Andreas Lutsch, Bastian Knautz, Peter Merg und David Schumann sowie die studentischen Hilfskräfte Manuel Dittrich, Kim Krämer und Ronja Kieffer haben mich mit großem Einsatz und hoher Kompetenz bei den umfangreichen Recherchen und der Auswertung der Forschungsliteratur sowie den Korrekturen des Manuskripts unterstützt. In kontroversen Diskussionen haben wir in einer Atmosphäre gegenseitiger Offenheit in politisch bunter Zusammensetzung um Argumente gerungen. Das gilt insbesondere für unsere dreitägige Klausur in Speyer, die das Manuskript einem echten Härtetest unterzogen hat.

Gegengelesen und durch viele konstruktive Vorschläge verbessert haben das Manuskript zudem Rainer Hank, Peter Hoeres und Konstanze Werner.

Viele Ideen und Einsichten verdankt dieses Buch den fünf Tendenzwende-Konferenzen, die ich zusammen mit der Frankfurter Allgemeinen Zeitung organisieren konnte. Für diese Gelegenheit ebenso wie für viele anregende Gespräche danke ich insbesondere meinen Mitveranstaltern Udo Di Fabio und Günther Nonnenmacher.

Darüber hinaus bin ich den folgenden Kolleginnen und Kollegen für vielfältigen Austausch dankbar, der dieses Buch in höherem Maße bereichert hat, als ihnen wahrscheinlich bewusst ist: den Mitgliedern meines Mainzer Oberseminars, das als Ort lebhafter Diskussionen eine Quelle stetiger Inspirationen für mich ist, Frédéric Bozo, Alexander Brakel, Otto Depenheuer, Kevin Featherstone, Dominik Geppert, Piers Ludlow, Hélène Miard-Delacroix, Sönke Neitzel, Karl-Heinz Paqué, Werner Plumpe, Angela Romano, Mary E. Sarotte, Joachim Scholtyseck, Matteo Scianna, Kristina Spohr, Laurent Warlouzet, Arne Westad und Edgar Wolfrum.

Besonders danken möchte ich den Teilnehmern der Tagung im Rahmen meiner Londoner Gastprofessur im Deutschen Historischen Institut im Juni 2013

396 für ihre eindrucksvollen Beiträge: John Breuilly, Partha Chatterjee, Jeff Engel, Jonathan White und vor allem Charles Maier, der es sich trotz trauriger privater Umstände nicht nehmen ließ, ein höchst inspirierendes Papier beizutragen. Das Londoner Jahr 2012/13 hat mir viele Perspektiven und Einsichten eröffnet und in anregender Atmosphäre Zeit geschenkt. Sehr herzlich danke ich der Gerda Henkel Stiftung, Andreas Gestrich und dem «ganzen Haus» am Bloomsbury Square für große Gastfreundschaft und Austausch sowie dem International History Department der London School of Economics, einem Ort vibrierender internationaler Intellektualität, und seinem Head of Department Nigel Ashton.

Ich danke David Palmer, neben dem ich zufällig einmal im Konzert saß und mit dem ich seitdem ungezählte Konzerte und Opern besucht habe. Er riet mir, mich auch bei Sir Marc Elder zu bedanken, dem Dirigenten einer Aufführung des Parsifal in der Royal Albert Hall, bei der mir während des ersten Akts ein ganzes Kapitel eingefallen ist.

Viel eingefallen ist mir auch bei meinen Schreibklausuren in der Zisterzienserabtei Marienstatt und bei den Benediktinerinnen von St. Hildegard in Eibingen, denen ich herzlich für ihre Gastfreundschaft in der ruhigen und geregelten Welt des Klosters danke.

Ich danke dem Verlag C. H. Beck für die Betreuung und vor allem Christiane Schmidt, deren außergewöhnlich zugewandtes und textsensibles Lektorat dem Manuskript mehr als nur den letzten Schliff gegeben hat.

Mit Steven Ihm konnte ich auf vielen gemeinsamen Läufen, wenn auch bevorzugt auf den ersten fünf Kilometern, manches besprechen. Thomas Christ, der das Manuskript ebenfalls gelesen hat, danke ich für schonungslose Offenheit, gemeinsame Konzertwochenenden und vor allem für die Freundschaft.

Unsere Kinder erkundigten sich zuletzt wiederholt, wann sie das Arbeitszimmer wieder in Zimmerlautstärke betreten dürften. Trotz allem haben wir es auch während der härtesten Phase geschafft, regelmäßig zu den Nullfünfern in den S-Block zu gehen. Auch wenn ich zu Hause in physischer Anwesenheit oftmals geistig abwesend war, bin ich den Meinen für (fast) jede gemeinsame Minute von Herzen dankbar. Für meine Frau Silvana enthielt das Manuskript, als es dann fertig war, faktisch nichts Neues. In der Tat ist vieles, was in diesem Buch zu lesen ist, in gemeinsamen Gesprächen entstanden. Für gewöhnlich meine schärfste Kritikerin, hat sie mich gegen alle Zweifel ermutigt, das Abenteuer dieses Buches durchzustehen. Ohne ihre Unterstützung und ohne ihren Zuspruch hätte ich es nicht geschafft.

Mainz, im Mai 2015 Andreas Rödder

Nachbemerkung zur aktualisierten Ausgabe 2017

Als 21.0 im September 2015 erschien, gewann die Flüchtlingskrise nach der Wendung der Bundeskanzlerin vom 5. September gerade machtvoll an Bewegung. Mit zitternden Händen las ich erneut das im Frühjahr 2015 verfasste Kapitel V.3 über Migration und Integration, um erleichtert festzustellen, dass die dort vorgenommenen Erklärungen durch unerwartete Ereignisse gerade nicht hinfällig geworden waren. Dasselbe galt für die Überraschungen des Jahres 2016, die Entscheidung für den Brexit und die Wahl Donald Trumps. Dennoch würde man eine Neuauflage dieses Buches wohl nicht lesen wollen, ohne dass diese jüngsten Entwicklungen Berücksichtigung finden. Daher habe ich das Manuskript für diese Neuauflage gründlich durchgesehen und behutsam, d.h. im Blick auf die übergreifenden Aussagen aktualisiert. Für wertvolle Unterstützung dabei danke ich Annette Bessell, Sarina Hoff, Thorsten Holzhauser, Bastian Knautz, Jens Münster und Anette Neder.

Verzeichnis der Abkürzungen

AEUV	Vertrag über die Arbeitsweise der Europäischen Union
AfS	Archiv für Sozialgeschichte
APuZ	Aus Politik und Zeitgeschichte
BVerfG	Bundesverfassungsgericht
DA	Deutschland Archiv
DFG	Deutsche Forschungsgemeinschaft
DIW	Deutsches Institut für Wirtschaftsforschung
EA	Europa-Archiv
Ecofin	Rat für Wirtschaft und Finanzen
EFTA	European Free Trade Association
EUV	Vertrag über die Europäische Union
FAZ	Frankfurter Allgemeine Zeitung
GG	Geschichte und Gesellschaft/Grundgesetz
HPM	Historisch-Politische Mitteilungen
HZ	Historische Zeitschrift
i. E.	im Erscheinen
IMF/IWF	Internationaler Währungsfonds
IPCC	Intergovernmental Panel on Climate Change
IZA	Institute for the Study of Labor
JMEH	Journal of Modern European History
KSZE	Konferenz für Sicherheit und Zusammenarbeit in Europa
KZfSS	Kölner Zeitschrift für Soziologie und Sozialpsychologie
KSZE	Konferenz für Sicherheit und Zusammenarbeit in Europa
NATO	North Atlantic Treaty Organization
NSA	National Security Agency (der USA)
OECD	Organisation for Economic Cooperation and Development
OPEC	Organisation of the Petroleum Exporting Countries
OSZE	Organisation für Sicherheit und Zusammenarbeit in Europa
PVS	Politische Vierteljahrsschrift
UN	United Nations
VfZ	Vierteljahrshefte für Zeitgeschichte
VN	Vereinte Nationen
VSWG	Vierteljahresschrift für Sozial- und Wirtschaftsgeschichte
WP	Wahlperiode
ZfAS	Zeitschrift für Außen- und Sicherheitspolitik
ZParl	Zeitschrift für Parlamentsfragen

Anmerkungen

Eine Geschichte der Gegenwart – ist das möglich?

1 Mark Lilla, Our Illegible Age, in: The New Republic vom 30. Juni 2014, S. 43.

2 Václav Havel, Wir wollen nicht allein im All sein, Die Weltwoche vom 1. Januar 1998. Das folgende nach: «Ex-Präsident Havel: Westen weiß mit seinem Sieg nichts anzufangen», Süddeutsche Zeitung vom 27. Oktober 1992.

3 Amerikanischer Vorläufer einer gegenwartsorientierten Zeitgeschichte: Kennedy, Vorbereitung; essayistisch Garton Ash, Jahrhundertwende; für Deutschland: essayistischer Ausblick bei Conze, Suche, sowie Herbert, Geschichte Deutschlands, S. 1137–1252; enzyklopädisch: Schröder, Republik; politikgeschichtlich: Gehler, Deutschland; Görtemaker, Berliner Republik; facettenreiche Sammlung: Schwarz (Koord.), Bundesrepublik.

4 Vgl. Judt, Postwar.

5 Vgl. Wirsching, Preis der Freiheit, Zitate S. 17 f.

6 Vgl. z. B. die Beiträge von Göran Therborn und Geoff Eley, in: JMEH 9 (2011/12); Doering-Manteuffel/Raphael, Nach dem Boom, S. 45–56; Doering-Manteuffel, Entmündigung; Crouch, Non-death; Streeck, Crisis; ders., Gekaufte Zeit; im Hinblick auf die amerikanischen Diskurse der achtziger Jahre Rodgers, Age of Fracture, v. a. S. 41–76.

7 Vgl. Maier, Transformations of Territoriality, Zitate: S. 34, 36; ders., Leviathan 2.0; Palmowski, Europeanization; Mau, Transnationale Vergesellschaftung.

8 Vgl. Rosa, Beschleunigung; Kodalle/Rosa (Hg.), Rasender Stillstand.

9 Vgl. Osterhammel, Verwandlung der Welt, bes. S. 1279–1301; Blom, Der taumelnde Kontinent; zur internationalen Politik auch Hildebrand, Globalisierung 1900, S. 3–31.

10 Vgl. Hans Rothfels, Zeitgeschichte als Aufgabe, in: VfZ 1 (1953), S. 2 (Zeitgeschichte als «Epoche der Mitlebenden und ihre wissenschaftliche Behandlung»).

11 Vgl. Jürgen Kaube, Ungeduldig. Ist Zeitgeschichte möglich? In: FAZ vom 6. Juni 2013, N3.

12 Vgl. zur geschichtswissenschaftlichen Debatte über den Umgang mit sozialwissenschaftlichen Forschungen Rüdiger Graf/Kim Christian Priemel, Zeitgeschichte in der Welt der Sozialwissenschaften. Legitimität und Originalität einer Disziplin, in: VfZ 59 (2011), S. 479–508; Bernhard Dietz/Christopher Neumaier, Vom Nutzen der Sozialwissenschaften für die Zeitgeschichte. Werte und Wertewandel als Gegenstand historischer Forschung, in: VfZ 60 (2012), S. 293–304; Andreas Rödder, Wertewandel in historischer Perspektive. Ein Forschungskonzept, in: Dietz/Neumaier/Rödder (Hg.), Gab es den Wertewandel?, S. 26–28; Jenny Pleinen/Lutz Raphael, Zeithistoriker in den Archiven der Sozialwissenschaften. Erkenntnispotenziale und Relevanzgewinne für die Disziplin, in: VfZ 62 (2014), S. 173–195.

I.
Welt 3.0

1 Daniel Genis, Auch ich in Digitalien, in: Süddeutsche Zeitung vom 3./4. Januar 2015, S. 17 (Übersetzung sprachlich leicht modifiziert).
2 Vgl. zum folgenden Kapitel allgemein Bunz, Speicher; Castells, Netzwerkgesellschaft, bes. S. 6, 46 f., 50 f., 55, 71, 74 f.; Ifrah, Computer, bes. S. 12; Naumann, Abakus, bes. S. 108; Reynolds, One World Divisible, S. 494–538; Reynolds, America, S. 519–526; Rothemund, Internet; Röthlein, Mare Tranquillatis.
3 Vgl. Borscheid, Tempo-Virus, S. 147–151; Naumann, Abakus, S. 108.
4 Zit. nach Naumann, Abakus, S. 48.
5 Vgl. Dyson, Turings Kathedrale.
6 Castells, Netzwerkgesellschaft, S. 71.
7 Tim O'Reilly, 3D-Drucker werden unser Leben verändern (Interview mit Spiegel Online vom 30. November 2006), www.spiegel.de/netzwelt/web/internet-vordenker-o-reilly-3d-drucker-werden-unser-leben-veraendern-a-451248.html (20. März 2015).
8 Vgl. «TV-Rechte: Englische Liga kassiert ab wie nie», http://www.spiegel.de/sport/fussball/premier-league-rekordvertrag-ueber-fernsehrechte-abgeschlossen-a-1017828.html (14. Mai 2015).
9 Vgl. Martina Schuegraf, Medienkonvergenz, in: Ralf Vollbrecht/Claudia Wegener (Hg.), Handbuch Mediensozialisation. Wiesbaden 2010, S. 287–295; Stefan Füssel, Einleitung, in: ders. (Hg.) Medienkonvergenz – Transdisziplinär (Media Convergence 1). Berlin 2012, S. 1–5.
10 Vgl. Gerhard Schürer u. a., Analyse der ökonomischen Lage der DDR mit Schlußfolgerungen. Vorlage für das Politbüro des Zentralkomitees der SED, 30. Oktober 1989, in: Hans-Hermann Hertle, Der Fall der Mauer. Die unbeabsichtigte Selbstauflösung des SED-Staates. 2. Aufl. Opladen 1999 [Dokumentenanhang], S. 449.
11 Vgl. Freeman/Louçã, As time goes by, S. 329 f.; Wu, Master Switch.
12 Poe, Communication, S. 215.
13 Vgl. Kap. II.2.
14 Vgl. Gerold Ambrosius, Agrarstaat oder Industriestaat – Industriegesellschaft oder Dienstleistungsgesellschaft? Zum sektoralen Strukturwandel im 20. Jahrhundert, in: Reinhard Spree (Hg.), Geschichte der deutschen Wirtschaft im 20. Jahrhundert. München 2001, S. 64.
15 Stefan Zweig, Sternstunden der Menschheit. Zwölf historische Miniaturen. 7. Aufl. Frankfurt a. M. 1998, S. 156.
16 Vgl. Kaufhold, Europas Werte, S. 11–23, bes. 17.
17 Borscheid, Tempo-Virus, S. 163.
18 Vgl. zum Folgenden Hickethier, Medienkultur; Schulz, Mediatization, bes. S. 88 f. Zu den Problemen für die Geschichtswissenschaften vgl. die Feststellung von Hodenbergs, Methodendschungel, S. 26, dass die kulturwissenschaftlichen Medienwissenschaften mit ihren linearen Entwürfen historischer Veränderungen aufgrund der Entwicklung von Medien aus historischer Perspektive meist zu ahistorisch, die Ergebnisse der empirisch-sozialwissenschaftliche Kommunikationswissenschaften hingegen oft zu faktographisch ausfallen, während die Beziehung zwischen Medienoutput und Zuschauerrezeption nach wie vor ebenso unbestimmt ist wie die Beziehung zwischen Internetwelt und Sozialverhalten bzw. Sozialbeziehungen.

19 Vgl. Hickethier, Medienkultur, S. 221; Meyen, Medialisierung.

20 Victor Hugo, Brief an Adèle Hugo vom 22. Januar 1837, in: Victor Hugo, Voyages France et Belgique, hg. von Claude Gely. Grenoble 1974, S. 281; Übersetzung nach Borscheid, Tempo-Virus, S. 120 f.

21 Blom, Der taumelnde Kontinent, S. 468.

22 Castells, Netzwerkgesellschaft, S. 376, 382.

23 Vgl. Scott Lash, Technological forms of life.

24 Vgl. Eric Schmidt/Jared Cohen, The New Digital Age. Reshaping the Future of People. Nations and Business. London 2013.

25 Ian Goldin, Divided Nations. Why global governance is failing, and what we can do about it. Oxford 2013, S. 5 f.

26 Vgl. Castells, Sociology of the Network Society.

27 Vgl. zum Folgenden Castells, Netzwerkgesellschaft, S. 410, 414; Schulz, Mediatization, S. 88 f.

28 Vgl. Karin Knorr Cetina/Urs Bruegger, The Market as an Object of Attachment. Exploring Postsocial Relations in Financial Markets, in: The Canadian Journal of Sociology/Cahiers canadiens de sociologie 25 (2000), S. 141–168, hier 142 f.; Karin Knorr Cetina, Postsoziale Beziehungen: Theorie der Gesellschaft in einem postsozialen Kontext, in: Thorsten Bonacker/Andreas Reckwitz (Hg.), Kulturen der Moderne. Soziologische Perspektiven der Gegenwart. Frankfurt a. M. 2007, S. 267–300.

29 Vgl. Hjarvard, Mediatization, S. 132; Bucher, Internet als Netzwerk.

30 Hoeres, Gärtner der Rhizome [5], vgl. auch [12]: «Rhizomatisch erzählen heißt dagegen gerade, dass weder linear noch enzyklopädisch, also kyklisch, erzählt wird, sondern wuchernd, ohne einen übergeordneten Plan und ohne ein übergeordnetes Erkenntnisinteresse.»

31 Vgl. dazu programmatisch Thomas Mergel, Überlegungen zu einer Kulturgeschichte der Politik, in: GG 28 (2002), S. 574–606, hier 605; in der Sache paradigmatisch ist die Anlage von Jürgen Osterhammels Panorama des 19. Jahrhunderts, Verwandlung der Welt.

32 Vgl. Kap. IV.2.

33 Vgl. zum Folgenden Rosa, Beschleunigung, bes. S. 112–138; ders., Bewegung und Beharrung, S. 12–14.

34 Hermann Lübbe, Die Modernität der Vergangenheitszuwendung, in: Gunter Scholz (Hg.), Historismus am Ende des 20. Jahrhunderts. Eine internationale Diskussion. Berlin 1997, S. 150–152.

35 Vgl. Miltner, Zeit, S. 293 f. (nach einer empirisch-sozialpsychologischen Erhebung von Robert Levine von 1999).

36 Rosa, Beschleunigung, S. 44.

37 Vgl. Borscheid, Tempo-Virus, S. 80–84.

38 Vgl. dazu und zum Folgenden Borscheid, Tempo-Virus, S. 85 f., 103–110 (das Eichendorff-Zitat S. 103), 119, 127.

39 Vgl. Osterhammel, Verwandlung der Welt, S. 126.

40 Zit. nach Borscheid, Tempo-Virus, S. 121, das folgende Zitat S. 165.

41 Vgl. Blom, Der taumelnde Kontinent, S. 305–309. Zum Vergleich zwischen Neurasthenie und Burnout arbeitet Sarah Bernhardt an einer Dissertation in Mainz.

42 Zit. nach Jacob Messerli, Gleichmäßig pünktlich schnell. Zeiteinteilung und Zeitgebrauch in der Schweiz im 19. Jahrhundert. Zürich 1995, S. 220.

43 Willy Brandt, Ansprache zum Jahreswechsel 1970/71, in: Bulletin des Presse- und Informationsamtes der Bundesregierung 1971, Nr. 1, S. 2.
44 Blom, Der taumelnde Kontinent, S. 14.
45 Vgl. Shapiro, Control Revolution, S. 20.
46 Vgl. Frank Rieger (Sprecher des Chaos Computer Clubs), Das Zeitalter der Geheimnisse ist vorbei, in: FAZ vom 15. Dezember 2010, S. 29; die demokratisierende Wirkung des Internets ist auch der Tenor von Schmidt/Cohen, New Digital Age (Anm. 24); dass Wikipedia nicht nur enthierarchisiert ist, sondern neue Hierarchien des Wissens schafft, zeigt Hoeres, Gärtner der Rhizome [13–19].
47 Vgl. Brynjolfsson/McAfee, Second Machine Age, S. 9 f.
48 Vgl. Jeremy Rifkin, Die Null-Grenzkosten-Gesellschaft. Das Internet der Dinge, kollaboratives Gemeingut und der Rückzug des Kapitalismus. Frankfurt a. M. 2014. Vgl. Kap. III.3.
49 Vgl. Bawden/Robinson, Dark side; Lash, Technological Forms of Life; Wilke, Medien; Rupert M. Scheule, Das digitale Gefälle als Gerechtigkeitsproblem, in: Informatik Spektrum 28, 6 (Dezember 2005), S. 474–488; Brynjolfsson/McAfee, Second Machine Age, S. 10 f.
50 Vgl. Schirrmacher, Payback; Stefan Aust/Thomas Ammann, Digitale Diktatur. Totalüberwachung, Datenmissbrauch, Cyberkrieg. Berlin 2014.
51 Heinrich Heine, Lutezia, Sämtliche Werke 9. Leipzig 1910, S. 292.
52 Vgl. Blom, Der taumelnde Kontinent, z. B. S. 31–38.
53 Filippo Tomaso Marinetti, Gründung und Manifest des Futurismus, in: Wolfgang Asholt/Walter Fähnders (Hg.), Manifeste und Proklamationen der europäischen Avantgarde (1909–1938). Stuttgart 1995, S. 3–7, das Zitat S. 4 f.
54 Kathrin Passig, Standardsituationen der Technologiekritik, in: Merkur 63 (2009), S. 1144–150; vgl. auch Passig/Lobo, Internet, S. 32 f.
55 Matthias Cornelius Münch, Lesesucht, in: Universal-Lexicon der Erziehungs- und Unterrichts-Lehre für ältere und jüngere christliche Volksschullehrer, Schulkatecheten, Geistliche und Erzieher. Bd. 2, Augsburg 1844, S. 227. Zum topischen Charakter der Rezeption neuer Medien vgl. auch Bösch, Mediengeschichte, S. 227–234.
56 Vgl. Kap. IV. 2 und 3.
57 Martin Campbell-Kelly/William Aspray, Computer: A History of the Information Machine. New York 1996, S. 256.
58 Zit. nach Naumann, Abakus, S. 112.
59 Sascha Lobo, Die digitale Kränkung des Menschen, in: Frankfurter Allgemeine Sonntagszeitung vom 12. Januar 2014, S. 37.

II.
Global Economy

1 Vgl. Graham Stewart, Bang! A History of Britain in the 1980s. London 2013, S. 393–398; David Kynaston, City of London. The History. London 2012, S. 565–575.
2 Vgl. György Dalos, Der Vorhang geht auf. Das Ende der Diktaturen in Osteuropa. München 2009, S. 119 f.
3 Vgl. Kocka, Kapitalismus, S. 23–69.

4 Vgl. Werner Plumpe, Kapitalismus, in: Enzyklopädie der Neuzeit. Bd. 6. Stuttgart 2007, S. 362–370; Kocka, Kapitalismus, S. 20 f. – Definitionen des Kapitalismus sind vielfältig und eine Wissenschaft für sich. Kapitalismus wird hier als Wirtschaftsform mit sozialen und kulturellen Dimensionen verstanden, nicht als eine durch bestimmte Herrschaftsbeziehungen gekennzeichnete Gesellschaftsordnung (so v. a. Fernand Braudel). Auch wird nicht explizit zwischen Marktwirtschaft und Kapitalismus unterschieden, obwohl es sich streng genommen im ersten Falle um einen Koordinationsmodus der Güterverteilung, im zweiten um eine Produktionsweise handelt und beide in der Moderne zwar häufig, aber nicht notwendig (und nicht immer) identisch sind.

5 Vgl. Komlos, Industrial Revolution, S. 20.

6 Vgl. Osterhammel, Verwandlung der Welt, S. 925 f.

7 Vgl. dazu und zum Folgenden Wolf, Weltwirtschaft 11 f.; Osterhammel/Petersson, Globalisierung, S. 20–24, 46–63.

8 Vgl. «Der deutsche Außenhandel mit Musikinstrumenten im Jahre 1912 und den Vorjahren», in: Zeitschrift für Instrumentenbau 33 (1912/13), S. 489–498, hier 493. Für diesen Hinweis danke ich Claudius Torp, der eine Geschichte der Tasteninstrumente zwischen 1850 und 1930 vorbereitet.

9 Vgl. Osterhammel/Petersson, Globalisierung, S. 60–63; Osterhammel, Verwandlung der Welt, S. 1029–1037; Torp, Weltwirtschaft; Borchardt, Globalisierung.

10 Vgl. dazu und zum Folgenden Fäßler, Globalisierung, S. 74–97; Torp, Weltwirtschaft; Osterhammel, Verwandlung, S. 1047–1053.

11 Blom, Der taumelnde Kontinent, S. 47 f.

12 Vgl. Sönke Neitzel, Weltmacht oder Untergang? Die Weltreichslehre im Zeitalter des Imperialismus. Paderborn 2000; Zitat: Osterhammel/Petersson, Globalisierung, S. 71.

13 Wirsching, Preis der Freiheit, S. 250.

14 Vgl. Plumpe, Wirtschaftskrisen, S. 116–119.

15 Vgl. Angus Maddison, Monitoring the World Economy 1820–1992. Paris 1995, S. 148.

16 Plumpe, Wirtschaftskrisen, S. 73.

17 Vgl. Abelshauser, Wirtschaftsgeschichte, S. 283–319.

18 Vgl. Pierenkemper, Geschichte des ökonomischen Denkens, S. 200.

19 Vgl. Plumpe, «Ölkrise»; Ferguson (Hg.), Shock, bes. S. 1–24 (Introduction), 97–112 (Alan M. Taylor, The Global 1970s and the Echo of the Great Depression).

20 Vgl. die Beiträge von Göran Therborn und Geoff Eley in: JMEH 9 (2011/12), S. 9–12, 12–17; Ivan T. Berend, A Restructured Economy. From the Oil Crisis to the Financial Crisis, 1973–2009, in: Stone (Hg.), Postwar European History, S. 406–422; Crouch, Postdemokratie, S. 14 f.; Doering-Manteuffel, Entmündigung, S. 11 (erstes Zitat); Streeck, Gekaufte Zeit, S. 28 (zweites Zitat); Wirsching, Preis der Freiheit, S. 226–241.

21 Vgl. Pierenkemper, Geschichte, S. 200–207; Milton Friedman, Schools at Chicago, in: University of Chicago Magazine 64 (1974), S. 11–16, hier 11.

22 Vgl. dazu und zum Folgenden Rodgers, Age of Fracture, S. 41–76.

23 Vgl. Wolf, Globalization, S. 183; zum Folgenden Lütz, Staat, S. 137–170.

24 Vgl. zum Folgenden Sherman, Deregulation.

25 Vgl. Hartmut Schmidt, Die Entstehung der Deutschen Terminbörse 1988 und der

Deutsche Börse AG 1992. Eine international erfolgreiche Neuordnung, in: Lindenlaub u. a. (Hg.), Schlüsselereignisse, S. 414–440.

26 Ein vereinfachtes Beispiel nach Sinn, Kasino-Kapitalismus, S. 120 f.: Angenommen, eine Bank hat ein Eigenkapital im Wert von 5 und nimmt dazu noch Fremdkapital im Wert von 95 zu einem Kapitalmarktzins von 5 Prozent auf. Nehmen wir weiterhin an, sie erzielt damit in einem Jahr eine Rendite von 6 Prozent (jedenfalls eine Rendite über dem Zins für das Fremdkapital), wächst das Anlagevermögen um 6 Prozent auf einen Wert von 106, während die Schulden um 5 Prozent auf 99,75 steigen. Das Eigenkapital ist damit von 5 auf 6,25 (die Differenz zwischen Anlagevermögen und Schulden) gestiegen – und die Bank hat die traumhafte Eigenkapitalrendite von 25 Prozent erzielt. Nicht berücksichtigt ist in dieser Rechnung das Risiko des Verlustes bzw. einer Rendite unterhalb des Fremdkapitalzinses – und die Frage, wer dann den Scheck bezahlt. Vgl. auch Lütz, Staat, S. 137–170.

27 Paul McCulley, zit. nach Roubini/Mihm, Ende, S. 110, zum gesamten Thema S. 110–115; vgl. auch Krugman, Weltwirtschaftskrise, S. 185–189.

28 Vgl. Krugman, Weltwirtschaftskrise, S. 206; Abelshauser, Wirtschaftsgeschichte, S. 510 f.

29 Vgl. Richard Vinen, Thatcher's Britain. The Politics and Social Upheaval of the 1980s. London 2009, S. 8 f.

30 Vgl. Geißler, Sozialstruktur, 2. Aufl. 1996, S. 201.

31 Vgl. Andreas Wirsching, Konsum statt Arbeit? Zum Wandel von Individualität in der modernen Massengesellschaft, in: VfZ 57 (2009), S. 171–199.

32 Vgl. Boltanski/Chiapello, Der neue Geist des Kapitalismus.

33 Vgl. Kap. IV.3

34 Vgl. zum Folgenden Boas/Gans-Morse, Neoliberalism.

35 So die Definition in der Encyclopedia Britannica (2014), http://www.britannica.com/EBchecked/topic/408890/neoliberalism (21. März 2015).

36 Vgl. Friedel Hütz-Adams, Von der Mine bis zum Konsumenten. Die Wertschöpfungskette von Mobiltelefonen. Siegburg 2012 (mit stark sozialkritischer Tendenz); Verkaufszahlen nach http://de.statista.com/statistik/daten/studie/77637/umfrage/absatzmenge-fuer-smartphones-in-deutschland-seit-2008/ (21. März 2015).

37 Vgl. Fäßler, Globalisierung, S. 130–138; Hesse, Globalisierung S. 138–140.

38 Vgl. Stephanie Meinhard/Niklas Potrafke, The globalization-welfare state nexus reconsidered, in: Review of International Economics 20 (2012), S. 271–287, bes. 279–284.

39 Vgl. Fäßler, Globalisierung, S. 97, 219–221; Torp, Weltwirtschaft; Torp, Globalisierung, S. 46–49.

40 Vgl. http://www.bpb.de/nachschlagen/zahlen-und-fakten/globalisierung/52630/anzahl (21. März 2015).

41 Vgl. Kap. II.4.

42 Vgl. Becker, Change; Buhr/Frankenberger, Spielarten (bes. S. 63); Fulcher, Kapitalismus, bes. S. 132–134; Hall/Soskice, Varieties of Capitalism; Hoffmann, Unterschied; Schmalz/Ebenau, Brasilien.

43 Vgl. v. a. den Global Monitoring Report 2014/15: Ending Poverty and Sharing Prosperity [World Bank/International Monetary Fund]. Washington 2015, bes. S. 17–20, 160; Weltbankdaten nach http://databank.worldbank.org/data/home.aspx so-

wie einer Aufbereitung der Bundeszentrale für politische Bildung: http://www.bpb.de/nachschlagen/zahlen-und-fakten/globalisierung/52680/armut (beide 21. März 2015); Andreas Bergh/Therese Nilssen, Is Globalization reducing absolute Poverty? In: World Development 62 (2014), S. 42–61, hier 56; für Indien (mit dezidiert marktliberaler Tendenz) Bhagwati/Panagariya, Growth, S. 32–36.

44 Vgl. Plumpe, Wirtschaftskrisen, S. 115; Plumpe, Ende des Kapitalismus, S. 20.

45 Vgl. Ghemawat, World 3.0, S. 27–33.

46 Vgl. Abelshauser, Wirtschaftsgeschichte, S. 511–513.

47 Vgl. Plumpe, Ende des Kapitalismus, S. 14–16.

48 Vgl., auch zum Folgenden, Abelshauser, Wirtschaftsgeschichte, S. 472–476; Geißler, Sozialstruktur, 2. Aufl. 1996, S. 171 f.

49 Vgl. Helmuth Trischler, «Made in Germany»: Die Bundesrepublik als Wissensgesellschaft und Innovationssystem, in: Hertfelder/Rödder (Hg.), Modell Deutschland, S. 44–60; Plumpe, Wirtschaft des Kaiserreichs, S. 28–35; zum Folgenden Lütz, Infrastruktur, bes. S. 297.

50 Vgl. Eichengreen, European Economy, S. 400–403.

51 Vgl. zum Folgenden Lütz, Infrastruktur; Streeck/Höpner, Markt; Abelshauser, Wirtschaftsgeschichte, S. 501–509.

52 Vgl. Plumpe, Ende des Kapitalismus, S. 11 (dort auch das Zitat von Jeremy Rifkin).

53 Gabor Steingart, Deutschland – Der Abstieg eines Superstars. München 2004.

54 Vgl. René Fahr/Uwe Stunde, Did the Hartz Reforms Speed-Up Job Creation? A Macro-Evaluation Using Empirical Matching Functions, in: German Economic Review 10 (2009), S. 284–316; Werner Eichhorst/Paul Marx, Reforming German Labor Market Institutions. A Dual Path to Flexibility, in: Journal of European Social Policy 21 (2011), S. 73–87; Werner Eichhorst/Verena Tobsch, Has Atypical Work Become Typical in Germany? In: IZA Discussion Papers 7609 (2013), S. 1–46; Anke Hassel, Die Schwächen des deutschen Kapitalismus, in: Berghahn/Vitols (Hg.), Kapitalismus, S. 204–208; Karl-Heinz Paqué, Der Geist und die Flasche: Politische Re-Regulierung als Lösung? In: Nonnenmacher/Rödder (Hg.), Kapitalismus und Demokratie, S. 34–38.

55 Zu den Konjunkturen des «Modell Deutschland» vgl. Kapitel VI.5.

56 Tim Besley/Peter Hennessy an Queen Elisabeth II., 22. Juli 2009, in: British Academy Review, issue 14 (November 2009), S. 8–10 (zu erreichen über: http://www.britac.ac.uk/events/archive/forum-economy.cfm, 14. Januar 2015), Zitat S. 10.

57 Vgl. zum Folgenden das Jahresgutachten 2008/09 des Sachverständigenrats zur Begutachtung der gesamtwirtschaftlichen Entwicklung: Die Finanzkrise meistern, Wachstumskräfte stärken. Wiesbaden 2008, S. 2–4, 21–23, 119–129; den Bericht der Financial Crisis Inquiry Commission vom Januar 2011 http://fcic.las.standford.edu/report (14. Januar 2014); Roubini/Mihm, Ende; Streeck, Crisis.

58 Vgl. Roubini/Mihm, Ende, S. 90–122.

69 Sinn, Kasino-Kapitalismus, S. 173.

60 Vgl. Sherman, Deregulation, S. 11.

61 Vgl. Plumpe, Wirtschaftskrisen, S. 111.

62 Vgl. zum Folgenden Sinn, Kasino-Kapitalismus, S. 108–138, 209–215.

63 Vgl. Blomert, Die Habgierigen, S. 107 (dort das Zitat); Roubini/Mihm, Ende, S. 176.

64 Robert Lucas, Ansprache zur Eröffnung der Jahrestagung der American Economic Association 2003, zit. nach Krugman, Weltwirtschaftskrise, S. 17.

65 Raghuram Rajan, Has Financial Development made the World Riskier? National Bureau of Economic Research, Working Paper No. 11728, November 2005, http://www.nber.org/papers/w11728, Abstract und S. 37; zuvor als Vortrag auf einem Symposion der Federal Reserve Bank of Kansas City in Jackson Hole, 27. August 2005, dort die ablehnende Reaktion der amerikanischen Finanzelite; Roubini/Mihm, Ende, S. 420 Anm. 5; das Summers-Zitat nach The Wall Street Journal vom 2. Januar 2009, www.wsj.com/articles/SB123086154114948151 (beide 6. Februar 2015).

66 Vgl. die einleitenden Bemerkungen zu Kap. IV.

67 Vgl. Hartmut Berghoff, Rationalität und Irrationalität auf Finanzmärkten, in: Budde (Hg.), Kapitalismus, S. 73–75; Wallwitz, Odysseus, S. 104–106.

68 Roubini/Mihm, Ende, S. 32 f.

69 Vgl. Krugman, Weltwirtschaftskrise, S. 196 f.

70 Vgl. Schweizerische Nationalbank, Bericht zur Finanzstabilität, Juni 2008, S. 12, http://www.snb.ch/de/mmr/reference/stabrep_2008/source/stabrep_2008.de.pdf (19. Januar 2015).

71 Vgl. Roubini/Mihm, Ende, S. 151.

72 Roubini/Mihm, Ende, S. 125, das Folgende nach S. 154 f.

73 Vgl. Roubini/Mihm, Ende, S. 174–188.

74 Wallwitz, Odysseus, S. 102.

75 Vgl. Roubini/Mihm, Ende, S. 168.

76 Vgl. zur Euro-Staatsschuldenkrise Kap. VII.5.

77 Roubini/Mihm, Ende, S. 158 f.

78 Vgl. Illing, Finanzkrise, S. 31–54.

79 Zum Folgenden vgl. Krahnen, Eckpunkte, S. 169–173.

80 Vgl. Frankfurter Allgemeine Sonntagszeitung vom 8. September 2013, S. 19 f.

81 Vgl. Sachverständigenrat, Jahresgutachten 2008/09, S. 146–149 u. 152 f.

82 Tim Besley/Peter Hennessy an Queen Elisabeth II., 8. Februar 2010, in: British Academy Review, issue 15 (März 2010), S. 12–14 (zu erreichen über: http://www.britac.ac.uk/medialibrary/financial_horizon_scanning.cfm; 14. Januar 2015), das Zitat S. 14.

83 Vgl. Otmar Issing, Das System ist korrigierbar, in: FAZ vom 29. Dezember 2012, S. 29; Admati/Hellwig, The Bankers' New Clothes, S. 87–96, 217–224; Karl-Heinz Paqué, Der Geist und die Flasche: Politische Re-Regulierung als Lösung?, sowie Hans-Werner Sinn, Das Erlösungsspiel, in: Nonnenmacher/Rödder (Hg.), Kapitalismus und Demokratie, S. 34–37, 38–40.

84 Vgl. FAZ vom 18. Dezember 2013, S. 9.

85 Vgl. Krahnen, Eckpunkte.

86 Vgl. Admati/Hellwig, Kleider, bes. S. 21–34, 337–347.

87 Vgl. Streeck, Crisis; Ders, Gekaufte Zeit; demgegenüber Plumpe, Wirtschaftskrisen, S. 115, 118.

88 Vgl. Hansjörg Siegenthaler, Regelvertrauen, Prosperität und Krisen. Die Ungleichmäßigkeit wirtschaftlicher und sozialer Entwicklung als Ergebnis individuellen Handelns und sozialen Lernens, Tübingen 1993, S. 16 f., 149, 178 f.

89 Vgl. die Beiträge von Holger Schmieding und Albrecht Ritschl in: Nonnenma-

cher/Rödder (Hg.). Wertewandel in Europa? S. 8–20. Zur Euro-Schuldenkrise vgl. Kap. VII.5.

90 Vgl. den Bericht von Gerald Braunberger über das Davoser Weltwirtschaftsforum 2015: Der Fluch der Komplexität, in: FAZ vom 24. Januar 2015, S. 21.

91 Vgl. Kocka, Kapitalismus, S. 124–128.

III. Die Welt ist nicht genug

1 Vgl. Bernd-Stefan Grewe, «Man soll sehen und weinen!» Holznotalarm und Waldzerstörung vor der Industrialisierung, in: Uekötter/Hohensee (Hg.), Kassandra, S. 24–41.

2 Vgl. McNeill/Engelke, Anthropozän, S. 368 f., 395.

3 Vgl. Brynjolfsson/McAfee, Second Machine Age, S. 7.

4 Vgl. Osterhammel, Verwandlung der Welt, S. 931, 933 f.

5 Vgl. zum Folgenden Behringer, Kulturgeschichte des Klimas, S. 234–237, Czakainski, Energiepolitik.

6 Vgl. McNeill, Blue Planet, S. 328; McNeill/Engelke, Anthropozän, S. 379 f.

7 Willy Brandt, Regierungsprogramm, in: Vorstand der SPD (Hg.), Das Regierungsprogramm der SPD. Außerordentlicher Kongreß der SPD, Bonn, 28. April 1961. Bonn o. J., S. 25: «‹Reine Luft›, ‹reines Wasser› und ‹weniger Lärm› dürfen keine papierenen Forderungen bleiben. Erschreckende Untersuchungsergebnisse zeigen, dass im Zusammenhang mit der Verschmutzung von Luft und Wasser eine Zunahme von Leukämie, Krebs, Rachitis und Blutbildveränderungen sogar schon bei Kindern festzustellen ist. Es ist bestürzend, dass diese Gemeinschaftsaufgabe, bei der es um die Gesundheit von Millionen Menschen geht, bisher fast völlig vernachlässigt wurde. Der Himmel über dem Ruhrgebiet muß wieder blau werden!»

8 Vgl. dazu und zum Folgenden McNeill/Engelke, Anthropozän, S. 383–388; Reynolds, One World Divisible, S. 529–537; Radkau, Ökologie, S. 209–229.

9 Vgl. zur Geschichte der Umweltbewegung in Deutschland Uekötter, Ende der Gewissheiten; zum globalen Zusammenhang McNeill/Engelke, Anthropozän, S. 517–521; Radkau, Ökologie, S. 38–81.

10 Vgl. Radkau, Ökologie, S. 124–164; McNeill, Blue Planet, S. 344–376.

11 Donella H. Meadows u. a., The Limits to Growth. A Report for the Club of Rome's Project on the Predicament of Mankind. New York 1972, dt.: Dennis L. Meadows u. a., Die Grenzen des Wachstums. Bericht des Club of Rome zur Lage der Menschheit. Stuttgart 1972.

12 Meadows, Grenzen des Wachstums, S. 17, 164 sowie 170 (Nachwort des Club of Rome).

13 Vgl. Jens-Ivo Engels, Geschichte und Heimat. Der Widerstand gegen das Kernkraftwerk Wyhl, in: Kerstin Kretschmer (Hg.), Wahrnehmung, Bewusstsein, Identifikation: Umweltprobleme und Umweltschutz als Triebfedern regionaler Entwicklung. Freiberg 2003, S. 103–130, bes. 117.

14 Vgl. Radkau, Ökologie, S. 192–209, zum Folgenden S. 175–192.

15 Vgl. Reynolds, One World Divisible, S. 537.

16 Vgl. Radkau, Ökologie, S. 229–254; Kenneth Anders/Frank Uekötter, Viel Lärm

ums stille Sterben. Die Debatte über das Waldsterben in Deutschland, in: Uekötter/Hohensee (Hg.), Ökoalarme, S. 112–138; sowie Roderich von Detten, Das Waldsterben – Rückblick auf einen Ausnahmezustand, in: von Detten (Hg.), Waldsterben, S. 138–151.

17 Roland Wagner, Vom Alarm zum etablierten Forschungsprojekt: Waldsterben in den Forstwissenschaften, in: von Detten (Hg.), Waldsterben, S. 34–43, das folgende Zitat S. 34, zum Folgenden S. 9 f.

18 Anders/Uekötter, Lärm, S. 124.

19 Vgl. McNeill/Engelke, Anthropozän, S. 382.

20 Vgl. Brüggemeier, Tschernobyl, S. 248–250; Wagner, Alarm, in: von Detten (Hg.), Waldsterben, S. 37, 46; von Detten, Waldsterben, S. 138–140, zum Folgenden S. 146.

21 Vgl. von Detten, Waldsterben, S. 146; Anders/Uekötter, Lärm, S. 127 f.

22 Vgl. Seefried, Zukünfte, S. 125–154, 285 f., 394, 493; vgl. auch Johannes Mellein, «Die Grenzen des Wachstums» und das «Waldsterben» – zwei ökologische Krisendebatten und ihre Rolle in der Geschichte der Bundesrepublik. Masterarbeit Mainz 2015.

23 Vgl. Abelshauser, Wirtschaftsgeschichte, S. 457–461, 467 f.

24 Zur bundesdeutschen Energiepolitik der achtziger Jahre vgl. Wirsching, Abschied vom Provisorium, S. 361–392.

25 Vgl. Wolfrum, Rot-Grün, S. 238 f., 244.

26 Vgl. McNeill/Engelke, Anthropozän, S. 388–390.

27 Vgl. Wolfrum, Rot-Grün, S. 245–249.

28 Vgl. Bettzüge, Energiekonzept, S. 62, 68.

29 Vgl. Bettzüge, Energiekonzept, S. 71 f., 74.

30 Vgl. Bartoletto, Patterns; McNeill/Engelke, Anthropozän, S. 377; BP Statistical Review of World Energy 2016, https://www.bp.com/content/dam/bp/pdf/energy-economics/statistical-review-2016/bp-statistical-review-of-world-energy-2016-full-report.pdf; US Energy Information Administration: Electricity Monthly Update, 25. April 2017, https://www.eia.gov/electricity/monthly/update/archive/april2017/ (18. Mai 2017); zu Trumps Ankündigung vgl. https://www.nytimes.com/2017/03/28/climate/trump-executive-order-climate-change.html.

31 Zum Folgenden vgl. Bettzüge, Energiekonzept; Bettzüge/Growitsch/Panke, Elemente; Matthias Benz, Die Rückkehr der Planwirtschaft im Energiemarkt, in: Neue Zürcher Zeitung vom 2. Juni 2012, S. 13.

32 Vgl. Bundesverband der Energie- und Wasserwirtschaft, Strompreisanalyse Mai 2013, https://www.bdew.de/internet.nsf/id/05B6EBC2BF77350DC1257AD700582730/$file/130527_BDEW_Strompreisanalyse_Mai%202013_presse.pdf (14. Mai 2015); Bettzüge/Growitsch/Panke, Elemente, S. 54, 57.

33 Vgl. Swantje Küchler/Rupert Wronski, Was Strom wirklich kostet. Vergleich der staatlichen Förderungen und gesamtgesellschaftlichen Kosten von konventionellen und erneuerbaren Energien. Studie im Auftrag von Greenpeace Energy eG. Erstellt durch das Forum Ökologisch-Soziale Marktwirtschaft e. V. (FÖS). Berlin 2015, v. a. S. 3–5, http://www.greenpeace-energy.de/uploads/media/Greenpeace_Energy_Was_Strom_wirklich_kostet_2015.pdf (21. März 2015).

34 Vgl. Bettzüge/Growitsch/Panke, Elemente, S. 51, 57 f.; McNeill/Engelke, Anthropozän, S. 384, 393.

35 Vgl. allgemein Behringer, Kulturgeschichte des Klimas; McNeill/Engelke, Anthropozän, S. 414–445.
36 Rahmstorf/Schellnhuber, Klimawandel, S. 30 f.
37 Paul J. Crutzen/Eugene F. Stoermer, The «Anthropocene», in: Global Change Newsletter 41 (2000), S. 17 f.; vgl. Mauelshagen, Anthropozän, S. 3.
38 Vgl. McNeill/Engelke, Anthropozän, S. 417 f.
39 Vgl. dazu und zum Folgenden Behringer, Kulturgeschichte des Klimas, S. 246–264; Rahmstorf/Schellnhuber, Klimawandel, S. 29 f.
40 Vgl. International Panel on Climate Change (IPCC), Climate Change 2007. Synthesis Report. Contribution of Working Groups I, II and III to the Fourth Assessment Report of the Intergovernmental Panel on Climate Change. Genf 2007.
41 Zugang zu den Berichten: http://www.ipcc.ch/report/ar5/index.shtml (21. Januar 2015), die folgenden Zitate nach dem (für Nicht-Experten kaum zu verstehenden) Summary for Policymakers des Berichts der Working Group I (The Physical Science Basis), http://www.ipcc.ch/pdf/assessment-report/ar5/wg1/WG1AR5_SPM_FINAL.pdf (21. Januar 2015), S. 19 f.
42 Rahmstorf/Schellnhuber, Klimawandel, S. 52.
43 Vgl. Richard S. J. Tol, Climate Chance. The Economic Impact of Climate Change in the Twentieth and Twenty-First Centuries, in: Bjørn Lomborg (Hg.), How much have Global Problems cost the World? A Scorecard from 1900 to 2050. Cambridge 2013, S. 117–130, bes. 120–127.
44 Vgl. Rahmstorf/Schellnhuber, Klimawandel, S. 54–81.
45 Zit. nach Rahmstorf/Schellnhuber, Klimawandel, S. 98, zum Folgenden S. 99–108, Zitate S. 104 f.
46 WBGU (WBGU), Welt im Wandel. Gesellschaftsvertrag für eine Große Transformation. Berlin 2011, Zitate aus der Zusammenfassung für Entscheidungsträger, S. 1, 5, 9 f., 15–18, 20 f., 27.
47 Leggewie/Welzer, Das Ende der Welt.
48 Vgl. Raphael, Verwissenschaftlichung des Sozialen.
49 International Panel On Climate Change (IPCC), Climate Change 2013. The Physical Science Basis. Summary for Policymakers, S. 13.
50 Hans von Storch im Interview, Frankfurter Allgemeine Sonntagszeitung vom 22. September 2013, S. 23.
51 Vgl. Joachim Müller-Jung, Unwahrscheinlich wahrscheinlich, in: FAZ vom 26. September 2013, S. 3.
52 Vgl. Leggewie/Welzer, Das Ende der Welt, S. 29–31; Zitat «Klimaskeptiker»: McNeill/Engelke, Anthropozän, S. 428.
53 WBGU, Welt im Wandel. Zusammenfassung für Entscheidungsträger, S. 8.
54 Vgl. Harry G. Olson, Die Klimaverschwörung. Der größte Wissenschaftsskandal der Neuzeit. Breisach 2010.
55 Vgl. aus kritischer Warte: Aaron M. McCright/Riley E. Dunlap, Defeating Kyoto: The Conservative Movement's Impact on U. S. Climate Change Policy, in: Social Problems 50 (2003), S. 348–373; David L. Levy/Daniel Egan, Capital Contests: National and Transnational Channels of Corporate Influence on the Climate Change Negotiations, in: Politics Society 26 (1998), S. 337–361.
56 Claus Leggewie, Wie viel Klimawandel erträgt die Demokratie? Und wie viel Demokratie erlaubt der Klimaschutz? In: Nonnenmacher/Rödder (Hg.), Kapitalismus

und Demokratie, S. 31–33, das folgende Zitat S. 32; vgl. WBGU, Welt im Wandel. Zusammenfassung für Entscheidungsträger, S. 21 («globale Aufklärung»); Ulrich Brand, Wachstum und Herrschaft, in: APuZ 27–28/2012, S. 14: eine «Frage der Demokratie im Sinne einer bewussten Gestaltung von Wirtschaft, Technik und Entwicklung sowie der Gesellschaft».

57 WBGU, Welt im Wandel. Zusammenfassung für Entscheidungsträger, S. 5; die Kritik einer «letztlich totalitäre[n] Tendenz» in Nonnenmacher/Rödder (Hg.), Kapitalismus und Demokratie, S. 46.

58 Carl Christian von Weizsäcker, Die große Transformation: ein Luftballon, in: FAZ vom 30. September 2011; Andreas Breitenstein, Der besorgte Draufgänger, in: Neue Zürcher Zeitung vom 21. November 2009 (über einen Vortrag Schulzes in Zürich, dort das Zitat); Gerhard Schulze: Es ist fünf vor zwölf. Ein soziologischer Bewusstseinstrip, in: Martin Meyer (Hg.), Perspektiven auf eine Welt im Umbruch. Schweizerisches Institut Auslandsforschung. Zürich 2010, hier S. 92.

59 Stefan Rahmstorf, Alles nur Klimahysterie? In: Universitas 62 (2007), S. 895–913, das Zitat S. 898.

60 Meinhard Miegel, Exit. Wohlstand ohne Wachstum. Berlin 2010; hier nach Welches Wachstum, und welchen Wohlstand wollen wir? In: APuZ 27–28/2012, S. 4.

61 Vgl. Robert und Edward Skidelsky, Wie viel ist genug? Vom Wachstumswahn zu einer Ökonomie des guten Lebens. München 2013, bes. S. 102–113.

62 Vgl. Jeremy Rifkin, Die Null-Grenzkosten-Gesellschaft. Das Internet der Dinge, kollaboratives Gemeingut und der Rückzug des Kapitalismus. Frankfurt a. M. 2014; auch Harald Welzer, Der Futurzwei Zukunftsalmanach 2013. Geschichten vom guten Umgang mit der Welt. Bonn 2013.

63 Werner Plumpe, Sind wir am Ende der Unersättlichkeit? [Besprechung von Skidelsky/Skidelsky, Wie viel ist genug?] in: FAZ vom 9. Juni 2013, S. 28.

64 Vgl. Karl-Heinz Paqué, Wachstum! Die Zukunft des globalen Kapitalismus. München 2010; knappe Zusammenfassung: Karl-Heinz Paqué, Wert des Wachstums. Kompass für eine Kontroverse, in: APuZ 27–28/2012, S. 15–19.

65 The Global Commission on the Economy and Climate, Better Growth, Better Climate. The New Climate Economy 2014, http://newclimateeconomy.report/ (23. Januar 2015).

66 Vgl. Bruno S. Frey, Wachstum, Wohlbefinden und Wirtschaftspolitik. Ziele des (glücklichen) Wirtschaftens. München (Roman Herzog Institut. Position Nr. 13) 2012.

67 Deutscher Bundestag, 17. WP, Drucksache 17/33300, 3. Mai 2013.

68 Vgl. Christian Kroll, Wir brauchen neue Indikatoren – und ein Glücks-Audit für die Politik! In: APuZ 27–28/2012, S. 27–32.

69 Vgl. Thomas Robert Malthus, An Essay on the Principle of Population, as it affects the Future Improvement of Society with Remarks on the Speculations of Mr. Godwin, M. Condorcet, and other Writers [1798], in: ders., An Essay on the Principle of Population and a Summary View of the Principle of Population, hg. von Antony Flew. Harmondsworth 1979.

70 Vgl. Schulze, Fünf vor zwölf, sowie Friedrich Wilhelm Graf, Mord als Gottesdienst, in: FAZ vom 7. August 2014, S. 9.

IV.
Die Ordnung der Dinge

1 Friedrich Nietzsche, Zur Genealogie der Moral. Eine Streitschrift (1887), in: ders., Werke, hg. von Karl Schlechta, München 1969, Bd. 2, S. 765. Vgl. zum Folgenden Rödder, Werte und Wertewandel, S. 12 f.; Rödder, Wertewandel in historischer Perspektive, S. 28 f.
2 Vgl. Erving Goffman, Rahmen-Analyse. Ein Versuch über die Organisation von Alltagserfahrungen. Frankfurt a. M. 1977 (zuerst engl. 1974), bes. S. 9–30.
3 Vgl. Salomon E. Asch, Effects on group pressure upon the modification and distortion of judgements, in: Harold S. Guetzkow (Hg.), Groups, Leadership and Men. Pittsburgh 1951, S. 177–190.
4 Elisabeth Noelle-Neumann, Öffentliche Meinung. Die Entdeckung der Schweigespirale, Berlin/Frankfurt a M. 1996, S. 91; ausführliche Definition S. 343 f. Vgl. dies., Öffentliche Meinung, in: Das Fischer Lexikon Publizistik, Massenkommunikation, hg. v. ders. u. a. Frankfurt a. M. 2009, S. 427–442; Uwe Sander, Theorie der Schweigespirale, in: Handbuch Medienpädagogik, hg. v. Dems. u. a. Wiesbaden 2008, S. 278–281; Thomas Roessing, Öffentliche Meinung. Die Erforschung der Schweigespirale. Baden-Baden 2009, S. 21–29.
5 Wirsching, Abschied vom Provisorium, S. 60.
6 Vgl. «Spende gegen Homo-Ehe zwingt Mozilla-Chef zum Rücktritt», in: Zeit online vom 4. April 2014, http://www.zeit.de/digital/2014-04/mozilla-eich-ruecktritt (16. Februar 2015).
7 Vgl. David A. Snow u. a., Frame Alignment Processes, Micromobilization, and Movement Participation, in: American Sociological Review 51 (1986), S. 464–481, bes. 467–476.
8 Van der Loo/van Reijen, Modernisierung, S. 30–32.
9 Peter Gay, Der Hunger nach Ganzheit, in: Michael Stürmer (Hg.), Die Weimarer Republik. Königstein 1980, S. 224–236.
10 Vgl. Lothar Gall, Europa auf dem Weg in die Moderne 1850–1890. (Oldenbourg Grundriss der Geschichte, Band 15) 5. Aufl. München 2009, S. 30.
11 Vgl. dazu und zum Folgenden Etzemüller (Hg.), Ordnung der Moderne; Etzemüller, Myrdal; Mark Mazower, Dark Continent; Raphael, Verwissenschaftlichung des Sozialen, bes. S. 173–178.
12 Blom, Der taumelnde Kontinent, S. 420; vgl. auch Randall Hansen, Sterilized by the State: Eugenics, Race and the Population Scare in 20th Century North America. New York 2014; Bernhard Dietz, «Sterilisation of the Unfit»: Eugenikbewegung und radikale Rechte im Großbritannien der «Lost Generation», in: Regina Wecker (Hg.), Wie nationalsozialistisch ist die Eugenik? Beitrag zur Geschichte der Eugenik im 20. Jahrhundert. Wien 2009, S. 187–198.
13 Walt Whitman Rostow, The Stages of Economic Growth. A Non-Communist Manifesto. Cambridge 1960.
14 Vgl. Michael E. Latham, Modernization as Ideology. American Social Science and «Nation Building» in the Kennedy Era. Chapel Hill 2000, S. 151–207; Marc Frey, Tools of Empire: Persuasion and the United States's Modernizing Mission in Southeast Asia, in: Diplomatic History 27 (2003), S. 543–568.

15 Vgl. zu Reformplanung und wissenschaftlicher Politikberatung die zeitgenössischen Erfahrungsberichte von Horst Ehmke in: Die Zeit vom 10. und 17. Dezember 1971, S. 48 bzw. 42 («Planen ist keine Sünde» und «Computer helfen der Politik»), sowie ders., Mittendrin. Von der Großen Koalition zur Deutschen Einheit. Berlin 1994, bes. S. 113–119; Metzler, Ende, S. 81–98; dies., Konzeptionen, S. 362–372, 383–403; vgl. zur Reformplanung zu Beginn der sozial-liberalen Koalition Wolfgang Jäger in: Bracher/Jäger/Link, Republik im Wandel, S. 27–34.

16 Vgl. dazu und zum Folgenden Christof Dipper, Moderne, Version: 1.0, in: Docupedia Zeitgeschichte, 25. 8. 2010, http://docupedia.de/zg/Moderne, S. 13–15.

17 Hans Bernhard Reichow, Die autogerechte Stadt. Ein Weg aus dem Verkehrschaos. Ravensburg 1959.

18 Vgl. Jörn Düwel/Niels Gutschow, Städtebau in Deutschland im 20. Jahrhundert. Ideen – Projekte – Akteure. Stuttgart 2001, S. 222; Tilman Harlander, Wohnen und Stadtentwicklung in der Bundesrepublik, in: Flagge (Hg.), Geschichte des Wohnens 5, S. 233–417, bes. 287–330; Klaus von Beyme, Wohnen und Politik, in: ebd., S. 115.

19 Vgl. zum Leber-Plan Wolfgang Jäger in: Bracher/Jäger/Link, Republik im Wandel, S. 142 f.; vgl. zur Kernenergie Joachim Radkau, Die Geschichte der Kerntechnik, in: Joachim Varchim/ders., Kraft, Energie und Arbeit. Energie und Gesellschaft. Reinbek 1988 (zuerst 1981), S. 170–247; Otto Keck, Der Schnelle Brüter. Eine Fallstudie über Entscheidungsprozesse in der Großtechnik. Frankfurt a. M. 1984.

20 Vgl. Patrick Kupper, «Weltuntergangsvision aus dem Computer». Zur Geschichte der Studie «Die Grenzen des Wachstums» von 1972, in: Frank Uekötter/Jens Hohensee (Hg.), Wird Kassandra heiser? Die Geschichte falscher Ökoalarme. Stuttgart 2004, S. 101 f.

21 Vgl. Kap. III.2.

22 Verhandlungen des deutschen Bundestages. 7. WP 1972, Bd. 88, S. 6593.

23 Archiv des deutschen Liberalismus Gummersbach, Bestandsverzeichnis 269.

24 Vgl. Jörn Düwel/Niels Gutschow, Städtebau, S. 228–238; Tilman Harlander, Wohnen und Stadtentwicklung in der Bundesrepublik, in: Flagge (Hg.), Geschichte des Wohnens 5, S. 354–362.

25 Tilman Harlander, Wohnen und Stadtentwicklung 5, S. 333; Klotz, Kunst, S. 109; Charles Jencks, The Rise of Post-Modern Architecture, in: Architectural Association Quarterly 7 (1975), S. 3–14; Werner Durth, Die postmoderne Architektur und die Wiederentdeckung der Stadt, in: Detlef Junker u. a. (Hg.), Die USA und Deutschland im Zeitalter des Kalten Krieges 1945–1990. Ein Handbuch. Bd. 2, Stuttgart 2001, S. 580–590; Klotz, Moderne und Postmoderne.

26 Welsch, Unsere postmoderne Moderne, S. 20, 117 f., 129; Charles Jencks, Die Sprache der postmodernen Architektur. Die Entstehung einer alternativen Tradition. 2. Aufl. Stuttgart 1980 (zuerst 1977), S. 15.

27 Tendenzwende? Zur geistigen Situation der Bundesrepublik. Hg. von Clemens Graf Podewils. Stuttgart 1975.

28 Karl-Dietrich Bracher in Bracher/Jäger/Link, Republik im Wandel, S. 347.

29 Michel Foucault, Sexualität und Wahrheit. Bd. 2: Der Gebrauch der Lüste. 2. Aufl. Frankfurt a. M. 1991 (franz. 1984), S. 16; ders., Überwachen und Strafen. Die Geburt des Gefängnisses. 8. Aufl. Frankfurt a. M. 1989, S. 250 (zuerst franz. 1975),

Jacques Derrida, De la grammatologie. Paris 1967, S. 227 («il n'y a pas de hors-texte»); Lyotard, Das postmoderne Wissen, S. 112.

30 Immanuel Kant, Prolegomena zu einer jeden künftigen Metaphysik, die als Wissenschaft wird auftreten können. Riga 1783, S. 62 f.

31 Lyotard, Das postmoderne Wissen, S. 39 f., 52, 59, 112, 119 f., 175–177.

32 Welsch, Unsere postmoderne Moderne, S. 5 f., 11, 39, 65; Feyerabend, Wider den Methodenzwang, S. 13, 21; vgl. Lorenz, Konstruktion der Vergangenheit, S. 154 f.

33 Vgl. Lyotard, Das postmoderne Wissen, S. 13 f., 112–122.

34 Hans Magnus Enzensberger, Mittelmaß und Wahn. Gesammelte Zerstreuungen. Frankfurt a. M. 1988, S. 264 f.

35 Vgl. dazu und zum Folgenden detaillierter Kapitel V.5: Männer und Frauen? Das Zitat: Norbert F. Schneider, Pluralisierung der Lebensformen: Fakt oder Fiktion?, in: Zeitschrift für Familienforschung 13 (2001), S. 85.

36 Elisabeth Noelle-Neumann, Werden wir alle Proletarier? In: Die Zeit vom 13. Juni 1975, S. 4; vgl. auch dies., Wertewandel in unserer Gesellschaft. 2. Aufl. Zürich 1977.

37 Ingleharts These ging von Befragungen aus, in denen die vier Werte Preisstabilität (später ersetzt durch Kampf gegen Arbeitslosigkeit), Ruhe und Ordnung, freie Meinungsäußerung sowie politische Mitsprache priorisiert werden sollten; Inglehart hat dieses 4-Item-Schema später zu einer Batterie aus zwölf Items erweitert sowie der Dichotomie «materiell-postmateriell» eine weitere Achse «traditionell-säkular» hinzugefügt; im Kern aber gehen seine Ergebnisse und Thesen auf das ursprüngliche 4-Item-Schema zurück. Vgl. Inglehart, Silent Revolution; ders., Kultureller Umbruch; ders., Modernisierung und Postmodernisierung: Kultureller, wirtschaftlicher und gesellschaftlicher Wandel in 43 Gesellschaften. Frankfurt a. M. 1998.

38 Vgl. Klages, Wertorientierungen; ders., Traditionsbruch; ders., Entstehung, Bedeutung und Zukunft der Werteforschung, in: Erich C. Witte (Hg.), Sozialpsychologie und Werte, Lengerich 2008, S. 11–29; das abschließende Zitat: Thomas Gensicke, Sozialer Wandel durch Modernisierung, Individualisierung und Wertewandel, in: APuZ 42/1996 (11. Oktober 1996), S. 5.

39 Vgl. Jörg Neuheiser, Der «Wertewandel» zwischen Diskurs und Praxis. Die Untersuchung von Wertvorstellungen zur Arbeit mit Hilfe von betrieblichen Fallstudien, in: Dietz/Neumaier/Rödder (Hg.), Gab es den Wertewandel? S. 141–167, bes. 156–165; Bernhard Dietz, Wertewandel in der Wirtschaft? Die leitenden Angestellten und die Konflikte um Mitbestimmung und Führungsstil in den siebziger Jahren, in: ebd., S. 170–197, bes. 185–193 (Zitat 197); Norbert Grube, Seines Glückes Schmied? Entstehungs- und Verwendungskontexte von Allensbacher Umfragen zum Wertewandel 1947–2001, in: ebd., S. 95–119, arbeitet heraus, dass Noelle-Neumanns These von der Proletarisierung der Arbeitswerte mehr auf politisch-normativen Grundlagen denn demoskopisch-empirischer Evidenz beruhte.

40 Vgl. Christopher Neumaier, Ringen um Familienwerte. Die Reform des Ehescheidungsrechts in den 1960er/70er Jahren, in: Dietz/Neumaier/Rödder (Hg.), Gab es den Wertewandel? S. 201–225, bes. 210.

41 Vgl. auch Giddens, Konsequenzen der Moderne, S. 71.

42 Überblick: Reiner Keller, Michel Foucault (1926–1984), in: Dirk Kaesler (Hg.),

Aktuelle Theorien der Soziologie. Von Shmuel N. Eisenstadt bis zur Postmoderne. München 2005, S. 104–126.

43 Vgl. Rodgers, Age of Fracture, S. 144–179, bes. 156–164; Hans Joas/Wolfgang Knöbl, Sozialtheorie. Frankfurt a. M. 2004, S. 598–638; Theresa Wobbe/Gertrud Nunner-Winkler, Geschlecht und Gesellschaft, in: Hans Joas (Hg.), Lehrbuch der Soziologie. 3. Aufl. Frankfurt a. M. 2007, S. 288–311.

44 Simone de Beauvoir, Das andere Geschlecht. Hamburg 1951 (franz. 1949), S. 285.

45 Vgl. Judith Butler, Gender Trouble: Feminism and the Subversion of Identity. New York 1990 (dt.: Das Unbehagen der Geschlechter); dies., Bodies that matter. On the Discursive Limits of Sex. New York 1993 (dt.: Körper von Gewicht).

46 Benedict Anderson, Imagined Communities: Reflections on the Origins and Spread of Nationalism. London 1983 (dt.: Die Erfindung der Nation. Zur Karriere eines folgenreichen Konzepts).

47 Vgl. Thomas Nipperdey, Deutsche Geschichte 1800–1866. Bürgerwelt und starker Staat. München 1983, S. 300–313; Karen Hagemann, Aus Liebe zum Vaterland. Liebe und Hass im frühen deutschen Nationalismus, in: Birgit Aschmann (Hg.), Gefühl und Kalkül. Der Einfluss von Emotionen auf die Politik des 19. und 20. Jahrhunderts. Stuttgart 2005, S. 101–123; Ute Planert, Der Mythos vom Befreiungskrieg. Frankreichs Kriege und der deutsche Süden: Alltag – Wahrnehmung – Deutung 1792–1841. Paderborn 2007, S. 471–619 u. 620–641.

48 Edward W. Said, Orientalism. New York 1978 (dt.: Orientalismus. Frankfurt a. M. 1981).

49 Dipesh Chakrabarty, Provincializing Europe: Postcolonial Thought and Historical Difference. Princeton (NJ) 2000.

50 Vgl. Foucault, Überwachen und Strafen, S. 251–291. Vgl. diese Sicht schon für die westliche Zivilisation im Mittelalter bei R. I. Moore, The Formation of a Persecuting Society. Power and Deviance in Western Europe, 950–1250. 2. Aufl. Oxford 2007, S. 151 f.: «the construction of a rhetoric and apparatus of persecution capable of being turned at will from one category of victims to another, including if necessary those invented for the purpose. This is what made the victims of persecution in the west for all practical purposes freely interchangeable with one another, and persecution itself a permanent and omnipresent feature of the social fabric, continuously expanding the range and scope of its activities.»

51 Vgl. Paul Boghossian, Angst vor der Wahrheit. Ein Plädoyer gegen Relativismus und Konstruktivismus. Frankfurt a. M. 2013, S. 61.

52 http://www.youtube.com/watch?v=COJyb3D_JjA (22. März 2014).

53 Zygmunt Bauman, Postmoderne Ethik. Hamburg 1995, S. 332.

54 Vgl. Boltanski/Chiapello, Der neue Geist des Kapitalismus; Sennett, Der flexible Mensch; Martin Kindtner, «Wie man es anstellt, nicht zu viel zu regieren.» Michel Foucault entdeckt den Neoliberalismus, in: Reitmayer/Schlemmer (Hg.), Anfänge der Gegenwart, S. 37–49. Vgl. zum Folgenden Kap. I.2 und V.5.

55 Vgl. Wirsching, Abschied vom Provisorium, S. 434–444.

56 Vgl. Rodgers, Age of Fracture (mit Bezug auf die USA), S. 10 f., 42, 65–68, 76; Gary S. Becker, Ökonomik des Alltags; Schimank/Volkmann, Ökonomisierung; Friederike Hardering, Unsicherheit in Arbeit und Biographie. Zur Ökonomisierung der Lebensführung. Wiesbaden 2011, S. 7–19.

57 Vgl. das Gesetz über die Hochschulen in Baden-Württemberg vom 1. Januar 2005, § 15 (dort die Begriffe «Vorstand» und «Aufsichtsrat»); Klenke, W-Besoldung, S. 191; Münch, Akademischer Kapitalismus, S. 346–381.

58 Vgl. Bundesgesetzblatt 2002, Teil I Nr. 11, Bonn, 22. Februar 2002, S. 686–692.

59 Vgl. Bundesministerium für Bildung und Forschung: Stifterverband für die Deutsche Wissenschaft, Wissenschaftsstatistik. FuE-Datenreport 2013. Tabellen und Daten. Essen 2013, S. 15.

60 Jürgen Gerhards, Deutscher Sonderweg. Drittmittel als «Ersatzmessung» der eigentlichen Leistung, in: forschung und lehre 21 (2014), S. 104.

61 Vgl. Gerhard Vogt, Der Druck wächst. Drittmittelfinanzierung der Hochschulen, in: forschung und lehre 21 (2014), S. 97 f.

62 Der Europäische Hochschulraum. Gemeinsame Erklärung der Europäischen Bildungsminister, 19. Juni 1999, https://www.bmbf.de/pubRD/bologna_deu.pdf (30. Januar 2015).

63 Vgl. Silke Hahn, Zwischen Re-education und Zweiter Bildungsreform. Die Sprache der Bildungspolitik in der öffentlichen Diskussion, in: Georg Stölzel/Martin Wengeler, Kontroverse Begriffe. Geschichte des öffentlichen Sprachgebrauchs in der Bundesrepublik Deutschland. Berlin 1995, S. 163–209, bes. 176 f. Zur Frage nach Leitbildern in der Bildungspolitik von 1920–1980 arbeitet Anna Kranzdorf an einer Dissertation in Mainz; vgl. auch dies., Vom Leitbild zum Feindbild? Zum Bedeutungswandel des altsprachlichen Unterrichts in den 1950er/1960er Jahren der Bundesrepublik Deutschland, in: Dietz/Neumaier/Rödder (Hg.), Gab es den Wertewandel? S. 337–362.

64 Becker/Becker, Ökonomik des Alltags, S. 78 (Kap. 4: Humankapital und Schulen); Ludger Wößmann, Aufstieg durch Bildung. Bildungspolitik für den Zugang zur gesellschaftlichen Mitte. Bad Homburg v. d. H. 2009, bes. S. 15 f.

65 http://www.oecd.org/education/school/programmeforinternationalstudentassessmentpisa/33693997.pdf, S. 11

66 PISA 2000. Die Studie im Überblick. Grundlagen, Methoden und Ergebnisse. Berlin (Max Planck-Institut für Bildungsforschung) 2002, S. 8.

67 Vgl. Schuler, Bertelsmann, S. 18–43.

68 Vgl. Detlef Müller-Böling, Weiter entfesseln – Perspektiven für Studienprogramme, Organisationsformen und Hochschultypen, in: ders. (Hg.), Hochschule weiter entfesseln – den Umbruch gestalten. Gütersloh 2005, S. 8; vgl. ders. (Hg.), Leistungsorientierte Professorenbesoldung. 2. Aufl. Gütersloh 2004; vgl. Schuler, Bertelsmann, S. 146–154, 168–175.

69 Daniel Schraad-Tischler, Nachhaltiges Regieren in der OECD und EU – Wo steht Deutschland? Sustainable Governance Indicators 2014 – Zukunftsfähigkeit im Vergleich. Gütersloh (Bertelsmann Stiftung) 2014, zur Methode S. 17–25, zu den politischen Folgerungen S. 142 f.; zum Verhältnis zwischen Sozialwissenschaften und ihren Phänomenen vgl. auch, in etwas anderem Zusammenhang, Jenny Pleinen/Lutz Raphael, Zeithistoriker in den Archiven der Sozialwissenschaften. Erkenntnispotenziale und Relevanzgewinne für die Disziplin, in: VfZ 62 (2014), S. 173–195, bes. 178 f.

70 Vgl. Rainer Bölling, Was sind Bildungsstatistiken der OECD wert? In: FAZ vom 27. März 2014, S. 6; zu Schleicher vgl. Der Spiegel vom 3. Dezember 2007, S. 86.

71 Europäischer Rat, 23./24. März 2000, Lissabon, Schlussfolgerungen des Vorsitzes, http://www.europarl.europa.eu/summits/lis1_de.htm (die Zitate Abs. 5 und 26); vgl. Frank Schorkopf, Der Europäische Weg. Tübingen 2010, S. 98 f. (dort auch zum Programm Europa 2020); Wirsching, Preis der Freiheit, S. 237 f., 254 f.

72 Vgl. Heike Kahlert, Beratung zur Emanzipation? Gender Mainstreaming unter dem Vorzeichen des New Public Management, in: Behning/Sauer (Hg.), Gender Mainstreaming, S. 45, 50; Susanne Baer, Gender Mainstreaming als Operationalisierung des Rechts auf Gleichheit. Ausgangspunkte, Rahmen und Perspektive einer Strategie, in: Bothfeld (Hg.), Gender Mainstreaming, S. 46 f.

73 Vgl. «Mütter, geht mehr arbeiten!» (Interview mit Bundesfamilienministerin Manuela Schwesig, SPD, und Eric Schweitzer, Präsident des Deutschen Industrie- und Handelskammertags), in: Frankfurter Allgemeine Sonntagszeitung, 6. April 2014, S. 20 f.

74 Vgl. z. B. Bundesministerium für Familie, Senioren, Frauen und Jugend, Memorandum Familie leben. Impulse für eine familienbewusste Zeitpolitik. Berlin 2009, http://www.bmfsfj.de/RedaktionBMFSFJ/Broschuerenstelle/Pdf-Anlagen/memorandum-familie-leben,property=pdf,bereich=bmfsfj,sprache=de,rwb=true.pdf (23. Februar 2015), S. 6, 15.

75 Vgl. Marco Wehr, Von der Unzuverlässigkeit des Zahlenzaubers, in: FAZ vom 18. Januar 2012, N5.

76 Vgl. allgemein Power, Counting; Köhler/Bonß, Modernisierung des Zählens; zugespitzt David Boyle, The Tyranny of Numbers: Why Counting can't make us happy. London 2001.

77 Heinrich Heine, Zur Geschichte der Religion und Philosophie in Deutschland [1835]. Hg. und eingel. von Wolfgang Harich. Frankfurt a. M. 1966, S. 155 f.

78 Pythagoras zit. nach Marco Wehr, Von der Unzuverlässigkeit des Zahlenzaubers, N5; zu Bentham: Power, Counting, S. 774; Benjamin Disraeli, Rede vor dem Unterhaus, 28. Februar 1859, Hansard's Parliamentary Debates, Third Series, Vol. 152, Sp. 974.

79 Christian Kroll in APuZ 27–28/2012, S. 27.

80 Depenheuer, Zählen statt Urteilen, S. 178.

81 Vgl. Charles A. E. Goodhart, Problems of Monetary Management. The U. K. Experience, in: Anthony S. Courakis (Hg.), Inflation, Depression and Economic Policy in the West. London 1981, S. 111–144, hier 116.; Ralf Dahrendorf, Zukunft der Freiheit, in: Tendenzwende? Zur geistigen Situation der Bundesrepublik. Hg. von Clemens Graf Podewils, Stuttgart 1975, S. 101.

82 Vgl. auch Schimank/Volkmann, Ökonomisierung, S. 388–392.

83 Tilmann Allert, Netzwerke – Gemeinschaft und Gemeinschaftsbildung in der modernen Gesellschaft, in: Nonnenmacher/Rödder (Hg.), Eine neue Tendenzwende? S. 16.

84 Vgl. die Pressemitteilung des Deutschen Hochschulverbands vom 18. Dezember 2009, «DHV ruft Mitglieder auf, sich nicht mehr als Gutachter an Akkreditierungsverfahren zu beteiligen». http://www.hochschulverband.de/cms1/pressemitteilung+M513434c0079.html; Stellungnahme des VHD zum CHE-Ranking der deutschen Geschichtswissenschaft vom 17. September 2009. http://www.historikerverband.de/mitteilungen/mitteilungs-details/article/stellungnahme-des-vhd-zum-cheranking-der-deutschen-geschichtswissenschaft.html (beide 23. Februar 2015).

85 Offener Brief des Hauptpersonalrats Einsiedler an den Chef der Bundesagentur für Arbeit, Weise, zit. nach Depenheuer, Zählen statt Urteilen, S. 180.

86 Aktion Mensch, Inklusion, http://www.youtube.com/watch?v=COJyb3D_JjA (22. März 2014).

87 Convention on the Rights of Persons with Disabilities. New York, 13 December 2006. United Nations Treaty Series. Treaties and international agreements registered or filed and recorded with the Secretariat of the United Nations. Vol. 2515, S. 3–192, engl. Text S. 70–96.

88 Inklusive Bildung von Kindern und Jugendlichen mit Behinderungen in Schulen. Beschluss der Kultusministerkonferenz, 20. Oktober 2011, S. 7.

89 Prengel, Inklusive Pädagogik, S. 24; dies., Inklusive Bildung, S. 2, 5.

90 Virginia Declaration of Rights, 12. Juni 1776, Art. 1, in: Francis N. Thorpe (Hg.), Federal and State Constitutions, Colonial Charters, and Other Organic Laws of the States, Territories, and Colonies Now or Heretofore Forming the United States of America. Bd. 7. Washington, D. C. 1907, S. 3813.

91 Vgl. dazu und zum Folgenden Hoffmann (Hg.), Moralpolitik, bes. die Einleitung des Hg.: Zur Genealogie der Menschenrechte, S. 7–37, bes. 10, 23–36; Moyn, The Last Utopia; Eckel/Moyn (Hg.), Moral für die Welt; das Themenheft «Neue Menschenrechtsgeschichte» von GG, 38,4 (2012).

92 Michael Ignatieff, Human Rights as Politics and Idolatry, in: The Tanner Lectures on Human Values. Princeton 2000, S, 287–349, bes. 337–349 (Zitat 337).

93 Kritisch dazu: Aleksandra Lewicki, Allgemeines Gleichbehandlungsgesetz: Zwischenbilanz eines brüchigen Konsenses, in: APuZ 13–14/2014, S. 27.

94 Gesetz zur Beendigung der Diskriminierung gleichgeschlechtlicher Gemeinschaften (Gesetz über die Eingetragene Lebenspartnerschaft, kurz Lebenspartnerschaftsgesetz [LPartG]) in: Bundesgesetzblatt Jahrgang 2001. Teil I Nr. 9. Bonn, 22. Februar 2001, S. 266–287.

95 Christian Wulff, Vielfalt schätzen – Zusammenhalt fördern. Rede zum 20. Jahrestag der Deutschen Einheit. Bremen, 3. Oktober 2010, S. 1–9, http://www.bundespraesident.de/SharedDocs/Reden/DE/Christian-Wulff/Reden/2010/10/20101003_Rede_Anlage.pdf;jsessionid=1BA1C6748690BA46B0863D8405005C9E.2_cid388?__blob=publicationFile&v=3 (23. Februar 2015).

96 Sabine Hess/Johannes Moser, Jenseits der Integration. Kulturwissenschaftliche Betrachtungen einer Debatte, in: Sabine Hess/Jana Binder/Johannes Moser (Hg.), No integration?! Kulturwissenschaftliche Beiträge zur Integrationsdebatte in Europa. Bielefeld 2009, S. 19 f.

97 Die Bundesregierung der Bundesrepublik Deutschland, Der Nationale Integrationsplan. Neue Wege – Neue Chancen. Berlin 2007, die Zitate S. 13, 12.

98 Thilo Sarrazin, Deutschland schafft sich ab. Wie wir unser Land aufs Spiel setzen. München 2010.

99 Bundesministerium für Familie, Senioren, Frauen und Jugend, Strategie «Gender Mainstreaming», 21. Dezember 2012, http://www.bmfsfj.de/BMFSFJ/gleichstellung,did=192702.html?view=renderPrint (31. März 2014).

100 Vgl. dazu ausführlicher Kap. V.5.

101 Vgl. dazu und zum folgenden Absatz Beate Hoecker, 50 Jahre Frauen in der Politik: Späte Erfolge, aber nicht am Ziel, in: APuZ 24–25/2008, S. 10–18, hier 11–13; Elke Horst/Anita Wiemer, Zur Unterrepräsentanz von Frauen und Spitzengremien

in der Wirtschaft – Ursachen und Handlungsansätze. Berlin 2010 (DIW Discussion Papers 1001), S. 3; Markus Gmür, Was ist ein ‹idealer Manager› und was ist eine ‹ideale Managerin›? Geschlechterrollenstereotypen und ihre Bedeutung für die Eignungsbeurteilung von Männern und Frauen in Führungspositionen, in: Zeitschrift für Personalforschung 18 (2004), H. 4, S. 396–417; Sibylle Raasch, Der EuGH zur Frauenquote, in: Kritische Justiz 28 (1995), H. 4, S. 493–498, dort S. 494 f.

102 United Nations, Report of the Fourth World Conference on Women, Beijing, 4.–15. September 1995. New York 1996, S. 27.

103 Barbara Stiegler, Wie Gender in den Mainstream kommt. Konzepte, Argumente und Praxisbeispiele zur EU-Strategie des Gender Mainstreaming, in: Bothfeld (Hg.), Gender Mainstreaming, S. 19–40, hier 27.

104 Vgl. Art. 8 des Vertrags über die Arbeitsweise der Europäischen Union (AEUV) in der Fassung vom 13. Dezember 2007; Art. 3 (2) GG nach der Änderung von 1994, vgl. Rüdiger Breuer/Josef Isensee (Hg.), Handbuch des Staatsrechts der Bundesrepublik Deutschland, Band 8: Grundrechte. Wirtschaft, Verfahren, Gleichheit. 3. Aufl. Heidelberg 2010, S. 844; Die Bundesregierung der Bundesrepublik Deutschland, Gemeinsame Geschäftsordnung der Bundesministerien. Berlin 2011, S. 6, § 2: Gleichstellung von Frauen und Männern.

105 Forschungsorientierte Gleichstellungsstandards der DFG, http://www.dfg.de/foerderung/grundlagen_rahmenbedingungen/chancengleichheit/forschungsorientierte_standards/ (1. Februar 2015).

106 Vgl. change. Das Magazin der Bertelsmann-Stiftung 2/2012, S. 44–46.

107 Frank Schorkopf, Der Europäische Weg. Grundlagen der Europäischen Union. Tübingen 2010, S. 47–50, 56–58, Zitat 58.

108 Stefan Hradil, Einige Anmerkungen aus soziologischer Sicht, in: Roman Herzog Institut (Hg.), Was ist Gerechtigkeit, S. 20 f.; vgl. auch Ebert, Soziale Gerechtigkeit, S. 25–69, 318–327.

109 Vgl. Sen, Gerechtigkeit, S. 253–266.

110 Vgl. Roman Herzog Institut (Hg.), Die Zukunft der Gerechtigkeit. München 2011, S. 5; Kersting, Gerechtigkeit, S. 24–32 (das Zitat S. 30); Prengel, Inklusive Pädagogik, bes. S. 23 f.

111 Marian Füssel, Kampf oder Rückzug? Alte und neue Streitgegenstände im akademischen Feld, in: forschung und lehre 6/2013, S. 450 f., das Zitat S. 451.

112 Stefan Hirschauer, Wozu Gender Studies? In: forschung und lehre 11/2014, S. 881.

113 Vgl. http://www.dfg.de/download/pdf/foerderung/grundlagen_dfg_foerderung/chancengleichheit/forschungsorientierte_gleichstellungsstandards.pdf (1. Februar 2015).

114 Vgl. Bundesrat, Stenografischer Bericht der 908. Sitzung vom 22. März 2013, S. 145–151; zu den Begriffen vgl. S. 184 [V.5 Ende Vorspann].

115 Auch innerhalb der CDU selbst bezeichnete die vormalige Bundesfamilienministerin von der Leyen das Betreuungsgeld als «bildungspolitische Katastrophe», zit. nach «Ein Kompromiss kommt selten allein», in: FAZ vom 9. April 2014, S. 8; vgl. «Tut das nicht! Vier ehemalige Ministerinnen, zwei Parteien, ein gemeinsames Urteil: Das Betreuungsgeld schadet den Familien. Von Christine Bergmann, Ursula Lehr, Renate Schmidt, Rita Süßmuth», in: Die Zeit vom 30. August 2012; vgl. Au-

torengruppe Bildungsberichterstattung, Bildung in Deutschland 2012. Ein indikatorengestützter Bericht mit einer Analyse zur kulturellen Bildung im Lebenslauf. Bielefeld 2012, S. 47–57. Vgl. zum Folgenden auch: «Schwesig will Mütter früher in den Beruf zurückholen», in: FAZ vom 22. März 2014, S. 18.

116 Vgl. Martin Süß, Rheinhessen unter französischer Besatzung. Vom Waffenstillstand im November 1918 bis zum Ende der Separatistenunruhen im Februar 1924. Stuttgart 1988, hier S. 164–172.

117 Die Bundesregierung der Bundesrepublik Deutschland, Deutschlands Zukunft gestalten. Koalitionsvertrag zwischen CDU, CSU und SPD. 18. Legislaturperiode. Berlin 2013, S. 45.

118 Zit. nach Luhmann, Inklusion und Exklusion, S. 262; zur Gleichzeitigkeit von Inklusion und Exklusion als unhintergehbares Problem vgl. auch Rudolf Stichweh, Leitgesichtspunkte einer Soziologie der Inklusion und Exklusion, in: ders./P. Windolf, Inklusion und Exklusion, S. 29–42, bes. 37.

119 Vgl. Jens Alber, Doppelstandards der Gleichstellung, in: FAZ vom 23. März 2011, S. 5.

120 Vgl. Elisabeth Tuider u. a., Sexualpädagogik der Vielfalt. Praxismethoden zu Identitäten, Beziehungen, Körper und Prävention für Schule und Jugendarbeit. 2. Aufl. Weinheim 2012, S. 51–53.

121 Markus Gabriel, Nachwort zu Paul Artin Boghossian, Angst vor der Wahrheit. Ein Plädoyer gegen Relativismus und Konstruktivismus. Frankfurt a. M. 2013, S. 153, 155.

122 Max Weber, Wissenschaft als Beruf. München 1919, S. 16.

123 Vgl. Taylor, Ein säkulares Zeitalter, S. 14–16; vgl. zur Definition Pollack, Säkularisierungstheorie, S. 485–487.

124 Friedrich Wilhelm Graf, Die Wiederkehr der Götter. Religion in der modernen Kultur. München 2004.

125 Vgl. dazu und zum Folgenden Walter, Verfassungsdiskurse.

126 Davie, Religion, S. 289.

127 Vgl. Axel Freiherr von Campenhausen, Der heutige Verfassungsstaat und Religion, in: Joseph Listl/Dietrich Pirson (Hg.), Handbuch des Staatskirchenrechts, Bd. 1.2. Berlin 1994, S. 47–84, hier 73 (nach Ulrich Stutz, 1926), S. 63–65, 71–74.

128 Vgl. Casanova, Ort der Religion, S. 12 f.

129 Zum Folgenden Großbölting, Himmel, S. 21–94, das folgende Zitat S. 13.

130 Vgl. dazu und zum Folgenden Großbölting, Himmel, S. 95–179; Gabriel, Säkularisierung und Wiederkehr, S. 97–103; Zahlen nach Sekretariat der Deutschen Bischofskonferenz, Katholische Kirche in Deutschland. Zahlen und Fakten 2013/14. Bonn 2014, S. 12–16.

131 Vgl. Pollack, Säkularisierungstheorie, S. 510, 516–521.

132 Zahlen zur alten Bundesrepublik nach Großbölting, Himmel, S. 184, zum vereinten Deutschland nach Statistische Ämter des Bundes und der Länder, Zensus 2011. Bevölkerung nach Geschlecht, Alter, Staatsangehörigkeit. Bad Ems 2011, S. 41.

133 Davie, Religion, S. 274.

134 Vgl. Davie, Religion, S. 274 («belonging without believing»), 277–284.

135 Papst Benedikt XVI, Die Entweltlichung der Kirche. Rede im Konzerthaus in Freiburg im Breisgau. Wortlaut der Rede nach der Veröffentlichung des Presseamts des

Heiligen Stuhls, http://www.faz.net/aktuell/politik/papstbesuch/papst-benedikt-xvi-die-entweltlichung-der-kirche-11370087.html (23. Februar 2015).

136 Vgl. Großbölting, Himmel, S. 13, 202 f., 267.

137 Zahlen nach Großbölting, Himmel, S. 202.

138 Vgl. dazu und zum Folgenden Davie, Religion, sowie Reynolds, One World Divisible, S. 657–666.

139 Vgl. Fischer Weltalmanach 2014, S. 321, 354, 431, 451.

140 Vgl. Graf, Götter global, S. 203–245; pointiert: Graf, Mord als Gottesdienst, in: FAZ vom 7. August 2014, S. 9.

141 Vgl. Gabriel, Säkularisierung, S. 15; auch Taylor, Ein säkulares Zeitalter, S. 17.

142 Vgl. Gabriel, Säkularisierung.

143 Pollack, Säkularisierungstheorie, S. 521.

144 Huntington, Kampf der Kulturen, S. 19 (Clash of Civilisations erschien 1996, erste Publikationen zum Thema bereits 1993), 21.

145 Vgl. dazu und zum Folgenden Casanova, Ort der Religion; Großbölting, Himmel, S. 203–220; Rohe, Islam.

146 Vgl. Kap. V.3: Drinnen und draußen.

147 Vgl. zeit online vom 13. Juni 2013, http://www.zeit.de/gesellschaft/zeitgeschehen/2013-06/islam-kirche-hessen-koerperschaft (21. Mai 2015).

148 Vgl. Fischer Weltalmanach 2014, S. 132; Di Fabio, Kultur der Freiheit, S. 178.

149 Vgl. Pollack, Öffentliche Wahrnehmung, S. 94–104.

150 Großbölting, Himmel, S. 206, 208.

151 Entscheidungen des Bundesverfassungsgerichts, 2 BvR 1436/02 vom 24. September 2003, 3.

152 Entscheidung vom 24. September 2003–2 BvR 1436/02, 72.

153 Minderheitsvotum des BVerfG, zit. nach Di Fabio, Kultur der Freiheit, S. 49.

154 Vgl. Großbölting, Himmel, S. 219.

155 Vgl. Iriye, Geschichte der Welt VI, S. 747; Eric Gujer, Moderne Verführer, in: Neue Zürcher Zeitung vom 18./19. Oktober 2014, S. 1.

156 Bundesministerium des Innern (Hg.), Verfassungsschutzbericht 2012, S. 240; Verfassungsschutzbericht 2013, S. 193–206 (Zahlen S. 206), 221–227, 248–256.

157 Vgl. FAZ vom 20. Juni 2014, S. 1 (dort das Zitat); Verfassungsschutzbericht 2013, S. 68–70, 139 f.; Rohe, Islam, S. 26.

158 Vgl. Fischer Weltalmanach 2014, S. 54, 333 f.; Verfassungsschutzbericht 2012, S. 234–265; Verfassungsschutzbericht 2013, S. 207–220.

159 Vgl. Nemo, Westen, S. 3, 67; Winkler, Geschichte des Westens 1, S. 19, sowie 4, S. 17.

160 Vgl. Winkler, Geschichte des Westens 1, S. 22.

161 Huntington, Kampf der Kulturen, S. 292 f.

162 Vgl. Lal, Does Modernization Require Westernization?

163 Vgl. Casanova, Ort der Religion, S. 13.

164 Vgl. Di Fabio, Kultur der Freiheit, S. 6.

V.
Wo zwei oder drei

1 So gibt z. B. das Frageraster des Datenreports über «traditionelle und egalitäre Einstellungen zur Rolle der Frau» ein Schema von vier Antworten vor, das differenzierte Antwortmöglichkeiten außer Acht lässt und bestimmte Antworten nahelegt, vgl. Datenreport 2013, S. 385 (Möglichkeiten zur Beurteilung der Aussage «Für eine Frau ist es wichtiger, ihrem Mann bei seiner Karriere zu helfen, als selbst Karriere zu machen»).
2 Knappe Überblicke zum Folgenden: König, Konsumgesellschaft; Reynolds, One World Divisible, S. 157–165; Rödder, Konsumgesellschaft; Axel Schildt, Massenmedien im Umbruch der fünfziger Jahre, in: Jürgen Wilke (Hg.), Mediengeschichte der Bundesrepublik Deutschland. Bonn 1999, S. 633–648, hier 640.
3 Vgl. http://navylive.dodlive.mil/2011/10/25/americas-navy-crucial-to-national-defense (15. Mai 2015, für diesen Hinweis danke ich Jürgen Elvert, Köln), sowie Peter Biebig/Wolfgang Althof/Norbert Wagner, Seeverkehrswirtschaft. 4. Aufl. München 2008, S. 37.
4 Vgl. Vance Packard, The Hidden Persuaders, New York 1957, S. 97; Cohen, Consumer's Republic, S. 295–298.
5 Vgl. Wirsching, Konsum statt Arbeit, S. 173–179; Gasteiger, Der Konsument, S. 25–32.
6 Vgl. Cohen, Consumer's Republic, S. 8, 11; Blanke/Steigerwald, Destiny of Choice, S. 1–13, 79–81; Wirsching, Konsum statt Arbeit? S. 173–179. Zu deutsch-amerikanischen Gemeinsamkeiten und Unterschieden vgl. Haupt/Nolte, Markt, Konsum und Kommmerz; zur Prohibition vgl. Thomas Welskopp, Amerikas große Ernüchterung. Eine Kulturgeschichte der Prohibition. Paderborn 2010.
7 Gasteiger, Der Konsument, S. 253; Horst Nowak/Ulrich Becker, «Es kommt der neue Konsument», in: Form. Zeitschrift für Gestaltung 111 (1985), S. 13–17.
8 Aufruf des Neuen Forums vom 12. November 1989, zit. nach Hannes Bahrmann/Christoph Links, Wir sind das Volk. Die DDR im Aufbruch. Eine Chronik. Berlin 1990, S. 99; vgl. auch den Aufruf «Für unser Land» vom 26. November 1989, in: Matthias Judt (Hg.), DDR-Geschichte in Dokumenten. Beschlüsse, Berichte, interne Materialien und Alltagszeugnisse. Bonn 1998, S. 544.
9 Vgl. de Grazia, Irresistible Empire, S. 359, 471–473.
10 Vgl. Wirsching, Konsum statt Arbeit, S. 194.
11 Zu den Begriffen: Hans-Peter Müller, Werte, Milieus und Lebensstile. Zum Kulturwandel unserer Gesellschaft, in: Hradil (Hg.), Deutsche Verhältnisse, S. 191 f.
12 http://www.sinus-institut.de/loesungen/sinus-milieus.html (7. Februar 2015).
13 Vgl. Müller, Werte, Milieus und Lebensstile, S. 201; Beck, Risikogesellschaft, S. 119, 124 f.
14 Vgl. Jörg Neuheiser, Der «Wertewandel» zwischen Diskurs und Praxis. Die Untersuchung von Wertvorstellungen zur Arbeit mit Hilfe von betrieblichen Fallstudien, in: Dietz/Neumaier/Rödder (Hg.), Gab es den Wertewandel? S. 156–165; Bernhard Dietz, Wertewandel in der Wirtschaft? Die leitenden Angestellten und die Konflikte um Mitbestimmung und Führungsstil in den siebziger Jahren, in: ebd., S. 185–193.
15 Vgl. Jan De Vries, The industrious revolution: consumer behavior and the

household economy, 1650 to the present. New York 2008; zuvor: The Industrial Revolution and the Industrious Revolution, in: Journal of Economic History 54 (1994), S. 249–270.

16 Vgl. zur Erwerbstätigkeit von Frauen Kap. V.5.

17 Vgl. Hachtmann, Fordismus; von Saldern, «Alles ist möglich».

18 Vgl. Helmuth Trischler, «Made in Germany»: Die Bundesrepublik als Wissensgesellschaft und Innovationssystem, in: Hertfelder/Rödder (Hg.), Modell Deutschland, S. 48–56, sowie Abelshauser, Wirtschaftsgeschichte, S. 473–476.

19 Vgl. den famosen Überblick von Plumpe, «Ölkrise» und wirtschaftlicher Strukturwandel, hier bes. Teil IV.

20 Vgl. Hardering, Unsicherheit; Heidenreich/Zirra, Arbeitswelt, in: Hradil (Hg.), Deutsche Verhältnisse, S. 324 f.

21 Vgl. Kocka, Kapitalismus, S. 109.

22 Statistisches Bundesamt, Kernerwerbstätige nach einzelnen Erwerbsformen. Ergebnisse des Mikrozensus 2012, https://www.destatis.de/DE/ZahlenFakten/GesamtwirtschaftUmwelt/Arbeitsmarkt/Erwerbstaetigkeit/TabellenArbeitskraefteerhebung/AtypKernerwerbErwerbsformZR.html (7. Februar 2015).

23 Vgl. Sennett, Der flexible Mensch, S. 79.

24 Vgl. Adler, Globalisierung und Flexibilisierung, bes. S. 184–187; Giesecke/Heisig, Destabilisierung; Kattenbach u. a., Same Same but Different; Mayer/Grunow/Nitsche, Mythos Flexibilisierung?

25 Vgl. Statistisches Bundesamt, Datenreport 1992. Bonn 1992, S. 102, sowie Bureau of Labor Statistics, International Comparisons of Annual Labor Force Statistics 1970–2012, Washington D. C. 2013, S. 2, www.bls.gov/fls/flscomparelf/lfcompendium.pdf (8. Februar 2015).

26 Geißler, Sozialstruktur. 2. Aufl. 1996, S. 45.

27 Vgl. Helmut Schelsky, Wandlungen der deutschen Familie in der Gegenwart. Darstellung und Deutung einer empirisch-soziologischen Tatbestandsaufnahme. Stuttgart 1955, S. 218.

28 Simon Kuznets, Economic Growth and Income Inequalities, in: ders., Economic Growth and Structure. Selected Essays. New York 1965, S. 257–287, bes. 260–263; ders., Modern Economic Growth, Rate, Structure, and Spread. 6. Aufl. New Haven 1973, S. 208–211; danach auch Hans-Ulrich Wehler, Die neue Umverteilung. Soziale Ungleichheit in Deutschland. 2. Aufl. München 2013, S. 59.

29 Beck, Risikogesellschaft, S. 122; vgl. Henri Brand/Hans-Peter Müller, Lebensbedingungen, Lebensformen und Lebensstile, in: Schäfers/Zapf (Hg.), Handwörterbuch der Gesellschaft Deutschlands, S. 429.

30 Der in den neuen Ländern gemessene Anstieg von 0,21 auf 0,25 ist wegen der geringen Signifikanz des Ausgangspunktes mitten in der Transformation wenig aussagekräftig.

31 Vgl. Noll/Weick, Ungleichheit, S. 6; Hradil, Soziale Ungleichheit, S. 169.

32 Der steigende Anteil von Single-Haushalten zum Beispiel ist ein Element zunehmenden Wohlstands, statistisch gesehen ist ein Single-Haushalt aber ärmer, weil die Lebenshaltungskosten höher gewichtet werden als in Mehrpersonenhaushalten.

33 Vgl. Geißler, Sozialstruktur 2. Aufl. 1996, S. 201.

34 Vgl. Herbert Giersch/Karl-Heinz Paqué/Holger Schmieding, The Fading Miracle.

Four Decades of Market Economy in Germany. 2. Aufl. Cambridge 1994, v. a. S. 207–221, 243–250.

35 Vgl. den 4. Armuts- und Reichtumsbericht der Bundesregierung 2013, S. XI. Vgl. auch Miriam Rehm/Kai Daniel Schmid/Dieter Wang, Why has Inequality in Germany Not Risen Further after 2005? SOEP Papers 690. Berlin 2014.

36 Vgl. http://sportbild.bild.de/bundesliga/vereine/bundesliga/gehaelter-der-bayern-stars-34637312.sport.html, http://www.focus.de/sport/fussball/bundesliga1/nach-galavorstellung-in-london-neuer-vertrag-fuer-kroos-das-wird-teuer-fuer-bayern_id_3631418.html und die Forbes-Liste der bestverdienenden Sportler 2014: www.forbes.com/athletes/list/#tab:overall (alle 11. Februar 2015).

37 Vgl. Krämer, Spitzeneinkommen, S. 7–9. Die Zahlen bei Wehler, Die neue Umverteilung, S. 79 – das Anwachsen des Verhältnisses von 20 zu 1 auf 200 zu 1 – sind zwar plakativ, aber nicht belegt.

38 Vgl. Credit Suisse, Global Wealth Databook. Zürich 2013, S. 98–101 (www.international-adviser.com/ia/media/Media/Credit-Suisse-Global-Wealth-Databook-2013.pdf, 9. Februar 2015); vgl. auch den 4. Armuts- und Reichtumsbericht der Bundesregierung 2013, S. XII; Hradil, Soziale Ungleichheit, S. 173; Piketty, Das Kapital, S. 320–474, 573–624.

39 Vgl. Geißler, Sozialstruktur. 6. Aufl. 2011, S. 83; Capgemini/Royal Bank of Canada, World Wealth Report. [o.O.] 2014, S. 4 f.

40 Vgl. Geißler, Sozialstruktur. 7. Aufl. 2014, S. 229–266, bes. 229–241, 245–248; Groh-Samberg/Hertel, Mitte, bes. S. 154.

41 Vgl. dazu allgemein Werner Conze, Mittelstand, in: Geschichtliche Grundbegriffe. Bd. 4. Stuttgart 1978, S. 49–92; zu den letztgenannten Daten Vogel, Mittelschicht, S. 507; Arnd, Mittelschicht, S. 62 f.

42 Vgl. Arnd, Mittelschicht, S. 33–40.

43 Vgl. Enste u. a., Mythen, S. 9 f.

44 Vgl. dazu allgemein Groh-Samber/Hertel, Mitte.

45 Hartmann, Eliten und Macht, S. 144; vgl Hartmann, Topmanager, S. 29–65; ders., Soziale Ungleichheit, S. 51 f.

46 Geißler, Sozialstruktur. 7. Aufl. 2014, S. 319–322.

47 Vgl. die Mannheimer Elitestudie von 1981 und die Potsdamer Elitestudie von 1995; Geißler, Sozialstruktur. 7. Aufl. 2014, S. 131–143.

48 Vgl. Enste u. a., Mythen, S. 13; zum Folgenden Noll/Weick, Ungleichheit, S. 7 f.; Hradil, Soziale Ungleichheit, S. 163; 4. Armuts- und Reichtumsbericht der Bundesregierung 2013, S. XIVf.

49 Grabka/Goebel, Einkommensungleichheit, S. 13, 22 f.

50 Vgl. dazu und zum folgenden Absatz Noll/Weick, Ungleichheit, S. 7–9.

51 Vgl. zum Folgenden allgemein Bade, Europa in Bewegung, v. a. S. 306–314; Herbert, Ausländerpolitik, S. 74–84; Hoerder, Migration; Oltmer, Globale Migration, bes. S. 20 f., 31, 39–52, 72–78; Stephen Castles, Immigration an Asylum: Challenges to European Identities and Citizenship, in: Stone (Hg.), Oxford Handbook of Postwar European History, S. 201–219.

52 Vgl. Oltmer, Globale Migration, S. 79–107; Bade, Europa in Bewegung, S. 277.

53 Vgl. Judt, Postwar, S. 8 f.

54 Bade, Europa in Bewegung, S. 299.

55 Vgl. Bade, Europa in Bewegung, S. 335; Herbert, Ausländerpolitik, S. 212, 226 f.;

Stefan Luft, Einwanderung ohne Steuerung, in: FAZ vom 17. November 2010, S. 8; Oltmer, Globale Migration, S. 115.

56 Vgl. Oltmer/Kreienbrink/Díaz (Hg.), «Gastarbeiter»-System, S. 12, 149–164 (Marcel Berlinghoff, Der europäisierte Anwerbestopp).

57 Zit. nach Geißler, Sozialstruktur. 2. Aufl. 1996, S. 224.

58 Hoerder, Geschichte der deutschen Migration, S. 105.

59 Koalitionsvereinbarung 1982 zwischen den Bundestagsfraktionen der CDU/CSU und FDP für die 9. Wahlperiode des Deutschen Bundestages, in: Neue Bonner Depesche Nr. 10/1982, S. 6.

60 Vgl. Wirsching, Abschied vom Provisorium, S. 303–306.

61 Vgl. Reynolds, One World Divisible, S. 660.

62 Vgl. Dieter Gosewinkel, Staatsangehörigkeit in Deutschland und Frankreich im 19. und 20. Jahrhundert, in: Christoph Conrad/Jürgen Kocka (Hg.), Staatsbürgerschaft in Europa. Historische Erfahrungen und aktuelle Debatten. Hamburg 2001, S. 48–62, hier 56; Jürgen Mackert, Staatsbürgerschaft. Eine Einführung. Wiesbaden 2001, S. 17.

63 John Breuilly hat argumentiert, das französische Territorialprinzip hänge mit dem Kalkül zusammen, in einem bevölkerungsschwachen Land Soldaten zu rekrutieren, während das deutsche Abstammungsprinzip auf die Konstellation der Kleinstaaten zurückging, in denen häufige Grenzübertritte die Regel waren; vgl. den Bericht von Thorsten Holzhauser und Andreas Lutsch über die Konferenz «The Territorial State after 1989: Decline, Transformation or Persistence?» am 28./29. Juni 2013 in London, in: German Historical Institute London Bulletin 35 (2013) No. 2, S. 182–187, hier 183.

64 Vgl. Bundesamt für Migration und Flüchtlinge (Hg.), Die Einbürgerung von Ausländern in Deutschland. Working Paper 17 der Forschungsgruppe des Bundesamtes. (Integrationsreport 3) 2. Aufl. Berlin 2008, S. 10 f.; vgl. auch Wolfrum, Rot-Grün, S. 185–191; Seifert, Migration, S. 85.

65 Vgl. Datenreport 2013, S. 198–204; Geißler, Sozialstruktur. 7. Aufl. 2014, S. 288–291.

66 Vgl. Seifert, Migration, S. 87–92.

67 Vgl. auch in internationaler Dimension Schiffauer, Civil Society, S. 187–198; ders., Parallelgesellschaften, S. 7–18.

68 Vgl. Statistisches Bundesamt, Bevölkerung und Erwerbstätigkeit. Ausländische Bevölkerung. Ergebnisse des Ausländerzentralregisters 2013. (Fachserie 1, Reihe 2) Wiesbaden 2014, S. 27, sowie Dass., Bevölkerung und Erwerbstätigkeit. Bevölkerung mit Migrationshintergrund. Ergebnisse des Mikrozensus 2013. (Fachserie 1, Reihe 2.2) Wiesbaden 2014, S. 80.

69 Vgl. Berlin-Institut für Bevölkerung und Entwicklung (Hg.), Ungenutzte Potenziale. Zur Lage der Integration in Deutschland. Berlin 2009, S. 6, 29–33.

70 Zum Arbeitsmarkt vgl. die Statistiken der Bundesagentur für Arbeit, Arbeitsmarkt in Zahlen. Arbeitssuchende und Arbeitslose nach Staatsangehörigkeit (verschiedene Zeitpunkte); vgl. auch dies., Analyse des Arbeitsmarktes für Ausländer. Januar 2015. Nürnberg 2015, S. 2 f. (https://statistik.arbeitsagentur.de/Statischer-Content/Statistische-Analysen/Analytikreports/Zentrale-Analytikreports/Monatliche-Analytikreports/Generische-Publikationen/Analyse-Arbeitsmarkt-Auslaender/Analyse-Arbeitsmarkt-Auslaender-201501.pdf (10. Februar 2015); Bundesministerium des

Innern, Die Kriminalität in der Bundesrepublik Deutschland. Polizeiliche Kriminalstatistik für das Jahr 2013. Berlin 2014, S. 11.

71 Vgl. Meier-Braun, Deutschland Einwanderungsland, S. 24.

72 Vgl. Kap. IV.5.

73 Vgl. Heinz Buschkowsky, Die andere Gesellschaft. Berlin 2014; Kirsten Heisig, Das Ende der Geduld. Konsequent gegen jugendliche Gewalttäter. Freiburg 2010; Aladin El Mafaalani/Ahmed Toprak, Muslimische Kinder und Jugendliche in Deutschland. Lebenswelten – Denkmuster – Herausforderungen. Sankt Augustin 2011; «Die Sippe weiß Bescheid», in: zeit online, www.zeit.de/gesellschaft/zeitgeschehen/2015-02/erin-mord-maria-integration (19. April 2015).

74 Collier, Exodus, S. 273.

75 Vgl. Ruud Koopmans, Multiculturalism and Immigration: A Contested Field in Cross-National Comparison, in: Annual Review of Sociology 39 (2013), S. 147–169; Thomas Liebig, The Labour Market Integration of Immigrants in Australia. Paris 2007 (OECD Social, Employment and Migration Working Papiers No. 49); Oliver Schmidtke, Einwanderungsland Kanada – ein Vorbild für Deutschland? In: APuZ 44/2009, S. 25–30; Yvonne Hébert, Youth in Plural Cities – A Canada-France Comparison: Policy Issues and Development, in: Petra Bendel/Axel Kreienbrink (Hg.), Kanada und Deutschland. Migration und Integration im Vergleich. Nürnberg 2008, S. 111–135.

76 Fouroutan, Neue Deutsche, S. 13.

77 Vgl. Bundesamt für Migration und Flüchtlinge, Migrationsbericht des Bundesamtes für Migration und Flüchtlinge im Auftrag der Bundesregierung (Migrationsbericht 2015). Berlin 2016, S. 40–42.

78 Vgl. Wirsching, Preis der Freiheit, S. 284–292.

79 Vgl. Günther Heydemann/Karel Vodička (Hg.), Vom Ostblock zur EU. Systemtransformationen 1990–2012 im Vergleich. Göttingen 2013, S. 364, sowie Karl Brenke/Mutlu Yuksel/Klaus F. Zimmermann, EU Enlargement under Continued Mobility Restrictions: Consequences for the German Labor Market. Bonn 2009, S. 3.

80 Barbara Dribbusch, Über alles, überschätzt, in: tageszeitung vom 13. Mai 2014 (http://www.taz.de/!138345/, 7. Januar 2015).

81 Vgl. Bernd Kasparek, Von Schengen nach Lampedusa, Ceuta und Piräus: Grenzpolitiken der Europäischen Union, in: APuZ 47/2013, S. 45; Stefan Luft, Herausforderungen europäischer Grenzpolitik, in: APuZ 27/2013, S. 14–16; Dietrich Thränhardt, Diskrepanzen der innereuropäischen Migration, in: APuZ 47/2013, S. 22–24.

82 Vgl. Bundesamt für Migration und Flüchtlinge, Aktuelle Zahlen zu Asyl. Ausgabe 201. Tabellen, Diagramme Erläuterungen. Berlin 2015, S. 4, 9, sowie Bundesamt für Migration und Flüchtlinge, Migrationsbericht 2013 S. 190 f., 212; Eurostat, Asylum Applicants and First Instance Decisions on Asylum Applications 2013, in: Eurostat. Data in Focus. Population and social conditions 3/2014, S. 12. Über «Abschiebungen» auf der Ebene der EU lagen keine Zahlen vor.

83 Franck Düwell, Flüchtlinge an den Grenzen Europas, in: APuZ 47/2013, S. 25; Bade, Europa in Bewegung, S. 446.

84 United Nations High Commissioner of Refugees, Mid-Year Trends 2014. Genf, 7. Januar 2015, S. 14–21, zur Erklärung der Zahlen auch die Pressemitteilung vom 7. Januar 2015: http://www.unhcr.de/home/artikel/8e85d8f1985322ac69016686

81d36710/unhcr-bericht-erneuter-anstieg-von-flucht-und-vertreibung.html?L=0 (8. Januar 2015).

85 Vgl. dazu und zum Folgenden Robin Alexander, Die Getriebenen. Merkel und die Flüchtlingspolitik: Report aus dem Innern der Macht. München 2017; Anja Reschke (Hg.), Und das ist erst der Anfang. Deutschland und die Flüchtlinge. Reinbek 2015; Otto Depenheuer/Christoph Grabenwarter (Hg.), Der Staat in der Flüchtlingskrise. Zwischen gutem Willen und geltendem Recht. Paderborn 2016; Hans-Peter Schwarz, Die neue Völkerwanderung nach Europa. Über den Verlust politischer Kontrolle und moralischer Gewissheiten. München 2017.

86 Beschluss (EU) 2015/1601 des Rates vom 22. September 2015 zur Einführung von vorläufigen Maßnahmen im Bereich des internationalen Schutzes zugunsten von Italien und Griechenland, http://eur-lex.europa.eu/legal-content/DE/TXT/?uri=CELEX%3A32015D1601 (21. Mai 2017).

87 https://twitter.com/bamf_dialog/status/636138495468285952 (21. Mai 2017).

88 Vgl. Schwarz, Völkerwanderung, S. 74–96.

89 Vgl. Collier, Exodus, S. 259–289.

90 Jacques Bertillon, La dépopulation de la France. Ses conséquences, ses causes, mesures à prendre pour la combattre. Paris 1911, S. 11.

91 Etzemüller, Untergang, S. 47; vgl. auch Blom, Der taumelnde Kontinent, S. 38.

92 Max von Gruber, Ursachen und Bekämpfung des Geburtenrückgangs im Deutschen Reich. Bericht erstattet an die 38. Versammlung des Deutschen Vereins für öffentliche Gesundheitspflege am 19. September 1913 in Aachen. Braunschweig 1914, S. 3.

93 Friedrich Burgdörfer, Der Geburtenrückgang und seine Bekämpfung. Die Lebensfrage des deutschen Volkes. Berlin 1929, S. 5.

94 Vgl. Marschalck, Bevölkerungsgeschichte, S. 99.

95 Vgl. dazu allgemein Ehmer, Bevölkerungsgeschichte, S. 108–113, Birg, Zeitenwende, S. 42, 69, und Dienel, Kinderzahl, S. 50–63.

96 Zit. nach Franz-Xaver Kaufmann, Die soziale Sicherheit in der Bundesrepublik Deutschland, in: Werner Weidenfeld /Hartmut Zimmermann (Hg.), Deutschland-Handbuch. Eine doppelte Bilanz 1949–1989. Bonn 1989, S. 319.

97 Vgl. dazu und zum Folgenden Ehmer, Bevölkerungsgeschichte, S. 7, 47–51, 119–126. Die Forschung hat die Theorie des «demographischen Übergangs» als eines gesetzmäßigen Phasenverlaufs im Übergang von vormodernen zu modernen Gesellschaften relativiert, nicht aber die empirische Beobachtung einer bestimmten Entwicklung in Europa.

98 Vgl. Blom, Der taumelnde Kontinent, S. 28, 34, 38.

99 Vgl. Birg, Zeitenwende, S. 51.

100 Vgl. von Trotha, Die bürgerliche Familie ist tot, S. 81–83.

101 Vgl. Ehmer, Bevölkerungsgeschichte, S. 44 f.; Herwig Birg, Zur aktuellen Lage der Weltbevölkerung, in: ders., Bevölkerungsentwicklung. (Informationen zur politischen Bildung 282) Bonn 2013, S. 21.

102 Vgl. Statistisches Bundesamt, Geburtentrends und Familiensituation in Deutschland 2012. Ergebnisse des Mikrozensus 2012. Wiesbaden 2012, S. 14.

103 Folgendes nach Herwig Birg, Zur aktuellen Lage der Weltbevölkerung, in: ders., Bevölkerungsentwicklung, S. 19–29.

104 Zahlen nach Statistisches Bundesamt, Bevölkerung Deutschlands bis 2060. 12.

koordinierte Bevölkerungsvorausberechnung. Wiesbaden 2009, S. 31 (die folgenden Zahlen für 2004).

105 Vgl. Statistik Austria, Durchschnittliche Kinderzahl pro Frau 1951–2012 (www.statistik.at/web_de/statistiken/bevoelkerung/geburten/), und [Schweizerisches] Bundesamt für Statistik, Durchschnittliche Kinderzahl je Frau 1876–2013 (www.bfs.admin.ch/bfs/portal/de/index/themen/01/06/blank/key/02/05.html) (13. Januar 2015).

106 Vgl. Peuckert, Familienformen, S. 128; Meyer, Familie, S. 417.

107 Vgl. Statistisches Bundesamt, Geburtentrends und Familiensituation in Deutschland. Ergebnisse des Mikrozensus 2012. Wiesbaden 2013, S. 36.

108 Vgl. dazu und zum Folgenden Ehmer, Bevölkerungsgeschichte, S. 37, 40; Hradil, Bevölkerung, S. 52–61; zur Lebenserwartung der 2000 Geborenen: Kaare Christensen u. a., Ageing Populations: The Challenges Ahead, in: Lancet 374 (2009), S. 1196–1208, hier 1996.

109 Vgl. Statistisches Bundesamt, Sterbefälle, Lebenserwartung: https://www.destatis.de/DE/ZahlenFakten/GesellschaftStaat/Bevoelkerung/Sterbefaelle/Tabellen/Lebenserwartung.pdf?__blob=publicationFile (12. Februar 2015).

110 Vgl. Thomas Klie, Was kümmern uns die Alten? Auf dem Weg in eine sorgende Gesellschaft. Bonn 2014, S. 11.

111 Vgl. Axel Börsch-Supan, Unsere gewonnenen Jahre, in: FAZ vom 25. Februar 2011, S. 11.

112 Vgl. Börsch-Supan, Zukunft, S. 17.

113 Vgl. Alma Cohen/Rajeev Dehejia/Dmitri Romanov, Financial Incentives and Fertility? In: The Review of Economics and Statistics 95 (2013), S. 1–20.

114 Vgl. Birg, Zeitenwende; Kaufmann, Schrumpfende Gesellschaft; Meinhard Miegel, Die deformierte Gesellschaft. Wie die Deutschen ihre Wirklichkeit verdrängen. 5. Aufl. Berlin 2002, S. 13–88; Hans-Werner Sinn, Ist Deutschland noch zu retten? 2. Aufl. München 2003.

115 Vgl. Björn Schwentker/James W. Vaupel, Eine neue Kultur des Wandels, in: APuZ 10–11/2011, S. 3–10.

116 Hondrich, Weniger sind mehr, Zitate S. 10, 17.

117 Vgl. Börsch-Supan, Zukunft, S. 19.

118 Vgl. zum Gesamten Hradil, Bevölkerung, S. 62–64.

119 Vgl. Peuckert, Familienformen, S. 242; Schneider, Bedeutung von Familie, S. 19.

120 Schneider, Familie, S. 100 f.

121 Vgl. dazu und zum Folgenden Gestrich/Krause/Mitterauer, Geschichte der Familie, bes. S. 38–45, 95 f., 366–386.

122 Martin Luther, Der 127. Psalm ausgelegt an die Christen zu Riga in Liefland, in: D. Martin Luthers Werke. Kritische Gesamtausgabe, Bd. 15. Weimar 1978, S. 364.

123 Vgl. Gestrich/Krause/Mitterauer, Geschichte der Familie, S. 388, zum gesamten Zusammenhang S. 387–405.

124 Pädagogisches Handbuch für Schule und Haus. Bd. 1. 2. Aufl. Leipzig 1883, S. 434.

125 Vgl. Frevert, Frauen-Geschichte, S. 21 f.; Heinz, Anfang und Ende; Gestrich/Krause/Mitterauer, Geschichte der Familie, S. 391 f., 531–534.

126 Vgl., nur zum Beispiel, Gestrich/Krause/Mitterauer, Geschichte der Familie, S. 59; Reinhard, Lebensformen, S. 217–223.

127 Zit. nach Gestrich/Krause/Mitterauer, Geschichte der Familie, S. 532.

128 Beck, Risikogesellschaft, S. 178.

129 Vgl. Ehmer, Bevölkerungsgeschichte, S. 47–52, 118; Ingrid Biermann, Von Differenz zu Gleichheit. Frauenbewegung und Inklusionspolitiken im 19. und 20. Jahrhundert. Bielefeld 2009, S. 99–101; für Zahlen und Graphiken vgl. Bundesinstitut für Bevölkerungsforschung 2014, http://www.bib-demografie.de/DE/ZahlenundFakten/zahlenundfakten_node.html; Vergleichszahlen für die Schweiz: Bundesamt für Statistik (Schweiz), www.statistik.admin.ch; für die USA: Diana B. Elliot (u. a.), Historical Marriage Trends from 1890–2010: A Focus on Race Differences. SEHSD [Social, Economic & Housing Statistics Division] Working Paper 2012–12, S. 1–27.

130 Kaufmann, Zukunft, S. 25.

131 Vgl. Peuckert, Familienformen, S. 20–26, 35 f., 694; Reynolds, One World Divisible, S. 689.

132 Bundesinstitut für Bevölkerungsforschung, Zusammengefasste Ehescheidungsziffern in Deutschland, West- und Ostdeutschland, 1970 bis 2012: www.bib-demografie.de/SharedDocs/Glossareintraege/DE/Z/zusammengefasste_ehescheidungsziffer.html. Statistische Daten zur Entwicklung der Familie allgemein im Anhang zu Schneider, Familie (Netzressource): http://www.bpb.de/politik/grundfragen/deutsche-verhaeltnisse-eine-sozialkunde/139245/materialien-zum-kapitel-familie (alle 15. Februar 2015).

133 Vgl. zum Folgenden Schneider, Familie, S. 96 f., 103 f., 109 f., 114–117; Peuckert, Familienformen, S. 44 f.; Meyer, Familie, S. 429 f.

134 Vgl. von Trotha, Wandel der Familie, S. 453 f.

135 Von Trotha, Die bürgerliche Familie ist tot, S. 83; vgl. auch Bäcker, Sozialpolitik II, S. 176 f.

136 Vgl. Mikrozensus der Statistischen Landesämter und des Bundes 2011, https://ergebnisse.zensus2011.de/#StaticContent:00,BEG_2_2,m,table (15. Februar 2015); Schneider, Familie, S. 115; die statistischen Daten http://www.bpb.de/politik/grundfragen/deutsche-verhaeltnisse-eine-sozialkunde/139245/materialien-zum-kapitel-familie, Tabellen 9 und 11.

137 Vgl. Schneider, Familie, S. 114.

138 Vgl. Geißler, Sozialstruktur. 7. Aufl. 2014, S. 373.

139 Vgl. Schumann, Familienpolitik, S. 164–173, 187 f.

140 Vgl. Nave-Herz, Geschichte der Frauenbewegung, S. 38.

141 Vgl. Reynolds, One World Divisible, S. 687.

142 Vgl. Frevert, Frauen-Geschichte, S. 273–282; Nave-Herz, Geschichte der Frauenbewegung, S. 53–85, bes. 79 f.; Notz, Feminismus, S. 89 f.; Schulz, Provokation, S. 143–174; mit globalem Horizont: Reynolds, One World Divisible, S. 311–321.

143 Vgl. Wirsching, Erwerbsbiographien und Privatheitsformen, S. 89.

144 Vgl. Geißler, Sozialstruktur. 2. Aufl. 1996, S. 257, 263, 276 f.

145 Vgl. Wehler, Gesellschaftsgeschichte V, S. IV, 95, 102; Meuser, Entgrenzungsdynamiken, S. 18.

146 Vgl. Frevert, Frauen-Geschichte, S. 179; dies., Umbruch der Geschlechterverhältnisse, S. 643; Gestrich/Krause/Mitterauer, Geschichte der Familie, S. 314.

147 Vgl. Geißler, Sozialstruktur. 7. Aufl. 2014, S. 382; Statistisches Bundesamt, Mikrozensus. Bevölkerung und Erwerbstätigkeit. Stand und Entwicklung der Erwerbs-

tätigkeit in Deutschland 2012. Wiesbaden 2013, S. 138; Institut der deutschen Wirtschaft: Frauen sind die Gewinner am Arbeitsmarkt. Pressekonferenz, 14. Januar 2013, S. 3, 8 (nach Eurostat, Labour Force Statistics).

148 Margaret Maruani, Ein unvollendetes Projekt. Die Gleichheit von Männern und Frauen in der Arbeitswelt. Köln 2002, S. 25; vgl. auch Wehler, Gesellschaftsgeschichte V, S. 172.

149 Statistisches Bundesamt, Auf dem Weg zur Gleichstellung? Bildung, Arbeit und Soziales – Unterschiede zwischen Frauen und Männern. Wiesbaden 2014, S. 35.

150 Bundesministerium für Familie, Senioren, Frauen und Jugend, Rede der Bundesministerin Ursula von der Leyen am 8. März 2007 im Deutschen Bundestag zum Thema «Gleichstellung von Frauen und Männern»: http://www.bmfsfj.de/BMFSFJ/Presse/reden,did=96174.html («es hilft auch, auf die nüchternen Zahlen zu schauen. Beispielsweise: [...] die Einkommensunterschiede, wonach Frauen noch immer nur 77 Prozent des männlichen Einkommens verdienen, wohlbemerkt für gleiche Arbeit ...»).

151 Vgl. Geißler, Sozialstruktur. 7. Aufl. 2014, S. 385 f.

152 Vgl. Stefan Hirschauer, Wozu Gender Studies? in: forschung und lehre 11/2014, S. 881.

153 Vgl. Geißler, Sozialstruktur. 7. Aufl. 2014, S. 389 f.

154 Vgl., auch zum Folgenden, Meuser, Entgrenzungsdynamiken, S. 19 f., 23; detaillierte Zahlenangaben: Bundesministerium für Familie, Senioren, Frauen und Jugend, 5. Bilanz Chancengleichheit. Chancengleichheit auf einem guten Weg. Berlin 2013, S. 87 f.; Elke Holst/Anita Wiemer, Frauen in Spitzengremien großer Unternehmen weiterhin massiv unterrepräsentiert, in: DIW Wochenbericht 4/2010, S. 2–10, hier 5; Elke Holst u. a., Führungskräftemonitor 2012. Update 2001–2010 (DIW Politikberatung kompakt 65). Berlin 2012, S. 21 f.; Julia Schimeta (DIW Berlin), Einsam an der Spitze. Frauen in Führungspositionen im öffentlichen Sektor. Berlin 2012, S. 17.

155 Vgl. Gestrich, Familie, S. 36. Zum Folgenden vgl. auch Schneider, Familie, S. 116 f.; Meyer, Familie, S. 443–445.

156 Vgl. Helmut Klages, Werte und Wertewandel, in: Schäfers/Zapf (Hg.), Handwörterbuch zur Gesellschaft Deutschlands, S. 730.

157 Von Trotha, Wandel der Familie, S. 461.

158 4. Armuts- und Reichtumsbericht der Bundesregierung 2013, S. XXVII f.

159 Gesetz zur Förderung von Kindern unter drei Jahren in Tageseinrichtungen und in Kindertagespflege (Kinderförderungsgesetz – KiföG) vom 10. Dezember 2008, in: Bundesgesetzblatt 2008, Teil I, Nr. 57 vom 15. Dezember 2008, S. 2403–2409, hier 2404 f. Zu den familienpolitischen Leitbildern der achtziger und neunziger Jahre vgl. Schumann, Familienpolitik in der Ära Kohl, S. 109–193.

160 Vgl. Datenreport 2013, S. 57.

161 Meyer, Wandel der Familie, S. 442; vgl. auch von Trotha, Die bürgerliche Familie ist tot, S. 89 f.

162 Vgl. Kap. IV.4: Sprache und Macht mit Anm. 115; die Aussage der Staatssekretärin des rheinland-pfälzischen Bildungsministeriums Vera Reiß von 2014 nach Ulrike Plewnia, Verrat an der Familie, focus online vom 6. Oktober 2014: www.focus.de/familie/erziehung/zwangsmassnahme-koalition-der-willigen-wi-

derstand-formiert-sich-wissenschaftler-erheben-vorwuerfe_id_4174299.html (15. Februar 2015).

163 Vgl. Schneider, Familie, S. 118 f.

164 Eidgenössisches Departement des Innern (Hg.), Familienbericht 2004. Strukturelle Anforderungen an eine bedürfnisgerechte Familienpolitik. Bern 2004, S. 103.

165 Vgl. Meyer, Familie, S. 445–447, 449, 453 f.; Schneider, Bedeutung der Familie, S. 19 (dort das Zitat).

166 Vgl. Reinhard, Lebensformen, S. 67–85; Gestrich/Krause/Mitterauer, Geschichte der Familie, S. 58, 114, 485–487, 497–500, 513–516; Franz X. Eder, Kultur der Begierde. Eine Geschichte der Sexualität. 2. Aufl. München 2009; zum Nationalsozialismus Dagmar Herzog, Die Politisierung der Lust. Sexualität in der deutschen Geschichte des zwanzigsten Jahrhunderts. München 2005 (zuerst engl. 2005), S. 15–81, v. a. S. 15 f., 22–25.

167 Vgl. Oliver König, Sexualität, in: Schäfers/Zapf (Hg.), Handwörterbuch zur Gesellschaft Deutschlands, S. 577.

168 Vgl. dazu allgemein Beuys, Die neuen Frauen; Blom, Der taumelnde Kontinent, S. 216, 318, 465 f.

169 Vgl. Walter Hollstein, Vom Singular zum Plural: Männlichkeit im Wandel, in: APuZ 40/2012, S. 10–16, hier 11–13, Zitate S. 13; Thomas Gesterkamp, Für Männer, aber nicht gegen Frauen, in: APuZ 40/2012, S. 3–10, hier 8 f.

170 Vgl. Heinz, Anfang und Ende, S. 198.

171 Gesetz über die Eingetragene Lebenspartnerschaft vom 16. Februar 2001, in: Bundesgesetzblatt. Jahrgang 2001. Teil I, Nr. 9. Bonn 2001, S. 266–287.

172 Vgl. Statistisches Bundesamt, Statistisches Jahrbuch 2013. Deutschland und Internationales. S. 56.

173 Norbert F. Schneider, Grundlagen der sozialwissenschaftlichen Familienforschung. Einführende Betrachtungen, in: ders. (Hg.), Lehrbuch Moderne Familiensoziologie, S. 21.

174 Vgl. Kap. VII.4.

175 Vgl. Rödder, ‹Modell Deutschland›.

176 Busch/Kühn/Steinitz, Entwicklung und Schrumpfung, S. 71.

177 Zum Folgenden vgl. Rödder, Deutschland einig Vaterland, S. 300–303, 317–325.

178 Paqué, Die Bilanz, S. 41.

179 Vgl. Grosser, Wagnis, S. 170.

180 Paqué, Die Bilanz, S. 42.

181 Vgl. Rödder, Deutschland einig Vaterland, S. 304–307, 311–314.

182 Vgl. Dirk Laabs, Der deutsche Goldrausch. Die wahre Geschichte der Treuhand. München 2012.

183 Vgl. Seibel, Verwaltete Illusionen, S. 501; Ritter, Preis der Einheit, S. 311.

184 Vgl. Paqué, Die Bilanz, S. 125.

185 Vgl. für die kritische Position Busch/Kühn/Steinitz, Entwicklung und Schrumpfung, S. 23 («Vollzugsorgan der Bundesregierung» für die «Durchsetzung der Interessen des westdeutschen Großkapitals»), 25; für die andere v. a. Seibel, Verwaltete Illusionen.

186 Vgl. Rödder, Deutschland einig Vaterland, S. 212–215.

187 Vgl. Paqué, Die Bilanz, S. 226 f.

188 Vgl. Paqué, Die Bilanz; ders., Zwischenbilanz 2013, bes. S. 21, 31 f.; Jahresbericht

zum Stand der Deutschen Einheit 2012, bes. Teil A S. 10, 33 sowie Teil C S. 3, 8 f.; Burda, Wirtschaft in Ostdeutschland, S. 28; Geißler, Sozialstruktur. 6. Aufl. 2011, S. 77; Ritter, Preis der Einheit, S. 351; Rödder, Deutschland einig Vaterland, S. 357–361.

189 Finanzbericht 2009, hg. vom Bundesministerium der Finanzen. Berlin 2008, S. 209, 216.

190 Zum Integrationsprozess der PDS im politischen System der Bundesrepublik entsteht an der Universität Mainz eine Dissertation von Thorsten Holzhauser; vgl. auch ders., «Niemals mit der PDS?» Zum Umgang der SPD mit der SED-Nachfolgepartei zwischen Ausgrenzungs- und Integrationsstrategie (1990–1998), in: VfZ 62 (2014), S. 285–308.

191 Vgl. Pollack/Pickel, Die ostdeutsche Identität; Reißig, Transformation, S. 23; Rödder, Deutschland, einig Vaterland, S. 348–352; Institut für Demoskopie Allensbach, Ostdeutsche – Westdeutsche. Für die Mehrheit im Osten überwiegen heute wieder deutlicher die Unterschiede (Allensbacher Berichte 2009/7); http://www.ifd-allensbach.de/uploads/tx_reportsndocs/prd_0907.pdf. (15. Mai 2015).

192 Vgl. Paqué, Die Bilanz, S. 195.

193 Lothar de Maizière, Anwalt der Einheit. Ein Gespräch mit Christine de Maizières. Berlin 1996, S. 101.

194 Helmut Kohl, Erklärung der Bundesregierung, 21. Juni 1990, Texte zur Deutschlandpolitik, hg. vom Bundesministerium für innerdeutsche Beziehungen. Reihe III, Bd. 8a. Bonn 1990, S. 396.

195 Paqué, Zwischenbilanz, S. 33 f.

196 Vgl. Jahresbericht zum Stand der Deutschen Einheit 2012, Teil C, S. 2.

197 Vgl. Krause/Ostner, Leben in Ost- und Westdeutschland, S. 35 (dort das Zitat); Roller, Staatsbezug und Individualismus, bes. S. 237–242.

VI.
Vater Staat

1 George Bush, Rede vor dem Kongress, 11. September 1990, in: Public Papers of the Presidents of the United States. George Bush. 1990/II. Washington, D. C. 1991, S. 1219.

2 Oskar Lafontaine, Die Gesellschaft der Zukunft. Reformpolitik in einer veränderten Welt. Hamburg 1988, S. 174; das Zollitsch-Zitat nach: «Eine Wahlempfehlung», in: Frankfurter Allgemeine Sonntagszeitung vom 18. August 2013, S. 27.

3 Vgl. Maier, Souveränität 2.0, S. 283–286 (dort S. 285 die Formulierung «Menschenrechte plus Experten»); zur «disaggregated sovereignty» Slaughter, Disaggregated Sovereignty, S. 172, 182, 184, 187, 189 (Zitat); das System des Multilateralismus nach Zürn, Global Governance, S. 285.

4 Vgl. Kapitel IV.2.

5 Die allgemeine Verwirrung setzt sich bei den Begriffen inter-, trans- und supranational fort, deren Inhalte nicht auf der Ebene der Nationalität, sondern der Staatlichkeit liegen. Korrekterweise wird der Begriff «international» verwendet, wenn nationale Regierungen bzw. staatliche Akteure auftreten, «supranational» meint überstaatliche Institutionen, und «transnational» bezeichnet nichtstaatliche übernationale Akteure.

6 Arne Westad, zit. nach dem Bericht von Thorsten Holzhauser und Andreas Lutsch über die Konferenz «The Territorial State after 1989: Decline, Transformation or Persistence?» am 28./29. Juni 2013 in London, in: German Historical Institute London Bulletin 35 (2013) No. 2, S. 184.

7 Vgl. Maier, Territoriality, S. 32; zu Definitionen allgemein vgl. Deitelhoff/Steffek, Staatlichkeit, S. 9, 22; Nullmeier, Formen der Staatlichkeit, S. 35–38.

8 Vgl. zum Folgenden Schulze, Staat und Nation, S. 19–107; allgemein Reinhard, Geschichte der Staatsgewalt; Dietmar Willoweit, Die Entwicklung und Verwaltung der spätmittelalterlichen Landesherrschaft, in: Kurt G. A. Jeserich u. a. (Hg.), Deutsche Verwaltungsgeschichte. Bd. I. Stuttgart 1983, S. 66–143; Volker Press, Finanzielle Grundlagen territorialer Verwaltung um 1500, in: Die Verwaltung und ihre Ressourcen. Beihefte zu «Der Staat» 9. Berlin 1991, S. 1–29; Maier, Leviathan 2.0, S. 38–98; ders., Territoriality, S. 37–47.

9 Vgl. Breuilly, Nationalism and the State, v. a. S. 126, 352–365; Maier, Territoriality, S. 36–47; Langewiesche, Jahrhundert Europas, S. 34, 38, 44; Cornelißen, Geschichte Europas, S. 83; zur Diskussion: Andreas Fahrmeir, Europa zwischen Restauration, Reform und Revolution 1815–1850. München 2012, S. 151–155.

10 Vgl. auch W. Andy Knight, Concluding thoughts, in: ders./Frazer Egerton (Hg.), The Routledge Handbook of the Responsibility to Protect. London 2012, S. 277.

11 Vgl. dazu und zum Folgenden Holzhauser/Lutsch, «The Territorial State after 1989, S. 182–187; dort auch die Überlegungen zur Bedeutung internationaler Grenzen von Kristina Spohr, zur amerikanischen Cyber-Politik von Jeff Engel und die Analogie zum Freihandel von John Breuilly, zu China von Arne Westad sowie zu Indien von Partha Chatterjee. Zum Beitrag von Charles Maier vgl. seine demnächst erscheinende History of Territoriality.

12 Vgl. Rodrik, Nation State, S. 16; Weiss, Myth, S. 191; Becker/John/Schirm, Globalisierung, S. 1 f., 31–54.

13 Vgl. Agnew, Sovereignity Regimes, S. 443–445.

14 Cornelißen, Geschichte Europas, S. 82.

15 Vgl. Mann, Globalization, bes. S. 474; Wolf, Nation-State, bes. S. 179, 190; Vasilache, Executive Sovereignty, v. a. S. 2 f., 5 f., 11 f., 17 f.; White, Executive Discretion, bes. S. 87–89, 100; zu den europäischen Institutionen vgl. Kap. VII.3.

16 Angela Merkel, Regierungserklärung vor dem Deutschen Bundestag, 19. Mai 2010, in: Verhandlungen des Deutschen Bundestags, Stenografische Berichte. 17. WP, 42. Sitzung, S. 4126.

17 Robert Taylor, Lord Salisbury. London 1975, S. 145; das Zitat im Original: «Government can do so little and prevent so little nowadays. Power has passed from the hands of statesmen, but I should be very much puzzled to say into whose hands it has passed. It is all pure drifting. As we go down stream, we can occasionally fend off a collision; but where are we going?»

18 Vgl. Becker/John/Schirm, Globalisierung, S. 83.

19 Vgl. Rodrick, Nation-State, S. 1–8; Deitelhoff/Steffek, Staatlichkeit, S. 7–15; vgl. auch Müller, Staatlichkeit ohne Staat.

20 Vgl. Ghemawat, World 3.0, S. 23–40, 251–253, 259 f.

21 Burger, Demokratie, S. 347, zum Folgenden auch 349–351.

22 Vgl. Kocka, Kapitalismus, S. 121–123.

23 Vgl. dazu und zum Folgenden Plumpe, Ökonomische Krisen und politische Stabi-

lität; zur Bedeutung des Ersten Weltkriegs vgl. Jörn Leonhard, Die Büchse der Pandora. Geschichte des Ersten Weltkriegs. München 2014, S. 1001.

24 Walther Rathenau, Rede auf der Tagung des Reichsverbandes der Deutschen Industrie. Gehalten in München am 28. September 1921, in: Walther Rathenau, Gesammelte Reden. Berlin 1924, S. 243–264, hier 264.

25 Vgl. Plumpe, Ökonomische Krisen und politische Stabilität, sowie Plumpe, Status-quo-Panik, in: Nonnenmacher/Rödder (Hg.), Kapitalismus und Demokratie, S. 11 (dort das Zitat).

26 Alfred Müller-Armack, Wirtschaftsordnung und Wirtschaftspolitik. Studien und Konzepte zur Sozialen Marktwirtschaft und zur Europäischen Integration. Freiburg 1966, S. 12.

27 Vgl. dazu näher Kap. VI.4.

28 Vgl. Hockerts, Problemlöser, S. 333; Kaelble, Geschichte Europas, S. 94; Judt, Geschichte Europas, S. 94; Hansmann, Schuldenstaat, S. 436–438. Zu verschiedenen Typen des Wohlfahrtsstaates vgl. Kap. VI.4.

29 Zimmer, Staatsfunktionen, S. 224.

30 Vgl. Ullmann, Steuerstaat, S. 196–202, das Zitat S. 195 nach Karl-Heinrich Hansmeyer.

31 Vgl. zum Folgenden Graeber, Schulden, S. 7, 14–16, 345, 355, 357, 364–368, 376; Ullmann, Steuerstaat, S. 20–31.

32 Vgl. Hansmann, Staatsbankrott, S. 11, 20; Rogoff/Reinhart, This Time is different, S. 34, 86 f., 98.

33 Vgl. Hansmann, Staatsbankrott, S. 12 f.

34 Vgl. Graeber, Schulden, S. 380.

35 Vgl. Beck/Prinz, Staatsverschuldung, S. 32–38.

36 Vgl. Streeck, Crisis; ausführlicher: Streeck, Gekaufte Zeit, bes. S. 82–84.

37 Ralf Dahrendorf, Marktwirtschaft, Kapitalismus, Krise: Was nun? In: Jürgen Rüttgers (Hg.), Wer zahlt die Zeche? Wege aus der Krise. Essen 2009, S. 23.

38 Vgl. Reinhart/Rogoff, Growth in Time of Debt, NBER Working Paper 15639, S. 22 f.; ebenso Manmohan S. Kumar/Jaejoon Woo, Public Debt and Growth, S. 21; Kritik: Irons/Bivens, Government Debt; vgl. zudem Beck/Prinz, Staatsverschuldung, S. 84.

39 Vgl. Plumpe, Status-quo-Panik, in: Nonnenmacher/Rödder (Hg.), Kapitalismus und Demokratie, S. 13; vgl. Beck/Prinz, Staatsverschuldung, S. 15 f.

40 Vgl. Beck/Prinz, Staatsverschuldung, S. 46; Ullmann, Steuerstaat, S. 204–222; Hansmann, Staatsbankrott, S. 14–16.

41 Vgl. Bundesministerium der Finanzen, Finanzbericht 2009. Berlin 2008, S. 209, 216; Hansmann, Schuldenstaat, S. 435–437.

42 Vgl. Plumpe, Ökonomische Krisen.

43 Vgl. Becker/John/Schirm, Globalisierung, S. 31–54.

44 Vgl. Hansmann, Staatsbankrott, S. 99.

45 Generalsekretär Angel Gurria zum OECD-Arbeitspapier von Federico Cingano, Trends in Income Inequality and its Impact on Economic Growth (OECD SEM Working Paper 163). Paris 2014, http://www.oecd.org/berlin/presse/einkommensungleichheit-beeintraechtigt-wirtschaftswachstum.htm (4. März 2015).

46 So Streeck, Gekaufte Zeit, S. 111–114.

47 Vgl. dazu und zum Folgenden nochmals allgemein den großen Überblick von Plumpe, Ökonomische Krisen und politische Stabilität.

48 Vgl. Streeck, Gekaufte Zeit, S. 26–28, das Zitat S. 27.

49 Werner Plumpe, Die Überdehnung des Staates und die Abhängigkeit von den Finanzmärkten, in: JMEH 12 (2014), S. 46–50.

50 Vgl. Plumpe, Ökonomische Krisen und politische Stabilität.

51 Crouch, Postdemokratie, S. 10.

52 Hier nach Merkel, Gibt es eine Krise der Demokratie?

53 Crouch, Postdemokratie, S. 26.

54 Vgl. Johannes Agnoli, Die Transformation der Demokratie, in: ders./Peter Brücker, Die Transformation der Demokratie. Frankfurt a. M. 1974 (zuerst 1968), S. 7–87, hier 59–68.

55 Vgl. Jörke, Postdemokratie, S. 483.

56 Vgl. Bödeker, Soziale Ungleichheit, S. 3; Nolte, Was ist Demokratie, S. 437.

57 Vgl. Frank-Lothar Kroll, Geburt der Moderne. Politik, Gesellschaft und Kultur vor dem Ersten Weltkrieg. Berlin 2013, S. 12–15, 41–48.

58 Kongreßbotschaft Woodrow Wilsons vom 2. April 1917, in: The Papers of Woodrow Wilson. Vol. 41. Princeton 1983, S. 525.

59 Zit. nach Vorländer, Demokratie, S. 119.

60 Vgl. Nolte, Von der repräsentativen zur multiplen Demokratie; Nolte, Jenseits des Westens, S. 281 f.

61 Vgl. Kap. III.3.

62 Vgl. Kap. VI.1. Dazu und zum Folgenden vgl. auch Vorländer, Demokratie, S. 120 f.; White, Executive Discretion; zur Euro-Rettungspolitik vgl. Kap. VII.5.

63 Folgendes nach Vorländer, Demokratie, S. 121–125, das folgende Zitat S. 123.

64 Vgl. Dominik Geppert, Pressekriege. Öffentlichkeit und Diplomatie in den deutsch-britischen Beziehungen (1896–1912). München 2007, S. 38–47.

65 Vgl. Neuberger/Nuernbergk, Internet in Deutschland, S. 193–195.

66 Vgl. dazu und zum Folgenden Dörner, Politainment, S. 73–80.

67 Nonn, Godesberger Programm, S. 93, 95; vgl. allgemein auch Peter Hoeres, Außenpolitik und Öffentlichkeit. Massenmedien, Meinungsforschung und Arkanpolitik in den deutsch-amerikanischen Beziehungen von Erhard bis Brandt.

68 Wirsching, Preis der Freiheit, S. 313.

69 Vgl. Margaret Canovan, Taking Politics to the People. Populism as the Ideology of Democracy, in: Yves Mény/Yves Surel (Hg.), Democracies and the Populist Challenge. Houndmills 2002, S. 25–44, bes. 26.

70 Vgl. Dörner, Politainment, S. 121–124, 126; Wolfrum, Rot-Grün, S. 166–168.

71 Vgl. Dörner/Vogt, Unterhaltungskultur, S. 16 f.

72 Pfetsch/Marcinkowski, Mediendemokratie, S. 16; Jun, Parteien, Politik und Medien.

73 Dörner, Politainment, S. 31, zum folgenden Absatz S. 137–143, das Zitat S. 239.

74 Vgl. dazu und zum Folgenden Pfetsch/Marcinkowski, Mediendemokratie, S. 17, 30; Sarcinelli, Politische Kommunikation, S. 327.

75 Vgl. Dörner, Politainment, S. 69; Jun, Parteien, Politik und Medien, S. 274.

76 In England hat sich jahrzehntelang eine ganze Forschungsrichtung, die Peterhouse School in Cambridge, damit beschäftigt, die historischen Geheimnisse der Hinterzimmer zu lüften; exemplarisch dafür: Maurice Cowling, 1867, Disraeli, Gladstone and Revolution. The Passing of the Second Reform Bill. Cambridge 1967.

77 Thronrede Kaiser Wilhelms II. vor den Abgeordneten des Reichstags, 4. August

1914, in: Verhandlungen des Reichstags, Stenographische Berichte, Dreizehnte Legislaturperiode, zweite Session, 1914/16, Bd. 306, S. 1 f., hier 2.

78 Leibholz, Strukturprobleme, S. 93.

79 Wilhelm Hennis, Überdehnt und abgekoppelt, in: Christian Graf von Krockow (Hg.), Brauchen wir ein neues Parteiensystem? Frankfurt a. M. 1983, S. 32; zur Kartellpartei-These Katz/Meir, Changing Models, ansonsten Klein/Alemann, Parteien, sowie Decker, Parteiendemokratie.

80 Vgl. Decker, Parteiendemokratie, S. 25, 47.

81 Vgl. z. B. Eith, Volksparteien, S. 119 f.

82 Vgl. Mouffe, Postdemokratie, S. 3; vgl. auch Wolfrum, Rot-Grün, S. 138–168; Anthony Giddens, Der dritte Weg. Die Erneuerung der sozialen Demokratie. 2. Aufl. Frankfurt a. M. 1999.

83 Vgl. Seeleb-Kaiser, Sozialdemokratie, S. 480, 489 f.

84 Vgl. Udo Zolleis/Julia Bartz, Die CDU in der Großen Koalition – Unbestimmt erfolgreich, in: Christoph Egle/Reimut Zohlnhöfer (Hg.), Die zweite Große Koalition. Eine Bilanz der Regierung Merkel 2005–2009. Wiesbaden 2010, S. 51–68, hier 56–59. Zur Kultur der Inklusion und der Bedeutung des diskursiven Rahmens vgl. Kap. IV (Vorspann und IV.4).

85 Vgl. Westle, Wahrnehmung der Parteien, S. 294.

86 Knut Bergmann/Matthias Diermeier/Judith Niehues, Die AfD: Eine Partei der sich ausgeliefert fühlenden Durchschnittsverdiener? In: ZParl 1/2017, S. 57–75. Zum Phänomen des Populismus vgl. Jan-Werner Müller, Was ist Populismus? Ein Essay. Berlin 2016; Karin Priester, Rechter und linker Populismus. Annäherung an ein Chamäleon. Frankfurt a. M. 2012; Frank Decker (Hrsg.), Populismus in Europa: Gefahr für die Demokratie oder nützliches Korrektiv? Bonn 2006.

87 Das ist der Gegenstand der «cleavage»-Theorie von Lipset/Rokkan, Cleavage Structures.

88 Zit. nach der Erstveröffentlichung in: Die Wandlung 3 (1948), S. 69.

89 Vgl. Panayotis Kondylis, Konservativismus. Geschichtlicher Gehalt und Untergang. Stuttgart 1986, bes. S. 11, 14 f., 23–29; Reinhart Koselleck, Kritik, und Krise. Eine Studie zur Pathogenese der bürgerlichen Welt. 6. Aufl. Frankfurt a. M. 1989 (zuerst 1959), S. 41–103.

90 Vgl. Lothar Gall, Von der ständischen zur bürgerlichen Gesellschaft. München 1993, S. 24–33, 37–41; ders. Liberalismus und «bürgerliche Gesellschaft». Zu Charakter und Entwicklung der liberalen Bewegung in Deutschland, in: ders. (Hg.), Liberalismus, 3. Aufl. Königstein 1985 (zuerst 1975), S. 162–186.

91 Anthony Giddens, Der Dritte Weg. Die Erneuerung der sozialen Demokratie. Frankfurt 1999 (zuerst engl. u. d. T. The Third Way. The Renewal of Social Democracy. Cambridge 1998).

92 Vgl. Wolfrum, Rot-Grün, S. 138–154.

93 Ebert, Soziale Gerechtigkeit, S. 217.

94 Wolfrum, Rot-Grün, S. 203.

95 Vgl. Reinhard, Lebensformen Europas, S. 434–440; der Begriff «Sozialdisziplinierung» nach Gerhard Oestreich, Strukturprobleme des Absolutismus, in VSWG 55 (1968), S. 329–347.

96 Vgl. Kap. IV.1 (dort auch weiterführende Literatur).

97 Zum Folgenden vgl. insbesondere Hockerts, Problemlöser, S. 328–331; Kuhnle/Sander, Emergence, bes. S. 70; Nullmeier/Kaufmann, Welfare State; Werner

Plumpe, Zur historischen Lage des Sozialstaates – 10 Thesen, in: Nonnenmacher/Rödder (Hg.), Was heißt hier Solidarität? S. 8–12; Schmid, Sozialstaat, S. 15–22.

98 Gøsta Esping-Andersen, The Three Worlds of Welfare Capitalism. Cambridge 1990, S. 26–29.

99 Guiliano Bonoli, Classifying Welfare States: a Two-dimension Approach, in: Journal of Social Policy 26 (1997), S. 351–372.

100 Schmid, Sozialstaat, S. 440.

101 Vgl. Peter Trenk-Hinterberger, Sozialhilfe, in: Geschichte der Sozialpolitik in Deutschland seit 1945. Bd. 4: 1957–1966. Baden-Baden 2007, S. 505–548.

102 Vgl. Nullmeier/Kaufmann, Welfare State, S. 85.

103 Vgl. Ebert, Soziale Gerechtigkeit, S. 213 f.; Hockerts, Problemlöser, S. 337; Rödder, Bunderepublik, S. 15–18, 43–47 (auch zum Folgenden); Zimmer, Staatsfunktionen, S. 224.

104 Horst Ehmke, Mittendrin. Von der Großen Koalition zur Deutschen Einheit. Berlin 1994, S. 116.

105 Vgl. dazu und zum Folgenden: Hockerts, Problemlöser, S. 341–354; Schmidt, Sozialstaat, S. 40–43, 87–100; Wurster, S. 357.

106 Vgl. Sonja Bekker/Ton Wilthagen, Europe's Pathways to Flexicurity: Lessons Presented from and to the Netherlands, in: Intereconomics 43 (2008), S. 68–111.

107 Vgl. Nullmeier/Kaufmann, Welfare State, S. 95; Sachverständigenrat «Schlanker Staat», Abschlussbericht. Bonn 1998, S. 208.

108 Gerhard Schröder, Regierungserklärung vor dem Deutschen Bundestag, 14. März 2003, in: Verhandlungen des Deutschen Bundestages. Stenographische Berichte. 15. Wahlperiode, 32. Sitzung. Bd. 215, S. 2479–2493, die Zitate S. 2479, 2485. Vgl. auch Wolfrum, Rot-Grün, S. 528–583.

109 Inge Kaufmann/Alexander Schwan, Flexicurity auf Europas Arbeitsmärkten – Der schmale Grat zwischen Flexibilität und sozialer Sicherheit. Internationale Politikanalyse der Friedrich-Ebert-Stiftung, November 2007, http://library.fes.de/pdf-files/id/05008-20071129.pdf (15. März 2015).

110 Vgl. Hockerts, Problemlöser, S. 253; Nullmeier/Kaufmann, Welfare State, S. 94.

111 Vgl. Martin Smith, From Big Government to Big Society: Changing the State-Society Balance, in: Parliamentary Affairs 63 (2010), S. 818–833.

112 Vgl. Wurster, Staatstätigkeit, S. 358; Anke Hassel, Die Schwächen des deutschen Kapitalismus, in: Berghahn/Vitols (Hg.), Kapitalismus, S. 204–208.

113 Vgl. Nullmeier/Kaufmann, Welfare State, S. 96.

114 Zur Politik der Gleichstellung und den politisch-kulturellen Hintergründen vgl. Kap. IV.3 und V.5.

115 Gesetzesentwurf der Bundesregierung, Deutscher Bundestag, 18. WP, Drucksache 18/3784 (20. Januar 2015), S. 28.

116 «Mütter, geht mehr arbeiten!» Interview mit Bundesfamilienministerin Manuela Schwesig, SPD, und Eric Schweitzer, Präsident des DIHT, in: Frankfurter Allgemeine Sonntagszeitung, 6. April 2014, S. 20 f.

117 Vgl. Paul Kirchhof, Das Gesetz der Hydra. Gebt den Bürgern ihren Staat zurück! München 2006.

118 Vgl. Paul Nolte, Riskante Moderne. Die Deutschen und der neue Kapitalismus. München 2006, S. 271–274.

119 Vgl. Malte Thießen, Vorsorge als Ordnung des Sozialen: Impfen in der Bundes-

republik und der DDR, in: Zeithistorische Forschungen/Studies in Contemporary History, Online-Ausgabe, 10 (2013), H. 3, http://www.zeithistorische-forschungen.de/16126041-Thiessen-3-2013 (15. März 2015).

120 Vgl. Matthias Finger, De- und Re-Regulierung der Netzwerkindustrien: Wohin geht die Reise? Lausanne 2006 (Chair in Management of Network Industrie – MIR, CDM Working Papers Series, MIR-Report-2006–005); Möllers, Leviathan, S. 82 f.

121 Vgl. Daase, Sicherheitskultur, S. 14–16.

122 Helmut Kohl vor dem Bundesvorstand der CDU, 27. November 1989, in: Helmut Kohl, Berichte zur Lage 1989–1998. Der Kanzler und Parteivorsitzende im Bundesvorstand der CDU Deutschlands. Bearb. von Günter Buchstab und Hans-Otto Kleinmann. Düsseldorf 2012, S. 57 f.

123 Margaret Thatcher, The Downing Street Years. London 1993, S. 791.

124 Benjamin Disraeli, Rede vor dem Unterhaus, 9. Februar 1871, Hansard's Parliamentary Debate. Third Series, Vol. 204, Sp. 81.

125 Ludwig Dehio, Deutschland und die Epoche der Weltkriege, in: ders., Deutschland und die Weltpolitik im 20. Jahrhundert. München 1955, S. 15.

126 Zit. nach Eberhard Jäckel, Das deutsche Jahrhundert. Stuttgart 1996, S. 7, vgl. auch S. 15–49.

127 Jörn Leonhard, Die Büchse der Pandora. Geschichte des Ersten Weltkriegs. München 2014.

128 Vgl. Kristina Spohr, Helmut Schmidt and the Shaping of Western Security in the Late 1970s: the Guadeloupe Summit of 1979, in: The International History Review 37 (2015), http://www.tandfonline.com/doi/abs/10.1080/07075332.2013.836125#.VQvXLmB0xaQ (20. März 2015).

129 George Bush, Rede in der Mainzer Rheingoldhalle, 31. Mai 1989, in: Public Papers of the Presidents of the United States. George Bush. 1989/I. Washington, D. C. 1990, S. 651.

130 Vgl. dazu und zum Folgenden Rödder, Modell Deutschland, sowie Thomas Hertfelder, «Modell Deutschland» – Erfolgsgeschichte oder Illusion? In: Hertfelder/Rödder, Modell Deutschland, S. 9–27.

131 Peter Glotz, Das Provisorium im 41. Jahr, in: Der Spiegel vom 29. Mai 1989, S. 132.

132 Horst Waffenschmidt (Koordinator der Bundesregierung für das Programm «40 Jahre Bundesrepublik Deutschland»), 40 Jahre Frieden und Freiheit, in: Süddeutsche Zeitung, 24. Mai 1989, Beilage «40 Jahre Bundesrepublik Deutschland» S. IX.

133 Helmut Kohl vor der Bundestagsfraktion der CDU/CSU am 24. Oktober 1989, zit. nach Wirsching, Abschied vom Provisorium, S. 532.

134 Niederschrift über das Gespräch zwischen Genscher und Mitterrand am 30. November 1989 in Paris, in: Andreas Hilger (Hg.), Diplomatie für die deutsche Einheit. Dokumente des Auswärtigen Amts zu den deutsch-sowjetischen Beziehungen 1989/90. München 2011, Dok. 11/S. 58 f.

135 Vgl. zum gesamten Zusammenhang der Währungsunion Kap. VII.2.

136 Vgl. Herbert Giersch/Karl-Heinz Paqué/Holger Schmieding, The Fading Miracle. Four Decades of Market Economy in Germany. 2. Aufl. Cambridge 1994, v. a. S. 195–203, sowie Abelshauser, Wirtschaftsgeschichte, S. 469–477.

137 Vgl. Kap. II.4.

138 Gabor Steingart, Deutschland – Der Abstieg eines Superstars. München 2004;

Frank Schirrmacher, Das Methusalem-Komplott. München 2004; Thomas Darnstädt, Die Konsens-Falle. Wie das Grundgesetz Reformen blockiert. München 2004; Hans-Werner Sinn, Mut zu Reformen. 50 Denkanstöße für die Wirtschaftspolitik. München 2004.

139 Vgl. René Fahr/Uwe Sunde, Did the Hartz Reforms Speed-Up Job Creation? A Macro-Evaluation Using Empirical Matching Functions, in German Economic Review 10 (2009), S. 284–316; Werner Eichhorst/Paul Marx, Reforming German Labor Market Institutions. A Dual Path to Flexibility, in: Journal of European Social Policy 21 (2011), S. 73–87; Werner Eichhorst/Verena Tobsch, Has Atypical Work Become Typical in Germany? In: IZA Discussion Papers 7609 (2013), S. 1–46; Christian Dustmann u. a., From Sick Man of Europe to Economic Superstar. Germany's Resurgent Economy, in: Journal of Economic Perspectives 28 (2014), S. 167–188.

140 Bernhard von Bülow, Rede vor dem Deutschen Reichstag, 6. Dezember 1897, in: Fürst Bülows Reden nebst urkundlichen Beiträgen zu seiner Politik. Gesammelt und hg. von Johannes Penzler. Bd. 1: 1897–1903. Berlin 1907, S. 8.

141 Herbert von Bismarck an Bülow, 15. Juni 1877 (Bismarcks «Kissinger Diktat»), in: Otto von Bismarck, Gesammelte Werke. Neue Friedrichsruher Ausgabe. Abteilung III: 1871–1898. Schriften, Band 3: 1877–1878. Paderborn 2008, S. 152–154, Zitate S. 153.

142 Eyre Crowe, Memorandum on the Present State of British Relations with France and Germany, 1. Januar 1907, British Documents on the Origin of War. Vol. III: Testing the Entente 1904–06. London 1928, Appendix A, S. 406.

143 Aufzeichnung des Gesprächs zwischen Michail Gorbatschow und Hans-Dietrich Genscher am 5. Dezember 1989 in Moskau, in: Aleksandr Galkin/Anatolij Tschernjajew (Hg.), Michail Gorbatschow und die deutsche Frage. Sowjetische Dokumente 1986–1991. München 2011, Dok. 61/S. 260.

144 Horst Teltschik, 329 Tage. Innenansichten der Einigung. Berlin 1991, S. 61.

145 Zit. nach Harold James, International Monetary Cooperation Since Bretton Woods. Washington, D. C. 1996, S. 210.

146 «Zeitraffer eines Jahrhunderts» [Interview mit Herfried Münkler], in: FAZ vom 24. Januar 2014, S. 35.

147 Radosław Sikorski zit. nach Stephan Bierling. Vormacht wider Willen. Deutsche Außenpolitik von der Wiedervereinigung bis zur Gegenwart. München 2014, S. 9; Ursula von der Leyen, Rede vor der 51. Münchener Sicherheitskonferenz, 6. Februar 2015: www.bmvg.de/resource/resource/MzEzNTM4MmUzMzMyMmUzMTM1MzMyZTM2MzIzMDMwMzAzMDMwMzAzMDY5MzU3NDZkNjQzMDY3NzMyMDIwMjAyMDIw/150206-Redemanuskript%20BMin%20von%20der%20Leyen%20MSC%202015.pdf (21. April 2014).

VII.
Neues vom alten Europa

1 Vgl. Gustav Schwab, Sagen des klassischen Altertums. Regensburg 2007, S. 32–37.

2 Vgl. Hubert Cancik, Europa – Antike – Humanismus. Humanistische Versuche und Vorarbeiten. Bielefeld 2011, S. 14 f.; Angela Kühr, Als Kadmos nach Boiotien

kam. Polis und Ethnos im Spiegel thebanischer Gründungsmythen. Stuttgart 2006, S. 101 f.

3 Kommission der Europäischen Gemeinschaften, Euro 1999. Bericht über den Konvergenzstand mit Empfehlung für den Übergang zur dritten Stufe der Wirtschafts- und Währungsunion, hier nach: Bundesrat, Drucksache 300/98, S. 24; vgl. auch Schorkopf, Der Europäische Weg, S. 34.

4 Theodor Heuss, Reden an die Jugend. Tübingen 1956, S. 32.

5 Der Spiegel 38/2013 vom 16. März 2013, S. 43.

6 Vgl. Nemo, Westen, bes. S. 3, 67.

7 Vgl. Judt, Postwar, bes. S. 803–831.

8 Christopher Clark, The Sleepwalkers. How Europe went to War in 1914. London 2012; Fritz Fischer, Griff nach der Weltmacht. Die Kriegszielpolitik des kaiserlichen Deutschland 1914/18. Düsseldorf 1961; zum Forschungskonsens von der initiierenden Verantwortung der Mittelmächte um die Jahrtausendwende vgl. Klaus Hildebrand, Das vergangene Reich. Deutsche Außenpolitik von Bismarck bis Hitler. Stuttgart 1995, S. 302–315, 884 f.

9 Neuere Forschungen haben herausgearbeitet, dass die zeitgenössische Begeisterung eingeschränkter war, als die öffentliche Erinnerung es kommunizierte, vgl. Ute Planert, Der Mythos vom Befreiungskrieg. Frankreichs Kriege und der deutsche Süden: Alltag – Wahrnehmung – Deutung 1792–1841. Paderborn 2007, S. 471–619 u. 620–641; für die Erinnerung im 19. Jahrhundert waren die «Befreiungskriege» gegen Napoleon allerdings die konstitutive Referenz.

10 Benjamin Disraeli, Rede vor dem Unterhaus, 9. Februar 1871, Hansard's Parliamentary Debate. Third Series, Vol. 204, Sp. 81.

11 Ludwig Dehio, Deutschland und die Epoche der Weltkriege, in: ders., Deutschland und die Weltpolitik im 20. Jahrhundert. München 1955, S. 15.

12 Vgl. Langewiesche, Jahrhundert Europas, bes. S. 34, 38, 44.

13 Vgl. Blom, Der taumelnde Kontinent, S. 120–123; Adam Hochschild, Schatten über dem Kongo. Die Geschichte eines der großen, beinahe vergessenen Menschheitsverbrechen. 5. Aufl. Stuttgart 2000, v. a. S. 229–238, 394; Simon C. Smith, British Imperialism 1750–1970. Cambridge 1998, S. 50 f.; D. A. Washbrook, India 1818–1860: The Two Faces of Colonialism, in: The Oxford History of the British Empire. Vol. III: The Nineteenth Century. Oxford 1999, S. 395–421.

14 Vgl. D. K. Fieldhouse, The Metropolitan Economics of Empire, in: The Oxford History of the British Empire. Vol. IV: The Twentieth Century. Oxford 1999, S. 88–113, bes. 98 f., 111.

15 Thomas Mann, Gedanken im Kriege, in: Thomas Mann, Essays II: 1914–1926. Hg. v. Hermann Kurzke. Frankfurt a. M. 2002, S. 32; ursprünglich erschienen in: Die Neue Rundschau 25 (November 1914), S. 1471–1484.

16 Jörn Leonhard, Die Büchse der Pandora. Geschichte des Ersten Weltkriegs. München 2014.

17 Vgl. Wolfram Fischer, Wirtschaft, Gesellschaft und Staat in Europa 1914–1980, in: Handbuch der europäischen Wirtschafts- und Sozialgeschichte Bd. 6. Stuttgart 1987, S. 1–221, hier 152.

18 Robert Gerwarth/Erez Manuela, Introduction, in: dies. (Hg.), Empires at War 1911–1923. Oxford 2014, S. 1–16, bes. 1, 4–6, 11–16.

19 Vgl. Gordon East, The Concept and Political Status of the Shatter Zone, in:

N. J.G. Pounds (Hg.), Geographical Essays on Eastern Europe. Bloomington 1961, S. 1–27; Aviel Roshwald, Ethnic Nationalism and the Fall of Empires: Central Europe, Russia and the Middle East, 1914–1923. London 2001; Omer Bartov/Eric D. Weitz (Hg.), Shatterzones of Empire: Coexistence and Violence in the German, Habsburg, Russian and Ottoman Borderlands. Bloomington 2013; Robert Gerwarth/Erez Manuela, Introduction, in: dies. (Hg.), Empires at War 1911–1923. Oxford 2014, S. 4; Timothy Snyder, Bloodlands. Europa zwischen Hitler und Stalin. 4. Aufl. München 2012 (zuerst engl. 2010), S. 9–21.

20 Klaus Hildebrand, Krieg im Frieden und Frieden im Krieg. Über das Problem der Legitimität in der Geschichte der Staatengesellschaft, in: HZ 244 (1987), S. 1–28.

21 Vgl. Michael Kißener, Ein «ragendes Denkmal» des christlichen Abendlandes. Der Bau der Friedenskirche in Speyer 1953/54, in: Jahrbuch für Europäische Geschichte 9 (2008), S. 93–106.

22 Vgl. dazu und zum Folgenden Mittag, Geschichte der Europäischen Union, S. 38–41.

23 Vgl. Greiner, Wege nach Europa, S. 459, 468.

24 Gustav Stresemann, Vermächtnis. Nachlass in drei Bänden. Hg. von Henry Bernhard. Dritter Band: Von Thoiry bis zum Ausklang. Berlin 1933, S. 579.

25 Zum Europaplan Briands vgl. Schulthess' Europäischer Geschichtskalender. Neue Folge 46 (1930), S. 460–468; Andreas Rödder, Stresemanns Erbe. Julius Curtius und die deutsche Außenpolitik 1929–1931. Paderborn 1996, S. 113–119, Zitate S. 113, 116.

26 Zur Geschichte der europäischen Integration vgl. Brunn, Europäische Einigung; Gillingham, European Integration; Judt, Geschichte Europas nach 1945; Knipping, Einigung Europas; Mittag, Geschichte der Europäischen Union.

27 Erklärung der französischen Regierung über eine gemeinsame deutsch-französische Schwerindustrie vom 9. Mai 1950 (Schuman-Plan), in: EA 5 (1950), S. 3091 f., Zitat S. 3091.

28 Vertrag zur Gründung der Europäischen Wirtschaftsgemeinschaft vom 25 März 1957, Präambel.

29 Walter Hallstein, Der unvollendete Bundesstaat. Europäische Erfahrungen und Erkenntnisse. Düsseldorf 1969, S. 20 (zum Gesamtzusammenhang vgl. S. 20–25).

30 Zu den Definitionen von Parlamentarismus und Demokratie vgl. Kap. VI.3.

31 Vgl. dazu ausführlicher Kap. VII.3: Entscheider und Entscheidungen.

32 Vgl. dazu und zum Folgenden James, Making, S. 89–180.

33 Pressekonferenz nach dem Europäischen Rat von Dublin, 30. November 1979, http://www.margaretthatcher.org/speeches/displaydocument.asp?docid=104180 (15. Mai 2015).

34 Helmut Kohl, Berichte zur Lage 1982–1989, S. 111 (13. Juni 1983).

35 Vgl. Patel, Provincialising European Union, bes. S. 670–673.

36 Vgl. James, Making, S. 212–214; Marsh, Euro, bes. S. 102; Ludlow, Navigating European Stream; Schwarz, Kohl, S. 416.

37 Vgl. Marsh, Euro, S. 96, 100, 104 (Zitat).

38 Zur «Asymmetrie» vgl. das Memorandum des französischen Wirtschafts- und Finanzministers Edouard Balladur vom 29. Dezember 1987, in: Krägenau/Wetter, Europäische Wirtschafts- und Währungsunion, Dok. 60/S. 337 f.; vgl. auch Marsh,

Euro, S. 112–116; zum «Atombomben»-Zitat vgl. Schabert, Weltgeschichte, S. 335; Bozo, Mitterrand, S. 53; Jacques Attali, Verbatim. Tome III: Chronique des années 1988–1991. Paris 1995, S. 74 (17. August 1988).

39 Helmut Kohl vor der Bundestagsfraktion der CDU/CSU am 4. Oktober 1989, zit. nach Wirsching, Abschied vom Provisorium, S. 532; vgl. auch James, Making, S. 207 f.

40 Vgl. Bozo, Mitterrand, S. 54, 56; zur Rede von George Bush in der Mainzer Rheingoldhalle am 31. Mai 1989 vgl. Public Papers of the Presidents of the United States. George Bush. 1989/I. Washington, D. C. 1990, S. 650–654, das Zitat S. 651.

41 Zum Gespräch zwischen Mitterrand und Thatcher vgl. Marsh, Euro, S. 135; Edouard Balladurs Memorandum vom 29. Dezember 1987 in: Krägenau/Wetter, Europäische Wirtschafts- und Währungsunion, Dok. 60/S. 338.

42 Vgl. Bozo, Mitterrand, S. 59 (nach einer Aufzeichnung des Politischen Direktors im französischen Außenministerium, Bertrand Dufourcq, vom 20. Februar 1989), 69.

43 Vgl. Krägenau/Wetter, Europäische Wirtschafts- und Währungsunion, Dok. 50/S. 309 f.; Heumann, Genscher, S. 218–223.

44 Gerhard Stoltenberg, Memorandum vom 15. März 1988, in: Krägenau/Wetter, Europäische Wirtschafts- und Währungsunion, Dok. 51/S. 310–312.

45 Vgl. Kohls Reden zur Verleihung des Karlspreises am 1. November 1988, in: Bulletin des Presse- und Informationsdienstes der Bundesregierung, Nr. 143 (3. November 1988), S. 1289–1291, hier 1289, sowie zum 100. Geburtstag von Jean Monnet am 7. November 1988, in: EA 1988/2, D 693–698, hier D 698; Schwarz, Kohl, S. 411, 438 f.

46 Kohl vor der Bundestagsfraktion der CDU/CSU, 8. November 1982, Berichte zur Lage 1982–1989, S. 8.

47 Vgl. Ludlow, Integration, S. 14, 21.

48 Margaret Thatcher, Rede vor dem Europäischen Kolleg in Brüssel, 20. September 1988, www.margaretthatcher.org/document/107332 (27. Februar 2015).

49 BVerfG, 2 BvE 2/08 vom 30. Juni 2009, 3. Leitsatz.

50 Vgl. Dyson/Featherstone, Road to Maastricht, S. 452–533, bes. 531.

51 Vgl. Dyson/Featherstone, Road to Maastricht, S. 24, 26–28, 30 f.

52 Vgl. dazu und zum Folgenden Marsh, Euro, S. 121 f., 177; und Dyson/Featherstone, Road to Maastricht, S. 29 f., 739.

53 Vgl. James, Making, S. 235; Dyson/Featherstone, Road to Maastricht, S. 338–342, 741; Marsh, Euro, S. 119 f.

54 Vgl. EA 1989/2, D 283–304, zur Zentralbank Art. 32 (D 293 f.); James, Making, S. 236–264; Marsh, Euro, S. 123.

55 Sonderedition Deutsche Einheit, Dok. 70/S. 475; vgl. Marsh, Euro, S. 120; James, Making, S. 211.

56 Sonderedition Deutsche Einheit, Dok 108/S. 596–598.

57 Vgl. Küsters, Europapolitik, S. 298 (nach Jacques Attali, Verbatim. Tome III: Chronique des années 1988–1991. Paris 1995, S. 321); Bozo, Mitterrand, S. 100 f., 129.

58 Vgl. Mitterrand gegenüber Kohl am 4. Januar 1990: «Die EG könne sie nicht alle aufnehmen», Sonderedition Deutsche Einheit, Dok. 135/S. 687; vgl. auch Bozo, Mitterrand, S. 66.

59 Kohl an Mitterrand, 27. November 1989, Sonderedition Deutsche Einheit, Dok. 100/S. 565–567.

60 Helmut Kohl, Rede vor dem Deutschen Bundestag, 28. November 1989, Verhandlungen des Deutschen Bundestages. Stenographische Berichte. 11. WP, 177. Sitzung, S. 13510–14.

61 Niederschrift über das Gespräch zwischen Genscher und Mitterrand am 30. November 1989 in Paris, in: Andreas Hilger (Hg.), Diplomatie für die deutsche Einheit. Dokumente des Auswärtigen Amts zu den deutsch-sowjetischen Beziehungen 1989/90. München 2011, Dok. 11/S. 58 f.

62 Kohl an Mitterrand, 5. Dezember 1989, Sonderedition Deutsche Einheit, Dok. 111/S. 614.

63 Vgl. Presse- und Informationsamt der Bundesregierung, Bulletin, Nr. 147, S. 1246 (19. Dezember 1989).

64 Aufzeichnung des Gesprächs zwischen Kohl und Baker am 12. Dezember 1989, Sonderedition Deutsche Einheit, Dok. 120/S. 638.

65 Vgl. Dyson/Featherstone, Road to Maastricht, S. 744.

66 Vgl. Dyson/Featherstone, Road to Maastricht, S. 508–533, 644–690, bes. 689, 720–726, 740, zum Folgenden 202–255, bes. 254 f., 371–451, bes. 447 f.

67 Vgl. Issing, Euro, S. 9, zum Folgenden auch S. 10.

68 Vgl. dazu schon den Delors-Bericht vom 17. April 1989, EA 1989/2, D 286 f. (§14).

69 Vgl. Dyson/Featherstone, Road to Maastricht, S. 744: «EMU seemed to involve an obvious loser – Germany.»

70 Vgl. Geppert, Europa, S. 25.

71 Helmut Kohl, Regierungserklärung vom 13. Dezember 1991, Verhandlungen des Deutschen Bundestages. Stenographische Berichte. 12. Wahlperiode, 68. Sitzung, S. 5799.

72 Ebd.

73 Vgl. Byron Criddle, The French Referendum on the Maastricht Treaty September 1992, in: Parliamentary Affairs 46 (1993), S. 228–238, hier 229; Bernard Denni, Du referendum du 20 septembre 1992 sur l'union européenne aux elections législatives de mars 1993, in: Philippe Habert/Pascal Perrineau/Colette Ysmal (Hg.), Le vote sanction. Les elections legislatives des 21 et 28 mars 1993. Paris 1993, S. 91–109, bes. 92.

74 Entscheidungen des Bundesverfassungsgerichts 89, Nr. 17, bes. S. 155–157, 181.

75 Helmut Kohl vor dem Bundesvorstand der CDU, 20. Februar 1994, Berichte zur Lage 1989–1998, S. 554.

76 Helmut Kohl vor dem Bundesvorstand der CDU, 22. Oktober 1990, Berichte zur Lage 1989–1998, S. 193.

77 Schwarz, Kohl, S. 797.

78 Vgl. Marsh, Euro, S. 162–170.

79 Vgl. Marsh, Euro, S. 191.

80 Vgl. Marsh, Euro, S. 192–196; Issing, Euro, S. 12.

81 Europäisches Währungsinstitut, Konvergenzbericht. Nach Artikel 109j des Vertrags zur Gründung der Europäischen Gemeinschaft vorgeschriebener Bericht. Frankfurt a. M. März 1998.

82 Vgl. Kommission der Europäischen Gemeinschaften, Euro 1999. Bericht über den Konvergenzstand mit Empfehlung für den Übergang zur dritten Stufe der Wirtschafts- und Währungsunion, hier nach: Bundesrat, Drucksache 300/98, S. 27 f.

83 Vgl. Stellungnahme des Zentralbankrates zur Konvergenzlage in der Europäischen Union im Hinblick auf die dritte Stufe der Wirtschafts-und Währungsunion. Deutsche Bundesbank, Monatsbericht April 1998, S. 17–40, die Zitate S. 36, 38–40.
84 Vgl. Bundesrat, Drucksache 300/98, S. 4.
85 Zum Folgenden vgl. Jonas Theisen, Europa auf dem Weg in die Währungsunion. Italiens Konvergenzprozess aus deutscher Sicht. Magisterarbeit Mainz 2014, bes. S. 32 f., 53–63, 67–69, 77, zur Haltung der deutschen Politik: Wolfgang Schäuble/Michael Glos/Rudolf Seiters/Karl Lamers, Die Europäische Währungsunion: Entscheidende Bewährungsprobe, in: Union in Deutschland, 18. September 1997, S. 3, 6, 8; vgl. auch die Bundestagsrede Helmut Kohls vom 23. April 1998, Verhandlungen des Deutschen Bundestages. Stenographische Berichte. 13. WP, 230. Sitzung, S. 21052, 21054.
86 Vgl. Delors-Bericht, EA 1989/2, D 290; Kommission der Europäischen Gemeinschaften, Euro 1999. Bericht über den Konvergenzstand mit Empfehlung für den Übergang zur dritten Stufe der Wirtschafts- und Währungsunion, hier nach: Bundesrat, Drucksache 300/98, S. 22–25. Eine Zusammenstellung der zeitgenössischen Argumente in Deutschland findet sich im Urteil des Bundesverfassungsgerichts über den (abgelehnten) Antrag auf Erlass einer einstweiligen Anordnung gegen die Zustimmung zur Währungsunion vom 31. März 1998, BverfG, 2 BvR 1877/97 vom 31. März 1998, hier 48.
87 Issing, Euro, S. 43 f.
88 Vgl. BverfG, 2 BvR 1877/97 vom 31. März 1998, S. 49, 61, 63 f., 69.
89 EA 1989/2, D 292; vgl. auch D 290.
90 Stellungnahme des Zentralbankrates zur Konvergenzlage in der Europäischen Union im Hinblick auf die dritte Stufe der Wirtschafts- und Währungsunion. Deutsche Bundesbank, Monatsbericht April 1998, S. 40.
91 Judt, Geschichte Europas, S. 21 (Postwar: S. 6).
92 Vgl. Dyson/Featherstone, Road to Maastricht, S. 50.
93 Helmut Kohl vor dem Bundesvorstand der CDU am 3./4. Februar 1995, Berichte zur Lage 1989–1998, S. 647.
94 Wirsching, Europa als Wille und Vorstellung, S. 500.
95 Vgl. zum Beispiel http://www.faz.net/aktuell/feuilleton/euro-krise-man-kann-ruehrei-nicht-wieder-trennen-11545325.html (30. April 2015).
96 Vgl. z. B. Joseph Fischer, Vom Staatenverbund zur Föderation. Gedanken über die Finalität Europas (1. Humboldt-Rede über Europa vom 12. Mai 2000), http://www.europa.clio-online.de/Portals/_Europa/documents/fska/Q_2005_FS7-09.pdf (13. März 2015).
97 Helmut Kohl vor dem Bundesvorstand der CDU, 22. Oktober 1990, Berichte zur Lage 1989–1998, S. 191 (erstes Zitat); Kohl vor dem Deutschen Bundestag, 13. Dezember 1991, Verhandlungen des Deutschen Bundestages. Stenographische Berichte. 12. WP, 68. Sitzung, S. 5797.
98 «Mich schaudert das Tremolo in den Europa-Reden» [Interview mit Hans Joas], in: FAZ vom 6. Oktober 2012, S. 27.
99 Vgl. Patel, Provincialising European Union, S. 672.
100 Vgl. Dyson/Featherstone, Road to Maastricht, S. 13 f., zum folgenden Absatz S. 22.

101 Zit. nach Marsh, Euro, S. 203.
102 Vgl. Hans-Peter Schwarz, Anmerkungen zu Adenauer. München 2004, S. 98–107 (das Zitat der «Vereinigten Staaten» S. 101); Helga Haftendorn, Deutsche Außenpolitik zwischen Selbstbeschränkung und Selbstbehauptung 1949–2000. Stuttgart 2001, S. 436.
103 Vgl., auch zum Folgenden, Dyson/Featherstone, Road to Maastricht, S. 21 f.
104 Vgl. Marsh, Euro, S. 103 f.
105 Vgl. dazu und zum Folgenden Dyson/Featherstone, Road to Maastricht, S. 19–21, 23–25, 51–53, 55–57.
106 «SPD: Ende der ‹Ära Stillgestanden›?» In: Der Spiegel 49/1979 vom 3. Dezember 1979, S. 24.
107 Vgl. Schorkopf, Der Europäische Weg, S. 186 und 188 (Zitat).
108 Vgl. zum Folgenden v. a. Schorkopf, Der Europäische Weg, bes. S. 119 f., 126, 142–149, 155, 160, 172, 174.
109 Carl Schmitt, Politische Theologie. Vier Kapitel zur Lehre der Souveränität [1922]. 2. Aufl. München 1934, S. 11.
110 Wirsching, Preis der Freiheit, S. 18.
111 Vgl. Europäischer Rat, 23./24. März 2000, Lissabon, Schlussfolgerungen des Vorsitzes, http://www.europarl.europa.eu/summits/lis1_de.htm (15. Mai 2015), zum Folgenden Abs. 5 f., 24, 26, 30; vgl. auch Schorkopf, Der Europäische Weg, S. 98; Wirsching, Preis der Freiheit, S. 237 f.
112 Vgl. Schorkopf, Der Europäische Weg, S. 98 f.
113 Vgl. Cornelißen, Geschichte Europas, S. 81.
114 Vgl. zum Folgenden Kaelble, Europa 1945–1989, S. 30–33; Wirsching, Preis der Freiheit, S. 269–308, 405.
115 Vgl. Löffler, Religionskrieg, S. 130–141, 150–163.
116 «In Spanien blüht die Schattenwirtschaft», in: Neue Zürcher Zeitung vom 8. Februar 2014, S. 14 (auf der Grundlage wissenschaftlicher und amtlicher Erhebungen); Christiane Liermann, Kennst Du das Land, wo vieles blüht? In: FAZ vom 22. April 2013, S. 7.
117 Vgl. Mandry, Wertegemeinschaft, S. 82–98, 103–112, 231–239; de Roode, Europe, S. 9–23, 228–242.
118 Vgl. Taggert/Szczerbiak, Euroscepticism.
119 Dutch Ministry of Foreign Affairs, Testing European legislation for subsidiarity and proportionality. Dutch list of points for action, www.government.nl/documents-and-publications/notes/2013/06/21/testing-european-legislation-for-subsidiarity-and-proportionality-dutch-list-of-points-for-action.html (13. März.2015), S. 3: «at European level only when necessary, at national level whenever possible».
120 Judt, Geschichte Europas, S. 20.
121 Judt, Geschichte Europas, S. 732.
122 Vgl. Wirsching, Preis der Freiheit, S. 168 f.
123 Vgl. Bozo, Mitterrand, S. 347–361.
124 Abschlussbemerkungen des Europäischen Rats von Kopenhagen vom Juni 1993 (Kopenhagener Beschlüsse), in: EA 1993/2, D 258–276, Zitat D 264.
125 Vgl. Judt, Geschichte Europas, S. 795; Ther, Die neue Ordnung, S. 168 f.
126 Vgl. dazu und zum Folgenden (neben der umfangreichen politikwissenschaftlichen Transformationsforschung) in zeithistorischer Perspektive Heydemann/Vodička,

Vom Ostblock zur EU; Ther, Die neue Ordnung; Segert, Transformationen in Osteuropa, S. 147–234.

127 Vgl. Kap. V.6.

128 Vgl. Klaus Ziemer, Polen, in: Heydemann/Vodička, Vom Ostblock zur EU, S. 149, 158.

129 Vgl. Ther, Die neue Ordnung, S. 111–121, 143–156, Zitat 118.

130 Vgl. Heydemann/Vodička, Vom Ostblock zur EU, S. 314, 328, 364; Berthold Busch, Zehn Jahre Osterweiterung der Europäischen Union, in: IW-Trends. Vierteljahresschrift zur empirischen Wirtschaftsforschung des Instituts der deutschen Wirtschaft Köln 1/2014, S. 1–19, hier 10 f.; Statistisches Bundesamt, Bevölkerung und Erwerbstätigkeit. Vorläufige Wanderungsergebnisse 2013. Wiesbaden 2014, S. 19 f.

131 Vgl. Karel Vodička, Tschechien, in: Heydemann/Vodička, Vom Ostblock zur EU, S. 179; Ther, Die neue Ordnung, S. 164 f.

132 Vgl. dazu und zum Folgenden Epstein/Jacoby, Eastern Enlargement, S. 2, 4; Heydemann/Vodička, Vom Ostblock zur EU, S. 371; «Die unvollendete Reformagenda des Leszek Balcerowicz», in: Neue Zürcher Zeitung vom 17. Januar 2015, S. 15.

133 Vgl. dazu und zum Folgenden Ther, Die neue Ordnung, S. 156–173; Heydemann/Vodička, Vom Ostblock zur EU, S. 367; Epstein/Jacoby, Eastern Enlargement, S. 2, 12; Segert, Transformationen, S. 208–212. – In den Politikwissenschaften ist die These formuliert worden, dass in den Transformationsgesellschaften ein eigener postkommunistischer Kapitalismus entstanden sei, der dem anglo-amerikanischen und ostasiatischen Kapitalismus ähnlicher sei als dem sozialstaatlich «eingebetteten» westeuropäischen Kapitalismus mit seiner Mischung aus freiem Markt und politischer Regulierung. Die Datenlage dazu ist nicht eindeutig, und es ist nicht absehbar, ob es sich um eine zutreffende Beschreibung handelt.

134 Vgl. Heydemann/Vodička, Vom Ostblock zur EU, S. 335.

135 Vgl. Epstein/Jacoby, Eastern Enlargement, S. 3 f.; Heydemann/Vodička, Vom Ostblock zur EU, S. 323, 339, 358–361, 377.

136 Vgl. Heydemann/Vodička, Vom Ostblock zur EU, S. 325.

137 Claudia-Yvette Matthes, Lettland, und Karel Vodička, Bulgarien, in: Heydemann/Vodička, Vom Ostblock zur EU, S. 61 f., 306.

138 Heydemann/Vodička, Vom Ostblock zur EU, S. 328, 335 (dort das Zitat), 343, 356, darin auch: Vodička, Bulgarien, S. 302, Kipke, Slowakische Republik, S. 197; Dieringer, Ungarn, S. 257; vgl. auch Ther, Die neue Ordnung, S. 171.

139 Vgl. Miklos Bánkuti/Gábor Halmai/Kim Lane Scheppele, Disabling the Constitution, in: Journal of Democracy 23 (2012), S. 138–146; Ellen Bos, Die ungarische Demokratie in der Krise? Veränderungen des politischen Systems in Ungarn nach drei Jahren Regierung Viktor Orbán, in: Südosteuropa-Mitteilungen 3–4/2013, München 2013, S. 128–141; Ulrich Sedelmeier, Anchoring Democracy from Above? The European Union and Democratic Backsliding in Hungary and Romania after Accession, Journal of Common Market Studies 52 (2014), S. 105–121. Zum polnischen Fall vgl. http://europa.eu/rapid/press-release_IP-16-2015_en.pdf und http://www.lemonde.fr/europe/article/2016/01/13/bruxelles-lance-une-enquete-preliminaire-inedite-sur-la-situation-de-l-etat-de-droit-en-pologne_4846618_3214.html.

140 Vertrag zur Gründung der Europäischen Wirtschaftsgemeinschaft vom 25. März 1957, Präambel.

141 BVerfG, 2 BvE 2/08 vom 30. Juni 2009, die folgenden Zitate: 3. und 1. Leitsatz.

142 Vgl. z. B. Joschka Fischer, «Ein nationaler Riegel», in: Die Zeit vom 9. Juli 2009, S. 4.

143 Vgl. Ludlow, Last Resort, S. 30–35, dort auch die folgenden Zitate.

144 Vgl. Marsh, Euro, S. 204.

145 Vgl. Kapitel VI.5; Wolfrum, Rot-Grün, S. 528–583.

146 Vgl. Eurostat, Government deficit/surplus, debt and associated data: http://appsso.eurostat.ec.europa.eu/nui/submitViewTableAction.do (3. März 2015).

147 Vgl. Marsh, Euro. S. 212.

148 Vgl. Die Änderungen am Stabilitäts- und Wachstumspakt. Deutsche Bundesbank, Monatsbericht April 2005, S. 15–21, das folgende Zitat S. 20 f.; Schorkopf, Der Europäische Weg, S. 95.

149 Vgl. Report by Eurostat on the Revision of the Greek Government Deficit and Debt, 22. November 2004, http://ec.europa.eu/eurostat/documents/4187653/5765001/GREECE-EN. PDF/2da4e4f6-f9f2–4848-b1a9-cb229fcabae3?version=1.0 (3. März 2015).

150 Vgl. dazu und zum Folgenden Markus Brunnermeier/Ricardo Reis/Gerald Braunberger, Ein Crashkurs für die Euro-Krise, in: FAZ vom 17. Januar 2014, S. 12; Daniel Gros/Thomas Mayer, Ein Vermögensbildungsfonds für Deutschland, in: FAZ vom 22. November 2013, S. 12.

151 Vgl. James, Making, S. 397.

152 Vgl. Europäische Kommission, Bericht zu den Statistiken Griechenlands über das öffentliche Defizit und den öffentlichen Schuldenstand, 8. Januar 2010, S. 30 f.; Eurostat, Government deficit/surplus, debt and associated data: http://appsso.eurostat.ec.europa.eu/nui/show.do?dataset=gov_10dd_edpt1&lang=en (25. März 2015).

153 Zahlen nach Marsh, Euro, S. 229.

154 Zit. nach Marsh, Euro, S. 251.

155 Vgl. Kapitel VI.3: Staaten und Schulden.

156 Vgl. Ludlow, Last Resort, S. 5 f.

157 Mit der mangelnden Einhaltung der Regeln, die der Bindung der nationalen Finanzpolitik dienen sollten, kam aber das sogenannte «Trilemma der Währungspolitik» zur Geltung, dass nämlich von den drei Größen feste Wechselkurse, freier Kapitalverkehr und nationale Geld- und Finanzpolitik nur zwei gleichzeitig zu realisieren sind.

158 Vgl. Marsh, Euro, S. 209 f., 228; James, Making, S. 395.

159 Vgl. Illing, Euro-Krise, S. 13–15.

160 Angela Merkel, Rede vor dem Deutschen Bundestag am 17. März 2010, in: Deutscher Bundestag. Stenographische Berichte. 17. WP, 30. Sitzung, S. 2711–2720, hier 2718 f.

161 «Ex-Chefvolkswirt: ‹Die EZB führt einen Krieg!›» focus-online vom 4. Juli 2013, http://www.focus.de/finanzen/boerse/finanzkrise/tid-32171/juergen-stark-ex-chefvolkswirt-die-ezb-fuehrt-einen-krieg_aid_1033015.html (12. Februar 2014).

162 Vgl. Ludlow, Last Resort, S. 13.

163 Vgl. Ludlow, Last Resort, S. 15; Georges Soros im Gespräch mit Gregor Peter Schmitz, Wetten auf Europa. Warum Deutschland den Euro retten muss, um sich selbst zu retten. München 2014.

164 Vgl. das Maastricht-Urteil vom 12. Oktober 1993, in: Entscheidungen des Bundesverfassungsgerichts 89, Nr. 17, S. 205: «Diese Konzeption der Währungsunion als Stabilitätsgemeinschaft ist Grundlage und Gegenstand des deutschen Zustimmungsgesetzes. Sollte die Währungsunion bei Eintritt in die dritte Stufe vorhandene Stabilität nicht kontinuierlich im Sinne des vereinbarten Stabilisierungsauftrags fortentwickeln können, so würde sie die vertragliche Konzeption verlassen»; vgl. auch BVerfG, 2 BvR 1877/97 vom 31. März 1998, S. 89; vgl. auch Ludlow, Last Resort, S. 9 f.

165 Angela Merkel, Regierungserklärung vor dem Deutschen Bundestag, 19. Mai 2010, in: Verhandlungen des Deutschen Bundestags, Stenografische Berichte. 17. WP, 42. Sitzung, S. 4126.

166 In der Regierungserklärung vom 19. Mai 2010 sprach sie davon, es gebe «keine vernünftige Alternative» zur Rettungspolitik; als explizit «alternativlos» bezeichnete Bundesfinanzminister Wolfgang Schäuble die Rettungspolitik in einem Interview mit dem Deutschlandfunk am selben Tag, www.deutschlandfunk.de/die-entscheidung-ist-notwendig-und-sie-ist-richtig.694.de.html?dram:article_id=68542 (25. März 2015).

167 Vgl. Illing, Euro-Krise, S. 63–72.

168 Vgl. BVerfG, 2 BvR 987/10 vom 7. September 2011, v. a. S. 119–141; BVerfG, 2 BvR 1390/12 vom 12. September 2012.

169 Vgl. Illing, Euro-Krise, S. 110.

170 Vgl. Illing, Euro-Krise, S. 74–96.

171 Mario Draghi, Rede auf der Global Investment Conference in London, 26. Juli 2012, http://www.ecb.europa.eu/press/key/date/2012/html/sp120726.en.html (3. März 2015).

172 Vgl. die Beiträge von Holger Schmieding und Albrecht Ritschl in: Nonnenmacher/Rödder, Wertewandel in Europa? S. 8–13, 14–20; Illing, Euro-Krise, S. 105.

173 Vgl. Marcel Fratzscher/Michael Hüther/Guntram B. Wolff, Das Mandat der EZB ernst nehmen, in: FAZ vom 6. Februar 2014, S. 10.

174 Paul Kirchhof, Geldeigentum und Geldpolitik, in: FAZ vom 13. Januar 2014, S. 7; Jürgen Stark, «Ex-Chefvolkswirt: ‹Die EZB führt einen Krieg!›», focus online vom 4. Juli 2013, http://www.focus.de/finanzen/ boerse/finanzkrise/tid-32171/juergen-stark-ex-chefvolkswirt-die-ezb-fuehrt-einen-krieg_aid_1033015.html (12. Februar 2014).

175 Vgl. Geppert, Europa, S. 89–106.

176 Angela Merkel, Rede anlässlich der Eröffnung des 61. akademischen Jahres des Europakollegs Brügge, 2. November 2010, http://www.bundeskanzlerin.de/Content-Archiv/DE/Archiv17/Reden/2010/11/2010-11-02-merkel-bruegge.html;jsessionid=0BF02BA112CA5411E1163CBE70BD66DB.s1t1?nn=614982 (4. März 2015).

177 Vgl. Reiner Schmidt, Die entfesselte EZB, in: JuristenZeitung 70 (2015), S. 317–327.

178 Vgl. Geppert, Europa, S. 25, 145–160.

179 Zit. nach: «Bauch-Europäer und beleidigte Leberwürste», in: FAZ vom 20. März 2013, S. 5.

180 Vgl. Angela Merkel nach Tagesanzeiger vom 19. Mai 2010, http://www.tagesanzeiger.ch/ausland/europa/Die-Waehrungsunion-ist-eine-Schicksalsgemein-

schaft/story/10236774?dossier_id=519; Hermann van Rompuy nach focus online vom 28. Januar 2013, http://www.focus.de/politik/ausland/tid-29226/schicksalsgemeinschaft-euro-finanzkrise-praegt-den-eu-lateinamerika-gipfel-in-chile_aid_906837.html (beide 7. März 2014).

181 Vgl. Matthias Morys, The Disintegration of the Gold Exchange Standard During the Great Depression – Déjà Vu for the Eurozone? In: GG 39 (2013), S. 176; Geppert, Europa, S. 86–88.

182 Vgl. Wagschal, Staatsfinanzen, S. 347.

183 Vgl. Viviane Reding, Der neue Bund, in: FAZ vom 25. Februar 2013, S. 7; Peter Bofinger/Jürgen Habermas/Julian Nida-Rümelin, Für einen Kurswechsel in der Europa-Politik, in: FAZ vom 4. August 2012, S. 33 u.d.T. «Einspruch gegen die Fassadendemokratie».

184 Lothar Gall, Bismarck. Der weiße Revolutionär. Frankfurt 1980, S. 642.

185 Vgl. die Empfehlung des Europäischen Rats vom 5. März 2015, http://register.consilium.europa.eu/doc/srv?l=DE&f=ST%206704 %202015 %20INIT (15. März 2015).

186 Samuel von Pufendorf: Die Verfassung des deutschen Reiches, hg. und übers. von Horst Denzer. Stuttgart 1976. c. VI, § 9, S. 106.

187 Palmowski, Europeanization, S. 644, 651 f., 654 f.

188 Günther Nonnenmacher, Der Weg ist das Ziel, in: FAZ vom 23. Juni 2014, S. 8.

189 Vgl. Viviane Reding oder Peter Bofinger/Jürgen Habermas/Julian Nida-Rümelin wie Anm. 183; zu den Positionen vgl. auch Geppert, Europa, S. 162–173.

190 Vgl. Michael Wohlgemuth, Ein Europa à la carte statt Eintopfgericht für alle; in: FAZ vom 19. Mai 2017, S. 16; zu den Positionen vgl. Geppert, Europa, S. 173–184.

191 Dieter Grimm, Die Stärke der EU liegt in einer klugen Begrenzung, in: FAZ vom 11. August 2014, S. 11.

VIII.
Weltpolitik und Weltgesellschaft seit 1990

1 Charta von Paris für ein neues Europa vom 21. November 1990, EA 1990/2, D 656–664, Zitate D 656.

2 Vgl. Cox, Cold War, S. 70.

3 Vgl. Rödder, Deutschland einig Vaterland, S. 15–20, 41–45; Archie Brown, The Gorbachev Revolution and the end of the Cold War, in: Leffler/Westad (Hg.), Cambridge History of the Cold War III, S. 244–266.

4 George Bush/Brent Scowcroft, A World Transformed. New York 1998, S. 253.

5 Hans-Dietrich Genscher am 6. Februar 1990 gegenüber Douglas Hurd, in: Documents on British Policy Overseas, Series III, Volume VII: German Unification 1989–1990, Dok. 129/S. 262; Rede Genschers in Luxemburg, 21. März 1990, zit. nach der britischen Wiedergabe in: ebd., Dok. 184/S. 361.

6 Vgl. Rödder, Deutschland einig Vaterland, S. 245–264.

7 Vgl. Frédéric Bozo, Mitterrand, the End of the Cold War, and German Unification. New York 2009 (zuerst franz. 2005), S. 347–361.

8 Vgl. dazu und zum Folgenden: Sundhaussen, Jugoslawien, S. 301–380.

9 Vgl. de Rougé, European Security Identity, S. 258 f.

10 Zur strategischen Ausrichtung der NATO vgl. Varwick, NATO, S. 74–96, zur Er-

weiterung des Sicherheitsbegriffs Daase, Sicherheitskultur; zum strategischen Konzept von 2010 Johannes Varwick, Das neue strategische Konzept der NATO, in: APuZ 50/2010, S. 23–29.

11 Zit. nach Varwick, NATO, S. 140.

12 Zur NATO-Osterweiterung und zum Folgenden vgl. Varwick, NATO, S. 97–118.

13 Vgl. John Lewis Gaddis, History, Grand Strategy and NATO Enlargement, in: survival 40 (1998), S. 145–151.

14 Vgl. Young/Kent, International Relations, S. 663–668.

15 So etwa Ash, Jahrhundertwende, S. 87 f.

16 Vgl. Kaldor, New and old Wars, v. a. S. 1–10; Münkler, Die neuen Kriege.

17 Vgl. Thomas Speckmann, Ritter, Tod und Taliban oder vom unheroischen Westen, in: FAZ vom 1. Dezember 2010, N4.

18 Vgl. Roberta Cohen, From Sovereign Responsibility to R2P, in: Knight/Egerton (Hg.), Handbook of the Responsibility to Protect, S. 7–21; Badescu, Humanitarian Intervention, S. 169–171; Daase, Sicherheitskultur, S. 10.

19 United Nations, 2005 World Summit Outcome, General Assembly, 15. September 2005, A/60/L.1, Art. 138 f.

20 Vgl. Winkler, Geschichte des Westens 4, S. 46.

21 Vgl. Varwick, Menschenrechte, S. 157; zur russischen Politik vgl. Kap. VIII.3.

22 Vgl. Peter Rudolf, Schutzverantwortung und humanitäre Intervention, in: APuZ 37/2013, S. 12–17.

23 Vgl. Hoffmann (Hg.), Moralpolitik, S. 35 f.

24 Vgl. Andreas Lutsch, Westbindung oder Gleichgewicht? Die nukleare Sicherheitspolitik der Bundesrepublik Deutschland zwischen Atomwaffensperrvertrag und NATO-Doppelbeschluss (1961–1979). Diss. Mainz 2015. Zum Gesamtzusammenhang dieses Abschnitts vgl. auch Michael Epkenhans, Die Bundesrepublik Deutschland und der Krieg, in: Bienert u. a. (Hg.), Berliner Republik, S. 143–158.

25 Vgl. Sundhaussen, Jugoslawien, S. 318–323; zum Folgenden Bierling, Vormacht wider Willen, S. 25–46; Schöllgen, Außenpolitik von 1945 bis zur Gegenwart, S. 258–277.

26 Entscheidungen des Bundesverfassungsgerichts 90, Nr. 16, S. 286–390.

27 Vgl. Wolfrum, Rot-Grün, S. 64–109.

28 Christian Freuding, Streitkräfte als Instrument deutscher Außen- und Sicherheitspolitik seit Mitte der neunziger Jahre. Hamburg 2007, S. 109.

29 Vgl. Wieker, Afghanistan, S. 24–26.

30 Vgl. Andreas Rödder, Westbindung und transatlantische Allianz – ein Relikt des kalten Krieges? In: Hertfelder/Rödder (Hg.), Modell Deutschland, S. 139–154.

31 Vgl. Rauch, Auslandseinsätze, S. 232–234; Biehl, Interventionsarmee, S. 9–20, bes. 13.

32 Vgl. Westad, Cold War, S. 1–19, das Zitat S. 11; vgl. auch Niall Ferguson, Colossus. The Price of America's Empire. New York 2004, S. 286 f.

33 Cox, Cold War, S. 70 (dort auch das Zitat in der Überschrift dieses Kapitels).

34 Vgl. Marc de Vore, A Dangerous Utopia. The Military Revolution from the Cold War to the War on Terror, in: Lawson u. a. (Hg.), Global 1989, S. 219–241, hier 234; Young/Kent, International Relations, S. 669–680; zu den Neokonservativen vgl. Keller, Neokonservatismus.

35 Vgl. Nayan Chanda/Strobe Talbott, Introduction, in: dies. (Hg.), The Age of Terror. America and the World after September 11. New York 2001, S. xi, xiv; 9/11 Commission Report, S. 330. Zum Folgenden vgl. Varwick, NATO, S. 123; Marc DeVore, A Dangerous Utopia. The Military Revolution from the Cold War to the War on Terror, in: Lawson u. a. (Hg.), Global 1989, S. 219–242, hier 238.

36 United States National Commission on Terrorist Attacks upon the United States, The 9/11 Commission Report. Final Report of the National Commission on the Terrorist Attacks upon the United States (im Folgenden: 9/11 Commission Report), S. 311, 326. Zur Strategie des Global War on Terror vgl. The National Security Strategy of the United States of America, Washington DC (September) 2002, S. 15; Bushs Rede vor der US-Militärakademie in West Point, 1. Juni 2002, in: The White House. George W. Bush. News and Policies June 2002, http://georgewbush-whitehouse.archives.gov/news/releases/2002/06/20020601–3.html (27. April 2015). Vgl. auch Berg, 11. September, S. 4 f.; Caldwell, Vortex of Conflict, S. 105–108. Zum Folgenden vgl. allgemein: Caldwell, Vortex of Conflict; Greiner, 9/11; Holloway, War on Terror.

37 Vgl. Maley, Afghanistan Wars, S. 190, 201, 212 f.

38 9/11 Commission Report, S. 337.

39 Vgl. Brummer/Fröhlich, Einleitung: Zehn Jahre Deutschland in Afghanistan, in: dies., Deutschland in Afghanistan, S. 3 f.; Wieker, Afghanistan, S. 27.

40 Vgl. dazu und zum Folgenden v. a. Bierling, Geschichte des Irakkriegs, die Zitate S. 7, 100.

41 Vgl. Cox, Cold War, S. 76.

42 Vgl. Geir Lundestad, Conclusion: The United States and Europe: Just Another Crisis? In: ders. (Hg.), Just Another Major Crisis? The United States and Europe since 2000. Oxford 2009, S. 298; zur deutschen Politik vgl. Wolfrum, Rot-Grün, S. 402–456.

43 U. S. Department of Defense, Secretary Rumsfeld Briefs at the Foreign Press Center, 22. Januar 2003, http://www.defense.gov/transcripts/transcript.aspx?transcriptid=1330 (27. April 2015).

44 Remarks by President Obama at G20 Press Conference, Sydney, 16. November 2014 (im Orig.: «you don't invade other countries»), in: The White House. Office of the Press Secretary, Speeches and Remarks, https://www.whitehouse.gov/the-press-office/2014/11/16/remarks-president-obama-g20-press-conference-november-16–2014 (27. April 2015).

45 Diese Gedanken gehen weitgehend auf den unpublizierten Vortrag von Jeff Engel (Dallas) auf der Konferenz «The Territorial State after 1989: Transformation, Persistence, or Decline» in London am 28./29. Juni 2013 zurück, der im publizierten Konferenzbericht, vgl. German Historical Institute London Bulletin 35 (2013) No. 2, S. 182–187, nur in Auszügen wiedergegeben wird. Ich danke Jeff Engel, der mir gestattet hat, von seinen Gedanken Gebrauch zu machen.

46 Aufzeichnung des Gesprächs zwischen Michail Gorbatschow und George Bush am 31. Mai 1990, in: Aleksandr Galkin/Anatolij Tschernjajew (Hg.), Michail Gorbatschow und die deutsche Frage. Sowjetische Dokumente 1986–1991. München 2011 (zuerst russ. 2006), Dok. 96/S. 440.

47 Vgl. Diemar Neutatz, Träume und Alpträume. Eine Geschichte Russlands im

20. Jahrhundert. München 2013, S. 539–543, 548–552; Winkler, Geschichte des Westens 4, S. 100–112.

48 Vgl. Cox, Cold War, S. 72 f.; das Folgende nach Winkler, Geschichte des Westens 4, S. 309–311.

49 Robert Kagan, Putin Makes His Move, in: Washington Post vom 11. August 2008, S. A15.

50 Wladimir Putin, Annual Address to the Federal Assembly of the Russian Federation, April 25, 2005, http://archive.kremlin.ru/eng/speeches/2005/04/25/2031_type70029type82912_87086.shtml (28. April 2015).

51 Wladimir Putin, Rede vor der 43. Münchener Sicherheitskonferenz 2007, http://www.ag-friedensforschung.de/themen/Sicherheitskonferenz/2007-putin-dt.html (30. April 2015).

52 Wladimir Putin, Rede zur Eingliederung der Krim in die Russische Föderation, 18. März 2014, in: Osteuropa 64 (2014), S. 87–99, die Zitate S. 94–96. Hintergrund der Vorwürfe ist die wiederholt vorgetragene Kritik, der Westen habe 1990 zugesagt, die NATO nicht nach Osten auszudehnen, und Russland daher durch die Osterweiterung betrogen. Dass der amerikanische Außenminister Baker und insbesondere der deutsche Außenminister Hans-Dietrich Genscher im Februar 1990 in der Tat offerierten, die NATO «ganz generell» nicht nach Osten auszudehnen, dies aber Äußerungen in einem fließenden Prozess waren, die nie belastbar vereinbart wurden, resümiert Andreas Rödder, Transferring a civil revolution into high politics: The West German Drive for Unification and the new European order, in: Frédéric Bozo/Andreas Rödder/Mary Sarotte, German Unification: An International History (erscheint London 2016); vgl. auch Mary Sarotte, Not One Inch Eastward? Bush, Baker, Kohl, Genscher, Gorbachev, and the Origin of Russian Resentment toward NATO Enlargement in February 1990, in: Diplomatic History 34 (2010), S. 119–140; andere Akzente setzt Kristina Spohr, Precluded or Precedent-Setting? The «NATO Enlargement Question» in the Triangular Bonn-Washington-Moscow Diplomacy of 1990–1991, in: Journal of Cold War Studies 14/4 (Fall 2012), S. 4–54.

53 Zum Folgenden vgl. Winkler, Geschichte des Westens 4, S. 500–537.

54 Vgl. Kap. VII.1.

55 Vgl. https://www.consilium.europa.eu/uedocs/cmsUpload/031208ESSIIDE.pdf (30. April 2015).

56 Vgl. z. B. Emmanuel Todd, Frei! Der arabische Frühling und was er für die Welt bedeutet. München 2011.

57 Vgl. Varwick, NATO, S. 135–138.

58 Zur Diskussion um die deutsche Position und deutsche Führung in Europa vgl. Kap. VI.5.

59 Vgl. Nye, Macht, S. 16–21.

60 Czempiel, Kluge Macht, S. 244.

61 Vgl. Lundestad, Rise and Decline, S. 1; Kennedy, Aufstieg und Fall, S. 759; Kagan, The World America Made, S. 105–107.

62 Kagan, Macht und Ohnmacht, S. 7, 24, 72.

63 Vgl. Hallams, United States and NATO, S. 129; Lundestad, United States and Western Europe, S. 287; Reiter, ‹Uneingeschränkte Solidarität›? S. 60 f., 63, 67; zur pragmatischen Partnerschaft Stefan Fröhlich, The New Geopolitics of Trans-

atlantic Relations. Coordinated Responses to Common Dangers. Washington D. C. 2012, S. 81–92.

64 Vgl. Westad, Cold War, S. 18. Zum Folgenden vgl. v. a. Bierschenk/Spies, Afrika seit 1960; Speitkamp, Geschichte Afrikas, S. 354–469, dort S. 450 auch die Zahlenangabe zu HIV–Infektionen.

65 Vgl. Bierschenk/Spies, Afrika seit 1960, S. 8 (Zitat), 27–30; Kappel, Afrika, S. 3 f.

66 Vgl. Bierschenk/Spies, Afrika seit 1960, S. 32.

67 Bierschenk/Spies, Afrika seit 1960, S. 32; vgl. auch Thomas Bierschenk, Democratization without Development: Benin 1989–2009, in: International Journal of Politics, Culture and Society 22 (2009), S. 337–357.

68 Beides nach Bierschenk/Spies, Afrika seit 1960, S. 40 f.; zur ökonomischen Einschätzung vgl. Kappel, Afrika.

69 Generaldelegation Palästinas in der Bundesrepublik Deutschlands, Historische Dokumente und Abkommen. Balfour-Deklaration vom 2. November 1917, http://palaestina.org/fileadmin/Daten/Dokumente/Abkommen/Historische/Balfour-Erkl%C3 %A4rung__02._November_1917.pdf (28. April 2015).

70 Vgl. «Mind the gap», in: tageszeitung vom 14. Januar 2014, www.taz.de/!131198/; «Neue Angriffe auf Straßenbahn und Friedhof», in: Jüdische Allgemeine vom 29. September 2014, www.juedische-allgemeine.de/article/view/id/20358 (beide 19. April 2015).

71 Vgl. Cox, Cold War, S. 73 f.

72 Kissinger/Zakaria/Ferguson/Li, China, S. 26.

73 Sandschneider, Globale Rivalen, S. 1 f.

74 Kissinger, China, S. 515.

75 Vgl. Schmidt-Glintzer, China, S. 89–93.

76 Vgl. Gu, Große Mauer, S. 17.

77 Vgl. Yueh, China's Growth, S. 60–230.

78 Vgl. Yueh, China's Growth, S. 20.

79 Vgl. Schmidt/Heilmann, China, S. 63 f., 70 f., 76, 81, 146, 149 f., 156.

80 Vgl. Lorenz, Die asiatische Revolution, S. 34 f.

81 Vgl. Gu, Große Mauer, 19

82 Yueh, China's Growth, 5, zu ihrer Einschätzung S. 301–320.

83 Nach Gu, Große Mauer, S. 25.

84 Vgl. Gu, Große Mauer, S. 25.

85 Vgl. Mahbubani, Rückkehr Asiens, S. 62–113, Zitat S. 87.

86 Vgl. Westad, Restless Empire, S. 447; Lal, Does Modernization Require Westernization?

87 Vgl. Amnesty International Report 2015, China, https://www.amnesty.de/jahresbericht/2015/china (28. April 2015).

88 Vgl. Ferguson in Kissinger/Zakaria/Ferguson/Li, China, S. 19–22; Shirk, China, S. 4, 9, 11; Levin, Clash, S. 121, 126, 131; Yoichiro Sato, Conclusion. China in the eyes of Asia and America, in: Cooney/Sato (Hg.), Rise of China, S. 232–241; Westad, Restless Empire, S. 421–425; Cohen, America's Response to China, S. 264, 273; Ross, Taiwan Strait Confrontation.

89 Vgl. Cox, Cold War, S. 74; Gu, Große Mauer, S. 20 f., 26.

90 Vgl. Lorenz, Asiatische Revolution, S. 120, 211 f.; Chan, Der erwachte Drache, S. 31; Kevin J. Cooney, Chinese-American Hegemonic Competition in East Asia.

A New Cold War or into the Arms of America? In: Cooney/Sato (Hg.), Rise of China, S. 45; Schmidt/Heilmann, China, S. 58–61.

91 Vgl. Gu, Große Mauer, S. 26, 30; Westad, Restless Empire, S. 465–468; Shambaugh, China, S. 7–10, 45 f.

92 Vgl. Cox, Cold War, S. 75.

93 Vgl. Hildebrand, Globalisierung 1900; Borchardt, Globalisierung in historischer Perspektive, S. 21.

94 Vgl. dazu und zum Folgenden Frank Schimmelpfennig, Internationale Politik. 2. Aufl. Paderborn 2010, S. 248–264; Bernhard Stahl/Florian Lütticken, Welthandelsorganisation, in: Siegmar Schmidt u. a. (Hg.), Handbuch zur deutschen Außenpolitik. Wiesbaden 2007, S. 788–801; Andreas Falke, Einflussverlust. Der Exportvizeweltmeister im Welthandelssystem des 21. Jahrhunderts, in: Jäger u. a. (Hg.), Deutsche Außenpolitik, S. 296–322.

95 Reynolds, One World Divisible, S. 692.

96 Vgl. Iriye, Entstehung einer transnationalen Welt, S. 680, 689–706.

97 Iriye, Entstehung einer transnationalen Welt, S. 725 f., 723, 798; vgl. auch Jürgen Osterhammel, Von einem hohen Turme aus. Eine Weltgeschichte der erweiterten Gegenwart zu schreiben wäre weder unmöglich noch unlauter, in: FAZ vom 31. Oktober 2012, S. 6.

98 Vgl. Slaughter, Disaggregated Sovereignty; dies., New World Order; Rifkin, Die dritte industrielle Revolution; Joseph E. Stiglitz/Mary Kaldor (Hg.), The Quest for Security. Protection without Protectionism and the Challenge of Global Governance. New York 2013.

21.0
Resümierende Überlegungen

1 Kurt Riezler, Tagebucheintrag vom 25. Juli 1914, in: Kurt Riezler, Tagebücher, Aufsätze, Dokumente. Eingel. und hg. von Karl Dietrich Erdmann. Neuausg. mit einer Einl. von Holger Afflerbach. Göttingen 2008, S. 191.

2 Vgl. Kap. III.3: «Die große Transformation».

3 Helmut Kohl vor der Bundestagsfraktion der CDU/CSU am 24. Oktober 1989, zit. nach Wirsching, Abschied vom Provisorium, S. 532.

4 Michel Foucault, Sexualität und Wahrheit. Bd. 2: Der Gebrauch der Lüste. 2. Aufl. Frankfurt a. M. 1991 [zuerst franz. 1984], S. 16; Jean-François Lyotard, Das postmoderne Wissen. Ein Bericht. Hg. von Peter Engelmann, Wien 1999, S. 112.

5 Friedrich Nietzsche, Zur Genealogie der Moral. Eine Streitschrift (1887), in: ders., Werke, hg. von Karl Schlechta, München 1969, Bd. 2, S. 765.

6 Zit. nach Niklas Luhmann, Inklusion und Exklusion, in: ders., Soziologische Aufklärung. Bd. 6: Die Soziologie und der Mensch. Opladen 1995, S. 262.

7 Ludwig Curtius, Deutsche und antike Welt. Lebenserinnerungen. Stuttgart 1951, S. 201 – für diesen Hinweis danke ich Herrn Stephan Askani, Stuttgart.

8 Vgl. Robert K. Merton/Elinor Barber: The Travels and Adventures of Serendipity. A Study in Sociological Semantics and the Sociology of Science. Princeton 2004.

Benutzte Literatur (Auswahl)

Die vollständigen Titel der in den Anmerkungen genannten Kurztitel finden sich entweder in der Rubrik «Allgemeine und übergreifende Literatur» oder im dem jeweiligen Hauptkapitel entsprechenden Abschnitt dieser Bibliographie

Allgemeine und übergreifende Literatur

Werner Abelshauser, Deutsche Wirtschaftsgeschichte. Von 1945 bis zur Gegenwart. 2. Aufl. München 2011

Timothy Garton Ash, Jahrhundertwende. Weltpolitische Betrachtungen 2000–2010. München 2010

Christopher A. Bayly, The Birth of the Modern World 1780–1914. Malden 2004

Ulrich Beck, Risikogesellschaft. Auf dem Weg in eine andere Moderne. Frankfurt a. M. 1986

Ivan T. Berend, Europe since 1980. Cambridge 2010

Volker Berghahn/Sigurt Vitols (Hg.), Gibt es einen deutschen Kapitalismus? Tradition und globale Perspektiven der sozialen Marktwirtschaft. Frankfurt a. M. 2006

Michael C. Bienert u. a. (Hg.), Die Berliner Republik. Beiträge zur deutschen Zeitgeschichte. Berlin 2013

Jeremy Black, Europe since the Seventies. London 2009

Philipp Blom, Der taumelnde Kontinent. Europa 1900–1914. München 2009 (zuerst engl. u. d. T. The Vertigo Years. London 2008)

Luc Boltanski/Eve Chiapello, Der neue Geist des Kapitalismus. Konstanz 2003 (zuerst franz. u. d. T. Le Nouvel Ésprit du Capitalisme. Paris 1999)

Peter Borscheid, Das Tempo-Virus. Eine Kulturgeschichte der Beschleunigung. Frankfurt a. M. 2004

Karl Dietrich Bracher/Wolfgang Jäger/Werner Link, Republik im Wandel 1969–1974. Die Ära Brandt. (Geschichte der Bundesrepublik Deutschland 5/I.) Stuttgart 1986

Erik Brynjolfsson/Andrew McAfee, The Second Machine Age. Work, Progress, and Prosperity in a Time of Brilliant Technologies. New York 2014

Eckart Conze, Die Suche nach Sicherheit. Eine Geschichte der Bundesrepublik Deutschland von 1949 bis in die Gegenwart. München 2009

Christoph Cornelißen, Vom Schreiben einer Geschichte Europas im 20. Jahrhundert. Perspektiven und Herausforderungen, in: ZeitRäume. Potsdamer Almanach des Zentrums für Zeithistorische Forschung 2012/2013, S. 65–86

Colin Crouch, The Strange Non-death of Neo-Liberalism. New York 2011

Christopher Daase, Wandel der Sicherheitskultur, in: APuZ 50/2010, S. 9–16

Datenreport 2013. Ein Sozialbericht für die Bundesrepublik Deutschland. Bonn 2013

Dietz/Neumaier/Pöttels (Hg.) von S. 471

Bernhard Dietz/Christopher Neumaier/Andreas Rödder (Hg.), Gab es den Wertewan-

del? Neue Forschungen zum gesellschaftlich-kulturellen Wandel seit den 1960er Jahren. München 2014
Udo Di Fabio, Die Kultur der Freiheit. München 2005
Christof Dipper, Moderne, Version: 1.0, in: Docupedia Zeitgeschichte, 25. 8. 2010, http://docupedia.de/zg/Moderne
Anselm Doering-Manteuffel/Lutz Raphael, Nach dem Boom. Perspektiven auf die Zeitgeschichte seit 1970. Göttingen 2008
Anselm Doering-Manteuffel, Die Entmündigung des Staates und die Krise der Demokratie. Entwicklungslinien von 1980 bis zur Gegenwart. Stuttgart (Stiftung Bundespräsident-Theodor-Heuss-Haus. Kleine Reihe 28) 2013
Anselm-Doering Manteuffel, Die deutsche Geschichte in den Zeitbögen des 20. Jahrhunderts, in: VfZ 62 (2014), S. 321–348
Jan Eckel/Samuel Moyn (Hg.), Moral für die Welt? Menschenrechtspolitik in den 1970er Jahren. Göttingen 2012
Thomas Etzemüller (Hg.), Die Ordnung der Moderne. Social Engineering im 20. Jahrhundert. Bielefeld 2009
Thomas Etzemüller, Die Romantik der Rationalität. Alva & Gunnar Myrdal – Social Engineering in Schweden. Bielefeld 2010
Niall Ferguson u. a. (Hg.), The Shock of the Global. The 1970s in Perspective. Cambridge/Mass. 2010
Michael Gehler, Deutschland. Von der Teilung zur Einigung. 1945 bis heute. Köln 2010
Rainer Geißler, Die Sozialstruktur Deutschlands. Zur gesellschaftlichen Entwicklung mit einer Bilanz zur Vereinigung. 2. Aufl. Opladen 1996
Rainer Geißler, Die Sozialstruktur Deutschlands. 6. Aufl. Wiesbaden 2011
Rainer Geißler, Die Sozialstruktur Deutschlands. 7. Aufl. Wiesbaden 2014
Pankaj Ghemawat, World 3.0. Global Prosperity and How to Achieve It. Cambridge/Mass. 2011
Anthony Giddens, Konsequenzen der Moderne. 3. Aufl. Frankfurt a. M. 1999 (zuerst engl. u. d. T. The Consequences of Modernity. Cambridge 1990)
Manfred Görtemaker, Die Berliner Republik. Wiedervereinigung und Neuorientierung. Berlin 2009
Ulrich Herbert, Geschichte Deutschlands im 20. Jahrhundert. München 2014
Thomas Hertfelder/Andreas Rödder (Hg.), Modell Deutschland. Erfolgsgeschichte oder Illusion? Göttingen 2007
Klaus Hildebrand, Globalisierung 1900. Alte Staatenwelt und neue Weltpolitik an der Wende vom 19. zum 20. Jahrhundert in: Jahrbuch des Historischen Kollegs 2006, S. 3–31.
Stefan-Ludwig Hoffmann (Hg.), Moralpolitik. Geschichte der Menschenrechte im 20. Jahrhundert. Göttingen 2010
Samuel P. Huntington, Der Kampf der Kulturen. The Clash of Civilizations. Die Neugestaltung der Weltpolitik im 21. Jahrhundert. 5. Aufl. München/Wien 1997 (zuerst engl. u. d. T. The Clash of Civilizations and the Remaking of World Order. New York 1996)
Akira Iriye/Jürgen Osterhammel (Hg.), Geschichte der Welt. Bd. 5: 1870–1945. Weltmärkte und Weltkriege. München 2012
Akira Iriye/Jürgen Osterhammel (Hg.), Geschichte der Welt. Bd. 6: 1945 bis heute. Die globalisierte Welt. München 2013

Akira Iriye, Die Entstehung einer transnationalen Welt, in: ders./Jürgen Osterhammel (Hg.), Geschichte der Welt. Bd. 6: 1945 bis heute. Die globalisierte Welt. München 2013, S. 671–825

Harold James, Geschichte Europas im 20. Jahrhundert. Fall und Aufstieg 1914–2001. München 2004

Tony Judt, Postwar. A History of Europe since 1945. New York 2005 (dt. u. d. T. Geschichte Europas von 1945 bis zur Gegenwart. München 2006)

Wolfgang Kaschuba, Die Überwindung der Distanz. Zeit und Raum in der europäischen Moderne. Frankfurt a. M. 2004

Hartmut Kaelble, Kalter Krieg und Wohlfahrtsstaat. Europa 1945–1989. München 2011

Martin Kaufhold, Europas Werte. Wie wir zu unseren Vorstellungen von richtig und falsch kamen. Ein historischer Essay. Paderborn 2013

Paul Kennedy, In Vorbereitung auf das 21. Jahrhundert. Frankfurt a. M. 1993

Klaus M. Kodalle/Hartmut Rosa, Der beschleunigte Wandel sozialer Wirklichkeit. Einleitung zu: dies. (Hg.), Rasender Stillstand. Beschleunigung des Wirklichkeitswandels. Konsequenzen und Grenzen. (Kritisches Jahrbuch der Philosophie 12) Würzburg 2008, S. VII–XXII

Deepak Lal, Does Modernization Require Westernization? In: The Independent Review 5 (2000), S. 5–24

Dieter Langewiesche, Das Jahrhundert Europas. Eine Annäherung in globalhistorischer Perspektive, in: HZ 296 (2013), S. 29–48

Hans van der Loo/Willem van Reijen, Modernisierung. Projekt und Paradox. München 1992 (zuerst niederländ. u. d. T. Paradoxen van modernisering. Muiderberg 1990)

Charles S. Maier, Transformations of Territoriality, in: Gunilla F. Budde/Sebastian Conrad/Oliver Janz (Hg.), Transnationale Geschichte. Themen, Tendenzen und Theorien. Göttingen 2006, S. 32–55

Charles Maier, Leviathan 2.0. Die Erfindung moderner Staatlichkeit, in: Akira Iriye/Jürgen Osterhammel (Hg.), Geschichte der Welt. Bd. 5: 1870–1945. Weltmärkte und Weltkriege. München 2012, S. 33–286

Steffen Mau, Transnationale Vergesellschaftung. Die Entgrenzung sozialer Lebenswelten. Frankfurt a. M. 2007

Wolfgang H. Miltner, Wenn Zeit zur Belastung wird. Psychologische und neurowissenschaftliche Aspekte, in: Klaus M. Kodalle/Hartmut Rosa (Hg.), Rasender Stillstand. Beschleunigung des Wirklichkeitswandels. Konsequenzen und Grenzen. (Kritisches Jahrbuch der Philosophie 12). Würzburg 2008, S. 287–298

Mark Mazower, The Dark Continent. Europe's Twentieth Century. New York 1999

Jan-Werner Müller, Contesting Democracy. Political Ideas in Twentieth-Century Europe. Yale 2011

Philippe Nemo, Was ist der Westen? Die Genese der abendländischen Zivilisation. Übersetzt aus dem Französischen von Karen Ilse Horn. Tübingen 2005

Günther Nonnenmacher/Andreas Rödder (Hg.), Eine neue Tendenzwende? Tagung am 4. und 5. Februar 2010 in Berlin. Die Dokumentation. Frankfurt a. M. (FAZ) 2010; Was heißt hier Solidarität? Zustand und Zukunft des Sozialstaats. Zweite Tendenzwende-Konferenz der F. A. Z. am 18. und 19. November 2010 in Berlin. Frankfurt a. M. 2011; Wer trägt eigentlich Verantwortung? Dritte Tendenzwende-Konferenz der F. A. Z. am 17. und 18. November 2011 in Berlin. Frankfurt a. M. 2012; Kapitalismus und Demokratie. Vierte Tendenzwende-Konferenz der F. A. Z. am 15. und

16. November 2012 in Berlin. Frankfurt a. M. 2013; Wertewandel in Europa? Fünfte Tendenzwende-Konferenz der F. A. Z. am 14. und 15. November 2013 in Berlin. Frankfurt a. M. 2014

Jürgen Osterhammel, Die Verwandlung der Welt. Eine Geschichte des 19. Jahrhunderts. München 2009

Jan Palmowski, The Europeanization of the Nation State, in: Journal of Contemporary History 46 (2011), S. 631–657

Thomas Piketty, Das Kapital im 21. Jahrhundert. München 2014 (zuerst franz. u. d. T. Le Capital au XXIe siècle. Paris 2013)

Werner Plumpe, Ökonomische Krisen und politische Stabilität in der Moderne, in: Dariusz Adamczyk/Stephan Lehnstaedt (Hg.), Wirtschaftskrisen als Wendepunkte. Ursachen, Folgen und historische Einordnungen vom Mittelalter bis zur Gegenwart. Osnabrück 2015, S. 25–47

Lutz Raphael, Die Verwissenschaftlichung des Sozialen als methodische und konzeptionelle Herausforderung für eine Sozialgeschichte des 20. Jahrhunderts, in: GG 22 (1996), S. 165–193

Wolfgang Reinhard, Lebensformen Europas. Eine historische Kulturanthropologie. München 2004

Morten Reitmayer/Thomas Schlemmer (Hg.), Die Anfänge der Gegenwart. Umbrüche in Westeuropa nach dem Boom. München 2014

David Reynolds, One World Divisible. A Global History since 1945. London 2000

Andreas Rödder, Die Bundesrepublik Deutschland 1969–1990. (Oldenbourg Grundriss der Geschichte 19a.) München 2004

Andreas Rödder, Konsumgesellschaft, moderner Sozialstaat und ‹Wertewandel›, in: Andreas Wirsching (Hg.), Oldenbourg Geschichte Lehrbuch. Neueste Zeit. München 2006, S. 147–160

Andreas Rödder, Das ‹Modell Deutschland› zwischen Erfolgsgeschichte und Verfallsdiagnose, in: VfZ 54 (2006), S. 345–363

Andreas Rödder, «Modell Deutschland» 1950–2011. Konjunkturen einer bundesdeutschen Ordnungsvorstellung, in: Tilman Mayer/Karl-Heinz Paqué/Andreas Apelt (Hg.), Modell Deutschland. Berlin 2013, S. 39–51

Daniel T. Rodgers, Age of Fracture. Cambridge/Mass 2011

Edeltraud Roller, Staatsbezug und Individualismus. Dimensionen des sozialkulturellen Wertewandels, in: Thomas Ellwein/Everhard Holtmann (Hg.), 50 Jahre Bundesrepublik Deutschland. Rahmenbedingungen – Entwicklungen – Perspektiven. Opladen 1999, S. 229–246

Hartmut Rosa, Beschleunigung. Die Veränderung der Zeitstrukturen in der Moderne. Frankfurt a. M. 2005

Hartmut Rosa, Bewegung und Beharrung in modernen Gesellschaften. Eine beschleunigungstheoretische Zeitdiagnose, in: Klaus M. Kodalle/ders. (Hg.), Rasender Stillstand. Beschleunigung des Wirklichkeitswandels. Konsequenzen und Grenzen. (Kritisches Jahrbuch der Philosophie 12). Würzburg 2008, S. 3–21

Axel Schildt/Detlef Siegfried, Deutsche Kulturgeschichte. Die Bundesrepublik 1945 bis zur Gegenwart. München 2009

Klaus Schroeder, Die veränderte Republik. Deutschland nach der Wiedervereinigung. Stamsried 2006

Gerhard Schulze, Die Erlebnisgesellschaft. Kultursoziologie der Gegenwart. Frankfurt a. M. 1992

Gerhard Schulze, Krisen. Das Alarmdilemma. Frankfurt a. M. 2011

Hans-Peter Schwarz (Koord.), Die Bundesrepublik Deutschland. Eine Bilanz nach 60 Jahren. München 2008

Kristina Spohr, Contemporary History in Europe. From Mastering National Pasts to the Future of Writing the World, in: Journal of Contemporary History 46 (2011), S. 506–530

Dan Stone (Hg.), The Oxford Handbook of Postwar European History. Oxford 2012

Wolfgang Streeck, The Crisis of Democratic Capitalism, in: New Left Review 71, Sept./Oct. 2011, S. 5–29

Wolfgang Streeck, Gekaufte Zeit. Die vertagte Krise des demokratischen Kapitalismus, Frankfurt a. M. 2013

Heinrich August Winkler, Geschichte des Westens. 4 Bde., München 2009–2015

Andreas Wirsching, Abschied vom Provisorium. Geschichte der Bundesrepublik Deutschland 1982–1990. München 2006

Andreas Wirsching u. a., The 1970s and 1980s as a Turning Point in European History?, in: JMEH 9 (2011), S. 8–26

Andreas Wirsching, Der Preis der Freiheit. Geschichte Europas in unserer Zeit. München 2012

Martin Wolf, Will the Nation-State Survive Globalization? In: Foreign Affairs 80 (2001), S. 178–190

Edgar Wolfrum, Rot-Grün an der Macht. Deutschland 1998–2005. München 2013

I.
Welt 3.0

Frank Bösch, Mediengeschichte. Vom asiatischen Buchdruck zum Fernsehen. Frankfurt a. M. 2011

Knut Borchardt, Globalisierung in historischer Perspektive. Bayerische Akademie der Wissenschaften. Philosophisch-Historische Klasse. Sitzungsberichte. Jg. 2001, Heft 2. München 2001

Asa Briggs/Peter Burke, A Social History of the Media. From Gutenberg to the Internet. 2. Aufl. Cambridge 2005

Hans-Jürgen Bucher, Das Internet als Netzwerk des Wissens. Zur Dynamik und Qualität von spontanen Wissensordnungen im Web 2.0, in: Heiner Fangerau (Hg.), Netzwerke. Allgemeine Theorie oder Universalmetapher in den Wissenschaften? Ein transdisziplinärer Überblick. Bielefeld 2009, S. 133–171

Mercedes Bunz, Vom Speicher zum Verteiler. Die Geschichte des Internet. Berlin 2008

Manuel Castells, Towards a Sociology of the Network Society, in: Contemporary Sociology 29 (2000), S. 693–699

Manuel Castells, Der Aufstieg der Netzwerkgesellschaft. Teil 1 der Trilogie: Das Informationszeitalter. Übersetzt von Reinhart Kößler. Opladen 2004.

Ute Daniel/Axel Schildt (Hg.), Massenmedien im Europa des 20. Jahrhunderts. Köln 2010

Jürgen Danyel, Zeitgeschichte der Informationsgesellschaft, in: Zeithistorische Forschungen/Studies in Contemporary History, Online-Ausgabe, 9 (2012), H. 2, http://www.zeithistorische-forschungen.de/16126041-Danyel-2–2012

George Dyson, Turings Kathedrale. Die Ursprünge des digitalen Zeitalters. Berlin 2014
Werner Faulstich, Die Mediengeschichte des 20. Jahrhunderts. München 2012
Luciano Floridi, Information. A very short Introduction. Oxford 2010
Chris Freeman/Francisco Louçã, As time goes by. From the Industrial Revolutions to the Information Revolution. Oxford 2004
Knut Hickethier, Medienkultur im Wandel, in: Werner Faulstich (Hg.), Die Kultur des 20. Jahrhunderts im Überblick. München 2011, S. 221–239
Stig Hjarvard, The Mediatization of Society. A Theory of the Media as Agents of Social and Cultural Change, in: Nordicom Review 29 (2008), S. 105–134
Christina von Hodenberg, Expeditionen in den Methodendschungel. Herausforderungen der Zeitgeschichtsforschung im Fernsehzeitalter, in: JMEH 10 (2012), S. 24–47
Peter Hoeres, Gärtner der Rhizome. Geschichte digital erzählen auf Wikipedia. Berlin 2013
Georges Ifrah, The Computer and the Information Revolution. Translated from the French, and with Notes, by E. F. Harding. London 2000
Robert O. Keohane/Joseph S. Nye, The Information Revolution, State and Power in the Age of Global Information, in: Internationale Politik 55 (2000), S. 9–16
Scott Lash, Auf dem Weg zu einer Moderne verallgemeinerter Medialisierung, in: Thorsten Bonacker/Andreas Reckwitz (Hg.), Kulturen der Moderne. Soziologische Perspektiven der Gegenwart. Frankfurt a. M. 2007, S. 251–266
Viktor Mayer-Schönberger/Kenneth Cukier, Big Data. Die Revolution, die unser Leben verändern wird. München 2013
Michael Meyen, Medialisierung, in: Medien und Kommunikationswissenschaft 57 (2009), S. 23–38
Friedrich Naumann, Vom Abakus zum Internet. Die Geschichte der Informatik. Darmstadt 2001
Kathrin Passig/Sascha Lobo, Internet. Segen oder Fluch. Berlin 2012
Marshall T. Poe, A History of Communication, Media and Society from the Evolution to the Internet. Cambridge 2011
Christian Reinecke, Wissensgesellschaft und Informationsgesellschaft, Version 1.0, in: Docupedia-Zeitgeschichte, 11 (2010), http://docupedia.de/zg/Wissensgesellschaft
Kathrin Rothemund, Internet. Verbreitung und Aneignung in den 1990ern, in: Werner Faulstich (Hg.), Die Kultur der 90er Jahre. München 2010, S. 119–136
Brigitte Röthlein, Mare Tranquillatis, 20. Juli 1969. Die wissenschaftlich-technische Revolution. München 1997
Frank Schirrmacher, Payback. Warum wir im Informationszeitalter gezwungen sind zu tun, was wir nicht tun wollen, und wie wir die Kontrolle über unser Denken zurückgewinnen. München 2009
Andrew Shapiro, The Control Revolution. How the Internet is Putting Individuals in Charge and Changing the World We Know. New York 1999
Christian Stöcker, Nerd Attack! Eine Geschichte der digitalen Welt vom C64 bis zu Twitter und Facebook. München 2011
James Owen Weatherall, The Physics of Finance. Predicting the Unpredictable. Can Science Beat the Market? New York 2013
Jürgen Wilke (Hg.), Mediengeschichte der Bundesrepublik Deutschland. Köln 1999
Jürgen Wilke, Medien. Die «vierte Gewalt»? In: Stefan Hradil (Hg.), Deutsche Verhältnisse. Eine Sozialkunde. Bonn 2012, S. 403–426
Tim Wu, The Master Switch. The Rise and Fall of Information Empires. New York 2011

II.
Global Economy

Werner Abelshauser, Aus Wirtschaftskrisen lernen – aber wie? Krisenszenarien im Vergleich, in: VfZ 57 (2009), S. 467–483

Werner Abelshauser/David Gilgen/Andreas Leutzsch (Hg.), Kulturen der Weltwirtschaft. (GG Sonderheft 24) Göttingen 2012

Anat Admati/Martin Hellwig, Des Bankers neue Kleider. Was bei Banken wirklich schief läuft und was sich ändern muss. 3. Aufl. München 2014 (zuerst engl. u. d. T. The Bankers' New Clothes. Princeton 2013)

Gerold Ambrosius, Globalisierung und multilaterale Konvergenz nationaler Regulierungen vor dem Ersten Weltkrieg, in: Jahrbuch für Wirtschaftsgeschichte 2003, S. 99–120

Uwe Becker, Measuring Change of Capitalist Varieties. Reflections on Methods, Illustrations from the BRICs, in: New Political Economy 18 (2013), S. 503–532

Ivan T. Berend, An Economic History of Twentieth-Century Europe. Economic Régimes from Laissez-faire to Globalization. Cambridge 2006

Jagdish Bhagwati/Arvind Panagariya, Why Growth Matters. How Economic Growth in India Reduced Poverty and the Lessons for other Developing Countries. New York 2013

Reinhard Blomert, Die Habgierigen. Firmenpiraten, Börsenmanipulation. Kapitalismus außer Kontrolle. München 2003

Taylor C. Boas/Jordan Gans-Morse, Neoliberalism. From New Liberal Philosophy to Anti-Liberal Slogan, in: Studies in Comparative International Development 44 (2009), S. 137–161

Gunilla Budde (Hg.), Kapitalismus. Historische Annäherungen. Göttingen 2011

Daniel Buhr/Rolf Frankenberger, Spielarten des inkorporierten Kapitalismus, in: Andreas Nölke/Christian May/Simone Claar (Hg.), Die großen Schwellenländer. Ursachen und Folgen ihres Aufstiegs in der Weltwirtschaft. Wiesbaden 2014, S. 61–84

Sebastian Conrad, Globalisierung und Nation im Deutschen Kaiserreich. 2. Aufl. München 2010

Barry Eichengreen, The European Economy since 1945. Princeton 2007

Peter Fäßler, Globalisierung, Ein historisches Kompendium. Köln 2007

James Fulcher, Kapitalismus. 2. Aufl. Stuttgart 2011

André Gorz, Arbeit zwischen Misere und Utopie. Frankfurt a. M. 2000

Peter A. Hall/David Soskice, Varieties of Capitalism. The Institutional Foundation of Comparative Advantage. Oxford 2001

Gerd Hardach, Expansion und Stagnation der Globalisierung 1850–1950, in: Peter Feldbauer (Hg.), Rhythmen der Globalisierung. Expansion und Kontraktion zwischen dem 13. und 20. Jahrhundert. Wien 2009, S. 85–123

Helmut Hesse, Globalisierung. Über die unaufhaltsame Beschleunigung der Veränderung unserer Lebenswelt, in: Klaus M. Kodalle/Hartmut Rosa (Hg.), Rasender Stillstand. Beschleunigung des Wirklichkeitswandels. Konsequenzen und Grenzen (Kritisches Jahrbuch der Philosophie 12) Würzburg 2008, S. 137–150

Jürgen Hoffmann, Der kleine Unterschied. Varieties of Capitalism, in: WSI Mitteilungen 32 (2003), H. 2, S. 124–130.

Jürgen Hoffmann, Arbeitsbeziehungen im Rheinischen Kapitalismus. Zwischen Modernisierung und Globalisierung. Münster 2006

Falk Illing, Deutschland in der Finanzkrise. Chronologie der deutschen Wirtschaftspolitik 2007–2012. Wiesbaden 2013

Hartmut Kiehling, Die Weltfinanzkrisen 1929 und 2008 im Vergleich, in: Rolf Walter (Hg.), Globalisierung in der Geschichte. (VSWG Beih. 214) Stuttgart 2011, S. 257–269

Jürgen Kocka, Geschichte des Kapitalismus. München 2013

John Komlos, The Industrial Revolution as the Escape from the Malthusian Trap, in: Munich Discussion Papers 13 (2003), S. 1–35

Jan Pieter Krahnen, Rettung durch Regulierung? Eckpunkte des Liikanen-Berichts, in: Perspektiven der Wirtschaftspolitik 14 (2013), S. 167–185

Paul Krugman, Die neue Weltwirtschaftskrise. Frankfurt a. M. 1999/ Bonn 2009

Michael Lewis, The Big Short. Inside the Doomsday Machine. New York 2010

Bernhard Löffler (Hg.), Die kulturelle Seite der Währung. Europäische Währungskulturen, Geldwerterfahrungen und Notenbanksysteme im 20. Jahrhundert. (HZ Beih. 50) München 2010

Susanne Lütz, Der Staat und die Globalisierung von Finanzmärkten. Regulative Politik in Deutschland, Großbritannien und den USA. Frankfurt a. M. 2002

Susanne Lütz, Von der Infrastruktur zum Markt? Der deutsche Finanzsektor zwischen Deregulierung und Regulierung, in: Paul Windolf (Hg.), Finanzmarkt-Kapitalismus. (Sonderheft 45 der KZ/SS) Wiesbaden 2005, S. 294–315

Johan A. Lybeck, A Global History of the Financial Crash 2007–2010. Cambridge 2011

Sighard Neckel, Refeudalisierung der Ökonomie. Zum Strukturwandel kapitalistischer Wirtschaft, in: Herbert Kalthoff/Uwe Vormbusch (Hg.), Soziologie der Finanzmärkte. Bielefeld 2012, S. 113–128 (zuerst in: WestEnd. Neue Zeitschrift für Sozialforschung 8 (2011), S. 117–128)

Jose Antonio Ocampo/Joseph E. Stiglitz, Capital market liberalization and development. Oxford/New York 2008

Jürgen Osterhammel/Niels P. Petersson, Geschichte der Globalisierung. Dimensionen, Prozesse, Epochen. München 2003

Karl-Heinz Paqué, Wachstum! Die Zukunft des globalen Kapitalismus. München 2010

Niels P. Petersson, Das Kaiserreich in Prozessen ökonomischer Globalisierung, in: Sebastian Conrad (Hg.), Das Kaiserreich transnational. Deutschland in der Welt 1871–1914. Göttingen 2004, S. 49–67

Ulrich Pfister, Globalisierung und Weltwirtschaft, in: Hans-Ulrich Thamer (Hg.), WBG-Weltgeschichte. Bd. VI: Von 1880 bis heute. Darmstadt 2010 S. 277–336

Toni Pierenkemper, Geschichte des modernen ökonomischen Denkens. Große Ökonomen und ihre Ideen. Göttingen 2012

John Plender, London's Big Bang in International Context, in: International Affairs 1986/87, S. 39–48

Werner Plumpe, Wirtschaftskrisen, Geschichte und Gegenwart. 3. Aufl. München 2012

Werner Plumpe, Die Wirtschaft des Kaiserreiches. Anmerkungen zur Genealogie des deutschen Kapitalismus, in: Tilman Mayer/Karl-Heinz Paqué/Andreas Apelt (Hg.), Modell Deutschland. Berlin 2013, S. 13–37

Werner Plumpe, «Ölkrise» und wirtschaftlicher Strukturwandel. Die bundesdeutsche Wirtschaft in den 1970er Jahren, in: Alexander Gallus/Axel Schildt/Detlef Siegfried (Hg.), Deutsche Zeitgeschichte – transnational. Göttingen 2015 (i. E.)

Morten Reitmeyer/Ruth Rosenberger (Hg.), Unternehmen am Ende des «goldenen Zeitalters». Die 1970er Jahre in unternehmens- und wirtschaftshistorischer Perspektive. Essen 2008

Jeremy Rifkin, Die dritte industrielle Revolution. Die Zukunft der Wirtschaft nach dem Atomzeitalter. Frankfurt a. M. 2011 (zuerst engl. u. d. T. The Third Industrial Revolution. New York 2011)

Nouriel Roubini/Stephen Mihm, Das Ende der Weltwirtschaft und ihre Zukunft. Crisis Economics. Frankfurt a. M. 2010 (zuerst engl. u. d. T. Crisis Economics. A Crash Course in the Future of Finance. New York 2010)

Bernd Rudolph, Die Finanzkrise 2007–2009. Schlüsselereignis für die zukünftige Entwicklung des Finanzsystems, in: Dieter Lindenlaub/Carsten Burhop/Joachim Scholtyseck (Hg.), Schlüsselereignisse der deutschen Bankengeschichte. Stuttgart 2013, S. 478–502

Alexander Schäfer/Isabel Schnabel/Beatrice Weder di Mauro, Have Markets Reacted to Financial Sector Reforms? An Event-Study Analysis. http://www.financial.economics. uni-mainz.de/Dateien/Reform.pdf (1. März 2012)

Stefan Schmalz/Matthias Ebenau, Brasilien, Indien und China. Unterschiedliche Transformationspfade in der Krise, in: Andreas Nölke/Christian May/Simone Claar (Hg.), Die großen Schwellenländer. Ursachen und Folgen ihres Aufstiegs in der Weltwirtschaft. Wiesbaden 2014, S. 43–59

Tomás Sedlácek, Die Ökonomie von Gut und Böse. München 2012 (zuerst tschech. u. d. T. Ekonomie dobra a zla. Prag 2009)

Richard Sennett, Der flexible Mensch. Die Kultur des neuen Kapitalismus. 7. Aufl. Berlin 2010 (zuerst engl. u. d. T. The Corrosion of Character. The Personal Consequences of Work in the New Capitalism. London 1998)

Matthew Sherman, A Short History of Financial Deregulation in the United States. Center for Economic and Policy Research. Washington 2009 (http://www.cepr.net/documents/publications/dereg-timeline-2009-07.pdf; 11. September 2013)

Hans-Werner Sinn, Kasino-Kapitalismus. Wie es zur Finanzkrise kam, und was jetzt zu tun ist. Berlin 2010

Mark Spoerer/Jochen Streb, Neue deutsche Wirtschaftsgeschichte des 20. Jahrhunderts. München 2013

Daniel Stedman Jones, Masters of the Universe. Hayek, Friedman, and the Birth of Neoliberal Politics. Princeton 2012

Joseph E. Stiglitz, Freefall. America, Free Markets, and the Sinking of the World Economy. New York 2010

Wolfgang Streeck/Martin Höpner, Alle Macht dem Markt? Fallstudien zur Abwicklung der Deutschland AG. Frankfurt a. M. 2003

Cornelius Torp, Weltwirtschaft vor dem Weltkrieg. Die erste Welle ökonomischer Globalisierung vor 1914, in: HZ 279 (2004), S. 561–609

Cornelius Torp, Die Herausforderung der Globalisierung. Wirtschaft und Politik 1860–1914. Göttingen 2005

Georg von Wallwitz, Odysseus und die Wiesel. Eine fröhliche Einführung in die Finanzmärkte. Berlin 2011

Paul Windolf, Eigentümer ohne Risiko. Die Dienstklasse des Finanzmarkt-Kapitalismus, in: Zeitschrift für Soziologie 37 (2008), S. 516–535

Nikolaus Wolf, Kurze Geschichte der Weltwirtschaft, in: APuZ 1–3/2014, S. 9–15

Werner Zohlnhöfer/Reimut Zohlnhöfer, Die Wirtschaftspolitk der Ära Kohl 1982–

1989/90. Eine Wende im Zeichen der Sozialen Marktwirtschaft? In: Günter Buchstab/Hans-Otto Kleinmann/Hanns Jürgen Küsters (Hg.), Die Ära Kohl im Gespräch. Eine Zwischenbilanz. Köln 2010, S. 23–44

III.
Die Welt ist nicht genug

Silvana Bartoletto, Patterns of Energy transitions. The Long-Term Role of Energy in the Economic Growth of Europe, in Nina Möllers/Karin Zachmann (Hg.), Past and Present Energy Societies. How Energy Connects Politics, Technologies and Cultures. Bielefeld 2012, S. 305–330

Wolfgang Behringer, Kulturgeschichte des Klimas. Von der Eiszeit bis zur globalen Erwärmung. München 2010

Marc Bettzüge/Christian Growitsch/Timo Panke, Erste Elemente eines Jahrhundertprojekts – ökonomische Betrachtungen der Europäischen Energiepolitik, in: Zeitschrift für Wirtschaftspolitik 60 (2011), S. 50–61

Marc Bettzüge, Das Energiekonzept der Bundesregierung. Einige Betrachtungen aus langfristiger Perspektive, in: Tilman Mayer/Karl-Heinz Paqué/Andreas Apelt (Hg.) Modell Deutschland. Berlin 2013, S. 61–74

David Blackbourn, The Conquest of Nature. Water, Landscape, and the Making of Modern Germany. New York 2006

Franz-Josef Brüggemeier, Tschernobyl, 26. April 1986. Die ökologische Herausforderung. München 1998

Franz-Josef Brüggemeier, Schranken der Natur. Umwelt, Gesellschaft, Experimente. 1750 bis heute. Essen 2014

Martin Czakainski, Energiepolitik in der Bundesrepublik Deutschland 1960–1980 im Kontext der außenwirtschaftlichen und außenpolitischen Verflechtungen, in: Jens Hohensee/Michael Salewski (Hg.), Energie, Politik, Geschichte. Nationale und internationale Energiepolitik seit 1945. Stuttgart 1993, S. 17–33

Roderich von Detten, Umweltpolitik und Unsicherheit, Zum Zusammenspiel von Wissenschaft und Umweltpolitik in der Debatte um das Waldsterben der 1980er Jahre, in: AfS 50 (2010), S. 217–269

Roderich von Detten (Hg.), Das Waldsterben – Rückblick auf einen Ausnahmezustand. München 2013

Deutscher Bundestag, Schlussbericht der Enquete-Kommission «Wachstum, Wohlstand, Lebensqualität – Wege zu nachhaltigem Wirtschaften und gesellschaftlichem Fortschritt in der Sozialen Marktwirtschaft», Drucksache 17/13300, 3. Mai 2013

Karl Ditt, Die Anfänge der Umweltpolitik in der Bundesrepublik Deutschland während der 1960er Jahre und frühen 1970er Jahre, in: Matthias Frese/Julia Paulus/Karl Teppe (Hg.), Demokratisierung und gesellschaftlicher Aufbruch, Die sechziger Jahre als Wendezeit der Bundesrepublik. Paderborn 2003, S. 305–347

Hendrik Ehrhardt/Thomas Kroll (Hg.), Energie in der modernen Gesellschaft. Zeithistorische Perspektiven. Göttingen 2012

Jens Ivo Engels, Naturpolitik in der Bundespolitik. Ideenwelt und politische Verhaltensstile in Naturschutz und Umweltbewegung 1950–1980. Paderborn 2006

Jens Ivo Engels, Umweltschutz in der Bundesrepublik. Von der Unwahrscheinlichkeit einer Alternativbewegung, in: Sven Reichardt/Detlef Siegfried (Hg.), Das Alternative Milieu. Antibürgerlicher Lebensstil und linke Politik in der Bundesrepublik Deutschland und Europa 1968–1983. Göttingen 2010, S. 405–422

Nils Freytag, Deutsche Umweltgeschichte – Umweltgeschichte in Deutschland. Erträge und Perspektiven, in: HZ 283 (2006), S. 383–407

Rüdiger Glaser, Klimageschichte Mitteleuropas. 1000 Jahre Wetter, Klima, Katastrophen. Darmstadt 2001

Jost Hermand/Peter Morris-Keitel (Hg.), Noch ist Deutschland nicht verloren. Ökologische Wunsch- und Warnschriften seit dem späten 18. Jahrhundert. Berlin 2006

International Panel On Climate Change (IPCC), Climate Change 2007. Synthesis Report. Genf 2007

International Panel On Climate Change (IPCC), Climate Change 2013. The Physical Science Basis. Working Group I Contribution to the Fifth Assessment Report of the Intergovernmental Panel on Climate Change. Cambridge 2013

Patrick Kupper, Die «1970er Diagnose». Grundsätzliche Überlegungen zu einem Wendepunkt der Umweltgeschichte, in: AfS 43 (2003), S. 325–348

Claus Leggewie/Harald Welzer, Das Ende der Welt, wie wir sie kannten. Klima, Zukunft und die Chancen der Demokratie. Frankfurt a. M. 2009

Bjœrn Lomborg, How much have Global Problems Cost the World. A Scorecard from 1900 to 2050. Cambridge 2013

Franz Mauelshagen, Klimageschichte der Neuzeit 1500–1900. Darmstadt 2010

Franz Mauelshagen, «Anthropozän». Plädoyer für eine Klimageschichte des 19. und 20. Jahrhunderts, in: Zeithistorische Forschungen/Studies in Contemporary History. Online-Ausgabe 9 (2012), H. 1, http://www.zeithistorische-forschungen.de/16126041-Mauelshagen-1–2012

John R. McNeill, Blue Planet. Die Geschichte der Umwelt im 20. Jahrhundert. Bonn 2005

John R. McNeill/Peter Engelke, Mensch und Umwelt im Zeitalter des Anthropozän, in: Akira Iriye/Jürgen Osterhammel (Hg.), Geschichte der Welt. Bd. 6: 1945 bis heute. Die globalisierte Welt. München 2013, S. 357–534

Dennis L. Meadows, Die Grenzen des Wachstums. Bericht des Club of Rome zur Lage der Menschheit. Stuttgart 1972

Birgit Metzger/Martin Bemmann/Roland Schäfer, Und ewig sterben die Wälder. Das deutsche «Waldsterben» als historisches Phänomen, in: Revue d'Allemagne et des pays de langue allemande, 39 (2007), S. 423–436

Meinhard Miegel, Exit. Wohlstand ohne Wachstum. Berlin 2010

Joachim Radkau, Die Geschichte der Kerntechnik, in: Joachim Varchmin/ders., Kraft, Energie und Arbeit. Energie und Gesellschaft. Reinbek 1988 (zuerst 1981), S. 170–247

Joachim Radkau, Die Ära der Ökologie. Eine Weltgeschichte. München 2011

Stefan Rahmstorf/Hans Joachim Schellnhuber, Der Klimawandel. München 2006

Jörg Roesler, System- oder konjunkturbedingte Unterschiede? Zur Umweltpolitik in der DDR und der Bundesrepublik in den 70er und 80er Jahren, in: DA 39 (2006), S. 480–488

Friedemann Schmoll, Erinnerung an die Natur. Die Geschichte des Naturschutzes im deutschen Kaiserreich. Frankfurt a. M. 2004

Gerhard Schulze, Es ist fünf vor zwölf. Ein soziologischer Bewusstseinstrip, in: Martin Meyer (Hg.), Perspektiven auf eine Welt im Umbruch. Zürich 2010, S. 89–105

Wolfram Siemann/Nils Freytag (Hg.), Umweltgeschichte. Themen und Perspektiven. München 2003
Robert und Edward Skidelsky, Wie viel ist genug? Vom Wachstumswahn zu einer Ökonomie des guten Lebens. München 2013
Frank Uekötter/Jens Hohensee (Hg.), Wird Kassandra heiser? Die Geschichte falscher Ökoalarme. Stuttgart 2004.
Frank Uekötter, Umweltgeschichte im 19. und 20. Jahrhundert. (Enzyklopädie deutscher Geschichte 81) München 2007
Frank Uekötter, The age of smoke. Environmental policy in Germany and the United States, 1880–1970. Pittsburgh 2009
Frank Uekötter, Am Ende der Gewissheiten. Die ökologische Frage im 21. Jahrhundert. Frankfurt a. M. 2011
Jochen Weichold, Umweltpolitik, in: Clemens Burrichter (Hg.), Deutsche Zeitgeschichte von 1945 bis 2000. Gesellschaft, Staat, Politik. Ein Handbuch. Berlin 2006, S. 1137–1179
Wissenschaftlicher Beirat der Bundesregierung Globale Umweltveränderungen, Welt im Wandel. Gesellschaftsvertrag für eine Große Transformation. Berlin 2011
World Bank, Turn Down the Heat. Why a 4 °C Warmer World Must be Avoided. Washington D. C. 2012
Rüdiger Wurzel, Environmental, climate and energy policies. Path-dependent incrementalism or quantum leap? In: German Politics 19 (2010), S. 460–478
Frank Zelko, Greenpeace und die Entwicklung des internationalen Umweltaktivismus in den siebziger Jahren des 20. Jahrhunderts, in: Norbert Finzsch (Hg.), Clios Natur. Vergleichende Aspekte der Umweltgeschichte. Münster 2008, S. 120–145

IV.
Die Ordnung der Dinge

Perry Anderson, The Origins of Post-Modernity. London 1998
Gary S. Becker, Familie, Gesellschaft und Politik – die ökonomische Perspektive. Tübingen 1996
Gary S. Becker/Guity Nashat Becker, Die Ökonomik des Alltags. Von Baseball über Gleichstellung zur Einwanderung. Was unser Leben wirklich bestimmt. Stuttgart 1998
Ute Behning/Birgit Sauer (Hg.), Was bewirkt Gender Mainstreaming? Evaluierung durch Policy Analysen. Frankfurt a. M. 2005
Mark Bevir/Jill Hargis/Sara Rushing (Hg.), Histories of Postmodernism. London 2007
Silke Bothfeld/Sigrid Gronbach/Barbara Riedmüller (Hg.), Gender Mainstreaming – eine Innovation in der Gleichstellungspolitik. Zwischenberichte aus der politischen Praxis. Frankfurt a. M. 2002
Michael Brenner (Hg.), Geschichte der Juden in Deutschland von 1945 bis zur Gegenwart. Politik, Kultur und Gesellschaft. München 2012
José Casanova, Der Ort der Religion im säkularen Europa, in: Transit: Europäische Revue 27 (2004), S. 86–106
José Casanova, Erkundungen des Postsäkularen. Rolle und Bedeutung der Religion in Europa, in: WestEnd. Neue Zeitschrift für Sozialforschung 8 (2011), S. 68–79

Rauf Ceylan/Michael Kiefer, Salafismus. Fundamentalistische Strömungen und Radikalisierungsprävention. Wiesbaden 2013

Grace Davie, Religion in Europe in the 21st Century. The Factors to Take into Account, in: European Journal of Sociology 47 (2006), H. 2, S. 271–296

Otto Depenheuer, Zählen statt Urteilen. Die Auflösung der Urteilskraft in die Zahlengläubigkeit, in: Sächsische Verwaltungsblätter 8/2010, S. 177–180

Otto Depenheuer, Vermessenes Recht. Das Gemeinwesen im Netz der Zahlen. Paderborn 2013

François Dosse, Geschichte des Strukturalismus. Bd. 1: Das Feld der Zeichen 1945–1966. Hamburg 1996; Bd. 2: Die Zeichen der Zeit 1967–1991. Hamburg 1997

Thomas Ebert, Soziale Gerechtigkeit. Ideen, Geschichte, Kontroversen. Bonn 2010

Paul Feyerabend, Wider den Methodenzwang. Frankfurt a. M. 1976

Ingeborg Flagge (Hg.), Geschichte des Wohnens. Bd. 5: 1945 bis heute. Aufbau, Neubau, Umbau. Stuttgart 1999

Michel Foucault, Überwachen und Strafen. Die Geburt des Gefängnisses. 12. Aufl. Frankfurt a. M. 1998

Michel Foucault, Die Geburt der Biopolitik. Geschichte der Gouvernementalität II. Frankfurt a. M. 2006

Karl Gabriel, Jenseits von Säkularisierung und Wiederkehr der Götter, in: APuZ 52/2008, S. 9–15

Karl Gabriel, Säkularisierung und Religiosität im 20. Jahrhundert, in: Andreas Rödder/Wolfgang Elz (Hg.), Alte Werte – Neue Werte. Schlaglichter des Wertewandels. Göttingen 2008, S. 97–106

Hermann Glaser, Deutsche Kultur. Ein historischer Überblick von 1945 bis zur Gegenwart. 2. Aufl. Bonn 2000

Friedrich Wilhelm Graf, Götter global. Wie die Welt zum Supermarkt der Religionen wird. München 2014

Friedrich Wilhelm Graf/Klaus Große Kracht (Hg.), Religion und Gesellschaft. Europa im 20. Jahrhundert. Köln 2007

Martin Greschat, Der Protestantismus in der Bundesrepublik Deutschland, 1945–2005. Leipzig 2010

Thomas Großbölting, Der verlorene Himmel. Glaube in Deutschland seit 1945. Göttingen 2013

Jürgen Habermas, Der philosophische Diskurs der Moderne. Frankfurt a. M. 1985

Jürgen Habermas, Die Moderne – Ein unvollendetes Projekt. Philosophisch-politische Aufsätze. Leipzig 1990

Jürgen Habermas, Der gespaltene Westen. Kleine politische Schriften, Bd. X, Frankfurt a. M. 2004

Sonja Haug/Stephanie Müssig/Anja Stichs, Muslimisches Leben in Deutschland. Im Auftrag der Deutschen Islam Konferenz. (Bundesamt für Migration und Flüchtlinge/Deutsche Islam Konferenz, Forschungsbericht 6) Nürnberg 2009

Robert W. Hefner (Hg.), Muslims and Modernity. Culture and Society since 1800. (The New Cambridge History of Islam 6) Cambridge 2010

Marion Heinz, Anfang und Ende des bürgerlichen Geschlechterdiskurses. Philosophisch-feministische Forschungen zur Autonomie der Frau, in: Barbara Rendtorff u. a. (Hg.), Geschlechterforschung. Theorien, Thesen, Themen zur Einführung. Stuttgart 2011, S. 185–200

Klaus Hildebrand, Der Westen. Betrachtungen über einen uneindeutigen Begriff, in: Dieter Hein u. a. (Hg.), Historie und Leben. Der Historiker als Wissenschaftler und Zeitgenosse. München 2006, S. 595–603

Michael Hochgeschwender, Was ist der Westen? Zur Ideengeschichte eines politischen Konstrukts, in: HPM 11 (2004), S. 1–30

Ronald Inglehart, The Silent Revolution. Changing Values and Political Styles Among Western Publics. Princeton 1977

Ronald Inglehart, Kultureller Umbruch. Wertewandel in der westlichen Welt. Frankfurt a. M. 1989

Ronald Inglehart/Christian Welzel, How Development Leads to Democracy. What We Know About Modernization, in: Foreign Affairs 88 (2009), H. 2, S. 33–48

Hans Joas/José Casanova, Religion und die umstrittene Moderne. Stuttgart 2010

Hartmut Kaelble, Europäischer Wertewandel am Ende des 20. Jahrhunderts. Ein internationaler Vergleich, in: Stefan Ehrenpreis (Hg.), Wege der Neuzeit. Festschrift für Heinz Schilling zum 65. Geburtstag. Berlin 2007, 311–328

Wolfgang Kersting, Die Bedeutung der Gerechtigkeit. München [Roman Herzog Institut] 2010

Helmut Klages, Wertorientierungen im Wandel. Rückblick, Gegenwartsanalyse, Prognosen. Frankfurt a. M. 1984

Helmut Klages, Traditionsbruch als Herausforderung. Perspektiven der Wertewandelsgesellschaft. Frankfurt a. M. 1993

Dietmar Klenke, Die Einführung der W-Besoldung. Ihre Entstehung aus zeitgeschichtlicher Perspektive, in: forschung & lehre 3/2012, S. 190–193

Heinrich Klotz (Hg.), Revision der Moderne. Postmoderne Architektur 1960–1980. München 1984

Heinrich Klotz, Moderne und Postmoderne. Architektur der Gegenwart 1960–1980. 3. Aufl. Braunschweig 1987 (zuerst 1984)

Heinrich Klotz, Kunst im 20. Jahrhundert. Moderne – Postmoderne – Zweite Moderne. 2. Aufl. München 1999

Benedikt Köhler/Wolfgang Bonß, Die reflexive Modernisierung des Zählens. Von der amtlichen zur post-amtlichen Statistik, in: WestEnd. Neue Zeitschrift für Sozialforschung 4 (2007), S. 96–121

Panajotis Kondylis, Der Niedergang der bürgerlichen Denk- und Lebensform. Die liberale Moderne und die massendemokratische Postmoderne. Weinheim 1991

Chris Lorenz, Konstruktion der Vergangenheit. Eine Einführung in die Geschichtstheorie. Köln 1997

Niklas Luhmann, Inklusion und Exklusion, in: ders., Soziologische Aufklärung. Bd. 6: Die Soziologie und der Mensch. Opladen 1995, S. 237–264

Jean-François Lyotard, Das postmoderne Wissen. Ein Bericht. Hg. von Peter Engelmann. Wien 1999

Klaus Mainzer, Die Berechnung der Welt. Von der Weltformel zu Big Data. München 2014

Heiner Meulemann, Werte und Wertewandel. Zur Identität einer geteilten und wieder vereinten Nation. Weinheim 1996

Gabriele Metzler, Am Ende aller Krisen? Politisches Denken und Handeln in der Bundesrepublik der sechziger Jahre, in: HZ 275 (2002), S. 57–103

Gabriele Metzler, Konzeptionen politischen Handelns von Adenauer bis Brandt. Politische Planung in der pluralistischen Gesellschaft. Paderborn 2005

Reinhard Münch, Akademischer Kapitalismus. Zur politischen Ökonomie der Hochschulreform. Frankfurt a. M. 2009

Philippe Nemo, Was ist der Westen? Die Genese der abendländischen Zivilisation. Übersetzt aus dem Französischen von Karen Ilse Horn. Tübingen 2005

Christopher Neumaier, Von der bürgerlichen Kernfamilie zur Pluralität familialer Lebensformen? Zum Wandel der Familienwerte in Westdeutschland in den 1960er und 1970er Jahren, in: ZeitRäume. Potsdamer Almanach des Zentrums für Zeithistorische Forschung 2012/2013, S. 133–144

Alexander Nützenadel, Stunde der Ökonomen. Wissenschaft, Expertenkultur und Politik in der Bundesrepublik 1949–74. Göttingen 2005

Sven Opitz, Eine Topologie des Außen – Foucault als Theoretiker der Inklusion/Exklusion, in: Roland Anhorn/Frank Bettinger/Johannes Stehr (Hg.), Foucaults Machtanalytik und Soziale Arbeit. Eine kritische Einführung und Bestandsaufnahme. Wiesbaden 2007, S. 41–57

Jürgen Osterhammel, Europe, the «West» and the Civilizing Mission. (German Historical Institute London, The 2005 Annual Lecture) London 2006

Gert Pickel, Religiosität versus Konfessionslosigkeit, in: Manuela Glaab/Werner Weidenfeld/Michael Weigl (Hg.), Deutsche Kontraste 1990–2010. Politik, Wirtschaft, Gesellschaft, Kultur. Frankfurt a. M. 2010, S. 447–484

Detlef Pollack, Historische Analyse statt Ideologiekritik. Eine historisch-kritische Diskussion über die Gültigkeit der Säkularisierungstheorie, in: GG 37 (2011), S. 482–522

Detlef Pollack, Öffentliche Wahrnehmung des Islam in Deutschland, in: Dirk Halm/Hendrik Meyer (Hg.), Islam und die deutsche Gesellschaft. Wiesbaden 2013, S. 89–118

Michael Power, Counting, Control and Calculation. Reflections on Measuring and Measurement, in: Human Relations 57 (2004), S. 765–783

Annedore Prengel, Kann Inklusive Pädagogik die Sehnsucht nach Gerechtigkeit erfüllen? Paradoxien eines demokratischen Bildungskonzepts, in: Simone Seitz u. a. (Hg.), Inklusiv gleich gerecht? Inklusion und Bildungsgerechtigkeit. Bad Heilbrunn 2012, S. 16–31

Annedore Prengel, Inklusive Bildung: Grundlagen, Praxis, offene Fragen, in: Thomas Häcker/Maik Walm (Hg.), Inklusion in Schule und Lehrerbildung. Bad Heilbrunn 2014, S. 1–19

Andreas Rödder, Wertewandel und Postmoderne. Gesellschaft und Kultur in der Bundesrepublik Deutschland 1965–1990. Stuttgart 2004

Andreas Rödder, Wertewandel in historischer Perspektive. Ein Forschungskonzept, in: Bernhard Dietz/Christopher Neumaier/ders. (Hg.), Gab es den Wertewandel? Neue Forschungen zum gesellschaftlich-kulturellen Wandel seit den 1960er Jahren. München 2014, S. 17–39

Matthias Rohe, Islam und säkularer Rechtsstaat. Grundlagen und gesellschaftlicher Diskurs, in: APuZ 13–14/2011, S. 21–27

[Roman Herzog Institut (Hg.)], Was ist Gerechtigkeit – und wie lässt sie sich verwirklichen? Antworten eines interdisziplinären Diskurses. München 2009

[Roman Herzog Institut (Hg.)], Die Zukunft der Gerechtigkeit. Ergebnisse aus zwei Jahren Gerechtigkeitsforschung. München 2011

Tim Schanetzky, Die große Ernüchterung. Wirtschaftspolitik, Expertise und Gesellschaft in der Bundesrepublik 1966 bis 1982. Berlin 2007

Axel Schildt/Detlef Siegfried, Deutsche Kulturgeschichte. Die Bundesrepublik – 1945 bis zur Gegenwart. Bonn 2009

Uwe Schimank/Ute Volkmann, Ökonomisierung der Gesellschaft, in: Andreas Maurer (Hg.), Handbuch der Wirtschaftssoziologie. Wiesbaden 2008, S. 382–393

Thomas Schuler, Bertelsmann Republik Deutschland. Eine Stiftung macht Politik. Frankfurt a. M. 2010

Elke Seefried, Zukünfte. Aufstieg und Krise der Zukunftsforschung 1945–1980. München 2015

Amartya Sen, Die Idee der Gerechtigkeit. München 2010 (zuerst engl. u. d. T. The Idea of Justice. Cambridge/Mass. 2009)

Richard Sennett, Der flexible Mensch. Die Kultur des neuen Kapitalismus. 4. Aufl. 2009 (zuerst engl. u. d. T. The Culture of New Capitalism. New Haven 2006)

Rudolf Stichweh/Paul Windolf (Hg.), Inklusion und Exklusion. Analysen zur Sozialstruktur und sozialen Ungleichheit. Wiesbaden 2009

David Stove, Scientific Irrationalism. Origins of a Postmodern Cult. New Brunswick 2007

Ferdinand Sutterlüty, Stichwort Postsäkularismus? In: WestEnd. Neue Zeitschrift für Sozialforschung 8 (2011), S. 65–67

Charles Taylor, Ein säkulares Zeitalter, Frankfurt a. M. 2009 (zuerst engl. u. d. T. A Secular Age. Cambridge/Mass. 2007)

Helmut Thome, Values, Sociology of, in: James D. Wright (Hg.), International Encyclopedia of the Social & Behavioral Sciences. 2. Aufl. Bd. 25. Oxford 2015, S. 47–53

Uwe Vormbusch, Stichwort: Die Herrschaft der Zahlen (1), in: WestEnd. Neue Zeitschrift für Sozialforschung 4 (2007), S. 57–63

Uwe Vormbusch, Stichwort: Die Herrschaft der Zahlen (2), in: WestEnd. Neue Zeitschrift für Sozialforschung 5 (2008), S. 69 f.

Christian Walter, Verfassungsdiskurse. Religionen im säkularen Staat, in: Hans G. Kippenberg/Jörg Rüpke/Kocku von Stuckrad (Hg.), Europäische Religionsgeschichte. Ein mehrfacher Pluralismus. Bd. 2. Göttingen 2009, S. 469–495

Peter Weibel/Slavoj Žižek (Hg.), Inklusion. Exklusion. Probleme des Postkolonialismus und der globalen Migration. 2. Aufl. Wien 2010

Wolfgang Welsch, Unsere postmoderne Moderne. 5. Aufl. Berlin 1997

Christian Welzel, Werte- und Wertewandelforschung, in: Viktoria Kaina/Andrea Römmele (Hg.), Politische Soziologie. Ein Studienbuch. Wiesbaden 2009, S. 109–139

Benjamin Ziemann, Sozialgeschichte der Religion. Von der Reformation bis zur Gegenwart. Frankfurt a. M. 2009

V.
Wo zwei oder drei

David Adler, Globalisierung und Flexibilisierung als Realität und Mythos, in: Simone Schröder/Ulrike Weymann/Andreas Martin Widmann (Hg.), Odysseus/Passagiere. Über Selbstbestimmung und Determination in Literatur, Medien und Alltag. Würzburg 2011, S. 179–194

Christian Arndt, Zwischen Stabilität und Fragilität. Was wissen wir über die Mittelschicht in Deutschland? Berlin (Konrad-Adenauer-Stiftung) 2012

Klaus J. Bade, Europa in Bewegung. Migration vom späten 18. Jahrhundert bis zur Gegenwart. München 2000

Der Beauftragte der Bundesregierung für die Neuen Bundesländer, Jahresbericht der Bundesregierung zum Stand der Deutschen Einheit 2012. Berlin 2012

Ulrich Beck, Die Risikogesellschaft. Auf dem Weg in eine andere Moderne. 5. Aufl. Frankfurt a. M. 1988

Barbara Beuys, Die neuen Frauen – Revolution im Kaiserreich 1900–1914. München 2014

David Blanke/David Steigerwald (Hg.), A Destiny of Choice? New Directions in American Consumer History. Lanham 2013

Herwig Birg, Die demographische Zeitenwende. Bevölkerungsrückgang in Deutschland und Europa. München 2001

Axel Börsch-Supan/Christina Wilke, Zwischen Generationenvertrag und Eigenvorsorge. Wie Europa auf den demographischen Wandel reagiert. Köln 2006

Axel Börsch-Supan, Die Zukunft des Sozialstaats im demographischen Wandel, in: Günther Nonnenmacher/Andreas Rödder (Hg.), Was heißt hier Solidarität? Zustand und Zukunft des Sozialstaats. Frankfurt a. M. (FAZ) 2011

Axel Börsch-Supan u. a. (Hg.), Active Ageing and Solidarity between Generations in Europe. First Results from SHARE after the Economic Crisis. Berlin 2013

Gunilla-Friederike Budde, Frauen arbeiten. Weibliche Erwerbstätigkeit in Ost- und Westdeutschland nach 1945. Göttingen 1997

Bundesministerium für Arbeit und Soziales (Hg.), Lebenslagen in Deutschland. Der Vierte Armuts- und Reichtumsbericht der Bundesregierung. Bonn 2013

Michael C. Burda, Wirtschaft in Ostdeutschland im 21. Jahrhundert, in: APuZ 30–31/2010, S. 26–33

Iris Burmester/Bettina Scherg, Polarisierung von Arbeitseinkommen. Empirische Befunde im internationalen Vergleich, in: Dierk Hirschel/Peter Paic/Markus Zwick (Hg.), Daten in der wirtschaftswissenschaftlichen Forschung. Wiesbaden 2013, S. 173–197

Ulrich Busch/Wolfgang Kühn/Klaus Steinitz, Entwicklung und Schrumpfung in Ostdeutschland. Probleme im 20. Jahr der Einheit. Hamburg 2009

Lizabeth Cohen, A Consumers' Republic. The Politics of Mass Consumption in Postwar America. New York 2004

Paul Collier, Die unterste Milliarde. Warum die ärmsten Länder scheitern und was man dagegen tun kann. München 2008

Paul Collier, Exodus. Warum wir Einwanderung neu regeln müssen. München 2014

Christiane Dienel, Kinderzahl und Staatsräson. Empfängnisverhütung und Bevölkerungspolitik in Deutschland und Frankreich bis 1918. Münster 1995

Josef Ehmer, Sozialgeschichte des Alters. Frankfurt a. M. 1990

Josef Ehmer, Bevölkerungsgeschichte und historische Demographie 1800–2010. (Enzyklopädie deutscher Geschichte 71) 2. Aufl. München 2013

Dominik H. Enste/Vera Erdmann/Tatjana Kleineberg, Mythen über die Mittelschicht. Wie schlecht steht es wirklich um die gesellschaftliche Mitte? (Roman Herzog Institut: Information Nr. 9) München 2011

Thomas Etzemüller, Ein ewig währender Untergang. Der apokalyptische Bevölkerungsdiskurs im 20. Jahrhundert. Bielefeld 2007

Jürgen W. Falter u. a. (Hg.), Sind wir ein Volk? Ost- und Westdeutschland im Vergleich. München 2006

Helmut Fend, Sozialgeschichte des Aufwachsens. Bedingungen des Aufwachsens und Jugendgestalten im zwanzigsten Jahrhundert. 3. Aufl. Frankfurt a. M. 1996

Naika Foroutan, Neue Deutsche, Postmigranten und Bindungs-Identitäten. Wer gehört zum neuen Deutschland?, in: APuZ 46–47/2010, S. 9–15

Ute Frevert, Frauen-Geschichte. Zwischen bürgerlicher Verbesserung und neuer Weiblichkeit. Frankfurt a. M. 1986

Ute Frevert, Umbruch der Geschlechterverhältnisse? Die 60er Jahre als geschlechterpolitischer Experimentierraum, in: Axel Schildt/Detlef Siegfried/Karl Christian Lammers (Hg.), Dynamische Zeiten. Die 60er Jahre in den beiden deutschen Gesellschaften. Hamburg 2000, 642–660

Michael Gante, §218 in der Diskussion. Meinungs- und Willensbildung 1945 bis 1976. Düsseldorf 1991

Nepomuk Gasteiger, Der Konsument. Verbraucherbilder in Werbung, Konsumkritik und Verbraucherschutz 1945–1989. Frankfurt a. M. 2010

Andreas Gestrich, Geschichte der Familie im 19. und 20. Jahrhundert. (Enzyklopädie deutscher Geschichte 50) München 1999

Andreas Gestrich/Jens-Uwe Krause/Michael Mitterauer, Geschichte der Familie. Stuttgart 2003

Johannes Giesecke/Jan Paul Heisig, Destabilisierung und Destandardisierung, aber für wen? Die Entwicklung der westdeutschen Arbeitsplatzmobilität seit 1984, in: KZfSS 62 (2010), S. 403–435

Deniz Göktürk u. a. (Hg.), Transit Deutschland. Debatten zu Nation und Migration. Eine Dokumentation. Konstanz 2011

Markus M. Grabka/Jan Goebel, Rückgang der Einkommensungleichheit stockt, in: DIW Wochenbericht (2013), 46, S. 13–23

Markus M. Grabka/Christian Westermeier, Anhaltend hohe Vermögensungleichheit in Deutschland, in: DIW Wochenbericht (2014), 9, S. 151–164

Victoria de Grazia, Irresistible Empire. America's Advance through Twentieth-Century Europe. Cambridge/Mass. 2005

Olaf Groh-Samberg/Florian R. Hertel, Abstieg der Mitte? Zur langfristigen Mobilität von Armut und Wohlstand, in: Nicole Burzan/Peter A. Berger (Hg.), Dynamiken (in) der gesellschaftlichen Mitte. Wiesbaden 2010, S. 137–157

Rüdiger Hachtmann, Fordismus. Version 1.0, in: Docupedia-Zeitgeschichte, 27. Oktober 2011, URL: http://docupedia.de/zg/

Friederike Hardering, Unsicherheit in Arbeit und Biographie. Zur Ökonomisierung der Lebensführung. Wiesbaden 2011

Michael Hartmann, Topmanager. Die Rekrutierung einer Elite. Frankfurt a. M. 1996

Michael Hartmann, Eliten und Macht in Europa, Ein internationaler Vergleich. Frankfurt a. M. 2007

Michael Hartmann, Soziale Ungleichheit. Kein Thema für die Eliten? Frankfurt a. M. 2013

Heinz-Gerhard Haupt/Paul Nolte, Markt. Konsum und Kommerz, in: Christof Mauch/Kiran Klaus Patel (Hg.), Wettlauf um die Moderne. Die USA und Deutschland 1890 bis heute. Bonn 2008, S. 187–223

Heinz-Gerhard Haupt/Claudius Torp (Hg.), Die Konsumgesellschaft in Deutschland 1890–1990. Ein Handbuch. Frankfurt a. M. 2009

Martin Heidenreich/Sascha Zirra, Arbeitswelt. Die Entgrenzung einer zentralen Sphäre, in: Stefan Hradil (Hg.), Deutsche Verhältnisse. Eine Sozialkunde. Bonn 2012, S. 313–333.

Ulrich Herbert, Geschichte der Ausländerpolitik in Deutschland. Saisonarbeiter, Zwangsarbeiter, Gastarbeiter, Flüchtlinge. München 2001

Ulrich Herbert/Karin Hunn, Gastarbeiter und Gastarbeiterpolitik in der Bundesrepublik. Vom Beginn der offiziellen Anwerbung bis zum Anwerbestopp. 1955–1973, in: Axel Schildt/Detlef Siegfried/Karl Christian Lammers (Hg.), Dynamische Zeiten. Die 60er Jahre in den beiden deutschen Gesellschaften. Hamburg 2000, S. 273–310

Dirk Hoerder, Geschichte der deutschen Migration. Vom Mittelalter bis heute. München 2010

Thorsten Holzhauser, «Niemals mit der PDS?» Zum Umgang der SPD mit der SED-Nachfolgepartei zwischen Ausgrenzungs- und Integrationsstrategie (1990–1998), in: VfZ 62 (2014), S. 285–308

Karl Otto Hondrich, Weniger sind mehr. Warum der Geburtenrückgang ein Glücksfall für unsere Gesellschaft ist. Frankfurt a. M. 2007

Gustav A. Horn, Des Reichtums fette Beute. Wie die Ungleichheit unser Land ruiniert. Frankfurt a. M. 2011

Stefan Hradil, Sozialstrukturanalyse in einer fortgeschrittenen Gesellschaft. Von Klassen und Schichten zu Lagen und Milieus. Opladen 1987

Stefan Hradil, Soziale Ungleichheit in der Bundesrepublik Deutschland. 8. Aufl. Opladen 2001

Stefan Hradil (Hg.), Deutsche Verhältnisse. Eine Sozialkunde. Bonn 2012

Stefan Hradil, Bevölkerung. Die Angst vor der demographischen Zukunft, in: ders. (Hg.), Deutsche Verhältnisse. Eine Sozialkunde. Bonn 2012, S. 41–66

Stefan Hradil, Soziale Ungleichheit. Eine Gesellschaft rückt auseinander, in: ders. (Hg.), Deutsche Verhältnisse. Eine Sozialkunde. Bonn 2012, S. 155–189

Institut für Wirtschaftsforschung Halle (Hg.), Ostdeutschlands Transformation seit 1990 im Spiegel wirtschaftlicher und sozialer Indikatoren. (Sonderheft Institut für Wirtschaftsforschung Halle 2009/1) Halle/Saale 2009

Ralph Kattenbach u. a., Same Same but Different – Changing Career Expectations in Germany? In: Zeitschrift für Personalforschung 25 (2011), S. 292–312

Franz-Xaver Kaufmann, Zukunft der Familie im vereinten Deutschland. Gesellschaftliche und politische Bedingungen. München 1995

Franz-Xaver Kaufmann, Schrumpfende Gesellschaft. Vom Bevölkerungsrückgang und seinen Folgen. Frankfurt a. M. 2005

Stefan Keßler, Ausländerpolitik in Deutschland 1945 bis 2000, in: Clemens Burrichter/Detlef Nakath/Gerd-Rüdiger Stephan (Hg.), Deutsche Zeitgeschichte von 1945 bis 2000. Gesellschaft, Staat, Politik. Ein Handbuch. Berlin 2006, S. 1234–1252

Christian Kleinschmidt, Konsumgesellschaft. Göttingen 2008

Wolfgang König, Kleine Geschichte der Konsumgesellschaft. Konsum als Lebensform der Moderne. Stuttgart 2008.

Hagen Krämer, Spitzeneinkommen zwischen ökonomischem und normativem Marktversagen. Marktorientierte und soziale Legitimation von Topmanager-Gehältern. (SOEPpapers on Multidisciplinary Panel Data Research 619) Berlin 2013

Antje Kraus, Arbeiteralltag auf einer Großbaustelle des neunzehnten Jahrhunderts, in: Hamburger Jahrbuch für Wirtschafts- und Gesellschaftspolitik 24 (1979), S. 109–119

Peter Krause/Ilona Ostner (Hg.), Leben in Ost- und Westdeutschland. Eine sozialwissenschaftliche Bilanz der deutschen Einheit 1990–2010. Frankfurt a. M. 2010

Steffen Kröhnert, Arm versus Reich, in: Manuela Glaab/Werner Weidenfeld/Michael Weigl (Hg.), Deutsche Kontraste 1990–2010. Politik, Wirtschaft, Gesellschaft, Kultur. Frankfurt a. M. 2010, S. 387–420

Stefan Luft/Peter Schimany (Hg.), Integration von Zuwanderern. Erfahrungen, Konzepte, Perspektiven. Bielefeld 2010

Peter Marschalck, Bevölkerungsgeschichte Deutschlands im 19. und 20. Jahrhundert. Frankfurt a. M. 1984
Steffen Mau/Roland Verwiebe, Die Sozialstruktur Europas. Konstanz 2009
Karl Ulrich Mayer/Daniela Grunow/Natalie Nitsche, Mythos Flexibilisierung? Wie instabil sind Berufsbiografien wirklich und als wie instabil werden sie wahrgenommen? In: KZfSS 62 (2010), S. 369–402
Wolfgang Ludwig Mayerhofer, Arbeitsmarkt. Für alle wichtig, für viele unsicher, in: Stefan Hradil (Hg.), Deutsche Verhältnisse. Eine Sozialkunde. Bonn 2012, S. 289–312
Karl-Heinz Meier-Braun/Reinhold Weber (Hg.), Migration und Integration in Deutschland. Begriffe – Fakten – Kontroversen. Bonn 2013, S. 15–27
Michael Meuser, Entgrenzungsdynamiken. Geschlechterverhältnisse im Umbruch, in: APuZ 40/2012, S. 17–24.
Thomas Meyer, Der Wandel der Familie und anderer privater Lebensformen, in: Rainer Geißler, Die Sozialstruktur Deutschlands. 7. Aufl. Wiesbaden 2014, S. 413–454
Hans-Peter Müller, Werte, Milieus und Lebensstile, in: Stefan Hradil (Hg.), Deutsche Verhältnisse. Eine Sozialkunde. Bonn 2012, S. 189–212
Rosemarie Nave-Herz, Die Geschichte der Frauenbewegung in Deutschland. 5. Aufl. Hannover 1997
Rosemarie Nave-Herz, Familien heute. Wandel der Familienstrukturen und Folgen für die Erziehung. Darmstadt 2009
Heinz-Herbert Noll/Stefan Weick, Nicht einmal jeder Dritte empfindet soziale Unterschiede in Deutschland als gerecht. Analysen zur Entwicklung der Einstellungen zur sozialen Ungleichheit in Deutschland, in: Informationsdienst Soziale Indikatoren 48 (2012), S. 6–11
Gisela Notz, Feminismus. Köln 2011
Jochen Oltmer, Migration im 19. und 20. Jahrhundert. (Enzyklopädie deutscher Geschichte 86) München 2010
Jochen Oltmer, Globale Migration. Geschichte und Gegenwart. München 2012
Jochen Oltmer/Axel Kreienbrink/Carlos Sanz Díaz (Hg.), Das «Gastarbeiter»-System. Arbeitsmigration und ihre Folgen in der Bundesrepublik Deutschland und Westeuropa. München 2012
Claudia Opitz-Belakhal, Geschlechtergeschichte. Frankfurt a. M. 2010
Karl-Heinz Paqué, Die Bilanz. Eine wirtschaftliche Analyse der deutschen Einheit. München 2009
Karl-Heinz Paqué, Vollbeschäftigt. Das neue deutsche Jobwunder. München 2012
Rüdiger Peuckert, Familienformen im sozialen Wandel. Wiesbaden 2008 (8. Aufl. Wiesbaden 2012)
Rüdiger Peuckert, Moderne bürgerliche Familie versus nichtkonventionelle Lebensformen, in: Manuela Glaab/Werner Weidenfeld/Michael Weigl (Hg.), Deutsche Kontraste 1990–2010. Politik, Wirtschaft, Gesellschaft, Kultur. Frankfurt a. M. 2010, S. 421–446
Susanne Pickel, Frauen versus Männer, in: Manuela Glaab/Werner Weidenfeld/Michael Weigl (Hg.), Deutsche Kontraste 1990–2010. Politik, Wirtschaft, Gesellschaft, Kultur. Frankfurt a. M. 2010, S. 319–354
Detlef Pollack/Gert Pickel, Die ostdeutsche Identität – Erbe des DDR-Sozialismus oder Produkt der Wiedervereinigung? Die Einstellung der Ostdeutschen zu sozialer Ungleichheit und Demokratie, in: APuZ, 41–42/1998, S. 9–23
Thomas Raithel/Thomas Schlemmer (Hg.), Die Rückkehr der Arbeitslosigkeit. Die

Bundesrepublik Deutschland im europäischen Kontext 1973–1989. München 2009

Lutz Raphael, Transformation of Industrial Labour in Western Europe. Intergenerational Change of Life Cycles, Occupation and Mobility 1970–2000, in: German History 30 (2012), S. 100–119

Sven Reichardt/Detlef Siegfried (Hg.), Das Alternative Milieu. Antibürgerlicher Lebensstil und linke Politik in der Bundesrepublik Deutschland und Europa 1968–1983. Göttingen 2010

Rolf Reißig, Von der privilegierten und blockierten zur zukunftsorientierten Transformation, in: APuZ 30–31/2010, S. 20–25

Gerhard A. Ritter, Der Preis der deutschen Einheit. Wiedervereinigung und die Krise des Sozialstaats. München 2006

Franz Rothenbacher, Historische Haushalts- und Familienstatistik von Deutschland 1815–1990. Frankfurt a. M. 1997

Adelheid von Saldern, «Alles ist möglich.» Fordismus – ein visionäres Ordnungsmodell des 20. Jahrhunderts, in: Lutz Raphael (Hg.), Theorien und Experimente der Moderne. Europas Gesellschaften im 20. Jahrhundert. Köln 2012, S. 155–192

Bernhard Schäfers/Wolfgang Zapf (Hg.), Handwörterbuch zur Gesellschaft Deutschlands. 2. Aufl. Opladen 2000

Werner Schiffauer, Die civil society und der Fremde – Grenzmarkierungen in vier politischen Kulturen, in: Friedrich Balke u. a. (Hg.), Schwierige Fremdheit. Über Integration und Ausgrenzung in Einwanderungsländern. Frankfurt a. M. 1993, S. 186–199

Werner Schiffauer, Parallelgesellschaften. Wie viel Wertekonsens braucht unsere Gesellschaft? Bielefeld 2008

Axel Schildt, Die Sozialgeschichte der Bundesrepublik Deutschland bis 1989/90. (Enzyklopädie deutscher Geschichte 80) München 2007

Norbert F. Schneider, Lehrbuch moderne Familiensoziologie. Theorien, Methoden, empirische Befunde. Opladen 2008

Norbert F. Schneider, Familie zwischen traditioneller Institution und individuell gestalteter Lebensform, in: Stefan Hradil (Hg.), Deutsche Verhältnisse. Eine Sozialkunde. Bonn 2012, S. 95–121

Norbert F. Schneider, Die gesamtgesellschaftliche Bedeutung von Familie in Gegenwart und Zukunft, in: Günther Nonnenmacher/Andreas Rödder (Hg.), Wer trägt eigentlich Verantwortung? Dritte Tendenzwende-Konferenz der F. A. Z. am 17. und 18. November 2011 in Berlin. Frankfurt a. M. (FAZ) 2012, S. 18–22

Kristina Schulz, Der lange Atem der Provokation. Die Frauenbewegung in der Bundesrepublik und in Frankreich 1968–1976. Frankfurt a. M. 2002

David Schumann, Bauarbeiten am Fundament der Gesellschaft. Christdemokratische Familienpolitik in der Ära Kohl (1973–1998). Hamburg 2014

Wolfgang Seibel, Verwaltete Illusionen. Die Privatisierung der DDR-Wirtschaft durch die Treuhandanstalt und ihre Nachfolger 1990–2000. Frankfurt a. M. 2005

Wolfgang Seifert, Migration. Vom Gastarbeiter zum Menschen mit Migrationshintergrund, in: Stefan Hradil (Hg.), Deutsche Verhältnisse. Eine Sozialkunde. Bonn 2012, S. 67–94

Dieter Segert, Transformationen in Osteuropa im 20. Jahrhundert. Wien 2013

Reinhard Sieder, Sozialgeschichte der Familie. Frankfurt a. M. 1987

Eva-Maria Silies, Liebe, Lust und Last. Die Pille als weibliche Generationenerfahrung in der Bundesrepublik 1960–1980. Göttingen 2010

Statistisches Bundesamt, Bevölkerung Deutschlands bis 2050. 11. Koordinierte Bevölkerungsvorausberechnung. Wiesbaden 2006

Statistisches Bundesamt, Mikrozensus. Bevölkerung und Erwerbstätigkeit. Haushalte und Familien 2011. (Fachserie 1, Reihe 3) Wiesbaden 2012

Statistisches Bundesamt, Mikrozensus. Bevölkerung und Erwerbstätigkeit. Stand und Entwicklung der Erwerbstätigkeit in Deutschland 2012. (Fachserie 1, Reihe 4.1.1) Wiesbaden 2013

Statistisches Bundesamt, Auf dem Weg zur Gleichstellung? Bildung, Arbeit und Soziales – Unterschiede zwischen Frauen und Männern. Wiesbaden 2014

Göran Therborn, Die Gesellschaften Europas 1945–2000. Ein soziologischer Vergleich. Frankfurt a. M. 2000

Ahmet Toprak, Integrationsunwillige Muslime? Ein Milieubericht. Freiburg 2010

Ahmed Toprak/Aladin El Mafaalani, Muslimische Kinder und Jugendliche in Deutschland. Lebenswelten – Denkmuster – Herausforderungen. Sankt Augustin 2011

Cornelius Torp, Gerechtigkeit im Wohlfahrtsstaat. Alter und Alterssicherung in Deutschland und Großbritannien von 1945 bis heute. Göttingen 2015

Trutz von Trotha, Zum Wandel der Familie, in: KZfSS (1990), S. 452–473

Trutz von Trotha, Die bürgerliche Familie ist tot. Vom Wert der Familie und Wandel der gesellschaftlichen Normen, in: Andreas Rödder/Wolfgang Elz (Hg.), Alte Werte – Neue Werte. Schlaglichter des Wertewandels. Göttingen 2008, S. 78–93

Berthold Vogel, Mittelschicht im Wohlstandskonflikt, in: Wirtschaftsdienst. Zeitschrift für Wirtschaftspolitik 91 (2011), H. 8, S. 507–509

Hans Ulrich Wehler, Deutsche Gesellschaftsgeschichte. Bd. 4: 1914–1949. München 2003

Hans Ulrich Wehler, Deutsche Gesellschaftsgeschichte. Bd. 5: Bundesrepublik Deutschland und DDR 1949–1990. München 2008

Hans-Ulrich Wehler, Die neue Umverteilung. Soziale Ungleichheit in Deutschland. 2. Aufl. München 2013

Monika Wienfort: «Verliebt, verlobt, verheiratet». Eine Geschichte der Ehe seit der Romantik. München 2014

Harald Wilkoszewski, Alte versus Junge, in: Manuela Glaab/Werner Weidenfeld/Michael Weigl (Hg.), Deutsche Kontraste 1990–2010. Politik, Wirtschaft, Gesellschaft, Kultur. Frankfurt a. M. 2010, S. 355–385

Andreas Wirsching, Konsum statt Arbeit? Zum Wandel von Individualität in der modernen Massengesellschaft, in: VfZ 57 (2009), S. 171–199

Florian Zinsmeister, Die Finanzierung der deutschen Einheit. Zum Umgang mit den Schuldenlasten der Wiedervereinigung, in: Vierteljahrshefte zur Wirtschaftsforschung 78 (2009), S. 146–160

VI.
Vater Staat

John Agnew, Sovereignty Regimes. Territoriality and State Authority in Contemporary World Politics, in: Annals of the Association of American Geographers 95 (2005), H. 2, S. 437–461

Klaus Armingeon, The politics of fiscal responses to the economic crisis, 2008–2009, in: Governance 25 (2012), S. 543–565

Hanno Beck/Aloys Prinz, Staatsverschuldung. Ursachen, Folgen, Auswege. München 2011

Maren Becker/Stefanie John/Stefan A. Schirm, Globalisierung und Global Governance. Paderborn 2007

Sebastian Bödeker, Soziale Ungleichheit und politische Partizipation in Deutschand. (WZBrief Zivil-Engagement 5/April 2012) Berlin 2012

John Breuilly, Nationalism and the State. 2. Aufl. Manchester 1994 (zuerst 1982)

John Breuilly (Hg.), The State of Germany. The National Idea in the Making, Unmaking and Remaking of a Modern Nation-State. London 1992

Rudolf Burger, Die ganz große Phase. Demokratie im Zeitalter ihrer Globalisierung, in: ders., Jenseits der Linie. Ausgewählte philosophische Erzählungen. Wien 2009, S. 340–351

Bürgerschaftliches Engagement auf dem Weg in eine zukunftsfähige Bürgergesellschaft. Bericht der Enquete-Kommission «Zukunft des Bürgerschaftlichen Engagements». Deutscher Bundestag, 15. Wahlperiode; Drucksache 14/8900 (3. Juni 2002). Berlin 2002

Colin Crouch, Postdemokratie. Frankfurt a. M. 2008 (zuerst ital. u. d. T. Postdemocrazia. Rom 2003)

Frank Decker, Parteiendemokratie im Wandel, in: Frank Decker/Viola Neu (Hg.), Handbuch der deutschen Parteien. Bonn 2013, S. 21–59

Frank Decker/Viola Neu (Hg.), Handbuch der deutschen Parteien. Bonn 2013

Nicole Deitelhoff/Jens Steffek, Einleitung: Staatlichkeit ohne Staat? In: dies. (Hg.), Was bleibt vom Staat? Demokratie, Recht und Verfassung im globalen Zeitalter. Frankfurt a. M. 2009, S. 7–34

Andreas Dörner, Politainment. Politik in der medialen Erlebnisgesellschaft. Frankfurt a. M. 2001

Andreas Dörner/Ludgera Vogt, Unterhaltungskultur als politische Kultur. Politikvermittlung in der Gegenwartsgesellschaft, in: dies. (Hg.), Unterhaltungsrepublik Deutschland. Medien. Politik und Entertainment. Bonn 2012, S. 11–31

Thomas Ebert, Soziale Gerechtigkeit in der Krise. Bonn 2012

Ulrich Eith, Volksparteien unter Druck. Koalitionsoptionen, Integrationsfähigkeit und Kommunikationsstrategien nach der Übergangswahl 2009, in: Karl-Rudolf Korte (Hg.), Die Bundestagswahl 2009. Analysen der Wahl-, Parteien-, Kommunikations- und Regierungsforschung. Wiesbaden 2010, S. 117–129

Gøsta Esping-Andersen, The Three Worlds of Welfare Capitalism. Cambridge 1990

Simon Franzmann, Programmatische Konvergenz innerhalb der westeuropäischen Parteienfamilien? Ein Vergleich von christ- und sozialdemokratischen Parteien in Europa, in: Österreichische Zeitschrift für Politikwissenschaft 37 (2008), S. 79–98

Geschichte der Sozialpolitik in Deutschland seit 1945: Günther Schulz (Hg.), 1949–1957. Bewältigung der Kriegsfolgen, Rückkehr zur sozialpolitischen Normalität. Baden-Baden 2005; Michael Ruck (Hg.), 1957–1966. Sozialpolitik im Zeichen des erreichten Wohlstandes. Baden-Baden 2007; Hans Günter Hockerts (Hg.), 1966–1974. Eine Zeit vielfältigen Aufbruchs. Baden-Baden 2005; Martin H. Geyer (Hg.), 1974–1982. Neue Herausforderungen, wachsende Unsicherheiten. Baden-Baden 2008; Manfred G. Schmidt (Hg.), 1982–1989. Finanzielle Konsolidierung und institutionelle Reform. Baden-Baden 2005; Gerhard A. Ritter (Hg.), 1989–1994. Sozialpolitik im Zeichen der Vereinigung. Baden-Baden 2007

David Graeber, Schulden. Die ersten 5000 Jahre. Stuttgart 2012

Marc Hansmann, Wege in den heutigen Schuldenstaat. Die strukturellen Probleme der deutschen Finanzpolitik als Resultat historischer Entwicklungen, in: VfZ 55 (2007), S. 425–461

Marc Hansmann, Vor dem dritten Staatsbankrott? Der deutsche Schuldenstaat in historischer und internationaler Perspektive. 2. Aufl. München 2012

Dagmar Hilpert, Wohlfahrtsstaat der Mittelschichten? Sozialpolitik und gesellschaftlicher Wandel in der Bundesrepublik Deutschland (1949–1975). Göttingen 2012

Hans Günter Hockerts, Vom Problemlöser zum Problemerzeuger? Der Sozialstaat im 20. Jahrhundert, in: ders., Der deutsche Sozialstaat. Entfaltung und Gefährdung seit 1945. Göttingen 2011, S. 325–358 (zuerst 2007)

Everhard Holtmann, Der Parteienstaat in Deutschland. Erklärungen, Entwicklungen, Erscheinungsbilder. Bonn 2012

John Irons/Josh Bivens, Government Debt and Economic Growth. Overreaching Claims of Debt «Threshold» Suffer from Theoretical and Empirical Flaws. (Economic Policy Institute Briefing Paper 271) Washington 2010

Dirk Jörke, Auf dem Weg zur Postdemokratie, in: Leviathan 33 (2005), S. 482–491.

Uwe Jun, Parteien, Politik und Medien. Wandel der Politikvermittlung unter den Bedingungen der Mediendemokratie, in: Frank Marcinkowski/Barbara Pfetsch (Hg.), Politik in der Mediendemokratie. Wiesbaden 2009, S. 270–295

Richard S. Katz/Peter Mair, Changing Models of Party Organization and Party Democracy. The Emergence of the Cartel Party, in: Party Politics 1 (1995), S. 5–28

Hans Kennan/Paul Pennings, Competition and Coalescence in European Party Systems. Social Democracy and Christian Democracy Moving into the 21st Century, in: Swiss Political Science Review 12 (2006), S. 95–126

Otto Kirchheimer, Der Wandel des westeuropäischen Parteiensystems, in: Politische Vierteljahresschrift 6 (1965), S. 20–41

Markus Klein/Ulrich von Alemann, Warum braucht die Demokratie Parteien? In: Tim Spier u. a. (Hg.), Parteimitglieder in Deutschland. Wiesbaden 2011, S. 9–17

Stephen D. Krasner, Sovereignty, in: Foreign Policy 122 (2001), S. 20–29

Stein Kuhnle/Anne Sander, The Emergence of the Western Welfare State, in: Francis G. Castles u. a. (Hg.), The Oxford Handbook of the Welfare State. Oxford 2010, S. 61–80

Mammohan S. Kumar/Jaejoon Woo, Public Debt and Growth. IMF Working Paper 10/174, Juli 2010

Gerhard Leibholz, Strukturprobleme der modernen Demokratie. 3. Aufl. Karlsruhe 1967

Seymour M. Lipset/Stein Rokkan, Cleavage Structures, Party Systems, and Voter Alignments. An Introduction, in: dies. (Hg.), Party Systems and Voter Alignments. Cross-national Perspectives. New York 1967, S. 1–64

Michael Mann, Has Globalization ended the rise and rise of the nation-state? In: Review of International Political Economy 4 (1997), S. 472–496

Wolfgang Merkel, Gibt es eine Krise der Demokratie? In: WZB Mitteilungen 139/März 2013, S. 6–9

Christoph Möllers, Der vermisste Leviathan. Staatstheorie der Bundesrepublik. Frankfurt a. M. 2008

Chantal Mouffe, Über das Politische. Wider die kosmopolitische Illusion. Frankfurt a. M. 2007

Chantal Mouffe, «Postdemokratie» und die zunehmende Entpolitisierung, in: APuZ 1–2/2011, S. 3–5

Harald Müller, Staatlichkeit ohne Staat. Ein Irrtum aus der europäischen Provinz? In: Nicole Deitelhoff/Jens Steffek (Hg.), Was bleibt vom Staat? Demokratie, Recht und Verfassung im globalen Zeitalter. Frankfurt a. M. 2009, S. 221–258.

Christoph Neuberger/Christian Nuernbergk, Das Internet in Deutschland. Produktionsverhältnisse, Strukturen und Ökonomie, in: Andreas Dörner/Ludgera Vogt (Hg.), Unterhaltungsrepublik Deutschland. Medien. Politik und Entertainment. Bonn 2012, S. 189–202

Oskar Niedermayer, Die Entwicklung der Parteimitgliedschaften von 1990 bis 2009, in: Zeitschrift für Parlamentsfragen 41 (2010), S. 421–437

Oskar Niedermayer, Konvergenz oder andauernde Diversität? Die strukturelle Entwicklung der europäischen Parteiensysteme 1990–2010, in: Zeitschrift für Staats- und Europawissenschaften 8 (2010), S. 340–357

Oskar Niedermayer, Die Entwicklung des bundesdeutschen Parteiensystems, in: Frank Decker/Viola Neu (Hg.), Handbuch der deutschen Parteien. Bonn 2013, S. 111–132

Paul Nolte, Von der repräsentativen zur multiplen Demokratie, in: APuZ 1–2/2011, S. 5–12

Paul Nolte, Was ist Demokratie? Geschichte und Gegenwart. München 2012

Paul Nolte, Jenseits des Westens? Überlegungen zu einer Zeitgeschichte der Demokratie, in: VfZ 61 (2013), S. 275–301

Christoph Nonn, Das Godesberger Programm und die Krise des Ruhrbergbaus. Zum Wandel der deutschen Sozialdemokratie von Ollenhauer zu Brandt, in: VfZ 50 (2002), S. 71–97

Frank Nullmeier, Formen der Staatlichkeit. Zu einer Analytik politischer Einheiten, in: Nicole Deitelhoff/Jens Steffek (Hg.), Was bleibt vom Staat? Demokratie, Recht und Verfassung im globalen Zeitalter. Frankfurt a. M. 2009, S. 35–56

Frank Nullmeier/Franz-Xaver Kaufmann, Post-War Welfare State Development, in: Francis G. Castles u. a. (Hg.), The Oxford Handbook of the Welfare State. Oxford 2010, S. 81–101

Frank Nullmeier/Franz-Xaver Kaufmann, Post-War Welfare State Development, in: Francis G. Castles u. a. (Hg.), The Oxford Handbook of the Welfare State. Oxford 2010, S. 81–101

Dietmar Petzina, Der «rheinische Kapitalismus». Seine Genese und soziokulturellen Implikationen im Zeitalter der Globalisierung, in: Silke Flegel (Hg.), Aufbau, Umbau, Neubau. Studien zur deutschen Kulturgeschichte nach 1945. Frankfurt a. M. 2008, S. 337–359

Barbara Pfetsch/Frank Marcinkowskli, Problemlagen der «Mediendemokratie». Theorie und Befunde zur Medialisierung von Politik, in: dies. (Hg.), Politik in der Mediendemokratie. Wiesbaden 2009, S. 11–33

Werner Plumpe, Das Ende des deutschen Kapitalismus, in: WestEnd 2 (2005), H. 2, S. 3–26

Wolfgang Reinhard, Geschichte der Staatsgewalt. Eine vergleichende Verfassungsgeschichte Europas von den Anfängen bis zur Gegenwart. 2. Aufl. München 2000

Carmen M. Reinhart/Kenneth S. Rogoff, Growth in Time of Debt, in: The American Economic Review 100 (2010), S. 573–578, längere Fassung: NBER Working Paper 15 639 (Januar 2010), http://www.nber.org/papers/w15639 (letzter Abruf: 20. 11. 2014)

Dani Rodrik, Das Globalisierungsparadox. Die Demokratie und die Zukunft der Weltwirtschaft. München 2011

Dani Rodrik, Who Needs the Nation-State? Roepke Lecture in Economic Geography, in: Economic Geography 89 (2013), S. 1–19

Kenneth Rogoff/Carmen Reinhart, This Time is Different. Eight Centuries of Financial Follies. Princeton 2009

Matthias Sachs, Sozialdemokratie im Wandel. Programmatische Neuorientierungen im europäischen Vergleich. Wiesbaden 2011

Ulrich Sarcinelli, Politische Kommunikation in Deutschland. Medien und Politikvermittlung im demokratischen System. 3. Aufl. Wiesbaden 2011

Josef Schmid, Sozialstaat. Eine Institution im Umbruch, in: Stefan Hradil (Hg.), Deutsche Verhältnisse. Eine Sozialkunde. Bonn 2012, S. 427–454

Manfred G. Schmidt, Sozialpolitik in Deutschland. Historische Entwicklung und internationaler Vergleich. 3. Aufl. Wiesbaden 2005

Manfred G. Schmidt, Das politische System Deutschlands. Institutionen, Willensbildung, Politikfelder. 2. Aufl. München 2011

Manfred G. Schmidt, Der deutsche Sozialstaat. Geschichte und Gegenwart. München 2012

Hagen Schulze, Staat und Nation in der europäischen Geschichte. München 1994

Martin Seeleb-Kaiser, Neubeginn oder Ende der Sozialdemokratie. Eine Untersuchung zur programmatischen Reform sozialdemokratischer Parteien und ihrer Auswirkung auf die Parteidifferenzthese, in: PVS 43 (2002), S. 478–496

Anne-Marie Slaughter, Disaggregated Sovereignty: Towards the Public Accountability of Global Government Networks, in: Government and Opposition 39 (2004), S. 159–190

Richard H. Tilly, Gab und gibt es ein «deutsches Modell» der Wirtschaftsentwicklung? In: Jürgen Osterhammel/Dieter Langewiesche/Paul Nolte (Hg.), Wege der Gesellschaftsgeschichte. Göttingen 2006, S. 219–238

Hans-Peter Ullmann, Der deutsche Steuerstaat. Geschichte der öffentlichen Finanzen. München 2005

Andreas Vasilache, The Rise of Executive Sovereignty in the Era of Globalization. (Institut für Weltgesellschaft Bielefeld, Working Paper 3/2009) Bielefeld 2009

Hans Vorländer, Demokratie. Geschichte, Formen, Theorien. München 2003

Linda Weiss, The Myth of the Powerless State. Governing the Economy in a Global Era. Cambridge 1998

Bettina Westle, «Postdemokratien?» – Zur Wahrnehmung der Parteien auf der ideologischen Links-Rechts-Skala: Großbritannien, Frankreich und Deutschland« in: Zeitschrift für vergleichende Politikwissenschaft 6 (2012), S. 255–301

Jonathan White, Politicising Europe. The Challenge of Executive Discretion, in: Sara Hobolt/Olaf Cramme (Hg.), Democratic Politics in a European Union under Stress. Oxford 2015, S. 87–102

Stefan Wurster, Staatstätigkeit II: Neue Formen politischer Steuerung, in: Manfred G. Schmidt/Frieder Wolf/Stefan Wurster (Hg.), Studienbuch Politikwissenschaft. Wiesbaden 2013, S. 351–377

Annette Zimmer, Staatsfunktionen und öffentliche Ausgaben, in: Thomas Ellwein/Everhard Holtmann (Hg.), 50 Jahre Bundesrepublik Deutschland. Rahmenbedingungen – Entwicklungen – Perspektiven. Opladen 1999, S. 211–228

Michael Zürn, Global Governance and Legitimacy Problems, in: Government and Opposition 39 (2004), S. 260–287

Michael Borgolte, Der Islam als Geburtshelfer Europas, in: APuZ 13–14/2011, S. 42 f.

Ellen Bos/Jürgen Dieringer (Hg.), Die Genese einer Union der 27. Die Europäische Union nach der Osterweiterung. Wiesbaden 2008

Gerhard Brunn, Die Europäische Einigung von 1945 bis heute. 3. Aufl. Stuttgart 2009

Richard Caplan, Europe and the Recognition of New States in Yugoslavia. Cambridge 2005

Deutsche Bundesbank, European economic and monetary Union. Frankfurt a. M. 2005

Deutsche Bundesbank Monatsberichte

Paul Craig, The Lisbon Treaty. Law, Politics, and Treaty Reform. Oxford 2010

Kenneth H. F. Dyson/Kevin Featherstone, The Road to Maastricht. Negotiating Economic and Monetary Union. Oxford 1999

Kenneth H. F. Dyson (Hg.), European States and the Euro. Oxford 2002

Kenneth H. F. Dyson, The Politics of the Euro-Zone. Stability or Breakdown? Oxford 2004

Kenneth H. F. Dyson (Hg.), Central Banks in the Age of the Euro. Europeanization, Convergence, and Power. Oxford 2009

Kenneth H. F. Dyson, The State in Western Europe. A Study of an Idea and Institution. Oxford 2010

Barry Eichengreen, Globalizing Capital. A History of the International Monetary System. Princeton 1996

Rachel A. Epstein/Wade Jacoby, Eastern Enlargement Ten Years On. Transcending the East-West-Divide? In: Journal of Common Market Studies 52 (2014), S. 1–16

Europäisches Währungsinstitut, Konvergenzbericht. Nach Artikel 109j des Vertrags zur Gründung der Europäischen Gemeinschaft vorgeschriebener Bericht. Frankfurt a. M. 1998

Eurostat, Schlüsseldaten über Europa. Bonn 2012

Eurostat: www.ec.europa.eu/eurostat

Stefan Fröhlich, Die Europäisierung der Bundesrepublik, in: Hans-Peter Schwarz (Hg.), Die Bundesrepublik Deutschland. Eine Bilanz nach 60 Jahren. München 2008, S. 511–530

Oskar W. Gabriel/Sabine Knopp (Hg.), Die EU-Staaten im Vergleich. Strukturen, Prozesse, Politikinhalte. Wiesbaden 2008

Eckart Gaddum, Die deutsche Europapolitik in den 80er Jahren. Interessen, Konflikte und Entscheidungen der Regierung Kohl. Paderborn 1994

Michael Gehler, Europa. Institutionen – Ideen – Vereinigung. München 2010

Dominik Geppert, Ein Europa, das es nicht gibt. Die fatale Sprengkraft des Euro. Berlin 2013

John Gillingham, European Integration 1950–2003. Superstate or New Market Economy? Cambridge 2003

Valérie Guérin-Sendelbach, Ein Tandem für Europa? Die deutsch-französische Zusammenarbeit der achtziger Jahre. Bonn 1993

Günther Heydemann/Karel Vodička (Hg.), Vom Ostblock zur EU. Systemtransformationen 1990–2012 im Vergleich. Göttingen 2013

Falk Illing, Die Euro-Krise. Analyse der europäischen Strukturkrise. Wiesbaden 2013

Otmar Issing, Der Euro. Geburt, Erfolg, Zukunft. München 2008
Harold James, Making the European Monetary Union. The Role of the Committee of Central Bank Governors and the Origins of the European Central Bank. Cambridge/ Mass. 2012
Martin Jerábek, Deutschland und die Osterweiterung der Europäischen Union. Wiesbaden 2011
Wolfram Kaiser/Antonio Varsori (Hg.), European Union History. Themes and Debates. Basingstoke 2010
Paul Kirchhof, Deutschland im Schuldensog. Der Weg vom Bürgen zurück zum Bürger. München 2012
Franz Knipping, Rom, 25. März 1957. Die Einigung Europas. München 2004
Helmut Kohl, Berichte zur Lage 1989–1998. Der Kanzler und Parteivorsitzende im Bundesvorstand der CDU Deutschlands. Bearb. von Günter Buchstab und Hans-Otto Kleinmann. Düsseldorf 2012
Helmut Kohl, Berichte zur Lage 1982–1989. Der Kanzler und Parteivorsitzende im Bundesvorstand der CDU Deutschlands. Bearb. von Günter Buchstab und Hans-Otto Kleinmann. Düsseldorf 2014
Henry Krägenau/Wolfgang Wetter, Europäische Währungsunion. Vom Werner-Plan zum Vertrag von Maastricht. Analysen und Dokumentation. Baden-Baden 1993
Hanns Jürgen Küsters, Deutsch-französische Europapolitik in der Phase der Wiedervereinigung, in: HPM 10 (2003), S. 295–309
Ulrich Lappenküper, Mitterrand und Deutschland. Die enträtselte Sphinx. München 2011
Olaf Leiße (Hg.), Die Europäische Union nach dem Vertrag von Lissabon. Wiesbaden 2010
Bernhard Löffler, «Eine Art Religionskrieg». Argumentationsmuster, Diskursstrategien und politische Symbolik in den deutsch-französischen Debatten um die Einführung des Euro, in: ders. (Hg.), Die kulturelle Seite der Währung. Europäische Währungskulturen, Geldwerterfahrungen und Notenbanksysteme im 20. Jahrhundert. München 2010, S. 123–168
Wilfried Loth, Europas Einigung. Eine unvollendete Geschichte. Frankfurt a. M. 2014
Peter Ludlow, In the Last Resort. The European Council and the Euro Crisis. (Eurocomment Briefing Note vol 7, no. 7/8, June 2010) Spring 2010
N. Piers Ludlow, European Integration in the 1980s. On the Way to Maastricht? In: Journal of European Integration History 19 (2013), S. 11–22
N. Piers Ludlow, Navigating European Stream at Full Flood. Jacques Delors as Commission President (1985–1995), in: Jan van der Harst/Gerrit Voerman (Hg.), An Impossible Job? The Presidents of the European Commission 1958–2014 (i.E.)
Christof Mandry, Europa als Wertegemeinschaft. Eine theologisch-ethische Studie zum politischen Selbstverständnis der Europäischen Union. Baden-Baden 2009
David Marsh, The Euro. The Politics of the New Global Currency. New Haven 2009
David Marsh, Europe's Deadlock. How the Euro Crisis Could be Solved – and Why It Won't Happen. New Haven 2013
Alan S. Milward, The European Rescue of the Nation-State. London 1992
Jürgen Mittag, Kleine Geschichte der Europäischen Union. Von der Europaidee bis zur Gegenwart. Münster 2008
Robert C. van Ooyen, Die Staatstheorie des Bundesverfassungsgerichts und Europa. Von Solange über Maastricht zu Lissabon. 3. Aufl. Baden-Baden 2010

Robert C. van Ooyen, Going back to ‹Solange II› with ‹Mangold›? The Federal Constitutional Court after ‹Lisbon›, in: Der Staat 50 (2011), S. 45–60
Kiran Klaus Patel, Provincialising European Union. Co-operation and Integration in Europe in a Historical Perspective, in: Contemporary European History 22 (2013), S. 649–673
Jens Peter Paul, Zwangsumtausch. Wie Kohl und Lafontaine die D-Mark abschafften. Frankfurt a. M. 2010
Jean-C. Piris, The Lisbon Treaty. A legal and political analysis. Cambridge 2010
Thomas Risse, A Community of Europeans? Transnational Identities and Public Spheres. Cambridge 2010
Sven Leif Ragnar de Roode, Seeing Europe through the Nation. The Role of National Self-Images in the Perception of European Integration in the English, German and Dutch Press in the 1950s and 1990s. Stuttgart 2012
Wolfgang Schmale, Geschichte und Zukunft der europäischen Identität. Stuttgart 2008
Frank Schorkopf, Der Europäische Weg. Tübingen 2010
[Sonderedition Deutsche Einheit:] Dokumente zur Deutschlandpolitik. Deutsche Einheit. Sonderedition aus den Akten des Bundeskanzleramtes 1989/90. Bearb. von Hanns Jürgen Küsters und Daniel Hofmann. München 1998
Hans-Peter Schwarz, Helmut Kohl. Eine politische Biographie. München 2012
Stellungnahme des Zentralbankrates zur Konvergenzlage in der Europäischen Union im Hinblick auf die dritte Stufe der Wirtschafts- und Währungsunion, in: Deutsche Bundesbank Monatsbericht April 1998. 50,4 (1998), S. 17–40
Paul Taggert/Aleks Szczerbiak, Coming in from the Cold? Euroscepticism, Government Participation and Party Positions on Europe, in: Journal of Common Market Studies 51 (2013), S. 17–37
Philipp Ther, Die neue Ordnung auf dem alten Kontinent. Eine Geschichte des neoliberalen Europa. Berlin 2014
Guido Thiemeyer, Europäische Integration. Motive – Prozesse – Strukturen. Köln 2010
Hans Tietmeyer, Herausforderung Euro. Wie es zum Euro kam und was er für Deutschlands Zukunft bedeutet. München 2005
Jan Viebig, Der Vertrag von Maastricht. Die Positionen Deutschlands und Frankreichs zur Europäischen Wirtschafts- und Währungsunion. Stuttgart 1999
Werner Weidenfeld (Hg.), Die Europäische Union. Politisches System und Politikbereiche. 2. Aufl. Paderborn 2011
Andreas Wirsching, Stationen auf dem Weg nach Maastricht, in: HPM 10 (2003), S. 261–273
Andreas Wirsching, Europa als Wille und Vorstellung. Die Geschichte der europäischen Integration zwischen nationalem Interesse und großer Erzählung, in: Zeitschrift für Staats- und Europawissenschaften 4 (2006), S. 488–506
Gilbert Ziebura, Die deutsch-französischen Beziehungen seit 1945. Mythen und Realitäten. 2. Aufl. Stuttgart 1997

VIII.
Weltpolitik und Welt-Gesellschaft

Amnesty International, Report 2013. Zur weltweiten Lage der Menschenrechte. Frankfurt a. M. 2013

Cristina G. Badescu, Humanitarian Intervention and the Responsibility to Protect. Security and Human Rights. London 2011

Jürgen Bartl, Die humanitäre Intervention durch den Sicherheitsrat der Vereinten Nationen im ‹failed state›. Das Beispiel Somalia. Frankfurt a. M. 1999

Manfred Berg, Der 11. September 2001 – eine historische Zäsur? In: Zeithistorische Forschungen/Studies in Contemporary History, Online-Ausgabe, 8 (2011), http://www.zeithistorische-forschungen.de/16126041-Berg-3–2011

Antony Best u. a., International History of the Twentieth Century. London 2006

Stefan Bierling, Geschichte des Irakkriegs. Der Sturz Saddams und Amerikas Albtraum im Mittleren Osten. München 2010

Stefan Bierling, Vormacht wider Willen. Deutsche Außenpolitik von der Wiedervereinigung bis zur Gegenwart. München 2014

Thomas Bierschenk/Eva Spies (Hg.), 50 Jahre Unabhängigkeit in Afrika. Kontinuitäten, Brüche, Perspektiven. Köln 2012

Thomas Bierschenk/Eva Spies, Afrika seit 1960. Kontinuitäten, Brüche, Perspektiven, in: dies. (Hg.), 50 Jahre Unabhängigkeit in Afrika. Kontinuitäten, Brüche, Perspektiven. Köln 2012, S. 7–51.

Jeremy Black, Great Powers and the Quest for Hegemony. The World Order since 1500. London 2008

Frédéric Bozo/Marie-Pierre Reyniers (Hg.), Europe and the End of the Cold War. A Reappraisal. London 2008

Frédéric Bozo, Mitterrand, the End of the Cold War and German Unification. New York 2011

Hal Brands, What Good is Grand Strategy? Power and Purpose in American Statecraft from Harry S. Truman to George W. Bush. New York 2014

Dan Caldwell, Vortex of Conflict. U. S. Policy toward Afghanistan, Pakistan, and Iraq. Stanford CA 2011

Martin Guan D. Chan, Der erwachte Drache. Großmacht China im 21. Jahrhundert. Darmstadt 2008

Bernhard Chiari/Magnus Pahl, Auslandseinsätze der Bundeswehr. Wegweiser zur Geschichte. Paderborn 2010

Warren I. Cohen, America's Response to China. A History of Sino-American Relations. 5. Aufl. New York 2010

Kevin J. Cooney/Yoichiro Sato (Hg.), The Rise of China and International Security. America and Asia Respond. London 2009

Michael Cox, Rise and fall of the American Empire. London 2012

Ernst-Otto Czempiel, Kluge Macht. Außenpolitik für das 21. Jahrhundert. München 1999

Saki Dockrill, The End of the Cold War Era. The Transformation of the Global Security Order. London 2005

Helga Embacher/Margit Reiter, Europa und der 11. September 2001. Wien 2011

Niall Ferguson, Der Westen und der Rest der Welt. Die Geschichte vom Wettstreit der Kulturen. 3. Aufl. Berlin 2011

Roland Friedrich, Die deutsche Außenpolitik im Kosovo-Konflikt. Wiesbaden 2005

Stefan Fröhlich/Klaus Brummer (Hg.), Zehn Jahre Deutschland in Afghanistan. Wiesbaden 2012

Bernd Greiner, 9/11. Der Tag, die Angst, die Folgen. München 2011

Xuewu Gu, Die Große Mauer in den Köpfen. China, der Westen und die Suche nach Verständigung. Hamburg 2014

Helga Haftendorn, Deutsche Außenpolitik zwischen Selbstbeschränkung und Selbstbehauptung 1949–2000. Stuttgart 2001

Ellen Hallams, The United States and NATO since 9/11. The Transatlantic Alliance Renewed. Milton Park 2010

Günther Heydemann/Jan Gülzau (Hg.), Konsens, Krise und Konflikt. Die deutsch-amerikanischen Beziehungen im Zeichen von Terror und Irak-Krieg. Eine Dokumentation 2001–2008. Bonn 2010

Klaus Hildebrand, Krieg im Frieden und Frieden im Krieg. Über das Problem der Legitimität in der Geschichte der Staatengesellschaft, in: HZ 244 (1987), S. 1–28.

Christian Hillgruber, Humanitäre Intervention, Großmachtpolitik und Völkerrecht, in: Der Staat 40 (2001), S. 165–191

David Holloway, 9/11 and the War on Terror. Edinburgh 2008

Gilford J. Ikenberry, Liberal Leviathan. The Origins, Crisis, and Transformation of the American World Order. Princeton 2011

Thomas Jäger/Alexander Höse/Kai Oppermann (Hg.), Deutsche Außenpolitik. Sicherheit, Wohlfahrt, Institutionen und Normen. 2. Aufl. Wiesbaden 2011

Robert Kagan, Macht und Ohnmacht. Amerika und Europa in der neuen Weltordnung. Berlin 2003

Robert Kagan, The World America Made. New York 2012

Mary Kaldor, New and Old Wars. Organized Violence in a Global Era. Cambridge 1999

Robert Kappel, Afrika: weder hoffnungsloser Fall noch Aufstiegswunder. (German Institute of Global and Area-Studies Focus Nr. 9) Hamburg 2013

Patrick Keller, Neokonservatismus und amerikanische Außenpolitik. Ideen, Krieg und Strategie von Ronald Reagan bis George W. Bush. Paderborn 2008

Paul M. Kennedy, Aufstieg und Fall der großen Mächte. Ökonomischer Wandel und militärischer Konflikt von 1500 bis 2000. Frankfurt a. M. 1989 (zuerst engl. u. d. T. The Rise and Fall of the Great Powers. Economic Change and Military Conflict from 1500 to 2000. New York 1987)

Henry A. Kissinger, Die Vernunft der Nationen. Über das Wesen der Außenpolitik. Berlin 1994

Henry A. Kissinger, China. Zwischen Tradition und Herausforderung. München 2011

Henry A. Kissinger/Fareed Zakaria/Niall Ferguson/David Daokui Li, Wird China das 21. Jahrhundert beherrschen? Eine Debatte. München 2012

W. Andy Knight/Frazer Egerton (Hg.), Routledge Handbook of the Responsibility to Protect. London 2012

Ulf von Krause, Die Afghanistaneinsätze der Bundeswehr. Politischer Entscheidungsprozess mit Eskalationsdynamik. Wiesbaden 2011

George Lawson/Chris Armbruster/Michael Cox (Hg.), The Global 1989. Continuity and Change in World Politics. Cambridge 2010

Melvyn P. Leffler/Odd A. Westad, The Cambridge History of the Cold War. Vol. I: Origins. Cambridge 2010

Michael L. Levin, The Next Great Clash. China and Russia vs. the United States. Westport 2008

Andreas Lorenz, Die asiatische Revolution. Wie der «Neue Osten» die Welt verändert. Bonn 2011

Geir Lundestad, The United States and Western Europe since 1945. From ‹Empire by Invitation› to Transatlantic Drift. Oxford 2005

Geir Lundestad (Hg.), Just another major crisis? The United States and Europe since 2000. Oxford 2009
Geir Lundestad (Hg.), International Relations Since the End of the Cold War. New and Old Dimensions. Oxford 2012
Geir Lundestad, The Rise and Decline of the American ‹Empire›. Power and its Limits in Comparative Perspective. Oxford 2012
Kishore Mahbubani, Die Rückkehr Asiens. Das Ende der westlichen Dominanz. Berlin 2008
William Maley, The Afghanistan Wars. 2. Aufl. Houndmills 2009
Hanns W. Maull, Nationale Interessen! Aber was sind sie? In: Internationale Politik 61 (2006), H. 10, S. 62–76
Mark Mazower, Die Welt regieren. Eine Idee und ihre Geschichte von 1815 bis heute. München 2013
Franz-Josef Meiers, Von der Scheckbuchdiplomatie zur Verteidigung am Hindukusch. Die Rolle der Bundeswehr bei multinationalen Auslandseinsätzen 1990–2009, in: ZfAS 3,2 (2010), S. 201–222
Ian Morris, Wer regiert die Welt? Warum Zivilisationen herrschen oder beherrscht werden. Bonn 2011
Samuel Moyn, The Last Utopia. Human Rights in History. Cambridge/Mass. 2010
Herfried Münkler, Die neuen Kriege. Reinbek 2002
Herfried Münkler, Imperien. Die Logik der Weltherrschaft. Vom Alten Rom bis zu den Vereinigten Staaten. 3. Aufl. Berlin 2005
Herfried Münkler, Der Wandel des Krieges. Von der Symmetrie zur Asymmetrie. Weilerswist 2006
Herfried Münkler/Karsten Malowitz (Hg.), Humanitäre Intervention. Ein Instrument außenpolitischer Konfliktbearbeitung. Grundlagen und Diskussion. Wiesbaden 2009
Joseph Nye, Soft power. The means to success in world politics. New York 2004.
Joseph Nye, Macht im 21. Jahrhundert. Politische Strategien für ein neues Zeitalter. Berlin 2011
Steven Pinker, Gewalt. Eine neue Geschichte der Menschheit. Frankfurt a. M. 2011
Andreas M. Rauch, Auslandseinsätze der Bundeswehr. Baden-Baden 2006
Anne Rausch, Responsibility to Protect. Eine juristische Betrachtung. Frankfurt a. M. 2011
Margit Reiter, ‹Uneingeschränkte Solidarität›? Wahrnehmungen und Deutungen des 11. September in Deutschland, in: dies./Helga Embacher (Hg.), Europa und der 11. September 2001. Wien 2011, S. 43–75.
Norrin M. Ripsman/Thazha V. Paul, Globalization and the National Security State. New York 2010
Andreas Rödder, Deutschland einig Vaterland. Die Geschichte der Wiedervereinigung. München 2009
Robert S. Ross, The 1995–96 Taiwan Strait Confrontation. Coercion, Credibility, and the Use of Force, in: International Security 25 (2000), H. 2, S. 87–123
Eberhard Sandschneider, Globale Rivalen. Chinas unheimlicher Aufstieg und die Ohnmacht des Westens. München 2007
Mary Elise Sarotte, 1989. The Struggle to Create Post-Cold War Europe. 2. Aufl. Princeton 2014
Dirk Schmidt/Sebastian Heilmann, Außenpolitik und Außenwirtschaft der Volksrepublik China. Wiesbaden 2012

Helwig Schmidt-Glintzer, Das neue China. Von den Opiumkriegen bis heute. 5. Aufl. München 2009

Gregor Schöllgen, Deutsche Außenpolitik von 1945 bis zur Gegenwart. München 2013

Hans-Peter Schwarz, Die Zentralmacht Europas. Deutschlands Rückkehr auf die Weltbühne. Berlin 1994

Hans-Peter Schwarz, Republik ohne Kompaß. Anmerkungen zur deutschen Außenpolitik. Berlin 2005

David Shambaugh, China Goes Global. The Partial Power. New York 2013

Susan L. Shirk, China. Fragile Superpower. Oxford 2007

Frank Sieren, Angst vor China. Wie die neue Weltmacht unsere Krise nutzt. Berlin 2011

Anne-Marie Slaughter, A New World Order. Princeton 2004

Holm Sundhaussen, Jugoslawien und seine Nachfolgestaaten 1943–2011. Eine ungewöhnliche Geschichte des Gewöhnlichen. Wien 2012

Marc Trachtenberg, The Cold War and after. History, Theory, and the Logic of International Politics. Princeton 2012

United States National Commission on Terrorist Attacks upon the United States, The 9/11 Commission Report. Final Report of the National Commission on the Terrorist Attacks upon the United States. With an afterword by Philip Zelikow. New York 2011

Johannes Varwick, Kämpfen für die Menschenrechte? Humanitäre Intervention und die Schutzverantwortung, in: Sven Bernhard Gareis/Gunter Geiger (Hg.), Internationaler Schutz der Menschenrechte. Stand und Perspektiven im 21. Jahrhundert. Opladen 2009, S. 141–159

Johannes Varwick, Die NATO. Vom Verteidigungsbündnis zur Weltpolizei? München 2008

Werner Weidenfeld/Peter M. Wagner/Elke Bruck, Außenpolitik für die deutsche Einheit. Stuttgart 1998

Matthias Wenzel, Schutzverantwortung im Völkerrecht. Zu Möglichkeiten und Grenzen der ‹Responsibility to Protect›-Konzeption. Hamburg 2010

Arne Westad, The Cold War and the international history of the twentieth century, in: Melvyn P. Leffler/Odd A. Westad, The Cambridge History of the Cold War. Bd. I: Origins. Cambridge 2010, S. 1–19

Arne Westad, Restless Empire. China and the World since 1750. London 2012

Volker Wieker, Afghanistan. Eine Bestandsaufnahme aus militärpolitischer Sicht – Ziele, Strategie und Perspektive des ISAF-Einsatzes, in: Anja Seiffert/Phil C. Langer/Carsten Pietsch (Hg.), Der Einsatz der Bundeswehr in Afghanistan. Sozial- und politikwissenschaftliche Perspektiven. Wiesbaden 2012, S. 23–32

John Young/John Kent, International Relations since 1945. A Global History. Oxford 2004

Linda Yueh, China's Growth. The Making of an Economic Superpower. Oxford 2013

Fareed Zakaria, Der Aufstieg der Anderen. Berlin 2009 (zuerst engl. u. d. T. The Post-American World. New York 2008)

Philip Zelikow/Condoleezza Rice, Germany Unified and Europe Transformed. A Study in Statecraft. Cambridge/Mass. 1995

Abbildungsnachweise

Fotografie
S. 98 ullstein bild – imageBROKER/Daniel Schoenen.

Karte
S. 268 Peter Palm, auf der Grundlage von San Jose, 26. März 2006, Wikimedia Commons.

Graphiken
S. 147 Sinus Institut.
S. 148 Sinus Institut.
S. 178 Statistisches Bundesamt.
S. 180 Statistisches Bundesamt.
S. 181 UN (http://cdn.static-economist.com/sites/default/files/20110514_WOC726.gif).
S. 189 Statistisches Bundesamt.
S. 195 Statistische Ämter des Bundes und der Länder (SUF) Mikrozensus 2010.
S. 324 EU-Kommission, Ameco-Datenbank.

Sachregister

Personenregister